本书系国家社会科学基金重大项目
"德国古典哲学与德意志文化深度研究"（批准号12&ZD126）成果之一

第十卷

邓晓芒 著

黑格尔
《精神现象学》句读

人民出版社

目　录

1

三、天启宗教 [1]

好，我们再往下看啊。下面是第三节，第三节就是天启宗教，天启宗教也可以翻译成"启示宗教"。前面讲了有两节，第一节是自然宗教，第二节是艺术宗教，第三节呢就是天启宗教，从艺术宗教到天启宗教的过渡呢，就是艺术宗教的最后阶段确立了个别自我意识，确立了自我意识的个体性。我曾经有一篇文章讲到中国人为什么没有信仰，为什么不信上帝，中国人为什么不信一个彼岸的神，里面也讲到这个原理，就是说之所以没有真正的信仰，就是因为没有真正的个人，中国人没有真正的个体意识，所以他不需要一个上帝，在这里呢也得到了验证。就是说艺术宗教最后的总结、最后的完成就是个别自我意识的形成，在苏格拉底的反讽那里所体现出来的这种个别自我意识的绝对力量与自己命运的合一，这样一种个别自我意识的确立是天启宗教产生的前提。天启宗教就是指基督教，基督教就是严格意义上的宗教，当然前面的自然宗教和艺术宗教也可以说是宗教，但是不是严格意义上的，还掺杂了很多不相干的东西或者非宗教的东西。所以基督教在黑格尔那里被看作是"作为宗教的宗教"，宗教以基督教为典型，这不是什么西方中心论，而是黑格尔对宗教的理解，他就是这样理解的，宗教里面最核心的部分在基督教里面才得以发展出来，在其他的自然宗教、艺术宗教里面当然已经有了，但是被别的东西所掩盖了。基督教最纯粹地体现出宗教的天启的性质、启示的性质，如果你没有个体意识的确立，那你就会沉沦于此岸世界，你上升不到彼岸世界。但是如果你已经有了个体意识的确立，即使你是一个唯物主义者也可能成为真正宗教的一个跳板，当然还不是宗教，但是是宗教的必经之地。我 2003 年在香港道风山的时候遇到一个俄罗斯东正

---

[1] 以下凡引黑格尔的原文，以及拉松本所加的带方括号的标题，第一次出现时均加下划线以示区分。另，所注边码大括号 {} 中为德文考订版页码；方括号 [] 中为贺麟、王玖兴中译本 1979 年版上册的页码，后面转入下册时则代表下册页码。

教的神父，他谈起一个观点，就是只有无神论者才能成为真正的基督徒，就是你把这个世界都看透了，这个世界就是物质的，所以你不要对物质的东西还抱有任何幻想，这个时候你就会把你所有的信仰都放到非物质的或者超物质的领域，放到彼岸的领域。对此岸世界已经绝望，你才能够上升到彼岸世界。但前提是，你必须已经具有独立的个体意识，下面马上要讲到，必须进入到一种不幸的意识、苦恼意识。只有具有个体自我意识的人才会对物质世界感到不幸和苦恼，否则就会像猪喜欢在泥浆里打滚一样喜欢物质世界，只有乐感意识和阿Q精神。而只有当你有了这种精神性的苦恼，你才能够形成真正的宗教立场。我们来看它这个过程，这个过程是很艰难的啊，也是很思辨的。

① 通过艺术的宗教，精神便从**实体**的形式跨进到了**主体**的形式，因为艺术的宗教**产生出**主体的形态，因而在这种形态中建立起了**行为或自我意识**，这种自我意识在令人恐惧的实体里只是消逝着的，并且在信赖中把握不住自己本身。

　　"通过艺术的宗教"，我们讲天启宗教的时候要追溯到艺术的宗教，它从哪里来的，怎么来的呢？通过艺术的宗教，"精神便从**实体**的形式跨进到了**主体**的形式"。天启宗教只有在主体的形式之下才能够诞生，那么是艺术宗教才使得精神从实体的形式跨进到了主体的形式，实体现在就是主体。这个在《精神现象学》的序言里面一开始就讲到了：全部的问题就在于把真理理解为实体的同时也理解为主体②，现在呢实体的形式已经跨进到了主体的形式。"因为艺术的宗教**产生出**主体的形态"，"产生出"打了着重号，"因而在这种形态中建立起了**行为或自我意识**"，"行为"和"自我意识"都打了着重号。为什么都要打着重号，说明它是

---

① 凡是原文换行分段之处，本书中均空一行。

② 参看贺、王译本《精神现象学》上册第10页："一切问题的关键在于：不仅把真实的东西统握和表述为**实体**，而且同样统握和表述为**主体**。"［有改动］

主体，说明它是能动性，它是产生的，"产生出"（hervorbringen）前面有时也译作"创造出"，它是有创造性的行为的，是由自我意识自觉地产生出来的这样一种主体的形态。"这种自我意识在令人恐惧的实体里只是消逝着的"，这是指的在此之前实体还是令人恐惧的命运，在苏格拉底以前的实体，包括神，都是令人畏惧的，命运都是令人恐惧的，只有苏格拉底能够从容面对死亡的命运，把它变成自己的选择。在此之前呢这种自我意识在令人畏惧的实体里面只是消失着的，当然自我意识也有，但是在实体里面它随时被取消掉了，成为了命运的玩物。人只能够服从实体，实体是令人恐惧的。"并且在信赖中把握不住自己本身"，既然自我意识在令人恐惧的实体里面不断地被打消，把自己交付给自己所信赖的神，所以在以往的那种对伦理实体的信赖中，自我意识把握不住自己本身。只有通过艺术宗教，精神才从实体的形式进入到了主体的形式，艺术宗教产生出了主体的形态，所以现在已经启动了这样一个进程，从实体的形式进入到了主体的形式的进程。那么这个进程经过了哪些阶段？

神圣本质的这种化身为人从雕像开始，雕像在自身只具有自我的**外在形态，但内在的东西**、这形态的能动性却落在它的外面；但是在祭拜中这两方面就成为一体了，而在艺术宗教的结果里这种统一性在完成了自身的同时也转到了自我这一端；精神一旦在意识的个别性中完全对自身有了确定性，在它里面一切本质性就都沉没了。 [229]

这一句又是回顾前面了，就是个别自我意识是怎么脱颖而出的。"神圣本质的这种化身为人从雕像开始"，我们把神雕成一个人的形象，一个美丽的男神或女神的形象，这已经是把神圣本质化身为人，这就是实体的形式开始进入到主体的形式了。我们把神设想为一个雕像那样的形象，当然刚才讲了这种自我意识在令人恐惧的实体里面只是消失着的，并且呢把握不住自身，那么最开始从雕像就是这样的。它已经有自我意识了，我能够雕出一个雕像来，按照自己的想象把神雕刻为一个人的形象，这已经是自我意识了，但是这个自我意识是消失着的，而且呢是没有把握住自身的。"雕像在自身只具有自我的**外在**形态"，"外在"打了着重号，在雕像里面已经有自我意识，但是是以外在的形态、以神人同形同性的形态出现的。首先是同形，在雕像里面神和人具有同样的形态，我为什么不雕出一个野兽的形态，而要雕出一个人的形态，至少是狮身人面，或者人头马，或者是人身羊角，这里头已经朦朦胧胧有一种自我意识在里面。就是说神呢其实就是人，我们人是按照自己的形象来塑造自己的神的形象，这不就是一种自我意识的表现吗？但是雕像在自身只具有自我的外在形态，只是化身为人的肉体形象。"但**内在的东西**、这形态的能动性却落在它的外面"，雕像它没有内在的东西，它就是形象，内在的东西是什么呢？就是创造这个形态的艺术家的能动性，它在雕像之外。雕像又不会说话，又不会动作，又不会走路，它就是待在那里，所以它没有能动性；而人这种形态是有能动性的，但这种能动性却落在雕像的外面，你可以用你的能动性把它打造出来，你也可以对它顶礼膜拜，但是这都跟它们没关系。这是一个阶段，自我有了外在形态，那么怎么样进入到内在的东西呢？你要从实体的形式进入到主体的形式，首先从外在的方面在雕像上要有所表现，但是还有待于深入到内在。"但是在祭拜中这两方面就成为一体了"，在雕像里面只有外在、没有内在，内在的能动性是在雕像之外；但是在祭拜中，这两方面就成为一体了。就是祭拜仪式前面讲到了，既有外在的形态，也有内在的能动性，祭拜在酒神的神秘仪式中体现为内在东西和外在东西合而为一。这里既有外在的形态我们可以模仿，神的诞生，神的死亡，神的故事；同时呢我们的内心也跟神合为一体，神灵附体，祭拜要全心全意地达到神灵附体，感觉到这个神灵已经进入到我的内心，在支配我的行动，这才达到祭拜的效果。神的行动跟我的行动合为一体，我的行动就是神的行动，就是祭拜仪式，这个比雕像来说已经进了一步了，这是另外一个层次了，从外进到内，而且内外合一。"而在艺术宗教的结果里这种统一性在完成了自身的同时也转到了自我这一端"，这是第三个层次了，就是在艺术宗教里最后的结果是什么呢？一方面这种统一性完成了自身，达到了主客统一和内外统一；同时呢又更上一层楼，即转到了自我这一端，就是说不光是主客统一，而且呢是客观统一于主观，统一于自我之下。这个自我是实体和自我的统一，并且这统一是以自我为绝对的力量，实体是由自我所形成起来的，这就在艺术宗教的最后阶段转到了自我这一端，立足于自我这一头，来把握整体了。本来是两端，双方达到平衡，但是在它的结尾之处又倾向于一方，就是个别自我意识的确立了。个别自我意识的确立导致什么呢？"精神一旦在意识的个别性中完全对自身有了确定性"，个别自我意识一旦完全确立起来了，那么"在它里面一切本质性就都沉没了"，一旦你达到了个别自我意识，一切本质性就都沉没了，堕落了。我们前面讲了，再崇高的东西，再带有本质性的东西，在个别自我意识里面都成了游戏，都成了游戏人生的借口，都成了调侃的对象，都成了玩弄的对象。所以没有任何东西是真正崇高的了，没有任何东西是真正本质的东西了，个别意识一旦确立起来，就会导致道德的沦丧，一切崇高的东西都被踩在脚下，都沉沦了。所以苏格拉底被判死刑的理由，一是不信旧神，一是腐蚀青年。如果看不到苏格拉底提出的新神和新的伦理原则的意义，那的确可以把他看作一切道德的破坏者。

将这样一种轻狂表达出来的这个命题说的是：**自我是绝对的本质**；那个曾经是实体并且在其中自我曾经是偶性的本质现在被降低为宾词了，而精神在**这种自我意识**里没有任何东西以本质的形式与它相对立，于是就把本质的**意识**丢失了。

这是个别自我意识的确立所带来的一系列的后果，或者说一系列的恶果。"将这样一种轻狂"，年轻人的轻狂，前面也讲到了年轻人的轻狂，Leichtsinn。将这样一种轻狂"表达出来的这个命题说的是：**自我是绝对的本质**"，"自我是绝对的本质"打了着重号。这就是我们今天所处的阶段，大家都认为自我是绝对的本质，人都是自私的，每个人都是为自己，无可非议。确实无可非议，但这也带来了我们今天的道德沦丧、道德的滑坡，对道德的敬畏荡然无存、物欲横流。但实际上呢，这跟艺术宗教和苏格拉底的反讽原来的意思是不一样的，这种个别自我意识很容易被人们当成是纵欲主义，而不是通过反讽把自己从世俗生活中提升起来，去追溯更高的道德原则。"那个曾经是实体并且在其中自我曾经是偶性的本质现在被降低为宾词了"，那个曾经是实体的本质，也就是绝对的本质了，并且在其中自我曾经是它的偶性。在这种本质中自我曾经是实体的一个偶性，自我的本质就是实体，自我的本质就是伦理实体，自我的本质就是神的命运，是神的命运造就了我，是伦理实体造就了我，所以我理所当然地应该为伦理实体、为神圣本质服务，旧道德曾经是这样的。那个曾经是实体并且在其中自我曾经是偶性的本质，现在被降低为宾词了，宾词也可以翻译成"谓词"，前面也讲到主词和宾语，现在从实体被降低为主体（主词）的宾词了，现在自我才是绝对的本质，绝对的主词。绝对的本质原来是实体，现在实体成了主体的宾词，成了自我的宾词，自我是主词，绝对的本质是宾词，是用来修饰自我的。原来这个绝对的本质是实体，它是只能由别的东西来述说而不述说别的东西的（这是亚里士多德对实体的定义），而自我呢则是偶性，是用来述说绝对的本质的一种规定。在一个伦理实体里面偶然有了我，那么我既然生在这个城邦，理所当然就要为这个伦理实体服务。现在倒过来了，伦理实体成了我的一个宾词，我才是绝对的本质。"而精神在**这种自我意识**里没有任何东西以本质的形式与它相对立"，精神在这种自我意识里，"这种自我意识"打了着重号，在这个自我意识里面，精神没有任何东西以本质的形式与它相对立，一切都归结于自我意识的内部。自我意识当然有精神，但这个自我意识里面没有与自我意识相对立的东西，没有任何精神的东西能够反对自我意识，能够与自我意识相抗衡，一切都以我的自我意识为标准，一切都取决于它。"于是就把本质的**意识**丢失了"，"意识"打了着重号，把本质的意识弄丢了。为什么要把"意识"打着重号呢？意识意味着对象意识，这个地方"意识"跟前面的"自我意识"是相对而言的，精神在这种自我意识里没有任何东西以本质的形式与它相对立，于是就把本质的意识丢失了。这个"意识"跟前面那个"自我意识"对比，有了自我意识，我就把对象意识丢失了，把本质的对象意识丢失了。本质已不成为对象意识了，主客已不再二分，自我意识跟它的对象已不再二分，没有什么对象的本质，所有的本质都在我里面，在我之外没有本质。所以精神在这种自我意识里没有任何东西以本质的形式与它相对立，任何东西都不可能以本质的形式与我相对立；如果说有与我相对立的东西，那就是非本质的，那我可以不理它。没有任何东西能够采取本质的形式跟我相对立，所有的本质都在我里面，精神在这种自我意识里面全都是属于我的，连它的本质都是属于我的。这个是一个开场白，天启宗教的开场白，这种自我意识是天启宗教的起点，在这个起点上面我们开始进入到天启宗教。

　　① **［I. 天启宗教的形成］自我是绝对本质**这一命题不言而喻是属于那非宗教的、现实的精神的，必须回想一下，表达出这一命题的精神形态是什么样的。

　　这第一个标题，罗马数字的标题"I. 天启宗教的形成"。贺、王译本的标题原来是"天启宗教概念的前提"，我们把它改成"天启宗教的形成"，天启宗教是怎么形成的？前面讲它的起点已经有了，它的起点就是艺术宗教的终点，就是个别自我意识。那就是这个命题："**自我是绝对本质**"，这几个字都打了着重号。"这一命题不言而喻是属于那非宗教的、现实的精神的"，就是"自我是绝对本质"这样一个命题本来是非宗教的，是现实的精神。古希腊智者派的普罗塔哥拉提出"人是万物的尺度，是存在的事物存在的尺度，也是不存在的事物不存在的尺度"，说"事物对

---

① 为了读起来醒目，原文每一整句在本书中都另起一行，带起对它的解释也另起一行。

于你就是它向你呈现的样子,对于我就是它向我呈现的样子",他后来被作为无神论者赶出了雅典。苏格拉底同样因为奉行"认识你自己"的格言而被雅典法庭以渎神罪判处死刑。这都是把自我当成绝对本质的例子,他们的原则都是非宗教的,而且是具有现实精神的。"必须回想一下,表达出这一命题的精神形态是什么样的",必须要参考一下前面所说的,当"自我是绝对本质"这样一个命题表达出来的时候,它是处于一种什么样的精神形态。这就是下面要说的。

这形态同时将包含那个命题的运动过程和倒转过程,这倒转把自我降低为宾词,并把实体提高为主体[主词]。

主体也可以翻译为"主词",Subjekt,主体就是主词,可以理解为主体,也可以理解为主词,我们用一个方括号把"主词"加在后面。"这形态同时将包含那个命题的运动过程和倒转过程,这倒转把自我降低为宾词,并把实体提高为主体[主词]",这就是黑格尔提醒我们回想一下的原理了,这原理在前面"序言"中讲过,可以参看贺、王译本上卷第41、42页。[①]黑格尔在那里说:"在这个运动里,那种静止的主体自身崩溃了,它进入到各种区别和内容,毋宁说构成着规定性,亦即构成着有区别的内容以及这种内容的运动,而不再与运动相对峙。"又说"因此,实际上,内容不再是主体的宾词,它就是实体,就是所谈的东西的本质和概念。"于是,"它要这样表象自己就遭到了反击。当它从主体出发,仿佛主体始终可以作为基础时,由于宾词毋宁说才是实体,它就发现主体已经转化为宾词,因而已经被扬弃了。"这就是黑格尔提醒我们回想起来的地方。就是说,当我们把自我当作绝对本质确立起来的时候,它本身就包含着这个命题的运动过程,在黑格尔那里一个命题是处在运动之中的,你不要把它看死了,你不要把它看成静止不变的,一个主词、一个宾词就摆在那里固定下来,永远不变。其实任何一个命题都要从它的运动来看

---

① 相当于德文丛书版第43页,同时参看本《句读》第一卷第504页以下的解释。

它, 这样一来, 你就会发现那个命题在运动中会发生一个倒转过程。"自我是绝对本质"如何倒转? 本来"自我"是主词, 而"绝对本质"是宾词, 而在运动中, 自我降低为宾词并把实体提高为主词［主体］。前面《精神现象学》讲到头盖骨相学和面相学的时候也提出了一个这样的命题, 就是: 精神是一块骨头, 或者说, 精神是物质, 骨头就是物质嘛, 这是一个无限判断, 这个无限判断有两种解释, 或者两种读法。第一种解释, 你可以理解为精神它实际上最后归结为是物质, 这时候你是把重音放在"物质"上面, 精神无非就是物质而已, 这就是机械唯物论的命题, 精神其实是物质啊, 精神就是一块骨头嘛。但是还有一种解释, 就是你把重音放在精神上, 精神是物质, 可以理解为精神才是物质, "物质的"被看作"精神"的一个宾词、一个属性, 这个意思就倒过来了。你原来把重音放在"物质的"上面, 你就把精神归结为物质了, 这是机械唯物论; 但是如果你把重音放在"精神"上, 放在它的主词上, 那意思就倒过来了, 就是说所有物质的东西其实都是精神, 精神才是物质。同一句话, 重音不同, 它的意思就完全相反, 机械唯物论认为精神可以归结为物质, 而唯心主义呢认为一切物质其实都是精神, 精神才是物质, 你说万物, 山川、树木、石头, 包括这块骨头, 这都是物质, 但是, 这里面其实都是精神, 精神才是物质。[1] 同样我们这里也是, 自我是绝对本质, 我们通常理解为自我才是绝对的本质, 没有别的绝对本质, 自我才是真正的实体, 主体就是实体, 意思是实体归结为主体, 或者说主体才是实体, 没有什么离开主体的实体。所以"自我是绝对本质", 从个别自我意识的立场来解释这句话, 我们就可以把重音放在"自我"身上, 自我才是绝对本质。这就是个体主义嘛, 个别自我意识嘛, 自我具有绝对的本质, 这是强调自我, 强调主体性。但是同一句话你也可以理解为: 自我其实是绝对本质啊, 自我变成了绝对本质的宾词, 就是说自我本质上、骨子里其实是绝对本质, 其实是

---

① 参看本《句读》第四卷第 813—818 页有关这个问题的解释。

实体。自我骨子里头其实是实体，没有什么独立的自我，自我你把他掰开看他就是实体，就是绝对本质。同一句话可以这样来理解，它的意思就完全倒过来了，本来的意思是说自我他本身就是绝对本质，自我具有绝对的力量，这就极度地高扬了自我的主体性；但是重音一变，自我是绝对本质，就是自我其实是绝对本质，自我不是什么别的，其实就是绝对本质，就是实体。① 这样一个倒转就把自我降低为宾词并把实体提高为主词，主词在后面，主词倒置，前面的这个主词反而变成了宾词，自我其实是绝对本质的一种体现，这就倒回去了。这是一个倒转过程，这个命题在它的运动过程中它会自行颠倒，它会从一个个别自我意识的命题变成一个实体性的命题。这正是苏格拉底的个别自我不知不觉地就颠倒为柏拉图的理念世界、普遍实体的奥秘，或者自我意识异化的奥秘。在这个运动过程中这种个别自我意识的命题就会通往启示宗教或者天启宗教，这是由这个命题本身的这样一种辩证运动过程所导致的。你不要停留在对它的那种最初的理解，你要看到这种最初的理解它会变，它会转移，你把重心从主词上面转移到原来的宾词上面，这个宾词就变成了主词，主词呢反而成了宾词。所以我说真正的信仰的前提是个体意识的独立，很多人不信，以为这两者是不相容的，他们都没有看到这种辩证的内在关系。

也就是这种情况，即那倒转过来的命题并不是**自在地**或者**对我们来说**使实体成为了主词，或者换句话说，把实体这样恢复起来，以至于精神的意识返回到它的开端，返回到自然的宗教，而是要使得这种倒转**对于自我意识**本身并且**通过自我意识**本身而得到实现。

---

① 　关于重音的颠倒作用，见上引《精神现象学·序言》贺、王译本第42页（德文考证版第43页）："思辨命题所形成的同一性命题，包含着对上述主词与宾词关系的反击。——一般命题的形式与破坏着这种形式的概念统一性之间的这种冲突，颇类似于节拍与重音之间在节奏中发生的冲突。节奏是从节拍和重音的滑移的中心和两者的结合中产生出来的。"现代爵士音乐是玩弄这种重音和节拍滑移的高手。

这种倒转的过程是一种什么样的情况呢？他这里作了一个区分：并不是那样的倒转，而是这样的倒转。"也就是这种情况，即那倒转过来的命题并不是**自在地**或者**对我们来说**使实体成为了主词"，"自在地"和"对我们来说"都打了着重号，对我们来说也就是对我们旁观者来说，对我们这些研究精神现象学的人来说，它自在地、客观上、不以人的意志为转移使实体成为了主体。后面一句说得更明确，"或者换句话说，把实体这样恢复起来，以至于精神的意识返回到它的开端，返回到自然的宗教"，客观上使实体成为主体，就是说这样一个形态的倒转并不是没有自我意识参与地、不自觉地使得实体成为了主体，客观上使实体成为了主体，或者说在实体成为了主体以后又把实体这样恢复起来，恢复到什么样子呢？恢复到精神的意识在它开端时的样子，也就是返回到自然宗教。就是说这个倒转的过程不是这样的倒转过程，它自在地使实体成为了主体，实体本身就已经是主体，不再需要一个自我意识的主体了，在这个实体成为主体的过程中把实体恢复起来，恢复到了自然宗教，恢复到了它的起点。起点就是实体，实体成为了主体，然后呢又倒转过来恢复到它的起点，恢复到自然宗教，这样开历史的倒车。就是说它不是一种客观的、被动的倒转回到原地，不是实体本身自然而然地成为了主体，不需要人的创造活动，只需将重音改回来，实体本身就成为了主词。在语义上是可以这样理解的，原来的理解是实体是自我的宾词了，自我本身带上了实体性；现在实体转回成为了主词，实体本身具有主体性，原来实体就是主词啊，实体就是一切，它产生一切，我们人只是实体中的一分子，只是实体的偶性。这看起来似乎就回复到了自然宗教，比如说光明本质的情况，我们这个倒转就从艺术宗教的结尾之处倒转回了自然宗教，回到了那种原始的对大自然的迷信。有的人也许会这样认为，因为非基督徒经常把基督教理解为一种迷信，其实不是的，基督教跟原来的自然宗教的迷信相比，它更高一个层次，它是天启宗教。天启宗教跟迷信的区别就在于迷信、自然宗教是没有自我意识参与的，它是自然而然的，它就是实体本身自在地成为主词，或者对于我们研究精神现象学的人来说它客观上就是主词。那等于这一段路就白走了，你转了一大圈回到了原地，回到了迷信。黑格尔的意思不是这样的，"而是要使得这种倒转**对于自我意识本身并且通过自我意识**本身而得到实现"，这个就是天启宗教和迷信的不同之处了。就是这种恢复是在更高层次上的回复，要使得这种倒转对于自我意识本身并且通过自我意识本身，"对于自我意识"和"通过自我意识"都打了着重号，这两个着重号是分别针对前面的"自在地"或者"对我们来说"两处打了着重号的地方。"自在地"，就是不是相对于自我意识的；"对我们来说"，就是并非通过自我意识自身实现的，这是不同的。自在地或者对我们旁观者来说，那就是客观的了，那就是不以人的意志为转移的了，而现在不是，现在就是对于自我意识本身并且通过自我意识本身而实现出来。这样一种倒转是我自己的自我意识实现出来的，是这样一种倒转，这是在一个更高层次上的倒转，它里面已经有了自我意识的自觉性。它跟迷信有些相像。我们中国人经常觉得基督教很可笑，相信那么一个虚无缥缈的上帝，好像是迷信，跟我们相信观音菩萨、相信财神爷差不多，跟我们中国人相信土地公公、植物神灵的迷信差不多，但其实不是的，它是上了一个台阶的。这里要区分这种倒转，这种倒转不是那种退回原地，而是在更高层次上的一种提升，这跟退回到迷信完全是两码事。当然这个后面要讲到其实就是天启宗教了。

　　既然这个自我意识是有意识地放弃自身，所以它就将在自己的外化中得到保持，并且仍然是实体的主体，但正是作为自身外化了的东西，它同时就具有这个实体的意识；或者说，既然自我意识通过自己的牺牲才**产生出**了作为主体的实体，所以这个主体仍然是它自己特有的自我。

　　"既然这个自我意识是有意识地放弃自身"，整个颠倒是对于自我意识本身并且通过自我意识本身而实现的嘛，在这个实现过程中它把实体提高为主词了，把自我又降低为宾词了。自我是绝对本质，你把重心放在"绝对本质"上面，你就把"绝对本质"提高为主词，把"自我"呢降低为绝对本质的宾词：自我其实是绝对本质的一种偶性，你可以这样来理解；但是这种理解是自我主动做出来的，对于同一句话，我的理解从这一头转向了那一头。本来这句话我是把重音放在"自我"上面的，现在我把重音放在"绝对本质"上面，转向了另一头。既然它是有意识地放弃其自身，"所以它就将在自己的外化中得到保持"，绝对本质是自我外化出来的，自我主动地放弃自身，把自身外化为绝对本质，外化为一个实体，所以它是有意识地放弃其自身，它也就将在自己的外化中得到保持。我主动地外化出一个对象、一个实体，那么在这个实体里面我仍然可以看到我的主动性。"并且仍然是实体的主体"，这个自我意识仍然是实体的主体，在实体里面仍然是保持着它的主体性。"但正是作为自身外化了的东西，它同时就具有这个实体的意识"，在实体里面我仍然保持着我自己的主体，但是我并不是一个单薄的主体，而是同时又具有这个实体的意识。我具有这个实体的意识，我具有上帝的意识，这个上帝其实就是我外化出来的，那么上帝也就在我心中，上帝就是我心中的东西；但是我心中的这个东西并不是我主观个人所独有的，而是一个绝对本质，它不局限于我。它是普遍的，而我是有限的，我是个别的，但是我这个别的、有限的自我里面就有这个无限的实体在，正因为实体是作为自我自身外化出来的东西，所以自我同时具有这个实体的意识，我外化出去的这个东西里面既有我在内，也有实体的意识，既包含着我又包含着实体。基督教的圣灵特别强调这一点，既是一又是全，既是一个，我就是其中之一嘛，但是我又是全体，我又是全部，所有的灵魂都在一个灵魂里面，互相之间没有隔阂，融为一体。"或者说，既然自我意识通过自己的牺牲才**产生出**了作为主体的实体"，这个"产生出"打了着重号，"**所以这个主体仍然是它自己特有的自我**"，自我意识通过自己的牺牲，把自己外化、放弃、转让，才产生了作为主体的实体，所以这个主体仍然是它自己特有的自我。这个主体、这个主词是我的信仰所产生出来的，所以它跟我的个别性、特殊性是密不可分的。基督教新教里面讲"因信称义"，信仰是每个人个体

13

的事情，但是只要我信仰，我就称得上是义人，我就跟上帝合一，那么这个信仰仍然是我特有的，这个主体仍然是自己特有的自我，实体和主体、实体和自我在这个意义上就是一回事情。

这样一来就会走到这一步，即如果就这两个命题来看，在前一个实体性的命题中①主体只是消逝着的，而在第二个命题中实体只是宾词，因而双方每一方都现成地带有价值上相互对立的不同一性，——于是就会{401}达到这两种本性的结合和渗透，在这种结合和渗透中双方以同等的价值既是同样**本质性的**，但又同样只是作为**环节**；

这里是一个分号，我们先看前面这一部分。"这样一来就会走到这一步"，就是主体和实体啊，或者说自我和实体啊，这两方面的互相颠倒就会形成这样一种关系。"即如果就这两个命题来看"，这两个命题，就是实体的命题和主体的命题了。即如果就这两个命题来看，"在前一个实体性的命题中主体只是消逝着的"，就是实体性的命题中虽然有主体，但它只是消逝着的。我们前一句讲了这两个命题："或者说，既然自我意识通过自己的牺牲才产生了作为主体的实体"，这是一个实体性的命题；接下来，"所以这个主体仍然是它自己特有的自我"，这是一个主体性的命题，这就已经有两个命题了，中间以"所以"相连。如果就这两个命题来看，它们之间并没有"所以"的关联。在前一个实体性的命题中主体只是消逝着的，自我牺牲的，自我意识通过自我的牺牲才产生了作为主体的实体；"而在第二个命题中实体只是宾词"，就是说这个主体仍然是它自己特有的自我，只把实体当作自己的宾词。"因而双方每一方都现成地带有价值上相互对立的不同一性"，双方的每一方现成地看，都带有不同一性，这个不同一性是价值上相互对立的，有你就没有我，有我就没有你，个人主义和自我牺牲在价值上是相互对立的。在实体那里，主体只是消逝着的；而在主体这里呢实体又成了只是宾词，不是主词了。所以

---

① 在 A 版和 B 版中是"在前一个实体性中"。——袖珍版编者

这两个命题双方不同一,并且在价值上相互对立,两个命题都有缺陷,实体性的命题和主体性的命题双方都有缺陷。但双方毕竟又相互关联起来了,是如何关联的呢? "于是就会达到这两种本性的结合和渗透",既然双方都有缺陷,而双方又是处于互相颠倒中,每一方都借对方来实现自己,所以它们就会达到这两种本性的结合和渗透。两种本性,一种是实体性,一种是主体性,双方结合和渗透。"在这种结合和渗透中双方以同等的价值既是同样**本质性的**,但又同样只是作为**环节**","本质性的"和"环节"都打了着重号。把这两个命题结合起来互相渗透,你就会发现双方以同等的价值既是同样本质性的,实体也好,主体也好,双方都是本质性的,缺一不可;但又同样只是环节,你提出一个命题来,它是本质性的,但它又只是另一方的一个环节。

　　所以这样一来,精神既是把自身当作自己的**对象性**实体的**意识**,又同样是一种保持在自身之内的单纯的**自我意识**。

　　"所以这样一来,精神既是把自身当作自己的**对象性**实体的**意识**,又同样是一种保持在自身之内的单纯的**自我意识**",前面"意识"和后面的"自我意识"都打了着重号,这是对照而言的,"对象性"也打了着重号,对象性实体的意识,意识就是对象意识嘛,我们前面讲过。这样一来,意识和自我意识在这里就统一了,或者说对象和自我在这里就统一了,意识代表对象,自我意识代表自我,所以精神同时是两方面。精神既是把自身当作自己的对象性实体的意识,又同样是一种保持在自身之内的单纯的自我意识,也就是纯粹的自我意识。这种自我意识是纯粹的能动性,但是,它又是一种对象性的实体,我们通常讲到对象性的时候呢就忘记了它是能动的,讲到它能动的时候呢又同样忘记了它也是实体,但是在精神这里呢这两方面就统一起来了,双方都是本质性的,但是双方都只是其中的一个环节。这种对象意识和自我意识的统一就是天启宗教,这第一个小标题就是"天启宗教的形成",整个来说就是这样一个过程,是意识和自我意识相互之间的统一的过程,是同一个命题的自身的倒转,

15

同一个"自我是绝对本质"的命题，它的自身倒转就把这两方面都包含在内了。接下来就是具体的过渡了，前面可以说是一个总括性的描述，下面是具体讲怎么样从艺术宗教过渡到天启宗教。

[230] 　　艺术的宗教属于伦理的精神，我们早先看到这种精神曾在**法权状态**中沉沦了，沉沦于这个命题：**自我作为自我，作为抽象的人格，就是绝对的本质。**

　　"艺术的宗教属于伦理的精神"，这个我们前面已经讲到了，我们开始讲艺术宗教的时候就已经提到了它的社会历史背景，提到了它的伦理背景。艺术的宗教属于古希腊城邦社会那样一种伦理实体的意识形态，所以艺术宗教主要是讲的古希腊，自然宗教呢可以讲到埃及、波斯，讲到东方的这些文化、这些民族，而艺术宗教里面主要是讲古希腊。那么古希腊城邦的伦理精神，他这里回顾了一下。"我们早先看到这种精神曾**在法权状态**中沉沦了"，希腊城邦进入到罗马社会的时候，它的那种伦理精神就在法权状态中沉沦了。在罗马法的时代那是一个普遍堕落的时代，罗马帝国的时代是一个普遍堕落的时代，就是古代的那些纯朴的、朴素的城邦伦理法则已经沉沦，礼崩乐坏了，代之而起的是法权状态。法权状态是不讲道德上的牺牲的，法律只讲权利和公平。罗马法主要是私法，主要是民法，讲老百姓怎么样处理他们之间的一些利害关系、一些冲突，主要是这样一种状态。"沉沦于这个命题：**自我作为自我，作为抽象的人格，就是绝对的本质**"，这就是前面的那句话，自我是绝对的本质，把它引申一下，就是：自我作为自我，作为抽象的人格，就是绝对的本质。这就是个人主义，在这个基础上建立起来法权状态，就是承认自我作为自我，作为抽象的人格，它是绝对的本质。这里已经有了抽象的人格，财产关系它所表达的不仅仅是一种利益关系，而且是一种人格关系，私有财产是人的人格的属性。有点像孟子讲的，无恒产者无恒心，没有私有财产，哪有人格？我们今天讲的人格，其实都有它的物质基础的，但这个物质基础不能仅仅理解为一种物质，私有财产不仅仅是一种物质分配的原则，它是人格的原则，你上无片瓦，下无立锥之地，但是你具有拥有私有财产的权利，这个是不可剥夺的。所以哪怕是一文不名，但是你仍然必须被当作一个具有私有财产的人格来对待，我们今天打官司经常碰到这个问题，好像只要我补偿了你的利益损失，你就应当满意了，至于其他的方面你就不用考虑了，什么人格啊、尊严啊、精神损失啊，在中国只有一个名义，是不受重视的，除非你有"关系"。所谓"私有财产神圣不可侵犯"，何来神圣？就是说它是一种基本的原则，是人格得以立足的一条基本的原则，它是绝对本质、神圣本质。所以法权状态是立足于这一点的，抽象人格是绝对本质，我们中国人没有这个人格概念，人格这个概念是舶来品。从这方面看，孟子的"恒心"其实也不是人格，而是安定之心，不造反作乱之心。中国古代是没有人格这一说的，我们引进以后，马上把它变成了"人品"，人格相当于人品。其实它原来的意思并不是人品，不是道德评价标准，而是法权标准，它就是自我作为自我，作为抽象的人格，他是一个人，你得把他当人看，跟人品没关系。哪怕是一个罪犯，人品很不好，抓进了牢里，你也得把他当人看。抽象的人格就是绝对本质，这样一个命题是法权状态的基础，但是恰好是传统的古代伦理的沉沦，建立在这样一个法权原则之上的社会就是一个道德沉沦的社会。古罗马虽然有相当完备的罗马法、民法，但是在道德上是一个普遍沉沦的时代。

在伦理生活里自我沉没在自己民族的精神中，它是**充实的**普遍性。

在罗马法之前、在希腊城邦时代的情况则不同，"在伦理生活里自我沉没在自己民族的精神中"。自己的民族精神就是伦理实体、古希腊的伦理实体，在那里的自我是被淹没了的，希腊人每个个体、个人都自认为自己是属于城邦的，自己为自己的民族的精神要作奉献，至少是在道德观念上认为应该是这样。当然实际上还是有很多自私自利的人，但是那是违背道德的，在道德观念中、伦理生活中，个体必须放弃自己，要为自己的民族精神奉献自己，这就是道德、美德。"它是**充实的**普遍性"，就是

17

这个自我在当时是一种充实的普遍性，他已经被普遍性所充满了，没有为自己的自我留下一点余地。自我还没有真正独立出来，或者说这个自我呢是一种实体性的自我，是一种实体普遍性的自我，每个人都要自发地为自己的城邦牺牲自己的个人，直到苏格拉底才开始为自己的自我、个体灵魂开拓出一片天地。这句话是一种回顾。

但是单纯的个别性从这个内容里脱颖而出，它的轻狂把这种个别性纯化为人格，纯化为权利的抽象普遍性。

"但是"，就是现在我们进入到法权状态来了，情况已经不同了，已经进入到希腊城邦的伦理沉沦、道德滑坡了。这时，"**单纯的个别性从这个内容里脱颖而出**"，"单纯的个别性"打了着重号。现在我们是单纯个别性了，前面讲的是充实的普遍性，"充实的"打了着重号，这是对照而言的。充实的就有很多内容了，各种义务啊，家庭、国家啊，男人女人啊，就不单纯了；现在呢是单纯的个别性，它从这个内容里脱颖而出，从这个实体性的内容里面脱颖而出。"它的轻狂"，前面讲了少年的轻狂，"把这种个别性纯化为人格"。就是自我原来也有个别性，但是沉没在这个民族精神之中了，而且带有很多复杂的内容；现在我从里面摆脱出来了，我个人就是个人，个人就是很单纯的一个人，这种单纯的个别性纯化为人格，也就是纯化为一种抽象的人格，没有任何内容了。所有东西都是为了我，但是这个我是什么呢？我是一个出发点，但还没有什么内容。我所做的事情当然是跟城邦分不开的，跟集体分不开的，但是这种个别性它就是一个人格，我所做的任何事情都要从我的人格这个基点上来评价，这是我的原则。"纯化为权利的抽象普遍性"，人格和权利的抽象普遍性，这是紧密结合的，人格表现为权利，而一个基本的权利就是财产权，罗马法就是建立在私有财产权利之上的，就是处理这些私有财产权利的，包括土地，包括财物等等。这个跟东方有本质区别的，东方是不承认私有财产神圣不可侵犯的，不承认私有财产是绝对的本质。中国古代也可以买卖土地，但是买卖的只是使用权而没有严格意义上的所有权，最终普天之下莫非王土，一切土地都是国家的。我们今天也是如此,所有土地归根结底都是国家的,所谓的私有土地没有,顶多是暂时的,私人只有使用权,而没有所有权,你只是使用一下,你使用的还是国家的土地。什么个人的宅基地,什么集体土地,那都是名义上的,都没有什么意义,归根结底都是国家的,国家一旦要拿走,那些名义都是废纸。老百姓也没有这样一种权利概念,他们只要有使用权就够了,所以他们的人格概念也立不起来,没有立足之地嘛。这里讲的则是把这种个别性纯化为人格,纯化为权利的抽象普遍性,私有财产制度它本身就是一种抽象的普遍性,它不是归结于你有多少财产、他有多少财产,也不是归结于财产要多么平均、基尼系数不能超过多少,而是一种体制,一种法权状态,即每个人都有财产权,即便不是每个人都有财产,更不是每个人都有同样多的财产,但是每个人都有同样的财产权,这就是一种抽象的普遍性,即权利的抽象的普遍性。

　　<u>在这种抽象普遍性里伦理精神的**实在性**就丧失了,各民族个体的那些空无内容的神灵被聚集在**一个**万神殿里,并不是聚集在一个表象的万神殿里,这表象的无力的形式可以使每个民族个体得到满足,而是聚集在抽象普遍性、纯粹思想的万神殿里,这种纯粹思想使那些神灵失去身体,并且赋予那无精神的自我、个别的人格以自在自为的存在。</u>

　　"在这种抽象普遍性里伦理精神的**实在性**就丧失了","实在性"打了着重号。伦理精神本来是充实的,是一种充实的普遍性,是紧紧抓住现实生活和大地的;但是在这种抽象普遍性里,在抽象权利的普遍性里,伦理实体的实在性就丧失了,伦理实体已经不能支配人们的日常生活了。那些观念还在,那些理念还在,但是已经没有实在性了,它只剩下一些抽象的理念,美的理念啊,善的理念啊,美德啊,城邦的责任和义务啊,某种身份啊,在罗马帝国的人员混杂、地域辽阔、多民族共存的情况下,这些已经不适用了,成了一些抽象的理念而失去了它们的内容。"各民族个体的那些空无内容的神灵被聚集在**一个**万神殿里",各民族的个体,当时的民族(Volk)很小了,一个城邦就是一个民族,就是一个个体。各民

族那些空无内容的神灵被聚集在一个万神殿里，"一个"打了着重号，各个民族，各个城邦，它的那些空无内容的神灵都被聚集到罗马来，放在一个万神殿里，这是罗马帝国统治的需要。那些神每一个都代表一个理念，他们的内容被去掉了，只剩下这些理念了，被集聚在一个万神殿里，甚至被偷换成了罗马神的名字：宙斯换成了朱比特，阿芙罗狄忒换成了维纳斯，阿尔忒弥斯换成了狄安娜，阿瑞斯换成了玛尔斯。为什么"一个"要打着重号呢？就是万神归结为一，所有的理念都归结为一，这是柏拉图的理念论所强调的，所有的理念最后归于善的理念。在现实中各个民族的空无内容的神灵被集合在一个万神殿里，这只有在抽象理念的世界里面才做得到，如果把那些内容都放进来，那就做不到了，就不能够放在一个万神殿里，它们之间是各不相同的。"并不是聚集在一个表象的万神殿里，这表象的无力的形式可以使每个民族个体得到满足"，并不是聚集在一个表象的万神殿里，因为只有把这些表象性的东西都抽掉了，空无内容了，它们才能够聚集得起来。如果是在一个表象的万神殿里，那么这表象的无力的形式可以听凭每个民族个体去理解，让每个民族去满足，却不能理解其他民族的表象，那就还是一盘散沙了。如果还是以表象这样的形式凑合起来的话，那是无力的，一个民族的神没有力量把别的民族的神统一起来。只有怎么样才可能做到大一统呢？取每一个神的抽象的含义，也就是取他们的理念，取他们的理念就可以把他们统一在一个万神殿里。所以下面讲，"而是聚集在抽象普遍性、纯粹思想的万神殿里，这种纯粹思想使那些神灵失去身体，并且赋予那无精神的自我、个别的人格以自在自为的存在"，现在我们在万神殿里面之所以能够把他们统一起来，是因为他们都是一些抽象的普遍性，是一些纯粹的思想，这个万神殿是一个纯粹思想的万神殿。如果停留在表象上，万神殿里面五花八门，什么神都在里头，那么你这个城邦的人跑到万神殿里面一看，哎，这里有我们的神，然后还有奇奇怪怪的其他的神，那么你看完以后什么也没得到。你真的要能够把这个万神殿当作一个万神殿来把握，那就必须要了解每一个神他代表什么，他的理念是什么，他的思想是什么，那么这个时候你就可以对这个万神殿有一种更高层次的总体的理解。比如说宙斯或朱比特代表正义，那他应该居于主位，其他的顺次排列，智慧啊，理性啊，文艺啊，等等，这种排列是一种观念的排列，不是按照哪个城邦更厉害，哪个更强大，你就放在中间。那样的表象的把握只是表面的，万神殿并没有因此而成为"一个"。所以他这里讲，这种纯粹思想的万神殿使那些神灵失去身体，他的身体、他的外部形象那些东西都不重要，并且赋予那无精神的自我、个别的人格以自在自为的存在。现在这种自我已经是无精神的自我，是已经从民族精神中抽象出来、摆脱了现实的精神即伦理的自我，它的个别人格已经没有任何内容，而只有抽象的权利，比如它不在乎拥有多少财产，只在乎拥有财产的平等权利。于是思想的普遍性就赋予这种个别人格或权利以自在自为的存在，它是每个公民普遍拥有的权利，既具有客观的衡量标准，又具有主观的可行性。每个人的绝对自我在这种抽象思想的层面上，又与其他的人的人格处在一种普遍的关系之中，处在一种合理的关系之中，这就是法权状态。法权状态就是每一个人的权利作为一种抽象个人的人格都要得到承认，一部《罗马法》，就是要处理所有这些个体人格之间的合理关系，处理他们的财产关系，更重要的是处理他们的人格之间的关系。他们的人格具有抽象的普遍性，是一种纯粹思想的关系，那么这样一来呢我们就从个别自我意识进入到了另外一个层次，那就是斯多葛主义，斯多葛主义属于普遍的自我意识。要注意从个别自我意识向普遍自我意识的进发的过程实际上就是向天启宗教进发的过程，到了斯多葛主义，就在开始为天启宗教作精神准备了，当然个别自我意识已经开始作这个准备了，已经是一个起点，但是还必须提升到一种普遍性，光是那种个体主义还不够。

　　但是这个自我由于它的空虚性而将内容放走了；这种意识仅仅**在自身中**是本质；它自己特有的**定在**即在法律上人格的被承认是未经充实的

21

抽象；因而它毋宁只占据着对它自己的思想，或者说，它既是**定在于此**并且知道自己是对象，它也是**非现实的东西**。

"但是这个自我由于它的空虚性而将内容放走了"，在艺术宗教那里已经开始抽象了，个别自我意识已经开始是一种抽象了，已经把它的内容抽掉了。而在斯多葛主义这里呢，这个自我由于它的空虚性而将内容放走了，就是比艺术宗教的个别自我意识更加抽象，艺术宗教的个别自我意识虽然已经是抽象的了，但是它还带有感性的内容，要创造出艺术作品出来，虽然跟整个社会的伦理、跟高高在上的神都没有关系，它嘲笑它们而形成了喜剧，但它还是有它的喜剧内容。但是这个自我在法权状态中由于它立足于自己的空虚性、它的抽象的人格，它作为抽象人格而确立为绝对的本质，那么它就是彻底空虚的了，就是自觉地将一切内容都放走了。人格这个概念就是斯多葛派提出来的，Person 这个词就是斯多葛派的用语，人格已经不管它的内容了，它只管人格本身，它的抽象性，它的一贯性，它的不可侵犯性，它的尊严，我们今天讲人的尊严，人的尊严就是人格。"这种意识仅仅**在自身中**是本质"，这个自我、这种自我意识是绝对本质，但它仅仅在自身中是本质，斯多葛派的自我意识就是仅仅在自身中是本质，当然它是普遍的自我意识，但是并不和外在事物的内容相关。"它自己特有的**定在**即在法律上人格的被承认是未经充实的抽象"，这个自我也有自己特有的定在，"定在"打了着重号。它的定在体现在什么地方呢？体现在法律上人格的被承认，这才是它的定在，它存在于法律上，而且在法律上很确定。但是这个被承认是很抽象的，法律上的被承认，承认你是一个人，承认你有你的人格和权利，这是未经充实的抽象。你有财产权，但是你没有财产，尽管你的财产权受到尊重，但是无从表现，无产者拥有的财产仅仅是自己的劳动力，自己的力气，那个可以得到尊重，但没有什么用。你要有财产才能体现出来人家对你的人格、对你的财产权的尊重，但是你没有财产，那对财产权的尊重不是一个空的抽象？所以这种抽象的人格原则上它是被承认的，在法律上是被承认的，但在实际上没有任何内容，它是未经充实的抽象。"因而它毋宁只占据着对它自己的思想，或者说，它既是**定在于此**并且知道自己是对象，它也是**非现实的东西**"，它没有占据任何物质，它没有占据任何财产，它只占据着对自己的思想。斯多葛派特别强调这一点：思想就是人的财富，我身无分文，但是我的思想很富有，这就够了，我占据自己的思想。这就是说，它定在于此，并且知道自己是对象，这是从法律上说的；但另一方面，它也是非现实的东西，"定在于此"和"非现实的东西"都打了着重号，以示对照。它定在于此，那应该很现实啊，但是，定在于此只是定在于法律上，定在于法律条文上，大家都得尊重他，都不得侵犯他的权利，都不得损害他的尊严；但是另一方面，它也是非现实的东西，斯多葛派强调的就是人格这个概念只属于思想或灵魂，对于所有现实的东西他们都可以视为身外之物，都是不值得重视的，唯独个人的人格是最重要的。所以他们都把人格看成是非现实的或者说超现实的东西，哪怕斯多葛派的塞涅卡富可敌国，他比皇帝还富有，但是千金散去还复来，他根本就不把这些财富当回事，最后要死就死，没什么可以留恋的，他很豁达。我们看塞涅卡的著作可以发现这个人很怪，他肯定是个贪官，贪了那么多财，但是他又宣扬要蔑视财富，甘于贫穷，财富根本就无所谓的，又很超脱，死的时候他毫不畏惧，皇帝赐他死，他从容就死，那么多财富他毫不惋惜，所有这些东西他都看作非现实的东西。

因此它只是斯多葛式的思维独立性，而这种思维独立性历经整个怀疑意识的运动，便在那样一种曾被称为**不幸的自我意识**的形态里发现了自己的真理性。

"因此它只是斯多葛式的**思维独立性**"，自我只在思想上独立了，斯多葛派强调人格的独立性，但这种人格的独立性只在思想之中。在现实中你可以是奴才，你可以当奴隶，而且你应该满足于你当奴隶。爱比克泰德特别讲到，你把我关在牢里面，我也是个自由人，你可以把我的手也砍掉，你可以把我的命拿走，但是你也不能损害我的尊严。这是斯多葛派引以为自豪的，就是再怎么样他的思想也是独立的，你可以让我鞠躬，但是我的心并没有向你鞠躬，你总不能把我的心拿出来嘛。你把我的心拿出来也没用，我心里不认你，我表面上对你恭恭敬敬，但我心里瞧不起你，你就拿我没办法。"而这种思维独立性历经整个怀疑意识的运动"，怀疑派正是从这种思维独立性中产生出来的，任你有什么样的外在证据，我都不相信，我可以怀疑一切。这是同一个原则，但和斯多葛派采取了相反的立场，怀疑派是对一切都不认，斯多葛派是对一切都认了，认了也没有关系，无非是忍耐，无损于我的立场。而怀疑派则更彻底，他们觉得承认现实就是放弃了自我独立的立场，所以必须怀疑一切，决不妥协。那么你一旦进入了这种怀疑论，那你就进入到了不幸的意识，因为历经整个怀疑意识的运动，"便在那样一种曾被称为**不幸的自我意识**的形态里发现了自己的真理性"，斯多葛派经过怀疑论进入到了不幸的自我意识，这就进入到基督教的意识形态氛围了。注意这里的"不幸意识"已经提升到了"不幸的自我意识"，这是和前面讲"自我意识"那一部分稍有不同的，在那里不幸的意识还只是对于人在现实生活中、在对象世界中的不幸命运的意识，而在这里则是对自我本身的精神上的不幸的意识，是更高阶的不幸意识。所以基督教的意识形态你要理解它的起源的话，你必须要关注这三种思想资源，一个是苏格拉底的自我认知，一个是斯多葛派的自我独立，还有一个是怀疑派的自我怀疑，怀疑派的成熟形态就是罗马新柏拉图主义。你要把这三派的意识形态以及它们相互之间的关系弄清楚，对于基督教精神是怎么产生的，你才能够知道它的来龙去脉，它不是天上掉下来的，它是一步步走过来的。好，今天就到这里。①

＊　　　　　　＊　　　　　　＊

好，我们上次讲到了天启宗教的第一个标题，"天启宗教的形成"，就

---

① 以上是一次课所讲的内容。为了区分课程顺序，书中用"＊"隔开。

是追溯天启宗教怎么来的。那么，要追溯这个过程，首先就是追溯到艺术宗教走过的历程。在艺术宗教里面，作为一种自我意识的宗教所走过的历程，从开始的兴旺，然后走向衰落，走向了希腊后期的希腊化时代和罗马时代，走进了法权状态。走进法权状态就意味着艺术宗教的那样一种意识形态的沉沦，意味着伦理世界的沉沦。前面讲了，艺术宗教的基础就是当时的希腊城邦社会的伦理世界，伦理世界形成了一套伦理规范，但是在法权状态中伦理沉没。伦理的沉沦在精神上表现为一个是伊壁鸠鲁的享乐主义，这方面黑格尔没有怎么提到；一个是斯多葛派的普遍的自我意识。伊壁鸠鲁是个别自我意识，但黑格尔嫌他层次太低，所以用苏格拉底的个体意识取代了他。以苏格拉底为代表的个别自我意识标志着希腊的伦理世界开始走向沦丧，而柏拉图和斯多葛主义虽然极力地想挽救道德，但是他们那种挽救是非常抽象的，他们的道德是高高在上的理念世界和逻各斯，远离现实生活，想逃到一种抽象的概念体系里面。那种道德最后的发展方向，或者说最后所落实下来到每个人心中，就是不幸的意识。不幸的意识就是基督教之所以产生的一个意识形态土壤，现实中到处都充满着不幸的意识，罗马时代人们已经对于精神的生活感到绝望，现实生活陷入到物质关系之中，只能靠法权来维持人与人之间的抽象的关系，就是建立在财产关系上的人格的关系。个人与个人之间依靠法权协调，来生活，当时《罗马法》制定了详细的规范，靠这样一套东西来维持人们之间的关系，但是在精神上陷入到了不幸和绝望。所有的精神价值都被嘲弄过了，都被摧毁了，都被踩在脚下，以往的那些崇高的东西都烟消云散。这是我们上次讲到的天启宗教的形成，它必须有个前提，它的意识形态前提就是这种不幸的意识，它的社会生活前提就是传统伦理已经解体，让位于法权状态。那么今天接下来讲，从这个不幸的意识里面我们可以分析出某种意识形态的结构。我们前面讲到，在不幸的意识里面发现了前面那些意识形态，像斯多葛派啊、怀疑主义啊，它们的真理真正说起来，在这些东西的后面是不幸的意识。斯多葛派好像是非常有道德，非常有理想，不屑于跟世俗同流合污，好像很清高，都是些道德家，但是你看斯多葛派的那些领袖人物、那些思想导师，他们最后好多都走向了自杀的道路。像芝诺，还有好几个很典型的，都是自杀死的，就是觉得活得没意思，活在世界上充满了不幸。虽然他心中有一个道德，但是这个道德跟现实生活没关系，永恒的道德跟人的生活没关系，你死了也好，活着也好，那个道德始终在那里，所以你的生活是没有意义的，你的生命是没有意义的。所以斯多葛派鼓吹自杀，而且确实有些人就自杀了，他们为自杀提供理由：如果你觉得活得没意思了，那就不如去死。或者说一旦你经历过了，你就没有必要再活了，因为太阳底下没有新事，所有的事情都是轮回，都是旧话重提、老生常谈，活千万世同活一世没有什么区别，甚至活一百岁与活到四十岁也已经没有区别了。这样活着还有什么意思呢？所以对现实生活绝望，这就是不幸的意识。

<u>不幸的意识知道抽象人格的现实效用是怎么回事，同样也知道抽象人格在纯粹思想里的效用是怎么回事。</u>

这讲了两个方面，一个是现实效用，一个是在纯粹思想里的效用，什么东西的效用呢？就是抽象人格，抽象人格就是斯多葛派在哲学上所提炼出来的这种人格性，Person，拉丁文写作persona。这个词在古罗马是指戏剧舞台上的面具。当时的人演戏的时候都要戴上一个面具，为什么要戴上一个面具呢？戴上一个面具说明你在扮演这样一个角色，person也有角色的意思。斯多葛派认为，每个人活在世界上，都是神派到世界上来扮演的一个角色，否则你什么也不是啊，你只有扮演某一个角色你才是人。所以person这个词也可以翻译成"人"，或者"个人"、"角色"、"面具"、"人身"，最抽象的意义就是人格了，我们这里翻译成"人格"。那么斯多葛派这个意思在现实中、在法权中有它的根据，法权状态就是以每一个个人为单位，不管你是什么人，穷人还是富人，贵族还是平民，自由民还是奴隶，反正你就是作为一个人，作为一种抽象的人格，你就拥有财

产的权利。当然罗马奴隶制下，奴隶还不具有这种权利，但斯多葛派认为应该取消这种差别，人人平等，根据你的人头，我们今天讲的按人头来分配权利。你是一个人，你就有一份权利，这样法权状态才能够建立得起来啊。所以每一个人、每一个人格都是上帝派到世界上来扮演的一个角色，不管地位高低，少一个角色戏就演不成，所以每个人的角色你要演就要演到底，在上帝眼中这些角色没有贵贱高低之分，都是必要的。你在舞台上面不能够改换你的面具，你要演戏你就要演到底，也就是我们今天讲的要保持人格的一贯性。有的人说我以我的人格来担保，什么叫以人格来担保，就是说你行不改名、坐不改姓，你就是你，你始终维持你的人格的同一性。我昨天说了的话我今天要兑现，我说话算话，前后一贯，言行一致，这就叫人格的一贯性，就像你在扮演一个一贯的角色一样。你不能改换角色，做两面人，甚至多面人，那叫人格分裂，多重人格，是精神有病了。角色是神派给你的，世界是一个大舞台，每个人都要把自己的角色扮演到底，这就是人的使命。那么，抽象人格它的现实效用是怎么样的呢？"不幸的意识知道抽象人格的现实效用是怎么回事"，现实效用是抽象的，每一个人作为一个抽象的人格，其实并不意味着你有多少财产或者你有多少具体的内容，而是说你具有拥有财产的权利，这是法权状态的原则；但这个权利也可能是空的，你可能一无所有，但是你仍然拥有这个权利。那么落实到现实中来呢，它是空的，它本身在现实中没有任何意义，没有任何价值，你的人格不能为你现实拥有的东西增加一丝一毫。这是不幸的意识已经知道、已经看穿了的，你的财富多也好，少也好，地位高也好，低也好，都丝毫不改变你的人格，所有的人，到最后都是赤条条来去无牵挂。所以才觉得现实的人生没有意义嘛，在现实中只有不幸，感觉到苦恼，感觉到不幸福。那么"同样也知道抽象人格在纯粹思想里的效用是怎么回事"，一个是在现实里的效用，一个是抽象人格在纯粹思想里的效用。在纯粹思想里的效用是怎么回事呢？纯粹思想的效用，那就是斯多葛派主张的人人平等具有的人格尊严了，斯多葛派坚持个人的那样一种纯粹思想的效用，这看起来非常崇高，但却否定其中的现实的效用，觉得人活在世界上没有意义，所以纯粹思想里的那种效用是没有着落的，是架空了的。但正因为有思想中的这种效用，现实效用的无意义才得以凸显出来，才被人意识到，才产生出不幸的意识。因此纯粹思想的这种效用在现实中恰好是一种负效用。

<u>它知道这样一种效用其实倒是完全的损失，不幸意识本身就是它自己所意识到的这种损失和它对自身认知的外化。</u>

"它"，也就是不幸的意识，"知道这样一种效用其实倒是完全的损失"，抽象人格在现实中的效用是空的，而在纯粹思想里的效用则是意识到它是空的，意识到人生的虚空和不幸，所以抽象人格的所有这些效用完全是一种损失。虽然现实的虚空不影响你拥有人格，但正因为你在思想上拥有人格，你就更清晰地意识到这种虚空，更难忍受。所以斯多葛派提倡一种忍耐精神，任何命运降临到你的头上都是上帝命令你扮演的一个角色，你就必须把它演好，坚持你人格的一贯性来承受你的命运，上帝派定你承担这样一种苦难的命运，那你就得承受苦难。所以这一套说教实际上不能给人带来任何收获，不能让人心安理得、甘之若饴，它是一种完全的损失，以及对这种损失的承担。"不幸意识本身就是它自己所意识到的这种损失和它对自身认知的外化"，不幸的意识无非就是对这种损失的一种自我意识，自觉到了这样一种损失，那就是不幸的意识，把所有的这些现实的效用都看穿了，看穿了其实都是虚无，所以这也可以看作是一种虚无主义、怀疑主义。斯多葛派和怀疑主义其实是一个东西的两面，斯多葛派表面上好像很崇高，坚守道德人格，它是绝对地反对虚无主义的；但是实际上它本身就是一种虚无主义，它的道德落不到实处，落到实处就是怀疑主义，是否定一切现实生活的。经过怀疑主义、虚无主义就导向了不幸的意识，当然不幸的意识也是一种自觉。所以讲，这种不幸的意识本身就是它对自身认知的外化，它对自身有认知，认知到自身是抽象人格，而这种抽象人格外化出来，Entäußerung，我们把它翻译

成"外化"，就是把它推到外面去，也有抛弃、放弃的意思，就是发现它在外部现实中是虚无，它损失掉了整个外部世界，正因此它才感到不幸，感到悲伤啊。我知道了我的命运，我感到这是不幸的，这种不幸的意识实际上是一种认知、觉悟，有点类似于佛教讲的"苦集灭道"四谛中的"苦"谛。但佛教讲的痛苦主要是肉体上的，生老病死，斯多葛派讲的不幸或苦恼则是人生苦短，世事无常，善恶难辨，强弱智愚无别，财富、享乐、子息、长寿，均无意义，如《圣经·传道书》所言："虚空的虚空，凡事都是虚空"。也就是意识到所有一切现实的分别都是虚空，都是虚假的，但是又不安于这样一种虚无，所以有一种不幸的意识。这种不幸的意识是我们中国人最缺乏的，当我们中国人意识到一切都是虚空的时候，我们就很轻松了，就觉得一切都解脱了，反正一切都是虚空嘛，四大皆空，那不解脱了吗？但是古罗马人恰好跟我们是不同的，当他意识到一切都虚空的时候就感到不幸，就感到绝望，哪怕他觉得自己已经达到很高的境界，但是这种境界本身是一种绝望的境界，不是感到享受，恰好是感到不幸和沉重，是一种智慧的痛苦。我们通常认为"看破红尘"是一种很高的境界，那就是高人了，那就没有什么痛苦了；但是西方人跟我们不同，一旦看透了，就痛苦不堪，要寻求更高的安慰或解脱。其中的奥秘就在于这种抽象的人格意识，我们中国人没有这种人格独立的意识，是体会不到这种虚无感的痛苦的。而这也正是基督教之所以在罗马产生出来的秘密。

　　——我们看到，这种不幸意识构成了那自身中完全幸福的意识即喜剧意识的反面和补充。

　　这就是我们刚才讲的，同一个抽象人格在现实效用中和在纯粹思想效用中是相反相成的，体现在喜剧意识中，完全幸福的意识是它的正面，因为喜剧的快乐就在于观众在纯粹思想里坚持自己的独立人格，以此为基点去嘲笑喜剧中的人物，获得自己的幸福感。但同时又伴随有不幸的意识作为反面，因为在喜剧的观赏中，在享乐中，我们看喜剧看得哈哈大笑，笑过以后发现一切都是虚空，所以又陷入到一种不幸的意识。喜剧精神它就有这个特点，就是"含泪的笑"，西方人讲到喜剧精神的最高境界就是含泪的笑，笑过以后突然间你觉得一切都是那么样的不幸。它跟悲剧意识恰好是颠倒的，悲剧精神是当你在悲哀之中、在一种同情和痛苦之中回过神来，你突然会发现有一种很崇高的东西在支撑着你，使你的心灵得到了净化。悲剧它让你感到痛苦，但是痛苦过后你感到一种净化，亚里士多德的"净化说"就是用来解释悲剧的。悲剧起什么作用？为什么人们甘愿到剧场里面去流泪？流泪不是痛苦吗？这是必要的，经受过痛苦以后你才能有一种精神的净化。喜剧精神与此相反，人们要到剧场里面去享乐，一直都不开心，看了一场喜剧，开心了；开心了以后呢，它又有一种反面的补充效应，那就是不幸的意识。一切看起来崇高的、有价值的东西都是那么的可笑，人活在世界上真是不幸；但只有自我意识和人格意识独立的观众才会看到这一点，才会把这种不幸当作喜剧来欣赏。所以不幸的意识实际上是自身独立自足的人格的反面和补充。

一切神圣本质① 都返回到喜剧意识里，或者说喜剧意识是对**实体**的**完全外化**。

"一切神圣本质"，神圣本质也就是实体了，也就是城邦的神、神圣的伦理实体。一切神圣本质现在"都返回到喜剧意识里"，这个返回也可以理解为下降，它本来是高高在上的，高不可攀，但现在呢被我们拖到了喜剧意识里面来，拉到了喜剧舞台上面来出洋相。凡是崇高的东西我们都可以把它拉下来。"或者说喜剧意识是对**实体**的**完全外化**"，"实体"和"外化"都打了着重号。外化我们刚才讲了，具有一种抛弃、放弃的意思，把它推到外面去加以拒斥的意思。在喜剧意识里面把实体一方面拉下来，拉到我们的庸俗的日常生活里面来加以嘲弄，那么原来的那种实体性、那种崇高性在喜剧意识里面呢就被外化了，就被当作外在的对象来玩弄

---

① 袖珍版中是"一切神圣本质"（alles göttliche Wesen），丛书版为"这个神圣本质"（das göttliche Wesen）。——中译者

了。你不要跟我说这些东西,你这些大话我不愿意听,原来的那些崇高的、冠冕堂皇的东西都被拒斥掉了,在喜剧意识里面一切神圣的东西都变成了被玩弄的对象。

与之相反,不幸意识倒转来却是应该自在自为存在的**自我本身确定性**的悲剧命运。

"与之相反",与这个喜剧意识、喜剧精神相反。"不幸意识倒转来",不幸意识跟喜剧意识在这一方面可以看作是颠倒的,因为它是喜剧意识的反面和补充嘛,所以你看完喜剧之后,你回过神来所感到的那一面就是不幸的意识。不幸意识倒转来"却是应该自在自为存在的**自我本身确定性**的悲剧命运","自我本身确定性"打了着重号。就是喜剧意识调侃崇高,亵渎崇高,把所有神圣的东西都踩在脚下,那就没有任何实体性的东西了,一切都是玩世不恭了;既然是玩世不恭,那就没有确定性了,一切都是动摇不定的,都在游戏之中,都被玩弄。但是玩弄完了之后呢,背后还有不幸意识,不幸意识里面呢倒是有一种自我本身的确定性,这个自我本身确定性是应当自在自为存在的。在喜剧意识的底下,它自在自为地存在着一种自我本身的确定性,因而有一种悲剧命运。你的那种自得其乐、自以为高明地嘲笑一切,使自己的独立人格丧失了一切现实内容,不亦悲夫? 也就是说,这种自我本身确定性决不是说有一个实体在支撑着它,使它的自我坚定不移,而是确定地知道没有什么东西能够支撑它。当这一点确定下来,那就是绝望,最确定的就是这种逃脱不了的绝望,是对这种悲剧命运的意识。在喜剧里面我们可以看出悲剧来,你的命运就是悲剧,你那么样地嘲笑一切,以为自己比剧中人物高明,但高处不胜寒,你到头来发现自己一无所有。悲剧和喜剧是一体的两面,表面上是喜剧,其实骨子里是悲剧,为什么有含泪的笑? 就是这个原因。在喜剧意识的底下有一种不幸的意识,这种不幸的意识倒转来是那种本来应该有自我本身确定性的悲剧命运。本来抽象人格给了自我本身以自身确定性,这个自我应该是自在自为存在的,应该是有确定性的;但却发现唯一确定的就是这个自我的悲剧命运，注定了你的命运是悲剧，你的生活、你的人生，都成了一地鸡毛，破碎不堪。在任何确定性都被消解了以后，在喜剧意识里面最后唯一剩下的就是这个确定性，就是一切都不确定，一切都不神圣，一切都无意义，这就是人生吗？这就是人生，这就是人生的确定性。人生就是在世界上演戏，最后演的是悲剧。

[231]　　　它就是对于在自己的**这种确定性**中损失了一切**本质性**的意识，是对于恰好把对自己的这种认知——无论是实体还是自我，都损失掉了的意识，不幸的意识是痛苦，这痛苦用这样一句冷酷的话说出来，就是**上帝已经死了**。①

"它"，也就是不幸的意识了，这是同一个主语。这个不幸的意识前面讲到，它倒转过来成了抽象人格的悲剧命运。所以它"就是对于在自己的**这种确定性**中损失了一切**本质性**的意识"，"这种确定性"和"本质性"都打了着重号。就是说不幸的意识最后有了一个确定性，什么确定

---

① 黑格尔在这里提请注意的是对基督教神学的一种绝非通常的表达方式，它首先是由马丁·路德如此鲜明地提出来的。参看《马丁·路德全集》考订版第50卷，魏玛1914年版，第589页："因为我们基督徒必须**习惯**于基督中两种本性／在人格上的平等和各自独立／神作为基督和人存在于一个人格中／因此凡是把他作为人来谈论的／也必然是对神的谈论／就是说／基督死了／而基督是神／所以上帝死了／并不是一个孤立的上帝／而是一个与人结合着的上帝／因为关于一个孤立的上帝这两者都是虚假的……"在黑格尔的《宗教哲学讲演录》中他以类似的关联而涉及路德教的赞美诗。显然，一首17世纪的赞美诗由于其艰深的表达方式而受到一般人多方面的指责，参看"约翰·里斯腾的天国之歌／以极为柔美优雅的／由卓越而广负盛名的 H.Johann Schop/ 所恰如其分地谱成的曲调／现在刮目相看／将完全不同的、更加正确的秩序带进统一／有多处改进／并以一种有利的方式装订"，纽伦堡，1658（也参看 J.Porst：《宗教的和爱情的赞美歌》，柏林 1796，第 114 首），其中第二节是这样的：

　　　啊，伟大的受难！
　　　上帝本人死在那里／
　　　祂死在了十字架上／
　　　由此而给我们
　　　从爱中赢得了天国。

　　　　　　　　　　　　　　　　　　——丛书版编者

性呢？它是一种"损失了一切**本质性**的意识"的确定性，在这种确定性中损失了一切本质性的意识。它的这种确定性并不是一种本质性的意识，而是一切本质性的损失，它确定了这一点，确信它已经失去了一切本质，这一点跟喜剧性是一脉相承的，所以它不是反对喜剧，它就是喜剧性的反面，不幸的意识是同一个喜剧性的另一面。喜剧性已经告诉它，已经没有一切本质性了，那么不幸的意识呢就确定了这一点，的确是这样，我已经没有任何本质性了，这就把喜剧性消解一切本质性的那样一种状态确定下来。"是对于恰好把对自己的这种认知——无论是实体还是自我，都损失掉了的意识"，也就是不幸的意识恰好就是把对自己的这种认知损失掉了的意识，因而是把实体和自我都损失掉了的意识。不论你对自己的认知是崇高的实体，还是个别的自我，双方都损失掉了。崇高的实体被你嘲笑，失去了意义；既然如此，你的个体人格也就成了空壳，也没有了意义，所以它已经损失了一切本质性。这个世界上已经没有崇高，也没有真正的独立的自我，没有真正独立的人格，这两方面的本质性都被不幸的意识所看穿、所放弃了。所以最后他讲，"不幸的意识是痛苦"，这个痛苦是怎么来的呢？是由于看穿了而带来的，所以也可以说是一种智慧的痛苦，一种认知的痛苦。"这痛苦用这样一句冷酷的话说出来，就**是上帝已经死了**"，"上帝已经死了"打了着重号。这句话是黑格尔的一句名言，下面贺先生他们加了一个中译者注："'上帝已经死了'是黑格尔这书中的名言。现代存在主义者抓住这句话大做文章。黑格尔这里只是在表述苦恼意识这一独特意识形态有'上帝死了'的想法，并不表明他自己主张无神论。"这个是有点意识形态批判的色彩了。我们看这里德文版也有一个长注，说明这句话其实最早并不是黑格尔说的，黑格尔是从马丁·路德那里借来的，当然有点断章取义，但是也不是完全没有联系，它是有联系的。就是马丁·路德讲到耶稣基督作为神和人是同格的，他既是神也是人，所以你就不能否认哪一方面；作为人来说，耶稣基督死了，你讲他复活也好，或者最后审判的再临也好，那都是另外一个意义上面讲的了，但是实际上凡是作为人来讲的也必须在神身上来谈，否则的话你就不能把耶稣看作是上帝，那耶稣基督就没有神圣性了。而既然你必须把耶稣基督看成是神，看成是上帝，那么耶稣基督死了，也就是上帝死了。耶稣基督的确是死了，你讲他复活，那恰好说明他死了，死了才能复活啊，所以"上帝已经死了"这恰好就是基督教新教神学本身的一种表达方式。但这个表达方式绝不是通常的表达方式，是非比寻常的表达方式，在马丁·路德这里提出来也是惊世骇俗的，但是它有道理。既然三位一体，圣父、圣子、圣灵就是一个东西，一个人格，那么你就不能否认上帝死了，或者至少你要承认上帝死过，你最后说他又复活了，那是作为神复活了，但作为人已经死了。黑格尔这句话它是有出处的，不是他首创的，当然后来尼采更加把这句话拿出来做文章，那又引向了另外一个方向了，就是否定了基督教。但是黑格尔这里呢，还是遵循着新教、路德教的传统，它是从马丁·路德的话里面引出来的，并且要根据基督教诞生的那个时代的历史感来体会。黑格尔有这种历史感，就是在罗马帝国的时代，也就是耶稣诞生和受难的时代，在罗马是法权状态，耶稣被钉上十字架这样一个事件，它不仅仅具有基督教教义里面的含义，而且具有那个时代的含义，它是一个象征，它象征着那个时代中凡是有肉身的上帝都被否定了，在世俗化的大潮中，凡是有肉身的上帝已经死了，而纯精神的上帝呢还有待于建立，有待于复活，真正的基督教是在耶稣基督被钉上十字架以后才形成起来的。耶稣到处传教，但是没有被人们广泛接受，基督教的意义也没有阐明出来，这意义是借助于上帝的受难即耶稣基督的受难和复活这一套半事实半传说的教义才慢慢地被后人建立起来的。所以讲到上帝死了，你可以理解为一个具体事件，就是耶稣基督被钉上了十字架；你也可以理解为当时的时代精神就是这样一种精神，耶稣为什么会被钉十字架，是因为当时的人已经不相信有真正的神了，所有的神都被踩在脚下，都被嘲弄。所以耶稣被钉十字架时也受到嘲弄，那些士兵把他抓起来，打他，然后给他带上荆冠，假装对他顶礼膜拜，说你是我们这个世界的王啊，我们现在马上就要把你送上十字架，嘲弄他。就是完全不相信有什么神圣的东西，这就是上帝死了的另一层含义，是当时的时代精神的一种体现，并不仅仅是耶稣受难这一个事件。所以上帝死了不仅仅是指耶稣基督这个人死了，而是耶稣的神性也在人们心目中死了，这两者是不可分开来讲的。至于现代存在主义者抓住这句话做文章，那当然也是有它的来由的，现代存在主义者的时代跟当时的罗马时代有很多相吻合的地方，就是对那些本质性的东西已经看穿了。所谓存在先于本质，人在确定这些本质之前先要存在，所谓存在就是一种自由意志的自决嘛，一切本质都没有什么神圣的，都是人自己的自由意志所造成的。这跟当时的罗马时代的普遍沉沦有类似之处，现代社会也有这样一种特点，就是人们不再相信一个上帝，而是相信自己的抽象人格，但一个没有内容的抽象人格必然陷于虚无主义。只不过和罗马时代不同，这是一种积极的虚无主义，而不是消极的虚无主义，它不是最终依赖一个上帝的拯救，而是起来自救。这个世界本身是没有本质的，是荒诞的，你要得到本质，必须要自己去建立，你要先存在起来，才能自己去设定本质，给这个荒诞的世界赋予自己的意义。否则的话，没有人能给你一个意义，这个世界有没有意义啊？谁说的话都不算数，只有你自己赋予它的意义那才是真正的意义。现代存在主义从这里头发挥出很多很多东西，那么首先有个前提，就是说这个世界是没有意义的，上帝已经死了，所有的神都已经死了，所有的神都被人们踩在脚下，这个时候才会激发人们去创立自己的意义，因为他已经意识到没有任何东西能够阻挡他去创立自己的意义。其实基督教本身也是在耶稣死了以后他的信徒们创立的，当然是借助于耶稣基督的那些话，但实际上是后人所创立的，那么在创立之前呢，必须要有这样一个社会环境，就是不幸的意识是痛苦。如果你在不幸的意识里面感觉不到痛苦，那也就谈不上创立，如果你沉浸于享乐之中，醉生梦死，过把瘾就死，活着就要寻欢作乐，死了就死了，什么也可以不考虑，那也就产生不了信仰，产生不了天启宗教。天启宗教的产生必须要在享乐之中感到痛苦，所以不幸的意识是痛苦，这痛苦用这样一句冷酷的话说出来，就是上帝已经死了。上帝死了不是说你寻欢作乐的好机会到了，而是说很冷酷。我们以前都相信有神，现在不相信有神了，不相信有神了这是很痛苦的，为什么痛苦？因为人除了物质享乐以外还有精神的需要，或者说更加本质地有精神的需要。如果你本来就没有精神的需要，那你就一切都解脱了，在这样一个精神大滑坡的时代，在神圣的东西被完全摧毁的这样一个时代，你就会感到自由自在，感觉到没有任何东西可以束缚你，包括良心。我们今天的人就是这样，没有东西可以束缚他，没有道德底线，所谓良心啊，道德啊，伦常啊，最起码的同情心啊，人道主义的观念啊，全都没有，都不能束缚人。所以人可以为所欲为，大家都觉得这样过很舒服，这是一个最好的时代，你要享乐的话就要生活在这样一个时代。当然还有一些人确实有不幸，像那些底层的老百姓很多不幸的，但他没有不幸的意识，在不幸中他也没有不幸的意识，他只有侥幸的意识。因为他的不幸都是物质方面的，物质方面的灾难总是偶然的。你把他的房子拆了，你让他受骗了，被人骗走了好几万块钱，那就是他的不幸，但是只要你把它补偿了，他就觉得很幸福了，他就要感谢这个、感谢那个。但是在精神上面他没有追求，所以他没有不幸的意识。而西方人的不幸意识是精神上的，不管是实体也好，还是自我也好，它们的损失都会带来不幸的意识，因为实体和自我都是精神性的东西，实体是神圣的东西，是神，而自我呢是人格，也是精神性的东西，这两方面都损失掉了，所以才感到不幸。中国人这两方面都没有，所以不会感到不幸，而是永远乐观，永远处于幸福意识和"乐感意识"中。

{402}　　**因此在法权状态下伦理的世界和伦理世界的宗教就在喜剧意识里沉没了，而不幸意识就是对这整个损失的认知。**

　　"因此在法权状态下伦理的世界和伦理世界的宗教"，法权状态就是罗马法所体现的世俗的生活世界，这时伦理的世界和伦理世界的宗教

"就在喜剧意识里沉没了"。喜剧意识是艺术宗教的最后一个阶段，在这个最后阶段里面艺术宗教沉没了，沉沦了。艺术宗教是从伦理世界里面产生出来的宗教，艺术宗教一沉沦，包括艺术宗教后面的伦理世界也沉沦了。"而不幸意识就是对这**整个**损失的认知"，"整个"打了着重号。"整个"包括一方面是伦理世界，另一方面是艺术宗教，这些全部都损失掉了，对这整个损失的认知，那就是不幸的意识。不幸的意识是一种认知，它不是一种情感，不是说我损失了我多么痛心，多么可惜，多么惋惜，或者是我没有活路，赚不到钱，感到焦虑，不是那些东西，不是那种不幸，而是对整个这样一种损失的认知。伦常已经堕落，艺术宗教已经沉沦，原来那么崇高的史诗啊，悲剧啊，最后来个喜剧，把所有这些东西都当作了调侃的对象，那不是整个艺术都沉沦了吗？于是从这里头就升起了不幸的意识，这是对整个损失的认知。

对不幸的意识来说所丧失的不但有它的直接人格性的自身价值，而且有它的间接的、**被思想到的**人格性的自身价值。

"对不幸的意识来说所丧失的不但有它的直接人格性的自身价值"，它所损失掉的有两方面，它是对整个损失的认知嘛，整个损失就包括两方面，一方面是它的直接人格性的自身价值，也就是在伦理世界里面、在直接的法权状态的生活里面，我表现出我的人格性的自身价值，这是直接的。因为所谓法权状态就是由这些抽象的个人所建立起来的，现在这种抽象的人格性在现实中的直接的自身价值在喜剧精神中丧失掉了，成为被嘲弄的对象了。另一方面，"而且有它的间接的、**被思想到的**人格性的自身价值"，"被思想到的"打了着重号，就是不幸的意识的思想反映。本来被思想到的人格性在喜剧精神中是唯一有价值的，我能够跳出现实生活之外去嘲笑它、讽刺它，揭穿它的一切崇高神圣的面纱，这正说明我的人格已经有了绝对的独立性，这本是喜剧性的根源。在直接现实中的人格价值通过思想反映出来，那就是间接的价值了，就是跳出直接现实之外对它加以思考和审视，这种人格性具有间接的自身价值。例如斯多

37

葛派的那种人格性的思想价值就是一种与现实保持距离的间接价值。这是两个方面，一个是在现实中的直接人格性的自身价值，一个是在思想中的斯多葛式的那种人格性的自身价值。但是喜剧精神里面包含有悲剧，既然直接的人格性的自身价值失去了，那间接的人格性的自身价值也就没有着落了，被架空了，不幸的意识最终把这两方面都丧失掉了，所以它才是对这整个损失的认知嘛，这上下两句话是紧密相连的。

同样，对诸神的永恒法则的信赖也沉寂了，正如那些对特殊事情曾经提供认知的神谕也沉寂了一样。

前面讲的是对全部损失、整个的损失有了认知，整个损失包括在直接的法权状态中人格性的自身价值，以及在思想中的人格性的自身价值，这两种人格性的自身价值都限于个人。那么另外还有一个就是神，在个人之上还有诸神。所以接下来就讲，"同样，对诸神的永恒法则的信赖也沉寂了"，这是跟上面对照而言的。上面是讲的人格性这一方面，那么这里讲的是诸神的永恒法则，对诸神的永恒法则的信赖，也就是信仰，也沉寂了，那个时代是一个丧失信仰的时代。"正如那些对特殊事情曾经提供认知的神谕也沉寂了一样"，对神的信赖沉寂了，那么神谕也就沉寂了，没人相信，神谕就没有意义了。神谕本来是对特殊事情提供认知、提供指导的，人们动不动有了什么疑难问题不好决断，就跑到神庙里面去求神谕，求签，求谕示、预言。当然这个神谕是很晦涩的，还得要你自己去琢磨，但是我毕竟有一个可以琢磨的，就用来指导我的具体的事务。但现在呢，神谕沉寂了，不说话了，神为什么不说话了？没人信了嘛，神没人信了，他就不说话了，就沉寂了。我们对神的信赖、对神的信仰也消失了，人们不再相信任何东西，不再信神。下面就举了一些例子。

那些雕像现在是些僵尸，其中有生气的灵魂已经远遁，正如赞美诗现在是些言词、其中的信仰已经远遁一样；诸神的供桌上没有了精神性的饮食，而从信仰的游戏和节日庆典而来的意识与本质的那种愉快的统一也对意识一去不返了。

这是举前面的例子了,以前面我们曾经是信神的,对于神我们曾经是顶礼膜拜的。他说,"那些雕像现在是些僵尸",当初为什么要造雕像?就是为了敬奉神嘛,我们对雅典娜崇拜得五体投地,雅典娜是我们城邦的守护神。但是用什么来表示我们的虔诚呢?我们就为她打造一个雕像。菲狄亚斯的雅典娜的雕像是非常有名的,上面装饰了珍贵的黄金、宝石、象牙,是用漂亮的大理石打造出来的,那些雕像曾经是我们膜拜、信奉的对象。而现在成了一些僵尸,已经没有灵魂了。"其中有生气的灵魂已经远遁",其中的灵魂已经逃走了,已经消散了。"正如赞美诗现在是些言词、其中的信仰已经远遁一样",一个是雕像,一个是赞美诗,用我们今天的话来说,都已经去魅了,失去了魅力,丧失了魔力。在古代它们曾经是如此富有魔力、富有感人心魄的影响力的,这些事物现在都成了普普通通的事物。雅典娜的雕像无非就是一块大理石的石头,上面的黄金和珠宝都被人偷走了,它就只剩下一块石头,我们谁都不相信了;赞美诗现在就只是些言词,我们把它记录下来,就剩下一些言词,那些句子还在那里,但是我们念起这些句子来,已经不是怀着一种虔诚的信仰、崇高的膜拜去唱它,已经没有了感情、没有了真诚在里头,其中的信仰已经远遁了。"诸神的供桌上没有了精神性的饮食",在对诸神的祭拜中,供桌上本来是摆满了饮食,酒啊,面包啊,祭品啊,三牲啊,等等,那些东西你看上去好像是一些物质性的东西,但是当时的人们把它供在供桌上面,是把它看成精神性的饮食,它是用来维持精神的生命力的,它不是用来吃喝的。当然最后也用来吃喝,但是他们把它看作精神性的饮食,和平时一日三餐是不一样的。"而从信仰的游戏和节日庆典而来的意识与本质的那种愉快的统一也对意识一去不返了",信仰的游戏,当时的人们做游戏都是有着某种名目的,是信仰的游戏;节日的庆典,在节日中举行庆典,那就是一场盛大的游戏了。我们今天把庆典看成是一种娱乐,但是当年可不是这样的,节日的庆典是敬神的,比如说酒神的庆典,那就表演酒神的诞生或者酒神的去世,为了纪念酒神,我们来举办一个庆典,那是有它神圣的意义的。伽达默尔写过一篇文章，叫作《美的现实性》，副标题就是"作为象征和节日的游戏"，象征就是符号了，所有这些东西都是符号，都是象征，所有的这些祭奠、这些雕像也好，这些赞美诗也好，这些敬供也好，祭拜仪式也好，这些都是象征，同时又是游戏。他们每年到了节日就重复地去做这些活动，每年反复地重复并不是说没有意义，为什么要重复呢？它是生命，就像生命春夏秋冬一年一年地不断循环往复一样，这种信仰也有生命，它就体现在每年的节日之上。西方的传统节日一般都是宗教节日，中国传统里面也有很多，但现在越来越被政治节日所取代，越来越成为政治的节日。其实节日它的起源本来就是宗教的，是纪念某个神的。那么这里讲到，从信仰的游戏和节日庆典而来的意识与本质的那种愉快的统一，现在不再回到意识中来了，意识与本质、意识与神的那种统一，我们曾经是在信仰的游戏中，在节日的庆典里面愉快地感受到的，神进入到我的体内，我就是神，在酒神祭上每个人都感到我就是酒神，而且是很愉快的，节日嘛，过节是很愉快的，充满着游戏的精神。现在这种愉快的统一已经不再回到意识中来了，为什么要过节？过节就是为了吃一顿嘛，一年都没吃肉了，过节的时候我们来打打牙祭，当然也很愉快，但那种和神相统一的愉快已经消失了。

缪斯的作品缺乏的是当初从诸神和人的毁灭中在精神上产生出对自己本身的确定性的那股精神之力。

"缪斯的作品"，缪斯就是艺术之神、文艺之神了，缪斯的作品也就是艺术作品，当然不光是人工的艺术家的艺术品，也包括前面讲的神谕啊，包括祭拜仪式啊，节日狂欢啊，奥林匹克运动会啊，是广义的艺术，广义的艺术宗教，它们都是缪斯的作品。但这些缪斯的作品现在"缺乏的是当初从诸神和人的毁灭中在精神上产生出对自己本身的确定性的那股精神之力"。从古罗马时代直到今天，人们都还在欣赏这些艺术品，也过这些节日，也唱这些赞美诗，但是，这些作品缺了当初从诸神和人的毁灭中在精神上产生出对自己本身的确定性的那股精神之力。当初人们过节也好，打造一个神像也好，这里头都有对诸神和人的毁灭的一种纪念意义，一种象征意义，为什么要年复一年地庆祝？就是纪念嘛，某某神在那一天死的，我们每年在那一天就来纪念他，并庆祝他的复活。所以从诸神和人的毁灭中，在精神上产生了对自己本身的确定性，这是支撑我们自身的一股精神之力。产生出对自己本身的确定性，对自己本身的确定性前面已经讲了，"不幸意识倒转来却是应该自在自为存在的**自我本身确定性**的悲剧命运"，这个不幸的意识它是一种悲剧命运，这种悲剧命运比当初的那种被喜剧所取代的悲剧有更高一层意思。喜剧把悲剧取代了，因为喜剧比悲剧层次更高；但是在喜剧本身里面也有一层悲剧命运，这个悲剧命运是更深层次的。原来的那种悲剧是比较朴素、比较天真的，崇拜一个崇高的神，崇拜一个高高在上的实体，是比较真诚的；而现在不幸的意识成了这种自身确定性的悲剧命运，它在喜剧底下翻过来意识到，上帝已经死了，这不是可以幸灾乐祸的事，而是喜剧意识本身的人格确定性的悲剧，因为通过神和人的毁灭在精神上产生出对自己本身的确定性的那股精神之力，那种喜剧性的自信，现在已经不复存在了。喜剧本身乐极生悲，丧失了那股精神之力，现在我们从实体和自我的同时失去中体会到了整个人生的悲剧命运，这也是一种悲剧意识。但是原来那种悲剧意识是能够在精神上产生出对自身的确定性来的，通过净化作用发现有一股精神之力在后面支撑着，比如说信仰。在希腊的悲剧里面，背后是信仰在支撑着它，支撑着整个悲剧精神，是希腊城邦伦理的力量在支撑着它。但现在呢已经没有了，现在的悲剧意识缺乏的是它自身的确定性，不幸的意识已经失去了那股精神之力。连上帝都已经死了，有什么东西能够支撑它呢？这些艺术作品我们读它，我们观赏它，我们现在还演古希腊的悲剧，直到今天还在上演古希腊的悲剧，但是在这种悲剧里面，我们已经缺乏那种精神之力，已经缺乏当时的那种伦理的精神力量，只是把它当作一个艺术品来欣赏而已。我们今天已经不信了，现在谁还相信古希腊的神呢？古希腊的那些英雄我们今天都把它当故事来看，古希腊、罗马的神话，那个小孩子喜欢看，小孩子也应该看，那是一种初级的教养，但是我们已经不信它了，已经没有那股精神力量了。

它们现在就是它们对我们所是的那样，——是已经从树上摘下来的美丽的果实，一个友好的命运把它们呈递给我们，就像一个少女把那些果实呈献给我们一样；

我们先看这半句。"它们现在"，它们就是这些艺术作品了，缪斯的作品，包括悲剧，包括赞美诗，包括那些雕像，包括节日的庆典，包括舞蹈的游戏，等等。所有这些现在"就是它们对我们所是的那样"，对我们所是的那样，就是我们看它是什么，它就是什么，我们的眼睛里面所看见的它是什么，那它就是什么，它仅此而已。我们不必去追溯它们后面的伦理实体，它们已经没有后面的那股精神之力了，因为时代已经不同了，我们的时代已经不是古希腊城邦伦理世界了。"是已经从树上摘下来的美丽的果实，一个友好的命运把它们呈递给我们，就像一个少女把那些果实呈献给我们一样"，就是说我们今天去欣赏古希腊的那些戏剧，甚至于我们也过希腊人的节日，现代的希腊人仍然在过古希腊的节日，希腊人现在还过酒神节，那是一个古老的传说。我们去过它并不是说我们还在怀念酒神，那已经没有了，那已经很淡化了，而只是为了趁机狂欢一番，寻欢作乐。我们今天已经是享受节日的愉快，所以它们现在就是它们对我们所是的那样，是已经从树上摘下来的美丽的果实。那些酒神节，那些狂欢节，那都是很美丽很享受的，我们今天过那些节我们仍然感到很美丽，很享受，但是已经失去了它原来的意义，它已经从树上摘下来了，已经与它的母体、与传统文化断开了。这里把它呈现出来的是友好的命运，前面讲的不幸的意识它是一种悲剧命运，但是对今天的我们来说，是一个友好的命运把这果实呈递给我们，供我们享受。我们今天已经不再感到像当时那样的不幸，我们一直传到今天来的这样一个命运对我们来说是很友好的，当初的不幸意识是一种悲剧的命运，那么传到后来、传到我们今天，它是一个友好的命运，把这些艺术品呈递给我们，就像一个少女把那些果实呈献给我们一样。为什么是少女？一方面表示这些果实的美好，新鲜美丽；另一方面表示它们与传统已经没有关系，是由新一代年轻女孩从传统的果树上摘下来的果实。它们是新生代的享受对象，撇开了那些沉重的历史包袱。我们惊叹于这些艺术品的美，但已不再是当年古人欣赏它们的眼光，而是新的眼光，就像屠格涅夫所说的，米罗的维纳斯比法国大革命的《人权宣言》更表达出人的尊严和独立。

这里没有它们的定在的现实生命，没有挂满这些果实的果树，没有构成它们的实体的土壤和诸元素，也没有决定它们的规定性的气候，更没有支配它们成长过程的四季转化。

就是说一个少女把那些果实呈献给我们，那是已经从树上摘下来的，虽然很美丽，但是它已经脱离了当时的土壤。所以这里讲到，"这里没有它们的定在的现实生命，没有挂满这些果实的果树"，它们的定在、它们当时当地的存在的现实生命，现在已经一去不复返了，当时的土壤已经不存在了，当时的现实生命已经死亡了。没有挂满这些果实的果树，这些果实从哪来的？这果实是从树上摘下来的，已经放在托盘上了，这些树在哪里呢？没有人关心这个。"没有构成它们的实体的土壤和诸元素"，所有这些果实它们当时是有它们的实体的，也有构成这种实体的土壤和元素，现在呢只留下一些结出来的最后的成果，它们的实体已经不存在了，因为构成它们实体的土壤和诸元素已经消失了。当时的土壤就是希腊城邦的伦理世界，各个元素就是伦理世界中的各种法则，神的法则和人的法则，男人的法则和女人的法则，这些东西现在已经不存在了。"也没有决定它们的规定性的气候，更没有支配它们成长过程的四季转化"，气候、四季转化这些东西已经不是当时的情况了，时过境迁，物是人非，早就已经不是那样的了，而且追不回来了。你能够追到的只是那些留下的记载，但是你已经不生活在那个时代，所以你也就不能够体会当时的人是怎么看待这些作品的。我们今天的人看这些作品，我们感到一种永恒的魅力，但实际上你已经不生活在那个时代，你不能够用当时的人的眼光去看它，你只能用我们今天的眼光去看它，虽然它也很美丽，但是你的感受跟当时的人的感受已经不一样了。马克思在《政治经济学批判导言》里面也讲过这样的话，就是古希腊的那些艺术品一直到今天还有着它不可企及的永恒的魅力，为什么呢？马克思的解释就是说，凡是人类都会怀念自己的儿童时代，希腊人是正常的儿童，我们欣赏古希腊的那些艺术品就像欣赏一个儿童一样。儿童时代是美好的，你在任何年龄阶段都向往着回到童年，这是人之常情；但是我们不再顶礼膜拜了，我们不再用儿童的眼光来看这些作品，而是用成人的眼光欣赏儿童的作品。古希腊人对那些作品是当作神圣的东西来膜拜的，但是我们今天来看它，我们虽然也很欣赏它，但是我们不再顶礼膜拜了，黑格尔在《美学》里面也讲过这样的话：我们已经不再顶礼膜拜了。我们今天有蒸汽机，在蒸汽机面前，火神算什么呢？火神伏尔坎技术高超，他能够造出各种各样的精巧的器具和工具，但是跟今天相比，跟机器时代相比，那就不算什么了，我们为什么还要去崇拜火神呢？所以当时的那些元素今天已经消失，我们今天之所以还能够欣赏，我们是怀着不同的眼光，我们就像看待我们的童年时代一样去欣赏它。

——这样，命运把那些艺术品给予我们的同时却没有把它们的世界、把那些艺术品当时在其中开花结果的伦理生活的春天和夏天一并给予我们，而仅仅给予了我们对于这种现实性的朦胧的回忆。

这还是同一个意思。"这样，命运把那些艺术品给予我们的同时却没有把它们的世界、把那些艺术品当时在其中开花结果的伦理生活的春天和夏天一并给予我们"，当时的那种文化土壤、那种社会背景、那种时代精神已经过去了，并没有伴随着艺术品一起把那些背景带给我们。"而仅仅给予了我们对于这种现实性的朦胧的回忆"，这种现实性的朦胧的回忆就是对于童年时代的那种记忆。童年时代已经过去了，我们对它有记忆，但仅仅是回忆而已，这种回忆跟当时当地的那种激动的心情、那种渴望的心情、那种无限崇拜的心情是截然不同的。现代解释学，比如伽达默尔的解释学就特别强调这一点，伽达默尔的《真理与方法》里面也引了黑格尔《精神现象学》里面的这一段话，说明我们不能用今天的视野和眼光去强解古人。不过伽达默尔又认为，我们虽然对于过去的东西不能够追回来，但是我们要有一种历史意识，要设身处地，用我们今天的视野去融合古人的视野，以达到对古人的同情的理解。我们不能完全用我们今天的视野去裁割它，去判断它，因为那是童年时代，我们用成人的眼光去裁割它，那就没有什么可欣赏的；但是我们以欣赏一个儿童的眼光去欣赏它，我们就得设身处地，把过去的东西、朦胧的回忆调出来，用我们今天的视野跟它相融合，把它看成一个历史的过程。因为哪怕是几千年前的古人，也有些东西是人同此心，心同此理的，古人也是人，凡人都有共同的东西。我们就是这么样走过来的，这就是人的历史。我们在那么早的时候就创造了辉煌的艺术和文化，那么我们今天在古人的基础之上可以把它发扬光大。伽达默尔强调的是在艺术欣赏中、在文化的传承中这样一种连续性，这也是他的视野融合的理论，当然前提就是我们今天已经不再顶礼膜拜了，时代已经变了。

——所以我们欣赏这些艺术品的行为并不是礼拜行为，似乎通过这 [232] 种礼拜行为，我们的意识就会达到完备的充实的真理一样，相反，它是外在的行为，它从这些果实上，例如说擦去雨点和灰尘，并且不是树立起围绕着、生产着和激活着伦理东西的那个现实性的各种内在元素，而是建立起它们的外部实存、语言、历史的东西等僵死元素的泛泛而谈的草图，不是为了自己去生活于其中，而只是为了把它们在自身中表象出来。

这句话比较长，但是意思很简单。"所以我们欣赏这些艺术品的行为并不是礼拜行为"，黑格尔讲的我们不再顶礼膜拜了，我们欣赏过去的艺术品时不再膜拜它们，我们只是到博物馆里去欣赏它们，并不是去礼拜它们。"似乎通过这种礼拜行为，我们的意识就会达到完备的充实的真理一样"，这是用的虚拟式。这是古人的信仰，我们今天已经没有了，古人相信，通过这种礼拜的行为，我们的意识就会达到完备的充实的真理性，在这种礼拜行为里面充满了完备的真理性，我们礼拜的时候每一个动作、每一个细节都要做到位，一个细节没做到位那就是不敬神了，那是不能出错的。但这是以往的信念，我们现在参观艺术博物馆并不是这样一种礼拜的行为。"相反，它只是外在的行为，它从这些果实上，例如说擦去雨点和灰尘，并且不是树立起围绕着、生产着和激活着伦理东西的那个现实性的各种内在元素"，我们不再崇拜了，相反，我们对艺术品的这种欣赏只是一种外在的行为，或者说只是一种艺术史的行为，我们在讲艺术史的时候我们也是在欣赏，我们拿一个艺术品来评价、鉴赏、鉴别，讲它的好处在什么地方，表现了什么样的特点，等等，这只是一个外在的行为。这就像从这些果实上面擦去雨点和灰尘一样，从树上摘下来的果实不免带有一些不相干的雨点和灰尘，我们把它擦干净，让它的本色显露出来，去伪存真，我们在讲艺术史的时候就要做这样一些工作。这并不是树立起这样一些元素，什么元素呢？就是围绕着、生产着和激活着伦理东西的那个现实性的内在元素，我们现在并不去树立这样一些内在元素。古希腊当时当地的伦理世界、时代精神的现实中，有很多内在的元素，这些内在的精神元素围绕着这个伦理世界，创生和激活着它；但是我们今天的欣赏不是干这个事情，不是要把这些内在的元素再次激活起来，不是要树立起它们去生产和激活那些伦理的东西，因为当时的那种现实性今天已经不存在了。所以我们的欣赏并不是要旧事重提，复活旧日的亡灵，而是什么呢？"而是建立起它们的外部实存、语言、历史的东西等僵死元素的泛泛而谈的草图"，而是要去建立一个草图。草图（Gerüste）又有"脚手架"的意思，我们前面讲到力和知性的时候，把牛顿物理学、伽利略的理论等等都看作内在东西的外部脚手架。内在东西就是力本身，所有那些规律都是一些外在的脚手架，为了把握力的规律，我们建立起那一套数学物理公式，但是那些数学物理公式本身并不等于这些力，只是我们为了把握这些力而撒下的一面大网，一个规范力的草图。你可以用这些东西精确地去限定力，但是它并不表达出力的本质，力的本质是内在的。这里的情况与前面类似，当我们欣赏古典艺术品的时候并不要把自己的灵魂投入这种内在的东西，去信仰古人的神灵，而是进行一种技术性的分析，建立起这些内在元素的外部实存，外部实存也就是外部可以把握到的东西，如比例啊、色彩啊、形象啊、外貌特征啊、语言特色啊等等，这些抓得住的、可以描绘得出来、可以说出来的东西，等而下之的就是更加外部的一些东西，作品的产生年代啊，它的作者是谁啊，它的作者的经历、作者的生平、作者的风格等等。这些东西都是外在的东西，外部的实存、语言、历史都是一些僵死的元素，我们将它们构成一幅泛泛而谈的草图。搞艺术史的人，搞文学史的人，他就关注这些东西，曹雪芹的《红楼梦》，哪些是曹雪芹写的，哪些是高鹗续编的，把它区分开来，做这种考据的工作，这都是属于一种外部的工作。历史的东西，这些东西在历史上是怎么留存下来的？有没有伪作？有没有掺假？有没有外人的东西塞在里头？庄子有杂篇，杂篇很多都是其他人、后人模仿庄子的口气把它加进去的，你要把这些东西区分开来。所以艺术欣赏包含所有这些工作，艺术史的工作，文学史的工作，包含这样一些外围的工作。这个地方有一种批判，就是今人欣赏古人的作品只能建造起一些外部僵死元素的泛泛而谈的草图，一些外围的脚手架，可以帮我们接近那个内在东西的主题，但它还没达到主题，那个内在的主题已经一去不返了。"不是为了自己去生活于其中，而只是为了把它们在自身中表象出来"，不是为了生活于其中，你当然不是古人了，无法穿越了，但是你可以把它们在自身中表象出来。表象出来也可以译为"展示出来"，vorstellen，把它展示出来，把它陈列出来，就是你如数家珍，你是搞这方面的专家，一提到某某作品如《荷马史诗》，你就可以如数家珍，把里面的看点都列出来，给别人提供一些技术性的指点。所以在艺术欣赏方面我们已经到了这样一个时代，就是我们所欣赏的东西已经是过时了的东西，古代的艺术、古代的作品已经过时了，用黑格尔在《美学》中的说法，就是艺术在现代已衰亡了，艺术创造的时代已经过去了。所以我们在欣赏古代艺术的最高峰时，我们已经不能全身心投入了，我们要投入精神的是更高的天启宗教，而不能停留于艺术宗教上了。但是一般说来艺术会不会过时？艺术有没有永恒性？马克思是讲古希腊的作品至今还对我们有永恒的魅力，就像一个成人对待自己的童年时代抱有欣赏的态度，这个不受时代的改变。但是黑格尔认为，每个时代有每个时代的话题，那个以艺术为主题的时代已经过去了，我们今天的精神创造应该提升到另一个更高的层次。但是这个发展也不是说一个取代另一个，而是一种不断地积淀和深化，高层次和低层次中间不是断裂的，你要把它们连贯起来看才能从整体上把握它的实质。所以下面就是一个转折了，前面都在讲那个时代一去不复返，我们不再顶礼膜拜了，我们只能欣赏它的后果，但是不能够接触到它的土壤，那个土壤已经过去了；然而，是否要抛弃传统呢？下面就转折了。

　　但正如那个把摘下来的果实呈递出来的少女要超过那直接提供出果实并扩展到这果实的条件和元素、树木、空气、阳光等等之上的自然界，因为她以一种更高的方式通过自我意识的眼光和她呈献果实的姿态对这一切作了总括，

　　我们先看这半句，这是一个转折了。"但正如那个把摘下来的果实呈递出来的少女要超过那直接提供出果实并扩展到这果实的条件和元素、树木、空气、阳光等等之上的自然界"，这还是用刚才那个比方了。一个少女把那个果实摘下来呈递给我们，这是用来比喻古代的艺术品在今天也是由一个活生生的少女呈献给我们的，虽然这果实已经从树上摘下，断了它由以生长出来的根，离开了这果实生长的自然条件，但就凭这位少女，就已经完全抵得上、甚至超过了那些过去了的自然条件。那些自然条件已随着时代而消失了，但它里面贯穿着的命运则由眼前这位少女接过去了。这位少女把摘下来的果实呈递给我们，她的这个行动代表一个友好的命运，那么这个少女要超过那个自然界。那个自然界是长出这些果实来的自然界，这些果实本来是自然长出来的，而这个少女是人

工地把这些果实摘下来呈递给我们的，那么这个少女的人工的行为跟那个自然生长的行为有什么不同？当然你可以说，我还是希望有自然的，我不希望有人工的，人工的肯定里面掺了假，我们今天提到人工的往往就觉得是假货，我们要绿色食品，我们要回到大自然，最后是我们自己到果园里面去摘，那是最自然的。当然黑格尔也不否认这点，前面一直都在批评嘛，都说我们在外围欣赏这些艺术品，只能对它们的一些外部实存做文章，而内在的东西、自然生长出来的那些自然条件已经消失了，它不属于我们的时代了；但这里话题一转，说这种自然条件其实还不如面前这个少女，这个少女把这些果实摘下来送给我们，这个行为本身是一种更高的行为，它跟过去那种自然的生长不一样，它代表的是新的时代精神。所以这样一个少女她要超过那直接奉献出果实并扩展到这果实的条件和元素、树木、空气、阳光等等之上的自然界，这个自然界直接提供出了眼前的果实，而从这一果实我们可以看到产生出它们来的各种条件和元素，包括树木、空气、阳光等等，这是一个广阔的自然界。你要真正想要返回到原产地，那你就要回到古代，穿越时空，你就要做一个希腊人；当然你做不到了，但是即算你能做到，你也会停留在一个很低的水平，跟这个少女相比，这个少女要超过那个自然界，她就是友好的命运。因为当时的自然条件必然也会发展，会改变自身、丧失自身，进入历史，进入历史到今天，就是这个少女、这个命运，她必然会把当时自然界的那些果实采摘下来，保留下来，呈献给我们，那是很了不起的。"因为她以一种更高的方式通过自我意识的眼光和她呈献果实的姿态对这一切作了总括"，她的层次更高了，与古代那种不自觉的自然的方式相比，她是通过自我意识的眼光意识到自己的行为，以一种优雅的姿态把果实呈献上来，她知道自己在做什么，人为的自觉性高于自然的盲目性。这个少女呈献果实的姿态包含着她的一种视野，一种新时代的视野，是对古代视野的一种视野融合，后来伽达默尔提出的"视野融合"理论在这里已经有它的苗头了。少女用一种新时代的眼光、用一种富含新生命的角度来选择那些古代艺术的成果，她的这种姿态就对这一切作了总括，她把它们放在一个盘子里面，对所有这一切过去了的自然条件，树木啊，阳光啊，空气啊，对所有这些东西作了一个概括。虽然这个概括你可以说丢掉了一些东西，那是免不了的，但主要的精神特别是这个精神的连贯性都在里面了。

所以同样，命运中把那些艺术品提供给我们的精神也超过那个民族的伦理生活和现实性，因为这精神乃是对这些艺术品里还处于**外在化中的精神**所进行的**深入内部的回忆，**

"所以同样"，前面是比喻了，正如那位少女要超过逝去了的自然界，那么按照同样的道理，"命运中把那些艺术品提供给我们的精神也超过那个民族的伦理生活和现实性"，把艺术品提供给我们的精神在当年曾体现为希腊民族的伦理生活和现实性，但这种伦理生活和现实性会过时的，而其中的精神则会在它的命运中提升自己的层次，一直到达今天的欣赏者。所以我们欣赏这些艺术品的时候，不要拘泥于当时的那种伦理生活的现实性，不拘泥于其中偶然的自然条件，而要着眼于其中起决定作用的精神，着眼于这个精神在发展中的命运。这个精神就是发展到我们今天的同一个精神，它就是那个呈献果实的少女所象征的、新一代年轻的时代精神。所以这个在命运中发展到今天的精神，就像那位少女超过以往逝去了的自然条件一样，也超过当时当地那个民族的伦理生活和现实性。那个现实性已经过去了，它处在较低的层次，现在我们以一种较高的方式把它呈现出来了。"因为这精神乃是对这些艺术品里还处于**外在化中的精神**所进行的**深入内部的回忆**"，因为这个精神，这个在命运中把那些艺术品提供给我们的精神，它并不是一个僵死的精神，而是一个不断向内深入的精神。在艺术品中，这个精神还处于它的外在化的形态中，但它决不会停留于此，而是本身将对这种外在化的精神进行一种深入内部的回忆。这里"外在化中的"打了着重号，接下来"深入内部的回忆"也打了着重号，表示对照。"深入内部的回忆"实际上是一个词，就是 Er-

Innerung，Innerung 就是内在化，er 就是一个前缀，就是把一个行为、一个行动启动起来，如果去掉中间这个连接符，它本来是一个词 Erinnerung，在德文里就是"回忆"，而从字面上抠则是"进入内部"。所谓"回忆"就是深入到内心，凡是回忆都是进入到内心，本来这个词就有双重含义，它中间加了一杠呢，Er-innerung，就更加具有双重含义了，它就把这个 Innerung 突出出来了，Innere 就是内在的东西，"内在的东西"后面加上一个 ung，把它变成动词，就是进入内在性，前面这个 er 就是强调这个动态。所以我把它翻译成"深入内部的回忆"，类似于一个词组。之所以要这样译，也是要突出它与柏拉图"回忆说"的联系，这种深入内部不是一般地深入内部，而是像柏拉图的回忆说那样，像一种"精神的接生术"一样，把本质的真理从内心发掘出来、揭示出来。我们今天欣赏艺术品的时候，实际上是我们的精神在对这些艺术品里面还处于外在化中的精神进行深入内部的回忆，是一种从外到内的深入过程。也就是说，这些艺术品当时也有精神，但是那个精神还是外在化的，我们童年时代的精神还是外在化的、表面的；那么现在我们作为成人来欣赏它们的时候呢，我们是对它们那种外在的精神深入到其中的内在性。我们一方面是回忆，回忆童年时代；另一方面是对它的深入，是对它的更深的本质的一种揭示，一种启示，这个就更高了。前面举的例子就是一个少女把那些水果摘下来，这个少女要超过那种直接长出这个水果来的自然界；同样呢，在命运中把那些艺术品呈献给我们的精神，或者说艺术史的精神，也超过那个民族的伦理生活和现实性。我们用艺术史的精神去欣赏那个民族的艺术品，我们就超越了当年的伦理生活和现实性、当年产生出这些艺术品来的土壤，因为我们的人性比它更深，我们的精神比它更丰富。伽达默尔的解释学认为，我们今天的人比古人能够更好地理解古人。古人的那些文本、那些艺术作品摆在那里，他们当时对这些文本的理解是表面的，是外在化的，我们今天去看它，去读它，固然我们没有当时当地的条件、语境，那个我们已经失去了，已经变得很朦胧了，但是我们的精神站得更高，所

51

以我们可以比古人更深刻地理解他们所说出的那些话的含义。我们今天去解释它，我们的解释才是那些话的真实的、内在的含义。这点我们很多人往往觉得不可思议，我们要追究的当然是古人的原意啊，古人在写这些话的时候他们的原意是最重要的，所谓艺术史就是还原它的原意嘛，不对！按照黑格尔和伽达默尔的观点，艺术史不是还原它的原意，而是促使它的意义生长起来，这只有今天的人才能做到。古代的人还处在萌芽之中，他的那个原意还是很模糊的，很朦胧的，只有到今天才逐渐清晰起来，它那些意义才逐渐生长起来，生长到今天才成形。所以艺术品不是说一旦创造出来它就定在那个地方了，一旦创造出来它就经历着一个有机的、有生命的生长过程，就是在后人不断对它的体会、对它的解读中，它的意义在生长，这才是艺术作品的命运。你不要把它看死了，《红楼梦》就是那些话，就是那些句子，但是那些句子的意义只有后来才慢慢搞得越来越清楚，搞得越来越深入，越来越深刻。《红楼梦》已经够深刻的了，但是曹雪芹他毕竟是儒、道、佛三教合一的那个思想境界，这些思想境界未经批判，他把它们当作天经地义的，最后就是一切都了了么，这个《好了歌》，最后一切都了了，陷入到一种虚无主义。那么我们今天的解读不一定跟着他走，我们要了解文本自身的含义，它超出作者本人赋予它的含义。我们现代人怎么看它？为什么还受感动？它还有没有价值？它的价值何在？这就把它的意义扩展了。《红楼梦》的意义是一个生长过程，从曹雪芹创造它以后它就在不断地生长，历代的人都在不断地解读它。所以解释学认为艺术品它是生活在它的解释之中的，它的生命在于它的解释，当然首先要创造出来你才能解释，但是它真正的生命是一个生长过程，不是一旦创造出来就摆在那里了。所以它才有永恒的意义啊，因为每一代人都在不断地给它增加意义。

　　——它是悲剧命运的精神，这命运把所有那些个体的神灵和实体的定语都集合成一个万神殿，集合成自己将自己意识为精神的精神。

　　"它是悲剧命运的精神"，这个"它"就是前面讲的，对艺术品里还处于外在化中的精神进行的深入内部回忆的精神,这个精神就是悲剧命运的精神。这个悲剧命运已经失去了以往悲剧里面的精神之力,那股精神之力今天已经不存在了,今天伦理生活已经不同了,古希腊的伦理生活已经一去不复返了;但是我们今天的欣赏有它自己的力量,它超过那种精神之力,而能够深入到精神的内部,回忆起它的本质。这个悲剧命运比以前那种悲剧意识要更高一个层次,前面那种悲剧意识被喜剧意识所取代,但喜剧意识后面揭示出来的不幸意识则本身是一种悲剧命运的精神。"这命运把所有那些个体的神灵和实体的定语都集合成一个万神殿",实体的定语,Attribut,这个"定语"也就是用来规定实体的那些形容词,个体神灵也好,实体的定语也好,都被这一悲剧命运集合在一个万神殿中。艺术史在展示艺术精神的命运时成为了一个万神殿,它跟古罗马的那个万神殿是不一样的,前面讲到古罗马的万神殿,把各个民族的神都聚集在那里,但是又是从一种普遍的思想的角度来看待它,每个神都失去了他们在原来的城邦里面的那样一种个别性的表象,而集聚在同一个万神殿里面,那是古罗马统治者为了统治把各地的神都聚集到罗马来,建一个万神殿,它是一个空间上的万神殿。那么这个悲剧命运的精神的万神殿跟那个万神殿有一种类比关系,悲剧命运的精神在这里是一个时间上的、历史上的万神殿,历代的神都在这个万神殿里面。把所有那些个体的神灵和实体的定语都集合成一个万神殿,"集合成自己将自己意识为精神的精神"。就是说在这样一个万神殿里面,把那些神和那些神的定语、属性都集合起来,集合成了一个自己将自己意识为精神的精神,这就向一神教靠拢了。这种万神殿其实是一神殿,各种个体的神灵其实都是唯一的神的定语,只有在这样一个历史的万神殿里面,我们才是将自己意识为精神的精神,因为它已经把那些外在化的东西都扬弃掉了,把个别神的特殊性都扬弃掉了。古代民族的伦理生活和现实性等等都是很表面的,现在我们深入到它的内在性中,回忆起它的更深层的精神本质,从而集合成了自己将自己意识为精神的精神,构成了一个历史的万神殿。在历史的万神殿里面把以往一切精神的形态都纳入自身，这就是意识到自己是精神的精神，开始向后面马上要讲到的天启宗教过渡了。我们休息一下吧。

好，我们再接下来读啊。前面是一些一般的规则，对于希腊艺术，我们今天的人去欣赏它，我们有我们的不利之处，就是说古代的时代已经一去不复返了，我们要再回到那个时代已经不可能了，所以我们把那个艺术品的果实采摘下来时，已经脱离了它的现实土壤，这是我们的不利之处。但是我们的有利之处也是很明显的，就是我们今天经过采摘、选择和我们后人的眼光的评价，我们处在精神发展的一个更高的层次，我们是自己将自己意识为精神的精神，这是上一段最后得出的结论。悲剧命运的精神，在回忆中、在历史中的精神，在这样一个历史的万神殿里面，培养出了把自己意识为精神的精神，就是精神达到了它的自我意识，这是一般的原则。

产生出将自己意识为精神的精神的一切条件都现成在手了，并且它的这些条件的总体就构成这个精神的**形成过程**，构成它的**概念**或**自在存在着的**起源。

这就是讲古希腊的艺术宗教里面培育出来的这样一种悲剧命运的精神，使得"产生出将自己意识为精神的精神的一切条件都现成在手了"，或者说都已经具备了。自我意识到自身的精神产生出来所必备的一切条件都具备了，虽然前面已经是精神了，但是它还没有将自己意识为精神，作为精神而意识到自身的精神是在天启宗教里面才出现的，在此之前虽然已经是精神，不能说它不是精神，但是它还没有把自己作为精神来意识到，只是为自我意识的精神作了准备，前面所有这一切自然宗教、艺术宗教都是为自我意识的精神作准备的。"并且它的这些条件的总体就构成这个精神的**形成过程**，构成它的**概念**或**自在存在着的**起源"，这些条件的总体，前面讲的都是这些条件了，就是包括艺术宗教的这个伦理生活啊，现实性啊，以及它的回忆啊，整个这种深入内部的回忆这样一个过程，对古代艺术品欣赏的过程，以及把那些艺术品呈现给我们的悲剧命运的意识，所有这些条件的总体就构成这个精神的形成过程，整个就是这个精神的形成史，就是自我意识的精神的形成史。前面第 229 页的第一个标题就是"天启宗教的形成"，天启宗教第一个标题就是讲它怎么形成的，那么这个天启宗教的形成就是这个自我意识的精神的形成过程。一个是"形成过程"，从这个回忆中，从这个悲剧命运的历史的万神殿中，我们已经看出来它是自我意识的精神的一个形成过程。其次是它的"概念"，从这个形成过程中我们可以看出它的概念，所有这些条件的总体就构成了自我意识的精神的概念，构成这个概念的成分都已经在这里了。再就是"自在存在着的"起源，自在的起源，古代的艺术品它是精神的起源，我们这个自觉的精神、把自己意识为精神的精神，它在古代的艺术品里有自己的起源，但是这个起源还是自在的，是无意识的，还没有自觉到。所以这三个打了着重号的术语，一个是"形成过程"，这是讲的历史，一个是"概念"，概念就是它的构成的成分，再一个呢是它的"自在存在着的"起源，它的不自觉的产生。所有这些都是讲天启宗教形成过程的准备。

——艺术的各种创造的圈子囊括了绝对实体外化的各种形式；绝对实体在个体性的形式中作为一个事物、作为感性意识的**存在着的**对象而存在，　{403}

先看这半句。"艺术的各种创造的圈子"，或者说艺术的圈子，艺术的各种形式的圈子，包括雕像啊，赞美诗啊，祭拜仪式啊，史诗和悲剧喜剧啊等等，艺术的各种各样的创造形成了一个圈子，Kreis。这个圈子"囊括了绝对实体外化的各种形式"，艺术品的各种形式的圈子包括了绝对实体外化的各种形式，绝对实体就是精神了，就是神了，神外化的各种形式就是艺术品的各种形式，所有的艺术品都是这样一种绝对实体外化的形式。"绝对实体在个体性的形式中作为一个事物、作为感性意识的**存在着的**对象而存在"，这一点在黑格尔后来的《美学》中表述为：美和艺术是"理念的感性显现"。这里是解释了，解释这个艺术品的圈子所囊括的绝对实体外化的各种形式，有哪些形式呢？首先这里讲到，绝对实体在个体性的形式中作为一个事物而存在，也就是作为感性意识的存在着的对象而存在，"存在着的"打了着重号。比如说雕像，雕像就是作为一个事物、一个东西摆在那里，是作为一个事物、一个物品。而且是在个体性的形式中，一个雕像就是一个个体，一个雕像摆在那里供人们去欣赏、去崇拜，它本身是一个个体的形象，它是大理石雕出来的，或者是其他的石头雕的，或者是木头雕的，或者是铜铸的，总而言之它是一个事物，这是它的一种形式。绝对实体外化的各种形式，其中一种就是作为感性意识的存在着的对象而存在，作为一个物品、作为一个雕刻而存在，它是以个体性的形式存在的。实体外化的各种形式，这就是一种形式。

——作为纯粹的语言或者作为形态的形成而存在，这种形态的定在并不是走出自我之外的，而且它是纯粹**消失着的**对象；

这是第二种形式，它是"作为纯粹的语言或者作为形态的形成而存在"，这就是讲的赞美诗了。前面是作为个体性的形式、作为感性意识的对象，那是指雕像；这里是讲赞美诗，作为纯粹的语言或者作为一种形态的形成而存在。赞美诗呢是一种语言，并且它的形态呢是一个形成过程，它不是作为摆在那里的一个个体，赞美诗肯定不是一个个体，不像雕像那样摆在那里，它是作为一种形态在时间中的形成而存在的。"这种形态的定在并不是走出自我之外的，而且它是纯粹**消失着的**对象"，这个赞美诗有它的定在，但这定在并不是如同雕像那样，走到自我的外面摆在那里让人欣赏的，而且它是一个纯粹消失着的对象，"消失着的"打了着重号。赞美诗或者赞美歌是表演性的，唱过了就唱过了，没有留下痕迹，想要听，只有再唱一遍，它是在自己的消失中发生作用的，不是像其他艺

术品那样在自我之外留下作品,供人欣赏的。这是第二种形态,后面一个破折号是第三种形态:

——作为与普遍的**自我意识**在其豪情中的直接**统**一并作为祭拜行为里被中介了的统一而存在;

这是第三种,第三种就是作为一种祭拜活动,赞美诗以后的更高层次就是祭拜活动,祭拜的活动就是神和自我的普遍性达到了一种直接统一,我就是神,神就是我,神灵附体,这是祭拜要达到的效果。所以,这是"作为与普遍的**自我意识**在其豪情中的直接**统**一","自我意识"和"统一"都打了着重号,绝对的实体和普遍的自我意识在其豪情中是直接统一的,这个"其"就是普遍自我意识了,自我意识把自己放大为一种普遍的豪情(Begeisterung),一种"大我",它就和神统一了。"并作为祭拜行为里被中介了的统一而存在",被中介了的统一也可以理解为间接的统一,祭拜行为既有普遍自我意识与神的直接统一,但也有通过外在的祭拜行为与神的间接的统一,要通过一系列的仪式和祭品来与神达到统一。人能通神,怎么样通神呢? 要通过祭拜的行为,你去祭拜的时候你就感到了人和神是统一的,所以一方面是精神上的直接的统一,直接神灵附体,神就附在你身上了;另一方面却是通过一套仪式间接和神统一。这是第三种形式,后面又有一个破折号:

——作为**自我性的**美的**形体**,并且最后,作为提高到了**表象**的定在以及由这种定在扩展成一个世界而存在,这世界最后被概括为普遍性,而这普遍性同样**是这世界自身的纯粹确定性。**

这是第四种了。"作为**自我性的**美的**形体**",这是前面讲的奥林匹克运动会上面所展示出来的那种美的形体,那就是体育精神,作为体育精神它也被归于艺术宗教里面。崇拜美的形体的奥林匹克运动会在古希腊是具有宗教含义的,它超越一切,甚至于超越战争,超越城邦之间的争执,超越世俗生活,具有自我性。"并且最后,作为提高到了**表象**的定在",提高到了表象的定在那就是史诗了,"以及由这种定在扩展成一个世界而存在"，在史诗中由这种定在扩展成一个世界而存在。史诗就是在表象中展示出一个世界，展示出古希腊的整个世界观。"这世界最后被概括为普遍性，而这普遍性同样**是这世界自身的纯粹确定性**"，这世界最后被概括为普遍性，这世界在史诗里面它还是很特殊的，有一些个别的故事、一些事件。被概括成普遍性则是在悲剧里面，悲剧里面就是那些普遍性的伦理力量相互冲突，通过牺牲个别人物而得到调和。而这普遍性同样是这世界自身的纯粹确定性，"自身的纯粹确定性"打了着重号，就是这个世界虽然五花八门，像在史诗里面反映出来的那样一些争斗啊、那样一些具体的动作啊、情节啊，但是它自身的纯粹的普遍性是在悲剧里面所体现出来的，在悲剧里面所有这些形形色色的斗争都是某种伦理力量的体现，所以它表现出这个世界自身的纯粹确定性。那么喜剧实际上也是属于这个，从悲剧里面的伦理力量的冲突到最后的喜剧，回归到个体意识，回归到个体人格的独立性，并在悲剧命运的意识中作了总结。这四种形式回顾了整个艺术宗教所走过的历程，它们都是绝对实体外化的各种形式。

　　——这些形式，以及另一方面**人格**和权利的**世界**，在内容中释放出来的元素的恣意妄为的野性，正如斯多葛主义的**思维中的**人格和怀疑主[233]义意识之无休止的不安一样，构成诸形态的外围线，这些形态都期待着、拥挤着要跻身于那作为自我意识形成起来的精神的诞生地的周围；

　　这里一个分号，我们先看这半句。"这些形式"，前面讲了好几种形式，就是艺术宗教的所有这些形式。"以及另一方面**人格**和权利的**世界**"，"人格"打了着重号，"世界"也打了着重号，人格和权利的世界，这是另一方面。这些形式都是讲的艺术形式、艺术宗教的形式，但是艺术宗教的另一方面，或者说艺术宗教的底下呢，是现实生活、法权状态、人格和权利的世俗世界。前面讲了艺术宗教它是在一定的社会现实的基础上产生出来、发展出来的，那么我们在看到艺术世界、艺术宗教的时候，我们同时要想到它的时代背景、它的社会背景，那就是人格和权利的世界，就是这种世俗生活、现实生活。"在内容中释放出来的元素的恣意妄为的野性",就是人格和权利的世界这样一些内容,在里面释放出来的是一些什么元素呢?是一些恣意妄为的野性,是一种为所欲为、物欲横流、自私自利,每个人追求自己的私利,其元素是野蛮的。在这些内容中释放出了人们的贪欲,人格和权利的世界是一个法权状态,法权状态底下释放出来了人的这种恣意妄为的野性,就是追求自己的个人的利益,导致道德的沦丧,伦理精神的丧失,所有的神圣的东西都被亵渎,都被踩在脚下了。"正如斯多葛主义的**思维中的**人格和怀疑主义意识之无休止的不安一样",这都属于另一方面,另一方面一个是法权状态、社会现实状态,另一方面在这种社会现实状态之上所形成起来一种哲学思想,即斯多葛主义的思维中的人格和怀疑主义意识之无休止的不安。一个是斯多葛主义的思维中的人格,那好像是很确定的、确定不移确定不变的,但只是思想中的;一个呢是怀疑主义意识之无休止的不安,怀疑主义把所有这些东西都要摧毁,最终导致不幸意识。所有这些东西,一个是形式方面,就是前面讲的那些艺术宗教、艺术形式;另一方面是内容,内容方面呢就是人的人格和权利的世界,以及在这个人格和权利世界中形成的那些哲学思想——斯多葛主义和怀疑主义。所有这些东西"构成诸形态的外围线",外围线 Peripherie,这是一个希腊词,也可以翻译成"圆圈、圆周",它们构成诸形态的外围线。这个外围线它是相对于中心而言的,有外围就有中心,所有这些东西都构成了外围,而核心是什么呢?"这些形态都期待着、拥挤着要跻身于那作为自我意识形成起来的精神的诞生地的周围",所有这些形态,不管是艺术宗教、艺术的形态也好,还是法权状态即人格的世界、权利的世界也好,还是当时的哲学斯多葛派和怀疑主义也好,所有这些形态都期待着、拥挤着,要跻身于那作为自我意识形成起来的精神的诞生地的周围。作为自我意识形成起来的精神就是那个核心,这就是这一段开头所讲的,这种精神出现的一切条件都现成在手了,这种精神就集合成自己将自己意识为精神的精神,也就是自我意识的精神,作为自我意识形成起来的精神,这个精神要诞生了。所有的条件都具备了,所有前面讲的这些形态都是条件,这些条件都在期待着、拥挤着要跻身于这个核心的周围,要促成这个东西的诞生,促使自我意识的精神诞生。

　　而不幸的自我意识的渗透一切的痛苦和渴望就是它们的中心点,是这种精神赖以产生的共同的分娩阵痛,——这就是把那些形态作为自己的各环节包含着的纯粹概念的单纯性。

　　所有的这些条件都具备了,所有这些形态就是它们的条件,就是自我意识的精神产生的条件。"而不幸的自我意识的渗透一切的痛苦和渴望就是它们的中心点",所有这些形态的中心点是什么呢?就是不幸的自我意识渗透一切的痛苦和渴望,作为核心的自我意识到自身的精神一开始就是以这种痛苦和渴望的方式表现出来的,它是不幸的自我意识。上帝已经死了,不幸的意识或者说不幸的自我意识,——前面都是讲不幸的意识,这个地方特别提出来不幸的自我意识,不幸的意识已经成了一个不幸的自我意识,不幸的自我意识跟不幸的意识相比,它更加带有主动性,带有自觉性。原来不幸的意识呢是绝望,现在不幸的自我意识已经明确地意识到这种绝望,不幸的自我意识它的痛苦和渴望是渗透一切的,渗透在所有那些条件中,所有那些条件都围绕着它,所有那些条件本质上最后都归结为它,归结为这样一种不幸的自我意识的痛苦和渴望。包括前面讲的喜剧精神,喜剧意识它的另一面其实就是不幸的意识,看起来好像很幸福,成天哈哈大笑、搞笑,但是骨子里有一种不幸的意识,它的痛苦和渴望是渗透一切的。这种痛苦和渴望就是它们的中心点,"是这种精神赖以产生的共同的分娩阵痛",痛苦和渴望在这里被看成是分娩的阵痛,它是要结出成果来的,它是分娩前的阵痛,它要产下婴儿来,那就是耶稣的诞生啊。"这就是把那些形态作为自己的各环节包含着的纯粹概念的单纯性",所有那些形态五花八门,前面举了那么多,艺术形式啊,法权状态啊,还有各种不同的哲学思想啊,但是它们最后归结到一个纯粹概念的单纯性, 这个单纯性把那些形态作为自己的各环节包含着。单纯性不是说单薄性, 它不是单薄的, 而是有它的各个环节的, 所有那些环节都被包含在里面, 但是它本身是纯粹概念的单纯性。当然这个纯粹概念的单纯性, 它要表现出来还是并非纯粹概念的, 如果完全表现出来也是纯粹概念, 那就达到绝对认知了, 达到最后一个部分了, 但现在还没有, 现在是天启宗教。所以它虽然已经有了纯粹概念的单纯性, 但是它要表现出来呢还是要用现实的表象, 采取圣诞这种方式来表现自己。下面是第二个标题。

[Ⅱ. 绝对宗教的单纯内容: 上帝化身为人的现实性]

第一个标题是"天启宗教的形成", 第二个标题是"绝对宗教的单纯内容: 上帝化身为人的现实性", 上帝化身为人也就是通常讲的道成肉身了, 道就是上帝, 上帝本来是话语, 本来是道, 本来是逻各斯, 但是逻各斯化身为人, 那就是道成肉身了, 道成肉身就有了现实性。上帝的道本来是高高在上的, 逻各斯嘛, 神圣的逻各斯它是无形无相的, 它是一种思想, 一种斯多葛式的纯思想; 但是化身为人, 它就有了现实性。这个标题也是拉松版编者所加的, 我们来看它的单纯内容。

这精神在自身有两个方面, 即上面作为两个倒转的命题被表象的方面: 一个方面是**实体**自己把自己本身外化而成为了自我意识, 另一方面则倒过来, **自我意识**把自己本身外化而造成了事物性或普遍的自我。

"这精神在自身有两个方面, 即上面作为两个倒转的命题被表象的方面", 这个我们可以参看前面第 229 页, 标题"天启宗教的形成"下面第一句话就是讲的这两个方面, 他说, "**自我是绝对本质**这一命题不言而喻是属于那非宗教的、现实的精神的, 必须回想一下, 表达出这一命题的精神形态是什么样的。这形态同时将包含那个命题的运动过程和倒转过程, 这倒转把自我降低为宾词, 并把实体提高为主体 [主词]。"也就是说,

"自我是绝对本质"这样一个命题，它本身通过自己的倒转变成了两个命题，这两个命题是互相倒转的，主词和宾词互换位置，"自我是绝对本质"倒转成了"绝对本质才是自我"。前一命题是非宗教的、唯我论的，后一命题恰好从中倒转过来，异化成了一个绝对宗教的命题。所以这里讲，精神在自身有两个方面，即上面作为两个倒转的命题被表象的方面。两个倒转的命题，一个是把重音放在"自我"上面，自我才是绝对本质，那就是相当于唯我论了；另一个是把重音放在"绝对本质"上面，那就成了客观唯心论了，自我无非是绝对本质，绝对本质才是我的自我，你以为自我是一切，其实自我什么也不是，它就是那个绝对本质。这是两个完全不同、完全颠倒的含义，同一句话里面有两个完全相反的含义，就看你把重音放在哪个词上面，是放在主词上面呢还是放在宾词上面。注意这个"被表象的"，"表象"用在这个地方说明了宗教的特点，如果不是表象的话，作为概念来理解，那就是绝对知识，那就是哲学了；但是由于它是两个被表象的方面，所以它还是宗教。宗教是用表象的方式来体现绝对精神的，只有哲学才是以概念的方式体现绝对精神。那么这两个方面，"一个方面是**实体**自己把自己本身外化而成为了自我意识"，就是自我是绝对本质，或者说自我是实体，从客观唯心论的方面来看是实体自己把自己本身外化成了自我意识，"实体"打了着重号，它的重音放在"实体"上面，或者说它的重音放在"绝对本质"上面。自我无非是实体的外化，注意是实体自己把自己外化为自我意识，这意味着自我意识其实就是实体，这是从"自我是绝对本质"这个命题派生出来的命题，就是把重音放在"绝对本质"、放在"实体"上面，自我其实就是绝对本质，它是绝对本质的外化，我们的自我意识来自于上帝，上帝道成肉身，把他的绝对本质外化为了每个人的自我意识。反之，"另一方面则倒过来，**自我意识**把自己本身外化而造成了事物性或普遍的自我"，"自我意识"打了着重号，前一个命题是"实体"打了着重号，这两个打了着重号的概念是黑格尔哲学的最根本的核心概念。马克思在《神圣家族》中说，"在黑格尔的体系中有三个因素：斯宾诺莎的实体，费希特的自我意识以及前两个因素在黑格尔那里的必然的矛盾统一，即绝对精神。"① 后面一个命题是"自我意识"打了着重号，这是从"自我是绝对本质"命题中派生出来的另一个命题，把重音放在"自我意识"上，这个时候的理解就是颠倒的了，这就是唯我论。自我意识把自身外化而造成事物性或普遍的自我，一切外在事物都是自我造成的，自我意识是最重要的，自我才是真正的绝对本质，自我意识外化为万物，也可以理解为外化为实体，那实体就不成为实体了，实体是由别的东西外化出来的，那它还成为什么实体呢？那就是事物性了。而普遍的自我、他人的自我也是我把自己外化而造成的，自我设定非我，那不是费希特的唯我论吗？这是两个完全颠倒的命题。

　　双方以这种方式相向而行，由此而产生了它们的真实的结合。

　　"双方以这种方式相向而行"，这两个命题实际上是同一个命题的两种理解，它们相向而行，由此组成的命题就是"自我就是绝对本质"，它们都是从这个命题把重音放在主词上面或放在宾词上面而产生的，重音一变，主词就倒转为宾词，宾词则倒转为主词。这就成了两个不同的命题，双方各自有不同的理解，也就有不同的片面性。但是这两种理解相向而行，或者相对而行，各自走向自己的对方，要么从自我来解释实体、走向实体一方，要么从实体解释自我、走向自我一方，"由此而产生了它们的真实的结合"。真实的结合也就是序言里面所讲的实体即是主体，一切问题都在于如何能够把实体理解为主体，或者把主体理解为实体，这就是它们的真实的结合。

　　实体的外化，实体之成为自我意识，这表明了向对立面的过渡，表明了**必然性**的这种无意识过渡，或者表明了实体**自在地**就是自我意识；反之，自我意识的外化表明了它**自在地**就是普遍本质，或者说，由于自我是纯粹的自为存在，它在它的对方里仍然是在它自身中，所以这表明了**对**

_____

① 《马克思恩格斯全集》第2卷，第177页。

63

自我意识而言实体就是自我意识，正因此实体就是精神。

这是从两个方面来解释了，首先从实体方面来解释。他说，"实体的外化、实体之成为自我意识"，这是第一个命题了，"这表明了向对立面的过渡"。实体的外化、实体变为自我意识，表明了实体向它的对立面过渡，实体外化为自我意识。自我意识跟实体本来是两个对立的东西，但是由于是实体外化成了自我意识，所以它是向自己的对立面的过渡。"表明了**必然性**的这种无意识过渡"，"必然性"打了着重号。"必然性"为什么要打着重号呢？因为它是实体嘛，它是不以我的意识为转移的绝对本质，所以它的这种过渡是无意识过渡，也是必然的、不可抗拒的过渡。实体外化为自我意识这是一种必然的无意识过渡，这跟自我意识的外化不一样，自我意识的外化它是一种自由的外化、一种自由的创造，自由和必然不一样，而实体的变为自我意识是根据必然性而来的。"或者表明了实体**自在地**就是自我意识"，实体要么是无意识地必然地过渡为自我意识，要么它自在地、客观地本来就是自我意识，它看起来不是自我意识，但是谁知道呢？既然它现在已经必然地成了自我意识，那么也许它本来自在地就是自我意识。前一个命题就是这样来解释的。那么第二个命题的解释则是，"反之，自我意识的外化表明了它**自在地**就是普遍本质"，这是反过来从自我意识这一方面来看，自我意识的外化它表明它自在地或者客观地就是普遍本质。也许我们自己还不知道，还以为自己只是主观自为的，但是既然它必然会外化为万物，这难道不就表明了它自在地就是客观万物中的普遍本质吗？至少它客观上有这种潜在的能力，它自在地就是普遍本质，它其实就是普遍的自我，而不是单独我这个人的自我。"或者说，由于自我是纯粹的自为存在，它在它的对方里仍然是在它自身中"，这是一个插入语，由于这个自我它是自为的，它自为造成了它的对方，所以它在它的对方里仍然是在它自身中，它在万物里面仍然是在它自身中，就像在自己家里。它只不过是把它自身普遍化，它自为地把自己普遍化，建造起了自己的这个家。"所以这表明了**对自我意识而言实**

体就是自我意识，正因此实体就是精神"，前面讲了自我意识的外化表明了它自在地就是普遍本质，那么这同时也就表明了，对自我意识而言，实体就是自我意识，对象就是我自己。这是从自我意识的角度来看的，"对自我意识而言"打了着重号，从我的眼光来看，所谓实体就是自我意识，因为所有在我之外的东西都是我外化出去的，实体也不例外。实体、神这些东西高高在上，好像对我是一种威胁，但是自我意识意识到，它其实是我外化出去的，是我自己建立起来的，它不过是一种普遍的自我意识而已。实体由此对我不再陌生了，而是与我的自我意识相通的，正因此这个实体就是精神。你用这种眼光来看，你就会发现实体其实就是精神了，它不再是隔绝于你之外的，而是与你自己相通的，你把实体看作是一种自我意识，那这样一种实体就是精神。这个实体就是上帝了，上帝就是精神了，上帝就是自我意识了，上帝其实是我的普遍自我意识，是我的自我意识的一种外化的产物，所以我在上帝那里看到的是自己，在自我意识的眼光里面上帝其实就是它自己，就是普遍的自我意识，在这个意义上面实体就成了精神。

因此关于这种放弃了实体的形式并以自我意识的形态进入到定在中的精神就可以这样说——如果有人愿意采用取自自然生育的关系来说的话——，精神有一个**现实的**母亲，但却有一个**自在**存在的父亲；

我们看这半句。"因此关于这种放弃了实体的形式并以自我意识的形态进入到定在中的精神就可以这样说"，对于这样一种精神，什么样的精神呢？它放弃了实体的形式，并以自我意识的形态进入到定在中。刚才讲实体成了精神，而当这个实体的精神放弃了实体的形式，并且以自我意识的形态进入到定在之中，这样一种精神实际上也就是基督教的上帝了，基督教的上帝就体现为这样一种精神，他放弃了实体性的形式并且以自我意识的形态进入到定在之中，成为了一个现实的对象，那就是耶稣基督。这里讲的是基督教的道成肉身，耶稣基督就是上帝放弃了实体性的形式，化身为一个人，耶稣基督化身为一个普通人，在我们之中，在大众之中，他放弃了高高在上的实体性的形式，而以自我意识的形态进入到定在中。这样一个过程是由前面作了准备的，前面讲到同一个命题的两个相反的、相互倒转的命题，"自我是实体"既可以理解为自我是实体的外化，也可以理解为自我外化出实体，理解为实体是自我的外化，它们互相外化。基督教上帝的概念是自我意识的外化，而在现实中，耶稣基督的自我意识是上帝的外化。那么这种互相外化的结构就已经进入到基督教的上帝的结构了，基督教的精神结构就是这样一种互相外化的结构：我是实体，实体也是我；我可以作主词，也可以作宾词；实体也可以作主词，也可以作宾词，它们都是可以互相颠倒的，就看你立足于哪个角度来看。你可以立足于人的角度来看，你也可以立足于神的角度来看，两者是内部循环的，都是相通的。有了这样一种关系，那么我们就可以说，"——如果有人愿意采用取自自然生育的关系来说的话——"，这两个破折号中间是一个插入语，就是说如果人们愿意用自然生育的关系来描述的话。实际上基督教一直都是采取这种说法，就是凡人的自然生育必须有一个母亲，有一个父亲，人是父母生的，人是父母养的。这种说法当然对于神来说是不精确的，但是它也是宗教不得不采用的一种表象式的说法，如果我们要用这样一种表象关系来说的话，我们就可以这样说，"精神有一个**现实的**母亲，但却有一个**自在**存在的父亲"，"现实的"打了着重号，"自在"也打了着重号。也就是说母亲是现实的，圣母玛利亚给了耶稣一个身体，但却有一个自在存在的父亲。圣母是未婚受孕，童贞女怀孕，这个母亲后面的父亲是谁呢？他是不露面的，是自在存在的，实际上是圣父。圣父在天上，他是潜在的，他是自在存在的，他并不现身；但是圣母是现形的，圣母是现实的。这是基督教的说法了，基督教就说圣母是童贞女受孕，童贞女怎么能受孕呢？因为孩子的父亲在天上，不是约瑟，那个木匠只是玛利亚名义上的丈夫，但实际上不是的，实际上玛利亚的丈夫就是天父。

　　因为**现实性**或自我意识，以及作为实体的**自在**，是精神的两个环节，

通过两者的相互外化，每一方变成另一方，精神就作为双方的这种统一
而进入到定在。

"因为**现实性**或自我意识，以及作为实体的**自在**，是精神的两个环
节"，"现实性"打了着重号，"自在"也打了着重号，它们是精神的两个环
节。一方面是现实性，现实性是自我意识，现实性是人都是母亲生的，母
亲生了他的身体，那么这样一个身体呢是自我意识的现实性，自我意识
在现实中它要寄于一个身体，就是一个婴儿生出来的，那么自我意识才
有所寄托，这是一方面。另外一方面是实体的自在，那就是圣父，万物的
本原，是化身为现实自我意识的那个实体。这是精神的两个环节，精神
必然有两个环节，一方面它有现实性的环节，另一方面它有自在的环节。
现实性的环节就是自我意识，就是耶稣基督、一个母亲所生的凡人，凡人
都有自我意识；而自在的一方那就是实体，那就是天父、圣父。自我意识
和实体相当于耶稣基督和天父，这是精神的两个环节，这在前面讲的"自
我意识是绝对本质"这个命题里面已经包含着了。"通过两者的相互外
化，每一方变成另一方，精神就作为双方的这种统一而进入到定在"，通
过两者的相互外化，实体外化为自我意识，自我意识呢也外化为实体，自
我意识把实体看作是自己的外化，自己的异在，是另一个自己。通过两
者的这种相互外化，每一方变成另一方，精神就作为双方的这种统一而
进入到了定在，而不再只是一个抽象的概念了。这种向双方的互相外化
必然有一个运动过程，有一个现实的历史过程，那么每一方变成另一方，
精神就现实地存在了，就进入到它的具体的、现实的存在形式。这种存
在形式是作为双方的统一而进入到定在的，由此就引出了基督教的上帝
化身为人的现实性。这里第二个标题"绝对宗教的单纯内容：上帝化身
为人的现实性"就是这样来的，是从上述精神结构里面来的。当然这个
化身为人的现实性呢，它也经历了几个阶段，这个是下面这些小标题所
要讲的：神圣的自我意识的直接存在；然后是，最高本质的概念因个别自
我意识而达到完成；最后，达到宗教的团契等等，经历了这样一些阶段。

今天就讲到这里。

*　　　　　*　　　　　*

好，我们上次已经讲到了绝对宗教它的单纯的内容，第 233 页的第二个标题"绝对宗教的单纯内容：上帝化身为人的现实性"，就是说这第二个标题里面主要是讲上帝化身为人，就是基督教里面讲的道成肉身，上帝怎么成了耶稣基督，怎么样下降到人间，所以它是上帝化身为人的现实性。这个现实性是怎么样的一种结构？上次讲的最后一段呢其实就是道成肉身的一个序言，也就讲到了这样一个精神的结构，精神的结构就是实体和主体统一的结构。整个《精神现象学》就是要达到实体和主体的统一，最后，实体就是自我意识，就是主体，实体不是斯宾诺莎那样一种高高在上的、不食人间烟火的实体，而是就在现实的感性生活中体现出来的，所以它具有它的现实性。那么它的结构也就是这样一种结构，实体就是自我意识，那么自我意识也就是实体。"自我就是绝对的本质"，这样一个命题前面讲到它有两种解法、两种读法，一种呢是把绝对的本质归结为自我，另一种是把自我归结为绝对本质，有双重含义。当然这个双重含义并不是平等的，并不是平级的，而是一个过程，是一个运动的过程。那么，上次最后一句话讲："精神有一个**现实的**母亲，但却有一个**自在存在的**父亲；因为**现实性**或自我意识，以及作为实体的**自在**，是精神的两个环节"，一个是现实性或自我意识，一个呢是作为实体的自在，这是精神的两个环节。这两个环节也就相当于主体的环节和实体的环节，主体的环节必须在现实性中起作用，而实体的环节是自在的环节，它是把现实性提升到精神的一个环节。所以"通过两者的相互外化，每一方变成另一方，精神就作为双方的这种统一而进入到定在"，进入到定在也就是进入到现实了。精神如何进入到现实，就是通过它自身内部结构的矛盾性相互外化，每一方变成另一方，这样进入到定在。今天要读的这一段呢就是一个小标题：

[1.神圣的自我意识的直接存在]

　　神圣的自我意识，就是上帝、神了，神的直接存在，就是说还没有道成肉身、还没有言成肉身、还没有化身为人的时候，他高高在上的时候，那样一个上帝，那样一个神圣的自我意识，他的直接存在是怎么样的。那么在宗教里面它体现为创世神话，这个世界是神创造的，神的直接存在就体现在他创造了这个世界。从古希腊的柏拉图就有创世神话，这个世界是神、神圣的本质根据一定的规范创造出了水、火、土、气四大元素，然后构成了整个宇宙，这在柏拉图那里就已经有这种思想。到后来的新柏拉图主义那里，像普罗提诺的太一、流溢说，太一流溢出万物，一步步地流出来，也是创世神话。到了犹太教《旧约》里面的"创世记"，也是一个创世神话。所有这些创世神话都是神圣自我意识的直接存在，就是上帝的直接存在，他体现在创造世界上。如果他不创造世界，你就不知道他存在，之所以我们相信一个上帝，就是我们相信我们这个世界，包括其中的一切祸也好、福也好、命运也好，都是上帝创造的，所以神在这样一种他所创造的世界里面表现出他的直接存在。

　　只要自我意识仅仅片面地把握**它自己的**外化，即使它的对象因而对它来说已经既是存在又是自我，而且它知道一切定在都是精神的本质，然而这真实的精神却还并未因此就变成了为它的，如果存在一般或实体没有**自在地**同样从实体一方也自己把自己外化出去而成为自我意识的话。　　{404}

　　"只要自我意识仅仅片面地把握**它自己的**外化"，前面已经讲了，自我意识和实体双方互相外化，首先我们看自我意识的外化。自我意识把它自己外化出去，那么如果我们仅仅是片面地、仅仅从自我意识这样一个角度来把握、来理解它自己的外化，"它自己的"打了着重号，也就是说把这种外化仅仅理解为自我意识自己的外化，那就是唯我论。为什么是片面的呢？因为这个外化自身的自我意识还没有把自己理解为实体。两个方面，一方面是自我意识外化为实体，另一方面是实体外化为自我意识,这两者的互相外化,每一方变成另一方,本来应该是这样的。但是我们先孤立地看它的一个方面,仅仅从自我意识这一方面看,那么它本身还没有被理解为实体,而只是从自己出发把自己外化出去,那就是片面的把握了。这种片面地把握只适合于普通人的自我意识的活动,但并不是神圣自我意识的活动,所以它只能归结为一种片面的唯我论,也就是费希特的"自我设定非我"。只要自我意识仅仅片面地把握它自己的外化,"即使它的对象因而对它来说已经既是存在又是自我,而且它知道一切定在都是精神的本质",唯我论者在自己创造的对象上只看到自我,把一切定在只看作他自己的创造物,因而把一切定在都看作是灌注了自己的精神本质的。"然而这真实的精神却还并未因此就变成了为它的",他把自己的精神外化到客观定在中,使之具有了客观性,成为了真实的精神,但这个真实的精神并不因此就是为了他而存在的。艺术家正是因为意识到这一点,他知道他只是改变了对象和材料的形式,这些材料本身另有来源,所以他才没有沦为唯我论者。唯我论者以为既然自己创造了真实的对象世界,这个真实的世界就是为了他而存在的了,这只是他的狂妄。如果他不是实体,不是神圣的上帝,他的自我意识不是神圣的自我意识,那么即使他创造了对象,这个对象也不是他的,而始终是异己的。"如果存在一般或实体没有**自在地**同样从实体一方也自己把自己外化出去而成为自我意识的话",也就是如果他的自我意识不是由神圣实体外化而来的话,这个对象就不会是为了他而存在的。那么反过来说,只要存在一般或实体同样也自在地从自己这方面把自己外化为自我意识,那么这样理解的自我意识就不再只是个人的自我意识,而本身就是实体性的、神圣的自我意识,这时它所创造的对象世界就不但对它来说既是存在又是自我,不但在它看来都是精神的本质,而且这精神的本质也因此而成为了它的。这样理解的自我意识的外化就不再是片面的,不再陷入唯我论,而会是客观的上帝创世说了。上帝的自我意识把自己外化为世界,那么这个世界呢既是存在,它是现实的世界,又是上帝的自我,因为它是上帝创造出来的，所以它的本质就是上帝，它就是为上帝的。上帝在自己的创造物中看到了自己，而这些创造物也以上帝为自己的追求目标，是为上帝而存在的，这个在艺术家或唯我论者那里是不可能的。所以上帝知道一切定在都是精神的本质，并且这真实的精神因此就变成为上帝的了。但如果没有前面的条件，这一切都无法成立。自我意识片面的外化如果没有事先把自己的自我意识理解为实体本身外化的结果，那么即使它外化出一个对象，这对象也并不因此就变成为了它的，因为这个自我意识这时还不具有神圣性。所以，如果你把这样一个自我意识当作创世者，或者说，你把上帝设想为如同一个艺术家或者唯我论者那样创造了这个世界，那么这个世界虽然可以被他理解为真实的精神，却并不因此就成为了他的，即还没有成为上帝的。它完全是被动的，你把它创造出来，它就在那里了，但它没有任何趋向于上帝或者为了上帝的这样一种主动性。像《圣经》的《旧约》里基本上就是这样的，《旧约》创世记所创造的基本上就是一个被动的世界，上帝创造了这个世界，包括人在内，但人还没有主动地去追求上帝，反而找机会背离上帝，犯下原罪。只有到了耶稣基督诞生以后，耶稣基督才教导人们，应该主动地去追求上帝，上帝把你们创造出来，你们也应该为了上帝而活，为了上帝而活才是你们的使命，才是你们活着的意义。所以耶稣基督补上了《旧约》中的这个缺陷，不但是上帝的自我意识外化创造世界，而且这个自我意识本身就是上帝道成肉身外化出来的。但是目前还没有走到这一步，目前还仅仅是片面地从自我意识这一方面来看这种外化，而缺乏从实体的外化来看待自我意识这一维度。所以上帝在自己创造的世界中意识到自身，那是上帝的事情，那还不是世界的事情，也不是每一个现实的人的事情，上帝把我们创造出来，我们感谢上帝就够了，但是我们不一定是为了上帝。所以在《旧约》里面你看上帝不断地在纠正世人：你们应该怎么怎么样，你们要怎么怎么样，不然的话我就要毁灭你们；人类呢出于一种恐惧而跟随上帝，但是没有一种主动性，他们不是为上帝而生，而是为了自己的利益，自己自私的目的。这是因为存在一般或实体还没有自在地同样从自己这一方也把自己外化出去而成为自我意识。这里隐含着对于上帝化身为人的一种呼唤，上帝还没有化身为人，没有一个基督来救世，那么人类就还停留在完全被动的阶段，人类的自我意识就还没有跟上帝的自我意识合一。只有上帝的创世而没有这些被创造者主动的呼应，那么这个过程是片面的，是未完成的。这是讲的道成肉身之前、耶稣基督诞生之前的一种宗教状况，包括犹太教的《旧约》，都是这种状况。就是上帝创造了这个世界，但是这个世界没有呼应它，所以上帝随时可以毁灭它。上帝经常毁灭这个世界，发大洪水，动不动就全部淹掉，想从头来过，因为他所创造的这个世界完全是被动的，没有人回应他，所以在他眼睛里一钱不值，这时的上帝就像一个唯我论者。这是在《圣经·旧约》里面说的，也反映出宗教意识的前耶稣阶段的情况。

因为那样一来，一切定在都只是从意识的立场看才是精神的本质，
[234] **而不是自在地本身就是如此。**

这就说了原因了。"因为那样一来"，如果是那样的话，仅仅片面地从上帝的自我意识来把握自己的外化，仅仅从这个角度来看这种创世的话，那么"一切定在都只是**从意识的立场看**才是精神的本质，而不是自在地本身就是如此"，"从意识的立场看"打了着重号。就是说，如果仅仅停留在宗教的那样一种早期阶段、片面的阶段，那么一切定在、一切现实的东西，包括人，都只是从上帝的意识的立场看才是精神的本质。就是说你只有用上帝的对象意识的眼光来看，才能从一切万物中看出它的精神的本质，而不是它自在地本身就是如此。这些定在是不是它们本身就显现出精神的本质呢？不是！万物都没有精神的本质，都是非精神的，都是黑暗的，这个世界、整个世界都是黑暗的。但是由于上帝之光照到了它们上面，它们才显出是精神性的，所以仅仅是因为你有上帝的信仰，所以你才能从这个黑暗的世界里面看出它其实是上帝的本质，是上帝的造物，因而具有精神的本质。这个就预先需要有一种精神的眼光，需要有一种立场，这个立场很偶然，你有这个立场，但别人也许没有，所以这就没有普遍性。那个时候信神都是很偶然的，你信这个神，他信那个神，碰上谁是谁，互相之间还否认对方，互相排斥和攻击，没有一个标准。因为每个人都凭借自身对上帝意识的认可，拿他自己的那个神的意识的眼光来看这个世界，跟别人看的不一样。那么这个时候就需要这些定在、这些具体的存在本身有一种精神的本质显露出来，或者说启示出来，否则的话，你信你的神，我信我的神，互相之间永远是不能够沟通的。这种神永远是悬空的，你用自我意识的眼光看世界，但是这种眼光是否客观，或者只是你主观的一闪念，一种灵感，甚至一种迷狂，这是不得而知的。

精神以这种方式只是为定在**想象出来的**；这种想象就是**迷狂**，它给自然和历史，给世界和那些先行宗教的神秘表象附加上另外一种内在的意义，既不同于它们在自己的显现中直接呈现给意识的意义，而且在这些宗教看来，既然它们都曾经是自我意识的宗教，所以也不同于自我意识在这些宗教中所认知的意义。

"精神以这种方式只是为定在**想象出来的**"，"想象出来的"打了着重号，就是说它取决于一个主观的立场，取决于你立足于哪一个定在角度，你看出万物中有精神的东西，但是这只是你基于某个定在的立场想象出来的，而这个定在是你偶然选定的。你与神的自我意识认同，你从你所认同的神的眼光来看这个世界，那么这个世界可能会呈现出某种模样，但是另外一个人信另外一个神，在他眼中世界可能就呈现为另外一种模样，这些模样所显现的精神的意义可以是完全不同的。所以在基督教以前，自然宗教，艺术宗教，五花八门，每一种宗教都有它自己的信仰方式，都有它自己相信这个世界是怎么样的一种图景、一种眼光，但是所有这些都是一种想象。所以他讲精神以这种方式只是为定在想象出来的，只是对于定在我加给它一个想象。定在当然在那里，现实世界嘛，世上万物是同一个世界，但是我为它想象出了不同的精神含义。"这种想象就是**迷狂**"，迷狂 (Schwärmerei) 打了着重号。在哲学史上最早把迷狂用作一个哲学概念的是柏拉图，柏拉图提出好几种迷狂，有爱情的迷狂，有宗教的迷狂，有艺术的、诗的迷狂，有酒神的迷狂，最后还有理性的迷狂，理性的迷狂是最高的。柏拉图的理性的迷狂是说，当我知晓了万物的知识，这些知识有不同的等级，一个比一个高，我从低级到高级不断地上升，最后到了升不上去的时候，就接近于理念世界了，那个时候就必须有一种理性的迷狂才能够看到理念世界。但也只是一瞬间，因为我们的理性的翅膀太弱，飞不上去，于是呢，只看了一眼，马上就掉下来了，就像一个鸟儿到了最高的地方飞不上去了，便坠落下来。这是柏拉图的一个很有名的比喻，这个比喻在新柏拉图主义那里特别是普罗提诺那里加以发挥，普罗提诺就非常相信这样一种理性的迷狂，认为这才是我们接近神的唯一可能的通道。据说他一辈子只有六次达到过这样的理性迷狂的境界，有点像顿悟，但是你不能够时时刻刻处于这种状况，你还是一个世俗的人，所以看一眼就要掉下来。这种迷狂说在很多宗教中都有，在基督教中也常常出现，实际上是非理性的、没法解释的。黑格尔这里讲，这种方式只是一种想象出来的迷狂状态，"它给自然和历史，给世界和那些先行宗教的神秘表象附加上另外一种内在的意义"。这种想象出来的迷狂它起什么作用呢？它就是给自然和历史，给世界和那些先行宗教的神秘表象附加了另外一种意义。所有这些都是讲的定在，包括自然，包括历史，包括世界，包括那些先行宗教的神秘表象，先行宗教就是自然宗教和艺术宗教，它们的那些神秘的表象、那些不可解释的表象，那也是作为一个定在、作为一个事实已经在那里了，包括神像、神庙、祭拜，那都是先行宗教的神秘表象，现在又附加上了另外一种内在的意义。所有那些自然、历史和表象都是外在的定在，都是客观存在，那么通过这种想象和迷狂，人们给它附加上了另外一种内在的意义。这就是创世神话所起的作用，既然这个世界都是上帝创造的，那么万事万物，凡是外在的东西，它们都有一种内在的意义，这内在的意义就是神圣的意义。普罗提诺就有这样一种泛神论的观点，就是万物都是由上帝、神所创造的，那么万物都有神性，当然有一个阶梯，世界不断地走向堕落，神性越来越少，堕落到物质就是虚无，那就是堕入到黑暗，是最底层的。最高是太一，纯粹光明，然后是理念、努斯，努斯就是理性了，这些东西都是高层次的，到了人，人有肉体，那就已经是堕落了，到了肉体以下，跌到了物质，那就是黑暗或者虚无。但是普罗提诺说人通过理性的迷狂还可以返回去，他一方面在堕落，但另一方面呢他又赋有灵魂，赋有神性，所以他还可以反其道而行之，违抗自己堕落的趋势而返回到上帝的精神。那么他如何返回，当然是通过想象和迷狂了，这个在黑格尔看来虽然不够有力的，但尽管如此，所有这些外在的东西由此获得了一种内在的意义。什么是另外一种内在的意义呢？也就是一种泛神论的意义，它"既不同于它们在自己的显现中直接呈现给意识的意义"，这是一方面，自然和历史啊，世界啊，先行的宗教的神秘表象啊，所有这些东西它直接地呈现给意识的那种意义都是日常世俗的。比如说宗教的神秘仪式里面呈现给人的面包和酒，面包就是能吃的，酒就是能喝的，那很简单，那就没有内在意义了。自然和历史与世界都是一些简单的事实，那有什么意义呢？但是你信教了以后呢，你就会有一种想象力，就赋予这些东西另外一种内在的意义，不同于它们本身直接呈现的意义。面包和酒是谷神与酒神的象征，所以通过我们的想象就赋予了它们不同于日常的那种意义。这是一个方面，他已经不同于物欲主义者、享乐主义者对待万物的那种眼光，他是有信仰的了，他心中有神了，他用神的眼光来看待世界万物，这个是比日常的眼光要高的。另外一方面是，"而且在这些宗教看来，既然它们都曾经是自我意识的宗教，所以也不同于自我意识在这些宗教中所认知的意义"，迷狂所带来的，一方面是不同于它们的日常的意义，另一方面呢，这些宗教既然都曾经是自我意识的宗教，包括自然宗教和艺术宗教，所有这些宗教里面都有自我意识，都是自我意识的宗教，那么这种迷狂的内在意义也不同于自我意识在这些宗教中所认知的意义。自然宗教和艺术宗教对于它们的定在都有一种认知的意义，这里我们可以参考一下第180页，就是第七章宗教章的开头,下面的这一段就讲道:"自我认知的精神在宗教里直接就是它自己的纯粹的**自我意识**",这个是宗教篇的开篇,也可以看作它的绪论。宗教篇的绪论里面就已经讲了,所有这里所讲的宗教,不管自然宗教还是艺术宗教、天启宗教,它们都直接地就是精神的纯粹的自我意识。但是这些自我意识在这些宗教中所认知的那个意义呢,却一个接一个地过去了,现在只剩下这种非理性的、超认知的迷狂的意义,它比那些意义更高,它更加具有普遍性。所以这样一种泛神论非理性的意义它一方面超越了无神论,超越了日常的意义;另一方面也超越了前此所有那些有神论的自我认知。

但是这种含义是借过来的,是一件外衣,它并未掩盖那赤裸裸的现象,并未为自己赢得任何信仰和崇敬,而是停留于意识的阴沉沉的黑夜和特有的出神状态。

"但是这种含义",这里带有批判的意思了,前面已经讲了它是一种片面的眼光,那么这里就讲到,迷狂所带来的这种含义"是借过来的"。它要赋予万事万物以一种特殊的内在的含义,但是这种含义是借来的,并不是事物本身就具有的。它"是一件外衣",它把这样一种意识的眼光覆盖到一切万事万物的具体定在身上,所以它成了一件外衣。但"它并未掩盖那赤裸裸的现象",它盖不住那些赤裸裸的现象,那些赤裸裸的现象还是唯物主义的,还是日常直接呈现给意识的,那么你另外给它附加上一个意义,从上而下地加给它们一种意义,你加上去的这种意义跟它还是两张皮,它就像穿了一件外衣一样。但是那个赤裸裸的现象它还没变,现象还是现象,现象本身并没有显露出它自身的精神性,这个精神性是你附加给它的,你覆盖在它身上的。当然你可以把所有东西都覆盖上这一层意义,但是覆盖归覆盖,现象还是现象,现象还是唯物主义的现象。所以这种迷狂并没有打通这两方面,彼岸和此岸并没有沟通,只是把彼岸的意义覆盖到此岸的现象上了。所以这种做法"并未为自己赢得任何信仰和崇敬",迷狂没有为自己赢得信仰和崇敬,例如奥古斯丁早年也曾经信仰过新柏拉图主义,后来不信了,又信摩尼教,最后才归于基督教。所以新柏拉图主义的这样一种迷狂呢,它实际上没有为自己赢得任何信仰和崇敬,那只是一种眼光,你通过一种想象把你的神圣的意义覆盖于万事万物,我也可以通过我的想象用另外一种外衣来覆盖,那没有什么了不起,反正都是想象嘛,你也是想象,我也是想象,所以水过地皮湿,那个赤裸裸的现象并没有从本质上被触动,这种主观的狂热未能成为客观事物本身的启示。"而是停留于意识的阴沉沉的黑夜和特有的出神状态",出神状态(Verzückung)也就是迷狂状态了,意识的阴沉沉的黑夜,意识也就是对象意识,在意识的对象那里还是一片黑暗。我所意识到的对象还是黑夜,里面没有自发地照射出光明,所有的光明都是外来的、借来的,都是由外面照射进去的,它自己没有响应,万事万物那些现象自己没有响应,没有回应。所以它没有脱离柏拉图的分离的眼光,所谓柏拉图的分离说,就是理念世界和现实世界是分离的,是两张皮,你要从现象世界飞跃到理念世界,那就只有通过一种迷狂,但是迷狂不能解释这个过程,它是一种非理性的想象。

我们看下面一段啊。下面一段就是要解析了,这样一种神圣的含义是借来的,那么从哪里借来的呢?首先是从概念借来的,下面就来分析了。他说,

因此对象性的东西的这种含义不会是单纯的想象,所以它必定是自在存在着的,这就是说,首先,它对意识来说必定是发源于概念并在自己的必然性中产生出来的。

"因此对象性的东西的这种含义",对象性的东西也就是万物、定在了,包括自然啊、历史啊、世界啊、面包啊、酒啊等等这些东西。它们的内在含义"不会是单纯的想象",你要赋予它一种神圣的含义,这种神圣的含义怎么可能是单纯想象出来的呢?它应该是本身固有的。"所以它必定是**自在**存在着的","自在"打了着重号。它本身一定是自在固有的,

77

当然在前一个阶段它是借来的，但这里我们看出来，光是借来的那是掩盖不了事实真相的，是不能赢得任何信仰和尊敬的，还会是停留于意识的阴沉沉的黑夜和特有的出神状态。所以它不能够是单纯的想象，不能够是单纯借来的，它必定是自在存在着的。"这就是说，**首先**"，"首先"打了着重号，是为了跟下面的"其次"相呼应，下面的"其次"也打了着重号，这是两个层次。首先，"它对意识来说必定是发源于**概念**并在自己的必然性中产生出来的"，"概念"打了着重号。如果真有这种神圣含义的话，那么这种神圣含义一定是自在存在着的，不是你附加给它的，你从意识的立场出发凭想象拿来一个神圣的含义，把它附加到万事万物身上，这都是外来的，这个不能说明问题，这只是一种片面的眼光。你从上帝的自我意识下降，来赋予万事万物以神圣的含义，这只是一方面，当然这方面也不能说它错了，但是它是片面的。那么这样一种含义呢，它绝不会是单纯的想象，它必定是自在存在着的，它本身肯定有神圣的含义，这种含义对意识来说必定是发源于概念，并在自己的必然性中产生出来。这概念无所不包，渗透一切，在基督教里面就体现为"道"，也就是逻各斯，道成肉身嘛，逻各斯成为肉身。逻各斯就是概念，万物都有逻各斯，万物都有它的道，所以这种含义是在自己的必然性中产生出来的。《圣经》里面讲，上帝说要有光，于是就有了光。上帝一说什么，于是什么就有了，所以万物都是由于这个"说"，由于这个逻各斯，而创造出来的。"说"实际上就是概念，一切语言都是概念，在黑格尔的解释里面，所谓的逻各斯可以理解为概念，这个概念有自己的必然性。所以首先，它，也就是对象性的东西的内在含义，必定是发源于概念并在自己的必然性中产生出来的，前面讲它在新柏拉图主义的迷狂那里是借来的，从哪里借来的呢？就是从概念借来的。迷狂是不能说、说不清楚的，而逻各斯、概念恰好是能够说清楚的，你真正要带来意义，就必须从逻各斯、概念那里借来。在普罗提诺那里呢这一点还不明确，他只是讲的太一、最高的一，万事万物都是从太一而来，但是太一本身却是不可说的。其实它就是神圣的逻各斯,古希腊赫拉克利特早已经讲过了,逻各斯是一,神圣的逻各斯就是一,它具有必然性。逻各斯有时候可以理解为命运,因为它有一种必然性,它是发源于概念并在自己的必然性中产生出来的。这个就把万物的神性是从哪里借来的说清楚了,实际上是从逻各斯那里、从概念那里、从道那里借来的,它背后就是那些东西。但是在新柏拉图主义那里这一点还不明确,在旧约创世记里面其实已经说出来了,但是也还不明确,采用的是日常的说法,把"说"轻轻放过去了。一直到《新约》,到"约翰福音"里面,才明确讲道:"太初有道,道与上帝同在,道就是上帝。"这里的道就是 Logos,上帝是凭借逻各斯创造这个世界的,所以这个世界都具有逻各斯的含义,都具有概念的含义。

所以,那自我认知的**精神**是通过对**直接意识**的认识或对**存在着的**对象意识的认识,经过其必然的运动而对我们生发出来的。

"所以,那自我认知的**精神**是通过对**直接意识**的认识或对**存在着的**对象意识的认识,经过其必然的运动而对我们生发出来的",这"所以"就是延伸上面的意思了,前面讲到了这些客观定在的内在意义对意识来说必定是发源于概念,并且是在自己的必然性中产生出来的,所以那自我认知的精神,也就是上帝自己的自我意识,本身是产生出来的。是如何产生出来的呢? 一个是通过对直接意识的认识,或者对存在着的对象意识的认识而产生的,另一个是经过这种认识的必然运动而生发出来的。"直接意识"和"存在着的"都打了着重号,说明对于对象的客观存在的直接认识是产生自我意识或自我认识的精神的前提。这里实际上就在着手解决上面提出的那个片面性的困境了,就是上帝单凭自己的自我意识的外化来创造世界,但这个自我意识本身还没有被理解为实体外化的产物,它如何能够具有神圣性呢? 这种唯我论式的上帝创世说很难为自己赢得崇敬和信仰。上帝创造出一个对象世界,要在这个对象世界上认出它自己,那就不光是这个东西是上帝创造的他就能认出自己,还必须让他所创造的这个东西本身能够生发出精神来,本身要跟上帝一样也赋有自我意识，而这只有通过上帝的道成肉身，外化出一个耶稣基督，外化出另一个、其实也是同一个上帝来，他才能够在他的创造物上直接意识到自己或者认知到自己。这时，上帝（耶稣）的自我意识是由实体本身外化出来的，有根有据的，是在道成肉身的必然运动中生发出来的，而不是偶然碰上的或唯我论式地为所欲为的。而这样一种自我认知的精神才是"对我们"生发出来的，也就是对"我们"这些旁观者客观上形成起来的，而不是封闭在自己内心、不和其他自我意识相通的。可见，自我认知的精神必须通过对对象意识的认知而产生出来，简单来说就是这么一句话，自我意识的精神它凭空不能产生出来，它必须面对一个对象，然后在对象上面又意识到自身，才能够产生出来。上帝创造这个世界，必须要这个世界中的对象自己主动地也具有一种创造性的自我意识，才能真正成为上帝的镜子。所以上帝创世的自我意识真正说来是他经过道成肉身的外化而在耶稣基督身上所直接体现出来的自我意识，这样一个具有创造性而又来自存在着的对象意识的自我意识才能得到人们的崇敬和信仰，而原来上帝那种一时兴起的创世的自我意识只会带来恐惧，它缺乏精神性。现在，耶稣基督就是上帝，上帝在耶稣基督里面看到了他自己，所以基督教里面讲的"三位一体"是有来由的，当然这里还没有讲到三位一体的问题，还是在分析它的原理，三位一体是怎么来的，就是这样来的。上帝必须在他所创造的一个人身上看出他自己的本质，这个人就是耶稣基督，他是由上帝作为自在的实体外化自身而来的，然后由耶稣基督去感化所有的世人、基督徒，这样上帝所创造的这个世界才能主动地去与上帝相呼应，才配得上被赋予的那种神圣的含义。否则的话，这种神圣的含义是外加的，事情本身还是唯物主义的，还是黑暗的、没有意义的，还是一种不幸的意识。你在这个世界上你就摆脱不了不幸的意识，因为万物都是没有意义的，所有的意义都是你加给它的，而你加给它的这个意义是值得怀疑的，所以怀疑主义最后堕入到了不幸的意识。那么，怎么才能克服怀疑主义？就必须有一个实证的对象在你面前，一个活生生的人，那就是耶稣基督，在他里面上帝意识到了自己，这个时候才有自我意识的精神对我们旁观者生发出来。这是第一层意思，首先，万物的内在意义对意识来说必定是发源于概念并在自己的必然性中产生出来的，必须是由逻各斯在自己的必然性中外化出来的；这就是它的神圣的、自在的意义，不是你加给它的意义，不是想象出来的意义，而是本来自在地就有的。这是一个方面，它要成为自在存在着的意义，它就必须有一个客观的概念以及概念的必然性，从这种概念的必然性里面生发出来，而不是从你的想象里面把它虚构出来。

其次，这个概念，这个作为直接概念也拥有对其意识是**直接性**的形态的概念，它**自在地**、亦即正是按照概念的必然性而给自己提供了自我意识的形态，作为**存在**或作为感性意识的无内容的对象的**直接性**，而外化其自身，并对意识来说成为自我。

前面讲的是"首先"，就主要是强调万物的内在意义是来源于概念，是通过对直接的对象意识的认识生发出来的。那么这里讲，"**其次**，这个概念，这个作为直接概念也拥有对其意识是**直接性**的形态的概念"，"其次"打了着重号，这个概念应该是一个怎么样的概念呢？前面讲意义要从概念生发出来，要从对直接意识的认识中生发出来；这里则讲，这个直接概念本身也拥有对其意识是直接性的形态，这里"直接性"打了着重号。这个概念是一个什么样的概念呢？它本身就拥有直接性的对象形态，不是主观概念，而是客观概念。它作为对直接意识的认识本身就具有直接性，上帝说要有光，于是就有了光，这个"说"具有一种直接性的形态，它本身也是一种直接性的活动，或者说是一种客观性的活动。必须说出来，才能创造世界；但说出来本身就是在创造世界，所以这个逻各斯它本身具有一种直接的形态、一种存在着的形态，认识论和存在论在这里是统一的。"它**自在地**、亦即正是按照概念的必然性而给自己提供了自我意识的形态"，"自在地"打了着重号，也就是说这个概念本身它就存在于那个地方，它是一个客观的、已经发生了的事情，已经说过了的一句话；

但另一方面，它不仅具有一种存在着的对象的形态，而且它按照概念的必然性自在地提供了自我意识的形态。就是它不仅以感性的直接形态存在着，而且它自在地意识到自身，不是说你把它拉来、把它借来、把它加在万物之上，而是这样一种概念它自己自在地有一种自发性，必然生发出对自己的自我意识来。这样一种自我认知的精神就是耶稣基督了，它不仅仅是借助于这样一种概念而发生的，而且是这个概念自己发生的，所以它在这方面具有一种主动性。前面首先讲的那一方面是说概念具有一种客观性，具有一种对象性，它是一种对象意识；现在这第二个方面是讲，这个概念具有一种主动性和必然性，有一种能动性，它就是一种自我意识。"作为**存在**或作为感性意识的无内容的对象的**直接性**，而外化其自身，并对意识来说成为自我"，这里"存在"打了着重号，"直接性"也再次打了着重号。概念给自己提供了自我意识的形态，怎么提供的呢？它是作为存在而外化其自身。它本来是存在，是实体，它是感性意识的无内容的对象的直接性，一个感性的对象它还没有内容，没有什么内容呢？没有概念的内容。感性意识是没有概念的内容的，它是一种直接性，前面讲感性确定性，感性确定性是最空洞的，为什么最空洞呢？它的概念内容最单薄，它的内容都是一些只可意会、不可言传的东西，都是一些意谓，能够说出来的只有一个概念，那就是存在、有。现在概念是作为存在或作为感性意识的无内容的对象的直接性，而外化其自身，这个就是双向的外化了。前面讲了，实体和自我意识双向外化，一个是实体外化为自我，一个是自我外化为实体；前面讲的都是从一个片面、从上帝的自我意识外化为这个世界的实体，现在呢我们从另外一个角度来看，从这个世界的实体、从这个世界的存在和直接性外化其自身。外化其自身就成为了什么呢？对意识来说就成为了自我，也就是对对象意识来说成为了自我意识，对这个存在来说、对这个实体来说成为了自我意识。这就是从另外一个方面、从实体这个方面外化为自我意识，和前面从自我意识外化为实体构成了反向的外化。这里借助于概念，我们从实体外化为自我,所以说这个概念是自在地按照概念的必然性而给自己提供了自我意识的形态,它就是这样来给自己提供自我意识的形态的,它作为万物的实体,按照概念本身的必然性而进到了自我,进到了自我意识。这是两个方面,"首先"和"其次",分别讲了两个方面,首先的那一方面呢就是讲到概念它的客观性、它的存在,神的自我意识必须在概念里面看到它的存在,必须把他所创造的这个世界的存在看作是概念。他所创造的这个世界不是日常所看到的那个世界,其实是概念,它的本质就是概念,上帝是按照概念来创造这个世界的,所以概念具有一种客观性,这是第一个方面;第二个方面,既然概念它有这种客观性,那么它就从客观的概念本身里面自发地产生出来的这样一种神圣的含义,也就是自我意识的含义,对象意识就变成自我意识了,它造成了自我意识。这是从两个方面把前面讲的上帝的创世说作了一个补充,或者说作了一种批判。新柏拉图主义肯定还没有达到这个阶段,没有达到这样一种认识,因为它将神圣含义诉之于非理性的迷狂;那么我们这里可以对这种含义加以分析,发现它其实是来自于概念的,新柏拉图主义的这种太一、这种逻各斯是来自于概念的。既然来自于概念,我们就可以立足于这一点来改造新柏拉图主义,而进入到基督教的氛围,进入到基督教的原理。一个新柏拉图主义,一个斯多葛派,这两种古代哲学提供了基督教的教义的原理;"旧约"的创世说则提供了一个过渡。"创世记"里面就是通过上帝的说话来创造整个世界的,上帝创造世界没有用任何材料,就是凭他说话,当然这是一种比喻的说法,但这个比喻的说法里面恰好透露出一种信息,就是这种说话、这种逻各斯、这种上帝的道其实就是概念,在黑格尔的用语里面它就等于是概念。而通过这个概念呢,我们把整个世界看作是概念的产物,看作本质上就是概念,那就可以发现万物里面有一种迎合上帝、为了上帝而存在、为了上帝而活的自发的倾向,万物就都活起来了。这就是黑格尔的泛神论,黑格尔在很大程度上也被认为是一个泛神论者。当然他的泛神论是比较高级的,就是说既然都是上帝创造的,上帝是一切生命之源，那么他所创造的东西都是有生命的，这个生命就体现在道成肉身，使得事物自发地有一种从意识上升到自我意识的倾向，这个就不是新柏拉图主义和一般的创世论所能够达到的水平了，就已经进入到基督教的水平了。

——但是**直接的自在**或**存在着的必然性**本身是和**思维着的自在**或对**必然性**的**认识**有区别的，——但这一区别同时又不处于概念之外，因为概念的**单纯统一性**就是**直接存在**本身；

我们先看这半句。"但是**直接的自在**或**存在着的必然性**本身是和**思维着的自在**或对**必然性**的**认识**有区别的"，注意这里打了着重号的地方，一个是"直接的自在"，一个是"存在着的必然性"，直接的自在就是存在，存在着的必然性就是事物运动的必然性，自在不是僵死的，而是有它的必然规律的，有它必然的一种自发性的。这里存在和运动都是客观的，它不同于思维着的自在或对必然性的认识，后者是带有主观性的。后面一个是"思维着的自在"，跟"直接的自在"相区别；一个是对"必然性"的认识跟"存在着的必然性"相区别。这两个方面也就是上面讲的，一个是"首先"，一个是"其次"，这两个方面的区别。上面首先呢就是讲的万物的内在意义来自于概念的客观存在这种对象意识，其次就是讲这种客观概念提供出自我意识。概括一下，这就是存在和思维的区别，本体论和认识论的区别，在意识中表现为对象意识和自我意识的区别。"但这一区别同时又不处于概念之外"，这个区别是概念之内的区别、概念内部的区别，概念一方面是客观的、自在的，概念是万物的本原，概念就是万物的存在，但是万物的存在既然是概念，所以它又是思维，它又是认识。概念是能动的嘛，概念就是思维，它跟这个物质存在是不一样的，概念是一种思维性质的存在，所以它是主动的，是能动的，具有自我意识的认识的主体性。所以这两方面都是概念，都在概念之内，一个是概念的存在，一个是概念的思维，思维和存在统一于概念，思维和存在都在概念之中。概念本身是存在，但是概念又是思维，所以从存在提升到思维是顺理成章的，这在概念之内就可以解决。"因为概念的**单纯统一性**就是**直接存在**本身"，"单纯统一性"和"直接存在"都打了着重号，以示对照。要讲概念的单纯统一性，那就是直接的存在本身，就是概念的单纯的客观运动，存在就是客观概念。这个是第一方面，概念的单纯统一性就是直接的存在本身，它还没有发展出它内部的矛盾，它还是一种单纯性，还是一种抽象性。

概念既是自身外化的东西或**被直观到的必然性**的形成，同样也是在必然性内存在于自身中，是认知着并概念地理解着这必然性的。

这是讲的第二方面。"概念既是自身外化的东西或**被直观到的必然性**的形成，同样也是在必然性内存在于自身中，是认知着并概念地理解着这必然性的"，这是对第二方面的一种解释，就是说概念一方面作为单纯统一性就是存在，这是在概念内部的存在；另一方面，与之相区别，概念不光是单纯统一性，它还要自身外化，它还要形成那种被直观到的必然性，被直观到的必然性也是在概念中形成的，这种外化也是在概念中进行的，所以它同样也是在必然性内存在于自身中。它一边外化自身，一边同时又认识着并概念地理解着这必然性，那就是自我意识了。为什么说这两方面都是在概念里面呢？因为一方面概念的单纯统一性就是直接的存在本身，这个就注定了直接的自在或存在着的必然性就是在概念中的，它就是概念的单纯统一性；但是概念又不仅仅是单纯统一性，所以接下来他讲，概念既是自身外化的东西或被直观到的必然性的形成，就是它有个形成过程，不是一下子就端出来放在那里了，那样来理解单纯的统一性太简单化了。相反，它又形成了自己的被直观到的必然性，而且既是自身外化的东西或被直观到的必然性的形成，同样也是在必然性内存在于自身中，它的外化形成了必然性，但是它还是在它自身中，在必然性内存在于自身中。那么存在于自身中又是怎么样存在呢？那就是认知着并概念地理解着这必然性，概念的认知把它的这种外化的必然性置于自身的理解之内，仍然是在概念的把握之中。因为概念形成了它，又认知了它，是认知着并概念地理解着这必然性的。所以这两方面，一方面它有直接性，它是单纯的统一性，它就是直接的存在；另一方面它有间接性，它把自身外化，形成自己的直观到的必然性，而形成了这个直观到的必然性呢，它同样又仍然存在于它自身之内，因为它又把这个存在着的必然性、直观到的必然性加以概念地理解，对它加以认知，所以仍然是在概念中把握住了它。总之一切都在概念里面转来转去，概念是思维和存在的统一，是存在和认知的统一，但统一于概念，所以一切都归结为概念了，直接性和间接性都在概念中统一起来了，它们都是概念内部的区别。这就是黑格尔的概念，黑格尔的概念无所不包。

——那赋予自己自我意识形态的精神之**直接自在**并不意味着别的东西，而只是意味着现实的世界精神达到了这种对自身的认知；然后这种认知才也进入它的意识，并且作为真理而进入它的意识。至于这种情况

[235] 是如何发生的，上面已经讲过了。

"那赋予自己自我意识形态的精神"，也就是自我意识到自身的精神，具有自我认知的精神，精神不再仅仅是一种单纯的对象，不再只是对象意识，而且是赋予了自己自我意识，不只是说万物都有精神，而且是说精神在万物中意识到自身，是这样一种精神。这种精神"之**直接自在**并不意味着别的东西，而只是意味着现实的世界精神达到了这种对自身的认知"，这种已经自我意识到的精神它直接的自在意味着什么呢？并不是意味着别的东西，而只是意味着世界精神达到了自我认知。世界精神（Weltgeist）这个概念出来了，世界精神就是客观精神，客观精神或世界精神的自我认知就是自我意识到的精神的直接自在。前面我们刚开始讲宗教的时候，第一个标题就是"天启宗教的形成"，天启宗教是怎么形成的？前面第 229 页讲："精神既是把自身当作自己的**对象性**实体的**意识**，又同样是一种保持在自身之内的单纯的**自我意识**"，这是一个过程，它的具体表现就是上帝创世之后，进一步化身为人，也就是上面第二个标题讲的"上帝化身为人的现实性"，即道成肉身。这其中第一个小标题讲的

是"神圣的自我意识的直接存在"，自我意识到的精神的直接的自在就是上帝的自我意识直接创世。但当这种创世从客观概念中获得了它的认识论的意义，这意味着现实世界的精神在耶稣基督身上达到了这种对自身的认知，"然后这种认知才也进入它的意识，并且作为真理而进入它的意识"。上帝对自身的认知在耶稣基督身上获得了真理性，不再是抽象的了。道成肉身就是赋予自我意识到的精神以直接的自在，意味着现实的世界精神在一个感性的人身上达到了这种对自身的认知，它不是上帝从上而下地把神圣的含义带给万物，而是意味着现实的世界精神凭借概念达到了这种对自身的认知。并不仅仅是现实世界单方面依赖于上帝，而是上帝也依赖于现实的世界精神，双方都是互相依赖的。上帝创造世界，同时上帝又依赖于世界的自我意识、自我认知，才能够实现他自己的自我意识。否则的话，上帝高高在上，他就只是一个对象意识，他还没有达到自我意识；上帝创造了世界，但他在世界上看不到自己，那个世界对上帝来说就是一个异己的世界。只有当这个异己的世界本身显出来它具有自我意识，这个现实世界的精神达到了对自身的认知，这个时候上帝才在自己创造的世界上面看到了自己，这才外化出了上帝的自我意识。这就是赋予了自己自我意识形态的精神，它的直接的自在就意味着这样一个反观，就像照镜子一样，在他所创造的世界上面看到了自己的形象。基督教里面就是这样说的，就是一方面上帝创造世界，另一方面现实的世界也趋向于上帝，也把上帝看作它自己对自身的认知，然后这种认知才也进入它的意识，并且是作为真理而进入它的意识。整个这个循环或倒转都以耶稣基督为枢纽，这种认知就是从下而上的这种认知，现实世界的人达到了这种对自身的认知，认识到自己是上帝的造物，认识到自己本身固有神性。这神性不是外来的，就是他自己，就是他自己本心里面自发地有这样一种自我认知，这种自我意识的认知才是真理，才是真正的、真实的东西，而不是借来的，不是通过想象放进去的，而是概念本身自发的要求。万事万物都有一种自发地趋向于上帝的自发性，都有这种要求，这才像上帝的造物啊，如果上帝创造出一个死的世界，一个不像上帝的世界，那这个世界就不是上帝创造的，上帝创造的世界肯定是一个趋向于上帝的世界。最后一句，"至于这种情况是如何发生的，上面已经讲过了"，上面已经追溯了这样一种情况是如何从自然宗教到艺术宗教一步一步地走过来的，就是说神在万事万物中得到体现，万事万物逐渐觉醒，从自然宗教到艺术宗教，在感性的事物中觉醒，觉察到它自己的本质原来就是神性，这一点到了天启宗教里面就得到了确认，就是这样一个上帝通过神圣的自我意识的直接存在，就是通过化身为耶稣，而达到了自我意识的真理。这都是上面已经追溯的历程，即上帝必须在他所创造的对象世界中直观到他自己，这走过了一个漫长的历程，只有从世界精神的概念论的立场上我们才能够确立上帝的直接的存在。这是这一个小标题。我们先休息一下。

那么接下来一段呢，应该把下面这第二个小标题提到这个地方来。第一个小标题讲的实际上是上帝论、圣父，到圣子结束；第二个小标题应该是专门讲圣子、道成肉身。前面讲的是上帝创世，上帝跟他所创造的世界的关系，那么下面一段应该是讲圣父和圣子的关系，是讲的基督论。所以这第二个小标题应该移到这个地方来，就是：

[2. 最高本质的概念因个别自我使得抽象性与直接性同一而达到完成]

"最高本质的概念"也就是上帝的概念，"因个别自我"，个别自我就是耶稣基督了，因个别自我"使得抽象性与直接性同一而达到完成"，抽象性，上帝的概念如果没有个别自我，没有耶稣基督，那么它就只有抽象性，它就还没有跟直接性达到同一。前面我们讲上帝的概念它必须要跟现实世界的精神自发地走向自我认知这一过程结合起来理解，才是一个完整的上帝的概念，上帝观应该是这样一个上帝观。那么这里就讲到了，上帝概念如何才能够跟现实世界的精神达到统一？必须有一个中介，这个中介就是圣子，就是耶稣基督。所以这个最高本质的概念因个别自我使得抽象性与直接性同一，最后达到完成。这个完成就是更高层次上的完成了，这是在第三个小标题中，第 237 页：[3. 思辨的认知是绝对宗教的团契的表象]，必须要提到思辨的认知，才是绝对宗教的团契的表象。团契就是基督教会了，团契的表象其实就是圣灵，基督教的团契是靠圣灵把大家结合在一起的。所以圣父—圣子—圣灵三位一体，在这里是依次讲下来的，这三个小标题，第一个小标题相当于圣父，第二个小标题相当于圣子，第三个小标题相当于圣灵，团契的表象就是圣灵，由于大家都有圣灵，所以大家结成一体，回到上帝那里就融入了圣灵。

　　绝对精神**自在地**为自己、从而也为自己的**意识**赋予了自我意识的形态，这件事现在是这样显现出来的，即这意识是**对世界的信仰**，精神作为一个自我意识亦即作为一个现实的人而**定在着**，自我意识对于直接的确定性而存在，信仰的意识**看到**、**触到**和**听到**这种神圣性。

　　这是第二个环节，就是圣子。"绝对精神**自在地**为自己、从而也为自己的**意识**赋予了自我意识的形态"，其实这里是两句话，他把它并成一句了。一个是自在地为自己赋予了自我意识的形态，上帝的这个自我意识的形态不是外来的，不是附加上的，而是绝对精神自己自在地就具有的自我意识的形态；另一个是，从而也为自己的意识赋予了自我意识的形态，"意识"打了着重号。"意识"为什么要打着重号？意识就是对象意识，上帝既然自在地有自我意识的形态，他也就为自己的对象意识赋予了自我意识的形态，也就是把绝对精神看作一个对象，并且在这个对象意识中赋予了自我意识的形态。"这件事现在是这样显现出来的，即这意识是**对世界的信仰**"，"对世界的信仰"打了着重号。意识或对象意识如何成为自我意识？就是这样，即意识就是对世界的信仰，绝对精神的意识表现为对它的对象、对世界的信仰，意识相信这个世界其实本质上就是世界精神。绝对精神为自己的意识赋予了自我意识的形态，那么意识呢它就是对世界的信仰，也就是对世界精神的信仰，它从这个世界、世俗生活或者现实世界中看出了世界精神，这个世界精神体现在一个具体的人身上，对世界的信仰就是对世界中的某个人的信仰。"精神作为一个自我意识亦即作为一个现实的人而**定在着**"，精神也就是绝对精神，作为一个自我意识也就是作为一个现实的人而定在着，这个现实的人就是耶稣基督了。由于有耶稣基督，所以我们的信仰就是对现实世界的信仰，是对现实世界中的精神的信仰，我们就相信世界是具有神性。相信世界具有神性必须要有个中介，这个中介就是耶稣，他就是一个现实世界中的人，但他同时具有神性。耶稣基督使我们对世界万物具有神性产生了信仰，即意识是对世界精神的信仰，精神作为一个自我意识亦即作为一个现实的人而定在了，"定在着"打了着重号。一个现实的人耶稣基督就是一个定在着的自我意识，耶稣基督就是上帝的自我意识，上帝作为一个自我意识也就是作为一个现实的人而定在。"自我意识对于直接的确定性而存在，信仰的意识**看到、触到和听到**这种神圣性"①，这个人是有直接确定性的，直接的确定性也就是感性确定性，这个人作为一个感性确定性而存在，这感性确定性就表现在，信仰的意识、也就是那些基督徒了，他们看到、触到和听到了这种神圣性。跟随着耶稣基督的那些人、那些基督徒看到了、触摸到了而且听到了他的这样一种神圣性，"使徒行传"每个人都描述自己是看到、摸到和听到耶稣基督的，不仅亲眼所见、亲耳所闻，而且在基督复活时亲自摸到了他身上的伤口。耶稣基督给上帝带来了一种直观中的对象意识，而这个对象意识本身就是自我意识，耶稣基督不但是一个对象，而且是一个人，是一个具体的活生生的人，他就是上帝的自我意识。在这里意识、对象意识和自我意识合一了，我们信仰上帝，落实下来，就落实到信仰一个具有自我意识的活生生的人，那就是

---

① 这里德文丛书版插入一个编者注，说可参看《约翰福音》1，1。但《约翰福音》第一句讲的是"太初有道，道与神同在，道就是神"与这里不太吻合，故不取。

信仰耶稣基督,对耶稣基督的信仰就是对世界精神的信仰,对现实世界具有精神性的信仰,对世俗生活具有精神意义的信仰。当然信仰本身是彼岸的,是高高在上的,但是现在在世俗生活中有一个人站在你的面前了,让你看到、触及到和听到了他的神圣性,从这个里头就产生了基督教的"实证性"。什么是基督教的实证性? Positivität 就是实证性,也可以翻译成"肯定性"、"积极性",这里主要是体现了基督教的实证性。这实证性我们中国人很难翻译,贺麟先生把它翻译成"权威性",当然它带有权威的意思,就是说它是一个摆在那里的事实,你不得不承认,《圣经》上面的描述有名有姓,有时间,有地点,有圣物,还有遗物,还有遗迹,你能不信吗? 你能否定吗? 这个"福音书"传下来,都是亲口所说、亲眼所见、亲耳所闻的,都是有名有姓的一些人,所以它是立足于实证性的,对于讲究实证的人的眼光来说是具有权威性的。这个跟以往的宗教不太一样,以往的宗教是凭想象啊,凭幻觉啊,凭迷狂啊,凭自己做了一个什么梦啊,这都没有实证性的,基督教的一个很重要的特点就是它具有实证性。但这并不直接就等于"权威性",更不能翻译为"权威性"。我们看"新约",都是从实证性出发的,当然这个实证性有些东西是经不起推敲的了,比如说奇迹,奇迹有很多都经不起推敲的。后来有很多人不断地去解释为什么会有这种奇迹,从实证主义的角度去解释它,奇迹是怎么发生的? 人们为什么会看作是奇迹? 想要证明它们其实是可以用自然的原理来解释的,很多人试图做这件工作。但是,从基督教本身来看呢,这就是它的实证性,它是根据这些亲眼所见、亲耳所闻的一些事实来信仰的。我们今天也经常讲,要有奇迹我才能相信,比如说你要我信佛,那如果能治好我的病,我就信佛,果然治好了,于是他就信佛了,这个就是带有实证性的。但这种实证性呢,它是非常主观个人的,基督教就特别强调这种个人眼中的实证性。上帝不能够老是高高在上,他必须在现实世界中有他的证物,有他的证人,他必须证明他现存在这个世界中。所以耶稣基督到底是一个人,还是一个神,长期以来争论不休,后来基督教的正统说法就是他既是人，也是神，圣父圣子圣灵三位一体。这个听起来是很玄的，普通人的理智怎么能够理解三位一体？这是基督教里面最玄的一个问题，按照黑格尔的说法，这就是一种思辨的秘密了，思辨哲学就是三位一体，黑格尔的三段论就是三位一体，它背后潜在的就是基督教的三位一体，就是神圣的东西、彼岸的东西必须要在此岸中得到体现，而且是实实在在地得到体现，不是象征性的，不是比喻，不是符号，而是上帝真的就在人间现身了。

{405}　　　于是，信仰的意识就不是想象，相反，它**在人那里**是**现实的**。这样一来，意识就不是从**自己的**内在的东西出发，并**在自身中**把上帝的思想和定在联合起来，而是从直接在场的定在出发，并在其中认识上帝。

　　"于是，信仰的意识就不是想象，相反，它**在人那里**是**现实的**"，这就是说，经过了耶稣基督这样一个活生生的人亲自现身，那么信仰的意识就不再是想象了。在以往的包括普罗提诺的上帝那里，上帝基本上都是想象出来的，在"旧约"那里也是，在耶稣基督产生以前，在"新约"产生以前，那样一些宗教它们的信仰意识都是想象出来的，而现在它不是了，它是实证的。所以现在信仰的意识在人那里是现实的，它不再是想象。"这样一来，意识就不是从**自己的**内在的东西出发，并**在自身中**把上帝的思想和定在联合起来，而是从直接在场的定在出发，并在其中认识上帝"，这就是基督教信仰的特点了。意识不再是从自己的内在的东西出发，"自己的"打了着重号，也就是不再是主观想象的了，这种想象当然也可以是内在的，但是那是主观的，这种主观只是在自身中把上帝的思想和定在联合起来，"在自身中"也打了着重号，这两处着重号都是强调那仅仅是主观的，你在你自身中把上帝的思想和定在联合起来，或者说你把上帝的思想外加在你所遇到的每一个定在身上，你所看到的每一个定在你都用上帝的思想来解释它，那只是你自己主观的解释。而现在是从直接在场的定在出发，并在其中认识上帝，现在有一个活生生的人站在你面前，他就是上帝，你在他身上认识上帝。也就是说，这个上帝不再是主观的想象出来，而是实证的，而是有实实在在的根据的，你不信，耶稣基督现在就在那里讲到，你赶快去看一看，亲自去体会一下，聆听一下他的教导，你就知道了，这个是非常直接、非常现实的。

——**直接存在**这一环节在概念的内容中是如此现成在手，以至于宗教的精神在一切本质性返回到意识时成为了**单纯的**、实证的自我，正如现实的精神本身在不幸的意识里同样是这种**单纯的**、自我意识到的否定性那样。

"**直接存在**这一环节在概念的内容中是如此现成在手"，直接存在也就是现实的存在、活生生的存在，你可以直接看到、感到和听到这样一个存在，也就是耶稣基督的当下存在。他在概念的内容中是如此现成在手，他现成地、活生生地体现了概念的内容，即使是直接存在仍然是概念的内容，被包括在概念的内容中。我们刚才讲了，概念无所不包，概念的外化仍然在概念之中，仍然被包括在概念之中。怎么样现成在手呢？"以至于宗教的精神在一切本质性返回到意识时成为了**单纯的**、实证的自我"，宗教精神它本身是具有它的本质性的，它的一切的本质性返回到意识，就是说你在自己的意识中意识到了宗教的本质性，意识到宗教的精神。宗教精神高高在上，但是现在呢，它返回到了你的意识之中，这个意识也可以理解为对象意识，宗教的一切本质性返回到了对象意识，你意识到了一个对象，不再是那个从来见不到面的耶和华，而是站在你面前的耶稣，他就代表了宗教的一切本质性。我们可以说宗教的精神返回到了意识，或者说返回到了对象意识；这个时候宗教精神就成为了单纯的、实证的自我，"单纯的"打了着重号。这个实证的（positiv）自我，也可以翻译为"肯定的"自我，以与下面的"否定性"相对照；但这个"实证性"太重要了，所以我还是译作"实证的"。上帝现在成了实证的、肯定的了，在此之前，在新柏拉图主义那里，或者在犹太教中、在《旧约》中，上帝都是否定的自我，都是没有实证性的上帝。那时叫作"否定神学"，就是你只能说上帝不是什么，而不能说上帝是什么。《旧约》中的上帝没有人能见到,凡是见到的人都得死①,上帝甚至没有名字,摩西问他叫什么名字,他说"我是自有永有的"(I am who I am),这句话按照希伯来文音译为"耶和华"。而现在不同了,就是有一个实证的人站在信仰的意识面前,他非常单纯,因为他作为一种感性确定性,你直接在他身上就可以看到宗教精神,看到上帝,所以他又是一个实证的自我、一个肯定的自我。现在你可以说上帝是什么、上帝是谁了,上帝就是耶稣基督,他有名有姓,看得见摸得着。"正如现实的精神本身在不幸的意识里同样是这种**单纯的**、自我意识到的否定性那样",这是从另一方面讲了,一方面宗教的精神在一切本质性返回到对象意识的时候就成为了单纯的、肯定的自我,这是从上而下的道成肉身;那么从下面来讲呢,每个人在现实生活中,他的精神都体现为不幸的意识。这不幸的意识同样是单纯的、自我意识到的否定性,这正如耶稣基督的宗教精神是单纯的、自我意识到的肯定性或实证性一样。就是说一方面有一个耶稣基督,他代表着宗教精神,他代表上帝,我们在他身上活生生地看到了一个上帝的本质,这是一个方面;另一方面呢,在现实生活中精神所处的状况是不幸的意识,不幸的意识跟前面的基督精神相比,同样是单纯的否定性,这个"同样"不是说都是一样的,而是说可以相对照,一个正面一个反面,一个肯定一个否定,但双方在这种单纯的和自我意识到的方面来说是同样的。前面是肯定的自我,是肯定性、实证性,后面是讲的否定性,这两方面是可以对照着来说的,而且是相辅相成的。只有自我意识在不幸的意识那里意识到了单纯的否定性,才会接受耶稣基督的实证性和肯定性,才会使宗教精神的全部本质性返回到一个对象意识,那就是一个单纯的、肯定的自我,才有了一个肯定的代表人物耶稣基督站在你面前。所以从下面来看,现实生活中的精神陷入到了不幸的意识,这种不幸的意识同样是单纯的自我意识到的,但却是否定性的,我们意识到了这种否定性,所以才苦恼啊,

① "你不能看见我的面,因为人见我的面不能存活。"见《圣经·出埃及记》34:21。

才有不幸的意识啊。我们意识到了一切都是否定的，意识到了现实中是没有精神的，所以才感到不幸，现实是一个物欲横流的世界，是一个金钱至上的世界，所以在这个世界里面，现实的精神感到了不幸，感到了无意义。只有当不幸的意识把一切现实生活的意义都摧毁了以后，我们才能够去追随耶稣基督，作为自己的精神的唯一希望，这两方面是相辅相成的。在《圣经》里面，"传道书"的最主要的精神就是虚无主义，什么东西都没有意义，金钱啊，财富啊，子女啊，事业啊，世俗的所有种种的伟绩啊，名声啊，你世世代代地求名，人家终究还是要忘记你的，你不管名声多么大，过几千年以后谁还记得你？所有这些东西都没有意义，把所有世俗的意义全部摧毁了。到这个时候，最后你才能够向上帝，如果你还有精神的话，那只有追随耶稣基督。耶稣基督当然也在世俗之中，但是他是唯一可以把你引向崇高彼岸的一个可以实证的救世主。我们在研究《圣经》的时候，特别要注重这两方面，你不要只看到它的光明的那一面，它的光明的那一面是由它的阴暗的这一面所促成的，基督和上帝的绝对价值是由对现实世界的虚无主义所促成的。所以我们不要一厢情愿地用我们中国人的思维去读《圣经》，去理解基督教的精神，把它的这个否定面、阴暗面忽略了。其实它是有一种虚无主义的痛苦，但是又不甘于虚无主义，这才有对上帝的追寻和实证的求证。你如果没有对现实世界的绝望，你是进不了真正的基督教精神的。当然佛教也讲对现实世界的绝望，讲四大皆空，但是这种绝望在佛教那里它不是一种不幸的意识，我们前面也讲到了，它恰好是一种幸福的意识，四大皆空你就解脱了，就没有痛苦了，就什么也不用追求了。但是在四大皆空以后，在虚无主义以后，你如果还要追求的话，这就能够进入到基督教的追求。所以我们有些青年人经常举棋不定：我究竟是信佛教好呢？还是信基督教好？我就让他去衡量一下，你在看到世界的虚无的时候你是感到幸福呢？还是感到不幸？你如果感到不幸的话，你可以信基督教，你如果感到幸福的话，那你就信佛教就是了，这是一个分水岭。信基督教不是那么幸福的，信基督教是有承担的，要承担起世俗的罪恶。承担罪恶，这个是佛教里面不讲的，佛教里面只求解脱罪恶，只求脱罪、解脱，基督教也讲解脱，但是它同时也讲承担，承担起这个生活、这种世俗生活的世界，虽然我比世俗生活要高，但是世俗生活的所有这一切我都要承担，很累的。基督教是很累的，佛教是很轻松的，在现实中没有责任了，没有事业了，也不用追求什么东西了，这样活着就是好，甚至于活不活都无所谓了。道教是讲活着就是好，所以要养生；佛教连活不活都无所谓，不讲养生，要死就死。这是一个很重要的区别。

　　定在着的精神的自我因而具有完全直接性的形式；它既不是建立为被思维的或被表象的自我，也不是建立为被创造出来的自我，如同部分地在自然宗教里、部分地在艺术宗教里那直接自我的情况那样。

　　"定在着的精神的自我"，也就是说上帝作为一种精神的自我现在定在着了，在耶稣基督身上定在着了。定在着的精神的自我"因而具有完全直接性的形式"，基督教的实证性嘛，实证性当然是以直接的、实证的材料作为它的根据的，它的直接的、实证的形式就是一个活生生的人示范在你面前。"它既不是建立为被思维的或被表象的自我，也不是建立为被创造出来的自我"，被思维的或被表象的自我是可以去想象出来、可以被思维出来的，现在不是思维和表象的问题，现在是一个活生生的人、一个事实站在你面前。耶稣基督这个人，历史上考证确实有这么一个人，确实他诞生于哪年哪月哪一天，他死于何年何月何日，我们说圣诞，我们过圣诞节，基督受难日，复活节，这都是有时间、地点，有名有姓的，都是非常直接、非常实证的，具有完全直接的形式。所以它不是建立为被思维的或被表象的自我，不是说你思想到了或者你想象出来的。古希腊的酒神节、谷神节，那都是想象出来的，酒神也可能在古希腊的传说中有这个人，所以酒神的诞生他们也搞个节日，但是那个是很靠不住的，是不是有这么一个人都不一定，但是耶稣基督是实有其人的。也不是建立为被创造出来的自我，像一些艺术品、一些雕像那样被创造出来的自我。"如同部分地在自然宗教里、部分地在艺术宗教里那直接自我的情况那样"，在自然宗教里那就是被思维和被表象的自我，被想象出来的自我，而在艺术宗教里面呢，那就是被创造出来的自我，但现在这两者都不是的。耶稣既不是表象出来的东西，也不是创造出来的东西，它不是一个艺术品，《圣经》也绝不是一个艺术创作，特别是"新约"，它不是一部文学作品，不是一部想象的小说，它就是一种事实的记载。所以它不是如同部分地在自然宗教里、部分地在艺术宗教里那种直接自我的情况，自然宗教和艺术宗教都是直接自我的情况，直接表现出自我，但是还不是完全直接性的，即没有把自我当作一个历史事件来加以确认，来加以实证。自然宗教、艺术宗教都是由人建立起来的，当然它表现了自我，它有自我意识；但是那个自我意识是它自以为的自我意识，是自己直接认可的一种自我意识，因而是人的活动的产物，还不具有完全的直接性。耶稣基督可不是某个人建立起来的，而是直接站在人面前的，人们不过是用一种客观的记载把他的事迹记载下来，他有直接的客观性。《新约》里面"四福音书"是可以对照的，不同的人有不同的记载，马太福音、马可福音、路加福音、约翰福音，四个人从不同的角度记载了那些事迹，都是可以对照的，所以又叫"对观福音"，可以核实的。你说没有这件事情？他们四个人各自独立地记载了这件事情，而且记载都是大同小异的，不会有那么巧，刚好吻合。那就可以考证出这件事情确实发生过，你一对观起来，它们相重合的部分那是可以确定的，它们不相重合的部分也许还可以推敲，还可以从别的方面找根据。所以基督教的《圣经》它是经过考证的，诉之于直接的事实，它不像自然宗教和艺术宗教那样，要么是凭借自己的思想、凭自己的想象，要么是凭自己的艺术创造来构造一个定在着的精神。

反之，这个上帝是直接在感性中被直观为自我，直观为一个现实的个别的人；只有这样，上帝才**是**自我意识。

天启宗教既不像自然宗教，也不像艺术宗教，"反之，这个上帝是直

接在感性中被直观为自我，直观为一个现实的个别的人"，在一个感性的
人身上被直观为上帝的自我，这个人就是上帝的自我，上帝在耶稣基督
身上看到了自己，直观到了自己，他是一个可以看见、可以听到、可以感
受到的上帝，以现实的个别人的形态出现的上帝。"只有这样，上帝才**是**
自我意识"，这个"是"字打了着重号，就是说，上帝作为自我意识才"存
在"。上帝要成为自我意识，怎么成为自我意识？他创造了世界，还不够，
这个世界中必须要有一个人来体现上帝。上帝在这个人身上看到了自己，
或者说上帝跟这个人就是一体，我们叫"三位一体"，圣父，圣子，还有一
个圣灵，三位一体，这才是达到了上帝的自我意识。这就是基督教的道
成肉身的关键性的意义，就在这里。

<u>神圣本质这样化身为人，或者说它本质上直接具有自我意识的形态，
这就是绝对宗教的单纯内容。</u>

这前面本来有个拉松版加的小标题："2.最高本质的概念因个别自
我使得抽象性与直接性同一而达到完成"，我把它提到上面一段去了，因
为上面一段已经在讲这个问题。"神圣本质这样化身为人，或者说它本
质上直接具有自我意识的形态，这就是绝对宗教的单纯内容"，绝对宗
教，也就是天启宗教了，黑格尔认为基督教才是绝对宗教，所谓绝对，既
是主观的，也是客观的，主客统一的，思维和存在统一的，这就是绝对的。
其他的宗教都还没有达到绝对性，要么偏向于客观，要么偏向于主观，基
督教则是作为宗教的宗教，那就是绝对宗教。作为宗教的宗教就是宗教
本身，宗教本身就应该是基督教这样的宗教，应该是天启宗教，他没有讲
基督教这三个字，他讲的天启宗教、绝对宗教实际上就是基督教。但是
为什么要讲天启宗教呢？就是它是一种普遍性的东西，是一切宗教里面
的宗教，一切宗教的宗教含义是依靠于它的，所有的自然宗教、艺术宗
教，你要追溯它之所以成为宗教，你就要追溯到天启宗教这个层次，你才
能算到位，其他的都是外加的。由于有天启宗教冥冥之中支配着当时的

人的宗教意识，所以他们才产生出自然宗教啊、艺术宗教啊，一步一步地向它的本质回归或者靠拢。所以天启宗教才是一切宗教的宗教，所有的宗教里面都有一个天启宗教的因子，现在呢到了天启宗教的阶段呢，这个因子发展成了一个独立的宗教，这个独立的宗教就是绝对宗教。它的内容是什么呢？只有一个，就是神圣本质化身为人，或者说它本质上直接具有自我意识的形态，这就是基督教特有的。神圣本质化身为人，其他宗教没有说化身为人的，顶多就是有一个祭师他代神说话，像摩西，摩西肯定不是神了，他只是先知，其他的宗教都是这样，只有先知，只有祭师，他们可以传达神的意志，但他本人不是神。只有天启宗教，它的神圣本质是这样化身为人，或者说它本质上以感性的人的形态直接具有自我意识。化身为人的意思就是这个神在他所化身的人身上达到了他的自我意识，上帝道成肉身，在一个人身上达到了他的自我意识，这个只有在基督教里面才有。所以基督教才是真正的天启宗教，而且这就是绝对宗教的单纯内容。当然这个内容在基督教《圣经》里面是从《新约》才开始的，在《新约》以前还没有，只有这种预示，说是有一天会有一个救世主来临，作了预告，但是还没有实现。而在"新约"里面就在耶稣身上体现了救世主，体现了弥赛亚精神。

在绝对宗教里神圣本质被作为精神来认知，或者说绝对宗教就是神圣本质对自己就是精神的意识。

"在绝对宗教里神圣本质被作为精神来认知"，可以理解为这样一个意思，就是只有在绝对宗教里神圣本质才被作为精神来认知。在其他宗教里面当然也有精神了，但这个精神还没有把自己作为精神来认知，或者作为光明，或者把自己作为植物、作为动物，或者把自己作为一个工匠，或者把自己作为一个美的艺术品、作为一个雕像、作为一个人体，或者作为一个要牺牲的英雄、一种被嘲弄的理想等等，但是没有作为精神来认知。只有在绝对宗教里面，神圣本质才被作为精神来认知。"或者说绝对宗教就是神圣本质对自己就是精神的意识"，绝对宗教就是这样一种

99

认知，什么认知呢？就是神圣本质认知到了自己就是精神，神圣本质知道了自己是精神，而不是别的那些东西，这就是绝对宗教。

因为精神就是在自己的外化中对它自己的认知；是那种本身是运动的、在自己的他在中保持与自己本身的同一性的本质。

为什么说绝对宗教是神圣本质对自己就是精神的意识呢？"因为精神就是在自己的外化中对它自己的认知"，所谓精神跟其他的意识啊、自我意识啊、理性啊都不一样，跟前面讲的都不一样。意识、自我意识、理性，这都是上卷里面所讲的，然后下卷才讲精神。那么精神的特点呢就是它在自己的外化中对自己加以认知，就是把自己外化为现实生活，外化为定在，外化为大千世界，精神就是在自己的这种外化中、在自己的创造世界的过程中对自身加以认知。它创造出了一个现实世界，最后创造出了耶稣基督，耶稣基督也是上帝的外化，在其中上帝对自身有了认知，这才是精神。"是那种本身是运动的、在自己的他在中保持与自己本身的同一性的本质"，它的本质本身是运动的，是在自己的他在中保持与自己本身的同一性的。我们前面讲了，概念就是这样的本质，概念在自己的运动中仍然保持与自己本身的同一性，仍然在认知自己，这个认知还是在概念中的认知，他在就是外化了，外化为一个另外的存在，Anderssein，在自己的另外的存在中保持与自己本身的同一性，这另外一个存在不是别的，还是自己，我在他在中仍然看到自己，精神就是这样一个本质，是这样一种认知。所谓的上帝就是这样一个精神，所以绝对宗教的单纯的内容呢就是上帝外化自身为人，这就解释了绝对宗教、天启宗教它的单纯内容为什么说就是上帝化身为人、就是道成肉身。

但是这个本质就是实体，只要这实体在自己的偶性里同样反思到自身，不是反过来把偶性当成一个非本质的因而处于异己者中的东西而对之抱漠不关心的态度，而是在异己者中即是**在自身中**，就是说，如果实体即是**主体**或**自我**的话。

[236]

"但是这个本质就是实体"，这个本质就是刚才讲的那种本身是运动的、在自己的他在中保持与自己本身的同一性的本质，这就是实体。精神在自己的他在中与自己保持同一性，但是这样一个本质就是实体。"只要这实体在自己的偶性里同样反思到自身"，就是这个本质是一种什么样的实体呢？这实体在自己的偶性（Akzidentalität）里同样反思到自身。实体和偶性是斯宾诺莎的一对范畴，斯宾诺莎在《伦理学》里面提出了这两个概念，实体就是本质了，偶性就是现象，相当于样态。在所有的偶性样态里面我们都看到了一个实体，偶性如果离开了实体就毫无意义。这也就是基督教所讲的一切都是虚空的那个意思，如果离开了实体，离开了上帝，所有的偶性是没有意义的，等于虚无。但是你如果联系到实体来看这些偶性，那么这些偶性就是实体，偶性所反映的东西就都是实体，那它就是有意义的。这里借用了斯宾诺莎的这对范畴，实体在自己的偶性里反思到自身，偶性是各种各样的现象，在每一种现象里面同样地反思到实体，实体在每一种偶性里面看到它自己。"不是反过来把偶性当成一个非本质的因而处于异己者中的东西而对之抱漠不关心的态度"，这是对偶性的一种看法，在斯宾诺莎那里也说，如果你把偶性看作一个非本质的、异己的、异于实体的东西，对实体来说是异己的、非本质的、因而处于实体的异己者中的东西，对之抱漠不关心的态度，如果你这样看的话呢，那偶性是不存在的，这些偶性本身就是一些幻影，过眼烟云的东西，没有什么实体。但是如果你不是这样看的话，"而是在异己者中即是**在自身中**"，在异己者中、在这些偶性中就已经是在自身中了，"就是说如果实体即是**主体**或**自我**的话"，那么这种精神的本质就是实体。"主体"和"自我"都打了着重号，实体就是主体，这就是前面讲的那个最重要的立场，你要达到这样一个立场是很不容易的。如果你能够把所有的偶性都看作就是实体自身内的，像斯宾诺莎所讲的，所有的偶性里面都反映出实体，那么你才算达到了这样一个层次，就是把实体看作是自我、把实体看作是主体。主体就是能动的东西了，自我也是能动的东西，不要小看了运动和变化的东西，以为那只是些过眼烟云，运动和变化的东西恰好是实体本身的一种体现。所以实体在异己者中就是在自身之中，在这里就是：上帝就在基督之中，基督本来是上帝的异己者，基督是一个凡人嘛，上帝创造了耶稣基督，耶稣基督用世俗的眼光看就是一个私生子；但从基督教的眼光来看，他是上帝的儿子。上帝的儿子毕竟不是上帝，是上帝的异己者，但是上帝在这个异己者中就在自身之内，这就意味着实体就是主体或自我，上帝这个实体它就是主体或自我，这是基督教的一条原理。

——因此在这种宗教里神圣的本质是被**启示**出来的。它的被启示显然就在于，它是什么已经被认知了。但它的被认知正是由于它是作为精神、作为本质上是**自我意识**这样的本质而被认知的。

"因此在这种宗教里神圣的本质是被**启示**出来的"，"启示"打了着重号。这个"启示"值得玩味，这个地方提出了"启示"。天启宗教我们也可以翻译为"启示宗教"，就是天启宗教它的一个最重要的特点就是启示、天启，上帝是被启示出来的，为什么是被启示出来的呢？启示跟想象啊、迷狂啊、思维啊那些东西有什么区别？下面就讲了，"它的被启示显然就在于，它是什么已经被认知了"，就是神圣本质、上帝的被启示，就在于它是什么已经被认知了，上帝是什么我们已经有了一个认知过程，已经通过基督教的实证性，通过对观福音，"四福音书"，我们通过各种方式已经认知了，它先是一种认知对象，不是想象的对象，也不是盲目的狂热和迷狂，而是被认知的。"但它的被认知正是由于它是作为精神、作为本质上是**自我意识**这样的本质而被认知的"，它是怎么样被认知的呢？并不由于仅仅是我感到了，我听到了，那个当然是必要的，认知嘛肯定要有那个，直接的感性确定性必须要有的，但是当我感到、当我听到、当我看到的时候，我不是把它作为一个普通的事物而看到、而听到的，而是作为精神、作为本质上是自我意识这样的本质而被认知的。就是说耶稣基督本质上是精神，是上帝的儿子，他也是上帝，是上帝的自我意识，在耶稣基督的肉身中体现的是上帝的自我意识的本质，他是通过这样一种方式被认知的。那么这种认知就叫作启示，一般的认知不能叫作启示，你看到了，看到了就是启示啊？你随便看到一个什么东西，我们每天都看到了无数的东西，都听到了无数的东西，那都不能叫作启示。但是你如果把它作为精神、作为本质上是上帝的自我意识来认知，那它就是启示。所以启示它有两个方面，一方面它必须要有实证的认知，另一方面在这个实证的认知方面呢，它必须要有一种解释。《圣经》解释学就是干这个的，施莱尔马赫讲《圣经》解释学，我们通过对《圣经》的实证考察之后，我们还要对它加以解释，真正的启示就在这种解释之中。

——所以，当意识的对象对意识来说是一个**他者**或**异己的东西**时，并且当意识并没有把这对象作为**它自身**来认知时，则对这**意识**来说在它的对象里就存在着某种秘密的东西。

"所以，当意识的对象对意识来说是一个**他者**或**异己的东西**时"，意识的对象一般来说都是这样，意识的对象都是一个他者、一个异己的东西。所谓的意识就是把自己和对象区分开来，这就叫有意识；既然区分开来，所以对象跟自我是不同的，是另外一个东西，是一个他者或异己的东西。当意识的对象对意识来说是一个他者或异己的东西，也就是说当它还没有达到自我意识，没有如上面一句话讲的"作为本质上是**自我意识**这样的本质而被认知"，或者如这里讲的，"并且当意识并没有把这对象作为**它自身**来认知时"，那么顺理成章地，"则对这意识来说在它的对象里就存在着某种秘密的东西"。这样一来，这个对象中的秘密的东西就是不可知的了，康德把它称为自在之物，历来的宗教则把它称为神秘，具有神秘性。人们认为，宗教说到底肯定要有神秘主义，从柏拉图开始宗教就要上升到迷狂，新柏拉图主义讲要有一种宗教的迷狂，这种宗教的迷狂就是神秘主义了，但是在黑格尔的解释里面呢，这是因为宗教的意识还没有达到自我意识，还停留在对象意识的阶段，那么在这个阶段，它的对象里面肯定就有某种秘密的东西、某种参不透的东西。

由于作为精神的绝对本质就是意识的对象，这种秘密就不再是秘密；

因为这时这个对象就作为**自我**而处在它和意识的关系中；这就是说意识在对象中直接认知了自己，或者意识在对象里向自己启示出来。

　　前面讲如果意识还没有达到自我意识，那么它的对象就是秘密的，就包含着某种秘密，参不透的。但是，"由于作为精神的绝对本质就是意识的对象，这种秘密就不再是秘密"，意识的对象现在已经不再是秘密了，因为它是作为精神的绝对本质而成了意识的对象。如果你把作为精神的绝对本质作为意识的对象，而不是把一个异己之物作为意识的对象，那么这种秘密就不再是秘密了。以往对宗教的解释都少不了这个，有些东西那是秘密的，"三位一体"是神秘的，圣母玛利亚童贞女怀孕这也是神秘的，这在世俗的眼光看起来是不可能的。这都是由于把意识的对象看作一个异己的东西时才有的说法。按照这种说法，基督教就是不可解的，有些东西是不能用理性来把握的，所以以往的神学家们在这些问题面前都望而却步，甚至于说有两种不同的真理，一种是信仰的真理，一种是理性的真理，到了信仰的真理你就不能用理性了。但是在黑格尔这里，他就是要打通它们，他要把秘密和我们的认知打通，"三位一体"不是秘密，不是不可解的，按照他的辩证法来说是顺理成章的事情。童贞女怀孕也不是什么神秘的事情，他说只要你把作为精神的绝对本质看作是意识的对象，那么这种秘密就不再是秘密了。"因为这时这个对象就作为**自我**而处在它和意识的关系中"，这个对象也就是这种精神的绝对本质了，现在意识的对象是精神的绝对本质，这时候，这个精神的本质、这个对象就作为自我而处在它和意识的关系中，"自我"打了着重号。对象作为自我而处在它和意识的关系中，对象和意识的关系这时实际上是对象和自我的关系，意识和它的对象的关系实际上是意识和自身的关系，也就是和自我意识的关系了。"这就是说意识在对象中直接认知了自己，或者意识在对象里向自己启示出来"，意识在对象中直接认知了自己，或者，这个"或者"就是说什么是启示啊？启示就是意识在对象里向自己启示出来，意识在对象中直接认知到了自己，这就是启示，这就是天启宗教的天启。天启就是意识在对象中直接认知到了自己，也就是说认知到了意识的对象其实本质上就是意识本身，就是自我意识，万物其实都是意识的自我意识，意识在万物中看到了自己，这就是启示。

意识本身只有在它自己对自己的确定性中才向自己启示出来；意识的那个对象就是**自我**；但自我不是异己的东西，而是和自身不可分离的统一，是直接的共相。

这还是在说启示了。"意识本身只有在它自己对自己的确定性中才向自己启示出来"，自己对自己的确定性，也就是意识自己确定自己，即使是在它的对象中也仍然确定自己，这就达到了自我意识了。只有在意识在对自己对象的确定性中，意识本身才向自己启示出来，也就是说意识只有在它把对象看作就是自己，在这样一种确定性中才会得到启示。既然达到了自我意识，那么"意识的那个对象就是**自我**；但自我不是异己的东西，而是和自身不可分离的统一，是直接的共相"，意识的对象现在就是自我，就是意识本身。但自我现在作为对象的自我，它不是异己的东西，而是和对象、也就是和自身不可分离的统一，所以它是直接的共相。为什么是直接的共相呢？因为它既是自我，又是对象，它涵盖了自我和对象，涵盖了意识和对象双方。本来意识就是这两方面的区别和对立，所谓的意识就是自我和对象区分开来了，这就叫作有意识了；那么现在呢，这个自我既是自己又是对象，所以它是共相，意识是自我，对象也是自我，所以它是直接的共相。

自我是纯概念、纯思维或**自为存在**，这种自为存在即是直接的**存在**，因而是**为他的存在**，并且作为这种**为他的存在**而直接返回到自身，而存在于自己本身那里；因此自我就是真正的和唯一的启示出来的东西。

前面讲了这个自我不是异己的东西，而是直接的共相，那么这里就进一步展开了。"自我是纯概念、纯思维或**自为存在**"，"自为存在"打了着重号。自我是共相啊，所以它是纯概念、纯思维或自为存在，它自己为自己而存在，这个自我是独立存在的、自为存在的。他说，"这种自为存

105

在即是直接的**存在**",这种自为存在,这种独立存在,它就是直接的存在,
"存在"打了着重号,前面讲"自为存在"打了着重号,后面讲的"为他的
存在"也打了着重号,存在、自为存在、为他存在,这是三个层次。"因而
是**为他的存在**",这三个概念有一种呼应,一个是直接的存在,一个是自
为存在,再就是为他的存在。直接的存在也可以理解为自在的存在,直
接的存在就是一个活生生的人在那里;同时他又是独立的、自为的,因为
他是纯粹概念、纯粹思维,他自为地道成肉身。而一旦道成肉身,他就又
是为他的存在,为他者的存在,为什么是为他者的存在? 因为他所代表
的纯粹概念和纯粹思维是共相,共相就必然涵盖一切人,拯救一切人,耶
稣基督就是为了拯救世人的灵魂而存在的。他就是救世主,他是为一切
人而存在的,但是他又是独立存在,他自为,任何人你都不要想把你的意
志强加于他,他不服从于任何人,他不但是以色列的王,而且是世界上所
有人的主,他是整个世界的主宰。"并且作为这种**为他的存在**而直接返
回到自身,而存在于自己本身那里",作为这种为他的存在,就是作为这
种救世主,他直接返回到自身,就是直接返回到自为存在。这个救世主
的角色是他自己自为的,是他的使命,由此他返回到自身,并存在于自己
本身那里,拯救世人就是上帝的目的。耶稣基督为什么诞生? 上帝为什
么派他来到人间? 就是为了拯救世人,为了一切他者而存在的,所以这
种为他的存在直接返回到自身,并存在于自己本身那里,他就是救世主。
"因此自我就是真正的和唯一的启示出来的东西",这个自我是唯一启示
出来的东西,就是启示出了自我,启示出来他是一个独立的自我,同时又
是为他的自我,又是把一切自我拯救出来的普遍自我,所以他这个自我
是一个共相,是一个普遍自我。你在耶稣基督身上所看到的那个自我就
是你自己的自我,就是你的自我的本质,所有的人在耶稣基督身上看到
的是他自己的本质,是他自己的自我的本质,这就是耶稣基督所启示出
来的东西,那就是作为共相的自我。这共相同时又是一个主体,他要拯
救世人。

仁慈者、公正者、圣洁者、天和地的创造者等等都是一个主词的**各种宾词**，——都是一些普遍环节，它们都以主词这个点作为自己的支撑物，并且只有当意识返回到思维时才存在。

对上帝有很多的宾词、很多的描述了，"仁慈者、公正者、圣洁者、天和地的创造者等等都是一个主词的**各种宾词**"，"各种宾词"打了着重号，"——都是一些普遍环节"。仁慈者、公正者、圣洁者、天和地的创造者等等，都是一些普遍性的环节，都是加之于万物之上的宾词。"它们都以主词这个点作为自己的支撑物"，所有这些描述的宾词都要以主词作为自己的支撑物，都支撑于这一点上，都以主体为支撑点。"并且只有当意识返回到思维时才存在"，只有当意识返回到思维时，这些宾词才存在，就是说这些描述，仁慈者啊，公正者啊，天和地的创造者啊，这些东西都是思维中的存在，都只有通过思维的共相、概念来理解才存在。真正现实的存在就是这个主体，就是这个主词，即耶稣基督，你可以把所有这些描述的词都加在他身上，但是所有这些描述词都是一些思维的宾词，它们不能独立存在。仁慈者也好，公正者也好，创世者也好，都不能够独立存在，都必须要有一个现实的活生生人的思维、即耶稣基督的思维，才有它们的承担者。

——凭借**这些环节**的被认知，它们的根据和本质、即**主体**本身尚未启示出来，并且同样，共相的**诸规定**也不是**这一个共相**本身。 {406}

所有的这些仁慈者、公正者等等描述语、这样一些宾词都是一些环节，但"凭借**这些环节**的被认知，它们的根据和本质、即**主体**本身尚未启示出来"，如果你单凭这样一些东西去认知一个抽象的上帝，如果没有耶稣基督来承担的话，那么它们的根据和本质即主体本身就还不能启示出来。你也可以说上帝、神是一个仁慈者，是一个公正者，但是它们的根据，所有这些"者"，所有这些描述语的根据和本质，也就是主体本身，"主体"打了着重号，都还没有被启示出来，都不算是启示。天启宗教它唯一的能够称之为启示宗教的就是它有一个主体，它有一个活生生的耶稣基督，来承担这样一些宾词。这个是新柏拉图主义和犹太教所没有的，他们的上帝都很空洞，都是一些宾词的堆砌。"并且同样共相的**诸规定**也不是**这一个共相**本身"，"诸规定"和"这一个共相"都打了着重号。就是说这共相它既是共相，同时它又是"这一个"，它是独一无二的共相；而它的那些诸规定呢仅仅是共相的诸规定，还没有落实到一个主体身上来，没有落实到这一个承担着所有这些规定的共相本身上来，还不是这个共相本身。就是所有这些描述的宾词都可以看作是共相，全知、全能、全善、全在，等等，包括"我是我所是"，这些都是一些规定，但是没有落实到这一个共相本身，就是唯一的这样一个自我、这样一个自我意识。耶稣基督的自我意识它既是所有人的自我意识，同时又是"这一个"自我意识，它是一个启示了主体的实体。缺了这一环节，主体就无法从实体中启示出来，神的共相就还只是共相的诸规定，而不是那唯一的共相本身；只有基督教才启示出了这唯一的共相本身，使这共相既是普遍的实体，又是个别的主体，使宗教成了作为宗教的宗教，普世的宗教，而不再只是某些特定选民的宗教。

　　<u>**主体**本身、因而就连**这一个纯粹共相**也都是被作为**自我**启示出来的，因为自我正是这一个在自身中反思的内在东西，这内在东西直接定在于此，并且是对自己而言定在于此的那个自我的特有的确定性。</u>

　　前面讲的共相的诸规定还不是这个共相本身，还不是这一个主体。"**主体**本身、因而就连**这一个纯粹共相**"，"主体"和"这一个纯粹共相"都打了着重号。前面都是各种各样的共相规定，但是都只是宾词，而不是主词或主体，只有这一个纯粹共相才是主体，它是最纯粹的，"也都是被作为**自我**启示出来的"，"自我"打了着重号，它们都要落实到自我、自我意识。自我意识是这一个最纯粹的共相，它才是主体本身，也就是说主体这个纯粹共相就是自我意识。"因为自我正是这一个在自身中反思的内在东西"，自我是什么呢？自我意识是什么呢？就是这一个在自身中反思的内在东西，它是返回到自身的个别性。在自身中反思的内在东西

就是一个主体本身,"这内在东西直接定在于此,并且是对自己而言定在于此的那个自我的特有的确定性"。在自身中反思的内在东西不再外求,而是直接定在于此,定在于耶稣这个人身上,但正因此他同时也是把这内在东西直接外化于此,内在和外在在他身上是统一的。因此他是对自己而言定在于此的那个自我的特有的确定性,也就是说他定在于此是自觉的,他知道自己的使命,他对自己而言定在于此,具有自己的自我的特有的确定性。在这个意义上,所有那些宾词都还达不到启示,只有这个主词、这个主体才具有这样一种启示,因为这个主体以自己的定在启示出他的自我的特有的确定性,以往的那些宾词都是凭借想象啊、凭借抽象思维啊、凭借活动啊来显示上帝,却没有启示出上帝其实就是自我意识,就是这个自我特有的确定性。因为那些宾词都还没有凝聚于一个主词上。

因此按照其**概念**而是启示的这个自我,就是精神的真实形态,并且同样,唯有精神的这个形态、概念,才是精神的本质和实体。

"因此按照其概念而是启示的这个自我",也就是说这个自我按照其概念它就是启示,那么这样一个自我呢,"就是精神的真实形态"。这个自我按照它的概念来说它就是启示,它定在于此,它对于所有的自我、普遍的自我、自我的共相都以这一个共相的方式作了启示,这样一个自我就是精神的真实形态。所以精神说得那么玄而又玄,其实说到底无非就是自我意识而已,精神就是自我意识,但是是作为启示的自我意识,就是由这一个自我意识向所有的自我意识作启示的自我意识,就是以一个自我意识的主体将自我意识昭告天下的自我意识,它既是共相,又是这一个。这就是精神的真实形态,精神的真正的形态就是这个自我,所以天启宗教无非就是自我意识到的精神由一个自我意识向所有的自我意识启示出来。"并且同样,唯有精神的这个形态、概念,才是精神的本质和实体",唯有精神的这个形态,这个真实的形态也就是概念,因为自我按照概念来说它就是启示,所以这个自我呢是一个自我的概念,是一个普遍的自我，是一个共相。唯有精神的这个形态、概念，才构成了精神的本质和实体，精神的本质和实体就是自我的概念。下面就讲得更明白了。

[237] 　　**精神是作为自我意识而被认知的，并且是直接地被启示给自我意识的，因为它就是自我意识本身；神的本性与人的本性所是的是一个东西，而这种统一性就是被直观到的东西。**

　　"精神是作为自我意识而被认知的"，精神它被认知，如何才能被认知呢？作为自我意识才被认知。不仅仅是作为意识，作为意识还没有被认知，精神作为一个意识还只是一个对象；但是精神在它的异在中、在它的他在中就是在自身中，这就达到了自我意识，精神在现实世界中仍然还在它自身之中，这就达到了自我意识。精神在它的对象上意识到自我，所以精神是作为自我意识而被认知的。我们这里处处强调这个"认知"，Wissen，或 gwußt，就是为了给后面的"绝对认知"（das absolute Wissen）作铺垫，精神作为自我意识而被认知，这已经非常接近于绝对认知了。"并且是直接地被启示给自我意识的"，被启示，被启示呢就还没有真正达到绝对认知，它还在启示阶段，启示阶段跟绝对认知还差那么一点点。但是在这一点上、在这个阶段上，启示对前面来说是一个大的跨步，已经达到启示了，精神直接地被启示给自我意识，精神在自我意识中得到了启示。"因为它就是自我意识本身"，精神它就是自我意识本身，说了那么一大套，归根结底，精神就是自我意识本身。《精神现象学》整个讲的其实就是自我意识，分出那么多，意识啊，自我意识啊，理性啊，精神啊，宗教啊，绝对认知啊，这么多的环节，其实讲的是一个东西，就是自我意识，实质上是这样。他讲，"神的本性与人的本性所是的是一个东西"，神的本性是什么？就是自我意识，人的本性是什么？也是自我意识，它们所是的是同一个东西，就是自我意识。"而这种统一性就是被直观到的东西"，这种统一性，神的本性和人的本性的统一性如何被统一？只有在耶稣基督身上才被统一起来，而耶稣基督是被直观到的。在现实生活中有这么一个人，是可以实证的、可以考证出来的，他体现出这种统一性就是被直观到的东西,这就是上帝化身为人,道成肉身。在耶稣基督这样一个活生生的人身上,体现出来的就是神性和人性的统一,两者其实是同一个人格,三位一体,我们现在首先把前两位一体把它搞清楚,神和人就是一体的,就是同一个位格,在耶稣基督身上体现得最完美。那么我们跟随着耶稣基督,每一个基督徒都应该意识到这一点,其实你跟神是一体的。你追随耶稣基督,你身上就有神性,每个人身上都有神性,你在耶稣基督身上看到了、直观到了这种统一性,那么在每一个人身上也应该直观到这种统一性,这就是耶稣基督对于人性的一种教化的意义。今天就讲到这里吧。

＊　　　　　　＊　　　　　　＊

好,我们上次讲到绝对宗教的单纯内容:上帝化身为人的现实性,上帝道成肉身,怎么样变成人,为什么要变成人,从理论上来分析。上帝在基督诞生以前的那种理解是带有神秘性的,甚至带有某种迷信的色彩,包括"旧约",也包括以往的新柏拉图主义,当然跟原始的自然宗教相比,哪怕跟艺术宗教相比,它们已经不能说是迷信了,但是还是带有一种非理性的色彩,带有一种神秘的迷狂色彩。那么从"新约"以后,也就是从耶稣诞生以后,所谓基督教的实证性,实证的宗教就把它的神秘主义消除了,所以基督教不能再说是神秘主义的了。当然我们通常也讲基督教的神秘主义,在神学家们的理解之中它还是有神秘主义因素的,所谓哲学的真理和信仰的真理,这两者是互不相干的,或者说是并行的,在信仰方面基督教还是有神秘主义的。但是在黑格尔的哲学眼睛里面呢,自从进入到基督教的阶段,神秘主义就被超越了,如果要说神秘主义,我们的自我意识本身就是神秘主义。如果你能够理解我们的自我意识,那你也就能够理解基督教的真理,就不存在神秘主义。包括道成肉身,包括上帝的三位一体,这些概念都不是很难理解的,只要你从哲学上理解了上帝的三位一体,从哲学上理解了自我意识的辩证法,这些东西都是透明

的，都是很能够把握的。上次我们也讲到了意识和自我意识在宗教意识
里面的这样一种同一性的关系，意识就是对象意识，对象意识和自我意
识通过耶稣基督达到了一种统一，就是说耶稣基督身上体现出的既是意
识、对象、存在，同时呢又是自我意识，又是一种概念的思维，既是直接
的东西，同时又是间接的东西。上次还特别讲到主体、主词和宾词，主词
和宾词在这里都是共相，宾词就是共相，像仁慈者、公正者、圣洁者、天
和地的创造者等等，这都是各种宾词，是一些普遍的环节；但是，它们还
不是"这一个共相"。我们注意他这里有这么一个说法："这样一些共相
的诸规定也不是这一个共相本身"，"这一个共相"打了着重号，为什么
要打着重号呢？就是有一种具体的共相。作为宾词的只是一些普遍的、
抽象的共相，但是作为这一个共相，就是作为主词的共相，我们可以把它
看作具体的共相。这有点类似于康德的先验自我意识和诸范畴之间的关
系，诸范畴已经是共相了，但是它们都是先验自我意识的表现方式，先验
自我意识是主词，所以先验自我意识里面已经有一点具体共相的意思，
它既是个别主词，同时它也是普遍共相。但是康德的先验自我意识是抽
象的，它跟经验自我意识完全是两码事；经过费希特以后呢，先验自我意
识和经验自我意识才达到了统一。这就是黑格尔所理解的具体的共相、
具体的自我意识，它既是个别的，因为它是一种思维活动嘛，但是它又是
一种普遍性的活动，或者说在活动中所体现出来的一种普遍性，这就是
我们上次讲到的黑格尔的具体共相概念了。这一个共相的这种具体性，
体现在基督教里面呢就是神性和人性的统一，上次讲到的最后一句话就
是："神的本性与人的本性所是的是同一个东西，这种统一性就是被直观
到的东西"。神性当然是普遍的，人性体现在耶稣基督身上是个别的，它
是个体，但又是普遍和个体的统一。当然在这个阶段它统一到耶稣基督
身上，统一成为一个被直观到的东西，神和人的统一性在耶稣基督身上
体现出来了，他既是一个个别人，同时他又是神，他本身就是神。所以通
过耶稣的诞生，西方的宗教意识发生了一个巨大的改变。以往上帝、天

父都是高高在上的，我们每个人都仰望上天，等待上天的拯救；但现在呢我们有一个现实的、活生生的人站在我们面前，那么我们的眼光就从天上转移到了地上的救世主，并从他的内心转向了我们自己的内心。这是一个很大的改变，从历史上来看，从宗教史的意义来看，这是一次重大的蜕变。所以前面这一段都是讲，神怎么从天上降临人间、从圣父到圣子这样一个过程。

因此在这里，意识、或者本质对意识本身而言的那种存在方式，本质的形态，实际上与本质的自我意识是相同一的；这个形态本身就是一个自我意识；因而它同时也是**存在着**的对象，而这个**存在**同样直接具有**纯粹思想**、绝对本质的含义。

"因此在这里，意识、或者本质对意识本身而言的那种存在方式"，意识就是对象意识，本质在这里就是上帝，就是精神，本质就是意识的对象。宗教意识嘛，宗教意识就是对上帝的意识，对本质的意识。那么本质对意识本身而言的存在方式，前面是讲意识，后面是讲本质对意识而言的存在方式，就是说这两者是一个东西，也就是说在这里这个意识、这个宗教意识实际上就是本质对意识的存在方式，就是上帝对意识而言的存在方式。这也就是"本质的形态"，也就是上帝的形态，上帝的形态采取了这样一种意识的对象的形态，在意识面前上帝或本质就是以这样一种方式出现的。那么这样一种形态呢，"实际上与本质的自我意识是相同一的"。前面讲意识是本质的对象意识，本质的对象意识与本质的自我意识是相同一的，也就是说在这样一个对象身上，在这样一个本质身上，自我意识和对象意识达到了统一，这个意识的对象呢实际上是本质的自我意识，实际上是上帝的自我意识。我们意识到一个地上的神、一个耶稣基督、救世主，这个救世主就是上帝本身，这样一来，上帝实际上在耶稣基督身上体现了他的自我意识，或者说上帝在耶稣基督身上意识到了自身，耶稣基督实际上是上帝自我意识的一种体现。上帝就是耶稣，耶稣就是上帝，看起来是两个，上帝化身为人，道成肉身，实际上是一个，实际上是同一个上帝的自我意识，所以上帝的对象意识和上帝的自我意识是相同一的。"这个形态本身就是一个自我意识；因而它同时也是**存在着的**对象"，这个形态也就是意识的形态，它采取一种意识的对象的形态、对象意识的形态，但这个对象意识的形态本身就是一个自我意识，因为所谓自我意识就是把一个对象看作自我嘛，它必须要有对象。自我意识里面必须要有对象意识，否则的话，它就还没有达到自我意识，它必须在对象上看到自我，这才叫自我意识，所以这个形态本身就是一个自我意识。因而它同时也是一个存在着的对象，"存在着的"打了着重号，上帝化身为人，化身为一个存在着的对象，那么他的这个自我意识同时也就是一个存在着的对象，他在这个存在着的对象身上意识到了自我，意识到耶稣基督就是上帝，就是上帝自身。"而这个**存在**同样直接具有**纯粹思想**、绝对本质的含义"，注意这里"存在"打了着重号，"纯粹思想"也打了着重号。当存在与纯粹思维相同一，它就具有了绝对本质的含义，也就是绝对上帝的含义。存在具有了纯粹思想的含义，也就是说，存在和思维达到了统一，它既是存在，同时呢它直接具有纯粹思想的含义，这样它就具有绝对本质、绝对上帝的含义。这个绝对本质就是上帝，就是绝对精神，所以这个存在不是一般的存在，不是桌子、椅子的存在，不是树林、石头、山川这些存在，它直接具有纯粹思想的含义，具有绝对本质的含义。它就是神，这个存在就是神，或者说这个存在着的对象、这个耶稣基督就是神，他不是凡人，不是一般的人。

——作为一个现实的自我意识而定在着的绝对本质，似乎是从它的永恒的单纯性里**被降低了**，但实际上它借此才达到自己的**最高**本质。

"作为一个现实的自我意识而定在着的绝对本质"，就是耶稣基督他是作为一个现实的自我意识而定在着的，他已经是一个具体的、活生生的人了，他已经进入现实了。他再不是以往那种高高在上的信仰对象了，他现在下降到人间，是作为一个现实的自我意识而定在着的绝对本质或上帝。"似乎是从它的永恒的单纯性里被**降低了**",看起来耶稣基督是上帝下降为人,上帝化身为人,那就是一种降格、一种堕落了。在"旧约"里面的上帝是人看不见的,谁看见他就得死,所以他是看不见、摸不着的,连正式的名字都没有,上帝是不能直呼其名的,谁也不知道他究竟是什么名字,我们只能称耶和华。但现在上帝成了一个现实的定在,作为一个现实的自我意识而定在,那么这个定在跟原来的那个耶和华相比、跟原来的那个高高在上的上帝相比,似乎是从它的永恒的单纯性里被降低了的。原来的那个耶和华、那个上帝是永恒的单纯性,他无形无象,反对偶像崇拜,不要把任何有形的东西当作上帝,当作神。但现在他体现在一个现实的人身上了,那他岂不是降低了吗?"但实际上它借此才达到自己的**最高**本质","最高"也打了着重号。实际上只有通过这种降低,它才能够达到自己的最高本质,原来的那个耶和华虽然没有降低,但是也没有达到最高。当然他是很高了,他是永恒的、高高在上的,但是还不是最高本质,还只是一个抽象观念,没有自己的具体内容。那些内容都不是他,而是和他对立的。所以这个看起来是降低,但实际上从本质上来说,它是一种提升,上帝化身为人这个过程整个是一个提升,它把基督教从"旧约"提升到"新约",它是以上帝下降、化身为人、道成肉身,以这种下降的方式来提升,没有下降就没有提升,就永远是高高在上、与凡人格格不入的那样一个上帝,其实只是名义上很高,但实际上并不是很高,他不能让人自发地爱上帝,人只是出于恐惧而服从上帝。

　　<u>因为只是由于本质概念获得了自己单纯的纯粹性,这本质概念才是</u>绝对的**抽象**,这抽象是**纯粹思维**、因而是自我的纯粹个别性,而由于其单纯性之故,这本质概念又是**直接的东西**或**存在**。

　　为什么你说它降低了,但实际上是提高了,提高到它的最高本质了?"因为只是由于本质概念获得了自己单纯的纯粹性,这个本质概念才是绝对的**抽象**",就是说由于那个本质概念获得了自己单纯的纯粹性,由于它抽掉了自己的一切内容,这个概念才是绝对的抽象,"抽象"打了着

重号。什么样的抽象呢？"这抽象是**纯粹思维**、因而也是自我的纯粹个
别性"，这是一个方面，这本质概念一方面是绝对抽象并且是纯粹思维，
抽掉了一切感性内容。《新约》中的上帝和《旧约》中的上帝相比更加具
有单纯的纯粹性，因为他已经抽象成了一个纯粹的"道"、逻各斯，不再
是那个亲历亲为的神，帮助犹太人出埃及、发大洪水淹没罪恶的人类而
保留义人挪亚，用大火惩罚那些发怨言的以色列人，都是耶和华干的事。
现在他已经不干这些事了，只让耶稣在地上行奇迹，他只管纯粹思维，只
代表自我的纯粹个别性。为什么它是纯粹思维，它就是自我的纯粹个别
性呢？这就如同康德的先验自我意识，先验自我意识是纯粹思维，因此
它又是纯粹个别性，它是一种自发性、一种能动性。纯粹思维本身正因
为它是纯粹的，所以它才是绝对能动的，它不受任何不纯粹的事物的干
扰而自己决定自己，因而也是自我的纯粹个别性。"而由于其单纯性之故，
这本质概念又是**直接的东西**或**存在**"，这就与康德的先验自我不同了，纯
粹思维的能动性不是固守着自己的纯粹性，而是要将自己的能动性实现
出来，使之成为直接的存在。它不是一个抽象空洞的思维形式，而是一
种现实的活动，不仅仅是高高在上的道，而且是道成肉身。这里"直接的
东西"和"存在"都打了着重号，它的这个存在是由于其单纯性之故而存
在，而成了直接的东西，它的肉身是由道而成，由纯粹思维而成，不同于
一般的存在，因而本身就具有神圣性。思维和存在在这个意义上是一个
东西，而正因为思维和存在是一个东西，所以前面讲的，只有当它被降低
到存在上面的时候，它才达到了自己的最高本质，就是纯粹思维和直接
存在的同一。而原先那个单方面的创造世界和人类并且随时准备毁灭世
界和人类的上帝，既不是纯粹思维，也和直接的存在相对立，反而并不是
最高的东西，而是在思维中混杂着各种不纯粹的因素和原始信仰的残余
的东西。只有当这个上帝被理解为纯粹思维，并且在其能动性中外化出
他的对象即耶稣基督的存在时，他才达到了思维和存在的同一性这一更
高的层次。

——被称为感性意识的东西也正是这种纯粹的**抽象**，感性意识就是把**存在**看作**直接的东西**的这样一种思维。

"被称为感性意识的东西"，这里我们马上要回到《精神现象学》一开始讲的感性确定性。这种被叫作感性意识东西"也正是这种纯粹的抽象"，"抽象"打了着重号，前面讲感性确定性的时候也讲到，就是感性确定性我们通常理解为最丰富的东西，但在黑格尔那里恰好是最抽象的东西。因为他的立足点跟我们不同，我们讲最丰富的东西，是立足于感官、感性，黑格尔讲的最抽象的东西呢，是立足于概念。感性确定性里面的概念最少，那些丰富的内容、丰富的色彩、声音、图像等等，都是说不出来的，都是意谓，感性确定性还没有后来的那些概念，所以它只能够说"有"，它的概念只有一个，就是"存在"，存在着很多东西，但是那些东西说不出来，我只能够说它们都是存在的。所以感性意识正是这种纯粹的抽象。"感性意识就是把**存在**看作**直接的东西的**这样一种思维"，存在就是直接的东西，有这么个东西，但是有什么东西呢？你再说说看，那就需要别的概念了，但是感性确定性里面还没有。感性确定性里面只有一些只可意会、不可言传的东西，那些东西在黑格尔看来是意谓中的东西，是空洞的、缺乏意义的，你只有把它说出来才有意义，但一说出来就是概念了，就是共相了。感性确定性说不出更多的东西，只能说"这一个"，"这一个"后面隐藏的概念就是一个单薄的"存在"，就是直接的"有"，这是一个最抽象的概念。所以他讲感性意识就是把存在看作直接的东西的这样一种思维，感性的确定性要说出一个对象来的时候它没有任何别的方式，它只能指着一个东西说"这"、"这一个"，而且"这"呢也是一个共相，它已经不是感性的了，但它是最直接的共相，或者说第一个共相。你直接指着那个东西说"这"，这样一种思维方式呢就是感性意识，但它同时又是第一个共相，所以它不光是存在，而且也是思维。你把存在看作直接的东西，而这个存在它跟思维又是同一的，前面已经讲到了，作为纯粹的抽象，存在本身就是思维，是最纯粹的思维。

117

因此最低的东西同时就是最高的东西，那完全涌现于**表面**上的启示正好在这表面里就是**最深刻的东西**。

"因此"，这个因此呢不光是因为前面一句，还是因为前面的前面一句，要结合起来看。由于前面讲的这两句话，所以我们可以得出来，"最低的东西同时就是最高的东西"，最低的东西就是存在、直接的东西，直接的东西是最低的，但是它同时又是最高的，同时就是抽象，就是纯粹思维。感性确定性是最抽象的了，最抽象也可以说是最纯粹的，从思维的角度来看，从概念的角度来看，感性确定性是最纯粹的思维，是纯思维，因为它只有一个概念，就是存在，还没有来得及丰富自身，它是单纯的一个概念、一个思维。所以最低的东西同时就是最高的东西，它具有最大的可能性，具有创造一切的能动性。当然反过来你也可以说，这个最高的东西同时又是最低的东西，在黑格尔的《逻辑学》里面"存在论"既是最低的，也是最高的，从最低的存在论，它后面还有待于发展出本质论、概念论，在这个意义上它是最低的，它是起步的地方；但是它又是最高的东西，因为后来的本质论、概念论都是对它的一种解释。存在论我们也可以翻译成本体论，古希腊的存在论就是本体论，它是最高的"第一哲学"，是关于上帝、关于神的，那么你要解释它，你就必须发展出后来的本质论和概念论，来对它进行解释，或者说后来的本质论和概念论都是对于存在论的一种内在深入、向内深入，进一步解释它的深层含义，那当然就越来越复杂、越来越丰富了。但是不管你怎么丰富，都在存在论的范围之内，都逃不出存在论，你无非就是要解释存在嘛，那么存在肯定就是最高的了，所有的东西都是要解释它的。因此最低的东西同时就是最高的东西，"那完全涌现于**表面**上的启示正好在这表面里就是**最深刻的东西**"，这个地方就涉及基督教、天启宗教了，我们刚才是从逻辑学的角度来看，这里从天启宗教的角度来看，那完全涌现于表面上的启示，"表面"打了着重号，什么叫作"表面上的启示"呢？就是说在存在的现实的个别性中所涌现出来的启示，在耶稣基督这样一个肉身的人身上所涌现出来的启示。道成肉身,这个肉身当然是表面的,我们不要看到这个肉身就以为他是肉身了,这只是很表面的,他骨子里头是道,是精神,是上帝;但是这个上帝又要在表面上涌现出来才能够启示啊,我们前面讲到所谓启示就是在一个肉身上面、在一个活生生的人的身体上面、在人身上获得的对上帝的一种认知,这就是启示。他说正好在这表面里就是最深刻的东西,注意他这个用词,正好在这个"表面里"就是"最深刻的东西"。你不要把它看作一个符号、一个象征,好像耶稣基督这个人怎么样我们就可以不管它了,耶稣传里面讲耶稣是怎么诞生的,他一生做了些什么事,活了多大年纪,他后来怎么死的,这些东西我们就可以不管了,我们就把他当作一个抽象的上帝就行了。不是这样,他表面的东西本身是有意义的,一举一动、一言一行都是有意义的,要关注这个。基督教跟其他宗教的不同就在这里,其他宗教也有讲神化身为各种形象的,但是那些形象你都不能认真对待的,宙斯也可以化身为一头牛,化身为一只老鹰,或者化身为一个人,那你都不能认真对待的,因为它只是一个化身而已,一个表面现象。但是上帝化身为耶稣基督,这个你要认真对待的,你要把耶稣基督本身就当作上帝本身,而且他确实是,所以他的一举一动你都要认真对待,正好在这表面里就是最深刻的东西,"最深刻的东西"打了着重号。这个听起来好像是不可思议了,既是表面的东西,又是最深刻的东西,在一般人看起来是很神秘的了,所以基督教里面始终有神秘主义,"三位一体"究竟怎么理解? 没有人理解,但是黑格尔从哲学、从辩证法的思辨的角度来理解,他认为这没有什么神秘的,这很好理解。我们看他的解释。

　　所以,说最高的本质作为一个存在着的自我意识而被看见、被听到等等,这实际上就是最高本质的概念的完成;并且通过这种完成,这本质就如同它是本质那样直接地定在着。

　　"所以,说最高的本质作为一个存在着的自我意识而被看见、被听到等等",这是表面的了、表面上的启示了,什么表面上的启示呢? 就是说最高的本质、上帝作为一个存在着的自我意识、作为耶稣基督,而被看见、被听到等等,这是很表面的。我凭我的感官看见他了,我亲耳听见他了,我亲手摸到他了。但是,"这实际上就是最高本质的概念的完成",就是上帝的概念的完成。上帝的概念需要我们看见、听到这样一个活生生的人,如果没有这样一个活生生的人的话,那上帝的最高本质的概念就还没有完成。这是跟以往的宗教完全不同的,以往的宗教认为上帝的概念已经完成了,高高在上,问题是他化身为什么东西,我们怎么样去认识他,我们对他本身是认识不了的,而我们对他的化身的认识也是表面的,那不是他本身,那跟上帝的概念无关。以往的宗教都是这样认为的,我们怎么认识上帝跟上帝本身的概念完全没有关系。但在基督教里面就不同了,上帝的概念如果没有化身为人、对我们启示出来,那么上帝的概念本身就还没有完成。所以"三位一体"讲圣父、圣子、圣灵为什么是一个东西,要从这个角度来理解,就是他们是互相不可分割的。耶稣基督虽然是上帝的儿子,但是他又是上帝本身,没有耶稣基督,上帝的概念是不完整的,是未完成的,上帝只有化身为耶稣基督,他的概念才得以完成。"并且通过这种完成,这本质就如同它是本质那样直接地定在着",通过这种概念的完成,上帝道成肉身,化身为人,进入到定在,这个定在如同它是本质那样的直接的定在。这定在你不要把它看作是一种表面现象,它就是本质,是如同它是本质那样的直接的定在,它的本质就是这样的,这个是一个很重要的基督教的特点,是基督教跟其他宗教不同的特点,我们要注意。上面这一段以及整个上面这一小节讲的是圣子,那么接下来这一小节就是讲圣灵了。

[3. 思辨的认知是绝对宗教的团契的表象]

　　我们前面已经介绍了这个小标题。"思辨的认知"在黑格尔那里其实就是圣灵了,就是精神了,这个圣灵是怎么理解的呢? 在黑格尔那里就把它理解为思辨的认知。我们刚才讲了耶稣基督既是父,又是子,这个在一般的知性和常识那里是无法理解的，所以人们经常把这样一种既是父又是子、或者说"三位一体"理解为一种神秘主义，但实际上呢它是一种思辨的认知，如果你达到了思辨的认知，你就会恍然大悟了，这根本就没有什么神秘的。所谓思辨的认知在黑格尔那里基本上相当于辩证的认知，"思辨"这个概念，Spekulation，或者 spekulativ，它的意思就是"思辨"，也就是我们通常讲的从概念到概念，进行一种纯概念的推演，这就叫思辨。它还有另外一个意思，就是商业中的"投机"，投机也就是首先预设了它的客观效果，然后呢做出决策，跟这个思辨有类似之处，就是从一个概念推出另外一个概念，纯粹从概念上来进行推演。这种推演是一种辩证的推演，是概念本身的辩证进展。抽象知性也可以从概念到概念，但是那没有推演，那只是把诸多概念外在地捆在一起，把它们联结起来，那不叫推演。从一个概念推出另外一个概念，那才叫思辨；把一个概念联结到另外一个概念，那还不叫思辨，那仅仅是一般的知性的逻辑，知性的形式逻辑就是这样干的，而辩证逻辑就是思辨的认知，就是从一个概念里面推出另一个概念，像柏拉图那样。柏拉图的《巴门尼德篇》就是不借助于任何外力，从一个概念里面推出另外一个概念，是这样一种思维方式。但这种思辨的认知呢，它是绝对宗教的团契的表象，绝对宗教就是天启宗教，就是基督教了，团契（Gemeinde 或 Gemeine），又译教区、乡镇，就是教会社团，当然一般来说这是一种社会性的宗教组织，我们通常这样来理解它，就是宗教的教会组织。但是团契这个概念在黑格尔这个地方呢，它不仅仅是一种教会组织的意思，而是一种心灵的团契，是圣灵把大家团结在一起，是一种心灵的聚集、心灵的集合、心灵的认同。大家都是基督徒，那么大家从精神上也相通，在这个意义上，绝对宗教的团契的表象就在于思辨的认知。但是虽然它是一种心灵的团契，它毕竟还是表现为一种社会组织，所以它是一种表象性的组织，它有个表象就是基督教会。这就是基督教的团契的表象，它有一种组织形式，所以它属于表象，这个表象带有一种直观的性质，是看得见、摸得着的，这就是表象性的。思辨的认知本身不是表象性的，而是超越于表象性的，但在绝对宗教里面它还是体现为一种团契的表象。当然这个标题不是黑格尔自己的标题，是别人加给他的，从前面讲的圣父和圣子以及相互之间的关系，现在进入到了第三个环节，那就是圣灵的团契。

　　这个直接定在同时又不单单只是直接的意识，相反，它也是宗教的意识；这种直接性不仅是不可分离地拥有一个**存在着的**自我意识的含义，而且拥有纯粹被思维的或绝对的**本质**的含义。

　　"这个直接定在"，直接的定在前面一路讲下来都是指的耶稣基督、圣子。这个直接定在"同时又不单单只是直接的意识"，这个直接的定在同时又不单是这个直接的意识，或者说不单是直接意识的对象。就好像有一个耶稣站在你面前了，他就是这么一个人，他妈叫玛利亚，他爸是约瑟，是个木匠，这是对他的直接意识了。但是，他不单是直接的意识，不单是我们看见他、听见他、认识他等等。"相反，它也是宗教的意识"，这个人可不是一般的人，他是一种宗教的意识，他是上帝本人，救世主。"这种直接性不仅是不可分离地拥有一个**存在着的**自我意识的含义，而且拥有纯粹被思维的或绝对的**本质**的含义"，这种直接性不仅仅是我们看到它了，听到它了，摸到它了，跟它打过交道了，不仅仅是不可分离地拥有一个存在着的自我意识的含义，"存在着的"打了着重号。当然是这样，但是不仅仅是这样。你说它是直接的意识，那么它肯定是对一个存在着的东西、存在着的人、存在着的意识的这样一个意识，它肯定有这样一个含义，而且这个含义是不可分离的，它不可分离地拥有一个存在着的自我意识的含义。我们刚才讲了，你要认真看待他的一举一动，他的一言一行你都要高度关注，他的父亲，他的母亲，怎么诞生的，在哪里诞生的，诞生的时候有些什么人来，这些你都要高度关注。他是一个存在着的意识，不可分离地拥有这方面的含义，但是不仅仅是这样啊，如果你仅仅关注的是这个，那是很表面的。基督徒在阅读《圣经》的时候，当然首先要阅读这些东西，要知道耶稣传里面讲了一些什么，不可分离地要读到这些东西。但又不仅仅是这样，还要拥有纯粹被思维的或绝对的本质的含义，"本质"也打了着重号，这与前面"存在着的"打了着重号是相应的。这里强调的一个是存在，一个是本质，存在论对应于本质论，前面也讲了，存在、直接的东西和纯粹思维是对应的，那么这里讲存在和本质也是对应的。其实本质也就是纯粹思维了，存在和本质的关系就是存在和思维的关系，它们是统一的。所以宗教意识一方面具有一个存在着的自我意识的含义，同时又拥有纯粹被思维的或绝对的本质的含义，这个本质就是纯粹被思维，也就是思辨的认知。所以同一个定在、同一个基督诞生，你要从两个方面的含义来理解它，这才叫作启示啊，你单从一个方面理解都不叫作启示，只有把这两方面结合起来才叫作启示，就是从耶稣的诞生、从他的生平中，向我们启示出了一种本质的含义、一种纯粹思维的含义，这就叫启示了。

　　凡是我们在我们的概念里所意识到的，即**存在**就是**本质**，都是宗教 [238]
意识所意识到的。

　　"凡是我们在我们的概念里所意识到的"，这个地方提到"我们"了，我们就是读《精神现象学》的人，我们作为一个旁观者，在我们的概念里"所意识到的"，我们从概念上面已经意识到了存在就是本质，我们旁观者在看待耶稣基督诞生的时候，我们从概念的角度已经意识到了存在就是本质，我们旁观者已经有这个概念了。当然在基督徒那里还没有，我们这里讲的天启宗教嘛，天启宗教的意识就是基督徒的意识，基督徒的意识里面呢它还没有提升到概念，它还是一种表象，我们前面讲宗教和绝对认知这两个阶段的不同之处就在于绝对认知是通过概念，纯粹是运用概念，而宗教呢它还是运用表象，哪怕是天启宗教，在它的最高阶段仍然是停留在表象这个层次，我们后面还要着重讲这一点。凡是我们在我们的概念里所意识到的，"即**存在**就是**本质**"，我们旁观者已经在我们的概念里面、在哲学上意识到了存在就是本质，"都是宗教意识所意识到的"，宗教意识也意识到了，当然它还只是以表象的方式意识到的，而我们旁观者呢，我们可以从概念上意识到，在我们这里已经启示出来这样一个存在即本质的概念了。在宗教那里它还没有从概念来意识，但宗教意识也已经从表象而意识到了存在就是本质，存在和本质的同一性也就是前面讲的存在和思维的同一性。

　　存在与本质、与本身就是直接定在的思维的这种统一性，正如它就是对这种宗教意识的**思想**或**间接的**认知一样，同样也是对这种宗教意识的**直接的**认知；因为存在和思维的这种统一性是**自我**意识，并且是本身定在的，或者说这**被思维的**统一性同时拥有这统一性所是的东西的这种形态。

　　"存在与本质、与本身就是直接**定在的思维**的这种**统一性**"，这个顿号就是同位语了，存在和本质的统一性是什么呢？就是存在与本身就是直接定在的思维的统一性。我们刚才讲了本质就是思维，这里讲存在与本质就是存在与思维，而且思维本身在这里是直接定在的，它们是统一的。耶稣基督的思维本身就是直接定在的思维，它跟以往上帝的那个高高在上的思维已经不一样了，它已经有定在了，它是活生生的这个耶稣基督的思维。本质就是直接定在的思维，思维本身就是直接定在的，这里面其实已经体现出思维和存在的统一性了。那么这种统一性"正如它是对这种宗教意识的**思想**或**间接的**认知一样"，"思想"（Gedanke）和"思维"（Denken/denken）我们这里区别开来，"思维"我们把它作为一个动词，"思想"我们把它作为一个名词，它是由动词 denken 变化出来的。正如它、这种统一性就是对这种宗教意识的思想或间接认知一样，这种思维和存在的统一性，作为对这种宗教意识的思想，就是对它的一种间接的认知，因为它要着眼于存在来认知思维，存在是认知思维的间接的手段。凡是思想它都带有间接性，它跟直观、跟感性不一样，直观、感性是直接的，是一种直观的认知，思想则总是有中介的认知。这里"思想"和"间接的"都打了着重号，就是说这种思想就是一种间接的认知，这是一方面。"同样也是对这种宗教意识的**直接的**认知"，这是另一方面。它既是间接的一种思想，同样呢，它也是一种直接认知，它是对于定在的一种直观，一个活生生的人站在你面前，你对他有一种直接的认知。"因为存在和思维的这种统一性是**自我**意识"，"自我"打了着重号。为什么它既是间接的认知又是直接的认知呢？因为这种统一性是自我意识啊，是对自我的意识，是回到自我的统一性。"并且是本身定在的"，它是本身是定在的，定在于耶稣基督的自我身上，就是说这种统一既是一种间接的思想，同时又是直接在一个活生生的人身上感到的这样一种认知。因为这种统一性现在回到了自我意识，自我意识要有一个对象，必须要把这个对象看作是自我，那才叫自我意识。那么对象呢既是间接的，它在我对面嘛，我要从它身上认知我自己；同时又是直接的，它就是我的这个感觉到的对象，这个活生生的人。这个自我意识本身是定在的，是很现实的一个具体的人站在那里。"或者说这**被思维的**统一性同时拥有这统一性所是的东西的这种形态"，这被思维的统一性，或者说从它被思维这方面来看的统一性，同时又拥有这统一性所是的东西的形态，也就是同时拥有从存在、从所是的东西这方面来看的形态。它不是抽象的形态，而是一个存在者的形态，一个耶稣的形态。它本来是被思维的统一性，同时呢又是存在的统一性，我在思维和存在的统一性里面去思维它，而它本身也就是思维和存在的统一性。它是什么呢？它就是一个存在、一个定在、一个存在着的人耶稣基督，它同时拥有这样一种形态。所以被思维的统一性尽管是间接的，它同时拥有这种统一性所是的东西这种形态，它又是直接的，又是直观的。我们可以看见他，听到他，这个耶稣基督在那里说话，跟我们打交道，这样一种形态体现了他的直接性。但是他又必须是间接的，你必须要从他身上看出某种东西，要调动你自己的思维，不是说你认识他就完了，他让你认识是为了调动你的思维，是为了给你启示，所以你必须要用思维，要把这种统一性看作是被思维的统一性，同时又拥有这样一种存在的形态。

{407}　　**因此神在这里正像他所是的那样被启示出来了；神如此定在，正如他自在地所是的那样；神作为精神而定在。**

　　这就把它的这个启示究竟是怎么回事突出出来了。他说，"因此神在这里正像**他所是的那样被启示出来了**"，"他所是的那样"打了着重号，"被启示出来了"也打了着重号。神、上帝在这里正像他所是的那样被启示出来了，就是说他被启示出来了，正如他所是的那样，正如他存在的那样。耶稣基督对于上帝的启示就是上帝本身的现身，正如上帝所是的那样，这种启示它不是打比方，不是讲个故事，讲个寓言，它就是上帝啊，上帝除了这个还有什么？没有了！耶稣基督所启示出来的，那就是上帝本身，正如他所是的那样。"神如此**定在**"，神就像这样地定在，就像耶稣基督这样地定在，"正如他**自在地**所是的那样"，"定在"和"自在地"都打了着重号。他在耶稣基督身上的这种定在就是如他自在地所是的那样，如他自在地存在的那样，不要说在他后面另外还有一个自在之物，另一个隐藏的上帝，这就是他的自在的形态，耶稣基督就是上帝的自在的形态。按照康德的划分方式就会说，那只是现象，那后面还有一个不可认知的自在之物。但在黑格尔看来不是这样，神如何启示出来，他就自在地是如何样的，神就是按照他自在的那样被启示出来的，很直接的。所以讲，"神作为精神而定在"，在这个意义上面神是作为精神而定在的。定在有可能不是精神的，桌子、椅子的定在，石头的定在，树木的定在，都不是作为精神而定在；但是神是作为精神而定在，或者说定在在这里就是一种精神的定在，定在在耶稣基督身上就是神的精神的定在，他的一举一动都是精神，他的言说，他所做的事情，他的表情，他的神态，都可以看作就是精神。

　　神只有在纯粹思辨的认知中才可以达到，并且神只存在于思辨的认知中，只是思辨的认知本身，因为神是精神；而这种思辨的认知就是天启宗教的认知。

　　"神只有在纯粹思辨的认知中才可以达到"，前面讲的神的启示正如他自在地所是的那样，这个就很难理解了，一般的知性思维和常识都很难理解了，上帝化身为人，化身为耶稣基督，但耶稣基督本身又是上帝，这怎么样能够理解呢？这两个位格怎么样能够合一呢？那么只有借助于思辨的认知。所以他讲神只有在纯粹思辨的认知中才可以达到。"并且神只存在于思辨的认知中，只是思辨的认知本身，因为神是精神"，这个就更进一层了，只有通过思辨的认知，只有通过辩证法的认知，才能够认识神，而且神只存在于思辨的认知中，因为神是精神。精神不能用物质世界的标准去衡量，在精神中，父和子没有区别，他们都是精神。所以这些不可理解的地方都是神自己所化身出来的，神自己展示为圣父、圣子、圣灵三位一体，这三位一体就是一种思辨的认知，它就是神。正如黑格尔后来在《小逻辑》§82 中说的："思辨真理，……其意义颇与宗教意识和宗教学说里所谓**神秘主义**相近。……我们首先要指出，只有对于那以抽象的同一性为原则的知性，神秘的真理才是神奇奥妙的，而那与思辨真理同义的神秘真理，乃是那样一些规定的具体统一，这些规定只有在它们分离和对立的情况下，对知性来说才是真实的。……与此相反，理性的思辨真理即在于把对立的双方包含在自身之内，作为两个观念性的环节。因此一切理性的真理均可以同时称为神秘的，但这只是说，这种真理是超出知性范围的，但这决不是说，理性真理完全非思维所能接近和掌握。"① 所以他这里讲，神只是思辨的认知本身，没有什么别的东西了，他就是这样一种辩证法的认知。神是认知，但是他是辩证法的认知，是思辨的认知。"而这种思辨的认知就是天启宗教的认知"，因为神是精神，精神跟思辨的认知在这个地方被打通了，精神和辩证法被打通了，这跟我们通常理解的辩证法是有些出入的。在黑格尔的理解中，思辨的认知，也就是辩证法的认知，就是精神，因为精神就是要在和自己不同的东西上面看到自身，这就是精神，自我意识就是精神，对自我意识的自我

① [德]黑格尔：《小逻辑》，贺麟译，商务印书馆 1980 年版，第 184 页。

意识就是精神。这和我们通常理解的辩证法——什么量变、质变啊、对立统一啊、否定之否定啊——好像不太一样，尤其和量变、质变没什么关系，跟否定之否定还有点关系，跟对立统一还有点关系，但是这些都不到位，这些理解对于辩证法来说都不到位。辩证法骨子里头是什么？是精神，精神就是辩证法，精神就是思辨的认知。所以他讲，这种思辨的认知就是天启宗教的认知，天启宗教就是一种精神的宗教，一种辩证的宗教，基督神学是辩证神学、理性神学、思辨神学。现代基督教也有辩证神学这一个流派，专门从辩证的方面来理解神学，这就是天启宗教的认知的本质。

　　思辨的认知把神作为**思维**或纯粹本质来认知，并把这种思维作为存在和作为定在来认知，把定在作为它自身的否定、因而作为自我、作为**这一个**自我和普遍的自我来认知；天启宗教所认知的正是这种自我。

　　"思辨的认知把神作为**思维**或纯粹本质来认知"，"思维"打了着重号，这个我们前面已经知道了，神就是思维，就是纯粹本质，思维就是本质，存在和本质同一，前面都讲到了。那么思辨的认知就是把这个神作为思维或者纯粹本质来认知，"并把这种思维作为存在和作为定在来认知"，这在前面也讲了，思维和存在统一嘛，所以一方面把神作为思维来认知，另一方面呢又把这种思维作为存在和作为定在来认知，这是思辨的认知的两个方面。思维和存在的统一，思维和存在怎么能够统一？在黑格尔以前人们都想达到思维和存在的统一，又始终统一不了，思维就是思维，存在就是存在。那么黑格尔在这里某种意义上达到了思维和存在的统一，就是在神这里，在思辨的认知这里，在天启宗教这里，达到了思维和存在的统一。因为天启宗教一方面把神作为思维和纯粹本质来认知，另一方面把这种思维作为存在和作为定在来认知，道成了肉身，你就只能把它作为定在来认知了。"把定在作为它自身的否定、因而作为自我、作为**这一个**自我和普遍的自我来认知"，不光是把它作为定在来认知了，而且要把定在作为它自身的否定。定在就是耶稣基督，但是这个耶稣基督你要把他作为自身的否定，就是说他变成了肉身，但是并不见得他就等于这个肉身了，我们前面讲了，你要把这个肉身看得很重要，你要正视他，你要重视他，但他也不等于是肉身，他的肉身就是对肉身的否定。耶稣基督现身于人世间，就是为了否定他自身，否定他的肉身，要把你们引向道，引向纯粹精神。道成肉身不是把你们大家都引向肉身，而要通过在十字架上否定这个肉身而引向纯粹思维，所以他是对他自身的否定，必须放弃自己的肉身才能突显他的普遍的自我。因而它是作为自我、作为这一个自我和普遍的自我来认知，定在自身的否定是什么呢？就是牺牲肉身而成全普遍的自我，这既是这一个自我、同时又是普遍的自我。道成肉身不是展示一般的动物的肉身，也不是其他的万物，而是自我意识的定在，所以你要把它作为自我、作为这一个自我和普遍的自我来认知。"这一个"打了着重号，这一个自我就是自我的定在了，这一个就是独一无二的，耶稣基督是独一无二的，他是这一个自我，但他又是普遍的自我，他作为自我是超出他的定在的，因此他的这一个自我又是普遍的，这个普遍的自我就是圣灵了。圣子和圣灵也是统一的，它体现在这一个自我身上，体现在耶稣基督、圣子身上，但是同时你要把它作为普遍的自我来认知。所有的基督徒，他们在耶稣基督身上一方面看到了耶稣基督的自我，同时也看到了他们自己的自我，每一个基督徒他的自我都在这一个自我里面，这一个自我是一个具体的自我，同时呢它是一个具体的共相。所以这个定在呢你要把它看作是自身的否定，只有否定了肉身才能把它作为既是这一个自我又是普遍的自我来认知。"天启宗教所认知的正是这种自我"，天启宗教所认知的就是这样一种既是个别的、又是普遍的、作为圣灵的自我，是团契中的每一个人的自我，当然这只有通过上升到一种思辨的认知才能够达到。

　　——那个先行世界的希望和期望都唯一地涌向这样一种启示，即直观到什么是绝对本质，并且在这种绝对本质中找到自己本身；

　　我们先看这半句。"那个先行世界的希望和期望都唯一地涌向这样一种启示"，先行世界就是在耶稣基督诞生之前的那个世界。那是一个充满着不幸的意识的世界，人们在这种不幸之中有一种希望和期望，希望什么呢？期待什么呢？希望和期待有一个救世主，人们早就在盼望一个救世主了，所谓的弥赛亚主义，而且施洗的约翰已经预言了：有一个比我更高、更伟大的救世主会降临人世。这就已经代表了所有的人在表达这样一种希望、这样一种愿望。那么那个先行世界的希望和期望唯一地涌向这样一种启示，唯一的，就是其他的都不算，其他的先知啊，《旧约》里面的先知那多得很，那都不算，所有的希望都唯一地涌向这样一种启示。"即直观到什么是绝对本质"，涌向了这样一个启示，就是耶稣基督的启示，在耶稣基督身上我们可以直观到什么是绝对本质、什么是上帝，直观到上帝。以往的那些先行的预言家都还不是直观到的上帝，那些都只是上帝的信使，他们预言了上帝，但是都没有直观。现在有一个直观的上帝诞生了，在这样一种启示中我们直观到什么是绝对本质。"并且在这种绝对本质中找到自己本身"，在这种绝对本质中、在上帝中找到了自己本身：我们是属于上帝的，每个基督徒信上帝，那么他在上帝中才能找到自己本身。

　　这样一种愉快对自我意识形成起来，并且激发起整个世界去在绝对本质中直观自己，因为绝对本质是精神，它就是那些纯粹环节的单纯运动，这运动自身所表明的是，绝对本质只有当它被直观为**直接的**自我意识时，它才被作为精神来认知。

　　"这样一种愉快对自我意识形成起来"，这里为什么提出愉快呢？就是前面提到了先行世界的希望都涌向了这样一种启示，在这种绝对本质中找到自己本身，找到自己本身那就带来一种愉快了，在上帝那里找到了自己，这是一种神圣的愉快，这是一种极乐的愉快。在绝对本质中直观到了自己了，找到了自己的灵魂的归宿，这当然是一种愉快了。这种愉快是在自我意识中形成起来的。"并且激发起整个世界去在绝对本质中直观自己"，激发起整个世界，整个世界也可以理解为整个世俗生活、整个地上的世俗生活。在没有认知到上帝之前整个世界是很沉沦的，是沉沦于世俗生活的，但是现在激发起了整个世界都去到绝对本质中直观自己。你们要自尊、自重，你们是了不起的，你们是上帝的子民，你们的本质都是精神，不要沉沦于你们的肉体，不要沉沦于世俗，要把你们的精神提高起来，提高到上帝那里。这样一种神圣的愉快有一种激发的能量，激发起整个世界去在绝对本质中直观自己，这个直观是由耶稣基督的身体力行所带给我们的。在这个世界中耶稣基督就是绝对本质，他是可以直观到的，他是一个凡人的形象，但是他本质上是绝对精神，所以我们可以在他身上直观到我们自己的精神。"因为绝对本质是精神，它是那些纯粹环节的单纯运动"，这里的精神就可以理解为圣灵了。这个精神就是那些纯粹的环节，包括那个纯粹思维的环节和抽象存在的环节，它是这些环节的单纯运动、单纯的能动性。在基督教里面的精神是一种单纯的能动性，新教里面讲"因信称义"，什么是信？信就是一种单纯的能动性，信就是那些纯粹环节的单纯运动，就是一种直接的能动性。"这运动自身所表明的是，绝对本质只有当它被直观为**直接的**自我意识时，它才被作为精神来认知"，这个单纯运动自身表明了，绝对本质只有当它被直观为直接的自我意识时，才被作为精神来认知，也就是上帝只有当他被直观为耶稣基督的自我意识的时候，他才被作为精神来认知。当他没有被直观为直接的自我意识、当他没有化身为人来对大众进行启示的时候，他还不是作为精神来认知的，他只是一种可怕的力量，还不是精神的对象，还没有被作为精神来认知。他好像是一个神魔，一种有特异功能的、不可理解的力量，我们对他只有恐惧，那你就没有把他当成精神来认知。你要把他当成精神来认知，就必须有一个直接的自我意识在你面前，使你直观到精神其实没有什么神秘的，精神其实就是人性，你看看耶稣基督，他就是真正的人，他就是我们追求的榜样。我们每个人心里都有精神，因信称义，只要你信，只要你追随耶稣基督，那么你就可以成为义人，成为精神。所以我们一讲到上帝，我们马上想到基督这样一个直接的自我意识的形象,那么这样一种基督的意识就是把上帝作为精神来认知了。如果没有这样一个榜样,那你对上帝的概念还不是一个精神的概念。

上面这一段其实已经讲到圣灵了,所谓精神,在这个地方我们就可以理解为圣灵。圣父、圣子、圣灵三位一体在这里基本上已经全了,已经都出来了。但是这个圣灵在基督教里面采取的还是表象的方式,具体来说就是团契的方式,它还不是一种概念的方式,而是一个组织形式,一个社会团体,这就是一种表象的方式。

自己把自己作为精神来认知的精神这个概念,本身是直接的概念,还没有得到展开。

"自己把自己作为精神来认知的精神这个概念",这是一个概念,自己把自己作为精神来认知的精神,那就是圣灵了,圣灵已经把自己作为精神来认知了。这样一个概念"本身是直接的概念",直接的概念,也就是在耶稣基督身上所直接体现出来的概念,是一种直接的自我意识。这样一个概念"还没有得到展开",仍然停留于直接性,没有得到展开。当然它也包含有间接性,前面已经讲了,它既是直接的,又是间接的,但是那主要是讲的这个绝对本质,绝对本质既是直接的,又是间接的,具有一种统一性。思想是间接的,同时它又具有宗教意识的直接性,它体现在一个直接的活生生的人身上,那么这个活生生的人是直接的,他使那概念具有了直接性的形式。但这概念同时又被局限于直接性的形式,没有得到展开。耶稣基督这样一个具体的、直接的、定在的形式,一方面呢从里面启示出来了圣灵,启示出来了精神,启示出来了思辨的认知、辩证法,但是它毕竟还束缚于这个形象身上,没有得到发展,没有得到展开。

这本质是精神,或者说它已显现出来了,它启示出来了;这种最初的启示本身是**直接的**;但这直接性同样是纯粹的中介作用或思维;因此直接性必须在它自己本身中将这一点呈现出来。

"这本质是精神，或者说它已显现出来了，它启示出来了"，这一点无可否认，这个前面已经讲了。这个本质就是圣灵了，它在耶稣基督身上已经启示出来了。但是"这种最初的启示本身是**直接的**"，"直接的"打了着重号，它是在耶稣基督身上启示出来的，具有感性的直接性。"但这直接性同样是纯粹的中介作用或思维"，这种直接性，也就是我们看到了，我们听到了，我们摸到了，这种直接性同样是纯粹的中介作用或思维，中介作用也就是间接作用了。也就是说它的这种直接的启示实际上是启发了我们的思维，把我们的思维提高到了思辨的认知了，所谓的圣灵，所谓的精神，就是一种思辨的认知，而不只是对任何一个熟人的认知。所以这种直接性同样是纯粹的间接作用或思维，就是说它的启示是要你通过直接性提升到间接性，不要老是死守着这个直接性。"因此直接性必须在它自己本身中将这一点呈现出来"，这种提升既然是一种提升，所以你必须要把这一点呈现出来，如何提升？提升到什么样的高度？你必须呈现出来，但是它又本身是直接的。直接性必须就在这种直接性中把这样一种提升、把这样一种对直接性的超出呈现出来。那怎么做得到呢？直接性本来就已经是一种直接的东西、感性的东西，看到了，听到了，但是又必须从这种看到、听到的东西里面启示出来，表明它里面、它后面是一种思辨的思维、思辨的认知。要把这一点体现出来，如何能够做到呢？后面就讲到了，只有一种方式能够做到，那就是结成一个团契。

　　——如果更确切地来考察这一点，那么精神在自我意识的直接性中就是**这一个个别的**自我意识，是和**普遍的**自我意识相对立的；它是一个排他性的一，这个一对于它**为之**而定在的意识来说拥有一个**感性他者**的还未化解掉的形式；

　　我们先看这半句。"如果更确切地来考察这一点，那么精神在自我意识的直接性中就是**这一个个别的**自我意识"，"这一个个别的"打了着重号。也就是说，前面出了一道难题了，就是直接性必须在它自己本身

133

中将这一点呈现出来,将哪一点呈现出来呢? 就是这种直接性同样是纯粹的间接作用或思维,这种直接性同样又具有间接性,要把这一点呈现出来,这就是一道难题。所以这里讲,如果我们更仔细地来考察一下,那么精神在自我意识的直接性中就只是这一个个别的自我意识,精神在自我意识的直接性中,在耶稣基督的直接性中,他就是这一个个别的自我意识。耶稣基督就是一个人了,独一无二,他有他的自我意识,那跟我们不相干,那是他的事情,他是这一个个别的自我意识,他的自我意识代表上帝的自我意识,那么我们就只好崇拜他了,就对他五体投地了。但是这一个个别的自我意识"是和**普遍的**自我意识相对立的",它是个别的,它不是普遍的,它是它,耶稣基督是耶稣基督,我们不可能成为耶稣基督,他是代表上帝的,我们怎么能够自称为代表上帝呢? 所以我们大家的自我意识跟他是相对立的。我们每个人都有自我意识,不错,但是我们这些人的自我意识跟他、跟耶稣基督的自我意识是相对立的,我们远远不如他,我们在他面前望尘莫及,只有顶礼膜拜。"它是一个排他性的一",这个一前面也讲到了,感性确定性里面也讲到了一,它是一个排他性的一,它是一个独一无二的自我意识,是排他的,没有人敢跟耶稣基督相比或相提并论。"这个一对于它**为之**而定在的意识来说拥有一个**感性他者**的还未化解掉的形式",这个一对于它为之而定在的意识来说,只是采取了一个感性他者的形式,还未把这种感性的形式化解掉。虽然其他意识都是它"为之"而定在的,耶稣就是为拯救人类而生的,但他的这个一还是感性的一,未能提升到普遍性。耶稣基督是一个独一无二的个别自我意识,其他人的意识以他为对象,我们宗教意识的一个对象意识,那就是耶稣基督了,所以这个一在它为之而定在的那些自我意识看来还只是一个感性的对象,还没有把他的感性他者的形式化解掉,使他成为我们大家普遍的自我意识。现在作为一个感性的他者,耶稣基督他是他,他不是我,他是另外一个人,具有这样一种他者的形式。这种形式是还未化解掉的形式,我不能把自己融于他,也不能把他融入到我自己身上,所以他与其他人还是格格不入的，是独立存在的。

　　这个意识还没有把精神作为自己的精神来认知，或者说精神还并非如同它是**个别的**自我那样，也同样作为普遍自我、作为一切人的自我而定在。 [239]

　　"这个意识"，也就是耶稣基督为之而定在的意识了，"还没有把精神作为自己的精神来认知"，耶稣基督想要拯救的那些人还没有把精神作为自己的精神来认知，还以为那只是耶稣的精神，不是我们的精神。"或者说精神还并非如同它是**个别的**自我那样，也同样作为普遍自我、作为一切人的自我而定在"，就是这个耶稣基督的精神当然已经是普遍的精神了，已经是上帝的精神了，但是其他人还没有把这个精神作为自己的精神来认知，还没有作为一个普遍的精神来认知，还把这个精神局限在耶稣本人的感性定在之中，以为这只是他个人的精神，而不是他们自己的精神。或者说精神还并非如同它是个别的自我那样，也同样作为普遍自我、作为一切人的自我而定在，还没有达到个别和普遍的统一，没有达到这种既是个别的自我也是普遍的自我的境界。所以耶稣死的时候是非常孤独、非常悲惨的，看起来好像就他一个人孤零零地死了，当然后来有很多追随者，这是后来的事情，但是耶稣在世的时候他是很不得志的，除了少数弟子以外，几乎所有的人都不认同他，也就是说他的精神还没有提升到一种普遍的精神。耶稣基督毕竟是一个人之子，一个个别的人，你说他启示了普遍的东西可以，但他毕竟还是个别的人，这个启示得有一个过程，所有的人要相信他的启示，要接受他的启示，那还有个过程。

　　或者说，这形态还不具有**概念**的形式、也就是普遍自我的形式，不具有那在自己的直接现实性里同样是被扬弃了的东西、同样是思维和普遍性、而在普遍性中又不失掉其直接现实性的自我的形式。

　　这是进一步解释了，就是他的个别自我为什么没有提升到普遍自我。"或者说，这形态"，这形态也就是感性的他者这样一种未化解掉的形态，

"还不具有**概念**的形式"，"概念"打了着重号。就是说这样一种感性的他者还没有提升到概念的形式，"也就是普遍自我的形式"，没有提升到一种普遍自我意识的形式，它还是一种个别的形式。"不具有那在自己的直接现实性里同样是被扬弃了的东西、同样是思维和普遍性、而在普遍性中又不失掉其直接现实性的自我的形式"，这是对概念的形式应当是什么样的所作的描述。概念的形式是什么？就是那在自己的直接现实性里同样是被扬弃了的东西的自我的形式，因为哪怕它在自己的直接现实性中，它也不局限于感性的他者这样一种形态，相反，它同样是思维和普遍性，而在这种普遍性中又不失掉自己的直接现实性，而是把它扬弃地包含于自身中。换言之，它是一种将感性的直接现实性和思维的普遍性辩证地统一起来的自我的形式，但可惜的是，现在的这种形态还不具有这种概念的形式。概念形式要求首先必须在耶稣基督这样一个直接现实的人身上将他的直接现实性扬弃掉，如何扬弃掉呢？那就是耶稣基督的受难，耶稣基督被钉上十字架，基督之死就是把他的直接现实性扬弃了；但他同时又还是一种自我的形式，这种自我的形式就是一种思维的和普遍性的形式，也就是概念的形式了。但他又并没有失去自己的直接现实性，基督复活的时候有人还见过他，和他说过话，还摸过他的伤口。不过他的确超越了他的肉身，显示为更高的精神形态。而在耶稣基督生前，他还没有成为思维和普遍性，只有当耶稣基督作为一个个体的人死了，这种耶稣之死才使得耶稣基督提升到了思维和普遍性。而在这种普遍性中又不失掉其直接现实性，他死而复活。据说他死后三天又复活了，那些信徒们都不相信，都去摸他，摸到他脚上、手上的伤口，伤口还在，但是这种直接现实性已经是经过扬弃了的，已经是死后复活的这样一种直接现实性。但是正因为如此，即使是耶稣的死而复活达到了精神的普遍性，这种普遍性也没有摆脱表象的形式，没有真正以概念的形式表达出来。真正概念的形式是要到绝对认知阶段才能够达到的，在基督教里面呢还没有提升到这个形式，没有从概念上来理解耶稣基督的生平，包括他的死和复活。

——但是这种普遍性的最初的本身直接的形式并非已经是**思维**自身的形式、**作为概念的概念的**形式，而乃是现实性的普遍性，是诸自我的全体性，并且是定在之提高为表象；

先看这半句。"但是这种普遍性的最初的本身直接的形式并非已经是**思维**自身的形式、**作为概念的概念的形式**"，虽然耶稣基督之死而复活已经把他从一个感性的他者提升到了思维的普遍性，但这种普遍性最初在本身直接的形式中还并非已经就是思维自身的形式，"思维"打了着重号。它的这种普遍性最初直接的形式还不是思维本身的形式，还不是作为概念的概念的形式，"作为概念的概念"也打了着重号。只有作为概念的概念才是思维本身的形式，但在基督的宗教中，概念还受制于表象，它的直接的个别形式就是耶稣基督这个人，而最初的普遍性的形式呢，那就是团契，那就是教会。所以它还不是作为概念的概念，"而乃是现实的普遍性，是诸自我的全体性，并且是定在之提高为表象"。耶稣基督他本身具有个别性，但是有没有普遍性呢？也有，在耶稣基督在世的时候呢就已经有一些人在追随他了，他们代表普遍的自我意识，但这种普遍性最初的本身直接的形式并不是思维自身的形式，不是作为概念的概念这种形式，而乃是现实的普遍性。现实的普遍性就是一种社会组织了，就是团契，它是诸自我的全体性，每个人他都有一个自我，这个时候他们集合在一起，聚集起来，我们追随耶稣基督，我们跟在他后面，我们每个人把自己的自我集合起来，凝聚在他一个人身上。这就是定在之提高为表象了，表象就具有一定的普遍性，表象就不再是一个个分散的了，它可以作为一个团契、一个全体。我们讲个别、部分和全体，那么这个全体呢，它是各个定在结合在一起、聚集在一起形成的一个表象，那就是团契的表象、全体性的表象。我们大家集合在一起，形成一个组织，形成一个教会，这个教会它是一个表象，它还不是一个概念，它只是一个多数性，很多人聚集起来，形成一个表象。

就像到处都可以举出一个特定的例子来说明那被扬弃的**感性的这一个**只是**知觉**的事物、还不是知性的**共相**一样。

这是讲团契的这样一种表象，团契的这样一种表象是什么样的表象呢？"就像到处都可以举出一个特定的例子来说明那被扬弃的**感性的这一个**只是**知觉**的事物、还不是知性的**共相**一样"，就是说，团契的表象并没有达到普遍性的概念，因为感性的这一个虽然被扬弃了，但并不是上升到了概念的共相，而只是上升到了知觉。每个皈依基督的基督徒都是一个特定的例子，他扬弃了自己的感性的这一个，但还没有达到知性的共相，而只把他加入的团契看作一个知觉的事物。前面讲感性确定性要经过知觉的中间阶段，然后才能达到知性的概念和共相，现在呢，在宗教团契的这个阶段还停留在从感性的这一个提升到知觉的物的层次，虽然已经有一定的普遍性和思想性了，但还没有达到知性的共相，还处于向作为概念的概念的过渡中。这个全体性还不等于是共相，它是一个表象，全体性、"大家"这个概念，大家一起组合成团契的概念，那还不是一个共相，不是一个作为概念的概念，那还只是一个概括性、总括性的表象，只是一个事物、一个聚合体、一个团契。我们大家是一个集体，这个集体是一个事物的概念，是一个共同体的概念。所以这最后这一句就是给它定了一个位，就是说我们现在所处的这样一个基督教的团契的阶段，相当于感性确定性到知觉的这样一个阶段，它的局限性就在于还没有达到共相。它已经是初步的直接的概念，但它还没有展开，还不是作为概念的概念。它的那个团契只是一个全体性，只是一个表象，教会只是一个表象，还没有达到共相，要达到共相，必须要提升到作为概念的概念，达到思辨的认知。这个最后一句呢就是给它前面讲的这个圣灵的阶段、团契的阶段定了位，它基本上还是处在一个从感性确定性到知觉的阶段，当然后面就预示了要进入到绝对认知的阶段，就必须要提升到共相、提升到作为概念的概念，但是在天启宗教里面呢还没有。休息一下吧。

我们再继续往下读啊。上面一段已经出现了打了着重号的这样一些概念，作为概念的概念的形式应该是最后一章绝对认知的形式，但现在还没有达到，现在的形式呢还仅仅是表象。定在提高到了表象，但是还没有达到作为概念的概念，所以它还相当于从感性确定性的这一个到知觉的物这样一个阶段，还没有达到知性的共相。要达到知性的共相，那就要进到作为概念的概念，就进入到绝对认知了。

因此这一个个别的人，当他把绝对本质启示出来时，在他这个个别的人身上就完成了**感性存在**的运动。他是**直接**当下在场的神；这样一来，他的**存在**就过渡到**存在过**了。

"因此这一个个别的人"，这一个个别的人就是耶稣基督了，"当他把绝对本质启示出来时"，耶稣基督自己身体力行地体现出来、启示出来的就是绝对本质，就是上帝，就是圣父和圣灵。当他把绝对本质启示出来时，"在他这个个别的人身上就完成了**感性存在**的运动"，"感性存在"打了着重号。他把上帝通过自己的身体力行启示出来，在这样一个活动中，他实际上完成了感性存在的运动。他成天去跟人家交谈，启发人家，给人家治病，行奇迹，传道，还有那么多的追随者，这整个是一场感性存在的运动。绝对本质要启示出来，离不了这场感性存在的运动，所谓的启示就是从感性存在中启示出绝对本质来，而感性存在的运动这方面是由耶稣基督这一个个别的人来完成的。"他是**直接**当下在场的神"，"直接"打了着重号，因为他承担了感性存在的运动，所以他是直接当下在场的上帝。"这样一来，他的**存在**就过渡到**存在过**了"，存在过，Gewesensein，就是 sein 的完成时，sein 就是"存在"，sein 的过去时分词就是 gewesen，把它的过去分词和原形结合起来就构成过去完成时形式，把这种过去完成时形式合写成一个词 Gewesensein，就是"存在过了"、"已经存在过了"的意思。而过去分词 gewesen 里面包含了一个 Wesen，Wesen 在德语中就是"本质"。黑格尔在《逻辑学》里面讲到过，本质是过去了的存在，①Wesen 就是 Gewesen，就是 Gewesensein。这里头有德语的词源学上的一些关系，如果不懂德语，就很难进入到这样一种关系。为什么直接当下存在的神就过渡到已经存在过了？因为直接当下的感性确定性必定是在时间中消失着的，正当你说"这一个"时，它就已经成了另一个，而"这一个"就成了过去的了，这是在"感性确定性"章中就已经阐明了的道理。所以只要他是直接当下在场的神、直接当下在场的上帝，那么他的存在就过渡到存在过了，这里面也暗示了上帝的已经死去，或耶稣之死，耶稣在他的追随者的心目中已经是一个过去时的存在了。但正因为如此，这个过去了的神才是真正的绝对本质，只有过渡到已经存在过了，耶稣基督才显出他的本质，因为本质是过去了的存在。

把神看作拥有这种感性的当下在场的那个意识，就不再是看见神、听到神了；它是看见**过**神、听到**过**神，并且正是由于它只是看见**过**神、听到**过**神，它本身才成为精神性的意识，或者说正如神先前是作为**感性的**

{408} **定在矗**立在意识面前那样，现在他已经是**矗**立**在精神中**了。

"把神看作拥有这种感性的当下在场的那个意识，就不再是看见神、听到神了"，这是接着刚才讲的"存在过了"这个术语来的，已经存在过了，那么接踵而来的就是，把神看作拥有这种感性的当下在场的那个意识，那个意识就是我们对神的感性确定性的意识了，那么这个意识现在就不再是感性的确定性了，不再是正在看见神或听见神的那种当下在场了。因为前面讲到这种感性确定性已经过去了，已经存在过了，那么现在呢，你已经看不到他，已经听不到他了，他已经死了。那么还剩下什么意识呢？"它是看见**过**神、听到**过**神"，现在这个对神的意识已经不再是

---

① "在德文里我们把过去的 Sein（存在）说成是 Gewesen（曾经是）时，我们就是用 Wesen（本质）一字以表示助动词 Sein（"是"或"存在"）的过去式。语言中这种不规则的用法似乎包含着对于存在和本质的关系的正确看法。因为我们无疑地可以认本质为过去的存在"，见黑格尔：《小逻辑》，贺麟译，商务印书馆 1980 年版，第 242—243 页。

说，我正在看到、正在听到神，而是转述我看到过他，我听到过他的情况。《新约》里面"福音书"、"使徒行传"所反映出来的耶稣的生平都是由人们转述的，而这种转述都是在回忆之中，都是回忆我所见到过的、我所亲历的跟耶稣基督打交道的过程。所以这种宗教意识现在是看到过神、听到过神的意识，不再是正在看到神、正在听到神的意识。它看见过神，听到过神，看见过，听到过，这两个"过"字都打了着重号。"并且正是由于它只是看见**过**神、听到**过**神"，这两个"过"也打了着重号，"它本身才成为精神性的意识，或者说正如神先前是作为**感性的定在矗**立在意识面前那样，现在他已经是矗立**在精神中**了"。这个"过"很重要，就是存在变成过去时非常重要，存在、定在如果是当下在场的，那还不能够显出它的本质来，虽然它跟本质是统一的，但是这个统一呢还显示不出来，非要作为过去时，它才能够显示出来，本质是过去了的存在嘛。我们通常也讲，要认识一个人的本质，你就要去看这个人的过去，只有了解他的过去，我们才知道这个人的本质，他的来龙去脉，我们才对他"知根知底"。存在也是这样，存在的本质是什么，那就要看它是怎么过来的，它过去是怎么样，它是怎么从过去走到今天的。所以它必须要有一个"过去了"的过程，它经过一段、走过一段以后，它的本质才显出来。柏拉图讲一切知识都是回忆，当我们回忆起自己的过去的时候，我们的本质才会对我们显出来。所以只是由于意识成了过去时，它看见过神、听到过神，它本身才成为精神性的意识，成为具有圣灵的意识。就是说我在我的回忆中，我回忆现在已经不在了的耶稣基督，这个时候我们才感到他是永恒的，他仍然还在。他已经在过了，在过了并不是说不再存在了，恰好相反，在过了的才成为永恒的在，耶稣基督如果不死的话，那他还不成为永恒的，他还有很多事情要做，只有当他死去了以后，他才成为永恒的了，他就真正地成为了精神，他本身才成为精神性的意识。或者说正如神先是作为感性的定在矗立在意识面前那样，现在他已经是矗立在精神中了，前面"感性的定在"和这里"精神"都打了着重号，以示对照。他原来是在感性的定在中矗立在意识面前，意识把他当作对象，意识在听他，在看他；现在呢意识已经意识到了我们看到过他，听到过他，这个时候呢他就矗立在精神中了，他活在我们的精神之中，他活在我们的圣灵之中。这里还是讲的耶稣基督的诞生、生平以及耶稣之死，这是圣灵概念的前提。

　　——因为作为在感性上看见、听见神的意识，这本身只是直接的意识，它没有扬弃对象性的不同一性，没有将它收回到纯粹思维之中，而是把这一个对象性的个别者作为精神来认知，但却没有把它自身作为精神来认知。

　　"因为作为在感性上看见、听见神的意识"，在感性上看见了神，听见了神，这样一种意识，"这本身只是直接的意识"，你直接地面对耶稣基督，你听他说教，你看见他，你摸着他，等等，这些意识只是直接的意识。"它没有扬弃对象性的不同一性"，对象性的不同一性就是我们刚才讲的，它是一个感性的他者的还未化解的形式，还没有化解掉，它站在你面前，你怎么能把自己等同于它呢？它是它，你是你，这是很明确的，它没有扬弃对象性的不同一性。这个耶稣基督是你的对象，你怎么能够在他身上把你自己的自我意识建立起来呢？怎么能够把他视为和你自己同一呢？很难，他跟你不同一，他是另外一个人。"没有将它收回到纯粹思维之中"，它活生生地在你面前，你能看到它，你能听到它，但是你不能把它设想为和你自己是同一的，除非你将它收回到纯粹思维中。你只有在纯粹思维上才和耶稣基督是同一的，但你现在还没有达到这个层次，你还没有把他看作就是一个纯粹思维，而是和你在感性上有不同一性的，他是一个感性的他者，这个他者你是融化不了的。所以它没有扬弃对象性的不同一性，"而是把这一个对象性的个别者作为精神来认知，但却没有把它自身作为精神来认知"，你把这一个对象、这个个别者、这个耶稣基督当作精神，当然你在他身上看到了精神，你认为他就是精神了；但是，你还没有把你自己作为精神来认知，这个看见神、听见神的意识本身还没有把它自身作为精神来认知。你作为耶稣的追随者，你把耶稣看成精神，但是你自己是不是精神呢？你还没有把自己看作是精神，因为你明确地看到耶稣基督他不是你，追随耶稣基督的人明确意识到耶稣基督不是自己，所以他把耶稣基督看作是精神，但是还没有把他自己看作是精神、当作精神来认知。

　　在那个被作为绝对本质来认知的东西的直接定在的消逝里，直接的东西便获得了自己的否定性的环节；精神仍然是现实性的直接的自我，但却是作为团契的**普遍自我意识**，这普遍自我意识立足于它自己特有的实体中，正如这实体在普遍自我意识中是普遍主体那样；　　　　　　　[240]

　　我们暂时看这半句。"在那个被作为绝对本质来认知的东西的直接定在的消逝里"，前面讲的这个直接定在就是讲的耶稣基督了，被作为绝对本质来认知的东西的直接定在的消逝，那就是耶稣基督消逝了，耶稣基督被钉死在十字架上了，耶稣基督不在了，已经过去了。我们今天喜欢用"走了"来表示一个人死了，耶稣基督已经走了，已经过去了。在他的定在的消逝里，"直接的东西便获得了自己的否定性的环节"，直接的东西就是耶稣基督的直接性，现在它获得了自己的否定性的环节。耶稣基督死了，他被否定了，作为直接的东西已经不存在了，但他获得了自己的否定性的环节，否定性、非存在、死只是他的一个否定性的环节。"精神仍然是现实性的直接的自我"，经过耶稣基督的现身说法，精神已经是现实性的直接的自我。"但却是作为团契的**普遍自我意识**"，"普遍自我意识"打了着重号。精神在耶稣基督死了以后，它仍然是现实性的直接的自我，耶稣基督留下的遗产就是这个教会，就是这个团契，这个团契仍然是一个现实性的直接的自我，但却是作为团契的普遍自我意识。这个直接的自我现在是体现在团契上面，体现在普遍自我意识上面，它仍然是直接的，因为它是团契啊，在教会里面它仍然具有直接性。但是这个直接性不再是个别的了，而是一个集体，我们属于这个团契，我们在这个团契中可以获得我们的自我意识。而且这个新获得的自我意识是具有普遍性的，是我们大家的自我意识，我们大家有个共同的信念、一个信仰、一个共同的自我意识、一个共同的精神。所以精神仍然是现实性的直接的自我，仍然具有现实性、具有直接性，所以教会把团契称为基督的"奥体"（Mystici corporis），象征着基督的普遍的身体；但是已经从耶稣的个别自我提升到了一个普遍的自我意识。"这普遍自我意识立足于它自己特有的实体中"，它自己特有的实体就是团契，现在这个实体呢就是作为一个团契的实体，这个团契是普遍自我意识所立足的地方，就是奥体。如何才能获得普遍自我意识？就是说有一个团契，有那么多人都是基督徒，跟你同心相印，同气相求，那么他们共处一个实体之中，正如耶稣的自我意识处于他的个别身体中。这普遍自我意识就立足于它自己特有的这个实体中，这个普遍自我意识如果没有团契的话，那它是立不住的，有了团契，它就有了立足之处了，有它的支撑了，所以教会是必不可少的。"正如这实体在普遍自我意识中是普遍主体那样"，这个实体中普遍自我意识又是普遍的主体，实体就是主体，而且达到了普遍性的层次，体现为普遍的自我意识。普遍的实体是因为它是普遍自我意识，普遍主体也是因为它是普遍自我意识，个别自我意识由于耶稣基督之死，恰好把自己提升到了普遍的自我意识。这普遍自我意识是能动的，是主体性的，而且是主词；它是实体，但它又是有行动能力的，教会作为一个主体，它具有它的行动能力，它可以决策。它不像伦理实体，伦理实体就不是主体，伦理实体不能决策，它就是一套习惯、一套规范，但是教会这样一个实体呢它是一个精神实体，它是可以决定的，它是一个主体。

　　并非这自为的个别人，而是连同团契的意识一起、以及个别人对这个团契而言所是的东西，才是个别人的完全的整体。

　　这里就是讲，所有这些个别人都集合在一起，是不是集合在一起就是普遍主体了呢？还不是，普遍主体应该是个别人的完全整体。"并非这自为的个别人，而是连同团契的意识一起"，个别人集合在一起，还不能够说是他们的完全的整体，而必须要有一个团契的意识把他们聚集起来，有一种精神把他们聚集起来。如果仅仅是为了个别人的自为的目的，比如说功利的目的,那么你们聚集起来无非是一个企业了、一个公司了。
但是教会绝不是公司,它是由一种精神、一个团契的意识把大家凝聚起
来的。"以及个别人对这个团契而言所是的东西",个别人对这个团契而
言他是什么,他是团契的一分子,团契的一个肢节,他以团契的眼光来看
自己所是的东西,来为自己定位。那就不是个别人的其他所是的东西、
其他的定在,而是对这个团契、对这个精神实体而言所是的东西,是为
这个团契作贡献的一分子。你属于这个精神实体的一员,所以在团契之
中,个别人相互之间是有一种精神联系的,他们都属于这个团契。如果
仅仅是一大群人聚集在一起为了某个发财的目的或者某种其他的什么目
的,那就不能够说是这样,有利益就来了,没利益就散,那就无所谓团契
了,那就是一个临时凑合起来的群体了。但现在不是这样,它是一个实
体,同时也是一个主体,它有主体性,它由团契的意识把大家凝聚在一起。
只有这样对这个团契而言所是的那种个别人,"才是个别人的完全的整
体",个别人才在这个整体之中能够代表他自己,这个整体就代表它每一
个个别的人,这是教会它所提升到的这样一个层次,就是个别和全体的
完全一致。但下面马上就讲到教会的不足之处了,这也是为了向后面的
绝对认知过渡。

　　但是,**过去**和**距离**只是那直接的方式如何被中介或如何被普遍建立
起来的不完善的形式;而这直接的方式只是表面上消失在了思维的元素
中,而**作为**感性的方式则保存在其中,并且被**作为**和思维的本性本身不
同一的来建立。

　　"但是,**过去**和**距离**","过去"和"距离"都打了着重号。过去,就是
说耶稣基督已经死了,他的言行都已经过去了,我们讲了,他已经存在过
了;距离就是说他升天了,他已经升到天父那里去了,基督升天,他离开
人世、离开我们地上已经很遥远了,你追随不上了。过去和距离,在基督
教里面这两个概念很重要,一个是时间上过去了,一个是空间上已经升

到天上去了。但它们"只是那直接的方式如何被中介或如何被普遍建立起来的不完善的形式"，前面讲了，过去和距离有一种作用，就是使得直接性的方式变成间接性的，并且由此而被建立成普遍性的。例如耶稣之死对于基督教形成的必要性、它的作用、它对基督教精神的提升，与耶稣在世的时候已经完全不一样了。耶稣在世的时候大家追随他，那只不过是当时流行在罗马帝国的无数宗教派别、宗教团体之一而已；但耶稣基督死去以后所形成的团契，才使得基督教提升到所有其他宗教之上，所有其他宗教都不如基督教具有这样的普遍性。这正是因为耶稣基督的肉体的死亡、消失，以及复活升天，使得他的精神变成了永恒的，变成了普遍的，这是前面讲的耶稣之死它所起的作用。但是，这个作用是有限的，过去和距离只是那直接的方式如何被中介或如何被普遍建立起来的不完善的形式。直接的方式被中介了，成为间接性的了，被普遍建立起来了，被建立在团契之中了，一个基督死去了，千千万万个基督徒站起来了，这也是直接的方式，但是已经是一种普遍的方式了，从耶稣基督的个别的自我意识现在建立为一种团契的普遍的自我意识了。但是，这种通过过去和距离所建立的只是一种不完美、不完善的方式，以这种方式来建立起自我意识的普遍性，那是不完善的。什么才是完善的呢？要提升到概念的层次，而在这里，过去和距离都还只是一种表象，是可以用记忆和感觉来衡量的。所以下面讲，"而这直接的方式只是表面上消失在了思维的元素中"，这种直接的方式，我们现在看它被中介了嘛，直接站在面前的耶稣基督已经消失了，只能靠回忆和追述了，但是这直接的方式只是表面上消失在了思维的元素中，消失在了普遍思维、纯粹思维的元素中。看起来耶稣基督死了以后我们剩下的就是他的思想，我们继承他的思想，所以他的表象的消失促使、促成了我们继承他的思想，使得我们对他的追随不再是对他的肉体的追随，而是对他的思想的追随，那岂不是直接的元素消失在了普遍的元素中吗？但这只是表面上消失，因为团契作为一种奥体，仍然是一种直接的方式，我们在一起干什么呢？还是在"口述历史"啊！虽然耶稣基督作为直接的方式已经消失了，但是我们取而代之的整个基督教会仍然是一种直接的方式，表面上消失在思维的元素中，但仍然以表象的方式保留着它的直接性。"而**作为**感性的方式则保存在其中"，"作为"打了着重号，作为感性的方式则保存在其中，只不过不再是亲眼所见、亲耳所闻了，而是让曾经亲眼所见亲耳所闻的人来讲述，使听者"如见其面，如闻其人"。"并且被**作为**和思维的本性本身不同一的来建立"，作为仍然保持在其中的感性的方式，当然就是作为和思维的本性本身不同一的来建立的。也就是说，教会毕竟本身还没有体现出思维的本性，虽然它是以思维的元素而建立起来的，但却是作为一种感性的方式建立起来的，虽然不再看到听到，但却好像是看到听到的那样，跟思维的本性本身还不是同一的。

　　这只是被提高到了**表象**而已，因为表象是感性的直接性和它的普遍性或思维之间的综合的联结。

　　前面讲当然是提高了，但是提高到什么程度呢？耶稣基督死了以后，精神被提高了，宗教意识被提高了，提高到了表象。"这只是被提高到了**表象**而已"，"表象"打了着重号。注意后面这一句，"因为表象是感性的直接性和它的普遍性或思维之间的综合的联结"，表象是两个东西的联结，一个是感性的直接性，一个是它的普遍性或思维，这两者之间的综合的联结。这个联结，Verbindung，我们可以联想到康德在《纯粹理性批判》讲到"一切联结的可能性"，《纯粹理性批判》第 15 节，就是第二版的"先验演绎"里面，就讲到一切联结的可能性。就是说先天综合判断如何可能呢？它是一种联结，那我们首先要追溯一切联结的可能性。任何一种联结它的可能性呢，就是把感性的直接性和它的普遍性或思维综合起来，先天综合判断必须要有感性的内容，但它又不是感性的联结，它是先天的联结。所以它有两个东西，一个是经验的直观对象，另外一个呢是范畴，自我意识把范畴和经验的对象结合在一起，这就是先天综合的联结。那么这里讲到表象是感性的直接性和它的普遍性或思维之间的综合的联结,实际上用的就是康德的这些字眼和术语,就是说在黑格尔的眼睛里面,康德的那种联结就是一种表象式的思维。把感性的直接性和它的普遍性综合起来、联结起来,黑格尔曾经嘲笑这种做法说,就像用一根绳子把一块木头绑在腿上一样,这就是康德的联结,把两个不同的东西捆起来。那么用在这个地方呢,就是指教会的思维方式,宗教意识被提高了,但仅仅提高到了表象这样一个层次,就是把感性的直接性和它的普遍性综合地联结起来,感性的直接性本身还没有被消化,还没有化解掉。像这个团契、组织和它的活动,布道、查经和做法事、做弥撒,这一套东西都是属于感性的东西、直接性的东西,和思维的普遍性还没有达到一种融通,借用康德的说法,与"纯然理性范围内的宗教"还是两码事。所以宗教总的来说,哪怕是天启宗教,它也仍然停留在一个表象的层次,在这方面对精神来说是没有到位的。虽然它的内容已经是绝对精神了,但是还没有采取绝对精神的概念形式,它的形式还是一种教会的形式、团契的形式,或者说一种表象的形式。下面这一段整个就是对表象形式的一种批判,或者说对天启宗教的思维方式的批判了。

这种表象的形式构成着精神借以在它的这种团契中意识到自身的规定性。这形式还不是精神的成长到它的作为概念的概念的自我意识;这个中介过程还没有完成。

"这种**表象的形式**构成着精神借以在它的这种团契中意识到自身的规定性","表象的形式"打了着重号。它构成一种规定性,什么规定性呢?精神借以在它的这种团契中意识到自身的规定性,也就是说,精神在这种团契中意识到自身,就是凭借这种表象的形式,所以这种表象的形式构成着精神意识到自身的规定性,它规定了精神。但规定了精神呢,也就限定了精神,或者说限制住了精神,这种表象的形式限制住了精神。"这形式还不是精神的成长到它的作为概念的概念的自我意识;这个中介过程还没有完成",它当然也是一个中介过程了,精神借它为中介而意识到

自身嘛，但是这个中介过程还没有完成，没有到位。因为这种表象形式
还不是精神的作为概念的概念的自我意识，它还没有成长到那一步，虽
然它在团契中已经是一种自我意识的形式了，已经达到了普遍的自我意
识，但是这个普遍自我意识还没有成长到作为概念的概念，它还仅仅是
表象。所以这个中介过程还没有完成，还有待于继续提升，有待于跳出
表象，更加贴切地来看待在宗教里面所体现出来的精神。在宗教里精神
还是停留在一种直接性的表象层次，所以还有待于更加进一步，进入到
最后一个中介过程，这个中介过程现在还没有完成。

　　<u>因此在存在与思维的这种联结中现成的缺点是，精神本质还带有此
岸和彼岸分裂为二的不可调解性。</u>

　　这就是明确指出它的缺点了。"因此在存在与思维的这种联结中现
成的缺点是"，现成包含有一种缺点，现成的也就是既定的，已经有、固
有的缺点，固有的缺点是什么呢？就是"精神本质还带有此岸和彼岸分
裂为二的不可调解性"，不可调解性或者说不可调和性。精神的本质本
来应该是没有什么不可调和的，都是打通了的，精神的自我意识已经把
万事万物、已经把世界、把事物的定在都看作是精神的一种表现，在世界
上看到了自身，精神在定在上、在存在上看到了自身，应该是打通了的，
绝对精神本来就是主观和客观统一的精神。但是在这里呢还带有一种没
有打通的地方，就是带有此岸和彼岸分裂为二的不可调解性。此岸和彼
岸，相当于刚才讲的过去和距离，过去了的东西已经升天了，已经到了彼
岸了，那么彼岸是我们此岸的人过不去的，是跟此岸分裂为二的，人此生
只能停留于此岸，只有死后才能到达彼岸。所以此岸和彼岸的分离是一
种表象的分离，表象的分离就不可通融了。如果在概念上就不会有什么
此岸和彼岸，此岸就是彼岸，彼岸就是此岸，但在表象上则是有区分的，
而且是不可调解的。当然死后就可以调解了，但生死仍然是两个不可调
解的表象，这恰好证明在表象上不可调解，死后的调解不是表象的调解，
而只是灵魂中的思想和概念的调解。精神的本质在这阶段上还带有这样

一种分裂性、不可调和性。

内容是真实的内容，但是它的所有的环节都是在表象的元素中建立起来的，具有未经概念理解的性格，而是显现为**外在地**互相联系的各个方面的完全独立。

"**内容**是真实的内容"，前一个"内容"打了着重号，内容已经是真实的内容了，刚才讲的，死后在灵魂的思想和概念上已经使此岸和彼岸调解了，这思想和概念就是真实的内容。"但是它的所有的环节都是在表象的元素中建立起来的"，内容已经是真实的内容，已经是绝对精神，已经是精神的自我意识了，包含有思想和概念在内；但是它的所有的环节都具有表象的形式。除了刚才讲的生和死的表象之外，在天启宗教里面，所有那些环节，包括圣父、圣子、圣灵，包括耶稣基督的诞生和复活，包括团契，都是在表象的元素中建立起来的，是在表象的元素中、也就是并非在概念的元素中建立起来的。"具有未经概念理解的性格"，未经概念理解，概念理解也就是概念式地理解。具有没有经过概念式地理解的性格，也就是没有用概念来把它们打通，还是一些表象，在表象的元素中建立起来的各个环节具有一种不彻底性，没有彻底地融通起来。"而是显现为**外在地**互相联系的各个方面的完全独立"，"外在地"打了着重号。这就是他前面为什么要采用"联结"这个词，Verbindung 这个词的意思就是捆在一起、捆绑起来，binden 就是"捆"嘛，把多个东西捆在一起，所以它是一种外在的互相联系，其中的各个方面完全独立，至少从表面上面看它们还是各自独立的。所以讲"三位一体"，人们始终理解不了三位为什么能够又是一体，这只有从概念上才能够理解，从表象上你是理解不了的。而基督教就是停留在表象上，所以在这个问题上两千多年始终争来争去，不可能有结果，唯一的办法只有诉诸信仰，就是你们不要争了，我们相信就得了。如同德尔图良的名言："正因为它荒谬，所以我才相信"，就是由于不可理解了，所以只有诉之于信仰了。基督教是采取这种方式，这当然是一种逃避的方式了，理论上并未解决问题，只是显现为外在地互相联系的各个方面的完全独立。

至于真实的内容也要为意识获得自己真实的形式，为此就必须要有意识的更高教养，即把它对绝对实体的直观提高到概念，并且**为它自身**而把对内容的意识和对内容的自我意识相调和，如同对我们而言或**自在地**已经发生的那样。

"至于真实的内容也要为意识获得自己真实的形式，为此就必须要有意识的更高教养"，这个说得很明确了，就是虽然它在内容上是真实的，已经有真实的内容了，但是还没有获得真实的表达形式。那么要获得这个真实的形式呢，为此就必须要有意识的更高教养，单纯是天启宗教就不够了。单纯的天启宗教还停留在这样一种表象的形式，这个表象的形式跟它的内容还不能够完全符合，必须要继续往高处提升。"即把它对绝对实体的直观提高到概念，并且**为它自身**而把对内容的意识和对内容的自我意识相调和"，如何提高到更高的教养？什么才是更高的教养？就是把它对绝对实体的直观、把这种宗教意识对于上帝的直观提高到概念，要把表象变成概念。并且为它自身而把对内容的意识和对内容的自我意识相调和，"为它自身"打了着重号，这是为了宗教意识自身所具有的这种精神的内容而必须做的，不是外加的，而是它自为的、自己要求的，就是宗教意识本身的内容所要求的。他这里强调宗教意识它自身有一种自发的要求，要把对内容的意识和对内容的自我意识相调和。它不是说这个不好，要不得，我另外换一个，把表象换成概念就好了，不是这样；而是它自己对内容的意识已经有了，但是还没有对内容的自我意识，或者说它对内容的自我意识跟它的对内容的意识还没有能够调和，因为它的这种自我意识还仅仅停留在表象的层次，这个表象的层次作为一种自我意识来说跟内容的意识还是两张皮，还贴不到一块去。把对内容的意识和对内容的自我意识相调和，这是宗教意识本身的自发或自为的要求，"如同对我们而言或**自在地**已经发生的那样"，"自在地"打了着重号，与前面"为它自身"、也就是与自为相对照。就是说对我们旁观者

151

而言，它客观上已经发生了这样一种调和，意识和自我意识的调和；但主观上它还只是一种自为的做法。基督教神学已经认定它不调和不行，不论采取什么方式，它必须调和，必须由它自己来自为地完成这种调和。但它做的这件事虽然客观上自在地是符合概念的，但主观上却没有意识到这一点，而只是单凭信仰来确定的。所以要在理论上完成这种调和，这就必然会走向辩证神学，或者把辩证哲学灌注到神学中，乃至于干脆超出宗教意识而走向哲学，这才能从自身内部把这个意识和自我意识最终调和起来。这已经是一种客观的趋势了，如同对我们而言或自在地已经发生的那样，我们旁观者已经看得很清楚了，但是在宗教意识的这样一个框框里面呢，它还没有明确这一点。我们必须要超出宗教，包括要超出天启宗教，但是我们又不能外在地强加于它，还得由天启宗教自己从自身之内把这种调和发展出来，把这种概念式的思维发展出来。尽管我们站在旁边已经看到了，其实应该这样，应该提高到作为概念的概念，但是我们不能拔苗助长，还得等待天启宗教自己把自己的层次提高起来，达到概念。我们今天就讲到这里吧。

*　　　　　*　　　　　*

好，我们上次讲到了宗教的团契。宗教团契就是教会，以教会的形式来表象绝对知识，表象绝对精神。那么这个表象的形式呢就是一种层次还不够高的方式，绝对精神本来是至高无上的，但是，要用表象这种方式，要用一种形象的、看得见、摸得着的方式，就是教会团体这样一种方式，来表象它，所以它有它固有的一些缺点。上次最后讲到了这样一种缺点，作为一种感性的直接性，去和普遍的思维相联结，绝对精神应该是带有普遍性的一种纯思维了，那么要和感性的直接性联结起来、综合起来，有点像康德的先天综合判断一样，把两个本来不相干的东西综合在一起。这就是表象的思维方式，它的特点也就在这个地方，有待于提高到概念。所以上次讲的最后一句话就是说，真实的内容要为意识获得自已真实的形式,你有了真实的内容、绝对精神,在宗教里面、特别在天启宗教里面,有了它真实的精神、真实的内容,但是还没有获得它自己真实的形式。为此就必须要有意识的更高教养,即把它从对绝对实体的直观提高到概念,"并且**为它自身**而把对内容的意识和对内容的自我意识相调和,如同对我们而言或**自在地**已经发生的那样。"我们旁观者已经看得很清楚了,就是对内容的意识和对内容的自我意识实际上已经是一回事情了,我们站在旁边,读到《精神现象学》的这个地方,我们已经明白了,但是教会的那些人士,包括教徒们,他们还不明白,他们还是以一种表象的方式来理解这样一种意识和自我意识的统一,所以层次就还不够。这是我们上次读到的,就是所谓"绝对宗教的单纯内容"的最后一个环节。上次讲到罗马字标题的第二个标题:Ⅱ. 绝对宗教的单纯内容:上帝化身为人的现实性,它包含三个环节,第一个环节是圣父,第二个环节是圣子,第三个环节是圣灵,圣灵表象在宗教团契里面。这是上次讲到的内容。最后还有一段没讲完,就是继续阐述上次讲的这样一个意思,即表象思维方式的缺点,一个是表现在它是以一种组织形式,团契、教会,以这种方式来表象绝对精神,这种方式在一定的阶段上是必要的,但是,又是不够的。下面这一段则指出了它的另外一个缺点,就是仅仅历史性地来考察绝对精神的内容。

　　这个内容必须按照如同它存在于它的意识里那样的方式来考察。——绝对精神是**内容**,所以绝对精神就处在自己的**真理**的形态中。

　　宗教意识要提高它的层次,怎么提高?这里指了一个方向。前面讲了提高到概念,如何提高到概念呢? "这个内容必须按照如同它存在于它的意识里那样的方式来考察",这个内容就是绝对精神的内容,要按这样一个绝对精神存在于它的意识里那样的方式来考察它的内容。教会肯定不是这样的,团契只是一个外在的现实性,一些人在那里组合起来,成立一个教会,但是这样一套组织形式并非绝对精神存在于它的意识里那样的方式，就是说，并不是一种概念的方式。存在于意识里的方式就是概念的方式，在这种概念中，意识和自我意识是相统一的。这个我们在前面第 237 页上已经有这样一个说法了，第二行开始，他说："因此在这里，意识、或者本质对意识本身而言的那种存在方式，本质的形态，实际上与本质的自我意识是相同一的；这个形态本身就是一个自我意识；因而它同时也是**存在着**的对象，而这个**存在**同样直接具有**纯粹思想**、绝对本质的含义。"要按照这种方式来考察，按照在意识里面它怎么跟自我意识相统一来考察，才能达到绝对精神的概念，而不仅仅是说我们在团契里面，我们都属于这个组织的，我们每个人跟这个组织是融为一体的，我们是这个组织的成员。当然，意识跟自我意识的统一必须要经过这种形式才能得到启发，但这种形式毕竟是一种外在的形式，而不是在意识中的。现在我们必须按照这个内容存在于它的意识里那样的方式来考察，这就把我们的考察的方式提升了，这就是马丁·路德的宗教改革所开启的方向，即让上帝回到每个人心中。换言之，就是要把绝对精神像它在意识里那样来考察它，使它从对象意识上升到自我意识，而不仅仅是作为一个历史的对象去考察它。历史地考察它，我们就可以考证，教会怎么形成起来的，最开始就几个使徒，一帮追随者，耶稣基督被钉上十字架，然后人们传播基督的思想，慢慢慢慢地人越来越多，然后就组成了一个教会、团契。这是一种历史的考察，从它的起源，从它的发生。我们整个前面这个罗马字的第二个标题：II. 绝对宗教的单纯内容：上帝化身为人的现实性，这都是历史的考察，就是所谓基督教的实证性。历史上基督教的发展的过程就是上帝化身为人的过程，首先是第一个小标题 1. 神圣的自我意识的直接存在，就是上帝创世的神话，这个还未进入历史，它是历史的起点；第二个小标题就是：2. 最高本质的概念因个别自我使得抽象性与直接性同一而达到完成，这就是圣子，开始进入到历史的考察；第三个小标题呢就是我们上次所读的这些内容，3. 思辨的认知是绝对宗教的团契的表象，团契的形成。这就是我们上次讲到的这样一个过程，这样

一个过程是从历史上来梳理的。在此之前,第一个罗马字的标题就是讲:
Ⅰ.天启宗教的形成,那就是讲基督教形成之前,或者讲前基督教它的发
生史,从斯多葛派和新柏拉图主义开始,还有犹太教的《旧约》、创世记
这些创世神话,并且追溯到以往的自然宗教和艺术宗教,讲天启宗教怎
么来的? 那么基督教形成起来以后,就有它自身的历史,从《旧约》到《新
约》,福音书的历史。前面都是从这个角度来谈的,来分析这样一些概念,
圣父啊、圣子啊,圣灵啊,这样一些概念都是结合它们的表象,结合它们
的历史事件、历史事实来谈的。那么现在呢,我们要从它的概念里面来
谈,从它们存在于意识里的那样的方式来考察,这个就内在化了,就不再
是局限于外在的历史资料了。"绝对精神是**内容**,所以绝对精神就处在
自己的**真理**的形态中","内容"打了着重号,"真理"也打了着重号,这个
"真理"跟"内容"是相应的,由于有内容,所以它是真理,它不是空洞的。
所谓真理就是观念和对象的符合嘛,观念和对象符合,那这个对象就是
它的内容了,就必须要有内容了,如果没有一个内容来让它去符合,那谈
什么真理呢? 所以他讲,绝对精神是内容,所以绝对精神就处在自己的
真理的形态中,它就具有真理的形态了,当然问题就是这个内容是什么
内容了。

　　但是它的真理并不只是团契的实体或这团契的**自在**,也还不只是从
这种内在性上升为表象的对象性,而是成为现实的自我,自己反思到自
己并且就是主体。

　　绝对精神是内容,那么要把握这个内容,要掌握有关这个内容的真
理,"但是它的真理并不只是团契的实体或这团契的**自在**","自在"打了
着重号。就是说绝对精神它的内容呢不单纯是团契的实体,我们讲绝对
精神或者是天启宗教、上帝,上帝的内容是什么呢? 难道就是这些教会
吗? 我们讲圣灵,当然它离不开教会,是教会在传播圣灵,在捍卫圣灵,
但是教会呢它是一个团契的实体,是不是绝对精神的真理就仅仅是团契
的实体这么一个组织,或这团契的自在,它自己存在,它就是那么一个东

西在那里呢？不是的！他说，这个真理并不只是团契的实体或这团契的自在。当然也没有否定自在，但它不仅仅是自在，绝对精神的真理不只是这些东西。"也还不只是从这种内在性上升为表象的对象性"，这跟前面讲的是一回事了，也还不只是从这种内在性，内在性就是绝对精神的内容了，上升为表象的对象性，就是内在的东西没表现出来啊，那怎么表现出来呢？我们成立一个组织吧！成立一个组织，成立一个团契的实体，那不就把它表象出来了吗？就具有一种表象的对象性了。你要找绝对精神，你要找上帝，到哪里去找？到教会去找，进教堂嘛，这就上升为表象的对象性了。本来上帝是内在的、每个人内心的，进教堂这本身是表象的对象性，这当然也算是提升了一步，原来只是内心想一想，现在呢有一个组织、有一个教会在那里，让你去顶礼膜拜，有神父在给你宣讲，有教徒、教友们共同在一起熏陶，这个当然是必要的；但是还不只是这样，还不只是从这种内在性上升为表象的对象性。"而是成为现实的自我，自己反思到自己并且就是主体"，绝对精神的真理是什么呢？是成为现实的自我。什么是现实的自我？现实的自我一方面是内在的，另一方面是现实的，现实的就是你自己的主体的行动，你是一个能动的主体，你并不只是团契中的一颗螺丝钉，而必须反思自己的内心意识并且发挥你自己的主体能动性。教会的目的就是为了达到这个啊，如果你没有达到这一点，你仅仅以为进了教会你就跟上帝同一了，或者你就把握到上帝的真理了，那是太表面了。你进教堂的目的是什么呢？最后还是要成为现实的自我，自己反思到自己。你把自己交给教会，它说一句你听一句，它说什么你做什么，这个就还没有主体性；但是教会的使命就是培养你的现实的自我，培养你的自我反思，你自己要反思自己，要建立起你自己的主体性。也就是说，绝对精神的真理就是主体，不仅仅是实体、教会的实体、团契的实体，而且是使实体本身成为主体。

　　所以，这就是精神在它的团契中所完成的运动，或者说，这就是精神的生命。

　　这样一个过程,就是成为现实的自我、成为主体的这样一个过程。"所以,这就是精神在它的团契中所完成的运动",精神为什么要有个团契,光有团契是不够的,团契的作用就在于要培养起现实的自我,要把人教养为一个主体,在于要教化人。我们讲基督教它具有教化作用,基督教的教化作用是很重要的,我们以往总是批评它:迷信啊、愚昧啊等等,但另一方面呢,它有它的教化作用,就是把人培养为一种主体。这就是精神在它的团契中所完成的运动,你进了这个团契,进了这个教会,那么你就开始起变化了,你就开始有了自我了,开始反思了,并且开始成为主体了。"或者说,这就是精神的生命",归根到底,精神的生命还不在那种外在的团契形式,而在于由这种团契的形式所培植起来的现实的自我主体,这就体现出精神的生命了,或者说,体现出了绝对精神的生命。上帝是什么? 上帝就体现在每个人的主体性身上,每个人的主体性就提供了上帝的生命的一种证明。教会团契还不是,但教会团契所完成的运动,就是造就人、教化人的运动,这就是精神的生命,上帝的生命就体现在这里。上帝有没有生命? 上帝有生命,就体现在他能够现实地提高人、赋予人主体性。

　　<u>因此,这个自身启示的精神**自在自为地**是什么,这并不是通过仿佛在团契中将精神的丰富的生命打开,将其归因于它最初的机缘,例如归因于最初尚不完善的团契的那些表象,甚或归因于那个现实的人所说过的话而猜测出来的。</u>　[241]

　　{409}

　　"因此,这个自身启示的精神**自在自为地**是什么","自在自为地"打了着重号。上面讲了,绝对精神的真理并不只是团契的自在,而且应当包括主体的自为的反思,那么它本身自在自为地究竟是什么呢? 它自在地是什么? 它自为地又表现为什么? "这并不是通过仿佛在团契中将精神的丰富的生命打开,将其归因于它最初的机缘,例如归因于最初尚不完善的团契的那些表象,甚或归因于那个现实的人所说过的话而猜测出来的",它不是猜测到的,通过什么东西猜到呢? 并不是通过仿佛在团契

157

中将精神的丰富的生命打开，也就是说，我们组成了一个团契嘛，我们在团契中要追究上帝自在自为地到底是什么呢？那么我们就在团契中把精神的丰富的生命打开，这个"打开"用的是 aufdrehen，aufdrehen 它的本来的含义呢是"扭开"，扭开一个盖子，就像一个可乐瓶的盖子我们把它扭开，就是把这个丰富的生命打开，看里面到底隐藏有什么东西。"将其归因于它最初的机缘"，我们把它打开，找一找它最初的机缘，这个"机缘"即 Faden，Faden 本来的意思是"线索"，我们把它翻译成"机缘"，最初的那个机缘，最初的那个诱因，它是怎么样引起来的。耶稣基督诞生，然后碰到一些什么情况，等等，这些东西我们都去追溯，并且归因于这些机缘，这些机缘就是历史的机缘了，就是一些实证的材料了，我们来写一本《耶稣传》，看他童年时代怎么样，后来长大了又怎么样，他的家庭又怎么样，等等。把精神的这些丰富的生命打开以后，我们去追溯它里面的机缘，去把它分解，进行历史的研究。"例如归因于最初尚不完善的团契的那些表象"，团契最初是不完善的，最初所谓的基督教会其实还没有像后来的那种严格的组织形式，而是非常松散的，就是几个追随者，几个信徒，耶稣基督的追随者，用我们今天的话来说，也就是有几个粉丝，聚集在一起，觉得他讲得很有道理。但是，他现在已经离我们而去了，每到他的忌日呢，我们就来祭奠一下，烧一烧蜡烛啊，唱一唱歌啊，编一些歌词啊，很不完善的团契的那些表象，我们追溯到那里头，认为那里面大有深意。那么基督教自在自为地到底是什么，我们就看它从哪来的，怎么形成起来的，最初的那几个使徒，我们分别地去研究，各自都有一些什么样的个性，什么样的特点，什么样的环境，等等，他们如何组成了最初的团契。这都是些表象性的东西、历史性的东西，我们今天讲的原教旨主义者，就喜欢追溯一个宗教它的最初从哪来的。原教旨主义认为最初没有这些乱七八糟的东西，当时是很纯洁的，所有后来的这些东西都搞偏了，都偏离了它的原来的宗旨。但是原来的宗教你追溯到最初的机缘，那是很简陋的，其实是很不完善的。所以原教旨主义往往是很可怕的，它否定一切而走向极端。因为你要恢复到原教旨，那你就要用一种极端的手段把后来的所有的发展全部清除，所以哪怕是伊斯兰教正规的教会组织也不承认这些恐怖分子、这些极端原教旨主义者，认为他们搞的那一套不能代表伊斯兰教，确实也不能代表！原教旨主义是一种极端的片面性，要把所有后来的整个历史发展都否定，回到最初的那种简陋的状态。假设没有后来的这些发展，当时那种状态当然是很淳朴的；但是它后来有了那么多的发展成就，你要把这些都否定和消灭掉来回到那种状态，那就不淳朴了，那就很残酷很卑鄙了，那就是恐怖主义了，把人的生命和积累下来的文化不当回事了。这种倒退只能是回到野蛮和粗鄙。"甚或归因于那个现实的人所说过的话"，归因于耶稣基督他当年说过的话，他说过的那些话都是有感而发的，都是临时有它的语境的，那么你把他的那些话当作任何情况下都绝对适用、放之四海而皆准的，把它套在今天的现实生活中，那是很不恰当的。基督教里面也有"福音派"，是比较拘泥于耶稣基督自己说过哪些话，而不去追究这些话里面的含义。不单单是《福音书》，而且包括《使徒行传》，或者是后来人写的《耶稣传》，都是有它的语境的。你光是考证到底哪些话是耶稣自己说的，仅仅停留在历史的考证上，至于这些话它在当时语境下的深意，对于绝对精神、对于上帝来说它表达出了一些什么样的含义，这倒不去追究，反而放弃了思考，认为所有想从里面引出一些含义的人都偏离了"福音书"的原文。所以基督教里面的原教旨主义者，就是谨守耶稣所说过的那几句话，不要有任何发挥，一切发挥都是不合法的，都是要否定的，这就是一种原教旨主义和历史考证的态度。但是上帝自在自为地是什么，难道能够通过这种方式猜测出来吗？你回归到原始的资料，原始的资料是很不完善、很简陋的，甚至有的是误传、讹传，还有伪经，你以为抓住这几句话就能猜测上帝，不要费力气去思考，不必动用你的纯粹思维能力，这是不可能的。

为这种归因奠定基础的是那种趋向于概念的本能；但是这种归因把作为初次出现的**直接定在**之**起源**和**概念**的**单纯性**混为一谈了。

当然,这种追溯、这种归因黑格尔也没有完全否认,相反,他对这种归因后面的原因——你为什么要归因?——作了考察。"为这种归因奠定基础的是那种趋向于概念的本能",黑格尔并不是说这些东西不能够猜测,原教旨主义就一无是处,福音派就一无是处;相反,他从这个里头看出了更高的动机。就是说,你为什么要作这种归因?这个举动本身暴露出来它后面有一种概念的本能,概念的本能也就是理性的本能了,是概念在后面起作用,但是你不自觉,你不知道。前面也在追溯历史,天启宗教的形成以及绝对宗教的单纯内容:上帝化身为人的现实性,这两个前面的罗马数学的标题 I、II,其实都是在追根溯源,但是黑格尔的追根溯源跟这些人、跟原教旨主义不一样。原教旨主义追到那里就以为达到目的了,以为就猜到绝对精神它自在自为地是什么,就是这些;而黑格尔恰好相反,他是把这种基督教的形成史概念化,他自觉地从里面寻求它的概念运动的踪迹,他发现了在这样一些历史资料里面贯穿着概念,贯穿着趋向于概念的活动。而原教旨主义的这种历史主义的解释之所以对历史这样津津乐道,恰好背后是有一种趋向于概念的本能在起作用,所谓本能就是他没有自觉到,但是他有一种概念的本能,他为什么要去探讨上帝、绝对精神的历史归因,有一种概念的本能在后面推动着他。"但是这种归因把作为初次出现的**直接定在**之**起源**和**概念**的**单纯性**混为一谈了",他们的问题在这里,就是这种归因把两件事混淆了,就是把作为初次出现的直接定在之起源混同于概念的单纯性了,把起源和概念混淆了。起源不等于概念,起源就是初次出现的直接定在,上帝初次出现,比如说耶稣基督诞生了,直接定在了,那么你把他等同于概念的直接单纯性,你以为这就是基督教概念的单纯性,我们要把握上帝的概念,就要从基督诞生在哪里、哪个家庭、有谁说了一些什么话这方面来猜测,那就是一种混淆。表象的这样一种定在跟概念的单纯性还不是一回事情,你要找到概念的单纯性,光凭这种概念的本能还是不行的,你要花心思,你要动用你的思维能力,要进行一种概念的思维,要从里面看出它的启示。所以你要把这样一些表象的东西当作只是一种象征，当作是启示概念的一种外在的直观的形式，通过这种方式，通过耶稣基督诞生，通过道成肉身、钉上十字架然后复活等等这样一些历史的事件，从里面启示出的其实是一种绝对精神的概念。按照这种概念，后来的所有历史都不是白费的，都是概念的必然延伸。但这个不是说你凭直观一看就知道的，不是凭你的历史的考证，凭你搜集到很多资料，你就可以把它显示出来的。资料还是资料，如果没有人去用自己的主体性把握它，从里面提炼出概念来，那还仅仅是资料而已，那还不是概念的单纯性。概念是单纯的，而资料是五花八门的、复杂的、偶然的，有些资料也可能就永远失去了，剩下来的资料也许不是重要的，不管怎么样，现有的资料只是对单纯概念的一种启示。你找到这些资料，不是为了这些资料，而是为了把它们纳入到自己的概念中来，因为你的概念思维跟上帝是相通的，或者说，只有你的概念思维才是跟上帝相通的，那些外在的资料都不是。外在的资料是一种外在的形式，你可以用你的概念思维去打通它，把这种外在的形式当作一个中介，当作你思维的一个材料、一种资料。当然，你的概念思维如果没有资料也不行，如果没有福音书和"使徒行传"，如果没有这些人的传说，没有这些话语，你也激发不起来，那是空的。你的精神跟上帝的精神怎么能够相通，直接相通那是做不到的，必须要有中介，这个中介就是《圣经》和教会，就是教会史，就是基督教的发生史、起源和历史，从这里头你可以当作一个中介，可以理解到上帝本身自在自为地是什么。

因此，通过使精神生命的这种贫乏化，通过清除掉团契的表象以及团契对自己表象所采取的行为，所生发出来的不是概念，而只是单纯的外在性和个别性，是直接现象的历史方式和对一个个别的意谓中的形态及其过往性的无精神的回忆而已。

"因此，通过使精神生命的这种贫乏化"，你要进行历史的考证，那你先要把精神的生命贫乏化，要撇开自己的思维，不要凭自己的主观思考，不要贯注你的精神生命，而要原原本本地考察这样一些历史资料。考察历史资料是很冷静的一件工作了，容不得任何激情。但是当你把这些东西都撇开以后呢，精神的生命就被贫乏化了，就成了钻故纸堆的老学究干的事情，那就不是一个信徒了，一个无神论者也可以做这个工作，一个没有宗教信仰的人也可以做这个工作，就是考证。"通过清除掉团契的表象以及团契对自己表象所采取的行为"，清除团契的表象，团契也是历史形成的，那么我们就考察团契的历史是怎么形成起来的，它最初是不完善的，后来发展出各种互动方式，至于团契的那种表象呢，你就可以把它清除掉。它今天已经形成了它的表象，已经有它的解释，那么这些东西你都可以把它清除掉，你要把它归因嘛，你要追根溯源到这最初的原教旨的形态嘛，那它后来的这些发展呢，你都可以把它去掉，你都可以说这是对原教旨的偏离。再就是清除掉团契对自己表象所采取的行为，包括基督教教会历次经历的改革，为了改变观念和形态所采取的行动，比如说要不要圣像啊，就争论了很多年，有过好多次捣毁圣像运动，认为圣像是偶像崇拜，圣像就是团契的表象嘛。但是后来教会又说圣像虽然是偶像，但是作为一种入门，作为一种权宜之计，还是必不可少的，只要你不要把它当偶像看。基督教的教堂里面是有偶像的，耶稣基督被钉在十字架上，那个是每个教堂里面都有的偶像，犹太教堂和伊斯兰教的清真寺里面就没有任何偶像，只有几何图案和花纹，所以犹太教和伊斯兰教倒是清除了偶像。而基督教则对偶像作了自己的解释：你不要把它当偶像来崇拜就是了，而要由神父来对它作出解释，告诉信徒这只是把你们引进门的方法。一个小孩子没有抽象思维，他离开了偶像就不知道怎么样去思考上帝了，这影响他的信仰；还有那些没有文化的人，他不识字，他就只看图像了，看图识上帝。所以图像也是必要的，但是你不能停留在那个水平，必须要由神父去提高他们的信仰。最后教会中达成了妥协，有偶像但不唯偶像。这就是教会对它的各种表象所采取的行为。当然不光是圣像的问题了，还有很多其他的问题，像十字军对待异教徒，对待异端，等等，所采取的种种行为。原教旨主义把这些问题都撇开，只说我们看最初的那些基督徒是多么的朴素,没有什么红衣主教啊、教皇啊、大主教啊这些等级,也没有那些问题,就是几个人披着几块麻布袋在地窖里面就开始祈祷,点个蜡烛就行了,我们追根溯源,我们要把所有这些表象都清除。但是通过这种方式能产生出什么来呢?"所生发出来的不是概念",原教旨主义的这样一种贫乏化,它所产生出来的并不是概念,"而只是单纯的外在性和个别性,是直接现象的历史方式和对一个个别的意谓中的形态及其过往性的无精神的回忆而已"。一方面还只是外在性,并且要求对这个外在性加以简化,单纯的外在性,不要搞得那么复杂。再就是个别性,我不管别人怎么说、怎么看,我就是这样看的,我说什么就是什么。所以这一方面是诉诸直接现象的历史方式,追根溯源,对整个基督教的教会史持一种历史批判的眼光,把它还原为它最初的起点;另一方面是对一个个别意谓中的形态及其过往性的无精神的回忆,个别意谓中的形态,就是我个人所意谓的上帝,不需要表现出来。你把所有的那些基督教的外在的仪式啊、教会的那些表象形式啊,你都把它们清除掉以后,那上帝就是只可意会、不可言传的了,看不见、摸不着,只是你意谓中的了,那上帝到底体现在什么地方呢?你说你心最诚,你和上帝贴得最近,你要别人相信你,相信什么?教会人士就可以指着那个十字架、指着那个圣像说,你相信他,但是如果你把这些东西都去掉以后,那些老百姓你要他信,信什么?你连个菩萨都没有,连个神像都没有,你要我相信,相信什么呢?所以那只是一种意谓中的形态,上帝只是成了一种个人意谓中的形态:我心中有一个上帝,但不可言说,他是无形无象的。那谁知道你有没有,你自己可能都不知道,如果真是无形无象的话,那只是你的意谓,所谓意谓就是只可意会、不可言传的。那就不过是对一个个别意谓中的形态及其过往性的无精神的回忆而已,这样一个形态以及它的过往性,也就是在你的美好回忆中的过去的主观想象而已。想象最初我们就是这样的,最初基督教会既没有圣像,也没有教堂,也没有组织,我们就在随便一个地方,旷野里啊,地下室哪,甚至于餐桌边啊,我们就可以举行一场仪式，这个仪式也无非就是每个人祈祷，没有任何外在的东西。这就是过去，我们每个人心中意会就够了，意会上帝在我心中就够了，我们不要任何外在的形式，过去就是这样。那么现在我们要回复到最初的那个原型，但这种回忆其实是无精神的，你觉得自己很有精神，我把所有的外在的东西都去掉了，那剩下的不就是精神吗？但是黑格尔认为这恰好是无精神的回忆，你们把所有外在东西都去掉了，正说明你们盯着的恰好只是外在的东西，而且如果真的没有任何外在的东西，那内在东西也就被清除掉了。这是黑格尔的一个观点，所谓精神，所谓精神性的东西，它一定要有外在的东西，只不过这个外在的东西呢要经过反思以后变成内在的东西，回到内在的东西，但是你不能说不要外在的东西。你不要外在的东西，那谁知道你信什么、你信还是不信，口说无凭，这个都是没有根据的，是空洞抽象的。你只有让它下降到具体的形式、现实的定在，然后再从这个现实定在上面返回到内心意谓，那这个意谓就不是意谓了，它就不是只可意会、不可言传的，而是可以言传的，甚至于具有了普遍性，因为你有了外在的形式，那么也就有了精神。而如果你把外在的东西去掉，只在内心里面回忆，那它就是没有精神的回忆。这是对基督教的一种思考，基督教从它的起源开始，有前基督教的形成史，也有基督教本身的起源、生长、发展这样一部历史，我们从这样一部历史里面呢，应该从史料中考察里面所蕴含的概念发展的脉络和层次，而不是停留于那些史料上，揪住那些事实不放，或者退回到某种历史环境中去。所以，下面这个罗马数字的第二个标题整个就是对基督教历史的一种概念化的考察，我们从历史里面要考察出它所蕴含的一种概念。同时我们又要知道，虽然蕴含着概念，但它的这个历史的形式呢是有缺陷的，正因此它才从一种历史形态走向另一种历史形态啊。是概念的需要在后面推动着这个历史进程，使它不断克服自己的缺陷，所以真正要把握概念，我们就要依次扬弃掉这些表象、这些历史形式的表象，让概念越来越清晰地呈现出来。当然，如果那样的话呢，就会超出宗教的范畴，进入到绝对认知去了。

[Ⅲ. 绝对宗教的概念的发展] 前面都是讲历史所形成的概念，圣父、圣子、圣灵，"三位一体"，都讲到了，但是，是从历史上讲的，就是讲上帝创世，然后上帝本身化身为人，道成肉身，然后在团契里面呢彰显了他的圣灵，团契形成了，这都是从历史的角度来考察的，但是，主要是从里面考察出概念。所以前面第一个标题讲天启宗教的历史形成过程；第二个标题讲绝对宗教的单纯内容，就是对基督教历史的一种概念化考察；那么现在第三个标题呢，就是绝对宗教的概念的发展，这个立场就不同了，就是从概念本身的运动来考察基督教的教义它的内在结构，当然也涉及到历史，但是这个时候历史是作为一种佐证、一种拿来就用的资料，而不是线索。所以这里的线索就是基督教的概念的发展，现在我们是从纯概念来考察基督教的"三位一体"，圣父、圣子、圣灵，以及它里面的概念的内容。

精神首先在**纯粹实体**的形式中是自己的意识的内容，或者说，精神是自己的纯粹意识的内容。

"精神首先在**纯粹实体**的形式中是自己的意识的内容"，我们刚才那一段讲了精神的内容、绝对宗教的内容，一开始就讲到"这个内容必须按照像它存在于它的意识里那样的方式来考察"，必须那样来考察，但是还没有考察，直到这里才开始考察，就是考察它在意识中的内容。这个内容是一个什么内容呢？首先我们看到的是在纯粹实体的形式中那样的内容，"纯粹实体"打了着重号。纯粹实体就是上帝，就是圣父，圣父的形式就是纯粹实体的形式，圣父、圣子、圣灵嘛，要讲纯粹实体，那首先就是圣父。精神在意识中我们考察它的内容，我们先把它的历史上的东西撇开，你讲精神，你讲上帝，我们对上帝有个意识，那么这个意识的内容是什么呢？就是纯粹实体。斯宾诺莎就讲到了，神就是实体，这个实体是纯粹实体，没有任何其他东西掺杂进来，这就是我们对上帝的意识最初的内容。当然在历史上它有许多其他的内容，对上帝的理解，对上帝的解释，《旧约》里面有它的解释，后来《新约》里面又有它的解释，但是这里强调的是在意识中的内容，不是历史上的内容。那就是纯粹实体，斯宾诺莎就是在意识的内容上对上帝进行了考察，把他规定为纯粹实体。"或者说，精神是自己的纯粹意识的内容"，或者这样来说也可以，精神，也就是上帝，是自己的纯粹意识的内容，就是这个意识你把那些不纯粹的东西撇开，那它就是纯粹意识，这个纯粹意识的内容是什么呢？我们前面讲到所谓的意识就是对象意识，意识就把自己和对象分开，那么意识和意识的对象分开，这就有了意识了，那么这个意识的对象在纯粹的意识的眼光之下呢，它就是纯粹实体，或者说是纯粹对象，纯粹对象就是纯粹实体，也就是精神。凡是非精神的对象，如物质对象，都是不纯粹的，意识的纯粹对象只能是精神。所以他这里讲"或者说"，这两句话是同一个意思，精神是自己的纯粹意识的内容，如果你把意识理解为纯粹意识的话，那么这个纯粹意识的内容或者纯粹意识的对象就是精神。这是"首先"。

　　思维的这个元素是下降到定在或个别性的运动。在这两者之间的中项就是它们的综合的联结，是对于成为他者的意识或者表象活动本身。

　　"思维的这个元素"，这个元素就是前面讲的纯粹意识的内容了，就是纯粹意识中的纯粹实体，或者精神这样一个元素。这样一个元素"是下降到定在或个别性的运动"，纯粹实体也好，纯粹意识也好，它们都不是僵硬地摆在那里的一个东西，而是一个运动过程，这跟斯宾诺莎理解的实体就不一样了。斯宾诺莎理解的实体是没有运动的，是绝对永恒地静止在那里的，但是黑格尔理解的纯粹实体呢，它是一个运动过程，只有在运动中它才是纯粹实体。什么运动呢？是下降到定在或个别性的运动。它一运动就下降到定在了，只要它运动，它就已经不纯粹了，它就有了内容了。所以，思维的这个元素是下降到定在或个别性的运动，从普遍性下降到定在，它就会成为个别性，有定在就会有个别性。这句话跟前面讲的"首先"就不一样了，首先我们只要确定它的内容就是纯粹实体，是这样一种形式就够了，在纯粹实体的形式中的内容，内容是意识的内容，形式是纯粹实体，首先我们确定这一点就够了。然后呢，这样一个元素我们又可以看出来，它是下降到定在和个别性的运动，它注定要不纯粹起来，这是第二点。前面讲首先，这里贺先生加了一个"其次"，是这个意思，其次就是这一点，就是思维的这个元素是下降到定在或个别性的运动。这就有两个东西了，一个是纯粹实体，或者是纯粹意识的内容，第二个呢就是定在和个别性，它要下降到定在和个别性。斯宾诺莎的实体其实也在下降，他除了实体以外，还有属性，还有样式，逐级下降，斯宾诺莎的样式就是定在和个别性。但斯宾诺莎不认为这是一个运动，它只是摆在那里的三个层次，用几何学的方式、以一种公理、一种定理的方式摆在那里，其实只有一个东西，就是实体。黑格尔则认为，定在和个别性是由于实体的运动所导致的，纯粹实体、绝对实体它的运动就形成了定在或者是个别性。所以这里有两个东西，一个是高高在上的纯粹实体、普遍性，一个是定在、个别性。"在这两者之间的中项"，两者之间，一个是纯粹实体，一个是个别性或者定在，这就是两者，我们刚才讲了，已经有两个东西了。那么这个中间的中项呢，"就是它们的综合的联结"，综合的联结，我们前面已经讲到，这个术语是从康德那里来的，康德《纯粹理性批判》第15节就讲到"一切联结的可能性"，也就是一切综合的可能性，你要把两个东西联结起来，形成一个判断，那么何以可能呢？就要看这个联结何以可能，这里是沿用了康德的这样一种表象思维，好像有两个东西在那里，然后呢，我用一个纽带把它们捆绑起来、联结起来。那么，一个是高高在上的普遍实体、上帝，一个是个别性，用什么东西作为它们的中项呢？就是它们的综合的联结，就是这样一种表象活动。"是对于成为他者的意识或者表象活动本身"，这种表象活动就是它们的中项。表象活动就是"对于成为他者的意识"，也就是对于成为对象的意识，这种综合的联结对于成为他者、成为对象有一种意识。成为他者的意识，在宗教意识中也就是道成肉身了，绝对实体要成为他者，什么是他者？他者就是个别的东西、定在，绝对实体是普遍的东西啊，而定在、个别的东西呢是他者，它已经不是绝对实体，而是个别的人，人之子。斯宾诺莎的样式也已经不是绝对实体，对于绝对实体来说它是一个他者，这个实体要成为样式，要成为不是自己的东西，也就是上帝要化身为人。人当然不是上帝，人对于上帝来说是他者，但是这个他者呢，又是上帝化身而成的，上帝道成肉身。上帝怎么会是肉身呢？上帝肯定没有肉身了，他是纯精神嘛，纯粹实体嘛，但是他可以成为他者。而对于这一点的意识就是中项，它是表象活动本身，是一种综合的联结。"表象活动"这里用的 Vorstellen，用的动词，直译为"放置在前面"，这种前置的动作本身就是综合的联结，是放置的主体和被放置的客体的联结，也是主体使自己成为客体、成为他者的意识。所以这样一种表象活动就是两者之间的中项，上帝要下降到个别性，他必须要通过一种表象活动，通过一种综合的联结，必须要使自己成为他者，当然这是对于天启宗教而言的。上帝要成为个别性，在这两者之间要有个纽带，要有个综合的联结，这对于天启宗教是必不可少的。但是正如前面讲的，这恰好是天启宗教的缺点，是它的不足之处，就是它只能通过这样一种外在的联结、一种综合的联结、一种表象的方式，才能做到把普遍的东西和个别的东西统一起来，还没达到概念思维。如果达到概念思维，那这些东西都不用，因为概念本身就是能动的。你如果把上帝看作是纯概念，真正把他当概念，那么概念本身就是主体，就是能动性，它自己就把自己表达为一种个别性的运动了。但在宗教里面呢，因为还没有达到概念，所以它只能通过表象把两个不同的东西联结起来，这个联结是通过一种活动、通过一种运动，但这个运动不是概念的运动，而是表象的运动，它表述为道成肉身，表述为上帝化身为人，表述为基督的诞生，有种种表象。通过这样一种方式，作为中项，把上帝和个别的东西联系起来。

第三，则是从表象和他在返回，或自我意识自身这个元素。——这三个环节构成精神；精神在表象中的分离就在于，它以一个**特定的**方式存在，但这种规定性不是别的，只是它的各环节之一的规定性。

"第三"，前面已经讲了两个了，一个是首先，一个是其次，虽然没有明确标明"其次"；这个是第三，"则是从表象和他在返回，或自我意识自身这个元素"。前面有两个元素，一个是纯粹实体的形式，一个是个别性，两者之间有一个表象活动把它们联结起来；那么联结了以后呢，还有第三个元素，就是一个返回的元素。前面两个元素的关系是下降的关系，而第三个的元素呢是上升的，是返回。本来从上帝、从纯粹实体下降，道成肉身，上帝化身为人，这是一个下降的过程，然后第三个环节呢，就是从表象和他在的返回，从对象意识返回到上帝的自我意识。表象和他在都是指的耶稣基督了，耶稣基督是上帝的他在，现在要从上帝的这个他在返回到上帝本身，那就是自我意识了。上帝在耶稣基督身上达到了他的自我意识，耶稣基督返回到了上帝，和上帝合为一体，那么这个时候呢，上帝就达到了自我意识。不仅仅是意识，如果仅仅是意识，那他跟他的对象是分离的，上帝跟耶稣基督还是分离的，上帝就还只有对象意识而没有自我意识；但是上帝在耶稣基督身上达到了自我意识。这是第三个环节，第三个环节就是圣灵的环节，耶稣基督死了以后他又复活了，他的灵魂回到了上帝身边，这就是圣灵。这里从绝对宗教、从天启宗教的概念里面分析出它的三个环节，这三个环节是逻辑环节，它不是历史。当然你可以把它理解为历史，但它本身是一种逻辑关系，是一种概念的关系，我们从概念关系来分析它，我们可以得出来这三个环节：圣父、圣子和圣灵。"这三个环节构成精神"，精神就是由这三个环节构成的，它呈现为一个辩证的结构。"精神在表象中的分离就在于，它以一个**特定的**方式存在，但这种规定性不是别的，只是它的各环节之一的规定性"，精神我们要考察它的意识的内容，是什么内容呢？就是这三个环节，基督教的表象我们把它表述为圣父、圣子和圣灵这三个环节，这种表象导致了这三个环节的分离。而这种分离实际上就是精神每次都以特定的方式存在，每次都采取一种特别的规定，但各自都是精神的各环节之一的规定性。这就把在表象中分离的三个环节以概念的方式贯穿起来了，圣父、圣子、圣灵在概念上它是三位一体，是没有区别的，圣父就是圣子，就是圣灵，是同一个精神的不同规定性，它们本质上是没有区别的。但在表象中却是有区别的，我们把它们区分得十分清楚，一个是父，一个是子，一个是灵，在每一个环节里面它都以一个特定的方式存在，比如说在上帝那里它就有它特定的存在，它是父，在表象上我们把上帝画成一个白胡子老头，耶稣基督他是子，在表象中我们把他画成一个年轻人，圣灵我们把他画成一只鸽子，所以每一个环节它都是以一个特定的方式存在。"特定的方式"也可以翻译成"被规定的方式"，但这种规定性不是别的，只是它的各环节之一的规定性。从表象的眼光来看"三位一体"是没办法理解的，圣父、圣子和圣灵怎么会是同一个人格、同一个位格？但从概念的眼光看这是同一个精神的三个环节，处于正、反、合的概念运动中。

因此，它的运动的详情就是在它的每一个环节中、亦即每一个元素中将自己的本性扩展开来的运动；由于这些圆圈中的每一个都是自成起结的，则它的这种自身反思同时又是向另一个圆圈的过渡。

"因此，它的运动的详情就是在它的每一个环节中、亦即每一个元素中将自己的本性扩展开来的运动"，它的运动的详情，就是这个精神在运动中的详细的情况是怎么样的呢？我们笼而统之地可以讲精神在运动，但是它的详情是怎么样的呢？就是在它的每一个环节中将这个环节的本性扩展开来的运动，每一个环节都代表精神的一种元素，它要将自己的本性尽可能地扩展开来，在圣父中，在圣子中，在圣灵中，都把它们各自的本性扩展开来。这就是精神的详情、绝对精神运动的详情，我们要仔细推敲和追究的话，它的每一个环节、每一个元素的运动都是精神本性的一种扩展。我们现在要考察每一个元素中、每一环节中这个精神的本性是如何扩展开来的，那么每一个环节呢，它本身又构成了一个圆圈，这三个环节本来构成一个大圆圈，但每一个环节本身详细说来，它也构成一个小圆圈。"由于这些圆圈中的每一个都是自成起结的"，这些圆圈中的每一个都是首尾相接的，每一个都有三个环节，每一个环节里面又有三个小的环节，都是正、反、合，从起点展开，然后在终点又回到起点，这就叫作自成起结。"则它的这种自身反思同时又是向另一个圆圈的过渡"，这就是黑格尔著名的螺旋式上升、大圆圈套小圆圈这样一种辩证法、这样一种思维方式。每一个环节都可以看作是三段，正—反—合，正—反—合完了以后向另外一个更高的圆圈过渡，合题成为下一个圆圈的正题，又形成一个正—反—合，环环相扣。我们详细来考察的话呢，我们就可以从里面看出这样一种大圆圈套小圆圈的关系。下面直到天启宗教结束，都是在对精神的各个环节和圆圈作这样一种更加详细的考察，这里则是预先的导言。

表象构成纯粹思维和自我意识本身之间的中项，并且它只是诸规定性中的**一个**；但同时如已经指出的那样，表象的这种作为综合联结的特性扩展到了所有这些元素之上，并且是它们的共同的规定性。

"**表象**构成纯粹思维和自我意识本身之间的中项"，"表象"打了着重号，它构成了纯粹思维和自我意识本身两者的中项，纯粹思维是起点，自我意识是终点，这刚才已经讲了，自我意识这个元素是第三环节。纯粹思维也就是纯粹实体，它是第一个环节，抽象的圣父，还没有形成表象；那么经过表象、表象活动这个中项，通过这样一种综合的联结的活动，它所形成的对象、圣子就是一个中项，使得圣父借此能够认识自身，达到自我意识。表象不仅形成了精神的中项，"并且它只是诸规定性中的**一个**"，表象只是诸规定性中的一个，这个表象主要是中项、主要是第二环节的一种规定性，第二环节就是圣子。当然，圣父、圣子、圣灵都有表象，但是表象主要是圣子的规定性，圣父在没有圣子之前是没有表象的，我们有一个纯粹的思维，我们想到了一个上帝，但是他无形无象，他没有表象。但是上帝化身为人，他就有表象了，我们把他称为圣子，那自然就想到有一个圣父了，子难道没有父吗？有子必有父，那么我们就想象出上帝他是一个白胡子老头。所以这个表象它只是诸规定性中的一个。"但同时如已经指出的那样，表象的这种作为综合联结的特性扩展到了所有这些元素之上，并且是它们的共同的规定性"，表象作为综合联结的特点，就是综合，把不同的东西综合起来、联结起来这样一个特点，表象这种特点当然层次不够高，但是，它起作用，它至少可以把圣父、圣子、圣灵三者联结起来，因此，它的特性也扩展到了所有这些元素之上。比如说上帝被画成了一个白胡子老头，那么圣灵本来更加是一个看不见、摸不着的东西，也被画为一只鸽子，来表现圣灵，它们现在都成了本身有中介的了。这都是由于中间的这个环节，也就是耶稣基督、圣子这样一个环节，它本身具有表象性，那么就把这种表象呢扩展到了其他的那些元素、那些环节上面，并且是它们的共同的规定性。因此我们说天启宗教仍然还停留在表象的阶段，它整个都是在表象的阶段，这是天启宗教的不足，它还没有达到最高阶段。它所停留的表象的这个阶段，就是总是通过一种综合把两个或者几个不同的独立的表象联结起来，说它们是不可分的。我知道它们是不可分的，圣父、圣子、圣灵这三个东西是不可分的，但是这三者如何能够一体？我就无法解释了。表象没办法使它们一体，所以它永远是基督教里面争论的一个话题，一直到今天，三位究竟如何能够一体，你要一个神父来解释，他也解释不通。只有哲学家可以解释得通，黑格尔认为，这个是一个哲学问题，不是一个神学问题。在哲学家看起来，这没有什么神秘的，很简单，就是概念的辩证法，圆圈中的圆圈，正—反—合，概念自身的进展，就这么回事。在表象的思维方式里面，辩证法就是神秘的，但是你如果有了辩证思维的话，一点都不神秘。但宗教呢，由于它停留在表象思维，所以这对于它永远是神秘的，宗教里面"三位一体"是神秘的，童贞女受孕是神秘的，耶稣基督死而复活是神秘的，这都是没办法解释的。为什么没办法解释，因为它们停留在表象思维，如果上升到哲学思维，上升到概念思维，这些都可以解释，都没什么神秘的。这一段一开始就展开来谈绝对宗教的概念的发展，它的概念首先体现为三个环节,我们要来考察的是这三个环节,但这三个环节有个共同的特点:都是表象思维,这里也点出来了。休息一下。

我们看下面一段。下面一段跟刚才这一段都是概念发展这一节的一个序言,都是总体的一个导论,然后下面分三个小标题,分别推演圣父、圣子、圣灵三个概念。在这些分析中黑格尔已经站在概念的层次上面了,所以他分析得很清楚,但是这些分析并不完全符合基督教本身的说法,而是黑格尔对它的各种学说的剖解,黑格尔对宗教的那些概念的哲学的剖解、一种哲学的解密。他就是说明这样一些表象的环节从哲学上来看实际上是什么。

必须加以考察的那个内容自身已经部分地作为**不幸**意识和**信仰**意识的表象而出现过了;——但是在不幸的意识里,它是通过对那从**意识里****产生出来**并**被渴望着的**内容加以规定而出现的,在这种内容里精神既得不到满足也找不到安宁,因为精神还不是**自在**存在,或者说精神作为自己的**实体**还不是它的内容; [242]

我们先看这半句。"必须加以考察的那个内容自身",现在通过上一段,我们强调精神要从它的意识的内容来对它加以考察,已经提出这个任务了。精神的意识的内容首先是纯粹实体,其次呢是个别性和定在,再有呢就是自我意识,从个别性和定在返回到纯粹实体,那就是自我意识了。也就是说精神有三个这样的内容,这三个内容都是要加以考察的,前面已经提出了这个任务。这个内容自身"已经部分地作为**不幸**意识和**信仰**意识的表象而出现过了",就是讲这个内容自身前面已经出现过了,在哪里出现过了呢?我们回顾一下,已经在前面作为不幸的意识和信仰意识的表象而出现过了。在不幸的意识和信仰的意识的表象中已经出现过了这三个环节的内容,但是有所不同,只是部分地出现了。"但是在不幸的意识里,它是通过对那从**意识里产生出来**并**被渴望着的**内容加

173

以规定而出现的"，这就是区别了。在不幸的意识里面，纯粹实体和定在和自我意识这样一个绝对宗教的内容，是通过对那从意识里产生出来并被渴望着的内容进行规定而出现的，换言之，就是在不幸的意识里面，宗教的内容是作为主观的内容而产生出来、而被规定的。你看它从意识里产生出来，并且被渴望着，也就是说在意识内部，不幸的意识其实渴望着宗教的内容。为什么有不幸？我们前面多次提到了，因为世界的虚无性、现实世界、客观世界的虚无性，使得西方人感觉到不幸；那么感觉到不幸反过来证明了什么呢？证明他们要追求宗教的内容，但是又追求不到。不幸的意识恰好是追求宗教的内容这样一个意向受到挫折的时候，在他们的主观观念中的一种反映。我们前面对比了一下中国人，中国人为什么当他们感觉四大皆空的时候没有不幸的意识，只有幸福的意识，只有解脱的意识？中国人感到四大皆空的时候就解脱了，就不用负责了，什么东西都无所谓了，都可以看淡了，都可以"淡定"了，就是因为我们缺乏这样一种渴望，缺乏对宗教的渴望、对绝对实体的渴望。我们没有这样一种渴望，所以一旦没有什么了，那就没有什么了，我们就觉得舒坦了，没有什么放不下的东西了，一切都"放下"了。这就是我们所追求的境界，中国人追求的是这种境界，放下烦恼，佛教追求这样一种境界。所以佛教跟基督教相比呢，基督教会认为佛教是没有宗教意识的，甚至是无神论的。所以他这里强调的是对从意识里产生出来并被渴望着的内容加以规定，在主观中进行规定，就出现了不幸的意识，主观上渴望而不得，所以才不幸。如果你没有渴望，那就没有不幸，你根本、压根就没有渴望嘛，所以也就无所谓追求，也就无所谓追求而不得。但是正因为他们有渴望，所以就有追求而不得，就有世界的虚无感，这个世界怎么这样没有意义，所以才有不幸的意识。"在这种内容里精神既得不到满足也找不到安宁"，这是一种主观的内容，它是不能够客观化的，不能够实现出来的，所以精神既得不到满足也找不到安宁，永远渴求而不得，那就不幸了。"因为精神还不是**自在**存在"，精神还不是自在存在，因为它只是你的主观的一种意念、一种渴望，它是从你的主观意识里产生出来的，但是，它还没有自在存在。它从你的意识里产生出来，这已经说明了它是意识的内容，所以我们讲精神的意识内容在不幸的意识里面已经出现过了，已经部分地作为不幸的意识表象出来了，所谓部分地出现过了就是说它已经是在意识里面的内容了，但是，它还不是自在存在，这个内容还是主观的。"或者说精神作为自己的**实体**还不是它的内容"，"实体"打了着重号，我主观上要追求的一个内容它还没有成为一种实体，它还只是我的一种意向，还不具有实体的内容。这是一个方面，在不幸的意识方面呢，它已经出现了，不幸的意识已经看到世界是虚无的，但是又不甘心放弃，它还是要追求一个意识的内容、精神的内容，追求而不得，于是就感到不幸。所以这只是一种虚无主义引起的反弹，这是不幸的意识。

——反之，在信仰意识里，精神是被看作世界的无自我的**本质**，或者被看作表象活动的本质上是**对象性的**内容，——这种表象活动是逃离一般现实性的，因而是没有**自我意识的确定性**的，这种确定性一方面作为认知的虚浮、一方面作为纯粹的明见而与这种内容相分离。

"反之"，就是这两个是相反的，一个是不幸的意识，不幸的意识呢体现为虚无主义，不幸嘛，为世界的虚无而感到不幸，当然这背后隐藏着一种对信仰的渴望，但是渴望而不得，所以不幸的意识呢可以看作是虚无主义，不幸是由虚无主义引起来的。那么反之，"在信仰意识里"，信仰意识就是信仰主义，信仰主义跟虚无主义是相反的。我有一个信仰，那么在信仰意识里，"精神是被看作世界的无自我的**本质**"，"本质"打了着重号。精神已经不再是从意识里面被渴望的一种主观的目的了，而是被看作世界的无自我的本质，是这个世界不以我为转移的一种客观本质。它是不以我为转移的，信仰意识嘛，上帝高高在上，在我之前，在我之上，他是不以我的意识为转移的一种本质。"或者被看作表象活动的本质上是**对象性的**内容"，"对象性的"也打了着重号，也就是一种客观的内容了。但是这个客观的内容呢，它还不是概念的，而是表象活动的内容，这表象活动的内容本质上是对象性的内容。信仰在意识里面把上帝看作一个对象，但是，是在表象的形式之下来看待的。"这种表象活动是逃离一般现实性的"，信仰意识的表象它是逃离现实性的，现实性当然也还是虚无的，它知道，但是，它不看现实性，它一心向上帝，对现实的罪恶这些东西它知道，但是它并没有丧失信心，只要心中有信仰，它就不在乎这些，所以它是逃离现实性的。"因而是没有**自我意识的确定性**的"，你逃离现实性，那你就没有了自我意识的确定性，也就是说现实性是自我意识的确定性的必要的条件。你如果逃离现实性，你眼光转向彼岸，转向上帝，不看现实，那么你在什么上面达到自我意识的确定性呢？你的那种信仰就仅仅停留在你的主观中，连你自己究竟信不信，信到何种程度，你都无法确定。我们前面讲了，基督教新教已经把这种自信摧毁了，它不像天主教，天主教还比较自信，但新教没有这个自信，就是说，我有信仰还是没有信仰，这个东西我是拿不准的。在以往人们觉得自己的信仰这是很确定的事情，我信就信，不信就不信，我说我信，我就信了；但新教认为，我说我信，那我还不一定信，所以我得祈祷，祈祷上帝赐给我信仰。虽然他已经是决定要信仰了，已经受洗了，皈依基督了，而且他力图每天都在坚定自己的信仰，但是他还是把不准究竟自己是否真的信。信仰主义是这样的，一旦它撇开现实，那么它就无法找到自己信仰的确定性的证据。所以新教伦理和资本主义精神是有关系的，资本主义精神就是在现实中找到自己的确定性，用现实中的业绩、自己的天职，用从事实业，在现实中创办一个企业，来证明自己的自我意识的确定性。黑格尔当然也是新教徒了，也是路德教徒，他认为如果要逃避这个现实性，那种一心向上帝的信仰主义是没有现实性的。前面已经多次批判了这种信仰主义，主要是中世纪的信仰主义，逃避现实的信仰主义，黑格尔是以新教精神来批判中世纪的信仰主义，就是说你不能够撇开现实性，你撇开现实性就找不到自己自我意识的确定性了。那么，这种自我意识的确定性在信仰主义里面没有，但是不是在别的地方也没有呢？也不是的，它恰好被挤到别的地方去了。"这种确定性一方面作为认知的虚浮、一方面作为纯粹的明见而与这种内容相分离",自我意识的确定性在信仰主义里面没有,但在别的地方有,它一方面作为认知的虚浮。认知的虚浮我们前面已经讲到了,像第69页讲到"分裂意识的虚浮性",黑格尔举的例子是《拉摩的侄儿》,里面所体现的就是这样一种自我意识的虚浮。这种虚浮是认知的虚浮,拉摩的侄儿是非常具有认知能力的,但是他在现实上面看到的一切都是浮云,所以他表现得那样肆无忌惮。拉摩的侄儿是很有意思的一个现象。但是,这种认知的虚浮里面已经有自我意识的确定性了,拉摩的侄儿他颠三倒四,但是他自己是很确定的,很具有自我意识的确定性的,他知道自己在干什么。这正是因为他不是出世的,而是入世的,对一切都看不惯,耿耿于怀,他由此而建立起自我意识的确定性。自我确定性另一方面也是作为纯粹的明见,明见就是进入到启蒙思想了,信仰和启蒙的对立就是信仰和明见的对立。所以自我意识的确定性不是建立在信仰主义中,而是一方面作为像拉摩的侄儿的那样一种无厘头的虚浮,这是消极方面;另一方面作为一种启蒙思想,这是积极方面,这两方面都具有自我意识的确定性,但是都与信仰主义无关,而且是与信仰主义对立的。拉摩的侄儿就是对信仰的一种冷嘲热讽,就是一种解构,我们前面讲了,有点像王朔,一切崇高的东西在他面前都不堪一击,信仰主义你碰到王朔那算是糟糕透了;另一方面是纯粹的明见,那就是比较严肃的对于宗教的批判。这两方面都是与这种内容、与信仰的意识相分离的,说得更厉害一点就是相对立的,都是对信仰主义的批判。而信仰主义它本身没有自我意识,所以这也就是启蒙思想能够把信仰主义批倒的关键之点,就是说批评信仰主义没有自我意识,不看现实,不看现实你怎么会有自我意识呢?你就只是一厢情愿了,你自以为自己在相信了。不看现实就没有自我意识的确定性,而在黑格尔看来,新教应该超越这个阶段,应该超越这种单纯信仰主义的阶段,应该把启蒙的原理吸收进来。这就是新教伦理和资本主义精神相结合了,资本主义精神就是要把科学、把工业、把事业、把企业这些东西都综合到宗教意识里面来，这些东西都是你的天职的一种表现啊。你说你信上帝，表现在什么地方？你拿出一个企业来，说这就是我信上帝的证明，我为人类作贡献，我成功了，这就是我信上帝的证明，我在现实性上使我的信仰获得了确证，那我就达到了信仰上的自我意识的确定性。

——与此相反，团契意识以这内容为自己的**实体**，正如这内容就是团契对自己的精神的**确定性**一样。

"与此相反"，这个就把前面都总结了，一个是不幸的意识，一个是信仰的意识，一个是虚无主义，一个是信仰主义，这两者都有自己的片面性，一个缺乏实体性，一个缺乏确定性。虽然它们都已经表达了绝对精神的意识的内容，但却是从两个不同的或者说两个相反的方面来表达的。一个是从主观的方面来表达的，就是不幸的意识，它追求客观内容而不得；一个是从客观的、非人的方面来表达的，那就是信仰意识，它立足于客观本质而无法自我确证。而团契的意识就与此相反，团契的意识就是我们这里现在讲到的了，现在讲的这个宗教的意识已经克服了前两种的片面性。"团契意识以这内容为自己的**实体**"，把这内容作为自己的实体，这个是跟不幸的意识相反的。不幸的意识就是缺乏实体嘛，它的那种追求不到的对象还只是它渴望的对象，只是主观的，没有实体性，它存不存在都不知道，它看不到存在的迹象，看不到光明，所以感到不幸哪。但是团契意识呢，以这内容为自己的实体，团契的意识已经把这样一个宗教的内容当作实体了。它为什么能够当作实体呢？它有个团契啊，有个教会在那里啊，你如果感到不幸的话，你就到教堂里面去忏悔啊，你去听听神父的讲道啊，你就会建立起信心了。你对自己的信仰没有信心，那么你到团契里面，它会给你信心的。所以团契意识以这内容为自己的实体，"正如这内容就是团契对自己的精神的**确定性**一样"，反过来，这个内容呢就是团契对精神的确定性，团契并不逃避现实性，而是在圣父、圣子、圣灵的三位一体上，在道成了肉身这件客观事实上，获得了对这个精神的确定性，获得了对于自己信仰的自我意识，这是和信仰主义相反的。我信上帝有什么作根据？有什么作见证？基督教里面讲见证，那就是团契。什么是团契？团契就是现实版的道成肉身啊！团契是基督的身体，奥体，我们在团契里面获得了上帝的见证。团契里面教友们在一起的时候经常都要谈自己的见证，谈自己的见证实际上是要在教友们那里得到见证，我谈我对上帝的见证，他也谈他的见证，我们互相交流。这就有了确定性了，这样一个内容、这样一个精神的内容就是团契对自己的精神的确定性。这里是两个命题，一个是团契意识以这内容为自己的实体，一个是，这个内容就是团契对自己的精神的确定性，这两方面是相辅相成的，从对象意识和自我意识两个不同的方面证明了两者的统一性。这两者在不幸的意识和信仰的意识那里都是分裂的，它们各执一端，而在团契的意识里面双方达到了统一，所以是对不幸意识和信仰意识双方的片面性的克服。

[1. 在自身中的精神；三位一体] 我们再看下面。这个罗马字的"Ⅲ. 绝对宗教的概念的发展"下面分成阿拉伯数字的三个标题，第一个是"1. 在自身中的精神；三位一体"，第二个是"2. 外化的精神；圣子的王国"，第三个是"3. 在自己的充实状态中的精神；圣灵的王国"，这就很明确地标为圣父、圣子、圣灵了。在自身中的精神就是圣父，就是绝对精神、绝对实体。圣父是三位一体的，我们专门来研究圣父这个概念，因为他的这个标题叫作"绝对宗教的概念的发展"，我们专门研究上帝的概念，上帝的概念呢是"三位一体"的概念。其实"三位一体"已经包含圣父、圣子、圣灵了，但是，我们从上帝本身的这样一个立场来看，这三个都是包含在上帝的概念自身中的，所以它叫作"在自身中的精神"，而且从三位一体来看它。在自身中的精神就是上帝，也就是纯粹实体。那么三位一体其实已经包含在上帝的概念里面，我们通常所理解的"三位一体"就是上帝化身为人，化身为耶稣基督，然后上升到圣灵，然后我们说这三个

东西是三位一体，其实这不准确，上帝概念里面本身就有三位一体。什么是上帝？这里面就有三位一体，或者说，还没有化身为人之前，上帝就有三位一体的概念了。我们来分析的就是这个三位一体的概念，就是上帝的概念。

{410}　　　　精神最初被表象为在**纯粹思维元素**中的实体，因而它就直接是单纯的、自身等同的永恒**本质**，但这本质并没有本质的这种抽象**含义**，而是具有绝对精神的含义。

　　"精神最初被表象为在**纯粹思维元素**中的实体"，"纯粹思维元素"打了着重号。精神当然是纯粹思维，是纯粹思维元素，但是，它最初是被表象为纯粹思维元素中的实体，也就是说，纯粹思维的元素还没有从纯粹思维本身来表达，最初它是按照表象来表达的，上帝最初就是这样被表达的，被表象式地表达为纯粹思维中的实体。但虽然是表象，但是，它的表象的对象已经是纯粹思维元素中的实体，这个就与不幸意识和信仰的意识不同了，它已经不是表象别的东西了，它表象的是一种纯思中的实体。现在呢，在初级阶段还只是用表象来表达这个实体，哪怕那些不思考的人，他也可以崇拜上帝，哪怕那些没有文化的人，他也可以崇拜上帝，因为他有表象啊，他有一个圣像挂在那里。但是这个圣像已经不是偶像崇拜了，圣像代表纯粹思维。我们对上帝崇拜的时候处在这样一个矛盾中，一方面上帝已经是纯粹思维了，但是另一方面呢，我们又只能够通过表象来看他，所以精神最初被表象为在纯粹思维元素中的实体。"因而它就直接是单纯的、自身等同的永恒**本质**"，上帝是直接单纯的、自身等同的永恒本质，一个是单纯的，一个是自身同一的，一个是永恒的本质，这是基督教《圣经》所表达的意思。《旧约》里面讲上帝跟摩西在交谈，摩西说上帝你在哪里，上帝躲在那个荆棘丛里面，荆棘丛进不去，摩西说我看不见你啊，你是谁？上帝就说："I am who I am." 我是我所是。这话等于什么也没说，但是它有意思。在《圣经》里面，有的人把它意译成"我是自有永有的"，由希伯来语音译呢，就叫作"耶和华"。"我是自有永有的"当然不是严格的翻译，是经过了解释的，它就是这里讲到的意思，即精神它直接就是单纯的、自身同一的永恒本质，这实际上就是《圣经》里面的意思。"但这本质并没有本质的这种抽象**含义**"，"含义"打了着重号。"含义"为什么要打了着重号？就是这个本质并没有本质的这种抽象的含义，这个本质是本质，它自有永有，它就是本质了，但是，它并不是一个表象底下的抽象的含义，它本身就是本质，不是本质的含义。它不是抽象的自有永有，而是要在现实的运动变化和发展中展示其自有永有。"而是具有绝对精神的含义"，绝对精神的含义就是一个能动发展的大全，如果你说它只具有本质的含义呢，那本质还有一个现象了，本质和表象就应该是分离的了。但是具有绝对精神的含义，那就无所不包了，它就不只是守住自己的本质，而是要把自己外化出来，把一切非本质的东西都看作自己的外化，并在上面回归到自己的本质，这就超越了现象和它底下的本质含义的划分。

　　不过，精神是这样一种并非含义、并非内在的、而是现实的东西。因此，单纯的、永恒的本质如果老停留在单纯永恒的本质的表象和表达那里，它就只会是按照空洞的字眼来说才是精神。

　　精神，前面讲到，它具有绝对精神的含义，"不过"呢，"精神是这样一种并非含义、并非内在的、而是现实的东西"，也就是说，单说精神的本质具有绝对精神的"含义"还不到位，这还只是从认识论上说的，是一种主观内在的说法；其实从本体论上看，精神本身就是一个客观现实的东西，它不是说隐含在一个什么东西后面有待把握的东西、一种单纯内在的东西。所以精神是这样一种并非含义、并非内在的东西，"内在的"也就是含义的意思，就是包含在内的意思，而是现实的东西。精神应该是一种现实的东西，最初就应该是这样。"因此，单纯的、永恒的本质如果老停留在单纯永恒的本质的表象和表达那里"，停留在它这样一种单纯本质的表象那里，就是我们老是把上帝表达为一个单纯本质的表象，而不去展开它的现实的内容，"它就只会是按照空洞的字眼来说才是精

181

神"。当然这就是表象的局限性了，上帝的自有永有也好，上帝说的话也好，都还只是一些表象，上帝说出来了就是表象，如果固守于表象上，以为这些表象就表达了上帝的含义，那么这只是按照空洞的字眼来说才是精神。上帝在基督教里面最初就是这样理解的，上帝就是他说过的那些话，如"约翰福音"里面讲的，太初有道，道与上帝同在，道就是上帝。这里"道"（Logos，德文 Wort）就是"话"或"言"。这种最初的理解当然无可非议，因为一个宗教在它初创的阶段就是这样的，就是相信某些话，上帝说过的那些话，金玉良言，我们把它记录下来，把它编成一本《圣经》，佛经里面也把佛陀的话称为"如是我闻"。但是如果你只是停留在这个层次上面，这还属于表象的层面，我们把它记录下来了，我们把它加以描述、加以记载，那么也就只是按照空洞的字眼来理解上帝。这个字眼也就是话，也就是词语，Wort，这里译作"字眼"，只是按照这个字眼来说才是精神。这精神还是很表面的，最初的那种精神，通过阅读《圣经》，通过听传道，我们所获得的这样一种精神，如果停留在这个阶段的话，那还是一种空洞的精神。但是上帝这样一种绝对精神呢，他绝不会停留在这样一种空洞的话语上面，他自己会发展的。歌德的《浮士德》里面讲，浮士德在书斋里读《圣经》，读到"约翰福音"里面这句话，提笔便将"太初有道"改为"太初有为"，把 Wort 改成了 Tat，这是对的，上帝会含笑点头的。因为上帝的道恰好就是为，就是行动，或者说是作为创造行动的道，他以言说来进行创造。

但是单纯的本质因为它是抽象，它实际上**自己本身**就是**否定的东西**，就是说，它是思维的否定性，或如同在**本质**中自在地就有的那种否定性；换言之，它是与自己的绝对**区别**，或自己纯粹地成为他者。

这句就转折了，前面的他也没有取消，最初被表象为在纯粹思维中的实体，尽管只是一种表象，我们也只能从这里入手，我们进入到基督教只能从这里入手，我们信上帝首先要通过表象，当然这是不够的。"但是单纯的本质因为它是抽象，它实际上**自己本身**就是**否定的东西**"，单纯的本质按照上面那种理解呢，它只是一个空洞的字眼，因为它只是抽象；但是，正因为它是抽象，它实际上自己本身就是否定的东西，"自己本身"和"否定的东西"都打了着重号。或者说，正因为它是抽象，所以它就自己否定自己，它不能老停留在这样一种表达那里，这都是一种抽象的含义，配不上绝对精神，所以它实际上自己本身就是否定的东西。也就是说这个抽象本身就否定了它自己，它本身就是一种自我否定的东西。抽象是一种自我否定的活动，抽象，什么叫抽象？抽象就是抽掉了一切，单纯的抽象抽掉了一切不单纯的东西，我们把里面那些不单纯的东西抽象掉，使它变得纯粹。所以因为它是抽象，它实际上自己本身就是否定的东西，它本身就在自我否定，它在否定其他的东西的同时也在否定自己的具体内容。笛卡尔讲怀疑一切，怀疑一切本身不可怀疑，这就自我否定了，怀疑一切就是抽象，费尔巴哈专门写了一章讲笛卡尔的怀疑一切，他认为所谓怀疑一切就是抽象，把这个也抽掉，把那个也抽掉，抽来抽去，最后剩了一个什么呢？怀疑、我怀疑。我怀疑是最高抽象了，但恰好它是最不可怀疑的。我怀疑恰好是我思故我在，你再怎么抽象，它本身是一个实实在在的东西了，所以抽象它本身是一种自我否定的东西，你抽掉了一切不单纯的东西，那么你剩下的这个最单纯的东西它本身就不单纯，它本身就不抽象了，所以讲它自己本身就是否定的东西。"就是说，它是思维的否定性，或如同在**本质**中自在地就有的那种否定性"，就是它是思维本身的否定性，"我思故我在"如何得来的？是通过我的怀疑一切、否定一切，最后得出来这个否定本身不能再否定了，否定本身是一个最高的肯定；那么反过来说，这个最高的肯定它的本质就是否定性，所以它是思维的否定性或在本质中自在地就有的那种否定性。"我思故我在"就是通过否定性才得出来的，这种否定性不是外在强加的，而是本质中自在地就有的。但是对一般的理解来说很难进入到这一辩证法的层次，包括谢林的同一哲学也是如此，他设想的纯粹的同一是没有任何差别的同一，这是谢林的出发点。后来黑格尔批评谢林就是这样批评的，就是说，你说无差别的同一,那你说出来的是什么呢? 你说的是这个同一是跟任何差别都"不同"的,那它岂不就是一种差别了吗? 无差别的东西本身就是最高的差别,怎么可能无差别? 它跟差别有差别,那你这个无区别的同一它就是有区别的同一,它本身就是区别。这都是从思维的终极处来解决这样一个矛盾,解决这样一个悖论,思维的终极处都有悖论,同一性悖论,否定性悖论。否定性它本身是一种肯定性,它否定掉了一切不单纯的东西,它想要把自己变得单纯化,就把一切不单纯的东西都否定掉了,但它自己通过这种否定也成了不单纯的东西,它把一切都抽掉以后,它自己就成了不抽象的东西,它就很具体了,它在抽象的过程中它就很具体了。我把这个抽掉,我把那个抽掉,做完这一切以后,我发现这个抽象活动本身是很具体的,它做了那么多事。"换言之,它是与自己的绝对区别或自己纯粹地成为他者",它是与自己的绝对区别,它要追求单纯,但是,实际上它的这种追求单纯、追求无区别,使自己成了一个绝对的区别,就是说我这种单纯性、我这种绝对的无区别跟一切区别都不同,都有区别。绝对的区别是跟一切的区别都有区别的,那绝对的区别就是最大的区别了,这里透露出他对谢林的批评。谢林就是说绝对无区别的同一性,这就是上帝,要从这里出发;但是在黑格尔这里呢,他把它解构掉了,利用绝对无区别的悖论,绝对无区别就是最大的区别;或自己纯粹地成为他者,自己纯粹地成为他者就是说不需要加进任何东西,你就凭这个概念分析,你就会发现它有一个自我否定的悖论、自相矛盾的悖论,纯粹地成为了跟自己不同的东西。纯粹地就是说,我们就从纯粹概念上来看就可以看出来,这个概念它本身就是自我否定,要成为他者。

　　作为本质,它只是**自在的**或对我们而存在的;但是,由于这种纯粹性正是抽象性或否定性,它就是**本身自为的**,或者说它就是**自我、概念**。

　　"作为本质","本质"打了着重号,"本质"为什么要打着重号呢? 就是作为概念运动的起点,作为本质,这个本质呢是当事人最初没有看出来的,在这个意义上"它只是**自在的**"本质,"自在的"也打了着重号,"或对我们而存在的"，就是我们旁观者可以看出来，我们旁观者，我们读《精神现象学》的人读到这个地方的时候，我们可以看出来它客观上就是这样一个本质、这样一个单纯的本质。单纯的本质它是一个抽象，作为本质呢，它只是自在的或对我们而存在的，对于精神的发展过程本身来说呢，它还没有发展到一种自我意识，它还没有意识到自己的本质，它的本质是自在的，旁观者清，只有旁观者看得出来。"但是，由于这种纯粹性正是抽象性或否定性"，这种纯粹性是抽象性或否定性，就是抽掉一切内容，我只要求一个、追求一个最高的抽象、最纯粹的概念，抽象性或否定性就是把一切区别都排除掉，把一切不同于自身的都否定掉。"所以它就是**本身自为的**，或者说它就是**自我**、**概念**"，"本身自为的"打了着重号，"自我"和"概念"也打了着重号。就是说这种纯粹性看起来好像是实体的纯粹性，纯粹实体，绝对实体，纯粹的精神，上帝，它是很纯粹的、最高纯粹的；但由于这种纯粹性正是抽象性或否定性，把一切东西都抽掉，把一切东西都否定掉了，它是一种"否定神学"，所以它才是本身自为的。斯宾诺莎说，一切规定都是否定，也就是对于上帝、对于纯粹精神而言的，对于绝对而言的，你要对他作任何规定都是否定，任何规定都规定不了上帝。就如同佛教禅宗讲，"才说一物便不是"，第一义不可说，这都是否定神学的说法。对于最高的神的概念，你是只能够用否定的说法，你只能说它不是什么，你不能说它是什么，凡是说它是什么，你都错了，你都没有达到它的层次。所以这种纯粹性、这种抽象性和否定性，它才是本身自为的，相当于斯宾诺莎所讲的"自因"，自己是自己的原因。或者说它就是自我，就是概念，就像笛卡尔通过怀疑一切得出"我思故我在"一样，这样一个上帝通过他的否定性、通过他的否定一切，表明他就是自为的，他就是自己否定的，不是一个外来的什么东西把它否定掉，他本身就处于自我否定之中，这个自我否定就是他的自为存在，就是他的自我。他一方面是自在存在，另一方面呢他是自为地自我否定，或者说他就是自我，就是概念，这个实体就变成主体了。在黑格尔的《逻辑学》中，这就是从本质论进入到概念论了。

——所以它就是**对象性的**；并且由于表象把刚才所说的概念**必然性**统握并表现为一个**事件**，那么这就说明，那永恒的本质为自己**生出**了一个他者。

它是自为的，或它就是自我、概念，这是刚才讲的。"所以它就是对象性的"，"对象性的"打了着重号。它是自为的，因为它是抽象啊，它是否定性哪，所以表明它有能动性啊，你要否定一切，你没有能动性做得到吗？你必须自为，用斯宾诺莎的话来说就是，你必须是自因，你自己是自己的原因。自己是自己的原因意味着什么呢？意味着你是能动的，你有一个自我，你有一个概念，这个概念是能动的概念，是具有创造性的概念。自为，为什么呢？太初有为啊，你自为要为什么呢？要做什么呢？就是要创造出它的一个对象来，它本身是一个能够创造对象的自我，能够创造对象，当然本身也就是一个对象了，所以它就是对象性的。这个上帝是自在的，同时又是自为的，前面讲了，作为本质，它只是自在的或为我们而存在的；但是，由于这种纯粹性正是抽象性或否定性，所以它就是本身自为的，那么它就是对象性的，它是能够创造出它的对象的。它就这样从自在到自为，从自为的否定性到对象性。"并且由于表象把刚才所说的概念**必然性**统握并表现为一个**事件**"，就是说，前面是从概念分析中，我们已经得出来了这样一种最高的概念、最初的绝对精神的概念，它从自在到自为到否定性到对象性，这里面贯穿着一种概念的必然性，不能不是如此。从概念上面来讲的，我们可以看出这样一个绝对精神它具有概念的能动性，它具有自我创造性，所以它必然是对象性的；而这种概念的必然性如果由表象来统握和表现，那就会表现为一个事件，"事件"（Geschehen）打了着重号，意味着一个历史性的重大事件。表象总是喜欢把概念的东西表现为一个具体的、看得见、摸得着的事件，它表现为一个什么事件呢？"那么这就说明，那永恒的本质为自己**生出**了一个他者"，为自己生出了一个他者，这就是耶稣基督的诞生这一重大事件，作为人子的耶稣就是上帝的他者。"生出"（erzeugen）有一般"生产"的意思，但也有特指"生育"的意思，这里打了着重号，就是指作为一个历史事件的耶稣降生，一个婴儿的诞生。它是可以和上帝创世那样的大事件相提并论的事件，德文 Geschehen 正是指这样一类历史上发生的事件，而不是任何小事。这是表象所把握的一个事件，从概念的眼光来看，这件事有概念上的逻辑必然性，是从纯粹否定性、自我否定性这一逻辑悖论中推导出来的，自我否定必然会推出一个他者，推出一个自己的对立面，即自我肯定。但在表象中只能表现为一个感性的事件，就是耶稣诞生，道成了肉身。我们从概念的眼光来看就可以看出来，这里面其实有逻辑的必然性，概念的必然性。表象中所发生的这个事件在概念中实际上代表了概念本身的能动性，这种产生自己的对立面的必然性。由于纯粹概念必然会产生自己的对立面，产生一个他者，所以那永恒的本质也必然要为自己产生一个他者，产生一个并非永恒的本质了，那就是一个有死的肉身。耶稣基督的肉身就是一个他者，是不能够永恒的，但是它是永恒的本质自我否定的产物。

　　但在这个他在中它同样直接地返回到了自身；因为这区别是**自在的**区别，这就是说，这区别直接地只是与它自己本身相区别，因而它就是那自身返回的统一性。

　　"但在这个他在中它同样直接地返回到了自身"，这个他在就是他者了，Anderssein 就是他者的存在。在这个他在中，这永恒的本质同样直接地返回到了自身，永恒的本质产生出一个异己的他在、跟自己不同的他在，但是又在这个他在中呢直接返回到了自身，它并没有离开自身。虽然产生了一个离开自身的他在，但是，在这个离开自身的他在中，永恒的本质又直接地就在自身中，圣父和圣子是一体的。"因为这区别是**自在的区别**"，这个区别不是你人为地给它一个什么区别，就是它本身客观的区别，就是它自在的区别，它自在地把自己区别开来。那么既然它是自在地把自己区别开来，"这就是说，这区别直接地只是与它自己本身相区别"，是它自己把自己区别开来，那它区别开来的对象还是它自己了，尽管它自己把它自己区别为一个他在，但这个他在直接地只是它自己本身内部的自我区别。"因而它就是那自身返回的统一性"，它就是自身返回的统一性，既然它是自己把自己区别开来，所以它还是自己，它还是统一于自己之中，它没有分出去变成一个另外的别的东西，收不回来了，那不是的，它随时都在收回来，它还是它自己，收回到自己的统一性之中。那么在这种统一之中呢，我们就还可以区分出来三个环节了，下面一段就讲到了。

[243] 于是，这就区分出来了三个环节：一是**本质**的环节；二是**自为存在**的环节，这一环节是本质的他在，并且本质是对于它而存在的；三是**在他者中自为存在**或自我认知的环节。

前面的概念分析虽然提到了表象、事件，但是现在我们还是回到概念分析，把这些表象暂时撇开，从概念里面我们就可以加以清晰的区分了。"于是，这就区分出来了三个环节：一是**本质**的环节"，这就相当于圣父、上帝，上帝是纯粹本质、永恒本质，单纯的、自身等同的永恒的本质，这是一个环节。"二是**自为存在**的环节，这一环节是本质的他在，并且本质是对于它而存在的"，"自为存在"打了着重号。也就是它自己把自己区别开来，自己否定自己，在它的这种自为存在中，本质产生出自己的他在，并且本身只是对于这个他在而存在的，没有这个他在，本质自身就不存在。没有道成肉身，上帝本身在哪里我们是不知道的，他只是一个抽象空洞的表象。前一个环节是本质的环节，第二个环节呢是本质的他在、自为存在的环节，已经跟第一个环节不同了，但本质是对于这一环节而存在的。本质你可以说它是自在的，自在必然要走向自为，这个自为呢就是自在的本质环节，自在本来就是本质了，但这个本质你要仔细看呢，它就是自为。上帝是在那里，但是上帝在那里就体现在他创造了这个世界，他不创造这个世界，你怎么知道上帝在那里？怎么体现他在那里？

怎么体现有一个上帝？之所以体现出的确有一个上帝，是因为这个世界存在了，是因为上帝把这个世界创造出来了，所以本质是对于（für）这一自为环节而存在的，也就是为了这个自为存在而存在的，为了这个创造而存在的。上帝存在就是为了创造出世界来，他是为了创造出世界而存在的。"三是**在他者中自为存在**或自我认知的环节"，这是第三个环节了，第三个环节相当于圣灵的环节。第二个环节可以说是上帝创造天地万物和人，包括耶稣基督，上帝化身为人，这都属于第二个环节；第三个环节是在他者中自为存在，在这个他者中、在肉身中、在上帝的创造物中自为存在，这就是无所不在的圣灵。它就是自我认知的环节，在他者中认知到自我，保持着自我的独立性和自为存在。"在他者中自为存在"打了着重号，这个自为存在跟前一个自为存在层次就不一样了，前一个自为存在只是创造，后一个自为存在呢是在他者中的自为存在，也就是说从自己的创造物中回到自身的这样一种自为存在，通过耶稣基督而返回到上帝身边这样一种自为存在。所以这一个自为存在的方向跟前一个自为存在的方向是相反的，前一个自为存在只顾创造、外化，这一个自为存在则致力于返回，从创造物中返回，那就是从创造物身上认识到了自我，上帝认识到了自身，上帝达到了自我意识。上帝在他的创造物上面达到了自我意识，怎么达到的呢？是通过这个创造物里面的最高的创造物耶稣基督，上帝化身为人，化身为基督，然后由耶稣基督通过圣灵回到了上帝的怀抱，达到了上帝的自我认知。这是三个环节，是纯粹从概念里面分析出来的，一个是自在，一个是自为，一个是自在自为，构成了一个正—反—合的圆圈。这就是上帝概念本身的三位一体，不是表象的三位一体，而是概念的三一体，正—反—合。当然通过表象呢，我们可以把他表象为圣父、圣子、圣灵，但是这个圣父、圣子、圣灵的表象在概念中有它的根基，为什么会有圣父、圣子、圣灵的三位一体？要追溯到概念本身内部的三一体。

　　本质只是在它的自为存在中直观到它自身；它在这种外化中只是在

自身中，那把自己从本质中排除出来的自为存在即是**本质对它自身的认知**；

我们先看这一部分，这还是在解释第三个环节，这段后面的都是在解释第三个环节，因为第三个环节把前两个环节都包含了，所以要着重解释第三个环节。"本质只是在它的自为存在中直观到它自身"，这就是前面讲的自我认知了，自我认知的环节，怎么样自我认知呢？本质，也就是上帝，只是在它的自为存在中，在它的创造、创世以及它的道成肉身的活动中直观到他自身，认知到他自身，只有在这个自为存在中他才能直观到自身，如果他不创造的话，他也没办法达到自我意识。他创造客观世界，创造人，包括耶稣基督，都是为了最后能够直观他自身，对自己形成一种自我认知。"它在这种外化中只是在自身中"，它外化自己，它外化自己就是为了认识自己嘛，所以它在这种外化中还是在自身中。看起来好像是在外化中了，外化出世界，世界肯定不是上帝了，山川草本、花鸟虫鱼、万物、人类肯定不是他自己，但是他在他的外化中只是在他自身中。上帝造人也是上帝照着自己的形象来造人，在人身上体现得最典型，或者说万物的最高的体现就是人的形象，因为那就是上帝的形象。"创世纪"里面讲，上帝照着自己的形象来造人，并派人去统摄万物，让人给万物命名，人是万物的主宰；但是人是上帝的体现，所以才要以人为代表，上帝的造物就是上帝自己的一面镜子。所以他在这种外化中只是在自身中，他外化自己，于是他就看见了自己，他还在他自身中。"那把自己从本质中排除出来的自为存在即是**本质对它自身**的**认知**"，"本质对它自身"和"认知"都打了着重号，本质对它自身的认知，在什么上面对自身进行认知呢？把自己从本质中排除出来的自为存在，在这上面自我认知。这个自为存在是把自己从本质中排除出来，本来是一个抽象的本质、上帝，但是他自我否定，要把自己从自己里面、从那种抽象性中排除出来，来创造出现实的大千世界，所以这个大千世界是从上帝的本质中排除出来的，也是上帝自己把自己排除出来的，那个自为存在呢即是本质对它自身的认知。

这种认知就是话语，①这话语说出来时将说话者外化，并抽空了留在后面，但是同样这话语直接被听见了，并且只有这种自我听见才是这话语的定在。

这句话比较难解一点。"这种认知就是话语"，话语就是 Wort，Wort 就是 Logos 了，就是上帝的道了，我们通常也翻译成"道"，但是这里我不主张翻译成"道"，还是翻译成"话语"或者"言说"。我们讲道成肉身，现在很多人主张把它翻译成"言成肉身"，因为"道"这个字中国色彩太浓了，而且中国的这个"道"跟西方的"逻各斯"完全不一致的，甚至于是相反的。有人编《西方哲学史》教材，里面讲到赫拉克利特的逻各斯的时候说，这就相当于我们中国老子的道，完全搞错了！老子的道是不可言说的，道可道，非常道；庄子也说："道不可言，言而非也"，而逻各斯就是言哪，不言哪里有逻各斯呢？不是相反的吗？所以这种认知就是话语，"这话语说出来时将说话者外化，并抽空了留在后面"，这里有好几个意思。这话说出来时，这个话当它说出来的时候，就把说话者外化，说话者就是上帝了，把说话者外化，就是上帝把自己外化了。"约翰福音"里面讲"上帝就是道"，应该翻译成"上帝就是话"或者"上帝就是言"，上帝就是逻各斯，上帝就外化在逻各斯身上。上帝看不见、摸不着，那你怎么知道有上帝呢？正因为上帝是话，上帝通过他的话表现出了、外化出了他自身，所以讲这个话呢在说出来的时候将说话者外化了。并抽空了留在后面，一个是抽空了，就是说这个话是上帝说出来的，那么上帝本身他还有什么东西没呢？没有了，上帝只有话了。我们谁知道上帝是什么啊，上帝除了话什么也不是，我们也不能说他，所以上帝本身被抽空了，上帝就是这些话。留在后面，就是留在这个话的后面，他保留在那里，这个话是谁说的啊？我们说是上帝说的，那么上帝是谁？上帝是话，你又

---

① "话语"（Wort），暗指"约翰福音"1,1。——丛书版编者

说是上帝说的，又说上帝就是话，那上帝究竟是谁呢？上帝是在话后面的那个说话者。所以这就将说话者外化并且抽空了留在后面了。我们还保留一个上帝，但是实际上我们对上帝的理解就是通过他的话来理解，上帝就是话，没别的了，空洞得很哪。"但是同样这话语直接被听见了，并且只有这种自我听见才是这话语的定在"，但是同样这话直接被听见了，被谁听见了呢？上帝是凭他的话创造世界，上帝说要有光，于是就有了光，谁听见了？人都还没有，听话的人都还没有产生出来，要有待于话来产生，那么这个话直接被听见了，是被谁听见了呢？被上帝自己。所以上帝实际上是在自说自话，自言自语，但是这个话被他自己听见了，并且只有这种自我听见才是这话的定在。这话说出来，上帝一说出来，那个东西都有了，所以这个话代表一切定在，上帝说要有光，于是就有了光，上帝说要有什么，马上就成了，马上就成了也就意味着马上就被上帝自己听见了，所以只有这种自我听见才是这话的定在。话总是要有人听的，如果没有人听，那这话说了等于白说，但是上帝最初创造世界的时候，是上帝自己听见自己的话，他的听见就是这个话的定在，他听见了这个话，这话就成了，他说什么，什么就有了，所以这话本身呢通过他的自我听见而成了定在，成了万物。

所以，当所作出的区别一经作出，它们同样就被直接消除了，而当区别一经消除，同样它们就被直接作出了，而真实的和现实的东西正是这种在自身中的圆圈式运动。

"所以，当所作出的区别一经作出"，作出的区别，什么区别？就是上帝说话了，上帝本来是不说话的，上帝是自有永有的，他在那里，当他没有说话的时候，他是没有区别的。但是没有区别，他也就不存在，上帝要存在，或者上帝要显示他存在，他就必须要说话，必须要创造世界。所以当作出的区别一经作出，一旦作出区别，一旦说出话来，"它们"，也就是这些区别，"同样就被直接消除了"，话一说出来，话和上帝之间的区别也就没有了，话就是上帝，道就是上帝，《圣经》里面讲道就是上帝，上帝就是道，它们没有区别。你要理解上帝，那你就只有通过上帝的话来理解，没有什么别的办法，上帝本身抽空了，你把他留在后面，但是，说话者外化成了道，外化成了话。说话者本身外化成了话，他跟这个话中间的区别直接被消除了，直接被取消了，一说出来它就被取消了，说话者就是他所说出的话。"而当区别一经消除，同样它们就被直接作出了"，你把这个区别一旦消除，你说上帝就是话，那么它们，它们就是这些区别，就被直接作出了。一旦你说把所有这些区别都消除掉，达到一种纯粹无区别的同一性，那么这就直接作出了区别，前面讲到，无区别的同一性本身就是区别。你说同一性就是没有区别，不就是把这个同一性变成了一种区别吗？所以这区别的活动就直接作出了，它不同于没有区别，这个也是从概念上面来分析的，从概念上来分析，这个话和说话者之间既有区别又无区别。说话者跟话肯定是有区别的，但是说话者之所以存在，就在他说的话中存在，说话者就表现为他所说的话，所以这个区别又是无区别。"而真实的和现实的东西正是这种在自身中的圆圈式运动"，这是一个圆圈式的运动，说话者和话相互之间既有区别又没有区别，你说它有区别的时候它就没有区别，你说它没有区别的时候它又有区别，自在和自为是有区别的，但它们又是没有区别的，自在就体现在自为中，自为一旦体现出来，它就是自在了。这就是黑格尔对上帝的辩证关系的一种概念分析，真实的和现实的东西正是这种在自身中的圆圈式运动，这才是真实的和现实的东西，不是虚无缥缈的，不是玄思、玄想的，不是诡辩的，而是真正发生的事情、真正的客观的自在自为的事实。这是从上帝自身中的精神所分析出来的三个环节。这听起来完全是逻辑悖论，不合常识的，但客观事实就是如此，辩证逻辑就是讲的事实的逻辑、真理的逻辑，而不是思维技巧。你用形式逻辑的思维技巧来思考辩证法，是完全思考不通的。

　　这种在自己本身内的运动表明了绝对本质是**精神**；那种没有被把握

193

为精神的绝对本质只是抽象的空虚，正如那没有被把握为这种运动的精神也只是一句空洞的话一样。

"这种在自己本身内的运动"，也就是前面讲的圆圈式运动，正—反—合，从自在、自为到自在自为。这样的一个运动"表明了绝对本质是**精神**"，"精神"打了着重号，精神跟绝对本质从概念上看是不同的，精神的特点就在于一方面它是绝对本质，另一方面呢，它表现在外在的事情上面，它表现为客观的对象，这才是精神。所以它跟理性也不一样，意识、自我意识、理性，然后才到精神，意识、自我意识、理性都可以看作是人的一种心理能力、一种认识能力，而精神就不仅仅是人的认识能力了，精神是一种客观现实，它具有客观性。当然它也具有主观性，绝对精神就是主客观的统一。所以精神它包含有三个环节：自在、自为和自在自为，这三个环节之间的运动才是精神，这种运动表明了绝对本质它是精神。"那种没有被把握为精神的绝对本质只是抽象的空虚"，上帝如果没有被把握为这样一种三个环节的运动、圆圈式的运动，那么他只是一个抽象的空虚、一个空洞的概念，我有一个上帝的概念，他是自有永有的，完了，他什么也不能说。这就是否定神学，不能对他加上任何规定，加上任何规定都是对他的否定，像斯宾诺莎所讲的一切规定都是否定，那就只是一个抽象的东西。"正如那没有被把握为这种运动的精神也只是一个空洞的字眼一样"，否定神学就是这样的，斯宾诺莎的神也是这样的，包括谢林的上帝、谢林的绝对同一，也是一个空洞的字眼。当然谢林后来从里面发展出了自然哲学、先验哲学，但是他这个起点是说不过去的：你怎么能够从这么一个空洞的起点发展出后来那么丰富的内容呢？黑格尔对谢林的批判就是这样的，批判他的起点只是一个空洞的字眼，斯宾诺莎的神也是一个空洞的字眼，因为它没有任何运动的精神，没有这样一种圆圈式的运动。

由于精神的**诸环节**在它们的纯粹性里得到把握，它们就是些不安息的概念，这些概念只有在它们自在地本身就是自己的对立面、并且在全体中得到自己的安息时才存在。

"由于精神的**诸环节**","诸环节"打了着重号。刚才讲了,精神必须要有三个环节在里头,而且要三个环节相互运动,圆圈式地相互转化,一环套一环,这样一种运动才构成精神。由于这些环节"在它们的纯粹性里得到把握",在它们的纯粹性里,纯粹性也就是纯粹概念,撇开那些表象,什么耶稣诞生啊、上帝创世啊、圣灵啊、团契啊,撇开所有这些东西,在它们的纯粹性里得到把握。"它们就是些不安息的概念",它们就达到概念了,而且这些概念是不安息的、运动着的。黑格尔的概念一般来说,按照他自己的理解,就是不安息的,就是有创造性的、能动的,概念式的把握就是能动的把握、能动的抓取。它们就是些不安息的概念,"这些概念只有在它们自在地本身就是自己的对立面、并且在全体中得到自己的安息时才存在",这些概念只有在这种情况下才存在,也就是它必须自在地本身就是自己的对立面。它是不安息嘛,为什么不安息呢? 自己跟自己过不去,本身就是自相矛盾、包含矛盾的概念,包含自我否定的概念。所以这些概念必须把自己本身设立为自己的对立面,并且在这个运动过程的全体中得到自己的安息,否则它们就不存在。当然,所谓在运动过程的全体中得到安息只是相对的说法,因为一个圆圈的运动过程结束了,另一个圆圈的运动又开始了,又要准备踏上新的征途,实际上是永远不得安息。黑格尔最后为自己的体系设定了一个"全体"的终点,把这种不安息的运动窒息了,封闭了,但也可以把这看作是一种权宜的说法,其实并没有真正的内容。他的体系需要一个形式上的终点,需要一个自有永有的、永恒不变的抽象的上帝,但他在具体分析中从来不受这个上帝的束缚和干扰。

但是,团契的**表象活动**却并不是这种**概念式的**思维;反之,它所有的乃是没有自己的必然性的内容,它并不是把概念的形式、而是把父与子的自然关系带入了纯粹意识的王国。

这个是对照了,对比之下,前面讲的都是纯粹的概念,"但是,团契的

表象活动"，教会的团契没有上升到概念，前面讲了，在宗教里面它还没有上升到概念，而只有表象活动。我们从概念里面来分析精神包含有三个环节的不断的运动，由这种概念的运动才导致了宗教里面所理解的圣父、圣子和圣灵、道成肉身等等；但是回过头来看，团契的表象活动"却并不是这种**概念式的**思维"，它跟前面讲的那种概念式的思维有层次上的差异。"它所有的乃是没有自己的必然性的内容"，团契的表象都是一些没有自己的必然性的内容，只是一些发生的事件，发生的事件那就是很偶然的了。比如上帝创世啊，上帝在什么时候创造了世界啊？基督教神学家们争论得不亦乐乎，有人说是在四千六百年以前，有的说更早，争来争去，不管结论如何，这都是一种偶然性的思维方式。上帝为什么恰好在那个时候创造了世界？没有什么必然性，推不出来的。"它并不是把概念的形式、而是把父与子的自然关系带入了纯粹意识的王国"，圣父、圣子这是一种自然关系，父亲和儿子的关系嘛，这个是非常世俗的、表象式的，把它带进了纯粹意识的王国，这个王国的事务本来是必须用概念来讨论和解决的。所以宗教，哪怕是天启宗教，它已经非常接近于哲学、接近于纯粹概念了，但是，它的表象思维方式还是不够，与它的使命无法相匹配。

{411}　　由于它在思维本身中采取这样**表象式的**态度，本质虽然向它启示出来了，但本质的各个环节却由于这种综合的表象之故，一方面本身在它面前分离开来，使得它们并不凭借自己固有的概念而相互联系，另一方面表象活动又从它的这种纯粹对象后退，只是外在地与对象相联系；

　　我们先看这半句。"由于它在思维本身中采取这样**表象式的**态度"，它，也就是上面讲的表象活动，它在思维本身中，本来是在思维本身中，本来是一个概念的问题了，但它采取的是一种表象式的态度，是从表象的眼光来看本质，"表象式的"打了着重号。"本质虽然向它启示出来了"，在表象式的态度中虽然也启示出来了本质，"但本质的各个环节却由于这种综合的表象之故，一方面本身在它面前分离开来"。正是由于它的这种表象式的思维方式,就使得本质的各个环节分离开来,"三位一体",三位怎么能够一体呢? 按照表象的思维方式来看,三位始终不能够达到一体。所以综合的表象只会使得本质的各个环节在它面前分离开来,"使得它们并不凭借自己固有的概念而相互联系",没有进到概念里面,就形不成三位之间的固有联系。你如果能够凭借它们固有的概念,那么你就可以看出来三位其实是一体的,但是现在还做不到,这是一方面。"另一方面表象活动又从它的这种纯粹对象后退,只是外在地与对象相联系",也就是说,表象的思维方式呢在解释上帝的概念的时候呢,它又从它的对象退后,它不能进到这个对象里面去,它只能站在旁边,外在地与对象相联系。表象无法加入到概念的环节里面,因为它们是格格不入啊,表象是表象,概念是概念,表象怎么能够充当概念呢,所以它只能够从这种纯粹的对象后退,然后外在地去与对象相联系。它用一种外在的眼光来区分这些环节,那么它所区分的这些环节就是外在的,从外面来看你怎么能够看到它内部的秘密呢? 所以显得很神秘。用表象的眼光来看"三位一体"就显得很神秘,它始终进不去,只是一种神秘的旁观。我只能旁观上帝的三位一体,三位一体是基督教的最高的神秘,为什么神秘呢? 因为你进不去嘛。如果你理解到了它实际上是一种概念的关系,那就没什么神秘的了。

　　对象是由一个异己的东西向它启示出来的,并且在精神的这种思想里这表象并未认识到它自身,并未认识到纯粹自我意识的本性。

　　"对象是由一个异己的东西向它启示出来的",对象也就是上帝了,上帝是由一个异己的东西,是由一个非上帝的东西,一个肉身,一种物质的、感性的直观向它启示出来的。我们前面讲到所谓启示就是这样的,就是深刻的道理通过一种直观的方式表现出来,让你去悟到它后面的道理,这就叫启示。但这个直观的形象呢它本身有它的局限性,它与它所要启示的对象是一种异己的关系。"并且在精神的这种思想里这表象并未认识到它自身",在精神的这种思想、精神的这种概念里面,这个表象并未认出它自身来，表象在一个概念里面、在一个思想里面怎么可能认识到自身呢？它不具有这样一种概念能力。表象都是分门别类的、直观感性的，一个是一个，另外一个是另外一个，所以表象在这样一种观念、在这样一种思想里面并未认识到它自身。"并未认识到纯粹自我意识的本性"，没有意识到它里面其实是纯粹自我意识的本性。当然，它也可以说我看到了自我，通过一种同情的理解，我在耶稣基督身上看到了我的本性，这就是启示，每个基督徒在耶稣基督身上都看到了自己的本质；但这种本质不是通过概念意识到的，而是通过偶然的表象，它没有必然性。所以它不是一种纯粹自我意识的本性，它已经有一种自我意识了，宗教自我意识已经有了，但它还不是纯粹的自我意识，没有意识到这种纯粹自我意识的本性就是概念。

[244] 　　只要表象的形式和取自于自然东西的那种关系的形式必须被超出，因而特别是，只要本身是精神的这种运动的各个环节被当作孤立的不可动摇的实体或主体、而不是当作过渡环节的看法也必须被超出，——那么这种超出就必须被看成概念的一种逼迫，正如前面曾经从另一方面提到过的那样；

　　我们先看这半句。"只要表象的形式和取自于自然的东西的那种关系的形式必须被超出"，这前面已经很明显了，就是说表象的这种形式的确是不够的，它只不过是取自于自然东西的那种关系，必须要超出这种形式，要提高我们的教养，提高到概念思维的层次。例如父和子的自然关系作为一种表象关系，那是很低的、层次不高的一种关系形式，显然是必须要超出的。"因而特别是，只要本身是精神的这种运动的各个环节被当作孤立的不可动摇的实体或主体、而不是当作过渡环节的看法也必须被超出"，这里是更加从方法论上强调，不光是自然的那种关系形式要超出，而且那本身是精神运动的各个环节，如果被当作孤立的、不可动摇的实体或主体，而不是当作过渡环节来看，这种看法也必须被超出。如果你还把每个环节，例如圣父、圣子和圣灵，都各自看作是孤立的、不可动摇的，而不是当作过渡环节，这样一种看法也还是表象式的看法。表象就是所谓综合的联结嘛，像康德那样，把两个不同的东西，来自于不同的本源的东西，一个是感性，一个是知性，把两者捆起来，这样把它们联结起来、综合起来，这就是一种表象式的思维方式。那么这里呢，就是精神的这种运动的各个环节被当作孤立的、不可动摇的实体或主体，上帝是实体，耶稣基督是主体，圣灵是实体和主体的统一，但是仍然是当作一个一个孤立的东西，而不是当作互相过渡环节，这样一种看法也必须被超出。这两种超出都是指的表象的思维方式，前一个呢是浅层次的，就是自然的关系，圣父和圣子，借助于自然关系的一种比喻，把它比喻成一种父子关系；后一种看法呢更深一点，但是仍然是表象的，就是当作孤立的、不可动摇的实体或主体，而不是当作过渡环节，也就是我们通常所说的，孤立地、静止地、片面地看问题，这是通常讲的，跟辩证法不同的形而上学的思维方式，其实在黑格尔的语言里面这就是一种表象式的思维方式。只要这些表象式的思维方式必须被超出，"那么这种超出就必须被看成概念的一种逼迫"，这种超出现在已经迫在眉梢了，什么东西在逼迫我们呢？是概念在后面逼迫我们。我们从旁观者来看其实已经看到概念了，前面都是在分析上帝的概念嘛，已经从概念的角度来分析上帝的概念了；但是，遇到的阻拦就是表象的思维方式，表象的思维方式阻碍我们用概念去把握上帝的内涵。所以我们现在已经迫切地感到要超出这样一种表象的思维方式，那么这种超出就必须被看成概念的一种逼迫。"正如前面曾经从另一方面提到过的那样"，前面，我们可以看241页第三行："为这种归因奠定基础的是趋向于概念的那种本能"，这就是从另一方面、也就是从历史的考证和归因方面，而不是这里从概念发展的方面。前面批判基督教的原教旨主义和历史主义的归因时，已经提到了这种概念的本能、概念的逼迫。人们总想把基督教归因于历史上的某个机缘、某次事件，其实这种归因背后是概念的本能在后面逼迫着，但是当事人意识不到，当事人还是在作表象思维。但是本能中有一种概念追使人们超出自己的表象，比如说这种历史主义你为什么要追溯到这个根源去呢？其实后面是有一种趋向于概念的本能在起作用，要为你的这样一种归因奠定基础，要追溯到它的起源，但是你把这个起源的表象和纯粹概念混在一起，而没有能够转到概念的立场上来。当然前面这些考察都属于团契的外在表象，而这里则属于绝对宗教的概念发展，一个依照历史，一个依照逻辑，但逻辑和历史相一致，两个不同层次可以对照，都表明了一种理性本能的内在压力，一种概念的思维在这种逼迫中呼之欲出。

　　但是由于这只是本能，它错认了自己，它连同形式把内容也一起抛弃了，而这就等于说把内容降低到了一种历史的表象和传统的遗产；

　　这里我们暂时打住。"但是由于这只是本能"，这概念的逼迫，前面讲了，只是一种概念的本能，所以"它错认了自己"，错认了自己就是说，虽然有概念的本能在后面推动它，但是它自己却认为这还是一种表象思维，它错认了自己。"它连同形式把内容也一起抛弃了"，就是说这个历史主义进到了原教旨主义，历史主义要追根溯源，要归因，要从它的起源方面追溯，但是它还只是从历史的起源上追溯基督教的根源，想要由此来把握基督教的本质，把握上帝的本质；但是，它把所有的基督教后来的历史一直发展到今天的内容全部都抛弃了，认为那都只是些无意义的形式，这就陷入到了一种原教旨主义，以为所有的真理都只在起点上。原教旨主义就是说基督教所有的这些解释都是胡说八道，都是偏离本意的，都是多余的形式，我们才是正宗，因为我们追溯到了它的起点，我们不看形式，只看内容。但是当你把形式抛弃的时候，你就把内容也抛弃了，因为所有基督教发展的这些形式都是有内容上的进展的，这些形式里面是有概念的，你把它的形式全部否定，你也就把它里面的概念否定了，而你并没有意识到这一点。虽然你的这个行动本身是由概念所逼迫的，但是当你把形式抛弃了的同时，你也就把概念的内容本身抛弃了，你没有看出内容在基督教里面是发展着的，只有在运动发展的整个过程里面才体现出它概念的内容。"而这就等于说把内容降低到了一种历史的表象和传统的遗产",这等于说你所理解的内容它只是一种固定不变的历史表象,其中最有价值的就是在历史起点上的那种表象,两千年来基督徒和神学家们对于《圣经》的解释你认为都是错的,只有最初的那个事件才是真的。这就连同那个事件本身的内容都被当作仅仅是历史表象和传统遗产,降低为死去了的、没有多大价值的东西了。

在这里面所保留下来的只是信仰的纯粹外在的东西,因而只是作为一个缺乏认识的僵死的东西而保留下来了;而信仰的**内在东西**却消失了,因为这内在东西将会是把自身作为概念来认知的概念。

"在这里面所保留下来的",就是用这种表象的思维方式也保留下来一些东西,保留下来什么东西呢?保留下来的"只是信仰的纯粹外在的东西"。信仰的内在的对象、信仰的对象的概念你全部把它错失了,你错认了自己。虽然你的这种追溯的行为本身是由概念推动的,但是你错认了自己,你没有意识到你自己的后面的概念,没有达到你的自我意识,你抓住的就只是那些纯粹外在的东西。"因而只是作为一个缺乏认识的僵死的东西而保留下来了",缺乏认识的僵死的东西,在教会里面对于上帝的那种实证的解释就是当作一个僵死的东西,缺乏内在的认识,信仰和认识在这里绝对对立。而黑格尔则试图打通双方,信仰的对象同时也是认识的对象,它是可以认识的。"而信仰的**内在东西**却消失了",你把它的外在东西保留下来,当然它的内在东西你就把握不住了,就丧失掉了。"因为这内在东西将会是"——这里用的虚拟式——"把自身作为概念来认知的概念",真正的内在东西是什么呢?就是作为概念来认知的概念,那就是绝对认知。只有在绝对认知里面,我们才能够把这个内在东西真正地把握住。这就是黑格尔最后所要引向的目标,从天启宗教最后要引向他的最终的绝对认知,在这里已经有所提示了。只有到绝对认知阶段,我们才能超出宗教的表象性这样一个有限的层次。好,今天就到这里。

*   *   *

　　好，我们上次把"绝对宗教的概念发展"的第一个小标题，就是"在自身中的精神；三位一体"，把它讲完了。也就是从概念的角度来看"三位一体"，首先就是上帝了，上帝本身就是三位一体，三位一体，圣父、圣子、圣灵，在上帝的概念里面其实已经包含了。虽然从表象上看就是创造出一个耶稣基督，然后在教会里面达到圣灵，但这些环节都包含在上帝的概念本身里头，可以通过对上帝概念的分析，把三者都看作一个纯粹的实体。他本身包含三个环节，上面讲了，第一个是本质的环节，第二个是自为存在的环节，第三个呢就是在他者中自为存在或者自我认知的环节，也就是自我意识的环节。上次已经讲到主要是包含这三个环节，但是后面一大段都在讲这三个环节在绝对宗教、也就是在基督教里面，在天启宗教里面，它们都采取了一种表象的方式来象征，来启示，用父和子的这样一种自然关系来加以表象，也就是把父子关系这样一种世俗关系带进了上帝的概念里面。而这种表象的方式呢，其实是解释不了三位一体的问题的，它只是一种象征，一种表象，而不是一种思想。所以通过这种表象呢，人们很可能走上历史主义的、考证的这样一条道路，那实际上是离上帝的概念越来越远。但是之所以有这样一种表象呢，黑格尔又指出来，它还是由于背后有一种概念的逼迫，或者说是一种概念的本能。在上帝的概念里面已经包含这三个环节嘛，所以出于这样一种概念的本能，它必须要用一种表象的方式把它表达出来，里面暗示了有概念，有概念的关系。但是，如果你不去追究的话，这样一种表象就会错认了自己，它认不出自己后面的那些概念，因为这只是本能。所以，"它连同形式把内容也一起抛弃了，而这就等于说，把内容降低到了一种历史的表象和传统的遗产"，只保持了一些外在的东西，缺乏内在的东西，也就是缺乏概念。对基督教的理解有世俗的理解，也有哲学的理解、概念的理解，如果你从概念的角度来理解的话呢，就能够把握它的本质，如果你只是从表象的、世俗的眼光来看它的话，那你就把它的失落了。这是黑格尔对基督教的总的看法。上面整个一大段都是在批基督教的表象思维，当然也不完全是否认，他认为这里头后面是有概念在起作用，体现为人的一种概念的本能或者说理性的本能。这是上次讲到的最后这一段它的意思。所有这三个环节都属于上帝的概念里面的，那么接下来呢，就是第二个圆圈，上帝的概念有三个环节，那就构成一个大圆圈了，而每个环节都是一个小圆圈，那么第二个小圆圈就是圣子。我们今天要读的这一段就是第二个小圆圈，圣子的王国，这个圆圈是从上帝的概念的圆圈里面生长出来的。上帝的概念本身就是三个环节，那么圣子，也就是耶稣基督，我们分析他的话，我们从里面也可以分析出三个环节。

　　[2. 外化的精神；圣子的王国] 那被表象在**纯粹本质**中的绝对精神虽然不是**抽象的**纯粹本质，相反，后者正由于它在精神中只是环节，就已被降低为**构成元素**了。

　　圣子是"外化的精神"，它由于本身包含三个环节，所以构成一个"圣子的王国"。后面还有一个"圣灵的王国"，这都是编者加上去的标题。当然不是什么独立王国，而是三种不同的概念层次，每个层次都形成一个概念的圆圈。"那被表象在**纯粹本质**中的绝对精神"，那就是上帝了，上帝、绝对精神被表象在纯粹的本质中，也就是说还在表象中，但是表象为一种纯粹本质，把上帝表象为纯粹本质。我们去表象上帝时，通常采取了上帝创造世界、化身为人、道成肉身这种表象的方式；但现在我们要表象上帝的纯粹本质，那么这样一种在纯粹本质中的绝对精神，"虽然不是**抽象的**纯粹本质"，"抽象的"打了着重号。就是说，在表象中即使是纯粹本质的绝对精神也不会是抽象的纯粹本质，而是带有表象的规定的。如何规定呢？"相反，后者"，也就是抽象的纯粹本质了，"正由于它在精神中只是环节，就已被降低为**构成元素**了"，这个抽象的纯粹本质在精神中只是环节，前面讲了上帝有三个环节，第一个环节是本质的环节，所以抽象的纯粹本质在精神中只是第一个环节，它在表象中已被降低为构成元素了，"构成元素"（Element）打了着重号。在表象看来，上帝作为第一个环节、圣父，它只是构成绝对精神的一个元素，在这个意义上它是被降低了，它并不能包揽一切。表象中的绝对精神就已经提示了这样一种下降的关系，"下降"和"上升"都是表象的语言。

不过，在这一元素中，精神的陈述就形式来说自在地就具有**本质**作为本质所具有的同一个缺点。

"不过"，这个"不过"是接过了上一句"虽然"的话头。这精神虽然不是抽象的纯粹本质，在表象中它已经被降低为一个整体中的构成元素了，它只是三个环节中的一个。不过，"在这一元素中，精神的陈述就形式来说自在地就具有**本质**作为本质所具有的同一个缺点"，这是就陈述的形式来说的，而不是就表象来说的。就是说，从概念上看，精神虽然是有三个环节的，全面的，不是那么抽象的，但是，它毕竟由抽象的环节作为自己的构成元素，在这样一个元素中呢，精神的陈述就形式来说它自在地，或者说它本身，就具有本质所固有的同样的缺点。就是说，纯粹本质它只是第一个环节，第一个环节是本质的环节，我们看242页下面倒数第二行："于是就区分出来了三个环节，第一，本质的环节"。既然如此，它就具有本质的环节作为本质所固有的同样的缺点，这缺点就是它的抽象性。精神虽然不是抽象的纯粹本质，但是，它在自己的第一个元素里面呢，从形式上来说具有本质的缺点，也就是具有抽象性的缺点。虽然上帝、绝对精神在表象中本身已经很丰富的了，从概念上来说它已经有三个环节了，但是，既然本质成为了它的第一个环节，本质自身固有的缺点也就被带进来了，所以这第一个元素作为本质的环节，就是抽象的本质。

本质是抽象的东西，因此就是对自己的单纯性的否定者，一个他者；同样，在本质的元素中的**精神**就是**单纯统一性**的**形式**，这形式因此同样本质上是一个成为他者的过程。

"本质是抽象的东西"，第一个环节嘛，上帝的第一个环节是本质的环节，而第一个环节是最抽象的，它后面的丰富的内容还没有来得及展示出来，所以本质是抽象的东西。"因此就是对自己的单纯性的否定者"，本质是抽象的东西，这里的意思就是说，本质的这种抽象的东西是它的缺点。说"缺点"就已经带有否定的意思了，因此就是对它自己的单纯性的否定者，也就是"一个他者"。本质正因为它是抽象的东西，所以它作为一个有缺点的东西，已经对它自己的单纯性具有了否定性，它只是抽象的东西，只是抽象的东西意思就是说否定它的单纯性，否定它的高高在上的、没有内容的、空洞的这样一种特点。这里头有一种概念的辩证法，就是既然本质是抽象的东西，因此它同时又是对抽象的东西的否定，是自己的单纯性的否定者。凡是一个抽象的东西，同时都是对自己的这种抽象性的否定，而成为自身的一个他者，这是黑格尔的一个比较特殊的观点，一般人都意识不到的。通常认为抽象的东西高高在上，抽掉了一切其他的东西，它怎么会否定自己呢？但是黑格尔跟谢林、跟斯宾诺莎这些人都不一样的地方就是认为，绝对抽象的东西它本身就是对它自己的否定，一旦有一个抽象的东西，那么它就是对这个抽象的东西的否定，它就是一个他者，他者就是并非抽象的东西了。一个抽象的东西同时它就是并非抽象的东西，因为它是对自身的否定。抽象这个概念具有自我否定的含义，抽象，把里面的东西都抽掉，抽干净，这是一种否定的行动，但这个否定的行动本身是具体的，所以是对否定本身的单纯性的一种否定，它本身就是一个他者，就是一个非抽象的东西。"同样，在本质的元素中的**精神**就是**单纯统一性**的**形式**"，"精神"、"单纯统一性"和"形式"也都打了着重号。就是说，本质是抽象的东西，这没错，从概念上来说，从形式逻辑上来说，它应该就已经把话说完了，本质是抽象的东西，那抽象的东西就不是具体的东西了。但是它怎么又会成为具体的东西呢？是因为你讲本质是抽象的东西，这个时候呢，你讲的不是任何别的概念，而是精神，所以他这里"精神"要打着重号。精神作为本质，作为抽象的东

西,它就不是抽象的东西,它是什么呢? 它当然也是单纯统一性的形式,
也就是说,它作为抽象的东西,在它的抽象过程中,它是这个动作、这个
运动过程的形式,单纯统一性的形式。它的抽象性不体现在一个静止的
存在上,而体现在一个过程的单纯性、单纯统一性上,从头到尾它都是同
一个形式。你不仅要把本质看作精神中的一个抽象的元素,而且要从这
个本质的元素来看整个精神,你就会看出,这精神作为三个环节的统一
同样具有单纯性的形式。而"这形式因此同样本质上是一个成为他者的
过程",也就是同样会否定自己的单纯性和抽象性,这个过程本身是精神
的过程。所以"本质是抽象的东西"看你怎么理解,你如果从形式逻辑上
来理解呢,这没什么可说的,它就是它了;但是你如果把这个本质看作是
精神的本质,那就不一样了,精神的本质是抽象的东西,这句话说出来,
它就含有一种精神的活动在里头、有能动性在里头,精神作为本质,它的
抽象是一个活动,是一个抽象的动作,是一个把一切东西排除掉的过程。
像笛卡尔的怀疑,怀疑一切这就是抽象,这个不是,那个也不是,最后得
出来"我思故我在",这是一个很具体的过程,怎么会是抽象呢? 这是一
种能动的怀疑啊! 一个"我"活生生地站在面前,他怀疑一切,当然把内
容都抽掉了,他不能够等同于他所怀疑掉的那一切,他不等同于他所抽
象掉的那所有的东西,他是一个单纯统一性的形式。我在所有的怀疑中,
我保持了一个抽象的、统一的形式,就是"我怀疑",但是"我怀疑"这个
形式那就是精神本身,那就是本质的抽象的东西,本质的抽象的东西实
际上又成了一个非常具体的东西,就是"我思故我在"。这个"我在"就
不再抽象了,它是一个能动的主体了,所以对于最初的那个抽象的东西
而言,它就成了一个他者,它就不抽象了,它就具有了丰富的内容。主体
本身具有丰富的内容,但是它的形式呢还是保持单纯统一性,不管你有
多么丰富的内容,像康德所讲的,我的一切表象都是我的表象,这个我伴
随着我的一切表象,这个我是不变的,是单纯统一性的一个形式。所以
这里也是同样的道理,这形式因此同样本质上是一个成为他者的过程,

我在每一次否定之后，我在每一次抽象之后，我都使自己成为了他者。我否定了一切，但是正因为我否定了一切，所以我存在了，成了一个不再被否定的他者，我靠着否定了一切，我才得以肯定地存在。当然这里不是讲的我思，他这里讲的是上帝，讲的绝对精神，但是道理是一样的，上帝作为一个绝对精神，他就是一个主体，我们要从主体的角度来看，那这句话就好理解了。

　　——或者换句话说，永恒本质与它的自为存在的联系是纯粹思维之直接单纯的关系；所以在这种于他者中对自身的**单纯**直观里，**他在**并没有作为他在而建立起来；它是一种区别，正如这区别在纯粹思维中直接就是**无区别**一样；正如一种**对爱的**承认，其中双方按其本质并不是彼此**对立的**。

　　"或者换句话说"，这是进一步地解释了，进一步解释刚才的这样一段极其抽象、极其思辨的话。"永恒本质与它的自为存在的联系"，这个前面讲了，上帝有三个环节，第一个环节是本质的环节，第二个环节是自为存在的环节。永恒本质这是第一个环节，与它的自为存在的联系，与第二个环节的联系，"是纯粹思维之直接单纯的关系"，这是从概念上来讲，是一种直接的单纯关系，它不需要有什么间接的活动，它直接就是。第一个环节跟第二个环节的联系是一种纯思维的关系，纯粹思维的直接单纯的关系，也就是凭借上帝的概念中所固有的三个环节直接相联系，如果不加进表象的话，那就很好理解，如果从单纯哲学思辨、概念思辨的这样一个角度来看的话，它们实际上是同一个东西。当然在概念中已经有了推演，已经有了概念的运动，但是是概念自己的运动，概念自己必然就会过渡到第二个环节。"所以在这种于他者中对自身的**单纯**直观里"，"单纯"打了着重号，也就是说，如果是这样一种单纯直观的关系的话，如果绝对本质和自为存在、也就是自在存在和自为存在是一种在他者中对自身的直观的关系的话，那么"**他在**并没有作为他在而建立起来"。这个他在仍然是自在，自为存在所造成的他在仍然是自在，因为它们是直接的关系，所以这个他在呢并没有作为他在而建立起来，这个他在并没有他在性，它还是内在的，还是在概念中，并没有跟直接的存在、永恒的本质真正有所对立。看起来好像是对立，但是这个对立呢是由永恒本质自己直接就发展出来的，所以在这样一个他在里面呢，我直接就看得出永恒本质的第一个环节，在第二个环节里面直接看出它的第一个环节。所以这第二个环节呢并不是作为他在而建立起来的，虽然它是他在了，它已经走出了一步了，但是走出了这一步它还没有站住，它直接就回到它的自在里面去了。这就是上面"在自身中的精神；三位一体"中圣父的情况，在那里，"本质只是在它的自为存在中直观到它自身；它在这种外化中只是在自身中"[见贺、王译本第 243 页第 2—3 行]。所以他在并不是作为他在而建立起来，"它是一种区别，正如这区别在纯粹思维中直接就是**无区别**一样"，前面我们讲到上帝的概念本身就有三个环节，第一个环节就是本质的环节，第二个环节是自为存在的环节，这已经是一种区别了，但在纯粹思维中，这种区别直接就是无区别，它们是同一个东西的两个环节。三位一体从概念的纯粹思维的角度来看是很容易理解的，概念自身把自身区别开来，同时呢因为它是自己把自己区别开来，所以它又是没有区别，它区别出来的东西还是它自己。"正如一种**对爱的**承认，在其中双方按其本质并不是彼此**对立的**"，"对爱的"打了着重号。为什么这个地方要纳入一个对爱的承认呢？在基督教的表象层面，上帝本身就被称之为爱，上帝就是大爱，就是圣爱。那么这种对爱的承认，上帝爱他的独生子耶稣，耶稣基督本身就是爱，圣父和圣子这双方在这方面本质上并不是对立的，而是一个东西。这里是以"爱"的表象来佐证上帝的概念内部的关系，每个概念在表象上都会有所反映，但只有概念才能把表象中的关系陈述清楚。所以在基督教里面这种爱的承认关系就相当于在纯粹思维、纯粹概念里面的这样一种既是区别又是无区别的关系，是一种最直接的关系。爱也是一种最直接的关系，在其中双方按其本质并不是彼此对立的，"对立的"打了着重号。上帝就是耶稣基督，或者耶稣基督就是上帝，从概念上来说呢这个是顺理成章的，因为它们就是同一个概念的两个环节嘛，自在的环节和自为的环节是同一个上帝概念的两个环节，当然不是对立的了。那么这种直接关系在表象里面呢，就表现在对爱的承认上。

——那在纯粹思维元素中表现出来的精神本身从本质上就是**不仅存在于纯粹思维之内，而且也是现实的**精神，因为在它的概念内本身即包含着**他在**，就是说包含着对纯粹的、仅仅被思维的概念之扬弃。

这句话跟前面讲的已经有不同了，前面讲的都是在纯粹思维里、从纯粹概念的角度来理解，我们都很好理解，永恒本质和它的自为存在的直接关联，在概念里面它就是直接关联，在前面那个讲上帝作为圣父的三位一体的圆圈中就是这种情况，已经讲过了。但现在要讲的是圣子的王国，所以必须引入爱的承认这个表象，不能光讲抽象概念了。这个时候就已经开始有所不同了，已经开始引进一种表象思维了，当然这时运用表象思维是服务于概念分析的，而不像以前那样独立运用而使概念受到遮蔽。"那在纯粹思维元素中表现出来的精神本身从本质上就是不仅存在于纯粹思维之内，而且也是**现实的**精神"，"现实的"打了着重号。这就开始超出纯粹思维了，现在正式开始从前一个小标题"1. 在自身中的精神；三位一体"过渡到了现在这第二个小标题，"2. 外化的精神；圣子的王国"。前面讲的都是在纯粹思维的角度来看上帝的第一个环节跟第二个环节之间的那种既区别、同时又没有区别的关系，就是同一个概念它的自我展示出这两个环节。那么除了展示出这两个环节呢，它还有第三个环节，就是必须要展示为现实的存在，也就是在他者中自为存在或自我认知的环节，这种认知就是话语，就不光是一种纯粹思维了，而且也是现实的存在，必须要说出来才存在。而说出来的话就是道成肉身了，所以前面圣父的第三环节、合题就直接成了这里的圣子的王国中的正题，那在纯粹思维元素中表现出来的精神本身从本质上就是不仅存在于纯粹思维之内，而且也是现实存在的精神，而且也是要说出来、要外化出来的精神。"因为在它的概念内本身即包含着他在，就是说包含着对纯粹的、仅仅被思维的概念之扬弃"，它感到自己的不足嘛，感到自己的抽象性，于是呢，它就变为自为存在。而自为存在呢就是要扬弃这种仅仅被思维的概念，达到自己的他在，从概念里面进入到现实，必须要创世，必须要道成肉身，用说话来创造世界。为什么要说话？说话就是表象啊，虽然话语本身它的含义是概念，但是它说出来就是表象，就进入到了现实性。上帝就是凭借他的说话来创造整个世界，所以上帝的话语是具有现实性的，而这种现实性就是对于纯粹的、仅仅被思维的概念之扬弃，它就不再是那种仅仅被思维的概念，它已经进入到现实性了。这就是黑格尔特有的对上帝存在的本体论证明，就是从概念推出存在、推出现实。这个证明本来已经被康德摧毁了，对上帝存在的本体论证明已经被康德证明为不可能了，就像一个商人，他说我有一百元，嘴里这样说，现实的口袋里面就有了一百元，这是很荒谬的，我有一百元的观念不等于我有现实的一百元，这是康德已彻底摧毁了的。但是黑格尔这里讲的概念中不仅仅是主观观念，也不是康德的抽象概念，不是那种仅仅脑子里想一想就算了的，他说你如果真的有一百元的概念，你就会去挣到那一百元，你挣到这一百元就是因为你的一百元的概念造成的，你如果连一百元都没想到，你哪里来的一百元呢？如果你真的想到了，你就会去挣。上帝的概念也是这样，上帝的概念里面本身就包含着外化为现实性，也就是创造世界了，最后的创造就是上帝造人，上帝按照自己的模样造人，这就使自己变成了现实，在自己的他在中直观到自己。在上帝的概念中虽然也有他在，自在、自为，自为已经是形成他在了，但是这个他在呢还没有真正作为他在而建立起来，你必须要到了第三个环节真正地外化为现实性，这个他在才真正地作为他在而建立起来。这就包含着对纯粹的、仅仅被思维的概念的扬弃，概念里面就包含着对概念的扬弃，因而从抽象思维的圣父的王国进入到了现实的圣子的王国。

　　<u>纯粹思维的元素，由于它是抽象的东西，它本身反倒是它的单纯性</u>**<u>的他者</u>**<u>，因而就过渡到</u>**<u>表象</u>**<u>这个本来的元素，——在这个元素里，纯粹</u><u>概念的诸环节既相互保持着一个</u>**<u>实体性的</u>**<u>定在，同时它们又都是</u>**<u>主体</u>**<u>，</u>　[245]
<u>这些主体不是对于一个第三者而拥有存在的彼此漠不相干性，而是在自</u><u>我反思中互相分离地对置着。</u>

　　"纯粹思维的元素，由于它是抽象的东西，它本身反倒是它的单纯性的**他者**"，"他者"打了着重号。这个前面已经讲了，纯粹思维的元素，正由于它是抽象的东西，它本身反而成了它的单纯性的他者，或者说，本身反而成了对它的单纯性的否定。当然一般讲抽象的东西就是最单纯的东西，它把所有不单纯的、复杂的东西都抽掉了，剩下一个最单纯的东西；但是，正由于它是抽象的东西，所以它本身反倒是它的单纯性的他者，反而否定了这个单纯性。我们刚才已经讲了这个道理，谢林就不懂得这个道理。谢林说单纯性就是单纯性，抽象就是抽象，绝对同一就是无差别的同一，没有任何差别、没有任何区别的同一，上帝最开始是这样的；但是后来又怎么产生出了有差别的东西呢？那就无法解释了，那就像手枪发射一样，突然一下就出来了，就带有一种神秘主义。黑格尔是从概念的本性来解释的，抽象的东西正因为它是抽象的东西，所以它就是不抽象的东西，它由于抽象活动而使自己不抽象了，所以就是单纯性的一个他者，一个否定。所以它本身是一个具体的东西，不再单纯了，它在抽象活动中就不再单纯了，你每一次把什么东西抽掉，都是作为一个不单纯的东西或者是一个非抽象的东西来进行的。"因而就过渡到**表象**这个本来的元素"，那么成为他者呢，它就过渡到了表象，"表象"打了着重号。表象是一个本来的元素，一个根本的元素，因为抽象的东西进入到单纯性的他者，它已经否定了单纯性了，那么否定单纯性的这个他者呢，那就有自己的表象，而不再单纯了。"在这个元素里"，就是在这个表象的元素里，"纯粹概念的诸环节既相互保持着一个**实体性的**定在"，进入到这个表象的元素，那就是要把所有的东西分清楚了，表象跟概念不一样，这

211

种被思维的概念、纯粹的概念已经被扬弃了，这个前面讲了，当精神外化为他者的时候，它就把这样一些作为概念的概念、纯粹思维的概念扬弃了，扬弃了以后呢就采取了一种表象的方式。所以这个表象呢是他者的本来的元素，你要把它真正变成一个他者，那就要用表象的方式来体现出来。如果你还是处在抽象的概念这样一个领域里面、纯粹思维的领域里面，那它就没有什么真正的区别，所有的区别都是一个东西，只有表象才能把这些概念中没有区别的东西区别开来。所以这个表象作为一个本来的元素，在其中纯粹概念的诸环节既相互保持着一个实体性的定在，"同时它们又都是**主体**"，"实体性的"和"主体"都打了着重号，表明现在主体和实体的同一。纯粹概念的诸环节，前面讲了，上帝有三个环节，这三个环节相互之间保持着一个实体性的定在。每一个环节本来在上帝的概念里面它们是相通的，是融为一体的，现在呢，通过表象把它们隔开，隔开成为三位，现在它们相互保持着一个实体性的定在。圣父、圣子、圣灵这三者是一个实体性的形态，由三位一体来保持，同时它们每一个又都是主体，都是位格，三位嘛，这个"位"就是 Person，又翻译成"人格"。当然上帝不能说是人格，所以他是位格，三位，三个位格。基督教有的异端说，那基督教就不是一神论了，我们就把它叫作三神论嘛，行不行？后来教会把这个观点否定了，那不行，三个位格还是一个位格，三位一体，在表象中是三个，但实际上是一个。这就解释不清楚了，三个又怎么成了一个呢？黑格尔把它解释清楚了，在表象中是三个，在概念中是一个，这样一来就很顺了。黑格尔的解释对基督教来说应该是唯一可能的解释，但基督教不承认它，教会不承认它，教会那些人都不是哲学家，不是思辨哲学家，宗教哲学不是思辨的哲学，所以他们认为黑格尔这样一搞，那就把上帝变成了一种哲学的研究对象了。所以他的最高的阶段不是天启宗教，而是绝对认知，是哲学。这个是教会所不能承认的，教会还是认为宗教信仰要高于哲学，那是至高无上的，你把哲学抬到宗教之上，那你就是叛逆，那你就是异端。所以黑格尔是不能够为教会所接受的，基督教会还是认为应该信仰至上,而不是理性至上,而黑格尔是理性神学。当然黑格尔的分析恰好揭示了天启宗教它之所以遇到这样的困难的根源,就在于它通过表象活动把一个纯粹概念的三个环节变成了三个实体,而每一个实体同时又都是主体,那就要打架了。"这些主体不是对于一个第三者而拥有存在的彼此漠不相干性",它们相互之间不是在一个第三者眼里漠不相干的,"而是在自我反思中互相分离地对置着",即使没有一个第三者把它们分隔开来,它们自己也会由于自我反思而互相分离开来,互不买账。这就是表象思维的特点,它不一定是说在信徒的眼睛里面就有三个存在,而是说,这三位主体本身在反思中就是互相分离、互相对置的。这种对立正是在自我反思中,而不是对于一个外面的第三者而言的。所以基督教还是一神论,不能说基督教是三个神,它是三位一体的一神,它跟犹太教、跟伊斯兰教不同的地方就在这里。当然在道理上这是说不过去的,但是基督徒相信这个,它在自我反思中同时又要承认有三个东西,三位一体,这不是道理,而是信仰。

那么这个三一体,下面就来解释了,前面都是序言,都是一个引子。在"2.外化的精神;圣子的王国"下面,前面两段都是一个序言。第一段就是讲从上帝的概念如何外化出圣子的王国,第二段呢就是圣子的王国基于这样一种表象提出了有三个主体,同时又都是实体。那么下面呢,就按这三个主体一个个地来讲,这就构成圣子的第二个圆圈。它有三个带括号的小标题:一个是 [(1) 世界],我把它改成 [(1) 创世],不光是世界,而是创造世界,创世,这是第一个主体;第二个小标题是 [(2) 善与恶],善与恶都是主体的行为;第三个小标题是 [(3) 得救与和解],我把它改成 [(3) 救世与和解],也是最终的主体行为。"创世"这个小标题里面包含上帝创造世界,以及创造亚当,创造人;造人以后呢,必然引发第二个环节善与恶,即人的堕落和原罪,以及撒旦和耶稣基督的对立;最后是基督的救世与和解,上帝为什么要创造出耶稣基督?创造出耶稣基督来就是要拯救世界。这是圣子的三个环节。

　　[（1）创世]创世是体现上帝的威力了，道成肉身，实际上是上帝三位一体结构里面的第三环节，它成为圣子的王国里面的第一环节，但却是从耶稣基督的立场、从这第二个圆圈的立场上来看圣父。前面是从圣父的眼光来看道成肉身，来看创世；现在我们反过来，从圣子的眼光来看创世。那么首先要创造世界啊，因为圣子耶稣基督就是在这个世界中诞生的嘛，而且最开始创造的人类不是耶稣基督，而是亚当和夏娃。

{412}　　<u>因此那仅仅永恒的或抽象的精神就对自身成为了**一个他者**，或者说，就进入到定在并直接进入到**直接的定在**。这样它就**创造**出一个**世界**。</u>①

　　"因此那仅仅永恒的或抽象的精神"，就是上帝的第一个环节，"就对自身成为了**一个他者**"，那就是自为了，这个他者是上帝自为造成的，是他自为的创造，"或者说，就进入到定在并直接进入到**直接的定在**"，"直接的定在"打了着重号，前面"一个他者"也打了着重号。这里都是强调了上帝从他的理念中、从抽象的概念中下降到人世，对自身成为了一个他者，进入到定在并直接进入到直接的定在，为什么有两个"直接的"？第一个"直接"和第二个"直接"不一样，第一个"直接"是概念的直接，第二个"直接"是表象的直接，概念上有直接性，但是直接的定在这个跟概念的直接性就不一样了，直接的定在就必须体现为表象，必须直观地显现出来啊，必须进入到现实性啊，这才能成为一个他者，这就是上帝的创世了。"这样它就**创造**出一个**世界**"，"创造"打了着重号，"世界"也打了着重号。这里德文版有一个注释：参见《创世记》第一章第一节，就是讲上帝七天之内创造了一个世界。

　　<u>这种**创造**就是为**概念**本身并按照概念的绝对运动所表象出来的话语，或者说这话语是为了表象出，那被作为绝对而说出来的单纯东西或纯粹思维，由于它是抽象的东西，所以它不如说是否定的东西，因而是与自己相对立的东西或**他者**；</u>

---

①　参看《圣经·创世记》，1,1.——丛书版编者

我们先在这里打住。"这种**创造**","创造"打了着重号,"就是为**概念**本身并按照概念的绝对运动所表象出来的话语",这种创造就是话语,《创世记》里面一开始就是讲话嘛,就是上帝说:要有光,于是就有了光,上帝说这光要怎么怎么样,要跟黑暗分开,他说什么就有什么,所以这种创造就是话语。什么话语呢?就是为了概念本身,并按照概念的绝对运动而表象的话语,"概念"打了着重号。就是这种创造的话语一开始就是为了概念的,虽然它本身是表象,但它是按照概念的绝对运动来表象的。这一点人们通常不会注意到,不会在《圣经》一开始就领会到里面蕴含的概念的意义,也不知道上帝创世这个表象一开始就是按照概念的运动来展示的。其实这种话语不是乱说的,而是隐晦地表达了某种概念,并为这概念的运动在作准备,甚至本身就进入到了概念的运动。所以上帝创世的话语里面是有概念的,不要简单地以为它就是我们普通人说的话了,言成肉身、言成世界,这个言是圣言,不是我们一般普通老百姓的语言,它是按照概念本身的绝对运动所表象出来的话语。这个概念的绝对运动就是从第一个环节到第二个环节,从自在到自为,从单纯的本质到自为的他者,这个后面是有概念作支撑的,是概念本身在作绝对运动。它的表象也是按照概念的这种绝对运动在表象。"或者说这话语是为了表象出,那被作为绝对而说出来的单纯东西或纯粹思维,由于它是抽象的东西,所以它不如说是否定的东西,因而是与自己相对立的东西或**他者**",换句话说,这话语是为了表象出,——注意这里话语本身是一种表象,已经进入到表象了,进入到表象也就是进入到现实世界了。这话语所表象出来的是什么呢?那被作为绝对而说出来的单纯东西或纯粹思维。其实就是否定的东西,是与自己相对立的东西或他者,"他者"打了着重号。这话语表象出来的一个事实,就是上帝作为纯粹思维,在他的自我否定中成了自己的对立面或他者,成了世界或肉身。要表达这一事实,非借助于表象不可,单凭纯粹思维和概念不行,那只会在概念内部转来转去,转不出来。而话语的表象所起的作用就在于使抽象的纯粹思维、绝对单纯的东西作为一个他者而被说出来，成为现实性。但这一过程所体现的恰好就是概念的绝对运动，即概念作为单纯东西或纯粹思维而走向自己的对立面并成为他者的运动。我们前面通过概念的分析已经看出这一点，第一个环节单纯的本质跟它的第二个环节自为存在这两个环节在概念中直接相通，在表象中虽然显示出好像是两个不同的东西，但它表达或启示出来的正是在概念中两者作为同一个运动的两个环节的同一性关系。不过，经过表象活动的插手，概念中与自己相对立的东西就不再是抽象的东西了，而是一个真正的他者，一个现实的对象。用话语来创造世界所表象出来的就是这样一件事情，就是概念里面的这样一个自相矛盾、自我否定的运动。话语可以创造出世界，这在一般人的理解里面是不可能的，你说你有一百元，你难道就真的有一百元了？你要从它后面的这个概念来说就很好理解，因为概念它本身作为抽象的东西就是否定的东西，它本身就是要产生出他者来的，从概念上来说这是顺理成章的；但是从表象来说就不好理解，从字面上看，上帝光凭他说话就能在七天之内创造整个世界，这也是基督教的一个神秘不可解的地方。为什么不可解？就是因为你站在表象的立场上，停留于字面意思，你没有看到它后面的概念；一旦你根据它后面的概念来理解，这就没什么神秘的了，它只不过是把这样一种概念的运动以一种表象的方式说出来而已。

　　——或者，用另一种形式来讲述这同一件事，即因为那被作为**本质**建立起来的东西是单纯的**直接性**或**存在**，但是它作为直接性或存在又是缺乏自我的，因而它是缺少内在性的**被动的**，或者说它是**为他存在**。

　　"或者，用另一种形式来讲述这同一件事"，用另一种形式，用哪一种形式呢？我们刚才讲的是上帝创世，是从上帝的眼光来看怎么创造这个世界的；那么用另外一种眼光来看呢，我们可以从被创造的东西来看这件事情，前一种形式、第一种形式是从上至下地来讲，第二种形式呢是从下至上地来讲。"即因为那被作为**本质**建立起来的东西是单纯的**直接性**或**存在**"，因为那被作为本质建立起来的东西，"本质"打了着重号。就是上帝所创造的东西，如果从它的本质来看的话，就是单纯的直接性或存在，"直接性"和"存在"也打了着重号。它本质上就是存在，前面讲到从概念推出存在的本体论的证明，上帝创造出整个世界这样一个过程，我们可以把它看作是把这个直接性和存在作为本质而建立起来，这个世界是他的本质的一种体现。那么这个作为本质建立起来的东西一旦建立起来呢，它就是单纯的直接性或存在，也就是感性的东西了。现实世界都是感性的东西，是感性的直接性或者是存在了，这个世界已经存在了，上帝使它存在了，那么我们从直接性和存在这样一个角度来看它。"但是它作为直接性或存在又是缺乏自我的，因而它是缺少内在性的**被动的**，或者说它是**为他存在**"，这样一个直接性的存在正因为它是直接性的，是存在的，所以它是缺乏自我的，缺少内在性的。"被动的"和"为他存在"都打了着重号，从上帝的造物这个角度来看，我们可以看出他所创造的这些他在都是被动的，是为他存在。这个"为他存在"可以理解为它们都是为上帝而存在的，也可以理解为它们相互都是为他的，都是被动的嘛，它们相互牵制，处在一个相互关联之中。关键就在于它们缺乏自我，缺少内在性，上帝所创造的是一个物质世界，包括亚当、夏娃这个时候都还是动物，它们都是为他存在，而不是自为的，不是具有自我的内在性的。

　　——这个**为他存在**同时就是**一个世界**；在**为他存在**这一规定中的精神就是前此包括在纯粹思维中的诸环节的静止的持存，因而也就是这些环节的单纯普遍性之消除和它们之分散成它们各自的特殊性。

　　"这个**为他存在**同时就是**一个世界**"，"为他存在"打了着重号，"一个世界"也打了着重号。上帝所创造出来的这样一个世界是一个世界，一个世界就是统一的，所有的世上万物都是为他存在，没有超出这个之外的，它们组成了一个统一的世界。上帝创造了这一个世界，这个世界是他的造物，是完全被动的，并且都是为他存在的。"在**为他存在**这一规定中的精神"，这个为他存在的世界是上帝的造物，所以它还是精神的造物，那么在这个里头的精神是一个什么样的精神呢？"就是前此包括在纯粹思维中的诸环节的静止的持存"，就是这个为他存在也还是要用精神的眼光去看，基督教也承认这一点，在万物中你都要看到上帝的大能，上帝无所不能，所以你要用精神的眼光去看这个世界。你不能用唯物主义的眼光看这个世界，把上帝撇在一边，你必须把这个世界看作是上帝的精神的产物。那么这里头精神是什么精神呢？就是前此包括在纯粹思维中的诸环节的静止的持存，这样一个精神、在世界中的精神、在为他存在中的精神，不过是前面从纯粹概念的角度来看的上帝的各个环节的静态的形式，或者说是外在化和固化了的概念。上述纯粹思维的三个概念的环节，在世界中采取了静止的、持存的形态，所以上帝创造的这个世界后面其实还是有概念的环节在主导，在作支撑的，但这些概念的环节并不处于原来的那种概念运动中，而是外化成了一种静止的持存。"因而也就是这些环节的单纯普遍性之消除和它们之分散成它们各自的特殊性"，既然概念的诸环节已经成了静止的持存，那么这些环节的单纯普遍性就消除了，它们被一个一个地看待，每一个都被当作特殊的东西。由于外化为客观世界，圣父、圣子、圣灵都被分散了，他们都不具有普遍性了。本来他们都具有普遍性，都是同一个三位一体的上帝，每一个都具有普遍性，每一个都包含另外两个，本来是这样的；现在他们分散成了各自的特殊性，上帝和上帝所创造的世界是不同的，上帝是主动的，上帝所创造的世界是被动的，所以圣父和圣子也是不同的，他们各有自己的特殊性了。概念从普遍性进到了特殊性，带上了特殊的表象，既然进到了特殊的表象，那么上帝所创造的这个世界就以一种特殊的方式呈现在你面前，那就是五花八门的了。上帝创造世界，创造了那么多的东西，大地、光明、黑暗、动物、植物、亚当、夏娃等等，都是各不相同的，都具有自己的特殊性，它们虽然都是上帝创造出来的，但是创造出来以后，每一个都不同，这就从普遍性下降到了特殊性。

但是世界并不只是这样一种被分别抛入到完整性及其外在秩序中的

精神，相反，由于精神本质上是单纯的自我，这自我在世界中同样也就是现成在手的了：它是**定在着的**精神，这种精神是具有意识并把自身作为他者或作为世界同自身区别开来的那种个别的自我。

上帝创造世界，而且所创造的这个世界已经成了一种特殊的东西、一种为他存在。"但是世界并不只是这样一种被分别抛入到完整性及其外在秩序中的精神"，世界并不是这样一种精神，你说世界要体现出精神，那并不是这样一种精神，就是被分别抛入到完整性中，一个一个的特殊的东西被分别抛入到完整性中。完整性 Vollständigkeit，就是完备性，无所不包，完备无缺，上帝创造世界是完备无缺的，什么他都想到了，什么都想好了。"创世纪"里说，"上帝看着是好的"，看着这是好的，好的也就是完善的，上帝看着这是善的，他又创造出一个东西，看着这是好的，所谓的"好"就是完善性、完整性，完整性就是完备无缺。上帝创造的世界已经完备无缺了，没有什么缺少的了，是完满的了，既有这个也有那个，既有动物也有植物，也有人，等等。及其外在秩序，所有这些造物被抛入到一种完整性和这些东西的外在秩序中，这个完整性它本身有一种秩序，但这个秩序呢是外在的，是上帝安排的。上帝创造出亚当、夏娃，上帝命令亚当、夏娃去管理地上的万物，给每一件事物命名，这是上帝交给亚当、夏娃的任务。亚当对每一件事物命名，然后呢就可以对它们加以管理了，人是万物之灵长嘛。但这样一种秩序是外在的秩序，是上帝交给的任务，那么世界是不是仅仅就是这样一种被分别抛入到完整性中及其外在的秩序中的精神而已呢？不是。"相反，由于精神本质上是单纯的自我"，如果世界仅仅是这样一种外在的秩序，仅仅是这样一种完备性，那是没有自我的，那么世界怎么能够体现出精神来呢？在植物和动物上，在光明和黑暗，在大地和天空，都体现不出精神来啊。在人身上体现出了精神，但是人如果仅仅是接收上帝赋予他的使命，那他也体现不出来啊，人就还是一个动物。由于精神本质上是单纯的自我，必须有一个单纯的自我，这个单纯的自我不是由其他的外在的秩序来规范的，而是自觉的、自由的。"这自我在世界中同样也就是现成在手的了：它是**定在着的精神**"，"定在着的"打了着重号，就是说这个世界要体现出一种精神来，这种精神本质上是单纯的自我，这个自我在世界中同样也是现成在手的了，那就是体现在亚当身上的精神，体现在上帝按照自己的形象造人，只有亚当是按照上帝自己的形象造的，其他的动物不是，植物更不是。所以由于精神本质上是单纯的自我，这个自我在世界中是现成在手的，在创造世界的时候就造出了人，他就是定在着的精神。定在着的精神就是一个具体的个人，他身上有精神，体现为一个个人的精神。"这种精神是具有意识并把自身作为他者或作为世界同自身区别开来的那种个别的自我"，这精神是具有意识的，亚当、夏娃给万物命名，这表现出亚当、夏娃已经有意识了，他命名，也就是把万物都当作自己的对象加以确定，他已经有了对象意识。同时他把自身作为他者或作为世界同自身区别开来，把自身作为他者，这个作为他者就是作为肉体了，他本身是精神嘛，这个精神具有意识，并且这个精神把自身作为他者、作为肉体同自己区别开来，所以也把自己和世界区别开来。我跟万物都不一样，我是万物之灵长，万物都是由我来统辖，于是把自己的肉体和整个世界与自己的精神相区别，他是这样一种个别的自我。亚当已经有一种个别的自我，具有了意识，并把自己作为精神和作为肉体区别开来，这是上帝造人所体现出的一种精神，体现出了上帝的精神，因为亚当无非是上帝按照自己的形象所创造出来的。这个形象不能理解为外在形象，因为上帝无形无象，只能理解为按照上帝的精神、或者按照上帝的精神形象造人。所以人就像上帝，人就是一个小神，因为人有精神，人像上帝一样具有精神，他能够把作为精神的自我跟他的肉体和整个世界区别开来，所以他成了一种个别的自我。

　　——当这样一个个别自我刚刚这样直接地被建立起来时，它还不是**自为的精神**；所以它并不是**作为精神而存在**，它可以叫作**天真的**，但还不太能叫作**善的**。

　　这句话很关键了。"当这样一个个别自我刚刚这样直接地被建立起来时",前面讲到亚当已经具有了意识,并且呢实际上也具有了自我意识,他能够把自身作为他者、作为自己的肉体或作为世界同自身区别开来,他是一个个别的自我,所以在这方面来说他也已经有了自我意识。那么当这样一个个别的自我刚刚这样直接地被建立起来的时候,最初被建立起来的时候,"它还不是**自为的精神**",它还不是自为的,它还是自在的,它是刚刚直接被建立起来的,还没有自觉地运用自己的自我意识。"所以它并不是**作为**精神而**存在**","作为"打了着重号,"存在"也打了着重号。它有精神了,但是它不是作为精神而存在,它在某种意识上还是个动物。亚当最开始被创造出来的时候,他就有精神,但是他还不是作为精神而存在,还没有实际上体现出他的精神性,他还是作为动物而存在,只不过这个动物跟其他动物有等级上的不同,他是万物之灵长,但是他还是一个最高级的动物。我们在给人下定义的时候往往还免不了把这个"动物"带进来:人是有理性的动物,人是制造和使用工具的动物,也就是说在最开始的时候他的确还是一个动物。"它可以叫作**天真的**,但还不太能叫作**善的**",它可以叫作天真的,无辜的,无罪的,但是你还不好把它叫作善的。当然一般来说上帝创造的东西都是善的,都是好的,上帝不会创造坏的东西,上帝的造物都是好的,那么对人来说也是这样,上帝造人,人最初都是好的。我们通常讲"人之初,性本善",最好的人是那种最天真、最纯朴的人,虽然没有受过什么教育,也远离文明,在一个大山沟里头或者在北极圈附近,那些人是最善的。但是黑格尔这里特别提出来,这只能叫作天真的,还不太能够叫作善的。不太能够,就是说他也没有完全否定,你要那样说也可以,但是严格说起来,还不能叫作善的,不是很能够叫作善的,不是在完全的意义上叫作善的。你可以叫作天真的,他们之所以在文明人眼睛里面被看作是善的,那是因为文明已经发达了,善和恶都发展起来了,所以在原始人那里,在你看起来他没有文明人的那种恶,你就把他看作是善的。其实在原始人那里善和恶都还没有发展起来，他既没有发展出恶，也没有发展出善，所以那个时候他跟动物还差不多，跟小猫、小狗差不多。小猫、小狗你觉得它很好，很多人现在养狗、养猫啊，养孩子还不如养狗、养猫，养狗、养猫还懂得报答，懂得报恩，养个孩子呢白眼狼，不孝。但是狗和猫它真的懂得孝吗？不是的，它只是天真而已，它没有那些观念。那么人类最初也是，人类最初就像个动物，不太能够叫作善的。所以真正的善只有在恶发展出来以后才会锻炼出来，这是基督教的一个基本的概念，所谓原罪的思想。这个我们中国人很难理解，我们中国人通常都比较崇拜那种赤子之心，那种原始的、未受教化的本能，如孟子讲的"不学而能，不虑而知"的良知、良能，不要通过思想，小孩子生下来就知道爱自己的父母，尊敬自己的兄长，这是天生的。儒家、道家都崇尚这种天生的赤子之心，这个在基督教里面呢，如果要讲文化差异的话，这是最根本的差异。所以这句话我叫大家注意，这句话是特别我们中国人要注意的地方，因为这跟我们的文化根基相冲突，天真严格说来还不能叫善的。

它要实际上成为自我和精神的话，首先自己必须成为他自身的**他者**，正如那永恒的本质被呈现为在自己的他在中与自身相同一的运动那样。

"它要实际上成为自我和精神的话"，这是虚拟式，因为亚当这个时候还不是自为的精神，也就是说还没有实际上成为自我和精神，它还不是一种精神的存在，还只是一种具有精神的动物存在。万物之灵长具有了精神，但是它还是一种动物。它要在实际上成为自我和精神，也就是说成为精神的存在，成为有自我意识的存在，那么"首先自己必须成为他自身的**他者**"，"他者"打了着重号。要自身成为自己的他者，也就是要自我否定，要把自己变得不是自己原来那样的，必须要走出自己的天真状态，必须要背叛自己的天真状态，这才能走出动物性。"正如那永恒的本质被呈现为在自己的他在中与自身相同一的运动那样"，这是跟上帝打比方了，上帝也是这样的，永恒的本质也必须要呈现为在自己的他在中与自身相同一的运动，这在前面讲上帝的三位一体时已经阐明过了。上帝为什么创造世界？什么要创造出一个比自己低级的世界？永恒的本质、上帝如果不创造出一个世界来，它就展现不出它的运动，它也就不能够与自身同一，那么它也就显示不出它的存在。上帝如果不创造世界的话，谁知道有个上帝呢？上帝高高在上，什么也不做，那就什么也没有，你不愿意降低自己的品味，不愿意屈尊来创造出一些比你更低级的东西，那你就什么也不是，虽然你可以享有一个空洞的至高无上的名，但实际上这个名是空的，没有内容，这种神学只是否定神学。所以上帝为什么要创造世界，道理就在这里，他要使他的存在有内容，或者说他的存在本身就是这样一个创世的运动过程，是这样一个动作，他才能够在自己的他在中与自身同一。要跟自己拉开距离，他才能够跟自身合一，这样他才是圆满的，否则他就是不圆满的，上帝连个世界都创造不出来，还能够叫上帝吗？所以创造世界是上帝必须要有的，必须要做的，是他的永恒本质所要求的。那么上帝创造世界，这个世界肯定是非精神的，肯定是物质性的东西了，那么人也是这样，人最初被创造出来，他是有精神的，但是他首先必须成为他自身的他者，他必须堕落，他必须违背他的精神。最初的这个精神虽然有，但却是空洞的，他是不自觉的，他必须要违背他的这个不自觉的精神，他才能够使他的精神达到自觉，才能达到他的自我意识，才能在实际上成为精神，成为自我的精神，这跟上帝要创造世界是一样的道理。上帝创造世界是上帝的异化，人的堕落是人的异化，但这是必然的。异化是必然的，在上帝那里是必然的，在人这里也是必然的，而且在某种意义上来说也是必要的，必须要自否定，上帝要自否定，人也要自否定。

　　由于这个精神被规定为刚刚直接定在着的，或者被规定为分散在它的意识的多样性中的，所以它的变成他物就是一般认知的**深入自身**。

　　"由于这个精神"，这还是沿着上面讲的，一个是人的精神，一个也可以理解为上帝的精神。由于这个精神"被规定为刚刚直接定在着的"，上帝创造世界，刚刚直接定在着，他刚刚直接创造出这个世界来，或者说人刚刚被创造出来，这两方面都可以理解。"或者被规定为分散在它的意识的多样性中的"，这世界已经创造出来了，但是它处在一种多样性之中，在亚当的眼睛里面五花八门、琳琅满目。前面讲，在世界中的精神是"这些环节的单纯普遍性之消除和它们之分散成它们各自的特殊性"，这个世界各种各样，被分散为它的意识多样性，这是上帝在创造世界之初的情况。"所以它的变成他物就是一般认知的**深入自身**"，你面临这样一个琳琅满目、五花八门的世界，你给每一个事物命名，也就是一种认知了，认知花鸟虫鱼，动物、植物，你给每一件事物命名，给每一件事物命名就是深入自身，它的变成他物就是一般认知的深入自身，"深入自身"打了着重号。我把我的意识附着在每一个对象身上，给每一个对象命名，这就是一般认知；同时呢它深入到了自身，看起来我好像在给一个对象命名，实际上我是在自我认识，我是在深入到自身，我的认知深入到了自身。我认知对象其实就是对自身的更深一步的认知，我认知到我能够认知对象了，我认知到我具有认知能力了，我具有命名的能力嘛，我给万物命名并且给它们编号，给它们安排秩序，当然是由上帝交下来的任务，但是是由我来完成的，我认知了万物，我也就认知了自己的认知，我的认知深入自身。本来我对万物命名跟自我认识好像没有什么关系，我不去认知自己，我去认知万物，给每一个对象命名，好像是一种自我否定，但是这种自我否定呢实际上就是一种自我深入，我发现我具有这样一种认知能力，这就深入自身了。

[246]　　　直接的定在翻转为思想，或者说仅仅感性的意识翻转为思想的意识，而且由于这种思想是来源于直接性，或者是**有条件的**思想，它就不是纯粹的认知，而是在自身拥有他在的思想，因而是在自身中对立的**善**与**恶**的思想。

　　"直接的定在翻转为思想"，直接的定在就是感性的定在、感性的对象了，我给它命名和对它的一般认知的同时就把它翻转为一种思想，我就把它变成了一个概念。"或者说仅仅感性的意识翻转为思想的意识"，本来是一种感性的意识、感性确定性，感性确定性如何变成思想呢？首先给它命名,给它取一个名字,于是感性的意识翻转为思想的意识。这个"翻转",umschlagen 就是本来是一种定在的东西、一种感性的东西,现在呢,通过我给它命名,它变成了一种思想的东西,成为了一种相反的东西。感性和思想本来是相反的东西嘛,现在我把感性的东西变成了思想的东西,就是翻转为了思想的意识,我的意识从感性的意识就变成了一种思想的意识。但是这种思想意识是从感性意识翻转来的,所以下面讲,"而且由于这种思想是来源于直接性,或者是**有条件的**思想,它就不是纯粹的认知,而是在自身拥有他在的思想",由于它来源于直接性、来源于感性,这是一种感性经验,或者说它是有条件的思想,有条件的,就是以感性的东西为条件的。这种思想在亚当那里还是一种有条件的思想,那么它就不是纯粹的认知,不是纯粹的思想了,它总是要考虑到它的条件,考虑到感性和欲望。所以它是在自身拥有他在的思想,在这个思想里面又拥有他在,拥有感性的对象,拥有感性的意识,或者说是被束缚在感性的意识之中,甚至是被他在所左右所支配的思想。"因而是在自身中对立的**善**与**恶**的思想","善"、"恶"都打了着重号。因为一方面它是思想,另一方面呢,它又是感性的,感性和思想两个本来是要打架的,本来是对立的,我把感性提升到了思想,但是这个思想呢还被感性所拖累,所以这样一个思想它是有自身的矛盾性的。当它被感性的东西所拖累、所支配时,这就是恶;当它自觉地摆脱感性的拖累的时候,那就是善,最初人的思想就在善与恶之间挣扎,既要提升到思想,同时呢又被感性所拖累。

人就被表象为这样,即**发生了**的那个事件是作为某种并非必然的事情而发生的,──人由于摘食了**善**与**恶**的知识之树的果子而失掉了自我等同性的形式,并且从天真意识的状态、从无需劳动就奉献在面前的自然界以及从天堂、从动物乐园中被驱逐出来了。①

这里德文版有个注:"参看《创世记》第三章。"这句话讲得更加明确

---

① 参看《圣经·创世记》,3.──丛书版编者

225

了，"人"，就是亚当和夏娃，"就被表象为这样，即**发生了**的那个事件"——"发生了"打了着重号——"是作为某种并非必然的事情而发生的"。发生了的事件，前面讲了基督教把这样一种概念的运动表象为一种发生了的事件，Geschehen，geschehen 就是"发生了的"，突发事件或者讲历史事件都用这个词，这不是一般的小事，这是具有历史意义的大事件。那件发生了的事件是作为某种并非必然的事而发生的，它并非必然的，它是偶发事件，为什么是偶发事件？因为上帝说，这园中所有的果子你们都可以吃，唯独那知识之树的果子你们不能吃，这条禁令本身就意味着，如果违犯了禁令，那只能是偶然的。因为人还生活在感性的世界、感性的意识中，感性意识中所发生的事都是偶然的，都没有意识到它的必然性。什么事件呢？"人由于摘食了**善**与**恶**的知识之树的果子而失掉了自我等同性的形式"，这就是《圣经》上讲的，人违犯了上帝的禁令，摘取知识之树的果子吃了，吃了以后就失去了自己的天真了，失去了自我等同的形式，他们开始眼睛明亮了，看到自己没穿衣服并感到羞耻。看到自己没穿衣服，这就失去了自我等同的形式，而建立起了自我意识的形式，不再是自己是什么就是什么，而是意识到自己应该是什么，这就是开始知道善恶了。所以为什么说人在天真状态中还不是善的，当然也不是恶的，就是因为他还不知善恶，不知善恶你怎么能说是善的呢？你也不能说是恶的。动物就不知善恶，所以动物干什么你都不能说它是善的或者是恶的。我们看《动物世界》的时候经常会说：哎呀，好可怜哪，这个鹿要被狮子吃掉了，快跑啊，你会有这样一种冲动。但那是你作为人的冲动，对于动物世界来说没有善恶，狮子它就是要吃肉的，不吃肉它就会死掉，那狮子也很可怜哪。所以你不能用善恶的标准来衡量动物，说有些是善良的动物，有些是凶恶的动物。人类早期也是这样，我们经常发现有些原始部落里面很残酷，例如所谓"猎头族"，菲律宾的原始森林里面今天还有猎头族。有一个美国的人类学家住到那里去了解他们，做他们的朋友，住了几十年，发现猎头族也有他们的道理，你不要以为他们就是食人族，他们就是非常没有人性的，其实他们有他们一整套道理。他们的道理很天真，你不能说它就是恶的，就是每一个成年人都要到对方的部落里面去杀一个人，把他的头拿来献祭，你才能完成你的成人礼，这叫猎头族，很残忍的。但是你不能用文明人的眼光去看它，对他们来说那是一件神圣的、非常崇高的义务，当然里面已经有善恶的萌芽了，但是还没有善恶的意识，他们还没有吃善与恶的知识之树的果子，还不知善恶。那么《圣经》中的上帝不允许人吃这个果子，吃了知识之树的果子人就会堕落，你知善恶以后，你就会堕落。当然话又说回来，只有堕落了你才能得救，你知道恶了，你也就知道善了。所以上帝是不是真的不想让他们吃知识之树的果子，这都很难说，如果他真的不想要他们吃，他不种就是了，或者不告诉他们就是了，把它移到他们够不着的地方就是了，办法多得很，为什么一定要告诉他：你不能吃这个树的果子？张志扬先生写了一本书，叫作《禁止与引诱》，禁止他就是引诱他，实际上是上帝引诱他犯罪。当然在基督教里面不能这样说，上帝引诱人犯罪不能说，只能说是魔鬼、撒旦变成了蛇引诱人犯罪。但最开始引诱的是谁呢？就是上帝！我们作为无神论者可以这样说，作为基督教徒还不能这样说，还不能这样相信，这一切也可能就是上帝的安排。人由于摘食了善与恶的知识之树的果子而失掉了自我等同性的形式，这是一个偶发事件，当然对于人来说是偶发事件，对于上帝也许并不是这样，有可能是上帝有意安排的。他失去了自我等同性的形式，就是说他自己跟自己不同了，他自己背叛自己了，他不是因为吃了知识之树的果子才知了善恶，而是因为最初开始萌发了要知善恶的意愿，他才去吃那个知识之树的果子，因此这个意愿使他失去了自我等同性的形式。他本来没有这个意愿，过得好好的，一切听上帝的，有什么不好？衣食无忧，什么都满足了，那为什么突然想起要去吃那个果子？当然是蛇诱惑他，但是蛇诱惑他你也要他听啊，他本来可以不听的嘛，蛇有什么蛮不得了的？又没有强迫你。所以他完全可以由自由意志决定：我不听你的，我听上帝的，那不就没事了吗？但是他听了，他就失去了自我等同性的形式。他原来只听上帝的，上帝创造了他，现在呢他失去了自我等同性的形式，他听了撒旦的了。"并且从天真意识的状态、从无需劳动就奉献在面前的自然界以及从天堂、从动物乐园中被驱逐出来了"，于是就被驱逐出乐园了。《圣经》上面讲，上帝把亚当和夏娃赶出了伊甸园，伊甸园是什么？伊甸园就是天真意识的状态，在伊甸园里面人还处在一种天真意识之中，在无需劳动就奉献在面前的自然界里自由自在地生活，伊甸园里面什么都有，不需要劳动。上帝把他们赶出伊甸园的时候就说了：你们必须要汗流满面才能挣得自己的面包，你们就必须劳动了。在伊甸园里面是不用劳动的，伊甸园就相当于天堂了，这是一个动物乐园。Der Garten der Tiere，本来可以译作"动物园"，但它并不是指人开办的一个动物园，而是指在这个园中的都是动物，人也是动物，那是一个乐园，大家都和谐相处。但现在人被驱逐出来了，人不再是动物了，这是一个伟大的事件！黑格尔把这故事后面的概念和纯粹思维的环节揭示出来了。休息一下。

[（2）善与恶] 刚才讲了"创世记"以及伊甸园的故事，这是《圣经》里面的故事，里面所展示出来的实际上还是一种概念的自我否定、自我运动，是这样一个过程，但是涉及到善与恶，也就是说善与恶在概念的理解中它也是一个概念的过程，它是一个发展出来的过程，我们看它怎么发展出来的。

由于定在着的意识的这种自身深入直接把自己规定为：自己与自己成为**不同一**，所以**恶**就显现为自身深入的意识的第一个定在；并且由于**善**和**恶**的思想是完全对立的，而且这种对立还没有被消除，所以这个意识本质上只是恶。

{413}

"由于定在着的意识的这种自身深入"，也就是亚当、第一个人，他是一个定在着的意识，上帝所创造的人、第一个人是定在着的意识；他的这种自身深入，刚才讲的这种自我否定实际上是一种自我深入。"直接把自己规定为:自己与自己成为**不同一**"。这种自身深入、自我否定想要更深地把握自己,在撒旦、蛇的启发之下开窍了。伊甸园里面蛇诱惑夏娃,夏娃说上帝不让吃这个树的果子啊,蛇就说上帝不是真的不让吃,善和恶的果子你吃了以后就有知识了,多好啊,上帝不会反对的;于是首先是夏娃了开始有了一种冲动,就想要深入自身,就想要自己掌握善和恶,得到善和恶的这种智慧,有一种智慧的冲动。这种智慧的冲动实际上是深入自身,就是说以前一直都没有这种冲动,以前一直都很傻,都生活在动物的层次上,现在我要作为一个有自由意志的人,要使自己变成有智慧。同时又由于那个苹果很诱人,感性的东西在诱惑着她,所以夏娃的犯罪实际上是一种自身深入的举动,向自身深入,我就试一次,看看怎么样。当然她也拿不准上帝是不是会发脾气,上帝已经说了不准做的事情,你这是违反天条啊,所以做这件事情的时候呢还是很忐忑的,也不知道后果会怎么样。但是她想试一试自身深入,看看自己会怎么样,看看有没有胆量尝试禁果。定在着的意识的这种自身深入直接把自己规定为:自己与自己成为不同一,"不同一"打了着重号,这个就是刚才讲的,由于摘食了知识之树的果子而失掉了自我等同性的形式。本来是自我同一的,从来都是一个动物,从创造以来,亚当和夏娃就是被创造的一个动物,现在呢要自己和自己不同,不愿意像一个动物一样服从上帝的安排。所以这个举动实际上是使自己和自己不同一,对自己作了一个不同的规定。"所以**恶**就显现为自身深入的意识的第一个定在",由此就可以看出,恶显现为自身深入的意识的第一个定在,一个自身深入的意识,它的第一个定在就体现为犯罪,体现为违背上帝的意志,这就是原罪了。意识你想要自身深入,你想要认识你自己,你想要把握自身,那么首先就体现为恶。"并且由于**善**和**恶**的思想是完全对立的",善和恶在思想中是完全对立的,至少在最开始的时候、在第一次犯罪的时候这个善和恶的思想是完全对立的。"而且这种对立还没有被消除",善和恶的对立这个时候还没有被消除,在最初还没有被消除,当然在最后可能它们的对立会被消除，但是现在还谈不上，还没有达到消除善恶对立的时候，"所以这个意识本质上只是恶"，这就是人之初、性本恶了。这跟我们中国人讲的"人之初，性本善"是完全颠倒、完全相反的，我们讲的这个性本善是讲在犯罪之前的那种人的本质，也就是在伊甸园里面的那种赤子之心，那种天人合一，人没有自己独立的自由意志，而是跟天合一的，在中国人看来那就是善。但是在西方人、在基督教里面呢认为那还不是真正的善，只有他犯罪以后才知道真正的善，因为他在此之前没有吃知善恶的果子，他还不知道善恶，你说他是善，那善是在什么意义上讲的？那不是在人的意义上讲的，不是人的善，那是上帝的善。所以你说人那个时候是善的，那你就把人混同于上帝了，人那个时候无所谓善和恶，而只有在他犯罪以后，他才知善恶。他吃了那个果子，那本身就是犯罪，这个时候他就知善恶了。而这个知善恶最初是起于恶，你要知善恶，那么首先你要有恶的意识，你才能知善恶，如果你缺乏恶的意识，那你就知不了善恶。因为上帝创造的东西都是善的，善没有恶跟它对比，那是显不出来的，人就没有善的意识；那么人犯了罪以后，有了恶的意识，那么才会有善的意识。所以这里讲自己与自己不同一，恶就显现为深入自身的意识的第一个定在。"不同一"为什么要打着重号呢？因为前面讲了，第48页，第二段的第三行："善即是对象性的实在性与它的同一性，恶则是对象性的实在性与它的不同一性。"Ungleichheit，不同一性，自我意识与它的对象性不同一，或者说自我意识与自身不同一，那么呢，它就得到了恶的意识，这就是恶。所以这个意识本质上只是恶的意识，人之初，性本恶。

但同时正是由于这个对立之故，就连那与恶相反对的**善**的意识也现成在手了，也就有了两者的相对关系。

有了恶的意识，就有了这样一种善恶的对立，那么善的意识呢当然也就现成在手了，或者说也就是题中应有之义，也就包含在其中了。"但同时正是由于这个对立之故，就连那与恶相反对的**善**的意识也现成在手了"，由于善和恶的思想是完全对立的，那么你有了恶的意识，肯定也就有与它对立的善的意识了，所以那与恶相反的善的意识就现成在手了。"也就有了两者的相对关系"，善恶对立，善恶并存，善恶并生，善恶转化，这是很辩证的了。善和恶绝对不可能有一个单独的善或者一个单独的恶，只能讲你可以设想最开始是本恶，然后呢你由于有了本恶，有了恶，所以也就同时有了善，所以这个不能从时间上说先有哪个、后有哪个。最开始在时间上是恶，这是在《圣经》里面这样讲的，最开始是犯罪，然后呢才有了善的意识；但是从逻辑上讲它们是并行的，是同时的。所以人之初性本善还是性本恶，我们刚才讲这是中西文化的一个很根本的区别，但是实际上这只是一个大框架，在这个大框架之下，中西都有性本善和性本恶的争论，西方人也有讲性本善的，中国也有讲性本恶的，像荀子就讲性本恶嘛，当然你可以说他归根结底还是性本善。西方人讲性本善呢归根结底还是性本恶，在中国人看起来，西方人讲的性本善那并不是善，人性本善在西方人就是讲人的享乐的合理性哪，人的欲望的正当性啊，但是在中国人看来那都是"人欲"，有什么善的。中国人的善是要"存天理，灭人欲"，人欲都是不善的，都是恶的。当然也有讲人欲本身是善的，像明清以来的有些异端，李贽他们，但是大体趋势还是认为个人的欲望是不好的，"共欲"才是好的，你要实现大家的欲望、老百姓的欲望，那是好的，但是你个人的欲望是不好的，通常都是这样认为。大的框架呢就是中国人讲性本善比较占主流，西方人讲性本恶呢是比较占主流。但是在黑格尔，他是在借用《圣经》说话了，其实在黑格尔自己心目中呢，没有哪个更加根本的问题，因为它是一个概念中的相互依赖关系，它只是在一个运动过程中展示出来的两个环节，你不能从时间上来理解。当然《圣经》上"原罪"是从时间上来理解的，但在黑格尔看来它只不过表象式地反映了概念里面的一种运动关系，从恶到善，这是一个运动关系，这两者都是人之本，你不能说以哪个为本。当然在时间上表象出来也可能是先有恶，然后才有善，但是在恶里面已经包含着善了，所以黑格尔讲人类的恶劣的情欲啊、人的激情啊是推动世界历史的，马克思非常赞赏他的这个观点，说这个观点非常深刻，非常辩证。所以从思想上来说、从逻辑上来说，这两者是不可分的。

——一旦直接的定在翻转为**思想**，因而一旦在更确切的规定中，**在自身中存在**一方面本身就是思想了，另一方面它就是本质之**成为他者**的环节，那么成为恶（das Bösewerden）就已经可以进一步从定在着的世界退出去而被放到最初的思维王国里面。

"一旦直接的定在翻转为**思想**"，"思想"打了着重号，直接的定在翻转为思想，从《圣经》的故事里面的那样一些直接定在的表象，我们把它解释为思想，从概念上来解释。"因而一旦在更确切的规定中，**在自身中存在**"，Insichsein 在自身中存在，这是黑格尔造出来的一个组合词，在自身中存在就是亚当、夏娃在自身中存在，保持自身的存在，存在于自身中的那种天真状态。"一方面本身就是思想"，这样一种直接的定在如果翻译为思想的概念的语言，那它本身就是思想。"另一方面它就是本质之**成为他者**的环节"，在自身中存在本身必然会自相矛盾的，一方面它本身就是思想，另一方面呢，它又是要成为他者，成为他者就是超出思想，进入到现实，这是在自身中存在的本质的环节。这个在自身中存在一方面本身就是思想，就是它是具有概念的，亚当和夏娃的存在在《圣经》中以表象的方式讲出来，成为圣经故事，但实际上呢，它是有思想的，后面是有思想作支撑的，它是代表着思想上的一个概念阶段；而另一方面它就是本质之成为他者的环节，"成为他者"（Anderswerden）打了着重号。成为他者那就不是单纯的思想了，那就是非思想了，那就是出于自己的感性，被诱惑，背叛了自己的本质，失掉了与自己的自相等同性，成为了他者。但成为他者也是它的一个本质环节，在自身在存在从本质上就必然要成为他者，这是它的一个本质环节，从这样一个环节来看，它原先的那种在自身中存在虽然本身就是思想，就是纯粹概念，但也只不过是另外的一个环节，这是反过来看了。顺过来看就是说本来是思想，后来成为他者，反过来看，成为他者，就把它原来的那个思想作为自己的一个初步的环节、第一个环节。这个前面也已经讲到过了，上帝的第一个环节就是直接的本质，第二个环节才是自为存在，那么整个过程呢就是成为他者的过程，第一个环节也成为了一个"成为他者"的环节。一旦这样的话，这是一个条件句了，一旦直接的定在翻转为思想，而且一旦在更确切的规定中，这思想分化为两个环节，即在自身中存在和成为他者。为什么是在更确切的规定中？前面是讲直接的定在翻转为思想，这是一般的规定，说直接的定在后面都有一个思想，你要从思想上、从概念的层次上居高临下地来解释它，来理解它；但是说得更确切一点呢，就是在自身中存在这个事情从自己的本质中分化出一个"成为他者"的环节，就是那个直接的定在本身就是由思想中外化出来的，所以你才能把它又翻转为思想。这就找到一个直接的、感性的定在和思想之间的关系的根本了，它不仅可以翻转为思想，而且它本身就是思想外化、成为他者的产物。这就是更确切的规定，而一旦有了这个更确切的规定，"那么成为恶 (das Bösewerden) 就已经可以进一步从定在着的世界退出去而被放到最初的思维王国里面"，也就是说，只要你把直接的定在翻转为思想了，并意识到它其实不过是思想外化的产物，那你就已经进入到了思想的王国，而不是逗留在表象的王国中了。这样一来，成为恶，也就是犯罪、亚当、夏娃的原罪，就可以进一步从定在着的世界退出。"进一步"是跟前面讲的"更确切的规定"相衔接的，如果你更确切地这样规定了的话，那么这种成为恶的犯罪过程也就可以进一步从定在着的世界退出来，也就是说你不要受这样一个定在着的表象世界的束缚，你可以退出这个表象世界，而把问题转移到那个最初的思维王国中去考察。所谓"最初的思维王国"就是第一个标题"1. 在自身中的精神；三位一体"中的那个上帝概念的王国；也是第二个标题"2. 外化的精神；圣子的王国"这个标题下一开始提到的："永恒本质与它的自为存在的联系是纯粹思维之直接单纯的关系；所以在这种于他者中对自身的**单纯**直观里，**他在**并没有作为他在而建立起来；它是一种区别，正如这区别在纯粹思维中直接就是**无区别**一样"，在这里，"成为他者"只不过是精神的一种"**单纯统一性的形式**"[参看第244 页]。它仍然是在自身中的精神，即"在自身中存在"的精神，并没有真正成为他者。也就是说，当我们撇开表象的王国而进入到思维的王国，就把"成为恶"的这样一个原罪，好像是一个历史事件、好像是最初在伊甸园里所发生的一个事件，把它从表象的领域中抽出来，置于那最初思维的王国中了。这样就可以从概念上、从纯粹思维的这样一个层次上来看待这件事情，揭示出其中的逻辑必然性。你把直接的定在翻转为思想，你把这样一个在自身中存在看成一个矛盾的统一体，那么犯罪、成为恶，它的意义就不仅仅是《圣经》上面讲的那种在世界历史中的意义，好像人类被赶出伊甸园，于是就开始了人类救赎的历史，这是一个很表象化的解释。这个时候你就可以退出那样一种解释而转移到最初的思维王国中，你从纯粹思维来估价这样一个事件的意义，那就可以从亚当、夏娃的伊甸园的故事里面超升出来，把它看作一个有必然性和普遍性的概念运动，可以一般地来谈论上帝的纯粹思维的王国是一种什么样的逻辑过程，表现出一种什么样的规律了。

因此可以这样说，那头生的光明之子当他深入自身时便已经堕落了，但立刻就有另外一个儿子生出来代替他的地位。①

---

① 黑格尔这里引用的可能是雅各布·波墨对路西弗从上帝那里堕落的表述："这个高大强壮的 / 庄严美丽的王在自己的堕落中失去了他合法的名义；然后他就叫作陨落的金星 (Lucifer) / 一个从上帝之光中被驱逐者。所以他最初并没有名字；然后他就成为了上帝心中在三位大天使长中最美丽的那道光明中的一位造物的王者或君主。"又说："但这样上帝就把他创造成了一位光明的王者；而由于他的不服从并想要凌驾于整个上帝之上 / 于是上帝就把他轰下了他的宝座 / 并在我们这个时代中，从曾经创造出路西弗阁下的那同一个神性里面，创造出了另一位王者 [……] , 将他置于路西弗的王者宝座之上，还赋予他权力和威力 / 如同路西弗在自己堕落前所拥有的那样 / 而这个王者就叫作**耶稣基督** / 他就是**上帝之子和人之子** / [……]"（见《雅各布·波墨全集》1730 年 11 卷本，新版斯图加特 1955—1960 年，第 1 卷，第 161 页以下，第 194 页）。正如 K. 罗森克朗茨在一个注释中所说的，黑格尔的批判也许并不只是针对波墨，而且也是针对谢林，参看罗森克朗茨：《黑格尔传》，第 188 页。谢林为自己关于有限物从绝对中堕落的学说引证了柏拉图，参看谢林：《宗教哲学》第 35 页。——丛书版编者

　　这句话非常难以琢磨。这个地方有个德文版的很长的注,注释里讲黑格尔所引用的似乎是雅各布·波墨对路西弗从上帝堕落的表述,当然也不一定,有人又说黑格尔这里影射的是谢林。波墨当然是黑格尔非常推崇的一个哲学家,他认为这是德国哲学的创始人,但波墨的思想是非常含糊的,里面有大量的表象和象征,都不是很清楚。波墨这个人没有上过大学,也没有教过书,他就是一个鞋匠,一个皮匠,但他写过很多神秘主义的东西,在黑格尔的《哲学史讲演录》第四卷一开始就讲波墨,讲了很多,他的篇幅要超过培根,超过很多其他人,讲了一大堆。以往我们把波墨的这些话都看作是一种神秘主义的昏话,都没有把他认真对待,但实际上呢,他还是很值得琢磨的。波墨的思想马克思也引用过,马克思在《神圣家族》里面引用过波墨的话,当然也是受黑格尔的影响了。黑格尔非常重视波墨,但这里是批波墨的表象思维,波墨对《圣经》有他的解释,对于基督教的这些故事有他的解释,有很强的表象思维色彩。"因此可以这样说,那头生的光明之子当他深入自身时便已经堕落了",上帝的头生子是谁?我们也许会想到亚当,不是的,亚当还不是他的头生子,亚当和夏娃是受谁诱惑的呢?是蛇!蛇是谁?蛇是撒旦,撒旦就是堕落天使,撒旦在堕落之前叫作路西弗,Luzifer,意思是金星、光明之星或启明星,本来是个很美好的名字。上帝说要有光,于是便有了光,所以Luzifer才是上帝的头生子,是天使长,撒旦在堕落之前叫路西弗,堕落之后就把他叫作撒旦(Satan,意思是反叛者)。他其实在堕落之前是上帝的头生子,是上帝最得意的造物,地位最高,仅次于上帝,他管所有的天使,而且呢他代表光明。所以这里叫他光明之子,当他深入自身时便已经堕落了。什么叫深入自身的时候?他意识到自身的时候,他意识到自身的本质的时候,他就堕落了,因为他意识到自己的本质就是上帝啊,他是上帝创造出来的,那他也是上帝,他也是神,他为什么要受上帝的统治呢?于是他就反抗上帝,就跟上帝作对,后来被上帝战胜了,打下地狱,罚在地狱做地狱之王,跟随他的那些小喽啰也都在地狱里面。在弥尔顿的《失乐园》里面专门描述了这样一个过程，就是撒旦他不服上帝，他其实也没有什么错误，他没作什么恶，他就是不服从上帝的权威，他想要当王。但是他由于毕竟功力不行嘛，就被上帝打入地狱，罚他在地狱受苦。但是这个光明之子并没什么大不了的错误，他就是深入了自身，他意识到自身，意识到自身他就已经堕落了，这跟前面讲的亚当、夏娃的堕落也是有联系的。亚当、夏娃为什么堕落啊？还不是因为撒旦的诱惑。撒旦为什么要诱惑他们呢？为什么要使他们堕落呢？就是为了要跟上帝作对啊。所以你把这个故事提升起来，提升到上帝本身的概念，你就会发现撒旦就在上帝本身的概念之中。当然如果这样推下去的话，就很恐怖了：上帝就是撒旦，上帝就是魔鬼，魔鬼就是上帝生的。但是基督教不能够这样去解释，上帝生了路西弗这个光明之子、头生子，但是路西弗不服从上帝，于是就堕落了，是这样来解释。"但立刻就有另外一个儿子生出来代替他的地位"，这就是讲的第二个上帝了，就是耶稣基督，耶稣基督代替了路西弗的地位。路西弗从老二的地位被打下去了，然后呢耶稣基督就是救世主，就是把被撒旦所败坏的、弄得堕落了的这个世界加以拯救。他负有这样的使命，就是救世。把被撒旦所败坏了的人类重新引上正道，引回到上帝身边，起这样一个作用。这就是上帝的第二个儿子，真正来说耶稣基督只是上帝的第二个儿子，上帝的头生子已经堕落了。亚当呢，连儿子都不算，只算上帝的造物。

　　而且这样一种仅仅属于表象而不属于概念的形式，如**堕落**以及**儿子**，也把另外一些概念环节同样倒转过来降低为表象，或者说把表象带进到思想的王国。

　　刚才讲的这些，路西弗也好，第二个儿子也好，这都还是一种表象。"而且这样一种仅仅属于表象而不属于概念的形式，如**堕落**以及**儿子**，也把另外一些概念环节同样倒转过来降低为表象"，它本身是属于概念的，但是在形式上采取了一种不属于概念的形式，就是表象的形式，堕落啊、儿子啊、天使啊、天使长啊、天堂地狱啊，这些东西都是一些表象的说法。

那么把另外一些概念环节同样颠倒过来降低为表象,这个是在早期基督教里面就有这样一些做法,像亚历山大里亚的斐洛,斐洛被称为基督教教义之父,他用新柏拉图主义来解释基督教的那些表象,说上帝啊、天使啊、天使长啊,其实就是柏拉图的逻各斯、理念,他甚至把那些表象和柏拉图的理念一一作了对应,把新柏拉图主义的理念体系和基督教的那些表象一一对应,这可以理解为把概念降低成了表象。但反过来,也可以理解为把表象提升到了概念,这正是黑格尔自己想做的。"或者说把表象带进到思想的王国",你可以用思想和概念来解释那些表象,但不可用表象来解释那些概念。你把这些表象带进到思想的王国,只会把概念搞得混乱不堪,得不到纯粹概念。所以基督教的这些表象你都要作双重的理解,一方面你可以说它是一种表象、一种象征、一种想象,甚至于是一种迷信,但是另一方面呢你又可以看出这些表象跟一般的迷信不太一样,它背后是有思想、有概念的,真正道行高深的那些神父们就会达到这样一个层次,达到基督教的表象底下所隐含着的概念的层次,实际上也就是哲学的层次了。所以基督教的这些表象应该看作把人们从宗教带往哲学思维的一个桥梁、一个过渡,但首先要把它们从哲学概念里面清除出去,而不能混淆在一起。所以这里主要是批判圣经神学的那种表象式思维的,认为它把思想的王国降低为表象,带来了一系列不可解决的矛盾,如前面讲的上帝和撒旦的关系之类。

——同样无关紧要的是,再把多种多样别的形态附加给永恒本质中的**他在**这一单纯的思想之上,并且将**深入自身**也置于这些形态中。

"同样无关紧要的是",这个同样无关紧要的,意思是说前面讲的那些表象对于思想来说是无关紧要的,而同样无关紧要的还有这种情况,"再把多种多样别的形态附加给永恒本质中的**他在**这一单纯的思想之上",就是这也无关紧要。前面讲的无关紧要,因为这个表象它有双重作用嘛,一方面它把概念降低了,降低为表象了,但是另一方面呢,它又可以把表象带到思想的王国,如果你深入这个表象的话,你也可以被它一步一步地引入到思想的王国。所以没关系的，虽然基督教讲的那都是一些表象，好像是很低层次的，但低层次也没关系，因为它这表象里面本身包含着、隐含着概念，隐含着思想的王国，所以前面讲"可以这样说"，用"光明之子"啊、用"第二个儿子"啊、"堕落"啊这些话来说我们思想中概念的关系，我们可以这样说，没关系。那么同样无关紧要的是，把多种多样别的形态附加到永恒本质中的他在这一单纯的思想之上去，"并且将**深入自身**也置于这些形态中"，本来深入自身是概念的深入自身，你要把它转移到这些形态中，把它转用于这些表象形态中，说这些形态也在深入自身，这也关系不大。比如说亚当和夏娃犯罪，你深入自身，后面是什么？后面是魔鬼撒旦在诱惑！魔鬼为什么诱惑呢？魔鬼是堕落天使！这就是这些形态、这些表象你也可以一步一步地追溯，最后归根结底是上帝和魔鬼的斗争，而上帝和魔鬼的斗争呢也就是上帝和自身的斗争、上帝和自己的斗争，上帝要显示他的威力，显示他的能力，他就造出一个魔鬼来跟自己作斗争，这样呢就能显示他的无所不能了。这就是不断地深入自身，最后归结为实际上是上帝深入自身。那么这个深入自身其实有它的概念的来源，就是从纯粹概念来说它就是深入自身的，它就是自我否定的，它就是把自己外化出来，又在这个外化出来的对象上面深入自身的，这是概念的本性。当然如果进到这个程度呢，你就已经进入到绝对认知了，进入到后面最后一章了，那就已经超出宗教的环节了。但宗教的环节里面也有深入自身的表象形态，它是从概念的、思维的王国里面转用过来的，它已经非常深刻地表达了概念本身的这样一种深入自身的本质。所以黑格尔对于宗教的态度不是简单的，一方面他认为它不足，但另一方面他又是非常认可的，他把他的整个哲学都称之为理性宗教，包括他的哲学都是理性宗教。他的哲学也可以说是某种宗教性的哲学，宗教的这种表象虽然层次不是最高，却是不能完全放弃的，光是停留在思辨的概念中，黑格尔也是不满意的。黑格尔的《逻辑学》讲了那么多，讲得那么抽象、那么思辨，但他说这个《逻辑学》就是"上帝在创造世界之前是怎么想的"，他要加上这一句放在它的导言里面，这不是典型的表象吗？可见他离不了宗教的表象。

因此这种附加同时也必然会得到赞成，因为这样一来，**他在**这样一个环节正如它应该的那样同时就表达了差异性，并且不是作为一般的多数性，而是同时作为特定的差异性，以至于一方面是子，就是那单纯的、自己把自己认作本质的认知者，但另一方面是自为存在的、仅仅生活于对本质的颂扬中的那种外化； [247]

这里是一个分号，我们先看这半句。"因此这种附加"，就是把这种表象附加到概念上去，"同时也必然会得到赞成"，这是会得到赞成的，因为这种附加它很深刻啊，基督教的那些表象都是很深刻的，都具有可以深入自身的环节。这种附加同样也必然会得到赞成，"因为这样一来，**他在**这样一个环节正如它应该的那样同时就表达了差异性"，他在也就是在世界、现实中的客观存在了，现实中的存在这样一个环节，正如它应该的那样，同时就表达出差异性。他在就是差异性，你把它表现在世界中，创造出一个五花八门的世界，这本身就是一种差异性（Verschiedenheit），这是他在的环节所应该的那样，就是表达差异性，客观对象就应该是有差异的。"并且不是作为一般的多数性"，差异性不是作为一般的多数性，差异性有各种性质的差别，而一般的多数性则只是量的差别。"而是同时作为特定的差异性"，什么叫特定的差异性？就是有特殊规定的差异性，它不是一种量的差别，而是一种质的差别，量的差别就只是多数性，而这里是讲一种特殊规定的性质上的差异性。"以至于一方面是子"，子就是儿子了，"就是那单纯的、自己把自己认作本质的认知者"，这种差异性导致了这样一种结果，就是一方面是儿子，就是那单纯的、自己把自己认作本质的认知者，这就是我们刚才讲的路西弗、撒旦，他就是单纯自己把自己认作本质的认知者。撒旦可以说是认知者，他诱惑亚当和夏娃吃知识之树的果子的时候就是这样说的：这果子吃了能够使你的眼睛明亮啊，知善恶啊，那不是好事吗？路西弗之所以要反叛上帝，也就是出于他的认知,他认知到自己也具有神性,自己把自己认作本质,他是一个认知者,作为认知者他有了知识。而上帝为什么不准亚当和夏娃吃那个知识之树的果子呢？他也有他的道理,他把亚当、夏娃赶出伊甸园的时候就说了:"你们看啊,他们已经跟我们平起平坐了"。亚当和夏娃吃了知识之树的果子,如果不把他们赶出伊甸园去,他们就会再吃那个生命之树的果子,就会永远活着,不会死了,就跟我们神是一样的了,那就会重蹈路西弗的覆辙。他们跟我一样了,那他们服从我干嘛？他们就会不服从了,那就会反叛了,所以知识之树的果子是不能吃的。上帝最开始创造这个头生子的时候呢,仅仅把他创造成了一个认知者,他具有神性,具有认知能力,而且他是单纯自己把自己认作本质的这样一个认知者,这是一方面。"但另一方面是自为存在的、仅仅生活于对本质的颂扬中的那种外化",这个是指的耶稣基督,就是第二个儿子了,第二个儿子不仅仅是量上的增多,而且性质上也不同了,他是上帝的自为存在的、仅仅生活于对本质的颂扬中的那种外化。这个耶稣基督就不单纯是自己把自己认作本质的认知者了,而且是对本质的颂扬者,耶稣基督仅仅生活于对本质、对上帝的颂扬中,他是这样一种外化。他是道成肉身哪,但是,他是自为存在的,他自己是自觉的,并且意识到自己的使命就是对上帝的颂扬,颂扬上帝的无所不能。所以他不会背叛上帝,他就代表上帝,他在人世间就代表上帝的外化。这是差异性的两方面,以至于一方面是认知者,另一方面是颂扬者,是那种外化。

于是在这一方面中就又可以重新考虑收回那外化了的自为存在、并让恶深入自身。

"于是在这一方面中",在这一方面是讲的在后面这一方面中,在耶稣基督这样一种对本质的颂扬之中。"就又可以重新考虑收回那外化了的自为存在",既然你生活于对本质的颂扬中,成为一种外化,那么呢也可以重新考虑收回那外化了的自为存在,这就是讲的耶稣基督的升天复活了。耶稣基督的升天和复活就是收回那外化了的自为存在,耶稣基督在人世间传道,传播上帝的福音,那么最后呢回到上帝的身边,就是上帝收回了那外化的自为存在。"并让恶深入自身",回到上帝身边,让恶也深入自身,使得这个恶也深入到它的自身,那就是上帝的审判。恶深入到自身什么意思呢? 就是把恶看作是上帝的一种惩罚,把这个恶,不管是撒旦的恶,还是人类的原罪,都看作是上帝的一种惩罚,就是恶深入到自身。那就是在上帝的最后审判中,一方面耶稣基督复活,回到天堂,坐在上帝的右边,和上帝合而为一,另一方面进行最后的审判,把所有的恶都看作上帝的惩罚。你只要作了恶,那么你就会得到应得的报应,恶人下地狱,好人上天堂,这是最后的审判。这就是这样一种差异性,有这样一个差异性,一个是头生子,头生子呢后来堕落了;然后呢,由耶稣基督来拯救那些义人,得救以后呢回到上帝身边。就像《圣经》中说的:"万民都要聚集在他面前,他要把他们分别出来,好像牧羊的分别绵羊、山羊一般,把绵羊安置在右边,山羊在左边。"① 这就是上帝的最后的审判。

　　只要他在是分裂为二的,精神就会在自己的诸环节中更加确定地得到表达,并且如果要加以计数的话,就会被表达为四位一体,或者由于这个集合体自身又分裂为两部分,即仍然保持为善的部分和成为恶的部分,因而甚至可以表达为五位一体。

　　"只要他在是分裂为二的",只要这个他在,这个他在就是这个世界了,由精神所外化出来的这个现实世界,是分裂为二的,分裂为二就是善恶二分,只要这个世界是有善有恶的。"精神就会在自己的诸环节中更加确定地得到表达",精神要得到表达,在抽象的概念中当然它可以得到表达,前面讲了这个绝对精神的三个环节:本质、自为存在和在他在中达到自我、回到自我,这三个环节已经得到表达了,但是通过分裂为二,通过在他在中又分裂为二,你要在他在中回到自身,但是这个他在本身是分裂

---

① 《马太福音》,26,31–33.

的，有善有恶，那么精神就会在自己的诸环节中更加确定地得到表达，精神在善恶二分中才会得到更加确定的表达，那就不单纯是抽象概念的这样一种划分了，它也包含表象，通过这种善恶的表象、分裂的表象，它可以得到更加确定的表达，或者说更加细致的进一步地划分。"并且如果要加以计数的话，就会被表达为四位一体"，如果你要计算的话，前面讲了，它不是一种多数性了，而是一种特定的差异性了，但是如果你要仅仅从多数性这个角度来表达的话，那你就可以通过计数，把这样一些概念环节表达为四位一体，哪四位？一个是上帝，一个是撒旦，一个是耶稣，一个是最后的审判、复活，耶稣最后复活、最后的审判，这是四位一体。最开始是创造的上帝，最后呢回到了审判的上帝，从创造的上帝到撒旦的堕落，到耶稣基督的拯救，到最后回到上帝的最终的审判，这四位是一体的。通常不是这样讲，通常是圣父、圣子、圣灵三位一体，但是如果你要计数的话呢，你当然也可以说成是四位一体。"或者由于这个集合体自身又分裂为两部分"，这个集合体就是最后这个审判，最后的审判了，最后自身又分裂为两部分，比如说地狱和天堂，好人上天堂，坏人下地狱，地狱和天堂又是分裂为两部分，"即仍然保持为善的部分和成为恶的部分"，保持为善的部分就是天堂，成为恶的部分就是地狱。"因而甚至可以表达为五位一体"，地狱也是上帝创造的，也是上帝的造物，上帝住在天堂里面，但是上帝又造了一个地狱，把所有的坏人都打入地狱，那么又是一个堕落了，所以甚至可以表达为五位一体。所以五位一体、四位一体、三位一体这些东西都是一种表面上的说法，当然黑格尔是不赞成这种划分的，如果划分的话，没完没了了，你又得去加以解释，地狱里面的人是不是也能够得救啊？基督教一直到今天还在争论，有一派人认为下地狱的人最后也会得救，也是上帝的子民，上帝也不会抛弃他们，但是另一部分人认为不会，下地狱就下地狱了，就受到永罚，这是在基督教里面内部也有这种争论。所有这些争论呢都是一些比较表面的，都是停留在表象中的，这是黑格尔所不赞成的。他只是说，如果要加以计数的话，就会被表达为四位一体，或者由于这个集合体又分裂为两部分，所以甚至可以表达为五位一体，你还可以细分，五位一体，或者是六位一体，或者是九位一体，你可以不断地分下去，这是从表象方面来看问题，所以他后面就加以批评了。

　　——但是对这些环节加以**计数**一般说来可以被看作是无益之事，因为一方面那被区别开来的东西本身同样也只是"一"，即是说，同样只是对于这个区别的**思想**，而这区别的思想只是"一个"思想，正如它就是**这一个**被区别的东西，即与第一种被区别的东西相对立的第二种被区别的东西一样，

　　我们先打住。这是对于这种思维方式的批判了。"但是对这些环节加以**计数**一般说来可以被看作是无益之事"，"计数"打了着重号。算数、计算这都是属于表象思维，把数学用到宗教上和用到哲学上都是浅层次的。对这些环节加以计数一般说来可以被看作是无益之事，"因为一方面那被区别开来的东西本身同样也只是'一'"，"一"是大写，"即是说，同样只是对于这个区别的**思想**"，"思想"打了着重号，"而这区别的思想只是'一个'思想"，"一个"也是大写。这种被区别开来的东西都是一，都不是多，虽然在表象中它们都是多，但是在思想中它们都是一，在思想中、在逻辑中，逻各斯是一，逻各斯就是要追求一种统一性。所以思想跟计算是不一样的，跟计数是不一样的，它已经不是表象思维，它是概念思维，而概念思维就是要求统一性。"正如它就是**这一个**被区别的东西，即与第一种被区别的东西相对立的第二种被区别的东西一样"，它只是"一个"思想，正如它就是"这一个"被区别的东西一样。"这一个"是一种感性确定性的思维，是一种表象思维，它处于区别之中，它是与第一种被区别的东西相对立的第二种被区别的东西。但它在概念上仍然只是"一个"思想，正如它在表象上是与第一种被区别的东西相对立的第二种被区别的东西、是不同于那一个的"这一个"一样。这被区别的东西只是"一个"思想，即算有那样一种表象的区别，但是它仍然只是一个思想，就是说，这两个被区别开来的东西在表象中是外在的，但是从思想上来说它是一个统一

体。这是一种对照，这里"正如……一样"，正如在表象中它是被区别开来的一样，这区别的思想也只是"一个"思想，这个语气我们要把握。

——另一方面则是因为，那种把多包含在一中的思想必须从自己的普遍性中分解出来，并且被区别为比三个或四个有更多区别的东西，——这个普遍性与抽象的一的、数的原则的那种绝对规定性比起来，在与数本身的联系中显现为无规定性，以至于只能谈论一般的**数**，也就是不能谈论区别的某个**数目**；

我们看这半句。"另一方面则是因为"，前面讲了，因为一方面那被区别开来的东西本身同样也只是一，这是从概念上来讲的，从概念上来说，尽管你可以把这个、那个区别开来，但是作为思想来说它们都是一，你不能够来数数，你不能把概念的统一的各个环节当作是两个、三个或者四个、五个不同的东西来加以看待，来数一数，不能从这种表象思维来分解这种概念的统一性。这是一个原因，这是从概念本身不可分这样一个原因来讲的。那么，另一方面则是因为，"那种把多包含在一中的思想必须从自己的普遍性中分解出来，并且被区别为比三个或四个有更多区别的东西"，就是说，把多包含在一中的思想，如果你要讲这个一里面还是有多，那也可以，那你就必须从自己的普遍性中分解出来。概念的普遍性本来是一种概念的环节，你把它从这种普遍性中分解出来，并且被区别为比三个或四个有更多区别的东西，那就是表象思维了，你要分解也可以，那就分不胜分了，那就不仅仅是三个、四个或者是五个，那就要分成无数多的了。你表象思维嘛，表象思维就是无限地可分，无限地分下去，分出有更多区别的东西。"这个普遍性与抽象的一的、数的原则的那种绝对规定性比起来，在与数本身的联系中显现为无规定性"，这个普遍性，就是你把它从这个普遍性中分解出来了，这个普遍性原来是概念的普遍性，你把它分解出来，变成一些表象性的东西，那么这个普遍性与抽象的一的那种绝对规定性比起来，与数的原则的那种绝对规定性比起来，它反倒是无规定性了。数的原则以抽象的一为单位，一、二、三、四你把它固定下来,这就是绝对的规定性了;这个普遍性与它比起来,就显现为无规定性,也就是说你想从数的角度来规定这个普遍性,那它就是无规定性,在与数本身的联系中显现为无规定性,用数来规定那就规定不了。你要确定这个普遍性到底是一个还是两个,那是规定不了的,所以你不能把数学运用于哲学。这个在康德那里就讲得很明确了,康德的《纯粹理性批判》的"方法论"部分就特别讲到了数学不能用在哲学方面,当然也不能用在宗教哲学方面。哲学概念的普遍性在数的方面显现为无规定性,"以至于只能谈论一般的**数**,也就是不能谈论区别的某个**数目**",你谈论一般的数可以,抽象地谈、把数当作一个概念来谈可以,但是,你不能具体地谈论区别出来的某个数目,到底是三位一体还是四位一体还是五位一体等等,这些你都不能谈,你即算谈三位一体,你也不是从数目上面来谈的,不是从三个来谈的,而是从概念本身的这种节奏、这种运动的阶段性来谈的。

　　所以在这里一般地思考数字和数数完全是多余的,否则的话,对单纯大小和数量加以区别是无概念的、言之无物的。

　　"所以在这里一般地思考数字和数数",这个在《圣经》里面也有很多这样的思考,如某个数字很神秘,什么兽数 666,什么 13 是不吉利的,很神秘,但谈论这些数目,"完全是多余的"。在我们谈论宗教的哲学意义的时候,谈数字和数数完全是多余的。"否则的话,对单纯大小和数量加以区别是无概念的、言之无物的",如果你硬要谈,那就是无意义的。总而言之,我们讲三位一体不能从数量上来加以理解,这里讲在圣子的王国里面谈到三位一体的时候,到底三位一体还是四位一体还是五位一体,这些争论都是没有意义的,都是在钻表象思维的牛角尖。好,今天只能讲到这里。

＊　　　　　＊　　　　　＊

　　我们大概除了这一次课还有六次课就讲完了。所以,前面的目的地

245

已经很近了。上次已经讲到了"善与恶"，这是第二个小标题。善与恶，就是说，绝对本质从它自身分化出来，首先是把恶分化出来，然后呢，又通过善来拯救；由于这种分化和拯救，于是就出现了好几个环节，就通过圣子的王国、堕落与拯救的王国而产生了一些分化，这些分化我们可以把它看作三位一体、也可以看成四位一体，这个都无所谓，主要不在于到底是几位一体，而在于它是一种思想和概念本身的内在运动。上次我们讲到，你不能用简单的数目来理解传统基督教的所谓的三位一体，数目的划分仅仅是一种表象的方式，我们要深入到概念的方式来理解，才能解释这个问题。所以基督教里面长期以来争论不休的三位一体的问题都是停留在表象的层次，那是解释不了的。而黑格尔的意思呢，就是把它引向思想、引向概念，从概念的、思辨的角度，我们就可以把这个矛盾化解掉。这是上次已经讲到的，凸现出了表象思维的局限性，在基督教里面、在天启宗教里面已经显出它的界限。我们今天看下面这一段。

{414}　　　**善与恶**曾经是思想中所发生的那些特定的思想区别。由于它们的对立还没有消解，而且它们被表象为思想的本质，它们每一个都是独立自为的，所以人就是无本质的自我并且是综合善恶之定在和斗争的基地。

　　"善与恶曾经是"，这里是用的过去时，在"思想中所发生的那些特定的思想区别"，本来善与恶就是特定的思想上的区别，没有基督教以前也有善与恶，就看我们如何把握这些思想中的区别。"由于它们的对立还没有消解"，也就是在思想中它们被确定地区别开来、对立起来，并且在基督教里面，善与恶的这种对立也还没有消解，刚才讲了，由于停留在表象的层次，所以各种对立都得不到消解。"而且它们被表象为思想的本质"，这是在表象的层次上面，我们看出善与恶的区别是思想的本质；但善与恶的对立现在只是被表象为思想的本质，而不是从概念上把握为思想的本质。"它们每一个都是独立自为的"，正因为这种思想的本质只是被表象出来，所以它们每一个都是各自独立自为的，各行其是、势不两立的。我们通常讲善恶分明，一般地在日常生活中、在表象中我们都很推崇这种思维方式：你不要把善和恶混为一谈，要分清是非善恶。"所以人就是无本质的自我"，由于善和恶是各自独立并且是绝对对立的，这被表象为思想的本质，所以人就是无本质的自我，人的本质被这种区别分裂成两半了，他自身的本质也就无法建立起来了。通常说的人性本善或者人性本恶都不能规定人的本质，从善恶对立来看人是没有本质的，所谓一半是天使，一半是野兽。"并且是综合善恶之定在和斗争的基地"，人就成了一个基地，这个基地是把善恶之定在和斗争都综合起来的这样一个基地。我们通常也说，人就是善恶斗争的一个战场了，上帝和魔鬼交战，在哪里交战呢？就在人的心里，所以人心本身没有什么本质，它是无本质的自我，这个自我只是一个善恶相争的基地。善和恶都有它的定在，这两个定在之间必然发生斗争，而人心就充当了这样一个基地，它是综合善恶之定在和斗争的基地。在这里，人的自我本身的本质就不见了，人心本来好像是无所谓的，只是上帝和魔鬼把人心当作一个战场，或者说是当作一个工具来使用、来支配，都想要争夺人的灵魂。

但是，善与恶这些普遍的力量同样也属于自我，或者说自我就是这些力量的现实性。

这个跟前面理解的就不一样了，就是说在基督教的表象中，人被表象为一种无本质的自我，完全被动地让善与恶这些普遍的力量在人心中展开斗争；但是另一方面呢，从概念上来看，人的自我并不完全是一个工具。"但是，善与恶的这些普遍的力量同样也属于自我"，善与恶都是普遍力量，善是普遍的，恶也是普遍的，看起来它们与个别自我是对立的；但是这些普遍的力量是隶属于自我的，自我不是它们的战场，恰好相反，它们是自我的一种属性，普遍力量是个别主体的属性。应该把善与恶看作是自我的一种属性，所以你必须要承担起自己的善与恶，你不能说什么都怪罪于外来的力量，我不能负责。做了坏事应该怪罪于魔鬼，做了好事呢应该归功于上帝，那么我到哪里去了呢？善与恶的普遍力量同样也属于自我，"或者说自我就是这些力量的现实性"，真正说来，我才是现实的行动者，这些普遍的力量离开了自我就无法体现出来，自我就是这些力量的现实性，或者说人就是这两种力量的实现。这两种力量是靠人的自我来实现的，普遍和个别是统一的，只是表象无法把握这一点。这里是用概念来穿透表象的对立，看出了其中的统一关系。

所以按照这个环节所发生的事件是，正如恶无非就是精神的自然定在之深入自身，与此相反，善跨进了现实性并显得像是一个定在着的自我意识。

"所以按照这个环节"，这个环节就是刚才讲的这个自我的环节，所以按照这个环节"所发生的事件是"，按照这样一个自我的环节发生了一个事件，什么事件呢？"正如恶无非就是精神的自然定在之深入自身"，当我们立足于自我自身来看，就会看出恶在人身上无非就是精神的自然定在向自身的深入。精神的自然定在就是人的肉身了，但人的身体其实是精神的自然定在，当它深入自身的时候就成了恶。所以恶不能怪罪于一个外来的恶魔，而是精神本身的自然定在最内在的本质，用康德的话来说，叫作"人性中的根本恶"，这在亚当夏娃最初所犯的原罪中就已经体现出来了。恶是什么呢？恶就是精神的自然定在深入自身，自然定在就是精神的现实性，精神不能没有自然定在，否则它就不具有现实性；但精神一旦具有了自然定在，一旦亚当和夏娃被上帝创造出来，它的深入自身就是恶。亚当夏娃作为精神的自然定在，已经拥有了自由意志的能力，但还没有运用这种能力，还没有深入自身；当这个自然定在深入到自身，运用起上帝所赋予他的自由意志来，那就是犯罪，那就是恶。所以恶必须归于个别自我的自由意志。"与此相反，善跨进了现实性并显得像是一个定在着的自我意识"，与前面讲的恶相反的善，同样也要归于个别自我，这就是耶稣基督救世了。善是什么呢？善一旦跨进了现实性，就不再停留在一个抽象的概念中，而是体现在一个具体的个人身上，体现在一个定在着的自我意识上，也就是显现在耶稣基督身上。这两者是一个对比，就是从个别自我的环节来看，恶表现为最初的犯罪、原罪，善表现为耶稣基督的救世，善和恶作为普遍的力量都必须在现实中体现在一个个别自我身上，都要通过自我来表现，它们都是人的属性。不要把人看作仅仅是一个战场，各种善和恶在上面驰骋，自己可以不负责，自己完全是被动的，不是这样的，应该反过来理解。

——凡是在纯粹被思维的精神里只是一般地已作为神圣本质的成**为他者**而暗示出来的东西，在这里对表象来说就更接近于这精神的实现；[248]这种实现对表象而言就在于神圣本质自我贬谪，放弃自己的抽象性和非现实性。

"凡是在纯粹被思维的精神里只是一般地已作为神圣本质的成**为他者**而暗示出来的东西"，也就是不仅仅局限于一种表象的思维，而是在纯粹被思维的精神里面一般地已经暗示了的东西，暗示了神圣本质的成为他者。"成为他者"是一个词，Anderswerden，"他者"打了着重号。神圣本质的成为他者，也就是道成肉身了，但这是表象的说法，在纯粹被思维的精神里面不这样说，而只说上帝成为了跟自己的神圣本质不同的东西，这一点通过概念思维才能把握，但在道成肉身中已经暗示出来了。神圣本质本来是高高在上，上帝无形无象，但是，上帝化身为人，那就可以看见了，就可以表象了，你在耶稣基督身上就可以看见上帝他是什么样子了；但是，耶稣基督又是上帝的一个他者，它暗示了神圣本质的成为他者。其实表象并无法真正把握道成肉身的真实内涵，只能暗示，但这种暗示在表象中是很重要的，也就是暗示了表象后面有纯精神的东西，有概念的真理。所以这种暗示"在这里对表象来说就更接近于这精神的实现"，当然表象还没有能够把握住它，但是表象也意识到了，就是这样一些被暗示出来的东西才是更加接近于这个精神的实现的。也就是说，表象虽然没有在纯粹思维里面直接地把握住这样一些东西，但是，它通过暗示也知道了这样一些东西，所以这样一些被暗示出来的东西已经更接近于精神的实现了，更接近于上帝的实现了，上帝是谁？上帝就是你看到的这个活生生的人！这后面当然有它的抽象思维、纯粹思维的深意，有更深的概念，表象来不及去深入到那个更深刻的概念，但是它知道这是更接近于这个精神的实现的。这个精神、这个上帝在场，在哪里？就在这个人身上！"这种实现对表象而言就在于神圣本质自我贬谪，放弃自己的抽象性和非现实性"，在表象中就是这样的，一般人理解基督教就是这样的，道成肉身。道成肉身是什么呢？就是上帝的自我贬谪，上帝把自己贬低为一个人，化为肉身。化为肉身肯定是上帝的贬低，但是他是自我贬低，把自己贬为一个具有肉身的人，一个耶稣基督。他为什么要自我贬谪呢？是为了救世啊，不惜把自己的层次降低，来救广大的人类，体现了一种救赎的善。上帝放弃自己的抽象性和非现实性，他本来是抽象的、非现实的、高高在上的，就像《旧约》里面的耶和华，看不见、摸不着，虽然他创造世界，但他自己是抽象的和非现实的。那么对表象来说呢，它只能把握现实的东西，上帝化身为人，这就更接近于这个精神的实现，成为表象可以直观到的对象了。这可以说是从善的这一方面来说的，在表象中暗示出来了上帝的这样一种精神的善。

——那另一方面即恶，则采取了一个异于神圣本质的事件的表象；在神圣本质本身中把恶**作为神圣本质的愤怒**来理解，[①] 这就是那自己与自己搏斗的表象所做的最高、最艰巨的努力，但这种努力由于缺乏概念，仍然是无成果的。

---

① 黑格尔这里暗示的似乎是波墨的核心概念，参看《奥罗拉（或日出朝霞）》第 9 章第 15 节，载《神智学启示录》，即《雅各布·波墨的德意志虔敬的和顿悟的神智学的神圣文献大全》第 1 卷（汉堡），1715 年，第 98 页以下："而这里集中的是上帝的愤怒 / 是神圣之火的源泉 / 正如在路西弗那里可以看到的［……］"。又见第 258 页（第 19 章第 117 节）："但现在幽暗与光明分离开来 / 它仍然是最外层的产物：在其中上帝的愤怒直到世界末日以前都在沉睡；然后这愤怒就会爆发出来 / 而这幽暗就将是永远堕落的居处；在其中路西弗连同所有那些在愤怒的田地里被撒播到幽暗处的无神性的人们 / 找到了自己永恒的住所。"（《全集》新版，斯图加特 1955—1960，第 1 卷，第 105、283 页），也参看《圣经·致罗马人书》1.18。——丛书版编者

"那另一方面即恶"，前一方面讲的是精神的实现，也就是善的实现，它是通过精神的自我下降而导致的，神圣本质的自我贬谪，放弃自己的抽象性和非现实性来救世，那就是善；道成肉身，道成肉身是更接近于精神的实现的，否则的话实现不了，高高在上，不食人间烟火。另一方面就是恶，"则采取了一个异于神圣本质的事件的表象"，恶采取了一个完全不同于神圣本质的事件的表象。这样一个不同于神圣本质的事件是什么事件呢？就是前面讲到过的亚当和夏娃的原罪，最终归结为撒旦引诱亚当和夏娃犯罪，它其实暗示的是路西弗对上帝的一次反叛。这是一个异于神圣本质的事件，在《圣经》里面把它描写为一次事件，这样一次事件影响深远，一直要影响到今天的人类，这就叫作"事件"Geschehen，即一个历史事件。这是一个异于上帝本质的事件的表象，这也是表象，前面讲的表象更接近于精神的实现，即善；而这里讲到的恶的表象则采取了一个犯罪的表象。"在神圣本质本身中把恶**作为神圣本质的愤怒**来理解，这就是那自己与自己搏斗的表象所做的最高、最艰巨的努力"，就是说恶通过两种表象表现出来，一种就是原罪的表象，它是异于神圣本质的事件的表象；另外一种就是上帝的愤怒，上帝的愤怒就是惩罚。一个是犯罪，一个是惩罚，这两者中间用一个分号隔开，但两者都是神圣本质本身中发生的事件。如果犯罪、恶不是在神圣本质本身中发生的，而是另有来源的，那就成了摩尼教的二元论了；但基督教要坚持一元论或一神论，就必须把恶也纳入到神圣本质自身里面来，把它解释为上帝的愤怒。这个地方德文版有一个注："黑格尔这里暗示的似乎是波墨的核心概念"，波墨我们前面讲了，黑格尔经常会提到雅各布·波墨的一些思想。波墨是一个神秘主义哲学家，黑格尔非常重视他。波墨的一个核心概念就是"上帝的愤怒"，他认为上帝的头生子路西弗后来反叛上帝，堕落成了撒旦、魔鬼，那么这种恶必须理解为上帝的愤怒，上帝要通过惩罚罪恶来体现自己的全善，就是把路西弗打入地狱。路西弗或撒旦诱惑人犯了原罪以后，上帝罚撒旦永远只能用肚子在地上爬行，但这实际上是上帝的一种自己与自己搏斗的表象，即以恶制恶的表象。这是表象所能做到的最高、最艰巨的努力，因为恶的两种表象其实已经很思辨了，单凭表象很难把里面的这种概念的联系表达出来；但是表象努力地、勉力地以上帝自己与自己的搏斗来表达这种关系，这是表象所作出的最高、最艰巨的努力，这已经比那种简单化的善恶对立大有提高了。以前笼而统之地认为一切不好的事情都是恶，而没有区分出有一种恶是犯罪，另外一种是惩罚，是正义的恶，上帝的愤怒那代表一种正义的恶。那么正义的恶呢就可以看作否定之否定了，其实应该看作是善的了，但这是表象所达不到的层次。表象顶多只能说这是上帝自己与自己搏斗，自相矛盾，但这用表象来解释是解释不通的。你说上帝究竟是善还是恶呢？你说他是善，那他也做了那么多坏事啊，特别是《旧约》里面，动不动就把人全部淹死，发大洪水，他对人的惩罚也是够厉害的，惩罚到人的子孙万代、祖祖辈辈。人本来住在伊甸园里面多好，但是由于人犯了一个小过失：唉，根本算不上什么过失嘛，人要追求智慧是好事嘛，但就这么样地惩罚人，那不是过分了吗？所以从表象的角度呢很难解释这些问题，神学家们两千年以来一直都在解释，都解释不通。他们所能够做到的最高的努力、最艰巨的努力就是把这样一种恶理解为神圣本质的愤怒，这是一种形象化的表达方式。在《旧约》里面的那个上帝是"愤怒的上帝"，好像他创造出人来就是为了把他们毁灭，因为一旦创造出人来，人就要作恶啊，那你干嘛要创造他呢？人作了恶，你不惩罚自己，你惩罚人，这个是说不过去的。但是他们把它理解为这样一种恶，跟前面一种恶不同，是一种更高级的恶，它是上帝自己与自己搏斗的表象。当然这个自己跟自己斗的表象是自相矛盾的，不能自圆其说，但是努力地想要把握概念，倒是一个正确的方向。这个注释里面最后提醒读者参看《致罗马人书》，其中第 1 章第 18 节说："原来，神的忿怒，从天上显明在一切不虔不义的人身上，就是那些行不义阻挡真理的人"。就是这个意思。但这种表象所做的这个最高的、最艰巨的努力，很难，非常困难，长期以来神学家们在经院里面不断地绞尽脑汁，要把它说通。"但这种努力由于缺乏概念仍然是无成果的"，但这种努力由于缺乏概念，仅仅在表象的层面上，如何能够解释恶的问题？基督教里面恶的问题是一个大问题，直到今天，人们仍然在讨论：人间的恶上帝该不该负责？既然一切都是上帝创造的，他创造出来了，那这个恶也是他创造出来的，归根结底，那他该不该负责？很多神学家力图要帮上帝撇清他的罪责，想出了很多办法，其中有大量的诡辩，这都表现出了表象的局限性，它做了这样一种自相矛盾的解释仍然是无成果的，由于它缺乏概念。在黑格尔看来，像这样一些矛盾只有在概念里面才能解释得通，才能得到调解，而在表象里面呢只会陷入到一种无穷无尽的自相搏斗，所以是无成果的。

所以神圣本质的异化是以其双重方式建立起来的；精神的自我和精神的单纯思想是两个环节，它们的绝对统一就是精神自身；精神的异化在于两者相互分离，一个拥有与另一个不同的价值。

"所以神圣本质的异化是以其双重方式建立起来的"，神圣本质的异化就是前面讲的，神圣本质成为他者，这种异化的建立具有双重方式。"精神的自我和精神的单纯思想是两个环节"，这两个环节还不等于异化的两种方式，上帝如何自我异化还要从两者的对立统一的关系中得出来。首先，"它们的绝对统一就是精神自身"，这两个环节，一个是精神的自我，是个别性，一个是精神的单纯思想，是普遍性，个别和普遍这两个环节它们的绝对统一就是精神自身，这时并没有异化。其次，"精神的异化在于两者相互分离，一个拥有与另一个不同的价值"，这句话跟第一句就呼应上了。神圣本质的异化是以其双重方式建立起来的，那么这里就讲，精神的异化在于两者相互分离，这就是神圣本质的异化；就是这两个本质，一个是精神的自我，一个是精神的单纯思想，它们各自以自己的方式而与对方分离，这就建立起了双重方式的异化。这两个环节相互分离，导致一个拥有与另一个不同的价值，一方面个体脱离了思想的普遍性，另一方面单纯思想的普遍性失去了个体自我，两者都会使一个拥有与另一个不同的价值，使它们互相都把对方看作是异己的。这就是精神的两种形态的异化，一方面个体自我把自己的本质异化为上帝的单纯普遍性的思想，另一方面上帝把自己的本质异化为个别的定在，如道成肉身。下面就说得更明确了。

这种不同一性因而是双重的；它生发出两种联结，这两种联结的共同环节就是上述两个环节。

这句话才说明了什么是精神异化的双重方式。为什么说神圣本质的异化是以双重方式建立起来的呢？并不是说一重方式就是精神的自我，另一重方式就是精神的单纯思想，这种理解是不对的，而是精神的自我和精神的单纯思想这两个环节相互之间的联结方式有两种，有双重的方式。这种异化是以双重方式建立起来的，是因为这两个环节的联结有两种不同的方式，或者说，它们采取两种不同的方式相互分离、相互异化。"这种不同一性因而是双重的；它生发出两种联结，这两种联结的共同环节就是上述两个环节"，相互分离也是一种联结，两种联结方式就是两种异化的方式，它们所联结的共同环节就是上述两个环节，或者说是两种联结都是这两个环节的联结，但是联结的方式是不一样的。个别和普遍联结起来，但如何联结起来？有两种方式，由这一方去联结那一方，或者由那一方联结这一方，有双重方式把个别和普遍联结起来，使它们成为彼此陌生的。下面就讲得更具体了。

在一种联结里，**神圣的本质**被当作本质的东西，而自然定在和自我却被当作非本质的和必须扬弃的东西；与此相反，在另一联结里，**自为存在**被当作本质的东西，而单纯神性的东西被当作非本质的东西。

这就说得更明确了，是这样两种联结。"在一种联结里，**神圣的本质**"，"神圣的本质"打了着重号，"被当作本质的东西，而自然定在和自我"，自然定在、自然万物，包括道成肉身的那个肉身，以及这个肉身所体现出的自我，都是上帝创造出来的，所以这些自然定在和自我"却被当作非本质的和必须扬弃的东西"。这是一种联结方式,在这种联结方式里面,上帝被当作本质的,上帝的造物、人被当作非本质的,也就是在个别和普遍这两个环节中,普遍的环节被当作本质的,个别的环节被当作非本质的,必须扬弃的,这是一种联结方式。那么另外一种呢,"与此相反,在另一联结里,**自为存在**被当作本质的东西,而单纯神性的东西被当作非本质的东西","自为存在"打了着重号,这是跟前面的"神圣本质"相对而言的。这两个打了着重号的互相对照,前一个是神圣的本质,后面这个是自为存在,神圣的本质代表普遍性,自为存在代表个别性。在后面这种联结里面,自为存在被当作本质的东西,每个个体的自我都被他自己当作本质性的东西,而单纯的神性则被他当作非本质的东西,他可以信也可以不信,他服从神性就会感到压抑,这对于他是偶然的,他甚至还可以像路西弗那样对上帝发动反叛,觉得上帝也没有什么了不起,我可以取而代之。这就是两种异化方式,一种是上帝把自己异化为一个与自己不同的他者,一个有限的自为存在,这个有限自为存在有可能反叛上帝;另一种是自为存在的个体把自己异化为一个凌驾于自己之上的上帝,一个自己不得不服从的绝对权威,但又总是带有一种陌生感,并不认为上帝代表自己的真正本质。他只有牺牲自己的本质才能走向上帝,凭借自己的本质则会冒犯上帝或犯罪。这里有两个不同的侧重点,在个别性和普遍性的这样一个统一体里面,两个不同的侧重点使得这两个环节相互分离,所以它们双方的联结就有两种方式,一种是着重于神圣本质的普遍性,另外一种是着重于自为存在的个别性。当然每一种在立足于一方时都没有抛弃对方,但是侧重点不一样。这就造成了两种"不同一性",也就是两种恶,一个是侧重神圣本质造成的,表现为上帝的惩罚;一个是侧重自为存在造成的,表现为路西弗或亚当的犯罪。或者说,一个侧重于圣父,一个侧重于圣子,神圣本质就是圣父嘛;而自为存在,包括路西弗、亚当和耶稣就是圣子嘛。这两种侧重都属于神圣本质的异化,它以双重方式建立起来。圣父和圣子如果孤立起来看,都体现出基督教里面的神圣本质的异化，一种异化是执着于普遍性，执着于上帝的神圣本质，它导致上帝的惩罚；另外一种则执着于个别性，这就导致犯罪，在耶稣那里则是导致受难。这两种偏向都是异化，都是表象思维所导致的，所谓的三位一体在这时还不能成立，圣父和圣子还是对立的，上帝只是一个抽象的神圣本质，而圣子呢是上帝为自己创造出来的他者，在本质上就带有原罪。双方孤立起来看，与对方的关系都是异化的关系，都是有待于扬弃的关系，必须把这两个分离的方面重新结合起来才能回复到精神的绝对统一。这样一种异化在历史上就体现在天主教和基督教的分离，天主教和基督教这两个名称当然是中国人汉译的了，一般统称为"基督宗教"，严格点说，其中包括一个是罗马天主教，一个是新教，西文其实叫作"抗议宗"（Protestantismus），我们把它称为"基督教"。因为天主教着重于天主，着重于上帝的普遍本质、神圣的本质，而基督教着重于耶稣基督，耶稣基督是一个自为存在。所以天主教和基督教就恰好体现出两种不同的异化方式，这就是两种不同的联结方式，在个别性和普遍性中，天主教更着眼于普遍性，基督教更着眼于个别性。所以天主教和基督教统称为基督宗教，我们日常语言中没有什么区分，我们张口就是基督教、基督教；但基督教也有双重含义，狭义的就是新教，广义的就包含天主教（还有东正教）在内，严格说来我们应该把它们都称之为基督宗教。在黑格尔那里，这两者都有它的片面性，天主教也好，基督教也好，都是属于神圣本质的异化的双重方式。如何扬弃异化？最终当然只有黑格尔的理性宗教才能够扬弃异化，才能够讲清楚普遍性跟个别性相互之间到底是一个什么样的辩证关系，但在基督宗教的范围内，也提出了一种把双方统一起来的结构模式，虽然只是暂时的模式，这就是下面一句所表达的。

两者的还很空泛的中项就是<u>一般**定在**</u>，这中项只不过是其中两个环节的共同性而已。

"两者"，两者就是神圣本质和自为存在这两个环节了，这两者之间有一个中项，这个中项是"还很空泛的中项"，就是这个中项还没有确定的概念内容，还停留于表象层次，它"就是一般**定在**"。自为存在和单纯神性的东西这两者如何联结起来？必须要靠一个中项联结起来，这个中项就是一般定在，"定在"打了着重号。为什么说是"一般定在"？为什么是空泛的呢？就是这个定在要么是自然的定在，要么是自我的精神定在，包括上帝的"头生子"路西弗的定在。每个自然的定在都是上帝自为的造物，所以它可以充当普遍本质和个别自为的中介；而路西弗虽然是上帝造就的，但却有自己的自为的野心，所以也体现了普遍本质和个别自为的中介，但这都是泛泛而言的。大自然并不能真正沟通普遍本质和个别定在，撒旦就是利用大自然，包括人的本能啊、欲望啊、动物性的肉体啊这些东西来反对上帝，路西弗则更是直接把自己的个别性和上帝切割开来。这两者作为中项并没有实质性的意义，"这中项只不过是其中的两个环节的共同性而已"，这两个环节有一个共同性，就是它们都是有定在的，不管是精神的自我，还是精神的单纯思想。精神的自我它的定在就是个别自我，精神的单纯思想它的定在就是它外化出来的他者，包括自然的定在和精神的他者，总而言之，它们都是靠定在与对方相联系，这是它们两个环节的共同性，这两个环节都有它自身的定在作为中项去和对方相联系，但并没有与对方达到沟通。

"善与恶"这个小标题就讲到这里了。"善与恶"里面最后引出来呢，就是说个别和普遍相互之间如何样能够联结，如果不能真正沟通，而是停留在不同一性的分离状态，那就会被困在犯罪—惩罚这一怪圈中走不出来，无法从两种不同的恶上升到更高层次的善。要提升到更高的善必须有一个真正的中介，这个中介能够使对立的两个环节达到和解，这就是耶稣基督死而复活所完成的上帝和自然、上帝和人、普遍和个别的和解，也就是下面的第三个小标题。

[（3）复活与和解]这是"圣子的王国"这个标题下的第三个小标题，

贺、王译本根据拉松本标为"得救与和解"，这个"得救"我把它改一下：复活与和解。从内容上讲，这两段并没有讲什么得救，而主要讲道成肉身、受难与复活，以及通过这种方式达到自然与精神的统一。真正的救世就是神和人的和解，耶稣基督的死而复活是一个象征，一个启示，它启示人们在世俗生活中皈依圣灵，才能摆脱人间的罪恶而在精神上得救，从而达到自然和上帝的和解。所以这个小标题下面主要是谈和解，前面第一个小标题谈"创世"，第二个小标题谈"善与恶"的分裂，第三个小标题要谈的是分裂了以后如何和解，这就形成了一个正—反—合的进展。上面这一小段已经讲了，天主教有天主教的和解方式，基督教有基督教的和解方式，也就是有两种不同的联结方式，但是这两种联结的方式都是异化的方式。那么基督教和天主教都是一种异化的方式，如何扬弃异化、达到真正的和解？联结本来是一种和解的意图，想把这两者联结起来，但是不但没有联结起来，而且把它们对立起来了，把它们分离开来了，这是表象思维的方式所导致的。但我们从这两种方式中还是可以找到一个共同的中介，这就是耶稣基督的复活。复活当然也是一种表象的方式，但是它已经启示了一种真正的和解。

这种对立的消解一方面并不是通过被表象为分离和独立的本质的这两者的斗争而发生的。

"这种对立的消解"，前面讲的那两种联结方式其实都是一种异化的方式，都是把两者对立起来，要把这种对立消解掉，前面两种方式都无济于事，或者说即使想把它们融合起来，但是并没有消化掉，成了夹生饭，双方格格不入。这种对立要把它消解掉，如何消解呢？有两个方面。"一方面并不是通过被表象为分离和独立的本质的这两者的斗争而发生的"，就是这种对立你要把它消解掉，是不是通过它们的相互斗争？是不是通过对立面的斗争，一个吃掉一个，就消解了呢？那是消解不了的！用一方吃掉另一方的方式怎么可能达到这种对立的消解呢？而且你要完全吃掉另一方，你自己就成了另一方，你就会吃掉自己，那叫作同归于尽。

例如"文化大革命"就是不断地一个吃掉一个，不断地从自己分出自己的
对立面来吃掉，最后大家同归于尽的过程。这里的这个"一方面"跟下面
讲的"另一方面"要联系起来看。一方面这种对立的消解不是通过独立
的双方互相斗争而发生的。

　　在它们的独立性里面所包含的是，每一方必须通过自己的概念**自在
地**在自己本身中消解掉自己；这场斗争首先陷入这种境地，在那里双方
都不再是思想和独立定在的这种混合了，而只是作为思想互相对立着。

　　这句话是对上一句话的补充，上一句话是讲，这种消解不能够通过
独立双方的斗争来实现，为什么不能？"在它们的**独立性**里面"，"独立
性"打了着重号，两个独立的本质嘛，上面讲是被表象为分离和独立的本
质的这两者的斗争。那么在它们的独立性里面，"所包含的是，每一方必
须通过自己的概念**自在地**在自己本身中消解掉自己"，"自在地"打了着
重号。这是对上面一句话的反过来说明了，你不能通过双方的斗争来消
解它们的矛盾，而必须呢通过每一方自己独立的、通过自己的概念自在
地在自己本身中消解掉自己。或者简单说，这种矛盾、这种对立的消解
不能通过一方否定另一方而实现，而必须通过每一方自我否定来实现。
每一方的自否定就是在它们的独立性里面，每一方必须通过自己的概念
自在地在自己本身中消解掉自己，而不是把对方吞没。这就必须通过自
己的概念而自在地来做，通过表象是做不到的。概念的自我否定是概念
的本质运动，这是自在地发生的，而不是人为地设定的，它不是思想和定
在的关系，而是思想和思想自身的关系。这样一来，"这场斗争首先陷入
这种境地，在那里双方都不再是思想和独立定在的这种混合了，而只是
作为思想互相对立着"，正是由于双方的自我否定，所以这场斗争首先陷
入了这种境地，就是双方都不再是思想和独立定在的这种混合了，不再
一方面是普遍的思想，另一方面是独立的定在，这样一种外在的混合体。
前面讲了两种异化的方式，不管是基督教还是天主教，都有这样一种毛
病，都是把一方看作是单纯的思想，把另外一方看作是独立定在，两者既

相分离又要联结在一起，实际上是混合在一起。混合在一起当然就格格不入了，所以必须要努力地通过斗争用一方去吞掉另一方，这就导致了异化。天启宗教的异化就体现在这样一种表象思维只能够形成一个混合体，而不能理解为真正的概念上的相通。但是这种斗争首先陷入到了这种境地，就是双方都不再是思想和独立定在的这种混合了，而只是作为思想互相对立着，不再是思想和在它之外的一个定在相混合，因为对方也是思想，你把对方当作思想来看待，这就对了。当然这思想也是互相对立的，但是那不要紧，它是作为思想而对立的，它不再是作为思想和独立定在的对立了。所以这场斗争一开始最先就陷入到了这种境地，即它们的对立是一种思想的对立，这场普遍和个别的斗争一开始就是思想的斗争，而不再是思想和独立定在的混合。在这个基础上呢，我们就可以谈问题了。

　　<u>另一方面，双方这样一来就作为特定的概念而本质上只处于对立面的联系中；而它们作为独立的东西则相反，在对立之外拥有自己的本质性；因而它们的运动就是自由的运动和它们自己的固有的运动。</u>

　　"另一方面"，这个"另一方面"在原文里面就是一个 denn，这个denn 本来也可以译作"因为"，但是在这个地方不应理解为"因为"，因为它是跟前面的那个"一方面"即 sowohl 相配的，sowohl 后面的 denn相当于 als，它是与 sowohl 呼应的，sowohl...als... 是一个惯用型，表达一种关系：既是这样又是那样，所以我把它翻译为"一方面……，另一方面……"。前面讲，一方面对立双方不是通过斗争来达到对立的消解，而只能通过每一方自己独立地把自己消解掉，所以斗争最后陷入到这样一种境地，就是成了一种思想上的对立，它不再是思维和存在的对立，因为独立的定在已经被消解掉了，只剩下思想和思想之间的对立。那么，另一方面又是怎样的呢？"双方这样一来就作为特定的概念而本质上只处于对立面的联系中"，既然它们是作为思想而互相对立的，那么就引出了另一方面，引出了联系的方面，但只是作为特定的概念而处在对立面的

思想联系中。在思想上它们是对立的，这个对立不是通过斗争而能够解决的，那么另一方面，双方就作为特定的概念而本质上只存在于对立的联系中。这种联系我们就可以把它看作是走向一种对立的消解了，但是又不是完全消除对立，而是对立面的联系，这正是概念的特点，即对立统一。前一方面强调了双方的对立，这个对立是不能通过双方的斗争而消解掉的，它总在那里；而这一方面则强调对立面的联系。"而它们作为独立的东西则相反，在对立之外拥有自己的本质性"，它们，也就是双方了，它们本来是被理解为独立的东西、独立的定在，作为独立的定在的东西则相反，在对立之外还拥有自己的本质性。显然，作为独立的东西它们是对立的，因为一个独立的定在是跟另外一个格格不入的，否则怎么能叫作独立的东西呢？所以是在对立之外还拥有自己的本质性。就是说它们的这种对立不是概念的对立，而是表象的对立，外在的对立，所以这种对立并不影响到双方的本质，它们各自的本质都在这种对立之外，不受这种对立的干扰。"因而它们的运动就是自由的运动和它们自己固有的运动"，它们，这还是讲的这两个环节，这两个环节的运动都是自由的运动，也都是它们自己固有的运动，不受对方的影响。正因为它们在对立之外还拥有自己的本质性，所以它们的运动是自由的运动，是它们自己固有的运动。

所以，正如双方的运动由于都必须在它们自己本身上得到考察、因而是自在的运动一样，这种运动也是从两者中被规定为与对方相反的那个自在存在者开始的。

因为这种运动是这两个环节自己固有的运动，"所以，正如双方的运动由于都必须在它们自己本身上得到考察、因而是**自在的**运动一样"，双方的运动都必须在它们自己本身上得到考察，就是说不是外来的推动，双方虽然是对立的，但是并不是一个推动另外一个，前面讲并不是通过它们的相互斗争，而是必须在它们自己本身上得到考察，因而是自在的运动，"自在"打了着重号。这种运动是它们各自的自在的运动、自己本身的运动、自己的自我否定的运动。正如双方的运动都是自在的运动一样，"这种运动也是从两者中被规定为与对方相反的那个自在存在者开始的"，这是更进一层的意思了。前面讲，双方的运动都是它们自在的、从自己本身中发生的运动，不是受到外来的推动，而是自己否定自己、自己向自己的对立面转化，是这样一种运动；那么正如这种自在的运动一样，这种运动也是从两者中被规定为与对方相反的那个自在存在者开始的。也就是说既然每一方都是一种自在的运动，那么这种运动就是从两者中的被规定为自在的那一方开始的，虽然它是与对方相反的，但它本身是自在存在者。两者中相互有一种规定，一方是自在的，另一方是自为的，那么从总体上来看，这整场运动就是从自在的那一方开始的；但自在的那一方有一个修饰语，是与对方相反的那个自在存在者。就是说虽然每一方都是自在的运动，但双方总体来看仍然有自在和自为之别，运动必须从双方中间自在的那一方开始，然后才进到自为，进到另一方，从自在到自为的这样一种运动，先要从自在开始。当然每一方都是从自在开始，但双方总的来看也是从自在的那一方开始的，相对来说是双方有一方是自在的，另一方相对来说是自为的，那么这两方呢要从自在的那一方开始。而自在的那一方是与对方相反的那个自在存在者，是从这一方开始，自在它并不是独自就可以开始，它也是考虑到与对方相反。与对方相反的这个自在存在者才有目标啊，它的运动才有方向啊，它才是向着对方而运动啊，但是它是从它自己开始的，从自在者开始的，所以它是从自在到自为的一个过程。这里表达的其实是上帝和耶稣基督的关系，上帝是自在者，耶稣是自为者。

[249]
{415}　于是，这一方就被表象为自由意志的行为；但是它的外化的必然性包含在这样一个概念里：自在存在者正因为只有在对立中才被规定成这样，它就不具有真正的持存；

　我们先看这半句。"于是，这一方"，这一方就是自在存在者这一方了，它必须从两者中被规定为自在存在者的一方开始。于是这个自在存在者"就被表象为自由意志的行为"，freiwillig 可以翻译成"自愿的、自动的"行为，但是从字面上呢，我们可以理解为自由意志的行为，Wille 就是"意志"，frei 就是"自由"。自在存在者这一方被表象为自由意志的行为，就像康德说的，自由意志就是自在之物，它是不受任何其他的东西所制约的，它是自在的、自发的这样一个行为。"但是它的外化的必然性包含在这样一个概念里"，自由意志必然有它的外化，自由意志表现在什么地方呢？表现在你的自由意志所造成的对象上，你的自由意志要有成效嘛。所以它的外化的必然性包含在它的概念里，什么概念呢？ "自在存在者正因为只有在对立中才被规定成这样，它就不具有真正的持存"，自在存在者只有在对立中才被规定成这样，前面讲了，这个自在存在者它是与对方相反的那个自在存在者，所以它是在对立中被规定的。它要实现它的自由意志的行为，那它就必须向着它的对立面去发生作用，这就是自由意志的行为。所以自在存在者正因为只有在对立中才被规定成这样，它就不具有真正的持存性，它就会偏离自己的基础，离开自己的根据地，向对立面转化。它不具有真正的持存性，那它就不再是单纯自在的了，它就是对自在的偏离了，它就走向了自为，它不是永远定在那里、永远不动了，而是在它的对立中被规定成这样，它要向它的对立转化，要向对立面转化，它就不能停留在原地，持存就是停留在原地了，它不具有真正的持存。

　　——因此，那不是把自为存在、而是把单纯的东西当作本质来看的一方，就是那自己外化自己、走向死亡、并且通过死亡使绝对本质和自己本身和解的一方。

　　"因此"，"因此"前面有个破折号，就是由前面所推出来的，前面讲这种外化的必然性包含在这样一个概念里面，我们从概念上理解到，自在存在者正因为只有在对立中才被规定成这样，它就不具有真正的持存，这是从概念上来理解。但从表象上来理解，就会以为自在存在是一个持存的东西，上帝高高在上，上帝创世，这个运动的第一步就是由上帝的自由意志发动的，但创造世界以后上帝还留在那里不动，持存着。所以天主教就把那个东西看作是本质的，其他的东西都是非本质的。但是从概念上来理解不是这样，从概念上理解它不具有真正的持存。上帝已经从天上下降到人间来了，你还到天上去找，已经找不着了，你要找上帝，只有在人间找，你要追随耶稣基督，这就是上帝本人。因此"那不是把自为存在、而是把单纯的东西当作本质来看的一方，就是那自己外化自己、走向死亡、并且通过死亡使绝对本质和自己本身和解的一方"，前面那一方其实就是后面这一方。前面那一方不是把自为存在、而是把单纯的东西当作本质来看，比如说天主教，它不是把自为存在、而是把单纯的东西当作本质来看，不是把耶稣基督当作本质来看，而是把天主当作本质来看。自为存在就是耶稣基督，留在天上的上帝、天主则是自在存在的单纯的本质，天主教就是把单纯的本质当作本质来看。但根据上面所说的，这一方其实就是那自己外化自己、走向死亡、并且通过死亡使绝对本质和自己本身和解的一方，这就是基督教的一方了。这两方其实是一方，是同一个运动的两个不同阶段。这一方就是上帝外化自己，道成肉身，并且走向死亡，你有了肉身，你肯定有死亡了，有生就有死嘛，道成肉身，那肉身就是要死的啊。但是通过死亡，就使绝对本质和自己本身达到了和解，肉身死了以后，绝对本质就和自己本身和解了，这个和解就体现为死后的复活。死后为什么又复活了呢？因为它还是一个绝对本质，它跟那个死去的外化的定在达到了和解，使绝对本质和自己本身、和耶稣基督和解，使上帝和基督达到和解。耶稣基督死后升天，在上帝那里和上帝合为一体，这就是和解了。本来上帝派他的独生子到人间来、道成肉身，这是上帝的一种堕落、一种自我贬谪，本来是已经分裂了，但最后呢又收回去了，又把耶稣基督的本质收回到上帝自身之中，这样就达到了和解。所以这两个方面实际上是一个方面，天主和基督是同一个上帝，当然这是从概念上来分析的。从概念上来分析，我们可以把天主教和基督教看作是同一个东西，是同一个运动过程的两个阶段，这就从概念上展示了宗教改革的必然性。宗教改革的必然性是一种概念的必然性，这是人力所无法抗拒的，你不要把它看作只是一个历史事件，要从概念上来理解，它是不可阻止的一个运动过程。从天主教里面一定要产生出宗教改革的抗议宗，也就是基督教，路德教、加尔文教都是从这里产生出来的，就是着眼于耶稣基督，把耶稣基督看作是上帝的外化，然后走向死亡，并且通过死而复活达到与上帝的和解。

因为在这个运动中它呈现为**精神**；那抽象的本质则异化自身，它拥有了自然的定在和具有自性的现实性；它的这种他在或它的感性的当下在场通过第二次成为他者而被收回，并被建立为扬弃了的、**普遍的**当下在场；

这里也是一个分号，我们先打住。前面讲了，通过死亡使得绝对本质和自己本身和解，这两方成为了一方。"因为在这个运动中它呈现为**精神**"，从第一方过渡到第二方的这个运动中，绝对本质呈现为精神，"精神"打了着重号。也就是说，前面讲的这两方呢都采取了一种异化的方式，双重异化的方式，但是在这个运动中呈现出精神来了。如果是仅仅局限于天主教或者是基督教，各执一方，那么绝对本质的精神还显不出来，好像是两种对立的本质，两种对立的本质那就不是精神了，那就是表象了，无非一个是天主教会，一个是基督教会，它们的权力斗争，它们的利益之争，那就不是精神了。但是从概念的眼光我们可以看出，它们中间有一种内在的运动，在这个运动中它呈现为精神，这个"精神" (Geist) 也可以译作"圣灵"，圣灵是一个，天主教也好，基督教也好，它们的圣灵、它们的精神都是一个。"那抽象的本质则异化自身"，抽象的本质就是高高在上的那个上帝，这个绝对本质还没有内容，它必须异化自身，怎么异化自身？"它拥有了自然的定在和具有自性的现实性"，自然定在就是世间万物，也包括肉身了；"自性"，selbstisch，也作"自我性"，我这里借用佛教里面的自性的概念，自性，自己性，自己的独自性。具有自性的现实性，这就不同于自然的定在，自然定在没有自性，但是耶稣基督是有自性的，是有自我意识的，耶稣基督是一个能动的现实性。这都是由抽象的本质异化自身所得来的，一个是自然的定在，一个是自性的现实性。天主教把自然的定在看作是上帝的异化的一种体现，而基督教把自性的现实性看作是上帝的一种现实的体现，所以自然的定在和自性的现实性这两者在精神的运动过程中都是上帝的一种显现。文艺复兴以来的西方基督教，我们讲它发现了自然，发现了人，在自然身上看到了上帝，在人身上也看到了上帝。当然自性的现实性也不单纯是局限于耶稣基督这样一个现实的人，而且指一切具有自性的现实性，也就是一切人的现实性，经过耶稣基督的启示，都成了上帝的本质的一种异化的现实形态。所以在这个运动中呈现出了上帝的精神，这个精神在这种异化形态里必须要返回到自身，作为一个最终的归宿，自然的定在也好，人也好，最后都要返回到圣灵，它们都被看作是这个精神的本质的一种异化形态。"它的这种他在或它的感性的当下在场通过第二次成为他者而被收回，并被建立为扬弃了的、**普遍的**当下在场"，这种精神、这种抽象的本质的这种他在，或它的感性的当下在场，不管是自然定在也好，还是具有自性的现实性也好，都是一种感性的当下在场，自然界是感性的，耶稣基督以及我们每一个人都是感性的当下在场；但它们通过第二次成为他者而被收回。第一次成为他者就是被异化出来了，上帝创世，上帝创造了自然，上帝创造了人，这是第一次成为上帝的他者；第二次成为他者呢，就是这个他者又放弃了他者，耶稣基督放弃了自己的肉体，把自己的肉体作为他者撇下来留在了人世上，升天而去。肉体不是他的本质，耶稣基督升天就表明耶稣基督牺牲了自己的肉体，把自己的肉体作为一个他者撇下来，自己的灵魂升天。灵魂升天以后又复活了肉体，第二次回到人间，第二次成为他者而被收回。成为他者被收回，就是说他复活的时候还是有肉体的，"使徒行传"里面讲到他重新回到人间，他的使徒们就跑去，怀疑自己是不是做梦啊，是不是假的啊，就去摸他的伤口，他钉十字架留下的伤口已经长好了，已经不流血了，但是伤

口还在，就说明他确实还是一个肉身，但已经被上帝收回了。第二次成
为他者被收回，这时就被建立为扬弃了的、普遍的当下在场，"普遍的"
打了着重号。耶稣基督牺牲自己的肉体，并不是把这个肉体彻底消灭了，
而是把它收回了，他的墓穴已经空了，肉体已经成为属灵的了，于是所
有的人的这样一种他者、这样一种感性的当下在场就都普遍化了，都被
建立为扬弃了的、普遍的当下在场。感性的当下在场、感性的生活本身
也具有了普遍性，它被收回了以后就被建立为扬弃了的、普遍的当下在
场，这就是基督再临的普遍性。基督教里面讲上帝再临，上帝何时再临
啊？人们就等待了，说到了一千的时候上帝要重新回到人间，一千年的
时候没等到；现在两千年的时候大家又在等，两千年钟声敲响以后，上
帝仍然没有来。其实在新教里面就讲了，再临不是说上帝某个时候就会
降临人间，而是你们每一个人当时当下因信称义，只要你信，上帝就再
临在你的心中，所以这个再临是每时每刻都在再临，只要你信。所以基
督教的新教、路德教相信再临的普遍性，普遍的当下在场，每一个人当
下在场都可以是上帝再临的状态，上帝回到你的心中，只要你想到上帝，
只要你信上帝，上帝就在你心中，就在你这个肉体的人的心灵之中。这
是基督教的一个非常重要的推进，就是因信称义。因信称义肯定了现实
生活中的每一个存在者都具有神性，他们的每一个感性的行为，包括他
赚钱，包括他冒险，包括他开发、开拓，都是具有神性的，所以基督教它
是不怕赚钱的，不怕暴富的，钱赚得越多越好，但是钱本身不是用来消
费的，它是用来表现上帝的再临，上帝在他身上。所以他手握这么巨大
的财富，用来干什么呢？用来办慈善，为上帝争光。像比尔·盖茨，他
就是一个典型的新教徒，他用他赚来的巨大的财富办慈善，捐给慈善机
构，设立慈善基金。为什么要设立慈善基金？不只是为了可怜穷人，而
是为了彰显上帝的荣耀。他有个更高的理想，当然也包括救助穷人，那
是很低层次的，它是一种彼岸的理想。新教的这种普遍的当下在场导
致了新教伦理，一直到今天，特别是美国人的新教伦理，就是这样一种

精神。

　　因此，本质就在它的感性的当下在场里成为了它自身；现实性的直接定在对本质已不再是一个异己的、外在的东西，因为它是被扬弃了的、普遍的东西；因此这种死亡就是它作为精神的复活。

　　"因此，本质就在它的感性的当下在场里成为了它自身"，这就是我们刚才讲的，在基督教的新教、路德教阶段，本质就在它的感性的当下在场里成为了它自身，上帝在你心中，上帝在你当时当下的感性的当下在场里成为他自身，这就是上帝再临了，圣灵在你心里面了，圣灵在你心里就是上帝在你心里，上帝无所不在，上帝在每个人心里，他就体现为每一个人心里有圣灵。本质就在它的感性的当下在场里成为了它自身，包括你赚钱发财的时候，包括你搞科学发明的时候，就有圣灵现身。这个在天主教那里是找不到根据的，天主教是比较仇富的，天主教实际上有另外一面，它主张正当的享乐：上帝不会阻止人们享乐，于是它是朝自然的定在的那一方发展，但是忽视了自性的现实性、就是自我的精神性这一方，所以天主教是比较外在一点的，而且把这两个环节分得很开。在教堂里做圣事、做善事是一回事情，日常生活又是另外一回事情。日常生活是享乐的时候，我有权享乐；然后进教堂，恭恭敬敬，虔诚，表现得非常虔诚，花巨量的钱财捐给教堂，把教堂盖得富丽堂皇。文艺复兴以来就是这样，教堂搞得很奢华，仪式搞得很繁琐，一直到今天，梵蒂冈的仪式还是挺繁琐的，它不像新教的教会非常简朴。新教比较重视心灵的生活，天主教呢比较重视世俗的日常生活，所以天主教崇拜圣像、画像，特别崇拜圣母，因为圣母特别有人性，天下母亲的形象嘛，特别人性化，所以它停留在自然的定在这个层次。而新教比较抽象，在你的日常生活中你就可以见到上帝，就看你是否能把日常生活也变成宗教生活。"现实性的直接定在对本质已不再是一个异己的、外在的东西"，现实的直接定在，你的现实生活，刚才讲的赚钱、办实业这样一些日常活动，对于本质不再是一个异己的、外在的东西，不再是你要放弃的，因为这本身就是在做圣事。天主教当年卖所谓赎罪券，就是富人不管你做了多少坏事，你只要有钱，你交给教会，买一张赎罪券，你就可以上天堂，所以赚钱的事是属于异己的、外在的东西，你要把它放弃，你才能够使灵魂得救。但是新教就不一样，现实的直接定在，直接地办实业、赚钱这些事情，不再是异己的、外在的东西，它们本身就是带有神性的事情。马克思讲，马丁·路德把僧侣变成了俗人，同时又把俗人变成了僧侣。把僧侣变成了俗人，就是说路德教的那些牧师、教士他们不再是高高在上、道貌岸然的，而是可以结婚的普通人，在新教里面把教阶制、教皇、红衣主教这一套都取消了，你就是一个俗人，跟我们平常人一样，这看起来是非常违背基督教的僧侣规范的了。但是另一方面它又把每一个俗人变成了僧侣，每一个俗人的内心都变成了僧侣，都有圣灵，每一个俗人自己是自己的神父。马丁·路德为什么要把《圣经》翻译成德文，就起这个作用，它可以把每一个人都变成神父。所以现实的直接定在对本质已不再是一个异己的、外在的东西，"因为它是被扬弃了的、普遍的东西；因此这种死亡就是它作为精神的复活"，现实的直接定在不再是外在的、异己的了，它是被扬弃的、普遍的东西了，它是有神性的东西了，现实的生活、现实的活动本身就是有神性的东西，因此肉体的死亡就是精神的复活，人的死亡就是精神的永生。耶稣基督被钉十字架就给一切人做了榜样，耶稣基督在肉体上的死亡正是他作为精神的复活，他在肉体上死亡了，那么你就不再着眼于他的肉体了，耶稣基督的尸体在哪里？埋在什么地方？我们去把他找回来。十字军就是要干这件事情，把耶稣基督的遗骸找回来，结果挖开一看是个空墓，里面什么也没有，这个时候他们就知道了：你不要从世俗、凡人的眼光去看他的肉体，他的肉体就是有灵的，而且这样一个灵通过肉体的死亡，变成了一种普遍的精神。既然他不局限于耶稣基督个人的肉体，那他也就在每一个人的肉体之中，他原来是在耶稣基督的肉体之中，现在耶稣基督死了，他的精神就在每个人的肉体之中。所以他的死亡就是作为精神的复活，这有两个意思：一个呢是他作为精神他仍然活在天上，在地上死了，他仍然活在天上，这是一个意思；另外一个意思，作为精神他"复活"了，他重新有了生命，那就体现在我们世俗生活中的每一个人身上，他的肉体生活里面都有精神。你要说这就是得救也可以，所以原来的这个小标题叫"得救与和解"，因为人的肉体就在这样一个意义上面得救了，在每一个肉体都能够代表圣灵、都能够从圣灵上来理解这个意义上面得救了。这就是路德教、新教所达到的这样一个境界。我们休息一下吧。

自我意识到的本质的这种扬弃了的、直接的当下在场就是作为普遍自我意识的本质；扬弃了的、本身是绝对本质的个别自我这一概念因此就直接表达了前此只是停留在表象中、现在返回到作为自我的自身了的一个团契的建构；因而精神便从其规定的第二个元素即表象过渡到**第三个**元素即自我意识本身中去了。

"自我意识到的本质"，前面讲的这样一种通过死而复活形成的、作为精神的复活的意识，是一种自我意识到的本质，绝对本质已经在复活这里、在圣灵这里达到了自己的自我意识。这个自我意识到的本质"的这种扬弃了的、直接的当下在场就是作为普遍自我意识的本质"，这种扬弃了的、直接的当下在场，就是说，它是当下在场，但这个当下在场呢是被扬弃了的，感性的当下在场它已经扬弃了那种感性，但它仍然是直接的当下在场，这是新教所坚持的一个立场。新教坚持当下在场，所谓基督教是一种实证的宗教，就是亲眼所见、亲耳所闻，在《圣经》上都有记载，可以通过历史考证的；但是，它又是扬弃了的，是一种扬弃了的、直接的当下在场，就是它不是作为一种单纯的历史事实，而是作为一个精神的事实而当下在场。而这就是作为普遍自我意识的本质，普遍自我意识，不是某个特别的个人的，而是人人都有、人人都一样的自我意识，它的本质就是这种直接的当下在场，经过了扬弃的直接的当下在场。普遍自我意识的本质就是这样一种本质，就是说每个人都有神性，每个人的自我意识都是普遍的自我意识，都是圣灵的自我意识，所以在每一个人的直接当下在场里面都具有普遍性，你的一举一动都具有普遍性，都带上了普遍自我意识的光环，每一个俗人都变成了僧侣，都变成了具有神性的一个个体。这就是作为普遍自我意识的本质，在新教徒那里达到了一种神圣的普遍的自我意识，它不再是个别的了，不再是耶稣基督一次性的了，耶稣基督已经离开我们了，他不在了。如果是一次性的，那我们就只有等待一千年或者两千年他再临这个世界，那时候我们才可以沐浴他的光照，这是天主教曾经有过的一种期待。而新教已经没有这种期待，它在每一瞬间都能够找到一条沐浴神光的道路。"扬弃了的、本身是绝对本质的个别自我这一概念"，作为绝对本质个别自我被扬弃了，它已经成了同时又是普遍的意识，不再把绝对本质唯一地寄托于耶稣基督这个个别自我身上了，这样一种个别自我的概念已经被扬弃了。"因此就直接表达了前此只是停留在表象中、现在返回到作为自我的自身了的一个团契的建构"，新教的这样一个自我概念因此就直接表达了一个团契的建构，它前此只是停留在表象中，而现在则返回到了作为自我的自身。团契当然不是新教才开始建立的，在天主教那里早就已经有了，但天主教那里的团契的建构是表象中的，所谓团契的建构，建构，Konstituierung也可以翻译为体制，它是体制化的。前此只是停留在表象中的这个团契的建构是一个体制性的、等级性的制度，而现在则返回到作为自我的自身了，这里有一个过程。当你获得了这样一个扬弃了的、本身是绝对本质的个别自我的概念时，这个概念就直接表达了一个新的团契的建构，从前这个团契的建构只是停留在表象中，而现在呢返回到了作为自我的自身，返回到了自身。这个里头有它的历史背景，团契在基督教里面是被看作上帝的身体，即所谓的"奥体"。"奥体"我们前面见到过这个词，Mysticicorporis，又翻译成"神秘体"，corporis就是团体了，一个集团了，教会就是这样一个集团，一个神秘体的集团，这个神秘体就是上帝的身体。这个概念出自于保罗书信，在《新约》里面"哥林多前书"里面讲道：

你们就是基督的身体。[1] 教会的那些人士、那些基督徒，他们组成的教会就是基督的身体，包括圣餐也都是从这里来的，就是葡萄酒就是基督的血，面包就是基督的肉，你们吃了基督的血和肉，你们就是基督的身体。但是天主教的理解和新教的理解有点区别，在中世纪的时候非常强调这个奥体，就是说我们教会应该是像一个有机体一样统一的，不要分裂，反对教会分裂。整个中世纪都面临着巨大的危险，就是教会分裂，一下子有好多的教皇，最开始的分裂不用说了，东正教、希腊正教和罗马天主教就分裂了，后来随时都面临分裂。所以他们强调基督的团契应该是上帝的身体、基督的身体，所有的教会人士都要团结得像一个人一样，每一个人都是这个集体上的一部分，教会要关心每一个信徒，每一个信徒也要献身于整个教会，是这样一个有机的相互关系。但是后来新教为什么要分裂呢？新教也讲奥体，但新教讲的奥体就不是那种团契的体制，不是那种外在的制度，不是那种教阶制，而应该是精神上的东西。新教接受的是奥古斯丁的理解，奥古斯丁认为团契应该是一种团契精神，所以新教比较强调这个团契不是形式上的组织，不要组织化，应该主要是一种精神上的联系，教徒与教徒之间的一种精神上的相通。在 1962 年到 1965 年梵蒂冈第二次大公会议上，就开始把奥体解释为不是一种外部的建制、建构，而是一种生命和精神，这个跟新教就靠拢了。实际上天主教在 1962 年以后就公开接受了新教的理解，就是说奥体并不是一种肉眼看到的那样一种体制、建制、身体，而是一种生命和精神。当然团契有它的组织，有它的建制，这个天主教也并没有否定，但是按照这个"决议"呢，就是这样一种组织只是帮助奥体的形成和维系，它起这样一个作用，一种帮助的作用。它本身不是奥体，真正的奥体还是每一个基督徒的精神上的联系。当然黑格尔写《精神现象学》的时候还没有到这一步，天主

---

[1] "我们所祝福的杯，岂不是同领基督的血吗？我们所擘开的饼，岂不是同领基督的身体吗？"——《哥林多前书》10，16；"现在我为你们受苦，倒觉欢乐；并且为基督的身体，就是为教会，要在我肉身上补满基督患难的缺欠。"——《歌罗西书》1，24。

教还是比较传统、比较保守、比较陈旧的那种理解,所以黑格尔在这里讲,他看到的是这样一种发展的历程,就是前此只是停留在表象中的这样一个团契的建构,现在返回到了作为自我的自身了,所以这样一个扬弃了的、本身是绝对本质的个别自我的概念,就直接表达了这样一个团契的建构。当然这里没有直接讲奥体,这是我们阐发出来的。这样一个团契的建构以前只是停留在表象中,而现在依靠圣灵,也就是依靠概念的理解,依靠精神的理解,现在返回到作为自我的自身了,就是达到了自我意识。精神达到了自我意识,在团契上面、在团契的建构上面达到了自我意识,那么我们理解团契也应该从这个角度来理解,就是团契的本质应该是通过外在的建构而达到的精神的一种自我意识。"因而精神",这个"精神"都可以理解为圣灵啊,从这里开始我们都可以理解为"圣灵"。因而精神"便从其规定的第二个元素即表象过渡到**第三个**元素即自我意识本身中去了",精神提升了它的层次,从它的规定的第二个元素过渡到了第三个元素。第一个元素是抽象,抽象必须要进入到现实性,那就必须要进入到道成肉身,这就是第二个元素,第二个元素就是表象;而第三个元素呢就是自我意识,正—反—合,自我意识回到了最初的那个抽象概念,使它变成具体的概念了。这是一个精神发展的历程,整个基督教的历史在黑格尔眼睛里面都是一个精神的概念发展史,在概念中有它的必然性,他强调它的必然性,而不是像表象的思维那样仅仅看作是偶然的一些历史事件。历史上就是这样发生的,传统接下来就是这样的了,这是表象思维。

——如果我们还考察一下那种表象在它的进程中所采取的方式,那么我们首先明确看到的就是:神圣本质领受着人性。

"如果我们还考察一下",现在我们已经过渡到自我意识本身了,但是我们还考察一下"那种表象在它的进程中所采取的方式",我们对这个表象的方式、中间这个元素再仔细地考察一下,在它的进程中看它是怎么渡过来的。"那么我们首先明确看到的就是:神圣本质领受着人性",

领受着，annehmen，可以理解为"接受着、采纳着"，有好多意思，我们这里翻译成"领受着"，神圣本质，就是上帝了，领受着人性，或者说采纳着人性，承担着人性。神圣本质和人性本身是一体的，这在表象的进程中已经体现出来了，在表象中所采取的方式已经体现出神人合一、神和人是一体的了。

在这话里就已经**说出了**神的本质和人性**自在地**是没有分离的；这正如说神的本质**从开始**就外化着它自身，它的定在深入自身并且成为恶，而没有说出来但却**包含**在内的意思是，这种恶的定在**自在地**并非对神圣本质异己的东西；

我们先看这半句。"在这话里就已经**说出了**神的本质和人性**自在地**是没有分离的"，"说出了"和"自在地"都打了着重号，在这句话里，就是在刚才所说的"神圣本质领受着人性"这句话里，已经说出了神的本质和人性自在地没有分离。这个"说出了"为什么要打着重号？里面隐含着道成肉身的意思，道就是说啊，言成肉身，逻各斯成了肉身，成了人性的东西。"自在地"为什么要打着重号？就是神和人是没有分离的，这是一个客观的事实，主观自为的说和客观自在的事实是一回事。"这正如说神的本质**从开始**就外化着它自身"，"从开始"打了着重号，这就好比说是神的本质从开始就外化着它自身。为什么"从开始"要打着重号呢？就是说它和它的外化活动自在地本来就没有分离过，神本来就是这种活动。从表象思维来看是首先有一个上帝，然后上帝创造出了世界，又创造出了人；但是从概念上来说，上帝如果不创造出世界和人来，他就不存在，上帝从他创造出世界和人来的时候他才存在，从一开始，从他创造出人性来的一开始，他才存在。所以讲神的本质从开始就是外化着的，不是说先有一个神的本质在那里了，然后它才把自己外化出来，应该说神的本质就是这种外化，从一开始就是这种外化。这也是从"约翰福音"里面来的："太初有道"，在歌德的笔下浮士德把这句话改成"太初有为"，其实是一回事。道就是为，说就是为。为是什么？为就是外化自身嘛！

歌德的《浮士德》的解释是符合于新教精神的，为什么新教徒把耶稣基督看作就是上帝本身呢？耶稣基督不是上帝派到人间来的吗？不是先有上帝圣父才有耶稣基督，耶稣基督不是圣子吗？黑格尔在这里帮它解释了，为什么要把耶稣基督看作是真正的上帝？因为原来的那个上帝如果没有耶稣基督的话，他就还不是真正的上帝，他从创造人、外化他自身开始，他才是上帝。所以一开始太初有为，太初有为也可以翻译成"一开始是创造"，太初有道也是如此，一开始是说，一开始就是说话，而说话就是创造世界，就是有为。所以从思辨的立场上可以这样来解释，神圣的本质从开始就外化着它自身。"它的定在深入自身并且成为恶"，它外化它自身，外化它自身就是创世了，创造世界，创造亚当和夏娃，创造人类，这都是它的定在，都是它外化自身的结果；但它的定在深入自身就成为恶，这个定在一旦创造出来，它是一个自然存在物，自然存在物深入到自身是什么呢？那就是恶。这恶要比那种自然存在要深，它是自然存在的更深的本质，实际上就是自由意志了。自由意志一开始就是恶，就是要偏离，它有权偏离，它有这种偏离的可能，它有违犯天条的可能，这才是自由意志，所以这个自由意志就是恶。什么是原罪？原罪就是自我意识，就是自由意志。这个定在深入自身并且成为恶，大天使路西弗为什么堕落为魔鬼，堕落为撒旦，堕落为恶？就是因为上帝赋予了他自由意志，他是天使长，他就要跟上帝争高下。你要说他做了什么坏事都很难说，他也没有做什么坏事，他就是争权，他要在上帝面前争夺自由意志，他就成为了恶。亚当夏娃则是由于使用了自己的自由意志而成了恶，犯下了原罪。定在深入自身并且成为恶，这都是上帝创造的，一开始外化自身嘛，而这个外化的自身必定要违抗自身，要成为恶。"而没有说出来但却**包含**在内的意思是，这种恶的定在**自在地**并非对神圣本质异己的东西"，这个是黑格尔的发挥了，就是说这个定在深入自身并且成为恶，这个都有《圣经》的根据，但下面就没有根据了，下面就是黑格尔的思辨的发挥了。他说这是没有说出来但却包含在内的意思，"包含"打了着重号，或者说隐含在内的意思。什么意思呢？就是这种恶的定在自在地并非对神圣本质异己的东西，"自在地"打了着重号，就是客观上是这样，既然这种定在深入自己并且成为恶了，那么这种恶的定在客观上就包含在神圣本质中，并非对神圣本质异己的东西。恶就是神圣本质自己所造成的，或者甚至于它就是神圣本质自身的内容，这种恶就是上帝自身的内容。这个在基督教正统教义中是大逆不道的：你把恶归结到上帝身上了，那岂不是要上帝为恶的定在负责了!？ 几千年来基督教努力地要撇清的就是上帝的罪，这不能怪罪于上帝，这只能怪罪于每个人的自由意志，但是每个人的自由意志是上帝给的呀，所以没有说出来但却包含在内的意思是，这种恶的定在自在地并非对神圣本质异己的东西，隐含着神、上帝本身就有恶的意思。

假如真的有一个对绝对本质的**他者**，假如有从绝对本质的一个**堕落**的话，那么绝对本质就会只是这样一个空名了；——其实**在自身中存在**这一环节毋宁构成着精神的**自我**的本质环节。

这里有两个"假如"，都是用的虚拟式。第一个是，"假如真的有一个对绝对本质的**他者**"，"他者"打了着重号，假如一个对绝对本质而言的他者真的存在，也就是首先有个绝对本质，然后有个绝对本质的他者，这个他者是和绝对本质完全不同的、异己的，假如真是这样的话，这是第一个假如。第二个是，"假如有从绝对本质的一个**堕落**的话"，绝对本质还是高高在上的，但是，它所创造出来的路西弗、天使长从绝对本质那里堕落为撒旦了，假如真的是这样的话。就是按照表象思维，如果你真的相信在《圣经》上、在神话里面所讲的那种故事的话。"那么绝对本质就会只是这样一个空名了"，这还是虚拟式，那样一来，绝对本质还有什么呢？它就没有内容了。假如它所创造出来的东西不属于它，而只是它的"他在"或"堕落"，什么事情都要由这个堕落的他在自己负责，那上帝就被架空了。除非你说，这个他者还是上帝自身的一个环节，包括犯罪、堕落都是上帝的安排，是上帝的一种策略，这样的上帝才是真正的上帝，才是真正的绝对本质。否则上帝不是太容易被欺骗了吗？上帝凭借他的全知全能，为什么不造出一个不会堕落的天使或人来呢？可见对上帝的这些外化、异化和反叛都是上帝自身有意安排的环节，所展示的是上帝本人的意图，包括恶的定在也不例外，不然的话，上帝就会成为一个空名。基督教正统教义为了撇清上帝的责任，而把一切犯罪和恶都归结为人的自由意志的败坏或堕落，让行动的个人负全部责任，说他背叛了上帝；但人不也是上帝创造的吗？假如一切都由行为者自己负责，而创造行为者的上帝却不能为任何行为者的行为负责，或者只为好的行为负责，不为恶的行为负责，而好的行为又只有在与恶的行为的对照中才是好的行为，如果真是这样的话，那上帝还有什么呢？那绝对本质就会只是空有其名了。绝对本质应该是无所不包的，也包括恶的定在，恶也是一种定在啊。以前基督教总是说恶不是什么定在，恶没有存在，恶就是无，它只是存在的缺乏，这个是说不过去的。人类作了那么多恶，怎么能说是缺乏呢？上帝要发洪水毁灭所有的人类，那才是要把他们作的恶清除掉，使它变成缺乏。所以绝对本质、上帝如果要有内容，就必须把恶的定在纳入到自身，担起自己的责任来，否则就会只是一个空名。"其实**在自身中存在**这一环节毋宁构成着精神的**自我**的本质环节"，"在自身中存在"和"自我"都打了着重号，就是说精神的本质环节就是在自身中存在，就是不要推诿于他人，你要为所有你所产生的内容负责，一切都在你自己之中，一切都在上帝之中，包括这些恶，都在上帝自身之中。前面已经讲到了，表象思维只有在一种情况下承认上帝本身的恶，那就是上帝的愤怒、惩罚，这是表象思维所能做到的最高、最艰巨的一种努力了，到此为止；至于人间的恶、人所犯下的恶，那都不在上帝自身中，这个是以往的理解。但现在我们的理解应该到达了这样一个层次，就是在自身中存在这样一个环节构成精神自我的本质环节，上帝无所不在、无所不包。当然这只是在概念上可以这样说，在表象上还不能这样说，在表象上面你不能把人所做的坏事都归咎于上帝。所以下面一句话就解释了。

——至于**在自身中存在**、因而首先是**现实性**之隶属于这本质自身，这对我们来说是**概念**，并且就此而言才是概念，对表象性的意识来说则显现为一种非概念所能把握的**事件**；自在采取了在表象意识看来**漠不相干的存在**的形式。

[250]

这就是解释我们刚才的那个意思了。"至于**在自身中存在**、因而首先是**现实性**之隶属于这本质自身"，"在自身中存在"和"现实性"都打了着重号，这两者是连着的。在自身中存在什么意思呢？就是说首先那些现实的东西都是在自身中存在的，因而首先是隶属于这本质自身的，这本质在自身中包括一切存在，上帝无所不包，也包括这种现实性，他不能推诿自己的现实责任。而"这对我们来说是**概念**，并且就此而言才是概念"，这个"我们"就是旁观者了，我们现在还没有达到概念，我们现在还在天启宗教的阶段，还在表象的阶段，但是我们已经开始意识到了。对我们这些旁观者来说，在自身中存在属于上帝的本质，因而现实性也属于上帝的本质，这是在概念上说的，"概念"打了着重号。并且就此而言才是概念，只是在这种隶属关系上才是概念，在其他关系上还是表象。所以，"对表象性的意识来说则显现为一种非概念所能把握的**事件**"，这是我们现在考察的阶段，这个阶段还是在表象性的意识这样一个层次上面，还没有上升到概念的层次。我们已经悟到了：这将要向概念过渡了，我们前面很多东西都是站在概念的立场上分析出来的，但是我们所考察的这个对象呢现在还是处于表象性的意识层次，天启宗教还是处于表象的层次。对表象性的意识来说，前面那种隶属关系还显现为一种非概念所能把握的事件，"事件"打了着重号。事件就是很偶然的了，一个一个历史事件了，表象总是把这些关系理解为一种事件，上帝创世，原罪，耶稣诞生，死而复活等等，因为它还没有概念把握的能力，只好把它们当作事件记在心里。从这些事件本身的表象来说，它不是概念所能把握的，在日常的表象中看来就是不可理解的，所有这些事件在表象中都是不可理解的，比如说如何解释罪？如何解释恶？恶究竟在不在上帝之中？这在表象中都是不可理解的，是非概念所能把握的，基督教长期以来争论不休，就是因为它不可理解。于是神父们就说：我们不要争了，我们人的理解有限，你就把它当一个事件就行了，你也不要怪罪于上帝。但是逻辑上它是说不通的，所以它是非概念所把握的事件。

"**自在**采取了在表象意识看来**漠不相干的存在**的形式"，前面讲了，这种恶的定在自在地并非对神圣本质异己的东西，这是在概念的层次上来理解的，从概念上我们可以消除这些事件之间的这种格格不入或矛盾，从概念来看它们自在的是相容的，神圣本质和恶、和恶的定在是能够相容的，能够讲得通的。但是这个"自在"，也就是由概念所把握到的客观上的隶属关系，对表象意识却采取了漠不相干的存在的形式，"漠不相干的存在"打了着重号。这种存在对表象意识来说是漠不相干的存在的形式，上帝是上帝，恶的定在是恶的定在，上帝不可能包含恶，恶是另外有一个定在。所以这种表象只能够把这种隶属关系当作一种外在的关系，上帝和恶的定在之间漠不相干，上帝创世以后就不管了，然后你们好自为之，你犯了罪自己负责，那跟上帝无关。表象思维的方式只能达到这样一种漠不相干的存在的方式，但是如果按照概念的方式呢，它们是相通的，上帝既然是无所不在、无所不包，他就要负责到底，每一件事情都要追溯到它背后的本质。恶和上帝之间的关系看你怎么解释，黑格尔认为在概念的体系里面很好解释，也不会有损于上帝的权威，理性宗教所立足的就是概念的层次。

　　但是，绝对本质与自为存在着的自我这两个显得背道而驰的环节并不是分离的，这一思想**也**在向这种表象显现出来，——因为表象占有真实的内容，——但只是在后来，当神圣本质外化成肉身时才显现出来。①

　　就是说，虽然按照表象思维方式这些环节都是漠不相干的，"但是，

---

① 　参看"约翰福音"1,14.——丛书版编者

绝对本质与自为存在着的自我这两个显得背道而驰的环节并不是分离
的，这一思想**也**在向这种表象显现出来"，"也"字打了着重号。就是说表
象虽然无法解释恶和上帝的关系，这个前面已经讲了，但是它也已经看
出来，绝对本质与自为存在着的自我这两个环节并不是分离的。表面看
起来是分离的，但并不是分离的，这个思想在表象那里也已经显现出来
了，在《圣经》上也是有根据的。前面讲的在《圣经》上没有根据，要说上
帝也应该包含恶，这个在《圣经》上没有根据，在基督教的教义里面也是
不允许的，所以它是没有说出来、但实际上暗中包含的。但是表象可以
承认的是，绝对本质与自为存在着的自我这两个显得背道而驰的环节并
不是分离的，这个思想它是可以承认的，这个思想不单是向概念显现出
来，而且也向表象显现出来了。怎么显现呢？下面有两个破折号，都是
在解释为什么可以向表象显现出来。"因为表象占有真实的内容"，表象
还是有它一定的功劳的，它占有了真实的内容，它以表象的方式表达了
真实的内容，所以它对普遍和个别不相分离的思想也有它的表象。但下
面附带有一个条件："但只是在后来，当神圣本质外化成肉身时才显现出
来"，虽然向表象显现出来，但是只是在后来道成肉身时才显现出来。这
就是表象式的理解了，绝对本质和自为存在的不可分离表现在什么地方
呢？表现在道成肉身中，在道成肉身这一个事件里面显现出来这两者是
不可分离的。普遍成了个别，上帝的普遍性成了耶稣基督的个别性，道
化为了肉身，而肉身是为道所化，道有了现实性，而肉身有了神圣性。这
在《圣经》上是有记载的，德文丛书版这里注明了，参看《圣经·约翰福
音》第一章第14节，道成了肉身，或者说言成肉身。只是在这样一个时候，
或者说在这样一个范围之内，才显现出来那种不可分离的关系。表象思
维一开始把上帝看成是孤独的，看成是没有耶稣基督的，没有外化的，所
以上帝孤独得很了以后呢，觉得无聊，于是呢就创造出这个世界来，让自
己赏心悦目，这是在《精神现象学》最后引的席勒那首诗里面表达出来
的。表象思维设想，上帝把人当作自己的镜子，上帝按照自己的形象造

人，是为了使自己有个朋友，为了有一个对象可以支配，好像上帝闲得无聊，这就是表象式的思维。一开始只有一个孤独的上帝，然后呢，这里讲到，只是在后来，当神圣本质外化成肉身时才显现出来，这就是一种非概念的思维了，在时间上安排一个先、一个后，而在概念思维里面是没有先后的，一开始上帝就在外化之中，上帝只有在外化之中才开始存在，这个是表象思维。

这个表象在这种方式下还是**直接的**，因而还不是精神的，或者说只是刚刚把这个本质的人的形态作为一个特殊的、还不是普遍的形态来认知，这表象对这个意识而言，通过构形了的本质再次牺牲自己的直接定在而返回到本质的运动，就成为精神的了；只有**反思到自身**的本质才是精神。

"这个表象在这种方式下还是**直接的**"，"直接的"打了着重号，"因而还不是精神的"，它不是精神的，或者说不是概念的，表象思维还没有达到概念思维。"或者说只是刚刚把这个本质的人的形态作为一个特殊的、还不是普遍的形态来认知"，只是刚刚把上帝本质的人的形态，把一个人的形象，作为一个特殊的形态来认知，这个形态还不是普遍的。当然在新教里面这个特殊的形态已经具有了普遍性，它不单是耶稣的肉身，而且是一切人的肉身，已经具有了普遍性也就意味着已经开始超出表象思维了。但是就表象思维来说呢，它还没有把这个形态当作普遍的形态来认知，注意这个地方提到"认知"，跟后面的绝对认知已经有一定的关系了，但是它还没有达到、还没有作为一个普遍的形态来认知。"这表象对这个意识而言，通过构形了的本质再次牺牲自己的直接定在而返回到本质的运动，就成为精神的了"，这个表象成为精神的了，怎么成为精神的呢？通过返回到本质的运动就成为精神的了。我们的意识在看待道成肉身这个表象的时候，意识到这个肉身的自我牺牲是一个返回到上帝本质的运动，于是这个表象就成为精神的了。通过由道所成的肉身再次牺牲自己的直接定在，也就是通过死而复活，而返回到本质，是这样成为精神的。道成肉身这个表象它还不是精神的，要怎么样才成为精神呢？通过死而复活、再次牺牲自己的直接定在，通过这样一个返回到本质的运动。当然，耶稣基督牺牲自己的直接定在、被钉上十字架以后，上帝并不是随着他的肉体的死亡而消失了，恰好相反，随着他的肉体的死亡，他的肉体的死亡的意义就变成普遍的了，就具有了普遍的精神，就具有了圣灵的精神，具有了圣灵的意义。基督如果不死的话，大家都认定就是这样一个耶稣，我们大家都去追随他，他走到哪里，我们跟到哪里，但是他自己撤下他的身体，死而复活，升天，连尸首都找不着了，要大家死了这条心，这个时候上帝才成为了普遍的自我意识。上帝的精神不是只体现为一个特定个人的形态，拿撒勒的耶稣，一个木匠的儿子，不再是这样的一个人的特殊的精神，而是一种普遍的精神了，这就需要从肉身向内心的反思。所以，"只有**反思到自身的**本质才是精神"，"反思到自身的"打了着重号，所谓反思到自身就是先外化为一个对象形态，道成肉身，然后从这个对象形态上面返回到道自身，把这个对象牺牲掉，牺牲掉是为了返回到自身，返回到纯粹的精神，返回到纯粹的道。只有这样一种反思到自身的本质才是精神，所以精神是需要反思、需要对表象进行反思，才能够达到的。对表象进行反思就反思到了概念，表象底下其实是概念，是概念在推动，在起作用，我们达到了概念，那么我们就达到了精神，也就达到了圣灵。

    ——因此一般地讲，神圣本质同**他者**的**和解**，确定地讲，同他者的**思**
{416} **想**、同**恶**的**和解**，就在这里面表象出来了。

    "因此一般地讲，神圣本质同**他者**的**和解**"，他者就是非神圣本质，神圣本质同非神圣本质的和解，这是一般来讲，神圣本质和一个异己的东西、和一个他者的和解。"确定地讲，同他者的**思想**、同**恶**的**和解**"，这跟前面"一般地讲"相对照。确定地讲，同他者的思想、同恶的和解，神圣本质同他者的思想，在这个他者上面，在这个自然的定在上面，我深入到它自身，就深入到这个定在的底下的思想了，也就是恶了。前面说了,恶是定在向自身深入时才出现的,也就是在思想中才出现的。神圣本质同他者的思想、也就是同恶的和解,这是更确定的,前面一般讲神圣本质同他者的和解则是泛泛的,是在表象那里就可以理解到的。而神圣本质同他者的思想、同恶的和解,这就只有在概念上才能够理解,这个"思想"和"恶"都打了着重号,"和解"也打了着重号。和解有两个层次,一个是表象的层次,就是神圣本质和他者的和解,这个在一般的表象思维里面、在基督教的一般解释里都已经有了,耶稣的复活就是神圣本质和他者的和解。另一个层次是神圣本质同他者的思想、同恶的和解,这是在黑格尔的概念层次上才能够得到解释的。而这两个层次上的和解"就在这里面表象出来了",在这样一个运动中,表象通过这样一种运动、通过自己反思到自身的本质而成为了精神,这就表象出了上述两个层次上的和解,也就是概念层次上的和解也被表象出来了。当然还是在基督教的范围之内,基督教始终脱不了表象,虽然它已经意识到表象的局限性,但是它还是只能够通过一种表象把这个神圣本质的这样一个运动过程说出来。但它毕竟表象出来了,就是说在基督教里面达到天启宗教的最高阶段的时候,它的表象已经跟以往的那种未经过运动表象不一样了,它经过了一种自我运动的过程,这个已经不一样了,已经表象出了真正的概念性的东西。只是它还没有站在概念的立场上来说,但是它已经表象出来了这种概念的关系。这就是我们刚才讲的:"如果我们还考察一下那种表象在它的进程中所采取的方式,那么我们首先明确看到的就是:神圣本质领受着人性。"[见前一页]一直到刚才讲的这里,都是在考察那种表象在它的进程中所采取的方式,如何把神性和人性统一起来,使它成为精神,这个在表象的进程里面已经看出来了。

　　——如果这样表达这种按照**其概念**的和解,说这种和解是因为**恶**和那本身是**善**的东西**自在地**就是**一回事**,甚至神圣本质和整个自然界中的本性也**自在地**是**一回事**,正如与神圣本质分离的自然界只是**无**那样，①——那么这就必须被看作一种非精神性的表达方式，这种方式必然会引起误解。

"如果这样表达这种按照**其概念**的和解，说这种和解是因为**恶**和那本身是**善**的东西**自在地**就是**一回事**"，这里"其概念"、"恶"、"善"、"自在地"、"一回事"都打了着重号，这几个概念都是要抠住的。"甚至神圣本质和整个自然界中的本性也**自在地**是**一回事**"，"自在地"和"一回事"又打了着重号。这两个反复打着重号的地方代表着表象的眼光，是对按照概念的和解的误解，即局限于表象层次上的理解。表象要么把两个东西理解为完全对立的，要么就理解为一回事，毫无区别，它只能这样理解。"正如与神圣本质分离的自然界只是**无**那样"，"无"打了着重号，这也是表象思维。总之，善和恶、神性和人性在复活中达成和解，这本来只是概念思维的事，但如果用表象来思考，那就要么把双方看作客观上是等同

---

① 黑格尔这里引述的可能是谢林和乔尔丹诺·布鲁诺的解释。在谢林看来上帝和自然界不是互相区开的，参看谢林的《布鲁诺》："所以最高权力或真实的上帝是这样的上帝，在祂之外没有自然，正如真实的自然是这样的自然，在它之外没有上帝那样。"（《谢林全集》第 4 卷，第 307 页）那些从绝对中堕落的有限事物都是无，参看谢林的《哲学和宗教》："堕落及其后果、感性世界尽管有这样一种永恒性，但不论是在与绝对还是在与自在的理念本身的联系中，这两者都是一种单纯的偶性，因为其根据既不在绝对中也不在理念本身，而只是在它们的自性这方面的理念中得到考察。这种堕落对于绝对或者对于原型来说是非本质的：因为它在这两者中并不改变什么，那陷入其中者由此而直接把自己引入了虚无，并且就绝对和原型而言就是真正的**虚无**，而只有**对它自己而言才存在**。"（《谢林全集》第 6 卷，第 41 页以下）相反，善与恶的等同化在谢林那里只是以暗示的方式出现的，参看谢林：《哲学与宗教》（《谢林全集》第 6 卷，第 40、42 页）。黑格尔在这里引述的更有可能是谢林在《布鲁诺》中所援引以及黑格尔可能通过布尔和雅可比的描述而在细节上得知的乔尔丹诺·布鲁诺，参看布尔（Johann Gottlieb Buhle）："在理念本身的阴影之下没有任何真实的冲突。美和丑、合适和不合适、完善和不完善、善和恶都是在同一个概念中看出来的。不完善、丑和恶根本不是建立在它们借以被认出的那些特殊的固有理念之上的 […]"；"谁至今还在追随布鲁诺的观点，对他而言，赫拉克利特关于自然界的对立面贯通一致、自然万物都包含矛盾而矛盾同时又化解于统一和真理之中的主张，就可能不再是耸人听闻的了。"见所著《科学复兴时代以来的新哲学史》，第 2 卷，哥廷根 1800 年，第 727 页、793 页；也看看雅可比：《论斯宾诺莎学说》第 304 页以下。——丛书版编者

的，要么看作像有和无那样绝对对立、不可通融的，即凡是与神圣本质分离的都是无。所以在表象看来，双方为什么能够和解，那就是因为恶和善自在地就是一回事，上帝和魔鬼本来是一回事，神性和人的自然性本来也是一回事，这就完全不是用概念的方式来表达的了。"那么这就必须被看作一种非精神性的表达方式，这种方式必然会引起误解"，按照概念来说，如果你仅仅说出来它们本来就是一回事，或者一方是神圣本质，另一方就只能是无，那么这就会引起误解，它本身是一种非精神性的表达方式，一种仅仅停留于非此即彼的表象思维的方式。这种表象思维以片面化的方式表达概念的真理，仍然是一种非精神性的表达方式，概念思维则有两个方面，只有把正反两方面综合起来才是概念，这是概念高出于表象的优势之所在。概念是辩证的，不是片面的，你如果片面地仅仅是看到善和恶自在地是一回事情，上帝和自然界自在地也是一回事情，而自然界离开了上帝来看呢，它就只能是无，就没有任何意义，那么这就是一种表象化的非精神性的表达方式，它必然会引起对概念的误解，并不能真正解释和解的概念。

　　——既然恶与本身是善的东西是**一回事**，则恶恰好就不是恶，而善也就不是善了，而是两者毋宁说都被扬弃了，恶一般就是在自身内存在着的自为存在，善则是无自我的单纯性。

　　这实际上是说明了为什么刚才的那种表述方式会引起误解。"既然恶与本身是善的东西是**一回事**"，在表象看来要达到和解，就必须把恶与善看作是一回事；但既然它们是一回事，那么，"则恶恰好就不是恶，而善也就不是善了"。当你把恶看作与善是一回事的时候，这个恶就恰好和恶不是一回事了，同样，善也就不和善是一回事了，这一层是从上面那一层推出来的。如果不推的话，仅仅停留于上面的那样一种解释，那就会引起误解，就以为善和恶本来就是一回事了，自在地就是一回事了；但是如果再进一步推，你就会发现，如果你把恶与本身是善的东西看作是一回事，则恶恰好就不是恶，善也就不是善了，你就会陷入自相矛盾。如果

285

恶是恶，善是善，那么恶和善怎么可能是一回事呢？可见恶和善是一回事所表明的并不是一种等同关系，而恰好是一种自否定关系，是自己向自己的对立面转化的关系。说恶就是善，是不是就意味着恶等于善呢？不是的！而只是说明恶不是恶，善也不是善，善和恶都否定了自身，扬弃了自身。"而是两者毋宁说都被扬弃了"，你要提升到这样一个被扬弃的层次上来看恶和善，那才真正进入到概念的层次，而超出了表象的层次，在表象层次上这是不可解的。所以这种扬弃就是返回到了善恶自身的概念，即："恶一般就是在自身内存在着的自为存在，善则是无自我的单纯性"，恶一般就是在自身内存在着的自为存在，这样理解的恶就无所谓恶了，在自身内存在着的自为存在不就是精神吗？精神就是在自身内存在着的，但是，在这个自身内存在着的精神中，它的自为存在我们就把它叫作恶。也就是说上帝、精神、绝对本质在自身内存在着，但是它不是静止不变地躺在那里，他要自为存在，他要干事啊，他一自为存在那就产生了恶，除非他什么也不干。但什么也不干，那就什么也不存在，要存在就必然要干事，必须要自为存在。而一干事，就会有恶，一动手、一有为，那就会有恶。你要为了避免这个恶，像老子那样，崇尚一种无为，那就什么也不用干了，那就听天由命了，那还是上帝吗？上帝就体现在有为，太初有为，而有为肯定就有恶。这样理解的恶其实已经不是恶了，更加是善。善呢则是无自我的单纯意识，无自我的单纯意识还能叫作善吗？没有自我，没有自由意志，还能叫作善吗？无自我的单纯性不能叫作善，反而往往成为恶的温床、恶的工具，所以善也就不是善了。恶不是恶，善也不是善，应该从自否定运动的这个意义上来看待两者，把它们看作都是一种被扬弃了的概念。

由于两者按照自己的概念都被这样表述出来，这同时也就昭示了两者的统一性；因为在自身内存在着的自为存在就是单纯的认知；而无自我的单纯性也同样是纯粹在自身内存在着的自为存在。

"由于两者按照自己的概念都被这样表述出来"，刚才的这种表述就是按照自己的概念的表述了，不光是从它的起点上面简单地表述为两者是一回事情，善和恶都是一回事情，上帝和自然界也是一回事情，而是看到了它们的这种自我否定以及通过这种自我否定而导致的向对立面转化，这种自我否定和互相转化都是按照自己的概念来表述的。"这同时也就昭示了两者的统一性"，向对立面转化嘛，由于自身的自我否定而向自己的对立面转化，这种转化恰好造成了两者的统一性。"因为在自身内存在着的自为存在"，也就是恶了，"就是单纯的认知"，单纯认知也就是善了，无自我的单纯性嘛，在自身内存在着的自为存在就是单纯的认知。例如亚当夏娃以自己的自由意志触犯了天条，犯下原罪；但他们无非是想吃知识之树的果子，求知的欲望难道不是善的吗？"而无自我的单纯性也同样是纯粹在自身内存在着的自为存在"，无自我的单纯性相当于亚当夏娃犯罪之前的状态，但正因为无自我的单纯，也就没有什么阻止他们去犯罪，这就是恶。善和恶应该这样来理解，不是简单地把它们等同，而是把它们看成自我否定和向对立面转化的这样一个运动过程。要从这个运动过程来理解，那才是按照自己的概念来进行表述的，而按照表象思维则只能把双方看作孤立静止的，永远处于僵硬对立之中。

——因此在何种程度上必须说善与恶按照它们的这样一种概念来看以及就其不是善和恶这一点来看它们是**一回事**，那么在同样程度上也必须说它们**不是一回事**，而是完全**不一样的**，因为单纯的自为存在抑或纯粹认知都以同样的方式而是纯粹的否定性、或者是在它们自身中的绝对区别。

"因此在何种程度上必须说善与恶按照它们的这样一种概念来看以及就其不是善和恶这一点来看它们是**一回事**"，在何种程度上必须说它们是一回事，按照它们的这样一种概念来看，就其不是善和恶这一点来看，也就是善不是善、恶也不是恶，就其这一点来看，它们都是一回事。这是第一种按照概念的表述了，当然已经引申了，就是就其不是善和恶这一点来看，就其善不是善、恶也不是恶这一点来看，它们当然也是一回事,既然善不是善,当然恶也就不是恶了,这是一回事。虽然会引起误解,即把善和恶等同起来;但是,如果就其不是善恶这一点来看,就其是自我否定的这一点来看,那么它们确实是一回事。所以在何种程度上必须说它们是一回事,"那么在同样程度上也必须说它们**不是**一回事",既然你已经从它们不是善和恶、从它们的自我否定这一点来看它们是一回事情,那么在同样程度上也必须承认它们不是一回事情。善不是善,因为善是恶;恶不是恶,因为恶是善,——这恰好说明善和恶不是一回事啊,善成为了恶,于是善就不是善了,那不正好说明善和恶不是一回事情吗？你把它们等同起来,恰好说明它们不能等同起来。恶是善,那么恶就已经不是恶了,你这样说的时候恰好说明这个恶和善还是不同的,只要它是善,它就已经不是恶了,这说明它和善还不是一回事情。所以这是一种纯粹概念的思辨,在何种程度上你说它是一回事,那么同样的程度上呢你也必须说它们不是一回事,后一说正是前一说的条件。"而是完全**不一样的**,因为单纯的自为存在抑或纯粹认知都以同样的方式而是纯粹的否定性",单纯的自为存在,这就是指的恶了,抑或纯粹认知,这就是指的善了,它们都以同样的方式而是纯粹的否定性,也就是说善和恶它们都是自我否定的,是自己和自己不一样的,是处于差别的内在发生中的,它们只有在这种自身不一样上面才是一样的。"或者是它们在自身中的绝对区别",它们在自身中的绝对区别,最起码的、最根本的区别就是自我否定,自己跟自己不同,自己跟自己相区别,也就是差别的内在发生,这是它们的根本。

　　——只有这两个命题一起才完成了全体,而前一命题的坚持和保证
[251] 不得不以不可克服的顽固性面对着它的对方的固执;由于两个命题同样都是对的,所以两个命题同样都是不对的,它们之所以不对,就在于把这样一些抽象的形式,如**一回事**与**不是一回事**、**相等**与**不相等**,当作某种真实的、固定的、现实的东西,并以它们为根据。

　　"只有这两个命题一起才完成了全体",它们是一回事,同时又不是

一回事,这两个命题合起来才完成了全体。前面的讲它们是一回事就容易引起误解,就片面了,你单纯地讲善和恶就是一回事,因为它们自在地本来就是一回事情,那你就只强调了一个片面,那你就会引起误解,而且你这种表述仍然是一种非精神性的方式,把对立面等同起来而忽视了它们的自否定的运动。只有把这两个命题放到一起才构成了全体,"而前一命题的坚持和保证不得不以不可克服的顽固性面对着它的对方的固执",两个命题都很固执,都有它的不可克服的顽固性。"由于两个命题同样都是对的,所以两个命题都是不对的",两个命题都是对的,从每一方来说都有理由,这就是二律背反了,康德讲的二律背反在这里体现出来,每一方都有它的理由,都是对的,都可以坚持到底,所以两个命题都是不对的。"它们之所以不对,就在于把这样一些抽象的形式,如**一回事**与**不是一回事**、**相等**与**不相等**,当作某种真实的、固定的、现实的东西,并以它们为根据",就是把这两方面孤立起来、对立起来、固定下来是不对的,从每一方来说它们都有自己的理由,都可以自圆其说,但都是片面的。正因为都是片面的,所以都是不对的,都是把一个方面当作某种真实、固定的、现实的东西,坚持着这个方面,以它为根据去看待一切,而这只是一些抽象的形式。

　　并不是这一方或那一方拥有真理,而正是双方的运动拥有真理,即单纯的同一回事就是抽象,从而是绝对区别,但这个绝对区别作为自在的区别就是自己和自己相区别,因而就是自身等同性。

　　"并不是这一方或那一方拥有真理",就是说,不管你说这一方拥有真理还是那一方拥有真理,都是不对的,双方都不具有真理。"而正是双方的运动拥有真理",双方的运动,每一方向对方转化这样一个运动,你向我转化,我向你转化,这样一个运动才拥有真理,这个我们都不陌生了,这些道理我们都能理解。"即单纯的同一回事就是抽象",单纯的同一回事,前面讲的善和恶、上帝和自然都是一回事,这种单纯的一回事就是抽象,或者说抽象同一性,"从而是绝对区别",抽象同一性就是绝对区别,我们前面多次提到黑格尔对谢林的批判,谢林的那种绝对的同一性是没有区别的同一性、无差异的同一性,但是黑格尔说它本身就是绝对的区别,因为绝对同一性是没有区别的,它就和一切有区别的东西不同了,也和一切相对的同一性不同了,它就是绝对的区别。"但这个绝对区别作为自在的区别就是自己和自己相区别,因而就是自身等同性",这个绝对区别作为自在的区别,绝对区别就是自在的区别,就是事情本身的区别,那么它就是自己和自己相区别,就是自我否定、自我区别。"因而就是自身等同性",又回到自身同一性、自身等同性了,自己和自己区别就是自身等同性,因为这个区别就是你自己做的,所以还是你自己,不管你怎么区别,还在你自身之内。这句话翻来覆去,翻了两个反复了,在黑格尔看来都是一回事,这是让人家无法接受的,特别是具有形式逻辑头脑的人,都说黑格尔在这里胡说八道,刚刚说了又自相矛盾,又推翻自己。其实你要理解他的意思,就是完全通透的,从概念的思辨的逻辑来说完全是打通的。形式逻辑只管逻辑形式,不管语义内容,所以理解不了。

这也正是神圣本质与一般自然以及与特殊的人性自然的**同等性**的情形;神圣本质就它不是本质而言它就是自然,而自然按照其本质就是神圣的;

我们先看这半句。"这也正是神圣本质与一般自然以及与特殊的人性自然的**同等性**的情形",这样一种既同一又自相区别、既是区别又是自我等同的关系,也正是神圣本质与一般自然以及与特殊的人性自然的同等性的情形。神圣本质与一般自然,也就是与自然界了,以及与特殊的人性自然,包括与耶稣基督、与上帝化身为人的同等性,都是这种情况。同一性(Gleichheit)、同等性(Dieselbigkeit)、等同性(Identität)这些术语我们都把它们区别开来。神和自然、神和人的同等性的情形就是这种情况,什么情况呢?"神圣本质就它不是本质而言它就是自然",上帝就他不是本质而言他就是自然,上帝就是自然,这是斯宾诺莎的命题;但是自然并不是上帝的本质,它是上帝外化出来的自然。自然界不能等同于上帝，它是上帝的外化，而不是上帝的本质，上帝的本质你不能用自然来理解，否则就成唯物主义了，自然跟上帝的本质肯定是不同的。但上帝就他不是本质而言就是自然，在这个意义上他就是自然界，所以自然界是非本质意义上的上帝。所以很多人说黑格尔是泛神论，有一定的道理，但不完全是这样，黑格尔也不同意泛神论。如果是泛神论，那自然就等于上帝，自然就是上帝的本质，这个黑格尔是不承认的。"而自然按照其本质就是神圣的"，自然按照它底下的本质来说，那就是神圣的，或者说，那就是上帝，从这个意义上来说呢，黑格尔有泛神论的成分。自然按其本质而言是神圣的，而神按其本质而言却不是自然，在这个意义上，黑格尔有泛神论成分，但不是泛神论者。

——但是这个本质就是精神，在其中抽象的双方正如它们在真理中那样，也就是被建立为**扬弃了的**双方，——这种建立是不能用判断及其无精神性的系词"**是**"（Ist）来表达的。

"但是这个本质就是精神"，自然按其本质就是神圣的，但这个本质呢它并不是自然，它就是精神，自然里面有精神，自然按其本质、按其精神来说是神圣的，所以自然的本质就是精神，在这个意义上面呢，黑格尔不是唯物主义，也不是严格意义上的泛神论。所以他讲这个本质就是精神，"在其中抽象的双方正如它们在真理中那样，也就是被建立为**扬弃了的双方**"，抽象的双方，抽象的自然和抽象的神圣本质，如果你把这双方抽象地来看，正如它们在真理中那样，正如它们在自己的真实的运动中那样，它们被建立为扬弃了的双方。一旦你抽象地看待这双方，那么在真理中它们就被扬弃了，在双方的真理中，它们的抽象规定肯定要被扬弃掉，双方的抽象肯定是离开了真理，从双方的真理来看它们都是被扬弃的。那么什么是真理呢？就是把这双方重新结合在一起，达到和解。抽象的双方是不能够和解的，而是僵硬对立的；但是把这抽象的双方扬弃，就能达到和解，就能达到真理。所以正如它们在真理中那样，也就是被建立为扬弃了的双方。"这种建立是不能用判断及其无精神性的系词

'是'（Ist）来表达的"，如何把它建立为被扬弃了的双方呢？这已经不能用判断的方式来建立了。黑格尔对判断的方式多有批评，这是康德的命根子，康德把知性的能力就限定为判断，知性能力是作判断的能力，一切知识都是由判断所构成的，一个主词，一个谓词，以系词相联结。这是一种形式逻辑的观点，形式逻辑的观点是无精神性的观点，无精神的系词"是"、ist，ist 就是 sein 的单数第三人称，一切判断都用一个"是"联系起来，这种判断的表达方式不能表达真理，不能表达真理的两个环节之间的关系，真理的两个环节之间是不能用系词来作固定的联系的。

　　——同样，自然在自己的本质**之外**是**无**，但是这个无本身同样也**存在**（ist）；它是绝对的抽象，因而是纯粹思维或在自身中存在，并且凭借它与精神统一性相对立的环节，它就是**恶**。

　　"同样，自然在自己的本质**之外**是**无**"，前面讲了，自然按照其本质就是神圣的，这里讲，同样自然在自己的本质之外是无，这跟上面是相呼应的，所以讲"同样"。一方面它按照其本质来说是神圣的，但是，在自己的本质之外呢，它是无，它是虚无。离开它本质的神圣性，作为非本质的东西，自然是无意义的。"但是这个无本身同样也**存在**（ist）"，这个"存在"也是用的 ist，但这个地方我们就不能翻译成"是"了，这个无同样也"是"，这在汉语中就不可解了，只能翻译成同样也"存在"了，虽然用的是同一个词 ist，但这里已经不是用作系词了。我们在括号中注明了都是 ist，前面一个 Ist 是大写的，后面一个 ist 是小写的。① 这个"存在"打了着重号，这个无本身同样也存在，黑格尔在其他地方也说过这样的话，一切无都是特定的无，无就是存在，在《逻辑学》、《小逻辑》里面都讲过，这个无也是存在，存在也是无，存在就是虚无，无也是存在。"它是绝对的抽象，因而是纯粹思维或在自身中存在"，也就是说这个无啊，它同样也是存在，但是它是绝对的抽象，也就是纯粹的无，纯粹的有就是纯粹的无，

----

① 在丛书版即考证版中都是小写，这里依袖珍版。

我们在黑格尔《逻辑学》里面已经看到了,纯粹的存在就是纯粹的无。纯粹的存在和纯粹的无都是绝对的抽象,没有任何东西啊,首先是纯存在、纯粹的存在,没有任何进一步的规定,它的内容空空洞洞,所以它才是无,没有任何规定嘛,那不就是纯粹的无吗?所以纯粹的有和纯粹的无都是绝对抽象,因而是纯粹思维或在自身中存在。在自身中存在也就是精神了,前面讲了,精神就是在自身中存在,就是无所不包,上帝就是在自身中存在,是无所不包的,纯粹思维是无所不包的。所以黑格尔的《逻辑学》一开始讲纯存在,纯存在就是在自身中存在,所有后来发展出来的那些范畴,一直到最后的绝对理念,都还在存在之中,虽然它们是一个一个从存在发展出来的,但所有发展出来的整个《逻辑学》的体系都在存在之中,乃至于包括后来的外化为自然界、又从自然界回到精神、最后回到绝对精神,都还是在存在之中,都是对这个最抽象的纯粹存在的一种解释。什么是存在?你看看黑格尔的全部体系就明白了,这些都是存在,所以纯存在就是上帝的无所不包,是在自身中存在。"并且凭借它与精神统一性相对立的环节,它就是**恶**",无所不包也就包括恶了,这个纯粹的存在或者纯粹的无,包含有它与精神统一性相对立的环节,精神的统一性就是把存在和无统一起来,但是,里面有一个相对立的环节,那就是恶。上帝无所不包,上帝至高无上,包括一切,但是,上帝创造的东西里面也有反对他的统一性的环节,比如说撒旦、自由意志和犯罪,这是上帝所创造的精神统一性中的一个反叛的环节,那么它就是恶。

在这些概念中所发生的困难仅仅是对"**是**"(Ist)的固执,而忘记了这两个环节在其中既**存在**(sind)也同样**不存在**(nicht sind)的那个思维,——它们只不过是一个运动,这个运动就是精神。 {417}

"在这些概念中所产生的困难仅仅是对'**是**'(Ist)的固执,而忘记了这两个环节在其中既**存在**(sind)也同样**不存在**(nicht sind)的那个思维",后面这个存在 sind 就是这个"是"的复数第三人称,前面那个是单数第三人称"是",而且"是"是大写的,就是那个作为逻辑的系词、作为判断的系词的"是"。这里用的这个"是"或"存在"sind 是复数的，因为这里有两个环节，两个环节当然用复数了，但是我们不把它翻译成"是"，不是因为它是复数，而是因为在这个地方它已经是"存在"的意思，它已经不是系词的意思。在这些概念中所发生的困难，人们之所以难以理解，就是因为他们只是从形式逻辑上面的"是"字来理解这个"存在"，只固执于"是"，而忘记了这两个环节在其中既存在也同样不存在的那个思维，忘记了那个思维，只记得逻辑。逻辑和思维虽然是有同一性的，但是它们的层次是不一样的，你们只记得那个逻辑上的系词，而忘记了这个系词它还具有另外一个更重要的意思：它是思维中的存在，或者说你们记住了逻辑学，而忘记了存在论。存在论也可以翻译为"本体论"，忘记了本体论，这有点像海德格尔的存在遗忘的意思。当然这里头意思还是不太一样的，海德格尔是说你们只记住了存在者，而忘记了存在本身，黑格尔这里讲你们只记得那个逻辑上的"是"，而忘记了思维中的"存在"，忘记了这两个环节在其中既存在也同样不存在的那个思维。在思维中存在和不存在可以是一回事，而在逻辑中是和不是绝对不是一回事，在逻辑中是就是，不是就不是，但是在思维中存在同样可以是不存在，或者说存在恰好就是不存在，存在就是非存在，存在就是虚无。所以后面讲，"它们只不过是一个运动"，什么是运动？运动就是同一个东西同时在某处又不在某处，运动就是存在和非存在的统一。"这个运动就是精神"，精神就是思维的能动性啊，精神就是在思维中的运动，在思维中的存在和非存在的统一。

——这种精神的统一性，或者说在其中区别只是作为各环节或作为扬弃了的区别而存在的这种统一性，对表象性的意识来说就是在上述那种和解中形成起来的统一性，而且由于这种统一性是自我意识的普遍性，自我意识也就不再是进行表象的自我意识了；这个运动已返回到了自我意识。

刚才讲了这种精神，这种精神的运动就是存在和非存在的统一。"这种精神的统一性，或者说在其中区别只是作为各环节或作为扬弃了的区别而存在的这种统一性"，在这种精神的统一性中，区别，包括存在和非存在的区别，只是作为各环节，存在只是作为运动中的一个环节，非存在也只是作为运动中的另一个环节。在同一个运动中它们相继被扬弃，所以这些区别又是作为扬弃了的区别而存在的，区别就是没有区别，存在就是非存在。存在和非存在本来是区别，但是在运动中它们没有区别，扬弃了区别，也就是得到了统一。所以作为扬弃了的区别而存在的这种统一性，"对表象性的意识来说就是在上述那种和解中形成起来的统一性"。刚才的这种分析是从概念上来分析的，但是在表象意识看起来呢，就是在上述那种和解中形成起来的统一性，在那种和解中、在单纯的思维和自我这两个环节中形成起来的和解，也就是上帝的普遍性和自我个别性的和解，在前面的表象意识里面已经体现出来了，已经在上帝和人的和解之中、在道成肉身和复活中体现出来了。"而且由于这种统一性是自我意识的普遍性"，这种统一性是自我意识的普遍性，自我意识本来是个别的、个人的自我意识，本来是个别性，但现在是自我意识的普遍性，是普遍的自我意识，那本身就已经是一种和解了，已经是一种统一性了。因为普遍的自我意识就在于，每一个人都是个别的，但是同时又是普遍的，这里用不着任何表象来描绘，而是单纯概念的关系。因此，"自我意识也就不再是进行表象的自我意识了；这个运动已返回到了自我意识"，当你达到了普遍自我意识的这种统一性以后，这种自我意识也就不再是进行表象的自我意识了，已经超出表象甚至摆脱表象了。这和解本来是表象所造成、所形成的，本来是由上帝和人的和解，包括道成肉身、包括复活、包括拯救，是在这些表象中形成起来的；但是，这种统一性已经超出进行表象的自我意识，而提升到了普遍的自我意识。所以这个运动已返回到了自我意识，从表象中的自我意识返回到了普遍的自我意识，也就是返回到了自我意识的普遍概念，已经超出表象和形象而上升到概念了。这种统一性在表象思维那里已经有所表现，就是在上帝和人的这种和解中已经有所表现,而对这种和解的理解其实已经超出表象思维了,虽然是从表象中来的,但是已经超出表象思维,而达到了普遍的自我意识,或者说返回到了精神的自我意识,精神在这种和解中已经达到了自我意识。当然表象还没有意识到,还在那里表象,但是我们旁观者呢已经可以揭示出来,这已经向概念、向更高环节、更高层次过渡了,也就是向绝对认知过渡了。但这个过渡还有一个环节没有展开,那就是圣灵。前面已经讲了精神,什么是精神? 精神就是圣灵,精神的统一性体现为这种运动,这种运动的精神就是圣灵。所以还必须经过圣灵的王国来展示怎么样具体地从表象思维上升到概念思维,这才能完成向下一个环节绝对认知的过渡。好,我们今天就讲到这里。

＊　　　　　　　＊　　　　　　　＊

我们上次讲完了有关圣子的王国。圣子的王国是外化的精神,根据那个标题,首先是圣子,圣子是上帝的外化。它不光是讲耶稣基督了,也包括上帝的头生子,也就是路西弗,后来堕落为撒旦,堕落为魔鬼,然后耶稣基督呢也是他的一个圣子,被称为上帝的独生子。独生子应该只是一个称号,并不真的是上帝只生了这一个儿子,因为上帝的儿子只能是精神上的,没有血缘关系,上帝不凭血缘生育。那么,圣子的王国有三个环节,一个是创世,包括外化为圣子;一个是善与恶,天使堕落了以后就成为了恶,那么撒旦作为恶呢,他引诱人堕落,然后造成了善和恶的对立、善和恶的斗争;最后呢,就是复活与和解,要达到和解,就是上帝、耶稣基督通过自己的死而复活,达到了善和恶、上帝和他的外化世界的和解。这样一种和解的思想不能够从一般形式逻辑的意义上来解释,上面最后也提到了,就是形式逻辑的系词"是"是不能形成一个判断来判断精神事物的,精神的事物不能够停留在形式逻辑的"是"这样一个含义上,来下一个定义或下一个判断,而必须深入到"是"后面的"存在"的含义。这是很多误解之所以产生的原因,也是基督教里面的表象思维所不能解决的问题，表象思维停留在一种简单的知性的层面，上升不到思辨的辩证法的层面，所以不理解在这样一种表面的逻辑的关系底下实际上包含着一种本体论的辩证关系。这是我们上次最后归结到的。而且上次已经讲到，表象的意识一旦它意识到这样一种和解，那么它就已经达到了一种普遍自我意识，而普遍自我意识就已经开始超出表象意识了。普遍自我意识在团契上体现出来，它已经开始超出表象意识的那样一种外在的思维层面、外在的眼光。但是对团契呢也有两种不同层次的理解，一种是天主教的理解，把它理解为一种团契制度、一种教会制度；另外一种是新教的理解，把它理解为一种团契精神，理解为一种有生命的精神。当然天主教在后来、在 20 世纪慢慢地也承认了这一点，实际上承认了新教的这样一种理解是更加准确的。就是说团契作为基督的身体不能简单地从外在表象的层面去理解，而必须从它内在的那种精神团契或者说团契的精神来理解，也就是从一种普遍自我意识的层面上来理解，而不单纯是大家在一起组成一个教会。为什么要组成一个教会？就是因为有普遍的自我意识，也就是有圣灵在他们里面，团契主要是圣灵的体现。所以我们今天要讲的是第三个标题。

　　[3. 在自己的充实状态中的精神；圣灵的王国] 前面讲了圣父的、圣子的王国，这里圣灵的王国是第三个王国，实际上是第三个圆圈。前面讲了两个圆圈，在圣父那里三位一体就构成一个圆圈了，构成一个三段式了；那么在圣子的王国这里呢也是一个三段式，创世、堕落，然后拯救。而圣灵的王国就是我们在圣子的最后阶段，我们已经上升到了普遍自我意识，它就体现在团契中，这就是圣灵、也就是精神的王国。一种普遍自我意识必须体现在团契之中，而体现在团契之中的就是圣灵。所以，下面我们来看看第三个环节、第三个圆圈，就是圣灵的王国。

　　因此精神就被建立在第三种元素即普遍的自我意识中了；精神就是自己的团契。

　　"因此精神就被建立在第三种元素即**普遍的自我意识**中了"，这就是我们刚才讲的第三种元素，数下来的第三种元素。前面第一种元素呢就是圣父，他体现为一种抽象的纯粹本质、一种抽象的纯粹思维元素，242页第一个标题后面第一句话就讲了："精神最初被表象为在纯粹思维元素中的实体"。纯粹思维元素就是第一种元素，上帝是什么？上帝是纯粹思维，上帝无形无象，那么我们要用表象来说他的话，那就只能说他是纯粹思维，是一种永恒的本质，这是第一种元素。第二种元素就是圣子的王国，圣子的王国是被降低了的，从这种纯粹思维的本质降低了，外化了，成为他者，是一种外化的或者说异化了的元素。那么这种异化呢，它体现在一个个别的自我意识身上，那就是耶稣基督，耶稣基督从上帝下降到人间来拯救世界，这是个别的自我意识。那么现在呢，我们又从个别自我意识上升到了普遍的自我意识，它体现为团契，所以"精神就是自己的**团契**"。这个就不用说的了，既然是普遍的自我意识，那就是大家在一起，发现不单是我个人的自我意识，也不单是耶稣基督这一个个别的人的自我意识，而是我们大家都是耶稣基督的身体，都是耶稣基督的体现，也就是都是圣灵的体现，这就是团契精神。精神就是自己的团契，精神就体现为自己的团契。

　　这个团契的运动，作为自我意识的这个将自己和自己的表象区别开来的运动，就是把那**自在地**已经形成起来的东西**产生**出来的运动。

　　"这个团契的运动"，团契它是要运动的，团契不单纯是一种教会体制，而是一种圣灵、一种生命、一种精神，那么精神的本质就是运动。这个团契的运动，"作为自我意识的这个将自己和自己的表象区别开来的运动"，作为自我意识的运动，这个自我意识是将自己和自己的表象区别开来的运动。自我意识就是把自己和对象区别开来，这个对象就是自己的表象，当然自我意识不光是区别开来，它还意识到这种区别又没有区别，这是自我意识跟意识的不同之处。但是它首先还是把自己和自己的表象区别开来，这就是自我意识。这种自我意识的运动就是团契的运动，"就是把那**自在地**已经形成起来的东西**产生**出来的运动"，就是这样一种运动过程,什么运动过程呢? 把那个已经自在地形成起来的东西产生出来。"自在地"和"产生"都打了着重号,产生出来也就是实现出来了,"自在地"也可以理解为"潜在地",它自在地本来有,但是,它还没有现实地把自己表现出来。它自在地已经形成了,普遍的自我意识已经是自在的,上帝嘛,上帝肯定是一种普遍性,即算他表象为耶稣基督这样一个个别的自我意识,但是他自在地还是普遍的,所以普遍的自我意识它是一种自在地或者潜在地已经形成起来的东西。但是,它还没有实现出来,它还没有通过团契的运动把自己实现出来,也就是说,还没有从自在进入到自为。这句话的意思也就是说,普遍的自我意识在团契中就是要把它从自在的状态提升到自为的状态,普遍自我意识就体现为团契,那么为什么体现为团契? 团契就是把普遍自我意识提升起来,在团契的运动中把它提升为自为,或者把它实现出来,体现出它的作用来。你组成了教会,你对世界发生了影响,你对他人发生了影响,这就显示出你是在实现你的普遍自我意识。所以团契的运动呢是这样一个过程。

那死去了的神性的人或人性的神**自在地**就是普遍的自我意识;他必须让这一点**对于这种自我意识**形成起来。

这还是刚才讲的那个意思。"那死去了的神性的人或人性的神**自在地**就是普遍的自我意识",神性的人和人性的神都是指耶稣基督,耶稣基督既是神性的人,又是人性的神,但是他死去了,耶稣基督被钉上十字架,他死了。死了以后呢,恰好就体现出来他不是一个个别的人,作为个别的人他已经钉死在十字架上了,但是作为复活了的精神,他是一种普遍的自我意识。我们可以设想,如果耶稣基督不被钉上十字架,那他始终是个别的,我们要追随耶稣基督,那就只能跟着他走,他到哪里,我们就到哪里,亲耳听他说话,听他的教诲;但现在他不在了,他的精神才成为我们大家共享的,我们的倾听已经不是倾听他,我们已经没人可倾听了,我们必须倾听自己的内心,我们必须倾听自己内心的自我意识,这种自我意识就是普遍的自我意识。所以基督之死它的意义就在于,把自己作为一种自我意识或者作为一种精神提升到一种普遍的自我意识。那死去了的耶稣基督自在地就是普遍的自我意识，他本来就是，但是没死之前这一点看不出来，大家以为就是这么一个人，他才是神。那么，"他必须让这一点**对于这种自我意识**形成起来"，"对于这种自我意识"打了着重号，对于这种普遍的自我意识形成起来，也就是要让普遍的自我意识意识到自己就是普遍的自我意识。他自在地已经是普遍自我意识，但是对于这种自我意识而言呢，这一点还没有形成起来，或者说他还没有意识到，自我意识还没有意识到自己的普遍性，还以为自己的普遍性是寄托在某一个个别的人身上。而当这个个别人死了以后，这种普遍自我意识才对于这种自我意识形成起来，这个时候在团契中人们就开始具有了一种自觉的普遍自我意识。耶稣基督不再被看作世俗生活中的某一个人，而是无所不在的上帝，耶稣基督跟上帝、跟天父是一回事，而天父、上帝是无所不在的，并不是仅仅局限于这一个个体。而这一点的意识是在团契中形成起来的，你个人的自我意识要达到一种普遍的自我意识，何以确证呢？在哪里找到它的确定性呢？就是在团契中，所有的教友们大家都是同一个普遍自我意识，在这里才能够得到确证，普遍的自我意识也才能够真正形成起来。你光是一个人孤独地在那里，那是形成不了的，必须在与他人、与其他自我意识的共同的相契之中，同声相应，同气相求，只有在一种契合之中，才能够形成起来。当然这也就说明了它是带有局限性的，它必须要依赖于某个表象性的东西，那就是团契，团契还是一种表象性的东西，也就是非得有他人在跟前，你的普遍自我意识才能够形成起来。这种集体生活还是属于一个表象，一个不太深的层次，是有待于克服的层次，这是后面要说的。

[252]　　　或者说，由于自我意识构成表象的这个对立的一个方面，即恶，对恶来说，自然的定在和个别的自为存在被当作本质，所以恶这一方面，当它被表象为独立的而尚未被表象为环节时，为了它的独立性之故，就必须自在自为地把自身提高到精神，或者说就必须在自身中呈现出精神的

运动。

"或者说"，这还是对刚才的那个意思从另一个方面的一种说明，刚才讲的是，死去的神性的人或人性的神自在地就是自我意识，但他必须让这一点对于这种自我意识形成起来，这是从上帝、从耶稣基督那一方面来说的，必须让普遍自我意识从上而下地形成一个运动。现在我们从另外一方面来说，也就是从人类的恶这一方面，从下而上地、从我们普通人、俗人这一方面来看，也必须形成一种提升自己的运动，达到普遍自我意识的自觉。这也相当于僧侣成为俗人、而俗人成为僧侣的意思，从另一方面表达了同样一种关系。"由于自我意识构成表象的这个对立的一个方面，即恶"，自我意识构成表象的这个对立方面，这个对立也就是上帝和人、上帝和自然的对立，而自我意识呢，当它还没有达到普遍自我意识的时候，它就构成表象的这个对立的一个方面，即与上帝对立的恶的方面。这只是对立的一个方面，"一个"是大写，中文标为斜体，它不是普遍的自我意识，它只是在表象中构成了这个对立的一个方面，那就是恶了。人的自我意识构成了代表恶的一方，个别的自我意识是分裂的，那么它作为对立的一方就代表恶的一方；另一方即上帝，代表善的一方，那就是普遍性，或者普遍的自我意识。那么一般地我们讲自我意识呢，首先是个别的，它代表恶的方面。"对恶来说，自然的定在和个别的自为存在被当作本质"，为什么说是恶呢？就是它把自然的定在，人的肉体啊，人的欲望啊，人的自然的感性啊，和个别的自为存在，个人的为自己而存在，当作自己的本质。人不为己、天诛地灭，每个人都必须为了自己，他只是对立的一个方面，它不想要包括一切、拯救一切，他只想要满足自己。对恶来说，自然的定在，自然本能，和个别的自为存在，个人的追求，被当作本质，它只看到这些东西。"所以恶这一方面，当它被表象为独立的而尚未被表象为环节时，就为了它的独立性之故而必须自在自为地把自身提高到精神"，这句话很关键了。恶这一方面，即使它在被表象为独立的时候，也就是还没有像后来那样被纳入到整体中的一个环节中的时候，它就已经为了它自己的独立性之故，而必须自在地为自己而把自己提高到精神了。这里并不否认恶的独立性，人不为己、天诛地灭也好，自私自利也好，人人为自己也好，这些东西都是恶的独立性；但正是为了它的这种独立性之故，它就已经必须自在自为地把自身提高到精神了。黑格尔的善恶辩证法在这里就体现出来了，并不是说对这些东西加以谴责，你就上升到精神了，不是的！恰好是为了它的独立性之故，就是为了实现它的独立性，恶为了实现恶，于是呢就必须自在自为地把自己提高到精神，它就是为了实现自己的恶的独立性，才把自己提高到了善。这个道理在歌德的《浮士德》里面体现得最明显，浮士德把自己的灵魂抵押给魔鬼，可以说是为所欲为、无恶不作啊！但是后来发现呢，他真正要实现自己的自由意志，还得一步一步走上正轨，为人类造福，这才满足了他最大的精神独立性。这个辩证法是非常微妙的，尤其对于中国人来说是很难理解的，我们中国人总是善恶分明、善恶对立。所以贺先生和王先生在这里翻译的时候把"为了它的独立性之故"（um ihrer Selbststädigkeit willen）译作"为了克服它的独立性起见"，凭空加了一个"克服"，这就把事情搞颠倒了。黑格尔这里的意思，恰好不是要克服它的独立性，而正是为了它的独立性，甚至是为了发扬它的独立性，为了更好地发扬它的独立性之故，就必须自在自为地把自身提高到精神，这是非常深刻的。这里头有点所谓"合理利己主义"的意思，但不止于合理利己主义，合理利己还是利己，这里却强调要提升到精神。"或者说就必须在自身中呈现出精神的运动"，就是要在这种独立性中呈现出精神的运动。为了自己的独立性之故，恶自发地一定会走向善，你不要去遏制它，你让它尽可能地发挥它的独立性，发挥它的自由意志。自由意志一开始肯定是作恶，为所欲为，你让它为所欲为，它慢慢地就会发现，真正地它要为所欲为，只有达到从心所欲而不逾矩，最后它会发现从心所欲而不逾矩才是最大的自由，道德自律才是最大的自由。它必须自己建立起自己的规矩，建立起自己的自律，可见这里已经体现出来，在宗教里面已经达到了这样一个水平，就是恶作为一种自然的定在，它被当作是本质，其实没错，恶是人的本质其实没错，人性本恶。问题是，人的本质是不是仅仅是这个恶呢？你如果孤立起来看它，是这样的，但是你如果在发展中、在运动中看，并不是这样，人的恶劣的本性恰好具有一种必然性，它会自在自为地把自身提高到精神。要让恶自己把自己提高到精神或者提高到善，这样一来呢，就必须在自身中呈现出精神的运动，只要你让它运动，你不要把它定死了。你让它保持它的自由，你给它以运动、发展的余地，它就会从恶自发地慢慢走向善。人性虽恶，但却有种自发地从恶向善的倾向，自我意识能够从最初的个别性走向一种普遍的自我意识。对于一般人来说，个别自我意识就是恶，对于耶稣基督来说，他也是个别自我意识，但是他的个别自我意识也代表着恶，所以他要被钉上十字架，要通过自我否定，把自己的肉体否定掉，他才能够提升到普遍自我意识。

这种精神运动就是自然的精神；自我必须从这种自然性退回到自身并深入到自身，这就是说，它必须变成恶。

"这种精神运动就是**自然的精神**"，这种从恶发挥它自身、一步步地提高到精神的运动就是自然的精神，"自然的精神"打了着重号。精神不是从天上降下来的，它就是从现实的自然界一步步提升起来的，它就是这样一个运动。"自我必须从这种自然性退回到自身并深入到自身"，自然性，人当然是有自然性的，但是人在他的自然性上有自我意识，这是人跟动物不同的地方，所以自我必须从这种自然性退回到自身并深入到自身，深入到自己的自我意识和自由意志。"这就是说，它必须变成恶"，自我意识必须在自己的自然本性的最深处意识到自己是恶，必须要体现自己的恶。在自然性中的自由意志当然就体现为恶了，因为在自然性中，哪怕你有自我意识，但是你的自我意识是服从你的自然性的，服从你的欲望的。亚当和夏娃在伊甸园里面之所以受到诱惑，还不就是因为自然性吗？那个苹果好吃啊，又好看啊，他们服从自己的自然欲望，于是就犯了原罪。但是不犯罪行不行呢？不行！它必须变成恶,它是一个运动啊,如果不犯罪的话,那就没有运动了,没有精神的运动了。既然精神的本质就在于运动,那么它就必然体现为自然的精神,并且一开始就体现为恶,就是服从自然的本能。所以它必须要变成恶,犯罪是必然的,如果不犯罪,所有的善都体现不出来,就无所谓善恶了。那只是一种天真状态,动物界哪有善恶呢,只有人才有善恶嘛,而人之所以有善恶,就是因为人通过他的自我意识使自己首先变成了恶,那才有善恶之分,人们回过头来才会发现原来自己在犯罪以前是善的。如果不变成恶,他原来那个善也无法意识到,当然我们说上帝创造的所有东西都是善的,都是好的,但这只是跟恶相比而言,人把它搞坏了,上帝创造了好东西,人把它败坏了。但是如果人不把它败坏,你又怎么知道上帝创造的东西都是好的呢？那就无所谓善恶了。所以这里讲它必须变成恶,自我必须变成恶,变成恶就是从自然性退回到自身并深入到自身,这就有更深一层的意思了。本来是自然性诱惑它犯罪,使它作恶,但实际上这是一个深入到自身的过程,就是说它从这种罪恶里面开始把握到自己,开始深入到自己,展示出自己的本性原来就是要作恶,那么我们就从这个自然退回到自身了。你不要把一切都推给自然,你还是要归咎于你的自我,自然本能人人都有,动物也有,但是你之所以犯罪,不是因为你有自然本能,而是因为你的自我采取了一种决断,或者采取了一种自由意志,你选择了服从你的自然本能。所以不能怪罪于自然性,你要从自然性里面深入到你的自我,你的本性就是恶的,这个自我本身就是恶的,而且这个自我不能不变成恶,它必须变成恶,必须首先要服从自己的自然本能。这个时候呢,变成恶的不是自然界,也不是自然性,而是深入到里面的自我本身。

　　但是,自然性已经**自在地**是恶了,因此深入自身就在于**使自身确信**那自然的定在就是恶。

　　"但是,自然性已经自在地是恶了",虽然我们从自然性退回来、深入到自身,我们发现我们必须要变成恶,但是自然性自在地就是恶。我们变成恶意味着什么呢？意味着我们服从自然嘛，服从自然本能嘛，那么自然本能就是恶了，我们不怪罪于自然本能，但自然本能自在地就是恶，我们把我们的自我服从于自然本能，那就成了恶。自然性虽然它没有自觉，但它摆在那里，它已经潜在地是恶了，你要选择它，你就会犯罪。"因此深入自身就在于**使自身确信**那自然的定在就是恶"，刚才讲了从自然性退回自身并深入到自身，什么叫深入自身？深入自身就在于使自身确信那自然的定在就是恶，也就是说，在自己的自然身体上面、在自然身上意识到自己就是恶，使自身确信这一点。既然这个自然是我的身体，是我的自然，那么我在这个自然上面确确实实地就确证了自然的定在就是恶，当我停留在自然的定在那里的时候，那就是恶。我可以服从自然本能，那是我的选择，所以就有了恶的意义，我选择了自然本能就具有恶的意义，而且这个恶的意义是非常确定的，为什么确定？因为有自然在，有自然性在那里定在着，可以确确实实地证明我们服从自然本性就是恶，也就是人性本恶了。人的自然性本来就是恶的，这一点已经确证了，这是一个自然的精神的运动，自然的精神如果要是运动的，那么它一开始就会堕入到恶。除非你不运动，永远在伊甸园里面待着，那就无所谓恶，也无所谓善，但是这是不可能的。精神它本身就是要运动的，那么这种运动首先体现为自然精神的运动。对精神本身体现为自然的精神的运动这样一个事实有两个不同层次的意识，一个是表象的意识，一个是自我意识本身的意识，我们下面就来看看。

落在表象意识中的是世界**定在性地**成为恶并且就是恶，以及与绝对本质**定在性地**达到和解；

我们先看这半句。"落在表象意识中的是世界**定在性地**成为恶并且就是恶"，就是这样一个事实，我们前面讲了，精神要运动，它首先体现为自然的精神从恶开始的这样一个运动，那么这样一个运动落在表象意识中，或者在表象意识看来，就是世界定在性地成为恶，或者定在性地就是恶，"定在性地"打了着重号。世界定在性地、实实在在地成了恶，有具体的对象,有具体的过程,在现实中已经显现出来了,当然这个真凭实据是在宗教的意义上,比如说亚当和夏娃的堕落,那就被描述为一次事件。在表象中,这个世界就是由一次事件走向了恶,亚当和夏娃被赶出了伊甸园,那么整个世界都成了一个恶的世界,这是由于这样一种定在性的事件所导致的。"以及与绝对本质**定在性地**达到和解",与绝对本质也就是与上帝了,定在性地达到和解,"定在性地"也打了着重号。这两个"定在性地"都打了着重号,就是要突出成为恶也好,达到和解也好,都是表象中的事件。世界堕落为恶是一个历史事件,那就是亚当和夏娃吃了智慧之树的果子;与上帝的和解也是一个历史事件,就是耶稣基督死而复活,那就是人与上帝达到和解了。但是,这是一个定在性的和解,一个历史性的事件,在公元一世纪,耶稣基督被钉上十字架,后来又死而复活,这样一个事件是定在性的事件,一次性的偶然事件,在其中这个恶的世界与上帝这个绝对本质达到了和解,这是在表象的意识中是这样理解的,这是一个层次。

但是落在**自我意识**本身中的,按照形式来说,却只是这种被表象的东西作为扬弃了的环节,因为**自我**就是否定者;因而是**认知**,——这认知是意识在自身内的一个纯粹行为。——而就内容来说,这个**否定性**的环节同样也必须得到表达。

前面是在表象意识中的那样一种情况,是在定在性的两个事件中体现出来的,一个是堕落,一个是和解。"但是落在**自我意识**本身中的,按照形式来说,却只是这种被表象的东西作为扬弃了的环节","自我意识"打了着重号,落在自我意识本身中的是什么呢?不再是那些被表象的东西,原罪啊,拯救啊,死而复活啊,而只是其中的形式,这些被表象的东西按照形式来说已经成为了被扬弃的环节,这样才能进入到自我意识中来。简单说,就是在自我意识中就把这些表象扬弃了,我们现在不能从表象来说了,我们把表象中所说出来的东西看作一种被扬弃了的形式环节。在表象中你当然可以那样说,关注于那些事件;但是你把它拿到自我意识本身中来看的话，那你就要把那种表象出来的东西扬弃掉。所以在表述形式上，在我说这件事情的形式上，我就不能再用什么亚当、夏娃犯了罪啊，吃了什么果子啊，耶稣基督被钉上十字架啊，后来又复活啦，就不能再用这些语言来说话了，我们要从底下挖掘出更深层次的东西。这些表象的东西当然我也没有否定它们，但是我扬弃了它们，我们不说那些表象的东西了，我们要说更深层次的，因为我们现在是在自我意识本身中来谈这个问题了。"因为**自我**是否定者；因而是**认知**"，"自我"和"认知"都打了着重号，自我是否定者，在自我意识本身中，自我就是一个否定者，因而是认知。就是说对这些表象的东西，在自我意识中，首先要把它们否定掉，为什么呢？因为这些东西都是偶然的，值得怀疑的，我要形成自我意识，首先就要把它们否定掉，就像笛卡尔说的，怀疑一切可怀疑的东西，最后剩下"我思"。而这样一个过程就是认知，这种自我意识本身就是一种认知，对自我的认知是第一个确定的认知。认知就是要把那些表象的东西扬弃掉，也就是通常所讲的透过现象去看本质，这就是认知。什么是认知？要透过表象看到底下的本质，这些表象说出了某些东西，但是在表象的形式中它的本质显现不出来，达不到认知；但是你把它们放到自我意识本身中来看的话呢，就必须把那些表象出来的内容扬弃掉或者否定掉，留下它的形式，就是这种否定的形式。自我是一个否定者的形式，既然要提到自我意识这个高度来说话，那么自我就要把那些表象的东西否定掉，因而就是认知。"这认知是意识在自身内的一个纯粹行为"，所谓纯粹行为，就是把那些表象都剔除了，把那些历史事件啊，那些例子啊，那些定在性的东西啊，你都把它剔除了，就变成一种纯粹否定的行为，纯粹认知的行为。并且这个行为是在意识自身内，所谓我思故我在，把那些表象中的杂多内容都扬弃掉了。所以表象在这里是作为一个扬弃了的环节，当然还有，因为你要透过现象看本质，你当然必须首先要有一些现象啦；但这些现象是扬弃了的环节，它们并不是本质，你还要在底下去进行认知。这样的认知呢就体现为一个纯粹行为，它就是自我内部的一种行为，它就是自我自发的一种行为，它是一个更根本的东西。前面是从形式上来说，按照形式来说，必须要把那些表象的东西扬弃掉，使自我成为纯粹的否定行为，成为纯粹认知的行为，这是自我意识本身中按照形式来说必须要达到的层次。也可以说这是从方法上来说，我们要扬弃表象的东西，把自我当成一个否定者、当作一种纯粹的认知活动来看待，这个认知跟最后一章"绝对认知"已经相通了。"而就内容来说，这个**否定性**的环节同样也必须得到表达"，现在是就内容来说，这个否定性的环节同样也必须得到表达。就内容来说，那个自我的纯粹否定性其实已经渗透进来了，它已经表现在内容本身中了，不是由自我从上面来对内容进行否定，而是这个内容本身就有自否定了。既然自我在形式上是一个否定者，那么我们在前面的那些定在性的表象意识里面所看出来的是更深层的东西，这更深层的东西就是这内容的自我否定性。亚当、夏娃犯罪也好，上帝的惩罚也好，耶稣基督的死而复活也好，这里面实际上都具有相反的意义。自我的否定性不光是一种外在的形式、一种看待这些事情的方式，而且是这些事情的实质，我们看这些事情必须从一种否定者的眼光来看，这恰好说明这个事情的实质就是否定性的，而这个否定性的环节同样也必须得到表达。那么我们就必须对这种否定性的环节作一种表达，我们来解释这样一些犯罪啊、复活啊，那么我们就可以看到，实际上这个否定性的环节作为一种认知恰好就是对表象中的事件的颠倒。例如犯罪同时也就是知罪，知罪就是否定性的环节，我们犯了罪，犯了罪不要紧，我们要知罪，知罪就是一种认知。知罪就是忏悔，它就是犯罪的否定性的环节，所以自我作为一个否定者、因而作为一种认知，实际上是一种忏悔精神。这种忏悔是意识在自身内的一种纯粹行为，你犯了罪或者说你本性恶，这个不要紧，但是要知罪，要知恶。那么这个否定的环节同时就是这个表象的内容，自我既然是一个否定者，它否定什么呢？首先否定自己的罪过，那就是知罪，也就是忏悔精神。

就是说，由于这本质已经**自在地**同自身相和解，并且是精神的统一体，在其中表象的各部分都是**扬弃了的**或者都是**环节**，于是就呈现出这种情况，表象的每一部分在这里都获得了与它前此所具有的**相反的**含义；因此每一含义都在另一含义上使自己补充完备了，并且只有这样，内容才是一个精神的内容；

我们先看这半句。这是进一步解释了，这个否定的环节也必须在内容上得到表达。"就是说，由于这本质已经**自在地**同自身相和解，并且是精神的统一体，在其中表象的各部分都是**扬弃了的**或者都是**环节**"，由于这本质，也就是绝对本质、上帝，上帝已经自在地同自身相和解，成了精神的统一体，耶稣基督死而复活，回到上帝身边或者跟上帝合为一体，他已经自在地同自身相和解。他本身就是跟上帝一体的，同自身相和解，就是通过化身为人、道成肉身，然后死而复活，又回到上帝身边，这就是自己跟自己相和解，成为精神的统一体。在这个统一体中，表象所包含的各个部分，包括上帝的创世、创造人类、人类的原罪、然后道成肉身、基督的受难等等，这些都是表象的各部分，都是扬弃了的，都成为了各环节。就是说其中的那些表象你不要把它看作孤立的、静止不动的，它们都是一环套一环，一个扬弃一个的，它们相继成为了整体中的一些环节。每个环节当然都是必不可少的，但并不是能够孤立起来看待的。"于是就呈现出这种情况，表象的每一部分在这里都获得了与它前此所具有的**相反的含义**"，表象的每一部分，比如说神和人、生和死、善和恶、有和无、存在和非存在等等，每一部分在这里都获得了与它前此所具有的相反的含义，神变成人，人变成神，生变成死，死变成生，善恶、有无都是互相转化的。"因此每一含义都在另一含义上使自己补充完备了"，每一个含义都在自身中看到了另外一个含义，从而使自己补充完备了，每一个表象都和它的对立的表象相统一，这才能够使自己完备，使自己丰满，使自己在自身中透明地看到全体。如果单纯是善恶对立、神人对立，黑白分明、善恶分明，那就是很单薄的东西、很抽象的一种对立；只有把对立面结合起来，在理解这一方的同时理解对方，把这一方就看作是对方的一种表现形式，那么呢，每一方才会获得它丰富的含义，使自己补充完备。"并且只有这样，内容才是一个精神的内容"，只有这样，善也好，恶也好，生也好，死也好，这些内容才是精神的内容，才能够提升到精神的层次。如果你把每一方都孤立起来看，那它就不是一个精神的内容，那就没有精神，那只是一种杂多的表象。

由于这个规定性同样也是它的相反的规定性，那在他在中的统一性即精神的东西就完成了；正如在前面那些相反的含义对我们来说或者**自在地**曾结合为一，甚至**一回事**与**不是一回事**、**相等**与**不相等**这些抽象形式也都扬弃了自身那样。

"由于这个规定性同样也是它的相反的规定性"，神和人，神本身就是人，人本身又是神，生就是死，死就是生，死了才是真正的复活，按照基督教的说法，人真正的生命是从死的时候开始，人在活着的时候实际上是死人，因为他陷在罪中，后面也讲了，这个罪是相当于死，这个罪就是死。所以人在生活中、在生命中他实际上是在罪中，因此是在死之中，只有当他死了以后，他才能够脱罪，也才能够新生。善和恶也是互相转化的，犯罪就是脱罪，你吃知识之树的果子就是为了知善恶，你知了善恶，你才懂得忏悔，你才知罪，所以这个规定性同样也是它的相反的规定性，两者之间是没有绝对的界限。"那在他在中的统一性即精神的东西就完成了"，精神的东西就是在他在中的统一性，他在，Anderssein 也可以翻译成"异在"，就是和自己不统一的存在，但是在他在中却又有和自己的统一性，这个统一性就是更高层次的，能够把不统一的东西也统一进来。这样一种统一性就是精神的东西，它现在完成了，也就是说使对立面能够统一进来的那样一种精神就完成了，它在对立面中看到自己，在对立面中使自己达到统一，这样一种精神的东西现在完成了。"正如在前面那些相反的含义对我们来说或者**自在地**曾结合在一起，甚至**一回事**与**不是一回事**、**相等**与**不相等**这些抽象形式也都扬弃了自身那样"，这里用过去时，在前面，就是第 250 页倒数第 7 行："因此在何种程度上必须说善与恶按照它们的这样一种概念来看以及就其不是善和恶这一点来看它们是**一回事**，那么在同样程度上也必须说它们**不是一回事，而是完全不一样的，**……只有这两个命题一起才完成了全体"，这些相反的含义在那里已经对我们来说、或者自在地被统一起来了，对我们旁观者来说，或者自在地、也就是客观上，这两个相反的含义已经结合在一起。所以这里说，甚至一回事与不是一回事、相等与不相等这些抽象形式也都扬弃了自身，这和前面讲的是一样的。前面已经讲过，一回事与不是一回事、相等与不相等这些抽象形式的对立都被扬弃了，这里更进一步提出这一点，说明每一个规定同样也是它的相反的规定，这就是精神的东西的完成。在自然的精神作为精神的运动这样一个过程中，导致了对立面的统一，导致了宗教意义上的辩证法，或者说，黑格尔用辩证法来理解、来解释宗教意义上的各种表象，包括原罪、堕落、上帝的诞生、上帝的拯救、死而复活、上帝再临人间等等，这些东西他都用一种辩证的意义来加以解读，这在基督教哲学的发展史上应该是空前的。因为以往的人都停留在表象意识的层面，深入不到背后的这样一种辩证法。下面一段就是继续阐明这个含义啊，就是在表象意识里面如何深入到它背后的更深层次的含义。

　　　　因此，如果在表象意识里自然的自我意识的内在化曾经是定在着的恶，那么在自我意识的元素中**内在化**就是将**恶**当作某种**自在地**存在于定在中的东西来**认知**。　　　　{418}

　　这还是表象和概念两个层次。"因此，如果在表象意识里自然的自我意识的**内在化**曾经是**定在着的恶**"，这是刚才讲的，自然的自我意识的内在化，自我意识在自然上面深入到自身之内，追究到它的内在的本心，已经被看作是定在着的恶了，人性本恶，追究到自然的自我意识的内在化，那么我们发现那就是恶。孟子讲"反身而诚，乐莫大焉"，那么在基督教这里是反身而诚，苦莫大焉，反身而诚，罪莫大焉，你回到自己的内心，你就会发现，你的内心是恶啊。何以见得？就在人的自然本性上面

311

可以看得出来，所以自然的自我意识的内在化曾经是定在着的恶，这是一个层次。"那么在自我意识的元素中"，这是跟前面相对照了，前面是在表象意识里的情况，如果你把这个表象意识改换到自我意识的元素里面来谈，扬弃那些表象来看，那么在这里，"**内在化**就是将**恶**当作某种**自在地**存在于定在中的东西来**认知**"，在自我意识的元素中内在化是什么呢？就是将恶当作某种自在地存在于定在中的东西来认知，这就不光是人性本恶，而且是人性本知恶了，所以"认知"打了着重号。人知道自己是恶的，所以是自我意识的内在化，而不仅仅是表象意识的内在化。知恶是将恶当作某种自在地存在于定在中的东西来认知，恶是客观存在于定在中的，人性本恶是一个事实，没有办法改变的，但自我可以把它当作某种自在地存在于定在中的东西来认知，这个认知就很重要了。你认识到自己的恶，你知罪，同样都是内在化，但这两种内在化的层次却有不同，在表象中它是表现为原罪，而在自我意识中它表现为知罪，表现为忏悔。知罪就是忏悔，悔改就是将恶当作某种自在地存在于定在中的东西来认知。

[253]　　　所以这种认知无疑地是一种化为恶的过程，只不过是化为**恶**的**思想**，因而被承认为和解的第一环节。

　　"所以这种认知"，自我意识的内在化的这种认知，"无疑地是一种化为恶的过程"，认知就是一种化为恶的过程，你认知到恶这本身就是恶了，为什么呢？《圣经》上面讲了嘛，你吃了知识之树的果子，你有了认知，你知善恶了，这本身就是恶，就是犯罪嘛。知善恶就是犯罪，按照《圣经》的说法，它本身就是一个化为恶的过程。"只不过是化为恶的思想"，"恶"打了着重号，"思想"也打了着重号，化为恶的思想，也就是知罪、知恶，知恶就是恶的起因，知善恶就是最初的原罪，这是由人的自由意志所决定的。知善恶是由于人吃了知识之树的果子，他才知善恶，所以这是人造成的，这种认知就是化为恶的过程，只不过是化为恶的思想。恶必然伴随着恶的思想，伴随着恶的认知，没有思想、没有认知的那种下意识的行为不能算是恶。而有了思想，这个问题就好办了，"因而被承认为和解的第一环节"，这就是和解的第一步。亚当、夏娃吃了知识之树的果子，虽然本身是恶，是堕落，但是，已经埋藏着和解的第一步、拯救的第一步，因为他们已经拥有了善恶的知识，有了知罪的思想。知罪就是拯救的第一步，你首先要知罪，知罪就会有忏悔。

因为认知作为从被规定为恶的自然的直接性向自身的返回，就是对这种直接性的抛弃和罪的死亡。①

"因为认知"，也就是知善恶了。因为这种认知"作为从被规定为恶的自然的直接性向自身的返回"，被规定为恶的自然的直接性，自然的直接性本身是恶的，人的自然、人的本能，如果你直接按照这种自然的本能去做的话，那就是作恶了，亚当、夏娃最开始经不住诱惑，这第一步就体现为自然的直接性的恶。那么认知则是从被规定为恶的自然的直接性向自身的返回，人伸手去摘那个果子吃，本身是出于自然的欲望，或者是接过那个果子来吃，这是出于自然的诱惑，这就是恶、犯罪的根源；但是吃了这个果子以后呢，有了知识，那么认知就从被规定为恶的自然的直接性而返回到自身了，吃了知识之树的果子，就返回到了认知，就知善恶了。那么这种知善恶呢，"就是对这种直接性的抛弃和罪的死亡"，知善恶以后，你就会对这种自然的直接性加以抛弃，你就不再像一个本能的动物那样看到什么、受到诱惑就去吃它，什么东西都要过过脑子，而且知道直接服从自己的自然欲望就是犯罪。而这就是对这种直接的自然性的抛弃，人吃了知识之树的果子以后眼光就明亮了，就不再是直接本能地服从自己的欲望了。当然在现实生活中还是经常会服从自己本能的欲望，但他不再像亚当和夏娃吃果子的时候第一次那样不知道，他知道这是不对的，直接服从自己的本能的欲望是不对的。所以这种认知就是对这种直接性

---

① "你们向罪也当看自己是死的；向神在耶稣基督里，却当看自己是活的。"见《罗马人书》6，11.——丛书版编者

的抛弃和罪的死亡，罪的死亡这个概念一般人不太容易理解，这个地方有一个德文版的注：参看《罗马人书》第六章第十一节："你们向罪也当看自己是死的；向神在基督耶稣里，却当看自己是活的"，也就是说，当你们面向着罪的时候，即使你们在生活中，你们也应该把自己看作是死的，也就是我们通常讲的活死人，虽然活着，但其实已经死了，因为你面向罪嘛；但是当你们面向上帝，在耶稣基督里面，你们就应该把自己看作是活的。就是说你是活的，只因为你面向上帝，你生活在上帝中，你活在上帝之中，你死在罪恶之中。所以当你面向罪恶的时候或者当你在犯罪的时候，你实际上是死人，当你在面向上帝的时候呢，你才复活，你才有生命。这是基督教的一个概念，罪的死亡是基督教的一个术语，犯罪就等于死亡，等于是死了，哪怕你在自然的生命中还活着，那是行尸走肉。

并不是自然定在本身被意识抛弃了，而是所抛弃的是那同时被作为恶来认知的自然定在。

"并不是自然定在本身被意识抛弃了"，自然定在当然你抛弃不了，你作为一个人，你肯定有自然定在，你有肉体，你也有欲望，这些东西是你抛弃不了的。"而是所抛弃的是那同时被作为恶来认知的自然定在"，同时被作为恶，如何作为恶呢？这个自然定在要作为恶来认知，那就必须要深入到自身，不仅仅停留在表面的自然本能。自然本能是抛弃不了的，但是，作为恶来认知的自然定在要把它抛弃掉，就是你不要让自己的自我被这种自然定在牵着鼻子走，你不要盲目地服从自己的自然定在，因为你是一个有自我意识的人，所以你要驾驭你的自然定在。当然走到极端的话呢，就会把这种自然定在全部抛弃，那就是基督教的禁欲主义，它会走这条路，但是按照基督教的纯正的教义，它是不提倡禁欲主义的。基督教也不是完全禁欲主义的，禁欲主义只是一种表面功夫，真正要抛弃的是作为恶来认知的自然定在，就是从自然定在返回到自身的那个自我，要把自我已经认知为恶的那个自然定在抛弃掉，只留下那些并不认为是恶的自然定在。这就有一种罪和非罪的区分，这样才能够做到知罪。

314

自然虽然自在地是罪,是恶,但是,犯罪的根源并不在于你的自然,还是你的自由意志,以及由此导致的知善恶、知罪。当然了,知罪已经是拯救的第一步了,你有了对于善和恶的认知、对于善和恶的思想,那么你也就走上了拯救的道路,虽然你已经犯了原罪,但是这个罪是有好处的,你知善恶了,你在这一点上就和上帝平起平坐了,就可以走上拯救的道路了。

那深入自身的直接运动同样也是一个中介运动,——它自己以自己为前提,或者说,它就是它自己的根据;就是说,这个深入自身的根据就是因为,自然已经自在地深入自身了;由于恶之故,人必须深入自身,但**恶**本身就是深入自身。

"那**深入自身**的直接运动","深入自身"打了着重号,我们现在来看这个深入自身。刚才我们讲了,我们要抛弃的不是自然定在本身,而是那同时被作为恶来认知的自然定在。那么,什么是同时被作为恶来认知的自然定在? 就是自然定在的深入自身,自然定在只有深入自身的时候才能被作为恶来认知,如果只是天真地摆在那里的自然定在,那还谈不上对恶的认知,也谈不上真正的恶。所以这里又谈到了,那深入自身的直接运动,也就是这个作为恶来认知的自然定在的运动,"也同样是一个中介运动",这个中介运动也可以翻译为"间接的运动"。那深入自身的直接运动也同样是一个间接的运动、一个中介的运动,直接性和间接性在这里是一回事。"它自己以自己为前提,或者说,它就是它自己的根据",这个直接运动同样也是间接运动,为什么呢? 因为它自己以自己为前提,它自己把自己中介了,它这个中介是它的自我中介。自我中介当然它还是直接性的,因为它是自我嘛,但是,它已经具有了中介性,具有了间接性。它就是它自己的根据,"就是说,这个深入自身的根据就是因为,自然已经自在地深入自身了",为什么要深入自身呢? 它的根据就在于自然已经自在地深入自身了,自然性、自然本能在动物的层面上是没有深入自身的,但是这里讲到这个自然定在深入自身,是从自然本身的根据来说,因为自然根本上来说是上帝所创造的,上帝在造人的时候就已经把自由意志这个恶的根源放进了人的自然定在中，上帝创世就是创造了恶的可能性嘛，所以这个恶也是从上帝来的。"由于恶之故，人必须深入自身"，由于上帝创造了世界、创造了自然，那么本身就埋下了恶的种子，由于这个恶之故，人必须深入自身，人的自我在自然的本能上面追究到人的本性，人的自由意志，由于人的犯罪，人就必须要追究这个罪，要知罪，这就必须要深入自身。"但恶本身就是深入自身"，恶本身只有当自然界深入自身才会发生，在动物界并没有恶。前面讲了，自然界如何深入自身呢？必须要通过自我意识，自然界通过自我意识深入到自身，才发现自己就是恶，所以恶本身就是深入自身。拯救的第一步首先是埋藏在它的犯罪之中的，其实一开始就有拯救的根源，人在恶中、在恶里面就在培养一种和解的根苗，但这只是第一步。

　　——正因为如此，这第一个运动本身只是直接的，或者只是它的**单纯概念**，因为它和作为它的根据的东西是一回事。因此这个运动或者化为他者的过程还必须在自己更加本真的形式中才出现。

　　"正因为如此，这第一个运动本身只是直接的"，前面讲了，这个恶的起点既是直接的，同样也是间接的，也是一个中介运动，它自己以自己为前提，一开始就是在自然里面深入自身的，并因此埋藏着它最后回归、和解的一个根苗；但是，无论如何，它最初还仅仅是直接的，第一步它只是直接的，只是直接的认知。"或者只是它的**单纯概念**"，只是它的单纯概念，这第一步还只是恶的一个抽象概念，尽管它的直接里面已经包含着间接性，从上帝创世就已经包含有间接性了，包含着深入自身的中介的运动了，但还有待于发展出来。"单纯概念"打了着重号，可以理解为只是一个抽象的概念。就是说它要达到和解是有这个可能的，因为一切都是上帝创造的嘛，上帝即算有他的自相矛盾的地方，但他是有意要这样做的，他肯定是要达到和解的，但最初的环节还只是直接的，或者只是第一个运动的单纯概念。"因为它和作为它的根据的东西是一回事"，这个运动和这个运动的根据是一回事，直接性和间接性还是一回事。为什么

要有一种自然精神的运动？就是因为上帝创造了这个自然界，自然界的
运动跟上帝创造是一回事，所以这样的第一个运动本身和它的根据是一
回事情，它本来就是上帝创造出来的。"因此这个运动或者化为他者的
过程还必须在自己更加本真的形式中才出现"，在前面一种形式中它只
是直接的，它也有运动，而且呢，它也有化为他者的过程，上帝创造世界
不就是化为他者吗？但是那一切都还是在上帝内部，还是直接的，只是
一个单纯的概念。上帝创世，因而从这个世界里面产生了恶，最后在上
帝那里一定会达到和解，这样一个过程本身是一个直接的过程、一个直
接的运动，还没有发展出真正的间接性，当然它里面有间接性，但是还不
是以间接形式出现，因为它的根据就是它自身嘛，它自己是自己的根据
嘛，所以它还是直接性的。因此这个运动还必须在自己更加本真的形式
中出现，就是说，这种间接性的运动、这种中介的过程不能够只是停留在
直接性内部，它还必须要外化出来，必须要化为他者，要把这个中介从这
个统一体中拉出来，放到外面去，然后再从这个外面回到自身，那才是真
正完成了这个过程。原来的这个在自身之内的直接运动、这种深入自身
的运动虽然也有中介性，但是这个中介性是潜在的，隐而不显，或者说，
这个和解的第一步只是一个种子，只是一个苗头，作为一种认知，它还只
是一种直接认知。因为你吃了知识之树的果子，所以就认知了，这很直接，
但是还没有在现实的历史过程中达到一种认知。所以这个第一步呢是在
《旧约》里面的第一步，《旧约》里面讲上帝创世记，亚当、夏娃犯了原罪，
然后被赶出伊甸园，等等，这是一种运动，这是一个犯罪的过程、知罪的
过程。犯罪、知罪的过程是一种深入自身的直接运动，虽然它也是有中
介的，但是，这中介只是一个抽象的概念，还没有外化为现实的事件、现
实的过程。在这里犯罪和知罪就是一回事，它和作为它的根据的东西是
一回事。前面讲了，这第一个运动和这个运动的根据是一回事，也就是说，
犯罪是运动，和作为运动的根据、知罪，还是一回事情，犯罪和知罪还是
一回事情，犯了罪你就知罪了，而知罪本身就是犯罪，你知善恶了，这本

身就是犯罪。上帝说，你看啊，他们跟我们平起平坐了，这就是犯罪了。你想跟上帝平起平坐，上帝知善恶，你也想知善恶，于是你就偷了那个果子吃了，这本身就是犯罪，你知善恶了也是犯罪，所以上帝要把你赶出伊甸园。你的罪就在于你知善恶，所以罪和知罪就是一回事，这就是人的原罪，但是这还是很直接的，到底犯了什么罪？我们不信基督教的人或者不信犹太教的人就很难理解，他吃了知识之树的果子有什么不好呢？撒旦也是这样诱惑他的，说获得善恶的知识有什么不好？上帝绝对不会反对的，你们吃吧，让他们吃，于是他们就吃了。他们觉得这很在理啊，吃了以后更聪明啊，知善恶了，没想到这样一来就犯了罪，你触犯了上帝的权威，触犯上帝的权威算什么罪呢？冒犯了上帝，跟上帝平起平坐了，这就犯了罪啊？所以这个罪到底是什么罪是不知道的，只是因为冒犯了上帝的权威，是一种内在的直接的形式，是一种直接的知罪，这只是知罪的可能性，其实还不知罪。真正的知罪要在现实生活中、要在历史过程中才慢慢地知道什么是罪。① 下面接下来就是讲，除了这种直接性以外呢，表象的中介作用也是必要的，就是必须要有一种间接的知罪的过程，要有一种间接的知罪、忏悔的过程，间接地走向和解。直接地已经有这种和解的可能了，但是间接地必须要经过一个历史过程。我们休息一下。

好，我们再来看下面一段。刚才讲的是和解的第一个环节，和解的第一个环节呢是在《旧约》里面所体现出来的，从上帝创世、然后知善恶这样一个过程里面已经埋藏着自己是自己的根据的这样一种运动，它是一种直接性的运动。

所以，除了这种直接性以外，表象的**中介作用**也是必要的。关于自

---

① "这就如罪是从一人入了世界，死又是从罪来的；于是死就临到众人，因为众人都犯了罪。没有律法之先，罪已经在世上；但没有律法，罪也不算罪。"（《罗马人书》5，12-13.）

然作为精神的非真实定在的**认知**以及自我在自身内形成的这种普遍性，**自在地**都是精神同它自身的和解。

"所以，除了这种直接性以外，表象的**中介作用**也是必要的"，"中介作用"打了着重号。前面讲了这个直接运动同样也是一个中介的运动，但这里讲，表象的中介作用也是必要的，我们是借助于表象把这种中介作用实现出来的。当然前面已经是有中介性的了，已经是有根据、有结构的了，最开始的直接性的认知它就是有结构的，但是它还没有把它表象在外，所以第二步就是中介作用。前面是第一步，和解必须要有第一步，在第一步里面已经埋藏着和解的种子，但是必须要经过第二步才能够走向和解，第二步就是中介，也就是《新约》里面所讲的耶稣基督救世这样一种表象的中介。① "关于自然作为精神的非真实定在的**认知**以及自我在自身内形成的这种普遍性，**自在地**都是精神同它自身的和解"，前面讲的上帝创世，上帝下降自己的层次，创造出自然界来，然后人在这个自然界里面又犯了罪，这都表明自然是精神的非真实的定在；而我们对这一点的认知，以及由此而形成的自我意识的普遍性，客观上就是精神和自身的和解。这里"认知"打了着重号，在这种认知中，自然当然是精神所创造的，是上帝所创造的，但是，它是作为精神的非真实的定在，你要把它看作精神的话，那它是非真实的。自然跟精神是不一样的，当然它是上帝所创造的定在，但是作为一种非真实的定在。你对这一点有认知，就表明你已经知罪了，你知道自然是精神的非真实定在了，你已经知善恶了。这就在自我自身内形成了一种普遍性，形成了一种个别和普遍的统一，而这种认知和这种普遍性，自在地都是精神同它自身的和解。这里的自在也就是客观上，不管它的内容是什么，是表象还是概念，但客观上就是精神与自身的和解。

---

① "我们既因信称义，就藉着我们的主耶稣基督得与神相和。""因为我们作仇敌的时候，且藉着神儿子的死，得与神和好；既已和好，就更要因袍的生而得救了。"(《罗马人书》5，1、11)

因而这种**自在**对于那种非概念把握的自我意识来说，就保持着一种**存在着的东西**和**向它表象出来的东西**的形式。

既然这样一种对自然非真实性的认知和自我的普遍性自在地就有一种相互和解，"因而这种**自在**对于那种非概念把握的自我意识来说，就保持着一种**存在着的东西**和**向它表象出来的东西**的形式"。这就是刚才讲的，表象的中介作用也是必要的，除了这种直接性以外，表象还有一种中介作用，也就是在那种非概念把握的自我意识中的作用，它能够使那种没有达到概念把握的自我意识保持一种存在着的东西和表象出来的东西的形式。"**存在着的东西**"和"向它表象出来的东西"都打了着重号，说明表象所展示的那些存在着的东西，那些偶然的事件等等，是这个阶段上自我意识的非概念把握的形式，或者说，是一种自在形成的中介。表象自在地有这样一种中介作用，就是以一种存在着的东西和表象出来的东西的形式来表象自我意识，这在自我意识还没有上升到概念把握时是必要的。这时就需要一个耶稣基督站在你面前，让你在和他认同的同时把他的自我意识和你自己的自我意识看作同一个自我意识。在这里，就不光是一种自在的和解的可能性或者和解的第一步、和解的苗头，而且呢，还必须要有一种存在者站在你面前，向你的自我意识表象出来，并且保持一种存在着的东西的表象形式。首先有一个存在者，那就是耶稣基督站在面前了，他的表象代表了一个中介，代表着一种自在的和解。原来那种自在的和解是没有表象出来的，只是在上帝创世的这个过程里面隐含着的，当然它是一个种子，它是第一步，没这个东西和解也是不可能的；但现在呢，这种自在通过这个中介表象出来了，但是它保持着一种存在者的形式和表象出来的东西的形式。这个存在者、耶稣基督他干了很多事情，这些事情都是要拯救世人的，然后他被钉上十字架，然后复活，等等，这一整个过程都是向这种自我意识表象出来的东西，这种自我意识呢这个时候还是非概念把握的自我意识，它不是从概念上来把握的，它是从表象上来把握的，所以这些东西都是以表象的方式向它显现出来的。

因此概念把握（Begreifen）对这种自我意识来说并不是对于这样一种概念的掌握（Ergreifen），这概念把那被扬弃了的自然性作为普遍的、因而作为同它自身相和解的来认知，而是对那样一种**表象**的掌握，在这种表象里神圣本质是通过它自己特有的外化的**事件**、通过它所发生的化身为人和它的死而同自己的定在相和解。

这句话就是谈到了第二步它的层次了，第二步是一种什么层次？刚才讲了，它是一种非概念把握的自我意识，它表象为一种存在的东西以及向它表象出来的东西的这样一种形式，或者说，它是一种表象化的形式。"因此概念把握（Begreifen）"，Begreifen 本来就是把握的意思，就是抓取，begreifen 就是抓拢来，它变成名词就是 Begriff，Begriff 就是概念。那么这个 Begreifen 我这里按照字面上的意思把它翻译成"概念把握"或者"概念式的把握"，因为里头有一种 Begriff 的意思在里面，就是概念式的把握。因此概念把握"对这种自我意识来说并不是对于这样一种概念的掌握（Ergreifen）"，对这种自我意识来说，可以说它也有概念把握，但是它还不是对下面这样一种概念的掌握，这个掌握 Ergreifen 跟 Begreifen 有所不同，这个掌握也是抓住的意思，但更具体一点，我把它翻译成"掌握"，它跟"把握"的不同就是它已经抓住了，Begreifen 只是去抓，Ergreifen 就是已经把它抓住了。现在阶段自我意识还不是对这样一种概念的掌握，还没有掌握住，或者说它还不是真正的概念把握。它自在地当然已经有概念把握了，已经在里面自在地、潜在地有概念把握了，但是，它还没有体现为概念把握的形式，没有实现为概念掌握。对这种自我意识来说，它还是前面讲的那种非概念把握的自我意识，前面讲的那个"非概念把握"也是 unbegreifen，因此这种概念把握对于这种自我意识来说它还没有达到真正的概念掌握，还不是对于这样一种概念的掌握。"这概念把那被扬弃了的自然性作为普遍的因而作为同它自身相和解的来认知"，这是修饰这样一种"概念的掌握"的，就是说如果真正要达到概念掌握的话,那就必须把被扬弃了的自然性作为普遍的,也就是作为和概念相和解的来认知。但现在的概念把握还达不到这样一种概念掌握,那个被扬弃的自然性还没有作为普遍的、因而和概念自身相和解的来认知,还没有达到这样一个认知水平。自然还是自然,哪怕在《新约》里面,耶稣基督也仍然是一个个别的活生生的人,他被钉在十字架上,他牺牲了自己的肉身,他升天了,他复活了,等等,这个自然性被扬弃了,但是,这样一种被扬弃了的自然性还没有和普遍的概念自身相和解,耶稣基督已经牺牲了他的肉身,但这个肉身还没有被看作是普遍的自然概念,没有看作整个世界的概念。不仅仅是耶稣基督这个个别的人之子把他的肉体牺牲了,而是这一事件应该具有普遍性,我们在其中看到了自然界、自然性和自我意识之间的和解,对肉体的牺牲其实应看作对肉体和整个自然界的拯救。基督教并不是要排斥自然界,而是要拯救自然界,要就自然界的普遍性来拯救自然界。当然有人会说黑格尔是泛神论,认为自然就是神了;但是即算是泛神论,它也是一种高级的泛神论,它不是简单地把自然界等同于神,而是说在自然的普遍性的意义上,自然界和神能够达到一种自身的概念上的和解。这样一种概念的认知在目前的水平上还没有达到,所以他讲,对这种自我意识来说并不是对于这样一种概念的掌握,"而是对那样一种**表象**的掌握,在这种表象里神圣本质是通过它自己特有的外化的**事件**、通过它所发生的化身为人和它的死而同自己的定在相和解",就是并不是对这样一种概念的掌握,而是对那样一种表象的掌握,这个掌握也是用的 Ergreifen,但是这是表象的掌握,"表象"打了着重号。也就是说在这个层次上面,哪怕在第二步,基督教《圣经》的"新约"部分,已经有对自我意识的一般的概念把握了,但具体来说仍然只是停留在表象的掌握之中,而没有达到概念的掌握。如果达到对概念的掌握,那就能够把自然界作为一种普遍的而且是同概念自身相和解的来认知了,那就完成了,但现在还没有。现在还只是对那样一种表象的掌握,什么表象呢? 就是在这种表象里,上帝仍然只是通过它自己特有的外化的事件,"事件"打了着重号,比如道成肉身啊,死而复活啊,这样一些个别的、偶然的外化事件,而同自己的定在相和解。注意他谈到表象的时候往往是跟"事件"连在一起,事件总是一次性的、偶然的。这是在《新约》里面所达到的层次,它是一种中介作用的层次,借助于耶稣基督现身说法,作为一种示范、作为一种榜样,给人类指明了拯救之道。人类也要像耶稣基督那样牺牲自己的肉体,然后死而复活,在精神中复活,在精神中复活以后才能拯救自己的肉体的罪,才能拯救肉体,才能跟肉体、跟自然界达到和解,才能使善恶达到和解。下面是更进一步了。

——现在对于这样一种表象的掌握更确切地表达出从前在表象中被称之为精神性的复活的东西,或者表达出这东西的个别自我意识形成共相或形成团契的过程。

"现在",这个现在就是指的我们这个阶段了,我们这个阶段是什么阶段呢?就是"在自己充实状态中的精神;圣灵的王国",我们现在已经到了圣灵的王国,我们已经到了团契这样一个层次,那么团契这个层次呢,跟前面讲的第一步和第二步相比就更高了,可以说是第三步,可以说是一个合题了。现在"对于这样一种表象的掌握",还是一种表象的掌握,"更确切地表达出从前在表象中被称之为精神性的复活的东西","更确切地"是跟前面相比,也就是从前在表象中被称之为精神性的复活的东西,我们现在表达得更确切了,怎么样更确切了呢? "或者表达出这东西的个别自我意识形成共相或形成团契的过程",在圣灵的阶段,在团契的阶段,我们现在更提升了一个层次。也就是说复活,包括钉十字架、死后三天复活,这都是一些粗糙的表象,但现在它们的意义已经不再是个别的事件了,已经不再是耶稣基督这个具体的个人、个别自我意识,而是由这个别的自我意识提升到一种普遍性,形成了一种团契。耶稣基督死后,他人已经不在了,但他的精神还在,圣灵还在,圣灵只有在耶稣基督死后才能成为普遍性的,才能继续活在团契之中,活在他的信徒之中。所以对这样一种表象的掌握现在更确切地表达出了从前在表象中被称之为精神性的复活的东西，或者表达出这东西的个别自我意识形成共相或形成团契的过程。当然这还是一种表象的掌握，而不是概念的掌握，在团契中作为共相的自我意识虽然自在地已经有概念把握的意思，但仍然是一种集体的表象，而不是一个人哪怕在孤独中仍然可以把握到的普遍自我意识的概念，只有后面这种自我意识才是在概念的掌握中真正达到了个别性和普遍性的和解。尽管如此，现在在这种表象的掌握表达出了这种个别意识在耶稣基督死后形成共相、形成团契的过程，只有在这个过程中才能够走向神和人的和解，精神和自然的和解，善和恶的和解，所以这是一个通往对普遍自我意识的概念掌握的必经中介。

——**神性的人之死**作为死是**抽象的**否定性，是这运动的直接结果，这运动仅仅是在**自然的**普遍性中终结了。

"**神性的人之死**"，就是耶稣之死了，"**作为死**是**抽象的**否定性"，作为一般的死亡而言就是抽象的否定性，就是人没有了，人不在了，是一种抽象的否定性，"抽象的"打了着重号。"是这运动的直接结果"，这运动就是前面讲的自然的运动了，自然的运动从第一步到第二步，从《旧约》到《新约》，就是这样一场运动，它的直接的结果就是上帝之死、上帝被钉上十字架，上帝已经死了。"这运动仅仅是在**自然的**普遍性中终结了"，"自然的"打了着重号，它仅仅在自然的普遍性中结束了，就是人之死啊，在自然中他已经不再复活了，没有看到哪个人死了以后还能复活的，人都要死在自然界是一个普遍规律。但是，仅仅是在自然的普遍性中终结了，其实还没有结束，仅仅从自然的眼光来看是结束了，人死了就万事皆休啊，我们中国人通常讲人死如灯灭，人死了就什么都不用说了。但是这个运动其实还没有完，神性的人之死恰好是另一种复活。

死亡在精神的自我意识里就失去了这样一种自然的含义，或者说，死亡成为了刚才所指明的它的概念；死就从它直接具有的含义、从**这一** [254] **个个别的人之**非存在，被神圣化成了精神的**普遍性**，这精神活在自己的团契中，并在其中每天死去也每天复活。

　　"死亡在精神的自我意识里就失去了这样一种自然的含义"，就是刚才讲的，这样一种运动的直接的结果，就是抽象的否定性，这种运动仅仅是在自然的普遍性中结束了，这运动已经结束了，耶稣基督已经死了，在自然界你已经看不见他的痕迹了，顶多留下一些遗物，那个没什么意义。那么，死亡的这样一种自然的含义在精神的自我意识里就失去了，自我意识是一种精神哪，死亡不仅仅限于自然，在自然里面已经死了，但是在精神的自我意识里面把这种自然的含义的死亡抛弃了，就是死不仅仅是自然的死亡，自然的死亡恰好是精神的复活。"或者说，死亡成为了刚才所指明的它的概念"，死亡成为刚才讲的这样一个概念，就是它已经是一种概念，不再只是一种表象了。刚才讲到概念的掌握，"这概念把那被扬弃了的自然作为普遍的因而作为同它自身相和解的来认知"，现在死亡已经成为这样一个概念，就是刚才所指明的它的概念，而不再只是作为一个"事件"而和神圣本质相和解。死亡现在意味着一种精神的普遍性，死亡的否定所否定的不是个体，而是普遍的自然，它在普遍的自然中结束了，也就把普遍自然都否定了，因此死亡就被提升为了概念，成为了精神的一个普遍的环节。耶稣基督之死的意义已经被提升了，恰好是在他死后，被钉上十字架以后，他的死的意义被提到了一个更高的层次，被提高到他的本来的含义上面来了。因为耶稣基督本来就不是一个自然的人，他既是神又是人，所以把他钉死在十字架上恰好凸显了他的神性、他的普遍精神，在其中，死亡就成了一个概念。"死就从它直接具有的含义、从**这一个个别的人之**非存在被神圣化成了精神的**普遍性**"，死亡所直接具有的含义，就是我们通常所认可的、所认为的那种含义，即这一个个别的人的非存在。死亡本来是一个一个的，每个人的死都是个别的；但现在从这一个个别的人之非存在被神圣化了，verklären 有两个含义：神（圣）化、美化，我们这里把它翻译成"神圣化"。这一个个别人的非存在被神圣化成了精神的普遍性，就是被提升了，被升华成了一种精神的普遍性，"普遍性"打了着重号，它不再是个别的了。前面是"个别的"打了

325

着重号，这里是"普遍性"打了着重号，死和生都具有了精神的普遍的含义，都具有了一种不是个人的、不是个别人的含义，而是具有了一种精神的普遍性的含义。如何理解这种普遍性呢？就是要通过团契来理解这种精神的普遍性。他说，"这精神活在自己的团契中"，这个团契是精神的团契，是精神自己的团契，它继续活在自己的团契中，这精神就可以理解为圣灵了，在这里就可以完完全全地理解成圣灵了，因为团契就是靠圣灵结合在一起的。这圣灵活在自己的团契中，"并在其中每天死去也每天复活"，每天死去，每天复活，这就是真正的团契生活。在团契中，耶稣基督的一次性的死而复活成为团契中的每个人的日常生活，每天忏悔，每天新生，这就是每天死去也每天复活。所以耶稣基督的一次性的死亡或者是复活，在基督教里面经过哲学的阐发，已经不再是那种一次性的事件了，特别是经过新教的解释，这是新教的观点，就是说其实人每天都在效法基督，每天都在死去，每天都在复活，每天都在抛弃过去的我，都在忏悔，都在认知自我。而这种每天都在复活、每天都在升华、每天都在神圣化的内心生活，使每个教徒的内心都成为僧侣，所以说路德把僧侣变成了俗人，又把俗人变成了僧侣，或者说把每个俗人都变成了基督，他每天的生活就是效法基督的生活，因此他的生和死都具有了一种普遍性的含义。这个比新教里面最初的那种理解又提高了一个层次，它上升到了一种团契，而且这种团契在新教里面变成了一种精神的、圣灵的团契，这个时候就达到了天启宗教的最高阶段，第三个阶段。

所以，那属于**表象**元素的看法，即认为绝对精神作为**一个个别的人**，或者不如说作为一个**特殊的人**，在自己的定在身上表象了精神的自然，这种看法在这里就被移植到自我意识本身，移植到在它的**他在**中保持自身的认知中去了；

我们先看这半句。"所以，那属于**表象**元素的看法"，"表象"打了着重号，在基督教、哪怕在基督教的新教里面，这种看法仍然是属于表象的元素。什么看法？"即认为绝对精神作为**一个个别的人**，或者不如说作为一个**特殊的人**","一个个别的人"和"特殊的人"都打了着重号,或者不如说作为一个特殊的人,作为一个个别的人还说得不太确切,更确切地应该说是作为一个特殊的人。一个个别的人太抽象,耶稣基督是一个个别的人,但作为一个特殊的人那就更加具体一些了。耶稣出生于一个木匠的家庭,他的母亲未婚先孕,生下了他,那就非常具体了,有很多特殊性。不光是有他的个别性,独一无二,而且有他的一些特点,如耶稣基督死于三十多岁,一个青年,等等,还有一些具体的,他到了什么地方,他的所作所为,都是一个特殊的人的特点。绝对精神作为一个个别的人或者不如说作为一个特殊的人,"在自己的定在身上表象了精神的自然",Natur 可以翻译成"自然",也可以翻译成"本性"。表象中的精神的自然,作为一个特殊的人嘛,他在自己的定在身上表象了精神的自然。"这种看法在这里就被移植到自我意识本身,移植到在它的**他在**中保持自身的认知中去了",这样一种看法是属于表象的,耶稣基督是一个什么人,是一个特殊的人,他表象了精神的自然;但是这种看法在这里,在这个团契的阶段,在天启宗教的最高阶段,就被移植到自我意识本身中,移植到在自我意识的他在中保持自身的认知中去了。注意这个"移植"versetzen,也有调动、升级的意思,就是把表象中的那种看法转移到自我意识本身去了,成为了一种认知。表象那是一个比较粗俗的看法,现在呢,把这种看法简单地"移植"过来了,这里头既有一种进步,同时呢也有它的不足。在团契这个阶段上面它已经超越了以往的那种表象的元素的看法,它已经不再把耶稣基督看成一个特殊的人,有他特殊的自然、自然本性,但是,它把自然意识中那样一个特殊的人移植到了自我意识里面,移植到在自我意识的他在中保持自身的认知中去了。就是说,在圣灵的这个最高的阶段,仍然是把属于表象的元素的那些看法简单地移植到了自我意识本身的这样一个认知的层次中,在自我意识的他在中保持自身的认知。自我意识的他在仍然是自然了,"他在"打了着重号,就是自我意识在自然中保持自己本身,或者在自然中看出自己的这样一种认知、这样一种自我意识，把它平行移过来了。这当然是一种提升了，表象中的这种个别和普遍本质已经达到了统一，并且被提升到了自我意识的认知中，这是一个很大的进步，新教的团契精神已经是一个很大进步，它已经把表象的因素降到了最低；但是，它在自己的理解中仍然有表象的因素，它把那些表象当作象征。所以基督教新教批判天主教的时候，虽然批判它的那种表象，认为天主教太粗俗，没有达到精神的层次，必须把自己表象的东西扬弃掉；但是在它自己的这个精神世界里面呢，它仍然把表象的东西移植过来了，还没有真正摆脱表象。

因此这个自我意识并不是现实地死了，如同那个特殊的个人被表象
{419} **为现实地死了那样，而是它的特殊性在它的普遍性里逝去了，就是说，在它的认知里逝去了，这认知就是那自己与自己和解的本质。**

"因此这个自我意识并不是现实地**死了**"，这个自我意识在上帝之死那里并不是现实地死了，在现实中、在自然界，上帝作为人之子当然死了，但是，这个自我意识通过上帝之死超升了、复活了，超越为一种普遍的自我意识，已经不受现实的死亡所干扰。"如同那个**特殊的个人**被表象为**现实地**死了那样"，"特殊的个人"、"表象"、"现实地"都打了着重号。现实中耶稣基督被表象为死了，在自然界已经终结了，但是，这个自我意识并不是那样，并不是通过肉体上的死亡，自我意识也死亡了。"而是它的特殊性在它的普遍性里逝去了"，这个逝去了也就是死了的意思了，你要说它死了也可以，但是，死掉是他的特殊性，留下来的是他的普遍性，或者不如说将他的特殊性提升到了普遍性。"就是说，在它的**认知**里逝去了"，"认知"打了着重号，特殊性在它的认知里面逝去了，留下来的是认知，这就开始向后面的"绝对认知"过渡了。特殊性在它的认知里面逝去了，那么这个认知呢就成为绝对的了，当然现在还没有达到，只是一个过渡。"这认知就是那自己与自己和解的本质"，留下来的这个认知、这个普遍性就是自己与自己和解的本质，你要谈和解的话，最后要归到认知上来，要把那些特殊性的东西去掉。那些东西都死去了，留下来的就是这种认知，或者说只有在这样一种认知里面，精神才能够达到和解，天启宗教的最终出路就在绝对认知里头。

因此那最初先行的**表象元素**在这里就被建立为扬弃了的东西，或者说它必然返回到自我，返回到自我的概念，那在表象中只是存在着的东西就成为了主体。

"因此那最初先行的**表象元素**在这里就被建立为扬弃了的东西"，站在现在这个立场上来看，那个表象元素是已经先行的，已经过去了，已经要被突破，已经要被超越了。那么，最初先行的那些表象在这里就被扬弃了，表象的元素在天启宗教的最高层次上被建立为扬弃了的东西，已经要扬弃表象元素了。当然还没有彻底走出来，它已经有这种趋势，被建立为扬弃了的东西。"或者说它必然返回到自我，返回到自我的概念"，这个表象的元素必然返回到自我里面，返回到自我的概念里面，或者说必然要提升到概念。"那在表象中只是存在着的东西就成为了主体"，在表象中只是存在着，耶稣基督被看作是一个存在者，现在就变成了主体，在概念中变成了主体。在概念中耶稣基督实际上就是主体，就是概念的主体，存在者就成了主体。

——正因此，就连**第一个元素纯粹思维**和其中的永恒精神，也不再存在于表象意识的彼岸，更不在自我的彼岸，反之，全体向自身的返回正好就这样把所有的环节都包含在自身内。

"正因此"，正因为那个存在者成为了主体。存在者成为了主体，但存在者本身并不是主体，它会死亡嘛，它会变成非存在嘛。耶稣基督被钉上了十字架，从表象的角度来看呢，他是被动的，但是，返回到自我、返回到概念来看，那他就成了主体，他不完全是被动地被钉上了十字架，他是自动地、主动地把自己献出来，把自己牺牲掉的。为什么要牺牲掉呢？以便自己提升到更高的层次，提升到普遍的精神，所以他是主体。正因为如此，"就连**第一个元素纯粹思维**和其中的永恒精神"，"第一个元素"打了着重号，"纯粹思维"也打了着重号，和其中的永恒精神，这个是在前面讲圣父的时候一开始就提出来的，圣父的王国就是三位一体。可参看第 242 页第一个小标题："在自身中的精神；三位一体"，下面第一句就说："精神最初被**表象**为在**纯粹思维元素**中的实体，因而它就直接是单纯的、自身等同的永恒**本质**"，这就和这里讲的接上头了。正因此，就连第一个元素纯粹思维和其中的永恒精神，"也不再存在于表象意识的彼岸，更不在自我的彼岸"，你返回到概念来看的话，那么你就会发现，就连第一个元素，就连圣父作为一个抽象的纯粹思维和永恒精神，也不再存在于表象意识的彼岸。上帝在我心中啊，上帝并不在表象意识的彼岸，在一个遥不可及的地方、人死了以后才能去到的地方，现在已经不是这样了，更不在自我的彼岸了，上帝已经在我心中了。这是基督教新教特别强调的，新教强调上帝就在我心中，上帝不在彼岸，上帝更不在教会那里，不在神父那里，上帝在每个人心中。所以神父跟每个教徒是平等的，你没有权力居高临下地来教导我们，你只能把你的感受告诉我们，启发大家一起来思考，共同地提升自己。所以基督教的教会跟天主教的教会是很不一样的，其中的永恒精神也不再存在于表象意识的彼岸，更不在自我的彼岸。"反之，全体向自身的返回正好就这样把所有的环节都包含在自身内"，这是全体向自身的返回，向自我意识的返回，上帝都在我心中，那所有东西都在我心中了，全体各个环节都在我心中。全体向自身的返回正好就这样把所有的环节都包含在自身内，自身就是全体，所以在新教那里个人就独立起来了，上帝在自己心中，作为自己的一个支撑，而把自己的独立人格撑起来了。

　　——那为自我所掌握的中介者之死就是对它的**对象性**或它的**特殊的自为存在**的扬弃；这个**特殊的**自为存在就成为了普遍的自我意识。

　　"那为自我所掌握的中介者之死"，中介者也就是耶稣基督，耶稣基督之死被自我所掌握了，这种掌握（ergreifen）虽然还是表象的掌握，但已经在向概念掌握过渡，它"就是对它的**对象性**或它的**特殊的自为存在**的扬弃"。基督之死作为一个范例，一个榜样，把自己的肉身、把自己的对象性、把自己的特殊自为存在扬弃了，那么基督就在我心中了。所以这个中介者之死、基督之死就是对它的对象性，也就是这个自我的对象性或它的特殊自为存在的扬弃，具体的自为存在，想要追求一个对象的这样一种欲望，被扬弃了，世俗的一切东西都被扬弃了。基督徒是生活在彼岸的，而这个彼岸就在他自己内心，他每天都在死去，也每天都在复活，这彼岸已经不在遥远的表象的对岸，而就在他自身的内部，他在他自身内部对他的对象性和他的特殊的自为存在进行了扬弃。"这个**特殊的**自为存在就成为了普遍的自我意识"，既然你把你的特殊的自为存在都扬弃了，那么你的这个自我意识就成了普遍的自我意识，它跟其他人的自我意识之间就被打通了，因为阻碍你跟其他人的自我意识相通的就是这个身体嘛，就是你的特殊性嘛。现在你把这个特殊性扬弃了，那你的自我意识就提升到了一个普遍自我意识的高度，那就是团契的精神，那也就是圣灵。在圣灵中那些特殊的存在、那些对象性都被扬弃了，都不足以阻碍普遍性，所以人和人之间就汇聚成了一个统一的圣灵，这就是从个别的自我提升到了普遍的自我意识。

——另一方面，**共相**正因此就是自我意识，而仅仅思维的那纯粹的或非现实的精神就成为了**现实的**。

"另一方面"，为什么另一方面呢？就是前一方面是讲的自我已经从个别的东西提升到了普遍的自我意识，它把自己的特殊的个别性都扬弃了，从下而上把自己提升了。那么另一方面，"共相"，"共相"打了着重号，"正因此就是自我意识"，另一方面是从上而下地来看，从共相降下来。另一方面，共相正因此就是自我意识，"而仅仅思维的那纯粹的或非现实的精神就成为了**现实的**"，"现实的"也打了着重号，仅仅思维的那纯粹的或非现实的精神，就是第一个环节圣父，圣父是纯粹思维，还没有成为现实的，还是非现实的精神，这个非现实的精神现在就成为了现实的，圣父就在现实中实现出来了。共相本来在它的第一个环节中还仅仅是一种共相，现在成了自我意识，而仅仅思维的那纯粹的或非现实的精神，现在从它的第一个环节下降为了现实的,在现实的基督徒身上实现了自身,成为了圣灵。圣父—圣子—圣灵,到了圣灵就是圣父的实现,就是圣父的现实性。

——中介者之死并不只是他的**自然的方面**或他的特殊的自为存在之死,死去的不只是脱离了本质的已死的躯壳,而且也是神圣本质的**抽象**。

"中介者之死",也就是耶稣基督之死,"并不只是他的自然的方面或他的特殊的自为存在之死",耶稣基督之死并不是说他钉上十字架,于是他的自然方面就死了,他的肉体就死了,并不只是他的肉体死了,也不只是说他的肉体的欲望死了。"死去的不只是脱离了本质的已死的躯壳",并不只是他的肉体、脱离了本质的肉体死去了,"而且也是神圣本质的抽象",神圣本质就是上帝,上帝的抽象,是上帝的抽象死去了,上帝的抽象被否定了。上帝的抽象被否定了意味着上帝已经实现了自己,上帝已经不再是一个高高在上的抽象、一个不食人间烟火的概念,他的抽象方面死去了,也就是他的抽象方面被否定了,上帝的神圣本质已经走进了现实。所以这样一个中介者之死呢,是上帝、神圣本质本身的一个否定的环节,是神圣本质自身的一个环节,上帝之死是上帝本身的环节,借助于这个环节,他才达到他的自身的和解,他和他自身相和解。否则的话,他仅仅停留在抽象的这个层次上面,那就是他的一个缺陷了,那人家就会说上帝只是一个抽象的概念,不现实,你可以信他,也可以不信他。但是上帝现在已经克服了他的缺陷,已经否定了他的抽象性,已经实实在在地在现实中体现出来了,那就是体现为团契,体现为圣灵,圣灵在团契中是很实在的,很具有现实性的。

因为只要他的死还没有完成和解,则这个中介者就是片面的东西,他在与现实性的对立中把思维的单纯性作为**本质**来认知;自我这一端与本质还不具有同样的价值;在精神中自我才拥有本质。

这是一种设想了。"因为只要他的死还没有完成和解",他的死如何才能完成和解? 必须要从他的死升华上来,如果仅仅是他肉体上死了,就一切都不存在了,一切都绝望了,那就还没有完成和解。只要他的死还没有完成和解,就是说只要他的死还没有超出他的自然死亡这样一个层次,还没有超出他的自然的方面,"则这个中介者就是片面的东西",这样一个中介者,这样一个耶稣基督,那就是一个片面的东西,那仅仅是停留在自然界中。"他在与现实性的对立中把思维的单纯性作为**本质**来认知",就是说他的思维的单纯性是与现实性对立的,仅仅是思维,思维作为思维跟现实性是对立的,那么这样一种思维的单纯性呢,你把它作为本质来认知,那当然是片面的了,你把思维的单纯性与现实性对立起来,把它作为本质来认知,你认为现实性是现象,而思维的单纯性才是本质,纯粹思维才是本质,那就还是片面的东西。现实性等于是毫无意义了,在现实中的死是白白死了,没有在本质方面产生任何作用,这样把两方面对立起来,自然的死亡和思维的单纯性就是两个对立的东西,一个在此岸,一个在彼岸,互相没有联系,那么这样一种中介者就是片面的东西。"自我这一端与本质还不具有同样的价值",自我把这个单纯的本质,把这个思维的单纯性作为本质来认知,那么这个自我呢,跟这个本质还不具有同样的价值,这个自我好像还是一个现实的、自然的存在,一个单方面的中介者,而本质呢在彼岸。所以自我要认知到这个本质,必须要跨越此岸和彼岸,但它还在此岸,所以它跟这个本质并不具有同样的价值。"在精神中自我才拥有本质",在自然中自我并不拥有本质,只有在精神中自我才拥有它的本质,而这个精神是在彼岸的,所以这两方面还没有达到和解。只要他的死还没有完成和解,就会是这样一种对立的情况。当然现在我们已经超越这个情况了,已经超越这个阶段了。

因此这个表象的死去同时就包含着那没有被建立为自我的**神圣本质之抽象**的死。这种死正是对**上帝自身已死**的不幸意识的痛苦情感。① [255]

---

① 见前面有关"上帝已死"的注释。——丛书版编者 [按:参看前面贺、王译本第 231 页(即考证版第 401 页)注释 1。——中译者]

"因此"，这是总结上面的了，"这个表象的死去同时就包含着那没有被建立为自我的**神圣本质之抽象**的死"，这个表象的死去，它不仅仅是一种脱离了本质的已死的躯壳的死去，并不只是他的自然方面、他的特殊的自为存在之死，死掉的同时还有那没有被建立为自我的神圣本质之抽象。那个神圣本质之抽象的死就包含在这个表象的死里面，耶稣基督的自然肉体的死亡里面同时就包含着那个神圣本质的抽象的死亡，就是上帝抽象的死亡。这个上帝的抽象现在该死了，因为这个抽象还没有被建立为自我，它跟自我还隔着彼岸，所以彼岸的这个神圣本质作为一个抽象的神圣本质呢，它必须得死，这种死在耶稣基督的死亡里面就包含着了。所以耶稣基督的死亡包含着双重含义，一方面他是自然肉体的死亡，但同时他又是神圣本质的抽象的死亡。神圣本质已经不再是抽象了，如果还是抽象的话，那它跟这个自我是格格不入的，它就还没有被建立为自我，上帝就还不在我心中。上帝要在我心中，他的抽象就得死，所以死一方面是对于他的肉体的否定，另一方面是对于他的神圣本质的抽象性的否定，它具有双重的含义。"这种死正是对**上帝自身已死**的不幸意识的痛苦情感"，这种死有双重含义，所以它正是对上帝自身已死的不幸意识的痛苦情感，"上帝自身"打了着重号，已死这个"死"也打了着重号。上帝自身已死带来不幸意识，不幸意识我们前面好多次都重新提到了，在"自我意识"那一章里面的最后结尾就是不幸的意识，不幸的意识是意识到了上帝已死，上帝已死，那么幸福已经失去了。本来上帝是我们的幸福的一个支撑点，上帝都死了，那还有什么幸福呢？整个世界都堕落进了地狱。但是耶稣基督的死就是上帝的死啊，耶稣基督上十字架，被钉死了，它的含义就是上帝已死，但是这个上帝已死呢只是上帝的抽象已死。就它的抽象而言，它已经造成了不幸的意识的痛苦，所以耶稣基督的死、被钉十字架就是对上帝已死的不幸意识的痛苦的情感。我们前面讲到，这种不幸的意识、乃至于由此所引起的这种虚无主义，是基督教的一个非常重要的环节，一种痛苦的情况，就是上帝死了，我们已经没有可依靠的了,生活已经失去了意义,已经失去了价值,整个世界已经失去了价值。这就陷入到一种不幸意识和一种痛苦的情感,这个是随着上帝已死所带来的一种不幸的意识,但是这种不幸意识呢需要得到升华。我们前面讲到《圣经》里面的"传道书"传达的就是一种不幸的意识、一种虚无主义,但是这种不幸意识呢已经得到升华,而且这种不幸意识是升华所必要的,如果没有不幸意识,人们怎么会转向上帝? 那是不可能的! 只有对现实世界中的环节感到绝望,你才能转向上帝。但上帝已死,在自然的意义上面,耶稣基督已经被钉上十字架了,而抽象的上帝也已经死了,由此导致的不幸的意识才使人们转向了一个精神上的复活。所以你必须承担起在现实世界中、在自然界中上帝已死这个经验的事实,你必须承担这样一种不幸意识的痛苦。

这种冷酷无情的表达就是那种最内在的单纯的自我认知的表达,是意识之返回到我＝我的黑夜深处,这种返回在这种黑夜深处之外不再区别也不再认知任何东西。

"这种冷酷无情的表达",上帝已死使大家都陷入到了痛苦,在人世间我们已经找不到上帝了,上帝在哪里? 你通过十字军打到耶路撒冷,把坟墓挖开,也看不到上帝,一个空棺材,那么这件事情教育了基督徒们:上帝已经死了,你不要抱指望了。这种冷酷无情的表达"就是那种最内在的单纯的自我认知的表达",最内在的单纯的自我认知,你已经认识到了一个事实啊,上帝已经死了,这是一个单纯的自我认知的表达。自我认知的表达就是上帝已经死了,我们不能靠上帝了,我们只能靠自己了,我们只能靠自己的内心了,我们在外面再也找不到我们可以依赖的依据了。"是意识之返回到我＝我的黑夜深处",意识返回到黑夜的深处,我只能靠我,我只能靠自己,这是新教徒的一个精神上的复活。旧的天主教在这方面还带有一点自欺,不愿意承认上帝已死这样一个客观事实,而新教徒在这样一个客观事实里面得到了重生,所以新教徒能够承担这样一种冷酷无情的表达。新教徒一般来说是比较冷静的、内向的,天主教徒呢一般是比较热情外向的，像意大利人啊、法国人啊、西班牙人啊，都是热情奔放的，而新教徒，像北欧人啊，像德国人啊，都是比较冷峻的，他能够承担起这种冷酷无情的表达。因为他们经过宗教改革以后已经返回到了我＝我、我就是我的黑夜深处。"这种返回在这种黑夜深处之外不再区别也不再认知任何东西"，只能够依靠自己了，只能够依靠我自己，但是我自己是什么呢？是一片黑暗。我虽然等于我，但是没有任何反光，整个内心是一个黑夜，在这个黑夜深处外面，我不再区别也不再认知任何东西。这就是新教最深的一个教义，叫作"因信称义"。一切取决于我＝我，取决于我自己信不信，如果坚信，那我就是一个义人，不管其他的。其他的都是外在的标准，你是否上教堂，你是否捐款，你是否做慈善，等等，那都是些表面工夫，买赎罪券，修缮教堂，都是为教士们聚敛财富。这些事情都不能够表明你是属于上帝的，唯独能够表明你属于上帝的就是你的信。因信称义就是意识返回到了我＝我的黑夜的深处，在这个深处之外，其他一概不承认，你教会、教皇的命令，教会的组织，或者是宗教会议上规定的那些教义和教条，我一概不承认①，唯独相信《圣经》，而且对《圣经》的理解不是按照教士们、教会的官方理解，要靠自己的心去体验，这就是因信称义。当然，这时我所理解的上帝就不再是人间活着的上帝，而是死后属灵的上帝，在这个自我的黑暗深处，上帝的圣灵来到了我心中，他赐给我信。②

所以这种情感实际上就是**实体**的丧失，以及实体与意识之对峙的丧失；但是同时这种情感又是实体的纯粹**主体性**或对它自身的纯粹确定

① "我们看定了：人称义是因着'信'，不在乎遵行律法。"（《罗马人书》3，28.）

② "神的义，因信耶稣基督加给一切相信的人，并没有分别"，"如今却蒙神的恩典，因基督耶稣的救赎，就白白地称义。"（《罗马人书》3，22、24.）又，"既然知道人称义不是因行'律法'，乃是因信耶稣基督，连我们也信了基督耶稣，使我们因信基督称义，不因行律法称义"，"我已经与基督同钉十字架，现在活着的，不再是我，乃是基督在我里面活着，并且我如今在肉身活着，是因信神的儿子而活，祂是爱我，为我舍己。"（《加拉太书》2，16、20.）

性，而这种确定性曾经是实体作为对象或作为直接的东西或纯粹的本质所缺乏的。

"所以这种情感实际上就是**实体**的丧失"，"实体"打了着重号。这种因信称义的信仰实际上是一种情感性的东西了，在这种黑夜深处，你已经没有什么要认知的东西了，已经没有任何东西可以认知了，所以是立足于一种痛苦的情感。我需要一个信仰，于是我就信，不幸的意识所产生的痛苦使人们无法活，于是呢，人们在情感上需要一种信仰，于是就信了。那么这种情感实际上就是实体的丧失，每个人因信称义，那还有什么实体呢？每个人因自己的信仰，一念之间，有点像佛教的顿悟，顿悟成佛，那还有什么实体？那就取决于每个人的信仰了。"以及实体与意识之对峙的丧失"，实体丧失了，那么实体与意识的对峙也就丧失了。实体和意识本来是对峙的，有一个意识，然后有意识的对象，那就是实体，现在这个实体已经丧失了，已经全部回到自身了，因信称义嘛，没有对象了，对象就在我自己心里，上帝在我心中，我信则有，不信则无。所以这种实体与意识的对峙也都丧失了。"但是同时这种情感又是实体的纯粹**主体性**或对它自身的纯粹确定性"，"主体性"也打了着重号，实体丧失了，但是它体现出来的恰好是实体的纯粹主体性，实体成了主体，个人独立了。新教徒的教义使得每个人都变成一个独立的个体，具有了纯粹的主体性，这也就是对它、对这种情感自身的纯粹确定性。新教徒对自身有一种纯粹确定性，只相信自己，相信自己的情感，特别是新教徒里面的虔敬派或虔诚派，康德他们家庭就属于虔敬派，所以康德的思想里面有虔敬派的精神贯穿在里头，作为基督徒，他受虔敬派的影响。虔敬派是新教里面的一个比较极端的派别，把因信称义推到极端，只相信自己的虔诚、虔敬之心，只相信自己的信仰，为了这个信仰可以不顾一切，可以献出自己的一生。这就有了纯粹主体性或对自身的纯粹确定性。"而这种确定性曾经是实体作为对象或作为直接的东西或纯粹的本质所缺乏的"，也就是说，以前实体是作为一个对象，作为一个直接的东西，作为一个纯粹的本质,它就始终缺乏这种确定性,它跟意识是两码事,是对峙的,实体和主体始终是分离的,那么你如何能够达到这种确定性? 上帝始终在彼岸,人始终确定不了他,所以就不具有这种自我确定性,始终有一种盲目的依赖性。而新教特别是虔诚派在这方面达到了一种自身的纯粹确定性,它就不再有一种依赖性了,特别显示出一种主体性的人格独立。

因此这种认知就是一种**激活**[①],通过这种激活,实体变成了主体,实体的抽象性和无生命性死亡了,因而它就变成**现实的**、变成单纯而普遍的自我意识了。

"因此这种认知就是一种激活",激活什么呢? 实际上是激活一种精神,它是一种精神化的过程。通过虔诚派的这样一种因信称义的信念、这样一种确定性,而激活起了一种精神的活动。"通过这种激活,实体变成了主体",就是实体如果是在彼岸世界,高高在上,它是永远成不了主体的,它跟自我意识中间始终隔着一道跨不过去的鸿沟。那么能够跨越这道鸿沟、使得实体变成主体的,就是这种激活作用,这种激活使得实体变成了主体。原来上帝不食人间烟火,现在成为了我生活中的主心骨,上帝就在我心中,我信他,说明他就在我心中,实体被奠基在主体之上了,上帝被奠基在我的信仰之上了。所以,"实体的抽象性和无生命性死亡了",刚才讲了,实际上是神圣本质的抽象性的死,这个死不光是耶稣基督肉体上的死,而且是上帝的抽象性的死;这里也讲,实体的抽象性和无生命性死亡了。抽象性不食人间烟火,仅仅是一个高高在上的理念,一个抽象的概念,那是没有生命、没有现实性的;现在这种抽象性和无生命

---

① Begeistung (激活),我们前面在讲"观察的理性"的时候遇到过这个词,从字面上来理解呢,可以理解为"把它变成精神、精神化",贺先生这里把它翻译成"精神化"。但这个词在字典上查不着,字典上有一个 begeistern, Begeisterung,是"鼓舞"的意思,也有"精神化"的意思。所以译"精神化"太一般了,我们前面在上卷的 170 页翻译成"激活作用",这种认知是一种激活作用,就是使得其他的东西具有了精神。你具有了这样一种认知的底气,那么唯一的认知就是因信称义,其他的预设的认知都不承认,那么这就是一种底气,它能够激活其他的东西。——中译者

性随着耶稣基督之死而死了。"因而它",也就是实体,"就变成**现实的**,变成单纯而普遍的自我意识了","现实的"打了着重号,变成现实的,也就是变成单纯而普遍的自我意识了。这自我意识是单纯的,就是把那些表象的东西、表面的东西都去掉了;又是普遍的,既然你把那些自然的东西、那些特殊的东西、那些外在的东西都去掉了,那它就成了普遍的了,你和其他的自我意识之间就没有界限、没有阻碍了,你就跟其他的自我意识合为一体,成为了圣灵,那就是普遍的自我意识。圣灵就是普遍的自我意识,圣灵无所不在,每个人心中都有,并且在精神性的团契中得到现实的体现。变成现实的,就是实实在在的,每一个世俗的人心中都有的;但同时是单纯的普遍的自我意识,成了一个大家共有的圣灵,这是天启宗教的最后阶段。今天就讲到这里吧。

＊　　　　　＊　　　　　＊

好,我们上次讲到了天启宗教它的最后或者最高的阶段,就是新教特别是其中的虔敬派所揭示的因信称义的原则,这是一个主体性的原则。上次也讲到这样一种原则,这样一种认知,它是一种激活的因素。激活的因素可以从两方面来理解:一个方面呢,它是基督教里面的一个激活的因素,新教伦理由于有了这样一个激活的因素,所以对于现实生活发生了极大的改造作用,新教徒们对于整个世界的面貌发生了极大的改变;另一方面呢,它这种激活作用一直延续到近代哲学,近代哲学实际上也是由这种新教的精神在后面激活,我们一般谈哲学史的时候往往不太容易看到这一点,就是说实际上这后面都有新教徒的那样一种因信称义的主体性原则在后面起作用,当然这个里头还没有涉及到后面的,还在讲宗教,还在讲天启宗教,在这个范围里面谈。那么,天启宗教到了这样一个阶段,我们就可以来总结一下它所具有的特色了。我们今天讲的这一段呢,一直到最后,一共有两段,实际上就是对于天启宗教的这个最高阶段的一种总结性的结论。

　　所以，精神就是**自己**认知**自己**的精神；它认知**自己**，凡是在精神面前的对象的东西都是存在的，或者精神的表象就是真实的绝对的**内容**；这内容如我们看到的那样，表现了精神自身。

　　"所以，精神就是**自己**认知**自己**的精神"，精神现在到了这样一个阶段，它就是自我认知的，自己认知自己，因信称义它本身就是一个自我认知的原则，我自己信仰，我自己相信，那么我就可以称得上是义人，这就是对自我的一种认知了，对自己的一种把握了。"它认知**自己**"，信仰本来跟认知没有关系，前面讲它是一种情感，但是也有认知的维度。我们通常讲，你信不信那只有你自己知道，而且你要信了的话，你自己肯定是知道的，你信还是不信，这个你肯定是知道的，所以这是一种认知，而且是作为起点的认知，其他的一切认知都要建立在这个之上。由于你信，所以整个世界都建立在这个之上，都被改观了。在后来近代哲学里面，像笛卡尔哲学的"我思故我在"也是这样一种类型，当然那已经不属于宗教类型了，但是它后面仍然有这样一个新教的原则在起作用。他认知自己，这三个"自己"都打了着重号，就是精神回到了自身了，而且认知自身、把握自身。他说，"凡是在精神面前的对象的东西都是存在的"，认知自己得到的结果呢就是说，凡是在精神面前的对象的东西都是存在的。我认知自己了，那么我所把握的对象都是实在的，都是存在的，在我面前，凡是出现在我面前的、出现在自己认知自己的精神面前的这样一个对象的东西都是存在的。在我面前的东西都是可以相信的，首先是因为我相信我自己，我相信了自己，那么我自己面前出现的东西我都相信，它的根基就是我相信自己。"或者精神的表象就是真实的绝对的**内容**"，精神的表象，表象 Vorstellung，表象的字面的意思就是"置于面前"的意思，所以精神的表象跟前面一句讲的是一个意思：凡是在精神面前的对象的东西都是存在的，或者，这个"或者"也就是同样一个意思了，或者说，精神的表象，也就是放在精神面前的东西，就是真实的绝对的内容，"内容"打了着重号。它强调这个绝对的内容，就是在内容方面精神的表象、精神的对象已经被认作、已经被看作是绝对的，是真实的，在内容方面精神的认知者和被认知者已经相符合了，已经相统一了。那么有了这样一个自己认知自己的精神，有了这个基础，由此呢我们就可以和整个世界相和解，整个站在我面前的这个世界，在新教徒的眼睛里面都是跟自己的这样一个基点相统一的。所以新教徒有一种改造世界的冲动，有一种面向现实世界去履行自己的天职的信心，认为改造这个世界就是他的天职。新教徒特别具有开拓精神，他跟天主教徒还不太一样，我们可以看看从发现新大陆以来，南美跟北美发展就很不一样，南美的自然条件要比北美好很多，但是它的发展比北美要慢，一直到今天，北美洲是发达的地区，而南美洲呢还属于第三世界，那些人都想偷越国境到美国去。因为南美洲基本上都是天主教徒，北美洲呢都是新教徒，新教徒面对整个世界，把整个世界看作是真实的绝对内容，上帝派人到这个世界上来，就是要他成为万物之灵长，就是要让他支配万物。所以科学、技术、发明、创造财富、发展资本主义、办事业、办企业，这都是北美精神的主要的内容，这个在南美洲天主教徒那里呢就比较弱。"这内容如我们看到的那样，表现了精神自身"，这内容就是在精神的表象中我们所看到的那些内容，它恰好表现的是精神自身，我们把整个世界、整个世俗化的世界都看作是精神的东西，是上帝交给我们的责任，所以它里面有精神性，不是你可以逃避或者是放在一边的。这个内容跟这个主体相互之间已经融为一体，或者说主观和客观、主体和客体已经有了一种统一，精神与世界和解，精神达到自我认知的时候，它就与整个世界达到了和解。

　　同时精神又不只是自我意识的内容，并且不只对自我意识才是对象，而且它也是现实的精神。

　　这是第二个方面。第一个方面就是说它的内容、它的对象已经表现了精神，已经被纳入到精神里面来了。"同时精神又不只是自我意识的**内容**"，"内容"打了着重号，这个内容纳入进来了，但是精神呢又不只是这个内容，虽然这个内容已经表现了精神自身，但是精神还要更多。它不只是自我意识的内容，"并且不只**对自我意识**才是对象"，"对自我意识"也打了着重号。也就是说内容和自我意识在前面刚才讲的那一方面虽然它们是统一的，但是，它们还是两码事，自我意识是自我意识，内容是内容，表象有一个主体在那里，还有一个表象的内容在那里，虽然我们把它们看作是统一的，但是，这个内容是不是只是对自我意识才成为内容，才成为对象，是不是只是我看见的，在我的眼睛里面、在自我意识的眼睛里面这个内容才成为对象？不仅仅是这样。前面已经讲了这一方面，就是在自我意识看来这个内容是真实的绝对内容，但是还不仅如此。"而且它也是**现实的精神**"，"现实的精神"打了着重号。什么是现实的精神呢？现实的精神就是实现着的精神，这个"现实的"要从动态来理解，不仅仅是说有一个对象在那里，然后呢，我的自我意识把它看作是具有精神性的，看作是自己的使命、自己的天职，我有责任去掌控它；不仅如此，而且也是现实的精神。就是说这样一种主客二分的对立实际上是在现实的活动中达到统一的，不仅仅是我在表象中已经把它看作是跟我统一的，而且呢，我现实地要去做，而且这个做本身就是这个内容、这个对象的一种现实性。我去干这件事当然是出于我的自由意志，出于我的主观，但是，同时我要把它看作是客观现实的一种精神。新教徒们去创造实业的时候，虽然是出于他的自由意志，但是他们绝对不把它看作自己独自就能够决定的事业，而是把这看作是一种现实的精神的使命，是上帝的精神在现实中命令我这样做的，所以是上帝的精神本身的一种现实性的表现。我在事业中获得的成功是上帝的荣耀，好像不是我在做这件事情，我只是一个工具，实际上是上帝在做这件事情，包括我的事业上的成功也是上帝的成功，不是我的成功。当然也是我的成功，但是本质上是一种现实的精神，它是这个对象本身在那里发挥作用，在那里展现自身。这个层次就更高了，现实的精神跟精神的那种自我认知相统一，自我意识跟世界达到一种和解，这个是前面讲的第一个结论，但是，我们把这种认知与和解都看作是现实的精神本身的一种实现、一种过程，这个眼界就更高了，这就是一种绝对精神的眼光了。

它之所以是这样，是由于它经历了自己本性的三元素；这种自身贯穿的运动构成精神的现实性；——凡是自己运动的东西就是精神，精神是运动的主体，同样精神也是**运动**自身，或者说是为主体所贯穿的实体。

"它之所以是这样"，精神之所以是这样，就是不仅仅是说自我意识和对象既对立同时又统一，这一般来讲当然也没错，但是同时这种对立统一是现实的精神本身的运动，并不是你改变了眼光，然后呢，原来那个对立的东西你把它看作是跟自己统一的了，不跟你相抗拒了，跟你融为一体了，这只是你的主观的眼光；但是实际上这也是一种客观的运动过程。为什么是这样呢？精神之所以是这样，"是由于它经历了自己本性的三元素"。本性有哪三个元素？前面讲的都是，比如说 241 页讲到"绝对宗教的概念的发展"，一开始就列举了这三个元素，然后他说："这三个环节构成精神，精神在表象中的分离就在于，它以一个**特定的**方式存在，但这种规定性不是别的，只是它的各环节之一的规定性。因此，它的运动的详情就是在它的每一个环节中，亦即每一个元素中将自己的本性扩展开来的运动"，这三个环节，一个是纯粹实体的形式，再一个是纯粹实体的形式下降到定在和个别性，第三个呢就是从表象的他在返回或自我意识自身这个元素。这里已经提出了这三个元素，这三个元素构成了精神。接下来就一直在讲这三个环节，圣父、圣子、圣灵都是这三个元素的体现。所以这里讲到精神经历了自己本性的三元素，就是圣父、圣子、圣灵，通俗地来讲，就是基督教的这三个元素。但哲学上呢，当然它有不同的术语，第一个元素呢是纯粹的精神，第二个元素呢就是这个精神通过自己的外化而来的定在，第三个元素呢就是普遍的自我意识，那就是圣灵、团契。经历了这样的三元素以后，他说，"这种自身贯穿的运动构成精神的现实性"。刚才我们讲了，它是现实的精神，现实的精神之所以是这样呢，是因为经过了这三个元素以后，这种自身贯穿的运动构成了精神的现实性，精神的现实性也就是现实的精神了。如果第一个环节是抽象的纯粹意识、抽象的纯粹的精神，还构不成现实性，那么道成肉身，变成圣子耶稣基督，那就已经下降到现实性了；但是这个现实性还有待于回到精神，那就是死后复活，升天，成为圣灵；圣灵在现实世界的现实性那就是团契，那就是教会、广大的教众，这样一来才构成了精神的现实性。经过这三个环节，精神才构成了它的现实性，而这三个环节呢是自身贯穿的运动。"凡是自己运动的东西就是精神"，你可以说这是对精神的一个定义，什么是精神？精神就是自己运动。两千多年前，阿那克萨哥拉就已经提出，世界的"心灵"、Nous是推动万物的，它"支配整个涡旋运动，它推动了这个运动"，"当心灵开始推动时，在运动中的一切事物就开始分开；心灵推动到什么程度，万物就分别到什么程度"。① 柏拉图也说，灵魂（Nous）就是"自己运动的东西"，"灵魂是最初的东西，是先于一切形体的，是形体的变化和移动的主要发动者"②，凡是自己运动，不是由别的推动，而是自动的、主动的、能动的这样一个东西，那就是努斯，就是精神。"精神是运动的主体，同样精神也是**运动**自身，或者说是为主体所贯穿的实体"，这句话里面同时就包含了主体和实体，包含了两者的关系。自己运动就是主体，自己运动的东西就是实体，主体就是实体。精神是运动的主体，同时也是实体，而这个实体呢，不是一个固定的什么东西，而就是运动自身。运动自身就是实体，这是黑格尔对实体的一个提法，一个很关键的提法。以往理解的那种实体都是跟主体割裂开来的，是那样一个孤立的东西，一个在底下起作用的基础，Substanz、substance，来自拉丁文substratus，本来的意思就是基础，在基础底下起支撑作用的那么一个东西，那个概念是静止的、孤立的，就是那么一个东西固定在那里不变的，变中之不变的东西，这是传统对实体的理解。但是经过黑格尔的解释呢，它成了为主体所贯穿的实体，就把实体本身变成了一个运

---

① 《古希腊罗马哲学》，北大哲学系编，商务印书馆1982年版，第71页。
② 同上书，第212页。

动过程，或者说它是一种动态的实体。动态的实体那就不是物质性的东西，不是什么有广延的东西，而是精神实体，这是从古希腊阿那克萨哥拉的努斯已有这样一个苗头了，在黑格尔这里把它发扬光大。阿那克萨哥拉的努斯是万物最根本的推动力，已经有实体的意思，但还没有明确说出来；那么黑格尔在这里讲的作为主体的实体、作为运动的实体，这个对西方传统的实体的理解有一个很大的改观。

当初我们进入宗教时，那时精神的概念就已经对我们形成了，即作 {420}
为一种自己确定自己的精神的运动而形成了，这精神宽恕了恶，并在其
中同时放弃了它自己固有的单纯性和生硬的不变性，或者说作为这样的
运动而形成了，也就是绝对**对立的东西**把自己作为**一回事**来认识、并且
这种认识在这两端之间作为**"是的"**（Ja）脱颖而出，

"当初我们进入宗教时"，这是过去时了，就是回顾我们刚刚进入到宗教的时候，宗教是绝对精神两个主题之一嘛，当初进入宗教的时候，包括自然宗教啊、艺术宗教啊，一直到天启宗教。"那时精神的概念就已经对我们形成了"，一进入到宗教，宗教就已经是绝对精神了。当然前面的伦理和启蒙那些东西都是精神，但是还不是绝对精神，而是片面的客观精神，客观精神还不是全面的精神，未达到精神的概念。只有进入到宗教，它才是绝对精神，精神的概念这时才对我们形成了，在绝对精神里面我们已经形成了精神的概念。注意这个地方"概念"这个词，已经形成了精神的概念。"即作为一种自己确定自身的精神的运动而形成了"，精神的概念是一种什么概念呢？自己确定自身的精神的运动，这就是精神的概念，也就是刚才讲的，凡是自己运动的东西就是精神，精神的概念即作为一种自己确定自身的精神，自我确定的精神。前面讲道德的时候，道德已经是"自我确定的精神"，但还没有突出这种精神的自己运动，宗教则是作为自我确定的精神的运动而形成了，这才是精神的概念形成了。"这精神宽恕了恶"，在宗教阶段已经形成了自己确定自己精神的运动这样一个精神的概念，那么这个概念在它的发展过程中呢，它宽恕了恶，宽恕

恶的前提当然也包括它产生了恶，精神产生了恶，但是又宽恕了恶，跟恶这个对立面达成了和解。"并在其中同时放弃了它自己固有的单纯性和生硬的不变性"，也就是说，这个宽恕了恶同时就意味着它放弃了它自己固有的单纯性和生硬的不变性，它已经从那种固有的单纯性和生硬的不变性里面走出来了，或者说它已经从亚当和夏娃在伊甸园里面的那样一种天真性里面走出来了。上帝创造伊甸园，那个时候亚当和夏娃固有一种单纯性、一种天真性，有一种生硬的不变性，上帝已经下了死命令：那个知识之树的果子你们不能吃啊，这是不可改变的。但是通过犯罪，通过原罪，他们放弃了那种自身固有的单纯性和生硬的不变性，没有什么生硬的、不变的东西，自己运动嘛，你自己不运动，哪里会成为精神呢？即算你在伊甸园里面，那也只是动物，那还不是精神。必须要放弃自己固有的单纯性和生硬的不变性，走出那种天真状态，你才能成为精神，也就是要犯罪，然后通过犯罪呢赎罪，对恶的宽恕，对恶的和解，对这样一种罪过的救赎。"或者说作为这样的运动而形成了"，这是接着上面那句话：精神的概念就已经对我们形成了，即作为这样一种精神的运动而形成了，一种什么样的运动呢？ "也就是绝对**对立的东西把自己作为一回事来认识**"，绝对对立的东西，也就是善和恶，善和恶它要放弃自己固有的单纯性和生硬的不变性，善就是善，恶就是恶，要把这样一种绝对的对立放弃，要把自己这两方面的对立作为一回事来认识。这个我们前面已经讲了，绝对对立的东西把自己看成一回事情，善就是恶，恶就是善，你不要太执着于那种黑白分明，你是善的，也不要把自己看成圣人，你是恶的，也不要把自己看成无可救药，相互之间都是可以转化的。"并且这种认识在这两端之间作为'**是的**'（**Ja**）脱颖而出"，这种认识你把它作为一回事来认识，把对立面作为一回事来认识，并且呢，这种认识在这两端之间，也就是这两个对立面之间，作为是的、Ja 脱颖而出。这个"是的"、Ja，在德语里面它的反义词就是 nein，相当于英文里面的 yes or no，ja und nein，德文跟英文这里是相对应的。作为"是的"、作为 Ja 脱颖而出，那么这个"是的"，他这里要用这样一个词，实际上是表示能动的肯定。它是一种肯定，并且呢是一种能动的肯定。一种单纯的肯定那就是"是"，那就是 ist，这个"是"那个，作为一个系词、作为一个联系词 ist；但是 Ja 呢它不是一个联系词，它是一个肯定的动作，表示一种能动的肯定，跟否定相对，跟 nein 相对的，是的或者不是，我们也可以翻译成"是或否"。但是如果翻译成"是"呢，那就容易跟 ist 相混淆，所以我们这里翻译成"是的"，在这两端之间作为是的，对两端都加以肯定，虽然这两端都是对立的，它们是绝对对立的，但是两方面你都加以肯定，都作为"是的"来加以肯定，那么这个"是的"就脱颖而出了，这个 Ja 就脱颖而出了。这个地方是借用了波墨的概念，我们可以翻到黑格尔《哲学史讲演录》第四卷，一开始就讲到波墨，这个"是的"和"不是的"、Ja 和 Nein 是波墨提出的一对范畴，中译本在那里翻译成"是和否"，要么是，要么否，是和否都是一种能动的肯定和否定。《哲学史讲演录》第四卷，贺麟和王太庆先生的中译本，第 51 页到 52 页，我们有兴趣可以翻看一下，可以看到黑格尔这里用这个词它是有所本的，不是他随便想到的。绝对对立的东西不是导致一个否定另外一个，导致一种纯粹的全军覆没，而恰好相反，导致两方面都得以保存，这就达到了一种肯定的结果。这里原来贺先生和王玖兴先生有一个注，这个注实际上是不太对的，他们把 Ja 翻译成"一致"，这个"一致"就把这里面的能动性隐藏了，"一致"可以说它们摆在那里就是一致的，其实它不是这个意思，而是在运动中作为一种主体的肯定。这个注说："直译应该作'是'或'是的'，是指对立面的和解，对话和统一，兹译作'一致'，使得文字较顺。俄文译本作'Дa'（那里），显然是错误的"，他们好像对俄文还是不太精通啊，俄文的 Дa 恰好就是"是的"意思，它不是说"那里"，"那里"是德文的 da，如 Dasein 就是那里（这里）这个存在、定在、此在。由于发音一样，这里把德文和俄文搞混了，俄文的 Дa 不是德文的 da，而正是德文的 Ja 的意思，俄文的 Дa 没有"那里"的意思，它的反义词是 не、нет（非、不是），俄译本没错。我们这里要准

确地敲定它的意思,那就是"是的",跟 nein 相对,"是"跟"否"相对。这
一段话里面是说,最初我们进入宗教时,精神的概念就已经形成了,作为
一种自己确定自己的精神的运动就已经体现出精神概念的主体性了。接
下来讲,这精神宽恕了恶并放弃了它自己固有的生硬的对立,形成了一
种对立面相统一的运动,所以这种认识才在这两端之间作为"是的"脱颖
而出。他这一句话里面其实表达了实体即主体或实体的主体化的意思,
主体就表现为精神的运动,在运动中达到自身确定性,成为一种自我否
定的主体性。这就在主体性的基础之上又强调了它的实体性,它所否定
的东西跟它自己是一回事,那就是经过否定之否定,最后达到了肯定,那
就是 Ja,实体性就是这个精神的肯定的方面,主体性呢就是它的自我否
定方面。所以这里就是对上面讲的"精神是运动的主体,同时呢也是为
主体所贯穿的实体"这句话的进一步解释。①

[256]　　——这精神概念是那受到绝对本质启示的宗教意识所**直观到**的,并
且这宗教意识扬弃了在绝对本质**自身**和它的**被直观到的东西**之间的**区
别**,所以正如它是主体一样,它同样也是实体,因而正由于它是这种运动,
或者就其是这种运动而言,它本身就**是精神**。

这下面又是强调另一个层次、另一个意思了,强调什么意思呢? 就
是强调这样一种主体和实体的统一是在表象的直观中被意识到的。"这
精神概念",也就是这个概念了,前面一直在讲的概念就是精神的概念,
"是那受到绝对本质启示的宗教意识所**直观到**的","直观到"打了着重
号。就是这样一个精神概念,前面讲了,它既是主体,也是实体,主体就
是实体;这样一个精神的概念是怎么来的呢? 是那受到绝对本质启示的

---

① 以上还可对照前面贺、王译本第 178 页,"道德"一章的最后一句话:"在这种和解性
的'是的'中,双方的我都在其中放弃了它们相互对立着的**定在**,这个'是的'就是那
扩展为双重性了的**我**的**定在**,这个我在其中保持着自身同一性,并在它的完全外化和
对立面中拥有对其自身的确定性;——这个我,就是在把自己作为纯粹认知来认知
的两个我中间所显现出来的上帝"。并参看我对这段话的解释(见本书第 8 卷结尾的

宗教意识所直观到的。宗教意识直观到了这样一个精神的概念，宗教是属于绝对精神的第一个环节，那么精神的概念被宗教意识所直观到，而宗教意识是受到绝对本质启示的，或者说宗教意识就是对于绝对本质的一种启示的意识。天启宗教嘛，天启宗教是通过启示来认识上帝、认识绝对本质的，或者反过来说，宗教意识是受到绝对本质的启示的意识、受到上帝的启示的意识，那么受到上帝的启示的这样一种意识，它对于这个精神的概念是采取一种直观的方式来看的，为什么采取直观的方式？因为启示就是启示给你的直观。我们讲天启宗教听起来好像很神秘，启示的宗教，但其实它也很通俗。你要从概念来分析，文化水平低就分析不了，比如说三位一体啊、道成肉身啊，这些从概念上解释很困难的，需要高深的思辨；但它是一种启示，它活生生地显示给你，通过《福音书》，通过《圣经》里面的故事，它启示给你，这就很方便了。所以这种启示它带有直观性，你在直观到的东西上启示了上帝本身，这就是你的宗教意识，你通过启示而直观到了上帝本身。所以这里强调，对于这种精神的概念它是"直观到的"，虽然就精神的概念本身来说，必须通过思想、通过逻辑、通过绝对概念、通过作为概念的概念来加以思考，但是，在宗教意识里面还达不到这个层次，它是通过启示来直观。"并且这宗教意识扬弃了在绝对本质**自身**和它的**被直观到的东西**之间的**区别**"，绝对本质自身，"自身"打了着重号，"被直观到的东西"也打了着重号，"区别"也打了着重号，就是这两者之间的区别在宗教意识中被扬弃了。这里强调的一方面是绝对本质自身，那就是上帝，另一方面是上帝的被直观到的东西，被直观到的东西就是被启示出来的东西，就是《圣经》的那些故事，那些奇迹，那些亲眼所见、亲耳所闻的直观性的东西、感性的东西，那就是启示，这两者之间的区别被扬弃了。宗教意识扬弃了这两者之间的区别，所谓"启示"就是这么回事，启示之所以是启示，就是因为它扬弃了这样一个上帝自身和他的被直观到的东西之间的区别。怎么扬弃呢？就是通过启示，把直观的东西解释为上帝的启示，就是说这样一些感性的、直观的东西就启示了上帝啊。我们人类有限，我们人只有感性，把握不到上帝，那上帝怎么办呢？就采取一种启示的方式去触动你的感觉，触动你的感官，触动你的内心，让你通过这样一些感性直观的东西来把握上帝。所以这两者之间的区别已经被扬弃了，在启示中、在宗教意识中已经被扬弃了。"所以正如它是主体一样，它同样也是实体"，正如这个宗教意识是能动的主体一样，它同样也是实体，它就是上帝的精神本身，就是这个认知的对象本身，主体和实体之间的区别在此已经被扬弃了。"因而正由于它是这种运动，或者就其是这种运动而言，它本身就是**精神**"，这个"是"打了着重号，这是跟前面讲的那个 Ja 不同的，它是 ist，它本身就是精神。Ja 是从认识方面来看的实体，ist 是从存在或本体论方面来看的实体，当宗教意识说 Ja 的同时，它本身就"是"实体。它同样既是主体又是实体，因而正由于它是这种运动，它是这样一种扬弃区别的运动，它是这样一种主体性的运动，或者就其是这种运动而言，就其是这种主体兼实体的运动而言，它本身就是精神。宗教意识本身已经是精神了，尤其在团契里面，团契的精神已经是精神了，已经就是上帝了。我们可以把这一段看作是在天启宗教里面所达到的一个最高层次的总结。

那么最后这一段呢，就是说从这种总结里面我们可以引出来宗教意识在它的最高阶段所不足的地方，后面这一长段就是讲这种宗教意识在它的团契精神这样一个高度上，它仍然有其不足，因为有其不足，所以才要向下一个阶段过渡，那就是向绝对认知的最后一章过渡。所以最后这一段呢，是通过对于宗教团契精神的一种批判，来形成向绝对认知的过渡。

<u>不过，这种团契在它的这种自我意识里还没有得到完成；一般讲来，它的内容对它来说是处于**表象**的形式中，而这种团契的**现实的精神性**即从它的表象的返回，本身还具有这样一种分裂，正如纯粹思维元素本身所曾带有的那样。</u>

"不过，这种团契在它的这种自我意识里还没有得到完成"，也就是说，这种团契的精神虽然已经达到了如此之高的自我意识的阶段，但是它仍然是没有完成的，仍然是有缺陷的。上一段最后一句话已经讲到，它本身就是精神了，这样一种宗教意识在它的最高阶段上面，这种宗教意识本身就是精神，它已经扬弃了主体和客体、主体和实体的那样一种对立，已经达到了主体就是实体，信仰者就是他所信仰的对象，就是上帝，道成肉身就体现在团契之中，每一个基督徒他就是上帝的圣灵，他信上帝就是信自己，上帝就在他心中嘛，已经达到这个高度了。但是，这种团契在它的这种自我意识里面还没有得到完成，为什么没有得到完成？"一般讲来，它的内容对它来说是处于**表象**的形式中"，"表象"打了着重号，关键就是这个表象，就是它的内容——它的内容是上帝了——对它来说处于表象的形式中，它还是在表象中，在启示的形式之中。启示的形式就是表象的形式，就是通过表象来启示上帝，上帝看不见、摸不着，那么我们从一些看得见、摸得着的东西上面去直观上帝，要直接地看上帝看不到，那么我们就从这种感性表象的形式上面来启示上帝。所以它的内容对它来说处于表象的形式中。"而这种团契的**现实的精神性**"，"现实的精神性"打了着重号，这种团契的现实的精神性，"即从它的表象的返回"，就是说，它虽然是表象的形式，但是，这种团契它是代表一种现实的精神性，就是在现实世界中它是精神，它是圣灵，它是上帝在现实世界中的体现，这种团契的现实的精神性就是从它的表象的返回，它由以启示出来的这样一些表象，我们不能停留在这些表象上面，要返回它后面的那种现实的精神性，就是上帝现身了。上帝在现实世界中现身时，你不要只看到一些表面的表象，表象是为了启示你，你看到耶稣基督在世界上、在现实生活中做了那么多事情，说了那么一些话，最后被钉上十字架，这都是一些表象，表象底下它是一种现实的精神性。所以要从它的表象返回到它的现实的精神性，启示是为了返回的，之所以是启示，而不是一般的感性的现象，就是因为从这些感性现象要返回到里面所包含的精神性啊，这才叫启示啊。所以团契的现实的精神性即从它的表象的返回"本身还具有这样一种分裂"，虽然它返回了，虽然它扬弃了自身和它的对象的区别，但是，仍然是分裂的。既然是启示，那么启示跟启示的对象肯定是不同的，虽然你把它认定为是相同的，就是启示恰好就启示那个对象，但那是你的解释，别人可以有不同的解释，不信上帝的人可能会对它有不同的解释。斯宾诺莎就作了很多解释，从科学的眼光分析耶稣的奇迹，说当时是出于什么样的意图，当时是一种误解，当时是一种错觉，当时是玩了一种魔术，骗过了你的眼睛，你可以作很多这样的解释啊。但是你把它解释为它就是启示，它就是上帝的现身，那是你的解释。所以这两者之间到底是启示，还是一种错觉，这个是未定的，这两者之间本身还具有这样一种分裂，启示出来的东西和被启示的东西两者之间有一种分裂，现实的精神性和启示出那种精神性的表象相互之间还有一种分裂。"正如纯粹思维元素本身所曾带有的那样"，这种分裂就像是纯粹思维元素本身所曾经带有的那样。纯粹思维元素是第一个元素了，我们刚才讲了，精神经历了三个元素，第一个元素就是纯粹思维的元素，第二个元素呢就是外化为定在，那就是启示。那么在纯粹思维的元素里面本身就曾经有一种分裂，就是它跟这个世界是不同的，纯粹思维的元素，当然它后来外化为这个世界，道成肉身了，但就它本身来说它是分裂的，它高高在上，它跟这个世界、跟现实世界没有关系。你要信上帝，首先你必须承认这个，就是在这个世界之上有一个至高无上的元素，那个元素只能够通过纯粹思维来思考，但它看不见、摸不着，所以它跟现实世界是分裂的。现在呢，你在团契里面虽然已经认可它跟现实世界没有分裂，你已经扬弃了它们的区别，但实际上呢还是有所区别，正如它的起点、纯粹元素本身所曾具有的那样。宗教，包括天启宗教，一开始就带有上帝和世界之间的分裂。这是它的团契的不足之处，就是这个表象啊它摆脱不了一种分裂性，它采取表象的形式，那么这个表象的形式跟纯粹思维本身之间就摆脱不了这样一种分裂，你不能通过表象完全地去解释纯粹思维的那种精神的概念。

　　<u>这种团契也不具有对自己是什么的意识；它是这种精神性的自我意识，这种自我意识对自己并不作为这样的对象而存在，或者没有把自己展现为对自己本身的意识；相反，就它是意识而言，它拥有那些曾被考察过的表象。</u>

　　这是进一步阐明刚才那个意思了。"这种团契也不具有对自己是什么的意识"，它自己是什么，这个前面已经讲了，它本身就是精神，这种宗教的意识本身就是精神，团契的意识本身就是精神，它就是圣灵嘛，圣灵就是上帝嘛。但是，他说，这种团契也不具有对自己是什么的意识，团契是一种宗教意识，对这种宗教意识，它还不具有对自己到底是什么的意识。这种宗教意识到底是什么呢？这种宗教意识本身就是精神了，但是团契的自我意识呢还不具有这样一种意识，还没有意识到这样一种宗教意识本身就是精神。它要追随上帝，但是它绝对没有想到我这种追求上帝本身就是上帝，本身就是上帝的精神，我去追随上帝，我信教，我加入团契，这本身就是上帝的一种行为，是上帝、绝对精神的一种行为，对这点它没有意识。因为它是采取一种表象的方式，因为一般的老百姓不会思辨，没有那种很高的文化知识，所以，我们就画一个圣像，我们就雕一个耶稣基督的十字架，让他们看，通过这些表象来引导他们进入到基督教的精神里面去。所以这些大众的信教本身是被引导的，而没有具有这样一种精神，就是说大众的信教本身就是上帝的一种体现啊，上帝就在他们之中，那个看不出来，因为你从表象上面你怎么能看得出，这些没有文化、没有知识的人，他们的行为就是上帝的行为呢？你必须把他们引进上帝之门，所以他们是追随上帝，但是他们还不具有精神的自我意识，还不具有对自己是什么的意识。"它是这种精神性的自我意识，这种自我意识对于自己并不作为这样的对象而存在"，它已经是这种精神的自我意识了，前面讲了，它本身就是精神嘛，团契已经是精神的自我意识了，但这种自我意识对自己并不作为这样的对象而存在，并不是作为精

神的自我意识而存在，精神的自我意识自己并没有把自己意识为精神存在，这句话拗口得很，翻来覆去。意思就是说，这种团契的精神呢，它虽然已经是精神的自我意识了，但是它并没有把自己看作是精神的自我意识，它并没有作为精神的自我意识而存在，并没有作为这样的对象而存在。"或者还没有把自己展现为对自己本身的意识"，它还是仅仅意识而已，它还没有把自己发展为对自己本身的意识，它没有意识到自己去信教这本身就是上帝的安排，或者说本身就是上帝的精神的一种体现，上帝的精神就体现在这么多的人去信教上。团契就是这样一些人组织起来的，那么这些人他们去信教，本身就是一种精神了，就是一种精神的表现了。"相反，就它是意识而言，它拥有那些曾被考察过的表象"，就它是意识而言，当然，这些加入团契的人都是有意识的，都是有对象意识的，但是在他们的对象意识里面充斥着那些被考察过的表象，而没有对他们自己的精神的自我意识。因为天启宗教就是通过这些表象来启示人们意识到自己的，但是他们脑子里面就只有这些表象。就它是对象意识而言，它拥有那些表象作为自己的对象，在它的心目中对象就是那些表象，而不是它自己，它信上帝，上帝是什么呢？上帝是通过那些表象而被启示出来的，但是它没有意识到它信上帝就是信自己，因为上帝就在自己身上啊。但是天启宗教还没有达到这个层次，天启宗教恰好是因为不信自己、要信上帝，要等待上帝的启示，虽然它有它的能动性，有它的运动，有它的主体、实体，但是在它面前的对象就是那些表象，就是以表象的形式出现的内容，而不是它自己可以支配的东西，比如说概念，不是它自己的本质中的东西，比如说精神。精神看不见、摸不着，精神不能够直接等同于表象，而天启宗教的宗教意识只看到那些表象，它不敢把这些表象所启示的东西归结为就是它自己的本质。黑格尔认为它不足的地方就在这里，就是它没有看到它的对象其实就是它自己的本质，它崇拜这个对象，它信仰这个对象，它依赖这个对象，其实它崇拜、信仰和依赖的就是自己的本质。当然，在基督教的新教里面已经接触到这一点了，或者说客观上已经达到这一点了，它已经把僧侣变成了俗人，又把俗人变成了僧侣，它把上帝放进了人的心中，上帝就在人的心中，但是上帝毕竟跟人还不一样。上帝在人的心中，上帝以什么样的形式在人的心中啊？还是以表象的形式，那么以表象的形式，这个表象就是偶然的了，它不由你支配的了，放在你心中也是偶然放在你心中的，你只能期待，而不能努力成就它。所以就有待于从这样的一个层次超越出来，上帝在我心中就体现在，上帝是什么？上帝是概念！我心中的本质就是概念，那就不是等待启示、依赖于一种感性的表象、依赖于一种偶然的表象，而是可以从自己的概念里面直接推出上帝来，那才是真正的上帝在我心中，在我的本质中，我崇拜上帝就是崇拜我自己的本质。但是，在团契、在宗教这样一个阶段上，还没有达到这个层次，当然客观上已经有了，但是它还没有自觉，在这点上还没有达到自我意识。

　　——我们看见，自我意识在它的最后的转折点上自己成为了**内在的**，并且达到了**在自身中存在**的**认知**；我们看见，自我意识外化自己的自然定在并获得了纯粹的否定性。

　　"我们看见"，这个我们看见，就是说我们旁观者已经看出这一点了，我们作为旁观者已经看出这一点了，看出哪一点呢？"自我意识在它的最后的转折点上自己成为了**内在的**"，"内在的"打了着重号，"并且达到了**在自身中存在**的**认知**"，就是说我们旁观者已经看出来了，天启宗教在它的最后是一个转折点，在这个转折点上它自己已经成为了内在的，而表象仍然是外在的，但是我们旁观者已经看出来它其实已经成为了内在的，宗教意识它本身就是精神了，已经不再是表象了，它本身已经成了内在的，并且达到了在自身中存在的认知，"在自身中存在"和"认知"都打了着重号。在自身中存在就是精神，对它的认知，就是认知已经跟绝对精神合而为一了，已经是绝对认知了。但是在宗教团契里面它还是采取表象的形式，它还没有意识到这一点，这是我们旁观者看出来的，旁观者清。我们从旁边已经看出来，它已经达到了这样一个在自身中存在的认知，也就是绝对认知，在这个转折点上天启宗教已经达到了绝对认知，客观上已经是这样，但主观上呢它还没有意识到。"我们看见，自我意识外化自己的自然定在并获得了纯粹的否定性"，还是我们看见，我们旁观者已经看出来了，自我意识外化自己的自然定在，所谓自然的东西、自然的定在的东西都是它外化出来的，所有这些表象都是它外化出来的，而它自己呢，则获得了纯粹的否定性。它已经不受这些自然定在的束缚了，它已经把这些自然定在抛出来了，它自己成了纯粹的否定性，这也是我们旁观者看出来的。就是宗教意识到了团契，它已经是普遍的自我意识了，普遍的自我意识外化自己的自然定在，在团契中它已经获得了纯粹的否定性，虽然它还是有它的自然定在，有它的表象的形式，但是它本身获得了纯粹的否定性。它不必要去等待那些表象的启示，或者说这些表象的启示都是它自己的自我否定所造成的。这个在基督教看来就是大逆不道了，你只能等待上帝的启示，像勒维纳斯说的，依赖感是一切宗教的前提，你怎么能够自己编造一个启示呢？你怎么把这个启示看作是你自己造出来、自己外化出来的呢？这个要留待上帝的权威来决定。但是，我们旁观者已经看出来了，自我意识在这里实际上已经获得了纯粹的否定性。

但肯定性的含义在于，这种否定性或认知的纯粹内在性因此同样也是自我等同的本质，——或者说，实体在这里所达到的是，它是绝对的自我意识，而这绝对的自我意识对于默想的意识来说是一个**他者**。

一方面是已经达到了纯粹的否定性，但是，同样它也具有肯定的含义。"但**肯定性**的含义在于，这种否定性或**认知**的纯粹**内在性**因此同样也是**自我等同的本质**"，这种否定性也就是认知了，认知是一种否定性，这是对于表象而言的，认知就是否定这些表象，一切都归结为认知，纯粹的否定性就是纯粹的认知。所以它又是纯粹的内在性，就是它不再是那种外在的表象了。那么，这种否定性或认知的纯粹内在性同样也是自我等同的本质，这种否定性之所以是肯定性，就在于这种否定性它的纯粹的内在性同样也是自我等同的本质，就是说这种否定性不是毫无结果的，不是一味否定的，同样呢，它是自我等同的本质，在这个意义上它又是具有肯定性的。这里又一次让人想起笛卡尔的"我思故我在"，"我思"作为对一切的怀疑当然是纯粹的否定性，但它本身成了肯定的存在。或者说，这种否定性代表一种主体性，同时呢由于它是自我等同的本质，所以它又是实体，主体就是实体，这种实体是一种动态的实体，而这种主体呢是一种有结果的主体，是一种有本质的主体，是一种有连贯性的主体。有连贯性的主体那就是实体了，它一直就是它自己，所以是一种自我等同的本质，主体就是实体，主体体现为否定性，而实体体现为肯定性，它具有双重的含义。"或者说，实体在这里所达到的是，它是绝对的自我意识"，实体在这里达到的是绝对自我意识的层次，绝对的自我意识也就是绝对的主体了，实体就作为绝对的自我意识，作为绝对的主体，它就是上帝。"而这绝对的自我意识对于默想的意识来说是一个**他者**"，"他者"打了着重号。对于默想的意识，"默想的"，andächtig，这个词我们在前面见到过，在上卷第 144 页上面讲到 Andacht，Andacht 我们把它翻译成"默想"或者"默祷"，沉思默想，相当于宗教的冥想。上帝对于默想的意识来说当然是一个他者，这里所谓绝对的自我意识就是上帝的自我意识了，上帝的自我意识对于默想的意识来说是一个绝对的他者，就是一个异己的东西，还是一个高高在上的东西，是每个信徒只能依赖而不能探讨的。这是我们从旁边所看出来的，就是宗教的意识它虽然已经达到了这样一个主体和实体统一的阶段，在这个转折点上已经达到了这个阶段，但是，这样一个实体、这样一个自身同一的本质作为绝对自我意识、作为上帝，它面对着的还是一个默想的宗教意识。所谓默想的宗教意识在我们前面所谈到的新教里面的虔敬派那里是一种典型的信仰方式，新教里面的虔敬派是新教里面比较激进的，主张要回到奥古斯丁那样一种默想的信仰，因信称义，对于上帝的单方面的一种渴望、一种渴求，一种依赖的情感，我们在奥古斯丁的《忏悔录》里面可以深刻地感受到这一点。所以新教徒虽然对外部世界体现出人格的独立和尊严，但在内心世界中完全驯服于上帝的权威，就是说那样一种虔诚，将灵魂唯一地寄托于自己的默想和圣灵感应，缺乏理性思维施展的余地。在上卷里面也可以读到这种精神，我们在讲到"自我意识"部分，在上卷第 144 页有这样一段话："因此在我们把它当作**纯粹意识**来看的这第一种方式中，不幸的意识**对它的对象的关系**不是思维的，而是由于它自身虽然**自在地**是纯粹思维着的个别性，而它的对象正是这种纯粹意识，但**彼此的联系本身**并不是**纯粹思维**，所以可以说，它只是走**向**思维，只是在**默想**。它的思维本身停留于无形的钟声的沉响或一种暖融融的烟雾弥漫，一种音乐式的思维，它没有达到概念，而只有概念才会是唯一的、内在的、对象性的方式。"就是它是思维，但是，这种思维还不是真正的理性思维，它只是走向思维，只是一种默想。默想 Andacht 这个词也是从"思维"来的，是从 denken 的第二分词 gedacht 来的，它也是"思维"；但是，前面加了一个前置词 an，即它只是"走向"思维、靠近思维，所以它还不能算真正的思维。而这里也讲到，这绝对的自我意识对于默想的意识来说是一个他者，就是新教徒想要回到奥古斯丁的那样一种默想、那样一种唯一的建立于自己的信仰之上的宗教意识，因信称义；但这种信仰还不是一种完整的思维，它只是一种默想，只是走向思维的一个起点，但是它本身还只是一种默想，只是一种虔敬。对于这样一种默想的意识来说呢，上帝是一个他者，"他者"为什么要打着重号？这就说明在虔敬派的眼睛里面上帝还是不可认知的，是康德说的自在之物，虽然上帝在我心中，但仍然是一个他者，在我心中我也消化不了啊。因为它是一种表象的方式，它虽然耿耿于怀，但却梗在心里面，没有把他化为自己的东西，没有化为自己的思想，所以还是一个他者。这个绝对的自我意识，也就是上帝，对于默想的意识来说是一个他者，这是我们旁观者看出来的，但对于这种宗教意识本身来说并没有意识到，并没有意识到它自己还没有彻底地融会贯通，还有不贯通之处。这个不贯通之处就是它还采取表象的形式，哪怕上帝在我心中，他也是作为一个他者在我心中，我去默想他，我去期待他，我默祷，我祈祷他，但是他不由我支配，他的恩典是"白白的"，他的惩罚也没有道理，我对他无能为力，只有无条件地服从和依赖了，包括我的默想，包括我的信仰，因信称义，听起来好像很具有独立性，但是这个信不是你想要就有的，不是你想要就可以来的，这个信还是上帝赐给你的，所以上帝在你心中仍然是一个他者。

　　默想的意识把这一方面，即把认知的纯粹内在化**自在地**就是绝对单纯性或实体这一方面，作为某物的表象来掌握，这某物并非按照**概念**是如此，而是作为一种**异己的**恩赐的行动。

　　从上面一句话来看，这句话就比较好理解了。"默想的意识把这一方面，即把认知的纯粹内在化**自在地**就是绝对单纯性或实体这一方面，作为某物的表象来掌握"，默想的意识把这一方面作为某物的表象来掌握，把哪一方面呢？即把认知的纯粹内在化自在地就是绝对单纯性或实体这一方面。认知的纯粹内在化自在地就是绝对单纯性或实体，认知的纯粹内在化，认知完全是内的，跟表象无关，但默想的意识仍然要把它作为表象来掌握。如果是通过认知来把握你的信仰，我信还是不信我自己知道，因信称义，那么信就是一个唯一的支点，一切认知都建立在它之上，但是它本身再没有什么可以认知的了，前面讲它是处于黑夜深处嘛，它是黑暗中的我＝我，是这么一个起点。这是一种纯粹内在化，这个内在化自在地就是绝对单纯性或实体，再没有什么可以分辨、可以区分出来的了，我们据此可以推出其他的一切，但是它本身呢是一个单纯的起点。而默想的意识想把这一方面作为某物的表象来掌握，作为一个东西、一个对象来看待，把这样一个绝对单纯性的实体掌握为一个表象的某物。"这某物并非按照**概念**是如此，而是作为一种**异己的**恩赐的行动"，这句话很要紧了，这个某物、这个表象出来的某物并非按照概念是如此，它为什么是这样的呢？并不是按照概念是这样的，不是你能够通过概念来理解的，你为什么信？这个没有办法解释。为什么有的人信，有的人不信？

你说你因信称义，你信了，那是你运气好，为什么别人不信呢？别人运气不好！这个是没有什么道理可言的，不是按照概念来理解的。这某物并非按照概念如此，而是作为一种异己的恩赐的行动，一种外来的恩赐的行动，也就是上帝的恩典。这是上帝的恩典，你之所以信，是因为上帝眷顾你了，选中你了，上帝赐给你信仰；而别人之所以不信，是因为上帝看不上他。他被上帝冷落了，你被上帝宠爱了，这全凭偶然，所以是作为一种异己的恩赐的行动。这是一种异己的表象，上帝是你的他者，他者肯定是异己的，你预料不到的，你要通过思维、通过概念那是推不出来的。所以新教徒他们说到底，对自己的信或者不信也不是看作一种认知，而是一种很偶然的东西，甚至是荒谬的事，上帝毫无道理地白白地就给了一些人信仰。它不是概念嘛，本来他们很自豪，很骄傲，觉得我信，因信称义，只要我自己信了，那么我就可以称为义人，本来是立足于他的自我，很骄傲的；但最后发现是很谦卑的，就是说即算他信了，他也不能归功于他自己，而要归功于上帝。所以新教徒对于信仰的态度实际上也没有那么自信的，虽然他们表现出他们信仰的自信，但是实际上暗中晚上一个人在祈祷的时候，他总在祈求上帝赐给我更坚定的信仰，祈祷上帝赐给我信仰。我们中国人很难理解，你信就信，不信就不信，信则有，不信则无，信则灵，诚则灵，这就行了，我们中国人很相信自己的自我感觉。但是新教徒非常不相信自己的自我感觉：我到底是信还是不信呢？这没有客观标准，永远说不定，因为它是一切认知的起点，其他一切认知都要从它出发，那么你如何来检验它呢？那是没法检验的！到了现代又有弗洛伊德的学说，你表面上信了，但是潜意识你是否信，那还不一定，你遇到什么事情可能就检验出来了。像亚伯拉罕，上帝说把你的独生子献祭、杀掉，他二话不说就把他的独生子捆起来了，就送到祭台上面，就拿出刀子去杀，这个我们哪个能做到啊？你说你多么信、多么信，你能做到吗？这是一个典故了，当然是一种极端的说法，最后他没有杀成，上帝用一头公羊把他的儿子替换了，虚惊一场。但是在此之前亚伯拉罕并不知道这是一场考验,他就是信以为真。所以这个信和不信在人自己是无法确定的,因为它本身不是一个理论问题,不是一个概念的问题,它是一个启示的问题,而启示是很主观的。你对启示如何解释,这完全凭你自己的自我感觉,而自我感觉又不可靠,所以他们就只能够依靠一个异己的恩赐的行动。这个在上册的 145 页上面、就是刚才讲的这一段话后面也讲到了,他说,这种默想"虽然对这种无限的、纯粹的、内心的感觉来说成为了它的对象,但却是这样进入感觉的,以至于这个对象不是作为概念所把握的对象出现,因而只是作为一个异己的东西出现的"。这是由一个陌生的上帝所赐给你的信仰,他为什么要赐给你信仰,这个谁也不知道,是白白地赐给你的。所以基督教讲感谢上帝啊,不是因为我做了什么好事,所以上帝就对我特别眷顾,上帝对我特别眷顾这是没有道理可说的,正因为没有道理可说,是白白给我的,所以我要全心地报答上帝。如果是因为我有功,所以上帝赐给我信仰了,给了我报偿,那我反而不必那么样地去感谢上帝,因为我有功嘛,我理所当然。但上帝白白地给你,那你就受宠若惊、问心有愧了,你无功受禄,所以你必须要全心全意地感谢上帝。这是基督教新教的一套学说,这一套学说并没有上升到概念的层次。

或者对它来说并不是这种情况,即纯粹自我的这个深处是这样一种强制力,通过这种强制力,那**抽象的本质**就被从它的抽象性里拉下来,并且凭借这种纯粹默想的力量而被提高到自我。

前面讲到,我们旁观者已经看见了、分析出了整个这一套基督教实际上自在地已经达到的层次、高度以及它的不足。它的默想仍然把它的纯粹内在化看作是某物的表象,一个他者,这就是它的不足。"或者对它来说并不是这种情况",就是换一个角度来看,对这种默想意识来说它不是这种情况,它还没有达到这种情况,也就是说它的进一步的发展的方向应该是这样一个情况,但是它并没有达到。什么情况呢?"即纯粹自我的这个深处",纯粹自我的深处就是我 = 我,它是一个起点,它再没有别的东西可以证明它、认知它了。而这个深处"是这样一种强制力",也就是前面讲的这样一种激活作用，一种激活的能量。"通过这种强制力，**那抽象的本质**就被从它的抽象性里拉下来"，通过这种强制力，那抽象的本质，上帝啊，高高在上的这种抽象的概念，就被从它的抽象性里拉下来，拉到人间。"并且凭借这种纯粹默想的力量而被提高到自我"，把这种抽象本质拉下来，抽象本质是一种纯粹思维的本质，现在要从抽象性里面把它拉下来，并且凭借这种纯粹默想的力量而被提高到自我。那么这样一种抽象本质被拉入到人间，凭借这样一种纯粹默想的力量提高到自我，那就是笛卡尔的"沉思"和他的第一个命题"我思故我在"了，近代哲学的起点就在这里了。它的激活的力量应该达到的这样一个层次，显然在宗教意识里面还没有达到，但是它已经准备了一种强制性的力量：其他的我一概不信，我只信我的信。笛卡尔的普遍的怀疑也是这样，什么东西我都可以怀疑，唯独怀疑本身不可怀疑，这个不可怀疑的就是我在思维、我在怀疑。这就通过一种激活、通过这种纯粹默想或沉思的力量而提高到了自我，提高到自我就找到一个基点了，然后在这个基点上面我们就可以认知了。那么这个基点在这种情况下本身就是一种认知，我＝我它本身就是一种认知，它就不再是一种表象了，而是反思的认知。但是，默想的意识还没有达到这一步，它只是准备了一种激活的力量、一种强制力，但还只是在表象中运行，没有达到反思的概念。所以近代哲学——从笛卡尔开始——它的整个哲学的内在的动力是由基督教新教所准备好的，是有它的基督教的前提和背景的。

　　——自我的这个行为因此就仍对抽象本质保持着这样一种否定的含义，因为实体从自己这一方面的外化对自我那方面来说是一个**自在**，而自我也同样没有把握它和概念式地理解它，或者说没有在**自我的**行为本身中找到它。

　　前面说，我们看到自我意识成了内在的纯粹否定性，而默想的意识把认知的纯粹内在化作为某物的表象来掌握，这种宗教意识已经走到了这样一步，但是也有这样一些局限性，它还没有达到后来像笛卡尔的"我思故我在"那种高度。"自我的这个行为因此就仍对抽象本质保持着这样一种否定的含义",自我的这个行为,自我的这样一种运动,由于前面讲的那样一种局限性,它还没有达到那样一个高度,因此仍对抽象本质保持着这样一种否定的含义。前面讲了,它没有做到把这种抽象本质从它的抽象性里面拉下来,凭借纯粹默想的力量提高到自我,它没有做到这一点;因此这个自我就对抽象本质保持着一种否定的含义,它跟抽象本质之间有一种拒斥。这个抽象本质、上帝,对它来说还没有拉下来,还是高高在上的,而自我对这个高高在上的抽象本质仍然是否定性的,我不是上帝,上帝对我来说还是一个他者,还是一个异己的东西。"因为实体从自己这一方面的外化对自我那方面来说是一个**自在**",实体就是高高在上的上帝了,实体从自己这一方面的外化,上帝的外化,上帝化身为人,道成肉身,从这一方面来看,它的外化对自我那方面来说是自在的,无法由自我支配的。这有两个方面了,一个是实体的方面、上帝的方面,一个是自我的这一方面,自我的宗教意识这一方面,那么上帝的外化这一方面对于自我的这一方面来说呢,还是一个自在。上帝为什么要外化?要化身为人?这个跟我没关系,我无法控制,它与我相互之间是一种否定的关系,它是一个自在,das Ansich。"而自我也同样没有把握它和概念式地理解它",这个自在的上帝,它将自我拒斥于万里之外,而自我呢同样没有把握它,上帝作为表象它只是出现在我的意识面前,但是怎么理解?你要从概念上才能够破解它,但是宗教意识还没有达到概念的水平,所以没办法把握它,没有概念式地理解。这个自我在目前阶段,它还是表象式地理解,所以它没有能够概念式地理解上帝这个实体。"或者说没有在**自我的**行为本身中找到它","自我的"打了着重号,没有在自己的行为本身中找到它,找到上帝,找到上帝化身为人、外化自身的这样一些原则或者说原理,所以解释不了它。你只能接受,三位一体、道成肉身、圣母童贞女怀孕这样一些事件,你没办法解释,甚至于是自相矛盾,所以它没有在自我的行为本身中找到它。你只能像德尔图良说的,"唯因其荒谬，我才相信"；你要离开你的信仰，想要从表象认知的这样一个领域里面来解释这些事件，那是做不到的。

[257]   ——由于已经**自在地**实现了本质和自我的这种统一，所以意识也还拥有它的和解的**表象**，但却是作为表象来拥有。

"由于已经**自在地**实现了本质和自我的这种统一"，"自在地"打了着重号，要注意，就是刚才我们从旁观者的眼光已经看出来了，在宗教意识里面已经实现了实体和主体的统一，就是这里讲的本质和自我的统一，主体、自我自在地已经是实体了。虽然它没有自觉，没有自为地意识到这一点，但是，由于它已经自在地实现了本质和自我的这种统一，"所以意识也还拥有它的和解的**表象**"，"表象"打了着重号。既然它已经自在地拥有这种统一嘛，所以意识在表象中已经有了这种和解，已经有了本质和自我、自我和上帝相互之间的这种和解，在新教里面很多地方都表现出这种和解，比如说我们前面讲到的上帝在我心中啊、因信称义啊，这都表明了这样一种和解。"但却是作为表象来拥有"，它只是在表象中拥有这种和解，还没有概念式地把握住它。这些命题究竟意味着什么？因信称义究竟意味着什么？上帝在我心中究竟意味着什么？这些都是作为表象来拥有的，或者说作为表象来授受的。我承认有和解，我们每个人都有圣灵，这个圣灵就是跟上帝相通的，都是一种和解，但是，究竟如何从概念上来理解这种和解，这一点在基督教里面还没有做到。

意识得到满足是由于它**外在地**给它的纯粹否定性附加上它同本质的统一性这一肯定的含义；因而它的满足本身仍然带有某种彼岸的对立。

"意识得到满足"，意识在这种和解中得到满足了，它没有什么遗憾的了，主体和客体都和解了。但是这种满足"是由于它**外在地**给它的纯粹否定性附加上它同本质的统一性这一肯定的含义"，"外在地"打了着重号。刚才讲自我的行为对抽象本质仍然保持着否定的含义，但意识是外在地给它的纯粹否定性加上了肯定的含义。纯粹否定性，包括它的怀疑主义，包括它的虚无主义，后来笛卡尔的怀疑一切，这都是纯粹否定性，在基督教里面就有了，这种基督教的虚无主义，这种"一切都是虚空"的纯粹的否定性，被从外面附加上了它同本质的统一性。基督教的虚无主义只是一个手段，只是促使人对现实世界和世俗生活绝望而不得不转向上帝的一个手段，所以它同本质的统一、同上帝的统一是附加上的。为什么对于现实世界的否定就一定会转向上帝呢？而不会干脆去自杀呢？你既然对一切都绝望，那就死了算了，何必一定要去相信上帝呢？这个没有必然性，它是附加上的，是外在地给它的纯粹否定性附加上它同本质的统一性这一肯定的含义。这是一种外在的统一性，这个主体和实体、自我和本质、自我和上帝的统一是外在地联结起来的。"因而它的满足本身仍然带有某种彼岸的对立"，既然是外在的，所以宗教意识的满足仍然带有某种彼岸的对立，这种满足只有当我想到彼岸的时候、想到上帝的时候才能得到满足，而上帝高高在上，上帝在彼岸，所以尽管我满足了，但是，上帝仍然跟我对立，我还是生活在世俗生活中啊，还是生活在现实生活中啊，我现在还没有到彼岸啊，而且可能永远到不了彼岸，那岂不是处在对立之中吗？所以虽然有一种意识的满足，但是仍然带有某种彼岸的对立。

　　<u>因此它自己固有的和解在它的意识中是作为一件**遥远的事**、作为一件遥远**将来**的事出现的</u>，正如另一个**自我**已完成的和解显现为一件在遥远**过去**的事那样。 {421}

　　"因此它自己固有的和解在它的意识中是作为一件**遥远的事**、作为一件遥远**将来**的事出现的"，它也就是这个宗教意识了，在宗教意识中这种和解是作为遥远将来的事，也就是在死后才会出现的，也就是死后你的灵魂可以得救，得救就达到和解了。如果你还没有死，你还活在这个世界上，那肯定罪孽深重，那是达不到和解的，只有在死后上帝那里、在上帝面前才能够达到和解。所以在它的意识内是作为一件遥远的事情，作为一件在遥远将来的事情出现的。"正如另一个**自我**已完成的和解显现为一件在遥远**过去**的事那样"，另一个自我是谁？就是耶稣基督；已完成

365

的和解，这是用的过去时，正如另一个自我已完成了的和解显现为一件在遥远过去的事那样，耶稣基督所完成的和解是已经过去很久了的事情，它已经是公元一世纪的事情了，那个时候耶稣基督被钉上十字架，死而复活，死而复活就达到和解了，那是过去了的事情。另一个自我已经向我们示范了，所以我们大家都向耶稣基督学习，我们也像他那样能够达到和解，跟上帝和解，但是，那是在遥远的未来的事情，是在来世。我们在来世可以达到和解，正如耶稣基督曾经在遥远的过去达到和解了一样。

正如那**个别的**神性的人有一个**自在**存在着的父亲并只有一个**现实的母亲**，同样，那普遍的神性的人即团契，也把自己**特有的行为**和**认知**当作自己的父亲，却把**永恒的爱**当作自己的母亲，这永恒的爱它只是**感觉**到，但没有作为现实的、直接的**对象**在自己的意识中直观到。

"正如那**个别的**神性的人有一个**自在**存在着的父亲并只有一个**现实的母亲**"，个别的神性的人就是耶稣基督，"个别的"打了着重号，是要跟下面的"普遍的神性的人"相对照，耶稣基督是个别的神性的人，普遍的神性的人那就是团契。个别的神性的人有一个自在存在着的父亲，那就是天父、圣父；只有一个现实的母亲，那就是圣母玛丽亚。"自在"和"现实的"都打了着重号，这也是对照，说明耶稣基督本身就是自在和现实的统一，所以他才能达成和解。为什么说"只有"一个现实的母亲呢？这是跟自在的父亲相对而言的，在现实中只有一个现实的母亲，而没有一个自在存在着的母亲，就是说他只在现实中有一个母亲，但是在天上他没有，上帝在天上并不能够就在天上把耶稣基督生下来，因为天上没有一个圣母啊，所以他还要跟人间的一个女子结合起来，他才能够把耶稣基督生下来。就是他有一个自在的父亲，但是，他只有一个现实的母亲，而没有一个自在的母亲，他有一个自在的父亲，但是没有一个自在的母亲，只有一个现实的母亲。"同样，那普遍的神性的人即团契，也把自己**特有的行为**和**认知**当作自己的父亲，却把**永恒的爱**当作自己的母亲"，这个是与前面相类比了，前面是讲个别的神性的人、耶稣基督，同样，那普遍的神性的人，就是团契，也有一个父亲和一个母亲。它把它自己特有的行为和认知——"特有的行为"打了着重号，"认知"也打了着重号——当作自己的父亲，就是在团契里面，团契自己特有的行为和认知就被当作了圣灵，也就是当作了自己的圣父，团契的圣灵体现上帝，体现圣父，体现在什么地方呢？就体现在它特有的行为和认知上面。因为它特有的行为，比如说慈善的行为、救世的行为，这都是跟上帝学的，都是从上帝的圣灵来的；特有的认知也是从上帝来的，知善恶以及最基本的信仰，最基本的因信称义，这些都是从上帝来的。但是在团契里面也有母亲啊，这就是永恒的爱，圣母体现的是爱，基督教的三个主要的德目就是信、望、爱，信仰是因信称义，望就是希望，爱就是博爱，这个博爱呢主要是以圣母为代表的。所以基督教的这个永恒的爱是被当作圣母来看待的，"永恒的爱"也打了着重号。在团契中的圣父和圣母有什么区别呢？就是行为和认知都是可以用理性和概念来加以规范的，而爱是不行的，爱只能用表象，永恒的爱也只能用表象来表达。圣父已经是绝对认知了，但圣母、爱却仍然是尘世的，爱你的邻人如爱己，这是尘世的，即使爱上帝，也是一个世俗的凡人对上帝的爱，天上和人间这两者结合才形成和解，但这两者仍然是不同的。"这永恒的爱它只是**感觉**到，但没有作为现实的、直接的**对象**在自己的意识中直观到"，这个就说明它的特殊的表象性了，这个永恒的爱它只是感觉到，"感觉"打了着重号，感觉到这种爱，而且是一种内心感觉或者内心表象，但没有作为现实的、直接的对象——"对象"打了着重号——在自己的意识中直观到，没有作为对象直观到，也就是说不再是外部的表象了，而只是内心的表象。尽管如此，还是一种表象，而没有达到概念把握的水平，没有达到概念的理解、概念的把握这样一个层次，它在特有的行为和认知方面呢已经自在地达到这样一个统一了，但在现实中它体现为一种永恒的爱，还没有达到这样一种本质和自我的统一，它还是一种通过感觉所获得的表象，虽然这个爱完全是发自内心的感觉，而不是外部的表象了，但仍然没有摆脱这种个别性和感性，没有摆脱内心表象。

因此它的和解只是在它的本心中，但同它的意识还是分裂为二的，并且它的现实性还是破碎的。

"因此它的和解"，也就是这种普遍的团契精神的这种和解，"只是在它的本心中"，这个"本心"我们前面也遇到过这个词，Herz，本心的规律，本心的法则。只是在它的本心里面和解，"但同它的意识还是分裂为二的"，意识就是对象意识了，它还没有形成一个对象意识，它的和解只是它自己本心里面的和解，我把它看作是和解的，在启示中，我把这个启示出来的爱看作就是上帝，就是绝对精神，这只是在我的内心里面这样认为的，但是同它的意识还是分裂为二的，你并没有把它当作一个具体的对象来加以认知，加以把握，而只是一厢情愿的。"并且它的现实性还是破碎的"，既然它与对象意识分裂为二，那么它的现实性就是破碎的，没有能够把自己一厢情愿的爱和现实性完全结合为一体。它没有睁开眼睛看看现实生活究竟是怎样的，而只是凭主观感觉把爱贯彻在日常生活中，而现实的日常生活却有着自己的规律，所以在爱的眼光看来，现实生活是破碎不堪的。感觉本来也是现实中的，但我内心这样一种永恒的爱是完全主观的，很不现实的，它没有作为现实的、直接的对象而被直观到，没有当作对象来直观，所以在现实中呢它也是破碎的。

凡是作为**自在**或作为**纯粹中介性**这方面进入到它的意识中的，都是那种处于彼岸的和解；但凡是作为**当下在场**、作为**直接性**和**定在**的方面而进到意识中来的，却是那还有待于把自身神圣化的世界。

这还是对立的两个方面。"凡是作为**自在**或作为**纯粹中介性**这方面进入到它的意识中的，都是那种处于彼岸的和解"，这是一方面。作为自在或作为纯粹中介性的方面，"自在"打了着重号，"纯粹中介性"也打了着重号，这就有两个东西，一个是自在的东西，一个是纯粹中介性的东西。纯粹中介性的东西也可以理解为自为的，凡是自在的或者是作为自为的一面，一个是自在的一面，一个是作为自为的一面，纯粹中介性的一面，进入到它的意识中的，进入到这种团契的意识中的，都是那种处于彼岸的和解。自在就是圣父，自为或纯粹中介性就是圣子，他们的和解在意识中都还是处于彼岸的和解，对于团契的意识来说这种和解仍然处于彼岸。另外一方面，"但凡是作为**当下在场**、作为**直接性**和**定在**的方面而进到意识中来的，却是那还有待于把自身神圣化的世界"，这就是此岸了。彼岸和此岸，前面讲彼岸，和解是彼岸的；然而，凡是作为当下在场、作为直接性和定在的一面而进到意识中来的，却仍然有待于和解，是一个有待于把自身神圣化的世界，这就是此岸的世界。此岸世界还有待于把自身神圣化，把自身提高到神圣，这说明它本来还不是神圣，它是世俗的世界。所以一方面是彼岸世界的和解，另一方面是有待于神圣化的此岸的世界，这两方面的对立在宗教的最高阶段仍然没有被消除，仍然没有被扬弃。

　　当然，这个世界**自在地**是同本质相和解的；而关于这个**本质**所认知的当然是，这本质不再把对象认作自身的异化，而是认作在对它的爱中与自身同一的。但是对自我意识来说这个直接的当下在场还不具有精神形态。

　　"当然，这个世界**自在地**是同本质相和解的"，这是退一步说了，这个世界、也就是这个此岸的世界，它自在地是同本质相和解的，"自在地"打了着重号。我们前面讲了，它自在地已经和上帝和解了，在我们旁观者看来它已经达到这种和解了。"而关于这个**本质**所认知的当然是，这本质不再把对象认作自身的异化"，在基督教，尤其是新教里面已经认知到这一点了，就是说它不再把对象世界认作本质自身的异化，彼岸的这个上帝已经不再把世俗的世界看作是自身的异化，看作是异己的他者，"而是认作在对它的爱中与自身同一的"，这个"对它的爱"（seiner Liebe）语法上可以理解为人类对上帝的爱，也可以理解为这个本质或上帝对人类的爱，但从意思上我倾向于后者。总之是通过爱沟通了此岸和彼岸，通过圣母玛丽亚所代表的博爱的精神，我们跟上帝达到了沟通，上帝把这个现实世界中的对象看作与自身是同一的,把世俗的人类看作与自身是同一的,也就是具有精神性的,自在地当然是这样。"但是对自我意识来说这个直接的当下在场还不具有精神形态",就是虽然在客观上已经达到了这个世界与上帝的和解,但是自我意识还没有意识到这一点,对自我意识来说,这个直接的当下在场、这个世界中的事物还不具有精神形态,这个世俗的此岸世界还不具有精神形态。世俗的还是世俗的,还有待于神圣化,有待于拯救,此岸和彼岸还是对立的。也就是说客观上已经是和解了,但是在自我意识里面呢,还是把它们看作对立的。

　　这样,那团契的精神在它的直接意识里就是与它的宗教意识相分离的,这宗教意识虽然宣称两者**自在地**并不是分离的,不过这只是一种**自在**,不是实现了的,或者说还没有同样成为绝对的自为存在。

　　"这样,那团契的精神在它的直接意识里就是与它的宗教意识相分离的",团契意识在它直接的意识里面是与它的宗教意识相分离的,比如说对于世俗的世界,对于此岸世界,它有一种直接的对象意识,这是与宗教意识相分离的。宗教意识着眼于彼岸,直接意识着眼于此岸,此岸和彼岸是相分离的。"这宗教意识虽然宣称两者**自在地**并不是分离的",你站在宗教意识的高度,你当然可以宣称两者不是分离的,此岸和彼岸其实是可以合一的,其实是统一的,此岸世界、当下在场的东西也应该具有精神的形态,你可以这样来宣称。所谓天网恢恢,疏而不漏,所谓人在做,天在看,所谓善有善报、恶有恶报,所谓申冤在我,我必报应。"不过这只是一种**自在**,不是实现了的",这只是潜在的,并没有通过你的自我意识把它实现出来的,或者说不是被你的自我意识所现实地意识到的。你可以那样宣称,但是由于你持有的是表象,所以你不能够洞察其中的道理,也不能够现实地意识到,这只是一种说法而已。"或者说还没有同样成为绝对的自为存在",就是没有意识到这是上帝本身的自为的一个运动过程,还只是由宗教意识主观地加上去的一个判断。这只是我们宗教徒、天启宗教的信徒们所作的一个判断,虽然我们在团契中实际上已经达到了它们两者的和解,但是在我们的意识里面这种和解还只是一种主观的判断,还没有成为一个绝对的自为存在的过程、绝对的运动过程。要意识到这样一种绝对的运动过程,还必须要提高到一个更高的层次,也就是概念的层次,用概念思维来把握这样一个我们已经达到了的和解的层次,那才能够真正地把这种统一实现出来。我们休息一下吧。

第三篇 （DD）绝对认知

第八章　绝对认知

［一、概念在前此各意识形态中的形成］

　　我们进入到最后一章、第八章，《绝对认知》。绝对认知实际上就相当于哲学了。但进入到哲学的过程还要有一个交待。这一章仍然属于绝对精神，是第三编即"精神"这一编中的第四个话题（DD），这四个话题依次是伦理、道德、宗教、绝对认知。在绝对认知这一章下面没有细分，只分了三个标题。第一个标题贺、王译本根据拉松本原来是这样列的："一、确知自己是存在的'自我'的单纯内容"。这个好像不是很贴切，而且也不知道它最终想要表达什么，它和前面讲"道德"部分的标题"对其自身有确定性的精神"也区分不开。我根据它的内容改成了这么一个题目："一、概念在前此各意识形态中的形成"。实际上，这个第一节就是要追溯，回忆前面所走过的整个历程，因为它最后一部分，这个以概念思维作为自己的元素的"绝对认知"是如何形成起来的？他首先要做一种回溯。整个第一节实际上都是在做这样一种回顾，讲到它的来龙去脉，按

372

照黑格尔的一贯的写作方法也是这样的。因为在上一章，在"宗教"的末尾，他只是指出了宗教的不足之处，点出了宗教的缺陷，但是还没有展望未来绝对认知究竟应该是怎么样的。黑格尔有时候，在一章结尾的时候，会提出对下一章的过渡，但是我们刚才讲的这个天启宗教的最后一部分呢，他只是提出了天启宗教本身固有的缺陷，向未来的过渡也偶尔点了一下，但是并没有展开来谈。所以第八章一开始就要讲这个绝对认知是从哪里来的，因为前面没有交待嘛，他也许有意把这个交待放在这一节，点出这个绝对认知的来源。它的整个来源就是在前此一切意识形态中已经准备着的、已经潜在包含着的、或者自在地包含着的概念思维，这样一个根源已经准备好了。所以第一节，我打算为它安这么一个题目，看这个概念的思维是怎么形成起来的，概念思维就是绝对认知的思维方式。

　　天启宗教的精神还没有克服它的意识本身，或者这样说也一样，它的现实的自我意识不是它的意识的对象；一般讲来，天启宗教的精神本身以及在它里面互相区别着的诸环节，都归属于表象范围并陷入到对象性的形式中。

　　"天启宗教的精神还没有克服它的意识本身"，这个我们前面已经讲到了，没有克服这个精神的意识本身，也就是它的对象意识本身，天启宗教的精神还没有克服它的对象意识，或者说没有克服它的对象，没有克服它对对象的意识，也就是对上帝的那种异己的意识，它的上帝对它来说还是一个他者。"或者这样说也一样，它的现实的自我意识不是它的意识的对象"，它还没有把它自己的现实的自我意识当作意识的对象。前面已经讲到了。现实的自我意识是这样一个运动过程，这样一种能动性还没有成为它的意识的对象，它的意识对象还在彼岸，还不在现实中。"一般讲来，天启宗教的精神本身以及在它里面互相区别着的诸环节，都归属于表象范围并陷入到对象性的形式中"，这前面也已经讲到了。天启宗教的精神和它的各个环节都归属于表象，在表象里面，它表现出精神的各个环节：圣父、圣子、圣灵等等都是它的一些环节，这些环节在表象中互相对立，并陷入到对象性的形式中。表象 Vorstellen，就是"放在前面"的意思，放在前面当作一个对象，而没有当作自我来看待，也就是没有达到最后的自我意识。必须把上帝不是仅仅看作一个对象、一个他者，而是当作自己的本质，这就不是天启宗教所能做到的了。

这表象的**内容**是绝对精神；只是还必须致力于扬弃这种纯然形式，或者毋宁说，由于这种形式属于**意识本身**，它的真理就必定已经在意识的诸形态中出现过了。

"表象的**内容**是绝对精神"，"内容"打了着重号，表象从它的内容上看，已经是绝对精神了。前面讲都属于表象范围，并因而陷入到对象性的形式中，表象启示出来的内容当然是绝对精神嘛，"只是还必须致力于扬弃这种纯然形式"。内容是绝对精神了，已经达到高层次了，但是，它的形式还是表象，所以现在必须关注的是扬弃这种纯然形式。为什么叫纯然形式呢？就是表象和内容还是两张皮，表象还不是直接可以看出内容的，还只是一种纯然的形式，它跟内容还是分离开来的，只是一种表象形式而已。"或者毋宁说，由于这种形式属于**意识本身**"，"意识本身"打了着重号。意识本身也就是对象意识本身，这种形式属于对象意识本身。为什么要用表象来表达呢？就是因为意识所面对着的是一个外部对象，它就处于表象之中；如果提高到自我意识，它就把表象打通了，但是现在还没有。既然这种形式属于意识本身，"它的真理就必定已经在意识的诸形态中出现过了"，这种形式的真理在以往的意识诸形态中必定已经出现过了，这是过去时。我们前面经历的都是意识的诸形态，那么这些意识的诸形态就是这样一种表象形式的真理，就是以往所经历过的意识的诸形态都是以表象的形式出现的，哪怕到了最高层次仍然是表象的形式，但已经在其中体现出这种形式的真理，就是一个表象被另一个表象所扬弃，这种不断地扬弃就是这种表象形式的真理。现在，这种纯然的形式本身有待于扬弃，它属于对象意识，而现在它要达到自我意识，要提升到自我意识了。

　　——对于意识的对象的这种克服，不可从一个片面来理解，即以为对象是作为回复到自我的东西而显示出来的，而要更确切地理解为，对象本身既是对它自己显现为消逝着的东西，又还反过来显现为：自我意识的外化就是建立起事物性，并且这种外化不仅有否定的含义，而且有肯定的含义，不仅对我们或自在地有肯定的含义，而且对于自我意识本身也有肯定的含义。

　　"对意识的对象的这种克服"，也就是对象意识已经包含着意识的对象了，对对象意识的这种克服，"不可从一个片面来理解，即以为对象是作为回复到自我的东西而显示出来的"。对对象意识的克服，当然你可以从这个方面来理解，就是在对象里面显示为一种对自我的回复，显示出它是由自我主观上所确定的东西。比如说启示出来的是一个对象，但是它是对自我的回复，我在这个对象里面，得到了一种主观上的启示，我的自我通过这样一种启示可以看出上帝的精神，所以这个对象是作为回复到自我的一件工具、一个手段而显示出来的，这当然是一个方面。这不算是错，但是它只是一面。"而要更确切地理解为，对象本身既是对它自己显现为消逝着的东西，又还反过来显现为：自我意识的外化就是建立起事物性"，就是这种更确切的理解有两个方面，一个是对象本身对自己显现为消逝着的东西。对象不是被你利用的手段，而是自我消逝着的，或者说自我否定、自我取消着的东西，是走向虚无主义、走向怀疑主义的东西，对象本身是靠不住的，是站不住脚的，它总是要消逝的。这是更确切的理解的第一个方面。你首先要把整个世界的对象看作都是自行消逝着的、都是毫无意义的。第二个方面，又反过来显示为自我意识的外化就是建立起事物性。仅仅理解为对象是自行消逝着的东西还不够，对象又还反过来显现为：正是自我意识的外化才建立起了事物性，这个是更重要的。就是说，对象在消逝着，但是反过来要看到，它之所以消逝，就是因为它本来就是自我意识的外化，这个事物性、外在的对象就是由自我意识所建立起来的。它虽然在消逝，但是它首先必须被建立起来才能消失，不然消逝什么呢？这个外部世界的对象建立起来了，那是由自我意识的外化所建立起来的，那么，它的消失也要归结于自我意识本身的运动。对象世界本身没有什么意义，但是你把对象世界看作是自我意识的外化所建立起来的，那它就有意义了，哪怕它的消失都是有意义的。"并且这种外化不仅有否定的含义，而且有肯定的含义"，它建立起这样一种事物性，对自我意识本身是一种否定，而且这种否定使事物性本身不断处于消逝之中，正因为它是自我意识所建立起来的，所以它不断地处在消逝之中，因为自我意识本来是内在的，它把自己外化，就是对自己的否定。但这种否定又是具有肯定的意味的，自我意识如果不把自己外化出来，那它就什么也不是；正因为它否定了自己，所以它才是自己；它建立了事物性，所以它才有了肯定的含义，它的成果在那里，而且这个成果也是由它所决定的，由它所建立起来、又由它取消的。"不仅对我们或自在地有肯定的含义，而且对于自我意识本身也有肯定的含义。"不仅对我们或自在地，也就是客观上，不仅对我们旁观者来说，我们看出它有肯定的含义，而且主观上，对于自我意识本身也有肯定的含义。自我意识本身也意识到了它有肯定的含义，自我意识只有把自己外化出去，使自己遭到否定，它才能够肯定自己；它在运动中，在活动中，在创造中，在建立对象的过程中，它才能够肯定自己。不是说我们只是在旁边看出来，这样一个活动、这样一个外化具有肯定的含义，而且它也是自我意识本身的自我肯定。

对于自我意识来说，对象的否定或它的自我扬弃之所以有肯定的含义，或者说，自我意识之所以**认知**对象的这种虚无性，一方面是由于它外化它自己，——因为在这种外化中，它把**自身**建立为对象，或者说，为了**自为存在**的不可分割的统一之故把对象建立为它自身。

"**对于自我意识来说**"，"对于自我意识来说"打了着重号。前面讲对于自我意识本身也有肯定的含义，那么我们现在就来看一看对于自我意识来说有什么肯定的含义，"对象的否定或它的自我扬弃"，前面讲对象本身也显现为自行消逝着的东西，那就是对象的否定，这种否定也就是对象的自我扬弃。它"之所以有肯定的含义，或者说自我意识之所以**认知**对象的这种虚无性"，注意"认知"在这里打了着重号，对象的含义都要归结到自我意识的认知上来，"一方面是由于它外化它自己，——因为在这种外化中，它把**自身**建立为对象"。这就是我们刚才讲到的：它为什么具有肯定的含义啊？对象的否定，对象的自我扬弃、自我否定为什么具有肯定的含义啊？一方面是由于自我意识外化它自己，它借助于这种外化才能把自身建立为对象。否则它作为一种内在的东西，它是看不见、摸不着的：你说你有自我意识，表现何在？你得表现出来！自我意识之所以认知对象的这种虚无性，也正是由于这个缘故，也就是说，在对对象的否定和扬弃中，对象的虚无性被自我意识所认知。被自我意识所认知，那它就有了肯定的含义啦，尽管对象消逝了，但我已经认知了，我通过对象的消逝认知了对象，认知了对象的同时也认知了自己，通过认知对象来认知到自己，通过我所创造的对象的消逝，我认知了我的力量、我的创造性、我的能耐。由于对象是由自我意识所外化出来的，对象的否定性就同时具有肯定的含义了，自我意识在对象的这种虚无性中有所认知，不但是对对象的认知，实际上同时也是对自己的认知，对对象的认知就是对自己的认知。"因为在这种外化中，它把**自身**建立为对象"，"自身"打了着重号。这个对象其实就是自我意识自身，是自我意识自己建立起它自身，它自己把自己作为对象建立起来了。在这种外化中，它认知到对象的这种虚无性或否定性，实际上就认知到它自己的否定性，它就是这种虚无性产生的根源，它自己就是这种否定性，它就在对象的虚无性或对象的自我否定过程中认知到，自己的本质就是这种自我否定性，这就把自身建立起来了。"或者说，为了**自为存在**的不可分割的统一之故把对象建立为它自身",前面是讲把自身建立为对象,这里是讲把对象建立为它自身,把自身建立为对象与把对象建立为它自身是一回事情:我把自己建立为对象,既然这个对象是我建立起来的,那么作为自为存在的不可分割性来看,这个对象也就被建立为我自身了,我只有在这个对象上才体现出我自己。我为什么要把对象建立为我自身呢? 是为了自为存在的不可分割的统一性,"自为存在"打了着重号。它把自己建立为对象就是一种自为存在,这种自为存在是前后一贯的、统一的,它把自身建立为对象,又把对象建立为自身,体现了一种自为存在不可分割的统一性。它把自己外化出去,又把外化的对象收回自身,这是自为存在不可分割的统一过程。这就是自我意识本身的肯定含义,不仅仅我们客观上看来自在地具有肯定的含义,而且它自身也有肯定的含义。所以,必须要对意识的对象加以克服,对意识对象的克服不仅是对对象的否定,而且是对这个否定的肯定。通过对这个否定的肯定,我们把意识提升到了自我意识。

另一方面,是由于这里同时还包含这样一个另外的环节,即自我意识同样也扬弃了这种外化和对象性,并将它们收回到了自身中,因而它在**自己的**他在本身里就是在自身那里。

"另一方面",前面讲的是一方面,说自我意识之所以认知对象的这种虚无性,一方面是由于它外化它自己,然后对它的这种外化加以解释,说因为在这种外化中,自我意识把自身建立为对象,或者把对象建立为它自身,这都是前一方面。那么另一方面,自我意识之所以认知了对象的这种虚无性,"是由于这里同时还包含这个另外的环节,即自我意识同样也扬弃了这种外化和对象性,并将它们收回到了自身中"。一方面是把自己外化出去,当然,把自己外化出去本身其实也已经包含着另一方面了,就是说,你既然把自己外化出去,那么,这个外化的对象也就是你自己了。所以另一方面就是同时包含另外一个环节,即这个自我意识同样也扬弃了这种外化和对象性,并将它们收回到了它自身中。外化出去又收回来,这个是另外一方面,但正由于对象本来就是自我意识自己的外化,所以它才能把对象性又从外面收回来,所以这是和前一方面相通的。"因而它在**自己的**他在本身里就是在它自身那里","自己的"打了着重号,就是说,好像是在一个异己的他在里,其实这个他在就是它自己的他在,并不是异己的,所以它才可以毫无阻碍地把这个自己的他在收回到自身中,它在他在那里就是在自身中。在天启宗教那里之所以还没有到位,就在于它还没有把自己的那个上帝收回来,上帝对它来说还是一个异己的他在。这就是另一方面,就是自我意识要把对象的这种他在性加以克服,把它收回到自身,成为自身的一个环节。

——这就是**意识**的运动,而意识在这个运动里就是它的各个环节的总体性。——意识必须同样按照对象诸规定的总体性去对待对象,并且按照这些规定中的每一规定这样去把握住对象。 [259]

"这就是**意识**的运动","意识"打了着重号。这个意识可以理解为对象意识,也可以理解为整个过程,整个《精神现象学》就是从意识开始的嘛,"意识的经验科学"所描述的就是从意识开始的整个运动,这就是意识的运动。意识的运动就是它把自己外化出去、又把自己收回来,达到自我意识。"而意识在这个运动里就是它的各个环节的总体性 (Totalität)",各个环节的总体性就已经涉及到概念了,当然这个地方还没有讲。概念之所以是概念,就是要把它的各个环节抓在一起,形成一个总体性,当年贺麟先生翻译黑格尔的《小逻辑》,最初就把 Begriff 这个词翻译为"总念",后来才改为"概念"。意识在这个运动里,作为它的各个环节的总体性,也类似于康德所讲的"统觉",我们从动态的角度理解总体性,那就是统觉,就是自我意识的统觉的综合统一。"意识必须同样按照对象诸规定的总体性去对待对象",意识在这样一个运动中,必须按照各个规定的总体性去对待对象,也就是上面讲的,要着眼于自为存在的不可分割的统一性。当你面临一个对象的时候,你要从它的各个规定的总体性来把握这个对象,"并且按照这些规定中的每一规定这样去把握住对象"。一方面要按照总体性去对待它,另一方面要按照它的每一规定去把握它,因为它既有总体性,又有个别性,它的各个环节构成一个总体,但是每一个规定都是它的一个不可少的环节,在这些规定中的每一个规定你都要经历过,要遍历过它的各个环节,你才能全面地把握一个对象。所以,意识有双重的任务,一方面它必须从总体性对待它的对象,就是这个对象不仅是一个规定、一个环节,你要把它的所有环节都把握在概念之中、都胸有成竹;但同时又要具体地从每一个规定去把握住对象。在讲到每一个规定的时候,你要具体地从这个规定的角度去把握它。在把握每一个规定的时候要有总体的全局观,同时这种全局观点是从每一个具体规定中发展出来的。现代解释学所谓"解释学的循环"的说法和这里一致,你要从个别去把握全体,同时又要从全体来把握个别,这种循环是认知的必经之路。

　　对象的诸规定的这种总体性,使**对象自在地**成为精神的本质,而对意识来说,对象之所以成为精神的本质,真正来说是通过把这些规定中的每一个别规定都作为自我来统握,或者说是通过采取对待诸规定的上述那种精神的态度而做到的。

　　"对象诸规定的这种总体性,使**对象自在地**成为精神的本质","对象自在地"打了着重号。本来对象出现在我们面前的时候,它还不是精神性的,但是它现在客观上自在地成为了精神的本质,因为它拥有诸规定的这种总体性。各个规定的总体性作为精神的本质,只有概念才能够把握得住。你如果停留在表象,那这些规定就是些七零八碎的规定,它们形不成总体性。正是因为对象诸规定的这种总体性,才使对象客观上成为精神的本质;非精神的东西是不具有这种总体性的,它都是零零碎碎的,这个规定、那个规定互不相干的。但是,如果这些规定能够联合起来构成一个总体性,那它就成为精神性的东西了。"而对意识来说,对象之所以成为精神的本质,真正说来是通过把全体规定中的每一个别规定都作为自我来统握",这是跟刚才讲对象自在地成为精神的本质相对照而言的,那是客观的,而对意识来说,也就是从主观上来说,对象之所以成为精神的本质,真正说来,或者在真理中来看,是把全体规定中的每一个别规定都作为自我来统握。这是对各规定的主观的统握,类似于康德所谓自我意识的统觉的综合统一。全体规定中的每一个别规定都被作为自我来统握,都在自我之下来统握,都作为自我本身的一个规定或者一个环节来统握。但康德讲的自我意识的本源的综合统一只限于对感性材料的统觉的统一,他并没有把诸范畴也在自我意识中统一起来,他的十二个范畴只是从形式逻辑的判断形式中搬过来的。黑格尔则把每个规定、包括每个范畴都当作是自我意识内部的一个规定来加以统握。对意识来说,对象之所以成为精神的本质,是由于我们通过自我意识把所有这些规定都加以统握,把它们构成一种整体性,当然这是主观的,还不是客观的。"或者是通过采取上述对待诸规定的那种精神的态度而做到的",上述对待诸规定的那种精神的态度是什么态度呢?就是总体性的态度。对待诸规定你要有一种总体性的态度,因为它客观上是总体性的,所以我们主观上也要采取这样一种对待诸规定的精神的态度,这样我们才能做到使对象成为精神的本质。这是对意识来说的。那么,在宗教的阶段,它客观上已经成为精神的东西,但在主观上我们还没有采取这样一种精神的态度,从总体性上对它加以把握。宗教阶段欠缺就是从总体性的方面的态度,缺少对各个规定加以精神的把握。因为表象的思维方式的缺陷就在于缺乏总体性,各种表象、启示、感觉,都是零零碎碎的,无法从总体上采取一种精神的态度。那么,现在问题就突出出来了,就是说,既然它自在地、客观上已经是精神的本质了,那么,在意识中,我们主观上也应该采取这样一种精神的态度,一种统觉的态度,做到把对象看作是精神的本质。这就开始对宗教阶段的一种超出了,开始克服那种外在的对象,克服那种表象思维,提升到一种总体性的思维。而进入到总体性的思维,就已经开始形成了一种概念式的思维。这是怎么形成的,那就必须要回顾意识所经历的各个意识形态，我们可以从里面把这种总体性的环节提取出来加以考察。

{423} **因此对象，有的是直接的存在或与直接意识相符合的一般事物；有的是自己成为他者，是它的关系，或为他存在和自为存在，是与知觉相符合的规定性；有的是本质或作为与知性相符合的普遍的东西。**

这句话里面有三个有的 (teils)，即三个层次。"因此对象，有的是**直接的**存在或与直接意识相符合的一般事物"，这是一个层次。刚才讲，对象自在地成为了精神的本质，而对意识来说我们要使它成为精神的本质，那么我们回顾一下就可以看出来，对象当它直接出现在意识面前的时候，就是直接的存在或与直接意识相符合的一般事物，这就是感性确定性的对象。感性确定性就是直接的存在，它是与直接意识相符合的，在感性上面我们可以寻求一种确定性，来确定意识的对象，这是第一个层次。第二个层次，"有的是自己成为他者，是它的关系或**为他存在和自为存在**，是与**知觉**相符合的规定性"，这是知觉阶段。在知觉里面就有一种自觉的意识了，感性确定性完全是被动的，但在知觉里面把自己的感性设定为一个他者，当你设定自己的感性为他者，你就把自己的知觉设定为与这个他者的关系，在这种关系中一方面是为他存在，另一方面是自为存在，这双方的对立你都意识到了。你把对象认其为真 (Wahrnehmung，知觉)，那么你是自为的，同时又是为他的，你就要符合这个对象。感性确定性不一定要求符合这个对象，它只是被动地接受，有什么就说什么、就认什么；而知觉就有一种主客二分的对立，它意识到这个对立，并且要使主观去符合客观，要掌握自己对于对象的认知。因为对于对象的认知可能是错的，可能产生错觉、误解，所以要有意识地使自己跟对象相符合，所以是自我和对象的关系，这是第二个层次。在这里对象是与知觉相符合的规定性，而前面一个是与直接意识相符合的一般事物，至于与他者是否相符合，这个在感性确定性里不谈，也确定不了。在知觉里面则要确定与他者相符合，否则那就是假象，那就是错觉。对象必须是与知觉相符合的规定性，这就是一种关系的对象。上面这两种对象，一个是与直接意识相符合，一个是与知觉相符合，都是确定不了的，有待于扬弃、有待于克服的。于是就有第三个层次，"有的是**本质**或作为与知性相符合的普遍的东西"，这就是从现象到本质的层次，即与知性相符合的普遍的东西的层次，那就是本质和规律啦。这就是知性阶段，就是超感官世界、超感官世界的规律，这个我们前面已经讲了。本质的对象就是内在的东西，内在的本质，而不再是感性知觉的表面的东西。从前面讲的精神的历程里面，我们可以看出来，对象或对象意识经历了三个不同的层次：一个是感性确定性的对象，一个是知觉的对象，一个是知性的对象，这就是在前面"意识"一章中所描述的内容。

　　对象作为整体，是普遍的东西通过规定到个别性的推论或运动，正如反过来，从个别性通过它作为扬弃了的个别性或规定到普遍的东西的运动一样。——因此，意识按照这三个规定，必然会把对象作为它自身来认知。

　　"对象作为整体"，这个整体是 Ganz，跟前面 Totalität（总体性）是相通的，是同义词。Totalität 指总体性、全体或者全体性，Ganz 也是全体，但更强调整体性。对象是如何作为整体的呢？　"是普遍的东西通过规定到个别性的推论"。从普遍通过规定到个别性这样一个推论涉及到逻辑学了：它是一种推论——普遍—特殊—个别。在黑格尔那里，推论是一种运动过程，或者说运动可以概括为一种推论的过程，运动是有必然性的，是这样一种从普遍到特殊到个别的推论和运动。"正如反过来，从个别性通过它作为扬弃了的个别性或规定到普遍东西的运动一样"，个别—特殊—普遍（E-B-A）的逆向运动是可以和普遍—特殊—个别的运动（A-B-E）互相转换的，正如上升的路就是下降的路，在形式逻辑中这两个过程都是可以反过来的，是等价的，它体现为全称推论和完全归纳推论的等价性。[①] 现在我们作为整体来看，我们可以把它看作是从普遍的东西通过个别的东西到特殊东西的推论，或者从个别的东西通过扬弃了的个别性到普遍东西的推论，从这两个方面都可以这样来看：前面从感性确定性、到知觉、到知性，这三个层次都可以同时从这两个方面来看待它。感性确定性的"这一个"，它是最个别的，但是它又是最抽象、最普遍的；知觉就开始已经有它的特殊规定了，它根据具体的场合来确定它的正确和错误、真理和谬误，这是知觉的阶段，就是比较特殊的啦；到了知性的阶段，就是比较带有普遍性的东西了，达到了规律，就具有一种知性的确定性。所以这是通过从个别到特殊、到普遍的运动；但是同时也可以反过来把它看作是从普遍到特殊、到个别的运动。感性确定性虽然从这一个、个别性出发，但它是极其抽象、极其空洞的。到知觉里面开始有一些内容了。到了知性里面就更加丰富了，虽然它是超感官世界，但是它的规律可以把整个现象世界包括在内，它体现了个别认知主体的能动性。对象作为整体，我们可以从这两个方向来观察、来考察。每一个方向都包含三个环节在内，都同时包含三个环节，都是三个环节的整体。这个意思主要是强调要作为全体来看：不管你是从个别到普遍还是从普遍到个别，总而言之，我们要从全体来看，那才能够真正地把握对象。从全体来看，也就是从概念来看，从总括三个环节的概念来把握它们，把握这个真正的对象。所以，贺麟先生之所以要将概念论翻译成总念论，也就是强调它的总体性，概念就是归总的。"因此，意识按照这三个规定，必然会把对象作为它自身来认知"，因为这个对象是一个总体性啦，经过这三个规定，个别、特殊到普遍，或者普遍、特殊到个别，意识就必然会把对象作为它自身来认知。意识如果把这三个规定都考虑在内，它必然会上升到自我意识。自我意识就是把对象当作自我来认知，把对象看作就是它自己。本来意识是跟对象相对立的，意识就是对象意识，意识到

---

① 可参看黑格尔：《小逻辑》§190，贺麟译，商务印书馆1981年版，第367—368页。

对象跟自己的区别，我们有时候把对象看作个别，把意识看作普遍，有时候又把意识看作个别，把对象看作普遍。但是，经过这三个环节以后呢，这种区别就被扬弃了，因为它发现每个环节都同时可以作为对象又可以作为意识，它既是个别的又是普遍的，当你把它看作个别对象时它就是普遍意识，而当你把它看作普遍对象时它又是个别性的意识。对象就是自身，就是意识自身，那么反过来，意识就是意识的对象，这是一个必然的结论，意识按照这三个规定必然会把对象作为它自身来认知。所以从意识的三环节——感性确定性、知觉和知性——必然会进入到自我意识阶段，它的必然性就在这里，就是由于通过这三个环节辩证的上升过程，我们开始把意识本身当作意识的对象，那就进入到自我意识了。到此为止，意识和自我意识在进展中所体现出来的概念式把握是如何形成起来的就大体明确了。

<u>然而，这还不是作为对所谈到的对象的纯概念式的把握的认知；相反，这种认知只应当在自己的形成中，或者在自己的各个环节中，按其属于意识本身的这一方面指明出来，而真正的概念或纯粹认知的那些环节则应当在意识诸形态的形式中指明出来。</u>

上面讲到，从这种纯粹的总体性出发来看待对象是概念式把握的前提。"然而"，这里一转，"这还不是作为对所谈到的对象的纯概念式的把握的认知"，这样一种认知，作为把对象作为它自身来认知的这样一种认知，当然已经达到自我意识了，《精神现象学》一开始就是意识的三个环节，然后是自我意识。意识经过它的三个环节，进入到自我意识，已经是一种自我意识的认知了。但这还不是对作为刚才所谈到的对象的纯概念式的把握的认知。这样一种认知里面有了概念式把握的萌芽，就是总体性或整体性；但是在这些阶段上，总体性还是不自觉的，它只是从这个里头发源。我们的标题是"概念在前此各意识形态中的形成"，它要形成就有一个发源地，从前面已经发源了，但是还没有完全达到纯概念式的把握。"相反，这种认知只应当在自己的形成中，或者在自己的各个环节中，

385

按其属于意识本身的这一方面指明出来"，就是这种认知，也就是纯概念式的把握的认知，只应当在自己的形成过程中，或者在自己的各个环节中，按其属于意识本身的这一方面给它指明出来。我们现在应当作为旁观者把它点明出来，指出这种认知在自己的形成过程中，在自己的各个环节中，是如何被归属于意识本身的。这种认知开始形成了，它已经开始经历自己的各个环节了，但它属于对象意识本身的这一方面，它虽然已经进到了自我意识，但我们对它的纯概念式的把握还仅仅局限在意识的这一方面来加以指明，在它经历的各个环节中，我们随处点评，指出来这是纯粹概念式的思维在形成。"而真正的概念或者纯粹认知的那些环节则应当在意识诸形态的形式中指明出来"，真正的概念或者纯粹认知的那些环节，我们应当在意识诸形态的形式中指明出来，不是直接指出纯粹概念的把握的认知，而是追踪着意识本身的形态运行过程把它一一指明出来。也就是说，这些形态也是有一个层次等级的，而这个层次等级恰好体现了纯粹概念发展自身、形成自身的各个层次、各个等级。这有两个不同的层次：一个是你要把这种纯粹概念的认知在它的形成中，在它的各个意识的环节中指明出来，第二个就是你要把纯粹概念的认知的各个环节在意识形态的各种形式中把它指明出来。

因此，对象在意识本身中还没有显现为如同我们刚才所表述过的那样的精神本质性，而意识对于对象的态度既不是对这种总体性本身中的对象，也不是对这种总体性的纯粹概念形式中的对象的考察，

"因此，对象在意识本身中还没有显现为如同我们刚才所表述过的那样的精神本质性"，既然我们只是从旁观者的立场在意识的各个环节中点出来，它们是纯粹概念的形成过程，那么显然，对象在意识本身中还没有显现为我们所表述的那种精神本质性，也就是能够用纯粹概念的认知来加以把握的本质性，在意识中还没有形成起来，那些对象还是很模糊的。"而意识对于对象的态度既不是对这种总体性本身中的对象，也不是对这种总体性的纯粹概念形式中的对象的考察"，意识对于对象所

采取的是什么态度呢？既不是对这种总体性本身中的对象的考察，不是把它放在总体性中考察，因为意识的对象还是走一步看一步的，后面的对象还没有来，还没有出现，它怎么能把所有的对象放在自己的总体性中加以考察呢？另一方面，也不是对这种总体性的纯粹概念形式中的对象的考察，这两者是有联系的：既然你没有把它放在总体性中来考察，那么，它显然也不是对这种总体性的纯粹概念形式中的对象的考察。你的这个对象还不处在纯粹概念的形式中，因为你还没有从总体性来考察它。所以，意识对于对象的态度还不是纯粹概念的态度。

相反，意识的态度要么就是意识形态一般，要么就是**我们**概括出来的那一批意识形态，在这些意识形态中，对象诸环节和意识态度诸环节的总体性，只有当它融化在自己的诸环节中时才能被指明出来。

意识对于对象还没有达到纯粹概念的考察这样一个高度。"相反，意识的态度要么就是意识形态一般"，意识的态度就是意识形态一般，一般的意识形态，就是意识形成了，这就是意识对待对象的态度，意识对对象的态度跟它所表现出的意识形态是一回事。意识怎么样对待它的对象，意识也就表现出怎样的形态，这是完全被动的态度。"要么就是**我们**从中概括出来的那一批意识形态"，"我们"打了着重号。我们研究精神现象学的人，我们旁观者，事后概括出来了一批意识形态，这是这个意识的态度本身没有自觉到的，而是我们旁观者所概括出来的。这是意识形态在它的进程中没有意识到的，下一步它将要发展到哪一个意识形态中去，对于当时的意识形态来说，它是不知道的，它自己是盲目的，它走一步看一步。而我们旁观者则可以从中概括出一批意识形态，这对我们旁观者来说就有总体性了。对于处身其中的意识形态来说是没有总体性的，它是摸着石头过河、零打碎敲的。"在这些意识形态中，对象诸环节和意识态度诸环节的总体性，只有当它融化在自己的各个环节中时才能被指明出来"，就是在我们所概括出来的一批意识形态中，我们把这些形态连成了整个精神现象学中一个接一个的意识形态，这不是当事者所能够意识到的,这是我们的概括,我们已经预先把整个过程都经历过了,所以,我们能够概括出这一批意识形态;那么,在这些意识形态中,对象的诸环节有它的总体性,但这种总体性只有当它融化在自己的各个环节中时才能被指明出来。总体性是通过它一个个环节、通过它融化在诸环节中而被指明出来的,而不是预先抽象地定下来的,你不能凭空一下子就跳到了总体性,你还必须一个一个地积累。你把每一个环节都看作总体的一分子,而总体又融化在每一环节之中,你必须要根据它的诸环节一个一个地推演,描述它从低到高的发展过程,你才能够把它的总体性指明出来。你不能够一步登天,不能抓住一个环节就当作它的总体性,你得有耐心,你得一步步来,因为它是融化在自己的诸环节中的。这里面有种"解释学循环"的关系,全体和部分的辩证关系。这就是《精神现象学》的"绝对认知"这一部分要干的事情,即要通过一个环节一个环节的成长过程的描述,把这个总体性是如何形成起来的指明出来。这一开始就需要回顾,回顾我们走过的道路,看看它在那些环节里面是怎么样的。前面已经走了第一个历程了,就是意识走的三个环节:一个是感性确定性,一个是知觉,一个是知性。下面,我们还要继续走下去,才能弄明白里面的概念如何一步步形成起来的,并把它提取出来、指明出来。

*　　　　*　　　　*

我们已经进入到了"绝对认知"。我们首先要明白,绝对认知是采用一种概念思维的方式来把握绝对精神。绝对认知和宗教都属于绝对精神,都表现出绝对精神,宗教是以表象的方式来表现,绝对认知是以概念的方式表现。第一个标题就是关于概念的形成。"概念"这个词,我们前面已经无数次碰到过,但是它都不是主题,都是附带的,都是在谈意识形态的时候附带地提到,当然也形成了共相,从感性确定性开始就形成了共相,到知觉,到知性和自我意识,已经有概念,但是没有把概念单独提出来做一番考察。所以,第一个标题应该就是概念在前面各种意识形态中的形成。前面的概念都是不纯粹的，都是带有表象的，都是层次不够高的，只有达到最纯粹、最高层次的概念，我们才能够从中来考察绝对认知。上面讲到，我们回顾精神走过的历程，从感性确定性开始，到知觉，到知性和自我意识，走过了几个阶段。这几个阶段呢，现在我们来谈它们，并不是就它们来谈论它们自己，而是从它们里面所展示出来的概念思维的层次来谈它们，这个概念思维层次具有普遍的意义。可以说，整个精神现象学的思维层次都是基本上按照这样一个层次来安排的：首先把对象看作直接的存在，然后把对象看作一种关系，再然后呢，从这种关系里面去探讨对象的本质，最后从对象本质中发现自我。这就是感性确定性、知觉、知性和自我意识几个阶段所提示给我们的这样一种层次，也就是个别—特殊—普遍的层次。概念的形成就是从这样一种层次渐次提升而实现的，它的特点就是各层次的总体性：概念要从总体性上来把握全体，经过三个阶段——从个别到特殊、到普遍，或者从普遍到特殊、到个别，总是这三个阶段的总体性在里面起作用。从它们每一个单个来说，很难发现它为什么要从一个阶段进到另一个阶段，但是，如果从总体上来看就可以看得明白：这里头就是形成概念的一个根基。但是，我们谈总体性的形成还得从它的各个环节里面逐一地把它们引出来，这个全体性或总体性是融化在自己的各个环节里面的，我们要把它们揭示出来、指明出来，就要对它们单独地一个个进行考察，那就必须要在经历过了各个环节以后。在没有经历它们的整体以前，你不可能把它单独挑出来，直接考察其中的概念含义。而现在，我们经过了前此的各个环节，就可以把它单独拿来作为我们考察的对象。我们可以看到，前面的发展一直到发展出宗教，特别是发展到后来的天启宗教，在此之前，绝对精神对它自己的对象所抱的态度基本上没有超出过前面讲的三个环节的意识形态：感性确定性、直接的东西，然后知觉作为一种间接性的关系，然后是知性——知性试图要深入到对象后面的本质，找到规律，这当然已经涉及到了自我意识，但是仍然没有达到真正的自我意识。真正达到自我意识是理性，——知性还不够，还必须是理性，——但是，理性它又有不同的层次。它一开始是观察的理性。所以，我们今天要讲的这一段就是承接上面的意思，我们要考察精神如何克服它的意识进入到自我意识。前面已经从意识的层面考察了对象的三个层次：感性确定性的对象、知觉的对象和知性的对象。这些对象在前面的过程中没有得到克服，精神对自己的对象始终仅仅停留在这三个层次上面，即使进入到了自我意识的领域，精神也还没有真正达到对它自身的自我意识。那么，如何能够达到它的自我意识？我们这里首先从理性的层面进行考察，考察精神在理性的层面上如何起步，对自己的意识对象加以克服，以便达到自我意识。这一段一开始就讲到了这一点：精神如何克服自己的对象，达到自我意识。

[260]　　<u>因此，对于对象把握的这个方面来说，当这个把握是在意识的形态中时，只需回忆起在前已经出现过的那些意识形态就够了。</u>

　　"因此，对于对象把握的这个方面来说"，我们如何把握对象？如何从对象里面产生出自我意识来？对象就是属于对象意识，如何从意识进入到自我意识？在精神现象学开始很简单：意识经过三个阶段（感性确定性、知觉和知性）就进入到了自我意识。但是，实际上还很难，在意识层面上你进入到了自我意识，但是在精神层面上那还远远没有，精神要达到它的自我意识跟意识要达到它的自我意识，层次是大不一样的，意识达到它的自我意识还是意识，它还限于对对象的把握这个方面。对这个方面来说，"当这个把握是在意识的形态中时，只需回忆起在前已经出现过的那些意识形态就够了"，在这个方面，我们来讨论如何把握对象。当这个把握是在意识形态中的时候，那么我们就回想起我们已经走过的那些意识形态。这句话可以把后面的都概括在内了，一直到绝对认知之前都是在已经出现过的意识形态里面来考察意识的对象。最后到了绝对认知的时候，我们就是在自我意识里面来考察了，精神已经达到了它的自我意识，它不是考察意识的对象，而是考察自我意识，或者是把自我意识本身当作对象，把双方的这种和解和统一当作对象。但是在没有达到这个阶段之前呢，我们要考察以前所出现过的那些意识形态，我们就可以解决我们是如何把握对象的，我们是如何一步步克服对象的。对象一开始并没有被克服，但是一步步被克服；克服了以后，发现还不够，还必须继续克服；克服了以后它又成了一个对象，我们又必须要克服。这就是一系列的意识形态。我们来考察这样一些意识形态。

　　——所以，就对象而言，在它是直接的、**一漠不相关的存在**的范围内，于是我们曾经看到，观察的理性就在这种漠不相关的事物中**寻找**和**发现**它自身，这就是说，观察的理性意识到自己的行为也是一个同样外在的行为，正如它意识到对象只是一个直接的对象一样。

　　"所以，就对象而言"，我们来考察对象，我们看我们是怎样来把握这个对象的。"在它是直接的、**一漠不相关的存在**的范围内"，漠不相关打了着重号。我们这里注意到，一开始，对象总是直接的，比如说，在感性确定性里面，感性确定性的对象就是直接的，这一个我们上次已经讲到了，首先是直接的。直接的对象是什么意思呢？一个漠不相关的存在，直接的对象跟认知者、跟我们，即对这个对象的把握者是漠不相关的，它在那里，你去把握它，它给你什么就是什么，它是不以我的意识为转移的。"于是我们曾经看到，观察的理性就在这种漠不相关的事物中**寻找**和**发现**它自身"，这就是在回顾我们前面的观察的理性阶段了。观察的理性，也就是理论理性或者思辨理性，它不是实践理性，在康德那里叫作理论理性，在黑格尔这里也是这个意思，就是进行认识的理性。在这样一个漠不相关的直接的对象里面，观察的理性去寻找和发现它自身。在这里，你要克服对象，如何克服呢？就是要在客观事物中去寻找和发现它自身，它发现在这个对象里面，起决定作用的其实就是它自身，就是观察的理性自身。当然这个自身不是由自己出发的，而是去寻找和发现，也就是偶然碰上了它的对象，我碰到什么就研究什么；但是在研究它的过程中，我发现的正是在其中的我这个研究者,我发现我研究的其实就是我的研究。这个已经几乎就可以说有自我意识了,就像康德所讲的,人为自然立法,我在为自然界立法,我当然就在自然界里面找到和发现了我自己的法,但是还不是自我意识,因为它只是我"发现"的。如果自我意识真正是从自我出发,那就不是发现的,那就是必然推出来的,创造出来的;可现在是由一种外在的、漠不相干的事物触及到我、刺激了我,所以才使我发现了它、找到了它。寻找,那就是在没有找到之前,它就还不是自我。只有等你找到了,你才发现了自己。观察的理性,由于它是直接的,所以它是在漠不相关的事物中发现它自己,这就是说,"观察的理性意识到自己的行为也是一个同样外在的行为,正如它意识到对象只是一个直接的对象一样"。观察的理性在研究对象的过程中,在认识对象的过程中,它发现了自我,发现这个自我就是这个认识者;但它对待自我这个认识者的行为,也像对待其他那些漠不相关的对象一样,只把它当作一个直接的对象。康德的先验自我意识和先验范畴体系就是这样,它们都是康德在对自己的认识进行分析时所"发现"的先天条件,他处理这些先天条件就像处理白菜萝卜一样,当作既成事实来处理。对于认识的理性、观察的理性来说,现在有两个对象:一个是认识者,一个是被认识者;一个是主体,一个是客体;主体也是对象,对象里面也有主体;对象是由主体所建立起来的,但主体本身它也是一个对象,这都是经过我们对现实经验的分析所发现出来的。所以在这里,观察的理性意识到主客二分或者主客对立,它想要克服对象,但结果它把自己也变成了一个对象。

　　——我们也曾经看到,观察的理性在其规定的顶峰上以这样的无限判断表述出来:*我这个**存在**是一**事物***。

　　这个我们前面也已经看到了。"我们也曾经看到,观察的理性在其规定的顶峰上以这样的无限判断表述出来:*我这个**存在**是一**事物***","我"(Ich) 德文是大写,中文我用斜体表示。观察的理性的顶峰是什么呢?就是面相学和头盖骨相学。在这里,在上卷第229页上得出的结论是:"但是,精神**存在着**,这就无异于说:它是一个**事物**。"我们想通过面相学,特别是头盖骨相学来把握精神,我们把精神作为一个对象来考察,那么精神是一个什么样的对象呢? 当时流行的就是用头盖骨相学来把握人的精神:头盖骨的形状,头盖骨的分区,大脑的分区,这个我们今天还有,大脑的分区,右半球和左半球,它们分工不同,哪个部位管视觉、哪个部位管听觉、哪个部位管形象思维、哪个部位管语言,这样一种思维方式就是把精神当成一个事物来加以规定。接着上面的引文,他下面还说:"如果存在本身或事物的存在被精神宾词化了,那么真正的表达因此就是:精神就是像**一块骨头**这样的东西。因此必须被视为具有最高重要性的,就是找到了把精神纯粹地说出来的真实的表达,即**精神存在着**。"一个是精神,一个是存在,这本身就是把精神当成一个存在着的事物。自我是一个事物、精神是一块骨头、精神存在着,所有这些判断,黑格尔都把它们称为无限判断。所以,说"我"这样一个存在是一事物,或者"我"是一个事物,这个话听起来很荒谬,通常人们都说,事物是死的,人是活的。但它是观察的理性的最高命题,是观察的理性在其顶峰上的规定。我们已经知道,到了头盖骨相学以后呢,理性就走出了观察的理性,而进入到了实践的理性。所以,这是一个关节点,讲到头盖骨相学,现在的人对它很瞧不起,黑格尔怎么还讨论这些低层次的问题。在字面上确实是低层次的问题,在说出来的语言上面它是低层次的,但是你如果从概念上来理解呢,它是最高层次的,因为它把精神和事物、和存在统一起来了。我们前面讲,精神是一个事物,这个命题的主词和宾词,你如果把重点放在不同的位置上面,就会有不同的含义。比如你如果把重音放在事物上面,那是很荒谬的,精神怎么可能是一个事物呢? 怎么可以是一块骨头呢? 你如果把重音放在精神上面,那它就意味无穷:精神才是事物,所有的事物,包括骨头,其实都是精神。它后面的意思是,思维才是存在,你当然可以说思维是思维,思维不是存在,思维也不能归结为存在。思维和存在没有同一性,存在是看得见摸得着的,思维是看不见摸不着的,思维怎么可以说是存在呢？但从另外一个角度来理解，思维和存在有同一性：存在就是思维，思维囊括一切。按照黑格尔的客观唯心主义，这就把天下万物都精神化了，这里面大有深意。所以他讲，这是一个无限判断，所谓无限判断就是主词和宾词之间没有任何可以沟通的基础，精神和事物、思维和存在这两者之间是绝对的，没有任何沟通的。列宁在《唯物主义和经验批判主义》里面也讲到，精神和物质这两者是不可以定义的，没有一个高于它们两者的概念，没有第三个概念比这两者更高，所以不能用一个更高的概念来限定它们，只有要么站在精神这一边，要么站在物质那一边。列宁在这一点上是对的。这是两个最高的概念，没有一个第三者可以把它们沟通起来，它们势不两立，我们只有选边站。这就是无限判断。无限判断就是没有限制的判断，没有限制的判断两端各自游离，没有东西可以管着它们。一般的判断都不是无限判断。我们说"松树"不是"杨树"，有一个"树"把它们管着，它们都是树，所以我们说松树不是杨树。但是，精神和物质这两者之间没有一个共同的基础把它们管着，所以它们就没有限定；松树和杨树都是树，这是它们的限定，精神和物质、思维和存在，这两部分之间没有一个共同的东西把它们管着，所以，它们所形成的判断是一个无限判断，这是黑格尔对无限判断的一个规定，它不能形成一种确定的知识，只是表达一种态度或立场。

——而且还是一感性的、直接的事物；如果我被称作**灵魂**，那么它虽然也被表象为事物，但却是一不可见的、不可触摸的等等的事物，因而实际上就不是直接的存在，不是人们在一个事物下所意谓的东西。

"我"这个存在是一事物，"而且"，更确切地说，"还是一感性的、直接的事物"，也就是说，这里讲的事物还不是一般任何事物，不是什么抽象本质之类的事物，而且就是指那种感性的、直接的事物，日常意义上的事物。"如果我被称作**灵魂**，那么它虽然也被表象为事物，但却是一不可见的、不可触摸的等等的事物"，这里把那种抽象的灵魂排除了，就是这里指的还不是那种不可看见的、不可触摸的、不可闻到的等等事物，而是硬生生可感可触的事物。如果"我"被称之为灵魂这样的事物，那没有什么奇怪的，也不会引起惊异，甚至不会引起关注。因为人们通常认为，灵魂这样的东西正如"我"一样，不是可以感知的，"因而实际上就不是直接的存在，不是人们在一个事物下所意谓的东西"。字面上你可以把它说成是"事物"，但是，"我"这样一个灵魂，作为事物，它和一般的事物大不相同，说它是"事物"，只是名词的借用，是用事物来"表象"灵魂。当然你可以把它理解为一个有限的判断，不是一个无限的判断，就是说，"我"也是一个事物，存在也是一个事物，感性事物也是一个事物，"我"这个事物是非感性的，你可以用"事物"把"我"和其他事物沟通起来，或者把"我"和其他事物都归于"事物"这个总概念之下，但是这是与"事物"这个概念的通常用法不一致的。当我说"我"的存在是一个事物的时候，我恰好是说这个"我"是可以看得见、可以摸得着、可以闻得到的，就像一块骨头一样。而当我这里讲"我"是如同灵魂这一类"事物"时，并不是人们在一个"事物"下面所意谓的东西。人们在事物下面没有说出来，但已经意谓着的东西，就是这个事物应该是看得见、摸得着的，能够看见，能够触摸的，才是事物，看不见摸不着的就是子虚乌有，不是事物。但是，灵魂不是这种事物，它跟事物之间形成的是一个无限的判断。

——上述那一判断，如果直接从它的字面上来理解，它是无精神性的，或者不如说它就是无精神的东西本身。

"上述那一判断"，就是这个判断："我"这个存在是一个事物，这样一个无限判断，从这个无限判断来看，"如果直接从字面上来理解，它是无精神性的"。也就是说，它说出来了一个无限判断："我"的存在是一个事物，仅仅从字面上来理解，那么它是把"我"还原为一个无精神性的事物了。我这个存在是主词，事物是它的宾词，我用事物来说明主词，来谓述、指谓主词，那么，我就把主词限定在宾词"事物"的范围内，这就把"我"的精神性取消了——我的存在是一个事物，那它还有什么精神性呢？我的精神是一块骨头，头盖骨相学，我把人的思维、把人的灵感、把人的情感等等所有东西都归结为一块骨头，那还有什么精神性呢？那就没有精神性了。从字面上理解是这样的，"或者不如说，它就是无精神的东西本身"，所以，我也变成了无精神的东西，因为它是一个事物。

　　但是，按照它的**概念**来说，这个判断实际上是最富于精神的东西，而它的尚未在判断里**现成在手**的**内在东西**正是另外两个有待考察的环节所表达的东西。

　　这样一个判断是无精神的，"但是，按照它的**概念**来说"，"概念"打了着重号。前面是讲，如果直接从字面上来理解，它是无精神性的，因为就常识来说，这是很荒谬的：你怎么把人的思想归结为一块骨头呢？但是，按照概念来说，"这个判断实际上是最富于精神的东西"，也就是我们刚才已经讲到的，如果从概念上来理解，那么，它就富于精神性了，因为在概念中，主词和宾词是可以颠倒的。"我"的存在是一个事物，并不一定是把"我"还原为事物，也可以是把事物归结为"我"，即"我"的存在才是一个事物，你把重音放在"我"上面，意思就反过来了。前面从字面上来理解呢，一般是把重音放在事物上面："我"无非是事物而已，这就把"我"的精神性取消了。但是，如果从概念上理解，这个意思就倒过来了：既然我是事物，那么事物也是我。什么是事物？"我"才是事物，这意味着，事物就是我，不但我是精神，而且连事物也是精神了。精神是物质，这意味着，精神才是物质，其他东西都不是物质，物质其实是精神。这就非常丰富了，所以说这个判断实际上是最富于精神性的东西。看起来好像没多大意思：颠来倒去的，——我是事物，事物就是我，——看起来好像是同语反复；但是这个同语反复里面生出东西来了，我是事物，从字面上来理解，就是把我放在事物这一个更大的范围内。汉语和德语都有一种习惯，第一个词和第二个词在一个判断里面，A 是 B，通常第一个词是主词，第二个词是谓词或者说宾词，宾词是描述、表述主词的，主词只是一个名称而已，没有说什么东西，真正说出东西是宾词。我是一个事物，我就把我限定在事物这个大概念里面，我就不再是别的东西了，我无非是事物而已，事物就说出了我的本质。汉语里是这样的，德语里面虽然没有像汉语一样过分依赖于词序，但大体上一般还是这样的。当然，我们翻译的时候反过来翻译也可以，我的存在是事物，或者事物是我的存在。这对德语来说是无所谓的，但是在日常交往中，德语中词序还是起点作用的：放在前面的东西一般来说都是主词，放在后面的东西一般来说都是谓词。但是，如果你按照概念来说，主词和谓词的关系就颠倒了，不是把主词放在一个更大的谓词范围里面，而是把谓词纳入到主词之下：什么是事物？没有别的事物，我的存在才是事物。甚至于它的位置也会颠倒，黑格尔多次讲到了主谓判断在辩证的理解中要颠倒过来：主词变成谓词，谓词变成主词。这样一来，最没有精神性的东西的判断就变成了最富有精神性的东西的判断了。"而它的尚未在判断里**现成在手的内在东西**正是另外两个有待考察的环节所表达的东西"，就是说，它的最富有精神的东西在这个判断里面还不是现成在手的，至少字面上看不出来，它只是内在的东西。在"我这个存在是一个事物"这一判断里面，只说出了它的表面上的那种无精神性的含义，而内在的精神含义还没有现成在手，还不是明确呈现出来的，还需要进一步解释。而进一步的解释就需要后面两个有待考察的环节来实现，这就是在观察的理性结束以后，还要继续讨论实践的理性，其中的两个有待考察的环节实际上是被合并在下卷的"伦理"和"道德"两个主题中来展开的。实践理性本身有两个环节：一个环节是伦理，一个环节是道德，这个在上卷讲实践理性的第二节"理性的自我意识通过自己本身而实现"中有明确的区分。在这之下的一个小标题，贺、王译本标为"I.自我意识的直向运动：伦理世界"，我改为"I.伦理世界的形成"，这是上卷第232页下面。第二个标题是在235页的下面，"II.自我意识的反向运动：道德世界"，我改为"II.向道德世界的提升"。一个是伦理世界的形成，第二个是向道德世界的提升，而正式展开伦理世界和道德世界的内容是在下卷的第六章"精神"中，这就是有待考察的两个环节。这个判断的富于精神性的东西、它的内在的东西必须要在后面这两个环节里面才阐发出来，而在目前这个简单的无限判断里面还没有现成在手，还没有明显地表现出来它这个概念的含义，它还只是一个字面的含义。而它的概念的含义是要发挥出精神的丰富内容，一个是伦理的阶段，一个是道德的阶段。当然，黑格尔在这里没有严格地按照顺序，而是一般地按照自己的需要从精神的发展历程中攫取了一些段落，点评了一些段落，这个时候没有必要再从头到尾把整个过程复述一遍了，他只是点评了其中值得注意的几个要点。前面讲了观察的理性，也是点了一个要点，就是这个高峰，最后这个无限判断是一个高峰：我的存在是一个事物。这个命题非常具有辩证的深意。它可以从两个不同的层次来理解，这是一般的黑格尔研究者都没有注意到的，这个命题究竟是什么含义，从形式逻辑的含义和从概念的含义看，都是不同的。下面就讲到了这两个有待考察的环节，首先第一个环节就是伦理的环节。当然，他没有正式谈到伦理，他只是谈到了伦理解体以后自身异化了的精神、教化，一直到信仰和启蒙。

事物就是*我*；实际上在这个无限判断里，事物已被扬弃了，事物自在地什么也不是；事物只有在关系中，只有**通过*我***、以及**事物**与*我*的**联系**才有所指。

"事物就是*我*"，这个命题打了着重号，我们跟上面的命题对照一下：*我*的存在是一事物，或*我*就是事物，显然，这个主词宾词已经颠倒了。前面讲我是事物，这里讲事物是我，但在德文里面，在语法上是一个意思，在汉语里面基本上也是，只是强调的面不同而已。就像我们说"一国两制"，看你把重音放在哪个词上面，意思也会不同。但是，就是因为强调的方面不同，造成了这个判断的意思的极大的不同甚至颠倒。事物就是*我*，为什么要把我是事物这个命题颠倒过来呢？就是我们真正要克服事物，那么，我们就要知道事物到底是什么？前面讲*我*是一个事物，实际上是探讨*我*是什么，它是回答*我*是什么这个问题的。现在我们要回答的是事物是什么？要回答事物是什么，就是为了克服事物，要克服意识的对象。"绝对认知"这一章一开始就讲到，天启宗教的精神还没有克服它的意识本身，所以，绝对认知的任务就是要克服意识本身，克服天启宗教所未能克服的对象意识本身。我们现在回顾我们以往所走过的道路，我们发现它已经在被克服之中。那么，对象在这个阶段上就是事物，观察的理性已经把事物作为它的对象了；在实践的理性里面，这个事物就是*我*。实践的理性有两个环节：一个是伦理，一个是道德。在伦理中，事物就是*我*，这是一个无限判断；前面讲，*我*是一个事物，也是一个无限判断，它们是同一个判断。"实际上在这个无限判断里，事物已经被扬弃了"，什么是事物？事物就是*我*啊，无非是*我*，所以，事物就被扬弃了，因为所有的事物都是我造成的，它们可以归结到我。"事物自在地什么也不是"，如果你把事物跟我脱离开来，孤立地来看它自己、看它的自在，那么自在的事物什么也不是。康德所讲的自在之物，自在之物是什么呢？孤立起来看，自在之物什么也不是。只有当它跟我发生关系，成了为我之物，它才是什么。"事物只有在关系中，只有**通过我**、以及**事物**与我的**联系**才有所指"，这是跟上面一段相对照的。上面一段讲的是直接的、漠不相关的对象、事物，这里则是讲在关系中的事物，那就不是漠不相关的了。漠不相关的直接存在对应于感性的确定性，还属于感性确定性阶段；现在我们所讲的关系，就对应于知觉阶段了。我们上次讲到这三个阶段的划分也是这样讲的，前面一页讲到，对象"有的是**直接的**存在或与直接意识相符合的一般事物；有的是自己成为他者，是它的关系，或**为他存在和自为存在**，是与**知觉**相符合的规定性；有的是本质或作为与知性相符合的普遍的东西。"这三个阶段分别是感性确定性、知觉和知性。现在我们进入第二个阶段了，这就是知觉的阶段，知觉的阶段是强调关系的，知觉是对象和我、事物和我的关系。事物就是*我*，我们在这个命题里面已经把事物扬弃了，它已经归结到我了，归结到与我的关系了，事物只有在与我的关系中才有所指，才有 Bedeutung，也可以翻译为"才有意义"，否则的话就只是一个空洞的自在之物。

{424} ——这个环节在纯粹的明见和启蒙中就已对意识产生出来了。这些事物完全是**有用的**，并且只可从它们的有用性加以考察。

"这个环节"，就是知觉的环节、关系的环节，它"在纯粹的明见和启蒙中就已对意识产生出来了"。启蒙就是纯粹的明见啦，例如所谓常识，我们在那里就已经意识到了这样一个关系的环节。何以见得呢？"这些事物完全是**有用的**，并且只可从它们的有用性加以考察"。我们可以翻到前面第 97 页，看小标题："3. 有用是启蒙的基本概念"，这个小标题具有概括性，前前后后都谈到这一点。启蒙就是要讲有用，启蒙之所以反对宗教、反对迷信，就是因为那些东西对我们没有用。所以，他这里强调的就是这些事物是有用的，并且只可从它们的有用性加以考察。什么是事物？就是有用的东西；所谓有用的东西，就是对我有用的东西。事物的意思就是对我有用的东西、对我有用的物，所有的东西都是对我有用的，从有用的角度来看它，它才有意义；没有用的东西，我们就把它撇在一边，比如迷信、幻想，这些东西都没用。启蒙的本质由此就显现出来了，启蒙对事物的看法就是这样。

——**被教养的**自我意识历经自身异化的精神的世界，通过自己的外化而生发出了作为它自身的事物，因而在事物中还保持着它自己，并且认知了事物的非独立性，或认知了事物**本质上**只是**为他存在；**

看这半句。"**被教养的**自我意识"，"被教养的"打了着重号，不是有教养的，或者也可以翻译成"受教养的"，"历经自身异化的精神的世界"，就是在整个自身异化的精神世界的过程中，它经历过来了，它受到了教化。它的教养是在这个精神世界里面经历过来的，在异化中经历过来，它才能受到教化。在"启蒙"之前有很长一段都是讲"自身异化的精神世界"。我们可以看第 41 页这个标题："1. 自我异化了的精神世界"，整个这一段都是自我异化了的精神世界，它历经这个自我异化的精神世界。"通过自己的外化而生发出了作为它自身的事物"，什么事物呢？有两个事物：一个是国家权力，一个是财富。国家和财富都是通过自我意识异化出来的，通过自己的外化而生发出来的，而生发出来的东西还是作为它自身。在国家权力和财富的异化过程中，自我意识才受到了教化或教养，"因而在事物中还保持着它自己"，在事物中，在权力中，在财富中，自我意识都还保持着它自己。权力是可以由它自由使用和运用的，它在权力中可以体现出它自己，在财富中它也体现出它自己。我们至今还认为，一个人在世界上的成功，一个是他掌握了多少权力，一个是他掌握了多少财富。权和利，或者升官发财，这是一个人在社会中具有标志性的事物，离开这两个，既没有权，也没有利，也没有财富，那你这个人就等于是一个空壳啦，我们就可以说你一事无成了，没有这两件事物就叫作"一事无成"了，你既没有当官，也没有发财，那就是一事无成。所以只有在这两件事物中，自我意识还保持着它自己。"并且认知了事物的非独立性"，这个事物、这个国家不是独立的，是靠掌握国家的人去控制它、支配它的；财富也不是独立的，它是靠财富的主人去利用它的，在我和事物的关系中，我是支配性的，而事物是非独立性的。"或认知了事物**本质上只是为他存在**"，它不是独立存在的，它是为了别的东西而存在的，如果没有人，那就无所谓权力，那财富也没有用，那也不是财富。

或者说，如果对**关系**，以及对这里唯一构成对象的本性的东西加以完整的表述，那么，对被教养的自我意识而言，事物就是一种**自为存在着的东西**，被教养的自我意识把感性确定性宣称为绝对真理，却把这个**自为存在**本身宣称为一个只是消逝着的环节，这环节向它的对立面过渡，即过渡到被奉献出来的为他存在。

[261]

"或者说，如果对**关系**，以及对这里唯一构成对象的本性的东西加以完整的表述"，在这里唯一构成对象的本性的就是关系，什么关系呢？就是事物与人的关系，事物依赖于人，事物受人支配，这样一种有用性的关系。如果对这种关系加以完整的表述，你不要站在这一方，也不要站在那一方，你要站在关系的双方来对它们加以完整表述，"那么，对被教养的自我意识而言，事物就是一种**自为存在着的东西**"。它已经不是自在存在着的东西，它是自为存在着的东西。为什么是自为存在着的东西？因为它就是我啊，它本质上是与我的关系啊。权力是自为存在着的，它是能够产生作用的；财富也是自为存在着的，也是能够发生作用的，它是一种力量，权力是一种力量，财富也是一种力量。"被教养的自我意识把感性确定性宣称为绝对真理，却把这个**自为存在**本身宣称为只是一个消逝着的环节"，为什么在这种关系里面，自我意识这一方把感性确定性宣称为绝对的真理呢？我们看前面下卷第 47 页，它没有讲感性确定性，但是它讲到了劳动，因为财富是劳动所创造出来的，在劳动中每一个人会自以为是自私自利的行动，因此不认为财富是某种精神性的东西，创造财富是为了享受财富，最终是为了享受。而享受就是感性确定性，所以他们把感性确定性宣称为绝对真理。但是，黑格尔在那里又对这种说法进行了反驳，就是根据亚当·斯密的政治经济学，每个人的自私自利的劳动实际上为社会创造了财富，财富不光是你个人的，不光是为了你的享乐，财富是社会的，是为他的；每个人在自己享受的时候也给其他人提供了享受；一个人为自己劳动，也是给一切人劳动，而且一切人也都为他而劳动。但对于正处于教化中的人来说，他把自己的享乐、自私自利宣称为绝对真理，立足于自己享乐，而把这个自为存在本身，把这个劳动者以及他的赚钱、养家糊口的行为，宣称为一个只是消逝着的环节。人的劳动过程本身是消逝着的环节，最终都是为了享受，你不享受就不需要劳动。劳动是为了感性的享受而作的消耗，"这个环节向它的对立面过渡，即过渡到被奉献出来的为他存在"，也可以翻译为"被牺牲掉的为他存在"。这也是从政治经济学角度来讲的，就是谈到每个人的自私自利，一方面是不断地返回自己，不断地为自己谋利益，不断地在外面做事、赚钱、劳动，都是为了自己；但是，另一方面又是自我牺牲着的为他存在，他的劳累，他的流汗，他的赚钱，结果最后是为整个经济的发展做出了贡献。我们讲农民工在城里打工，流血流汗，他们当然是为了自己的一点小利益, 养家糊口, 但是却使得整个城市都繁荣起来了。所以它是一种自我奉献出来的为他存在, 劳动和财富本来是自为存在, 但又是为他存在, 它为自己, 但在无形之中, 它奉献出自己, 它为他、它成全了他人, 成全了整个社会。这就是伦理在这样一个过程中, 事物成为了有用的, 事物怎么样成为有用的呢? 事物成为有用的是一种教养, 最后在启蒙那里, 人们才恍然意识到一切事物都是有用性, 都只是在与我相关的这种关系中才有意义。这样一个结果在启蒙中, 在纯粹明见中, 我们最后得出了这个结论: 近代人是经过了教养的过程才形成起来的, 而这个长期的教养过程主要是权力和财富的教养。权力是自发的, 在与对象世界发生关系的时候, 我们首先要抓住权力, 有了权力以后, 我们就可以支配财富。财富在某种意义上也是一种权力, 权力在某种意义上也是一种财富, 财富就是权力的对象, 同时, 权力本身也向这个对象转化: 最大的财富就是这个国家的权力。权力向对立面转化、过渡, 成为奉献出来的为他存在, 权力本身跟财富一样, 它出于野心、出于欲望、出于个人的自私自利, 但是成全了整个社会。权力最高的, 像拿破仑那样, 抓权, 控制整个社会; 但是, 回过头来看, 拿破仑成为了社会的工具, 法国社会利用拿破仑提高了自己的层次, 拿破仑实际上成为一种自我牺牲的、把自己奉献出来的为他存在, 权力也成为了一种为他存在, 向对立面转化了。这个我们前面已经讲到了。这一段的意思主要就是指, 在伦理世界里面, 把古希腊那种真实的伦理扬弃了以后, 我们现在要建立自我意识的伦理。希腊的伦理是伦理实体, 它还没有自我意识。在古希腊伦理实体解体后, 我们要在新的基础上, 即在异化了的基础上, 建立起一个自我意识到的伦理实体, 那就是经历自身异化的精神世界, 一直发展到启蒙, 这都是属于伦理。这个伦理的特点就是我支配物, 如何克服意识的对象在这里也就体现出来了, 事物就是我, 事物本质上就是我, 体现为这个事物是由我支配的, 这个我看起来是一个消逝着的环节, 其实最终没有消逝的就是我, 那些事物, 权力也好, 财富也好, 都是过眼云烟, 都消逝了, 只有我支配一切,支配这个、支配那个,支配权力、支配财富,包括劳动、服务的意识、高贵意识,卑贱意识,都是从中派生出来的。它的主线是我支配物、支配事物,在"事物就是我"这个无限判断里面,事物被扬弃了,而我凸显出来了,这是第一个环节。所谓另外有两个有待考察的环节,其中第一个环节就是伦理,当然不是原始的伦理实体,而是建立在自我意识之上的伦理,具体包括后来黑格尔在《法哲学原理》讲的:家庭、市民社会和国家这些内容。那么下面一段就更进一层了。刚才那一段是在关系、知觉层次上面来谈。下面一段是在知性和自我意识的层面来谈了。

　　但是,对事物的认知,到此还没有完成;事物必须不仅按照存在的直接性和按照规定性来得到认知,而且也必须作为**本质**或**内在的东西**、作为自我来认知。这一点在**道德的自我意识**中现成在手了。

　　"但是,对于事物的认知,到此还没有完成",你把这个物归结为与我的关系,那么这个事物到底是什么呢? 事物离开了我以外,没有任何的意义,它就是一种关系,事物就是一种关系,但是事物作为一种关系,它已经消逝了,是消逝着的环节。在伦理世界里面,我支配物,物归结于我,那么这个物到底是什么? 这个时候有一种新的物产生出来了,新的物就是我本身。前面讲了事物就是我,但是一直在讲的是,事物是与我的关系。但事物本身是什么呢? 事物本身就是我本身。现在还有待于进到这一层,就是要把这个事物最终归结于我本身。所以,对于事物的认知到此还没有完成,它只是进入到了一种关系的层次,一种否定的层次。第一个是肯定的层次,第二个是否定的层次,第三个应该是否定之否定的层次,应该重新肯定这个事物,但是这个事物已经不是原来的事物了,这个事物是我的事物。什么是我的事物呢? "事物必须不仅按照存在的直接性和按照规定性(Bestimmtheit)来得到认知",按照存在的直接性就是按照感性确定性,按照规定性就是按照知觉,前面讲知觉就是规定性,就是关系。我们看前面第 259 页,这里讲了三个层次,"有的是**直接的存**

在或与直接意识相符合的一般事物；有的是自己成为他者，是它的关系，或**为他存在**和**自为存在**，是与**知觉**相符合的规定性；有的是本质或作为与知性相符合的普遍的东西"。第一个层次是直接存在，第二个层次是与知觉相符合的规定性（Bestimmtheit）。现在我们已经按照存在的直接性进行了考察，又按照规定性进行了考察，但是这还不够，"而且也必须**作为本质或内在的东西、作为自我来认知**"。这是知性的阶段，并由此进入到自我意识阶段。但是这个自我意识还是很片面的，还是在内在的东西里面把对象作为自我来认知，有点相当于康德的那个自我、那个守在内在的东西中不敢超越的先验自我。"这一点在**道德的自我意识**中现成在手了"，在康德那里，超越内在东西的领域就是道德的领域，但他并没有把这种超越的领域当作现成在手的，而是只当作自在之物即信仰的对象。只有到了后来费希特那里，才打破了内在和超越的界限，将自我意识引入到道德实践领域中来，使它成为现成在手的了。当然，这个时候的事物已经不是我们所要面对的那个自然的外在的事物，而是道德的自我意识的事物，在道德行动中的事物，这样一个事物跟自我是一回事情，在道德行动中，这个事物就是我，我就是事物。我是谁不在于我做了多少外在的事，而在于我在道德实践中是如何做的。

道德的自我意识知道自己的认知是**绝对的本质性**，或者说，知道**存在**完全是纯粹的意志或认知；道德的自我意识除了它只**是**这个意志和认知之外，什么也不是；应归于别的东西的，只是非本质的存在，即不是**自在**存在着的东西，只是存在的空壳。

"道德的自我意识知道自己的认知是**绝对的本质性**"，在道德的自我意识里也有认知，这个认知跟观察的理性的那种认知是完全不同的，它是一种道德知识和道德的认知，不是那种表面现象的认知，而是对自在之物本身的认知。康德认为存在于彼岸的那种不可认知的自在之物才是绝对的本质性，道德认知就是涉及这样一种对象的认知，但康德并不认真对待这种认知，在严格意义上他认为这是不可知的，只能并且应当按

405

照去做，只是一种应当的知识。黑格尔（和费希特）则认为这种认知才是绝对的本质性，是主客统一的认知，它不仅仅是旁观式的，而且是实践知识，是知和行、认知和意志的合一，"或者说，知道**存在**是纯粹的意志或认知"。在道德知识中，它的对象、事物跟以前完全不同了。如前面的125页讲到"道德世界观"，第一句话是："自我意识把义务作为绝对本质来认知；它只受义务的约束，而这种实体就是它固有的纯粹意识；义务不能保持对自我意识的异己东西的形式。"义务就是在行动中我应当做什么、怎样做的知识，是我应当如何运用我的自由意志的知识。对义务的认知是绝对的本质性，在道德行动中，道德自我意识的认知与意志是不可分的，知和行是不可分的，道德上的知就是一种行，或者说道德上的行就是一种知、就是一种良知；它是以义务为自己的对象的。道德自我意识的所谓的对象、所要认知的事物，不是别的，就是义务，而义务是绝对的本质性，所谓绝对本质性，就是主客观同一的本质性。我认识到我的义务，这不光是说义务就在那里，我认知了它，然后我再去履行它，一般地对道德知识可能都是这样看的，但康德已经把这一点破除了。纯粹实践理性不仅仅是一种对自己义务的认知，而且它本身就是一个"理性的事实"，所谓的理性的事实就是说它决定要去做，或者如王阳明所说，"一念发动处，便是行了"。真正的实践理性是要在行动中来认知，所以它跟意志是分不开的，你对义务的认知就是对义务的意志，所以这样一个认知就是绝对的本质性。前面讲到道德世界观的时候多次提到，行动者和认知者是同一的、不能分的：行动者就是认知者，认知者就是行动者。"道德的自我意识除了它只**是**这个意志和认知之外，什么也不是"，"是"打了着重号，也就是它只有作为知行合一体才存在，否则它根本就不存在。"应归于别的东西的，只是非本质的存在，即不是**自在**存在着的东西，只是存在的空壳"，当然，到了道德的自我意识，就只有意志和认知的存在，所有其他的存在，比如说欲望、感性经验、自然知识、幸福、利益等等，都只是非本质的存在，都成了存在的空壳。这一点康德讲得很清楚，为义务而义务才是最本质的，除此而外，其他都属于现象界，都是非本质的，都是过眼烟云。你只要掺杂一点非本质的东西，那你的这个道德就不纯粹了，就不再是为义务而义务了，你的行为的存在就不再是自在的存在了。自在打了着重号，这里是引用了康德的术语，现象的东西不是自在之物，自在之物才是真正绝对的本质性，其他东西都只是存在的空壳。

道德意识在何种程度上将自己的世界表象中的定在从自我中排除出去，它就在同样程度上又重新把这个定在收回到它自身中来。

这就是对康德的一种超出，或者是对康德的一种批判了，已经进到了费希特的观点。"道德意识在何种程度上将自己的世界表象中的**定在**从自我中排除出去"，按照康德的说法，应该把世界表象的各种定在从道德意识自身中排除出去，你不要考虑任何利益，不要考虑任何经验，不要考虑后果；你唯义是从，你按照义务去做，纯粹为义务而义务就行了，这就是道德自我意识。但康德没有想到，只要你这样做，"它就在同样程度上又重新把这个定在收回到自身中来"，它实际上还是把被牺牲、被排除的定在考虑到，并纳入到了自己的义务行为中来了。你为什么要把那些东西排除出去呢？不就是为了保持义务的纯粹性吗？但是只有当你把这些东西排除出去的时候，你的义务的纯粹性才显示出来了，义务的纯粹性正是在排除过程中才显示出来的，那么这些被排除的东西不是都被考虑进来了吗？在具体实行为义务而义务的过程中又把它们重新收回来了。所以，是你在把这些东西排除出去，这样一个过程是很现实的、很实在的，你要为义务而义务，就必须做很多艰苦的工作，在排除的时候你就把它们建立起来了，你在排除它们的时候你就给它们安排了位置，安排了它们次于义务的位置。这就是费希特的伦理学，他从康德伦理学出发，但又超出了康德的伦理学。前面第145页中间那句话说："道德一度据说完全只是作为纯粹抽象的非现实的思想物，而具有有效性，但同样又以这种方式而不具任何有效性；它的真理之所在，据说就在于它和现实相对立、完全摆脱了现实性，并且是空的，又在于它就是现实性。"这句话说得非常辩证。道德一开始想仅仅作为抽象的非现实的思想物而具有有效性，它一度追求的是为义务而义务；但同样又以这种方式而不具任何有效性，为义务而义务，它的效果体现在什么地方呢？你完全只考虑动机，不考虑效果，那效果就体现不出来了，而不具有任何有效性，这说明康德义务理论的空洞性、抽象性、无效性。大家在理论上知道应该这样，但在现实中没有人这样做，它完全摆脱现实性，所以本身是空的，这是一方面。但另一方面，它的真理之所在，就在于它就是现实性，在它为义务而义务，与现实性相对立、与现实做斗争的时候，它本身岂不就也是现实的了吗？它就是现实性。所以，这里存在着一种"倒置"的关系，只要道德意识将自己的世界表象中的定在从自我中排除出去，它就同样又重新把这个定在收回到它自身中来，它在同这个定在做斗争、排除定在的时候，又把它收回来了，因为它在努力摆脱现实性的同时，它自己就成了现实性。

最后，道德的意识作为良知，就不再是交替地设置和置换定在和自我的过程了，而是认知到它的定在本身就是它自身的这种纯粹确定性；道德的意识在行动中把自己设置在外的那个对象性元素，无非就是自我关于自己的纯粹认知。

"最后，道德的意识作为良知"，也就是作为良心（Gewissen），这个良心在这里翻译为"良知"更好，因为它跟认知（Wissen）的关系太密切了，我们前面一直把它翻译为良心，在前面的语境中是合适的。好在"良知"和"良心"在汉语中是同义词，通常可以互换。这个"最后"是有意思的，是和前面讲的道德的自我意识和道德自我意识的倒置相联系着来说的。我们看前面黑格尔在"道德"这部分之下安排了三个标题：a. 道德世界观；b. 倒置；c. 良知。道德自我意识相当于道德世界观，认为这个世界中唯有道德是实在的，排除其他一切存在；然后是倒置，这种作为纯粹意志和认知的道德意识在排除一切现实内容的同时自己成了现实的内容；第三个环节就是良知，黑格尔一般用"最后"（endlich）这种表述时就是"第三"的意思。在第三环节中,这个良知"就不再是交替地设置和置换定在和自我的过程了,而是认知到它的**定在**本身就是它自身的这种纯粹确定性"。所谓交替地设置和置换定在和自我的过程,可参看前面第150页下面一段:"良心中也不现成地存在上述意识反复徘徊的不确定性,即意识时而把所谓纯粹道德置于自己以外的另一个神圣本质里,自视为不神圣的东西,时而又反过来把道德的纯粹性置于自己本身中,而把感性的东西与道德的东西的结合置于另一本质中。良心拒绝了道德世界观的所有这些忽而设置、忽而又置换掉的做法,因为它拒绝了那把义务与现实性理解为互相矛盾的意识。"谈到良心,它已经不再具有上面的徘徊动摇的不确定性,也就是一会儿把纯粹道德放在自我里面来作用于外部世界,一会儿又把自我看作是不道德的,把道德放在自身之外,比如放在上帝那里,不断把这两者的关系置换来、置换去。而现在,道德的意识作为良知,就不再是交替地设置和置换定在和自我的过程了。一个是定在,一个是自我,道德的意识要么放在定在那里,要么放在自我这里;放在定在那里,自我就要去服从它,放在自我这里,自我就要去支配它,它们就有一种互相置换的关系。你把道德放在定在那里,那么这个自我就是对定在的一种认识、一种认知,就是认知者;你把道德放在自我这里呢,那么这个自我就是一个行动者,定在和自我的这种互相置换、互相交替就是认知者和行动者的关系。前面第154页的小标题就是:"3.良知作为认识者和行动者的统一",在良知这里就终结了这样一个知和行相对立的过程,认知到了它的定在本身就是它自身的这种纯粹确定性,或者说,知就是行,对定在的知就是它的这样一种意志。"道德的意识在行动中把自己设置在外的那个对象性元素,无非就是自我关于自己的纯粹认知",行动就是认知,在行动中把自己设置在外的那个对象性元素就是义务,这个义务其实不是外来的,而无非就是自我关于自己的纯粹认知。这就达到知行合一了,那个义务在外面,对我发出命令,但那恰好是我自己的命令,是我对我自己的命令,是我的道德自律,我借此对我自己的本质有了纯粹的认知，意识到这是发自自我的本质里面的一种命令。这样就达到知行合一了。

　　这些就是由以组成精神与它原来的意识的相互和解的环节；这些环节单独看都是个别的，唯有它们的精神的统一体才是构成这种和解之力的东西。

　　这是一个总结，总结上面的三段，一个是从感性确定性出发，一个是从知觉出发，一个是从知性出发。这三段就是这三个环节。"这些就是由以组成精神与它原来的意识的相互和解的环节"，精神与它原来的意识，也就是精神在发展和形成过程中所经历的意识的阶段，那就是它原来的意识。精神是一个物质、事物，精神是一块骨头，精神和原来的意识怎么能够和解呢？精神和骨头能够和解吗？思维和存在可以和解吗？它可以和解，经过这三个环节可以达到和解。"这些环节单独看都是个别的"，单独来看，每一个环节都是个别的，和其他环节不相干，在这种情况下显得不能和解。"唯有它们的精神的统一体才是构成这种和解之力的东西"，现在我们回过头来看，我们可以从它们的精神的统一体来回顾它们：这三个环节，从观察的理性到伦理、到道德，它们作为一个精神的统一体，我们可以把其中的统一作用提取出来加以考察。我们发现，这种总体性构成了一种和解之力，能够把这三个环节统一起来、贯通起来。它们之所以能够一个接一个走到今天，里面贯穿的其实就是精神的统一体、精神的总体性。它们为什么要从一个环节过渡到另外一个环节，而且是必然的？例如我的存在是一个事物，必然过渡到这个事物就是我。这就是各个环节的和解，包括它们里面的有用性啊、财富啊、知和行的关系啊，它们都由此而达到和解。在道德意识中，这个物就是我、就是我所干出来的事情，我所借重的就是这种精神的统一性之力。

　　但是，这些环节的最后一环必然是这个统一体本身，并且很明显，这个统一体实际上是把一切环节都结合在自身之内的。

"这些环节的最后一环",也就是良知,它"必然是这个统一体本身",所有这一切都在良知中达到了统一。"并且很明显,这个统一体实际上是把一切环节都结合在自身之内的",在良知这个基础上,我们建立起了一个道德世界观,道德世界观把前面几个环节都包含在内了,最后在良知上面达到了它的最高峰。

在自己的定在中自己确定自己的精神,不是以别的东西、而只是以这种关于自己的认知作为**定在**的元素;精神宣称它的所作所为都是按照对义务的信念来做的,它的这番话就是它的行动的**效准**。

"在自己的定在中自己确定自己的精神",这个是前面"道德"部分的标题:"三、对其自身具有确定性的精神;道德",自己确定自己的精神就称之为道德。而在定在中的这种道德,"不是以别的东西、而只是以这种关于自己的认知作为**定在**的元素",定在打了着重号。这个定在是什么呢?就是良知。关于自己的认知就是良知,它是一个定在的元素,良知是每个人都很确定的,每个人手拍胸膛,都可以发现自己内心里面有一颗良心。道德要获得定在,只能以这样一个良知作为自己定在的元素,而不能基于任何其他元素之上。"精神宣称它的所作所为都是按照对义务的信念做的,它的这番话(Sprache)就是它的行动的**效准**",精神宣称,aussprechen,就是说出来、宣布,它的这番话就是它的行动的效准,效准(Gelten)打了着重号。这里触及到了语言在道德义务中的作用、它的地位问题。有人问孔子:"有一言可以终身行之者乎?"孔子回答说,"其恕乎,己所不欲,勿施于人"。你能够按照这句话来"终身行之",可见这个话很重要。但这只是一种可能性,是不是真的能够按照这句话终身行之?或者说,是不是为了终身行之,就必须把这句话说出来?这句话的它行动的效准如何?这是我们中国人不太考虑的。我们中国人宁可相信不说而做,或者少说多做,"天何言哉","听其言,观其行","言"是不重要的。但是,在黑格尔那里,言很重要。我们看第 162 页中间有一大段话:"良心语言的内容是**将自己作为本质来认知的自我**。唯有这个自我是良心的

411

语言所表述的, 这种表述是行为的真正现实性和行动的效准。"你说出来和没说出来是大不一样的, 你说出来才具有真正现实性和行动的有效性, 你的行动你如果不说, 那是无效的, 不算数的, 你行动了而且要说, 那才具有有效性。下面他接着说,"这意识表述着它的**信念**; 这种信念是行动唯一在其中就是义务的东西; 行动之所以**被看作**是义务, 唯一的是由于**信念被说出来了**。"你内心的信念为什么一定要说出来才是有效性? 就是因为这种信念不是你个人内心的某种感悟, 而是具有普遍性的。语言是具有普遍性的, 你不要以为你不说出来, 你只要那样去做就行了。那只是说明你个人出于你的情感, 甚至出于你的本能, 或者出于你的直觉, 那个还没有普遍性。同一件事情只有说出来了, 成为普遍的语言, 那才是真正的义务, 否则谁知道你出于什么样的理由去做这件事情呢? 当然你说出来了, 你不一定内心是那样想的, 但是这就对你有约束力, 因为你说出来就具有了普遍性, 它是人家能够理解的, 而且人家也能够按照这个来衡量你的行为。所以接下来又说,"因为普遍的自我意识不依赖于那**仅仅存在着的特定的**行动; **这种行动**作为**定在**对普遍的自我意识是无效的, 有效的则是对这种**行动**就是义务的那种**信念**; 而这种信念在语言中是现实的。"这是很明显的一个中西区别, 我们中国人是不太相信语言的, 只相信实干, 不太相信程序正义, 只相信实质正义; 西方人则相信用语言来制定一种规范、建立一种信用的重要性。虽然你永远也不能确定他说这话的真正目的是什么, 但只要他说出来, 至少有一个外在的标准对他形成约束, 一旦他违反, 那他的信用就垮了, 以后再说什么人家都不相信了。如果不形之于语言, 对他没有约束, 那就永远没有原则, 你对他就只能走一步看一步, 看他做了什么事情。即算不能确定是出于什么目的而说, 但是说出来还是对他有约束力的, 不要以为人可以无限制地说假话。假话说一两次可以, 但你不能永远说假话, 所以, 说话这个东西还是很有效的。

　　——这行动是概念的单纯性的第一个**自在**存在着的分离, 又是从这种分离中的返回。

"这行动是概念的单纯性的第一个**自在**存在着的分离","自在"打了着重号。概念的单纯性包括抽象义务的概念,它是具有单纯性的;但是,行动是不单纯的,行动就已经是分离了,出自于概念而行动,或者把概念付诸行动,这已经是与单纯概念的第一个自在存在着的分离了。你也许本来没打算分离,你打算不跟概念相分离,严格地按照概念去做,为义务而义务;但是它不以人意志为转移,自在地已经在分离了,你做的不是你想要做的,甚至你做的恰好和你预想的相反。你按照你的信念去做,按照你的义务的概念去做,当你做的时候,你已经与你的义务相分离了,除非你不做,你永远跟你的义务在一起。一旦你要动手,那你就会跟你的义务自在地相分离,而这种相分离也就是恶。你出于义务去做事、动手,就免不了要产生负面作用,除非你不动手,你要求绝对纯洁,那就什么也做不了;你一旦付诸实践,那就会有恶,就会违背你的初衷。"又是从这种分离中的返回"。分离不要怕,分离同时又是从这种分离中的返回。我们看前面第 177 页上段:道德精神本身是有差别的,"而且这种差别是绝对的差别,因为这差别是在纯粹概念这样一种元素中建立起来的。这差别也不仅对我们而言是这样,而且对那些处于这种对立中的概念本身而言也是这样。"这种差别是什么呢? 按照前面一路讲下来的,就是讲善与恶的差别:义务当然是善,违背义务就是恶;但是,抽象的善是没有现实性的,你要把这个善实现出来,付诸现实性的时候,它肯定就会带来恶。所以,善与恶的差别在道德的纯粹概念这样一种元素中建立起来,这差别不仅对我们而言,而且对那些概念本身也是这样的。概念本身就包含善与恶的差别,也就是包含着一种自在存在着的分离,一方面,分离出去、由善而作恶,另一方面从作恶中又返回,通过和解、通过忏悔、通过宽恕,而返回到善。人免不了要作恶;人活在世界上就是作恶;你要行动,你就在作恶;你要不行动,那就趁早去吊死算了,免得活在世界上作恶。所以我们还要活着的每个人,都要对人抱有宽容态度,人性本恶嘛,人们为了

413

养家糊口，自私自利，都是可以宽恕的，人本来就是有限的。从分离中走向返回，这种宽恕本身又是一种善，这种和解本身是更高的善，这种善已经不是人世间的善，而是带有神圣性的善。这就已经进入到宗教的境界了，只有上帝能够宽恕一切，在宗教里面，人性的恶是可以宽恕的。所以，一方面，只要你行动，就是对概念单纯性的分离，同时另一方面，又是从这种分离中的返回。

<u>前一个运动所以翻转为第二个运动，是因为承认的元素把自己建立为关于义务的**单纯**认知，以与**区别**和**分裂**相对立，这种分裂包含在行动本身中，并且以这种方式构成了某种铁一般的现实性以与这行动相对立。</u>

"前一个运动所以翻转为第二个运动"，前一个运动就是分离，第二个运动就是返回，之所以从分离转化为第二个运动，转化为返回，"是因为承认的元素把自己建立为关于义务的**单纯**认知"。承认的元素我们前面已经遇到过了，像在自我意识阶段，主人和奴隶相互承认，这才建立起了社会。前一个运动就是分离，就是陷入到恶啦，如果仅仅是陷入到这个恶，没有承认的话，那整个社会就陷入到了一切人对一切人的战争，人和人就像狼一样，互相没有承认，你不承认我，我不承认你，互相之间就永远斗来斗去，直到同归于尽。但是，它必然会转化为第二个运动，回复到概念本身，这正是因为在自我意识中所包含的承认的元素，建立起了关于义务的单纯认知。承认的元素坚持有超越功利之上的单纯的义务，有这种单纯的义务，这就把意识提升起来了。本来单纯的概念是意识的一个起点，现在它又回到了起点，但是它的层次更高了，它是建立在承认的元素、建立在宽恕、建立在对恶的忏悔这样一个层次上面的。在经历了恶以后，所建立起的这个单纯的认知，"以与**区别**和**分裂**相对立"，也就是和恶相对立，这就达到了更高层次的善。"这种分裂包含在行动本身中"，刚才讲了，你一行动就有分裂了，就有恶了，"并且以这种方式构成了某种铁一般的现实性以与这行动相对立"。你在行动中作恶，你就会构成一种铁一般的、坚硬的现实性，残酷无情的现实性，以与这个行动相

对立, 你要行动, 那么在这样一个恶的世界里面, 你也恶, 他也恶, 那么, 你就会碰到头破血流。而回到义务的单纯认知, 就是与这样一个恶的世界相对立, 与区别与分裂相对立, 并激起恶的坚硬现实性与这种行动相对立。

<u>不过, 我们在宽恕中曾看到, 这种坚硬性是如何自我舍弃和出让自身的。</u> [262]

"不过, 我们在宽恕中曾看到, 这种坚硬性是如何自我舍弃和出让自身的", 宽恕是道德的最高层次, 良知经过宽恕而进入到了宗教。这是第 175 页 "宽恕与和解" 这个标题下面讲的: "真正的亦即**自我意识到的**和**定在着的**调解, 按其必然性来说, 已经在上面所说的东西中包含着了。但使坚硬的本心折服并使之提升到普遍性的那种运动, 正是那个在自己招供的意识那里曾表现出来的运动。" 以及: "但这个他者, 之所以放弃它的进行分裂的思想, 以及那固执于思想中的自为存在的生硬性, 乃是因为实际上它在恶者之中直观到了自己。" 良知通过对罪的忏悔和宽恕而达到和解, 才能提升到宗教的层次。正是通过忏悔或招供, 把这种坚硬的东西软化、化解, 自我意识才提升到了这种分裂和对立的调解。这种坚硬性不再是固执于自己了, 它放弃和出让 (entäußert) 自身, 承认大家都是这样的, 大家都是罪人, 所以达到了自我舍弃, 自我忏悔。

<u>因此, 在这里, 对自我意识来说, 现实性既是作为**直接的定在**而不具有任何别的含义, 只具有自己是纯粹认知的含义;</u>——同样地, 作为**被规定的**定在或作为关系, 这个自相对立的东西也是一种认知, 要么是关于这个纯粹个别的自我的认知, 要么是关于作为普遍自我的认知的那种认知。 {425}

"因此, 在这里, 对于自我意识来说", 前面是讲, 对于对象来说, 良知也是道德自我意识的对象; 而对于自我意识来说, 良知在忏悔中、在和解中、在宽恕中达到了自我意识, 因此在这里, 对于自我意识来说, "现实性既是作为**直接的定在**而不具有任何别的含义, 只具有自己是纯粹认知

的含义"，直接的定在打了着重号。也就是在感性确定性这个层次上，现实性已不具有别的含义，只具有自己是纯粹认知的含义。自我意识现在达到了这样一个层次，现实性作为直接的定在是一种纯粹认知，现实性跟纯粹认知达到了统一，这种感性的现实性已经提升到了纯粹认知，已经具有了纯粹认知的含义，这是一个层面。这里对于自我意识来说是直接定在已经具有纯粹认知的含义。第二个层面就是，"同样地，作为**被规定的**定在或作为关系，这个自相对立的东西也是一种认知"，被规定的打了着重号。这就是在第二个层次、即知觉这个层次上面，作为被规定的定在或作为关系，也提升到了认知，这种自相对立、消失着的东西、自己取消自己东西、自我分裂的东西，它也是一种认知。而这个认知本身也包含有两方面："要么是关于这个纯粹个别的自我的认知，要么是关于作为普遍自我的认知的那种认知"。一方面，它是个别的自我，另一方面，它是普遍的自我，这两方面是分裂的，是对立的，在知觉的阶段，在被规定的定在、在关系的这个阶段上，它是两分的。但是它也提升到了认知，提升到了对这两方面相互分裂的认知：一个是个别的自我，一个是普遍的自我，普遍自我是关于认知的认知，层次更高。

　　在这里同时建立起来的是：**第三环节**，即**普遍性**或**本质**对对立双方的每一方来说都只是作为**认知**才有效准；并且对立双方最终同样扬弃了那还剩下的空洞的对立，它们就是对我＝我的认知；这个**个别**自我就是直接的纯粹认知或普遍的认知。

　　"在这里同时建立起来的是：**第三环节**，即**普遍性**或**本质**对对立双方的每一方来说都只是作为**认知**才有效准"，"第三"打了着重号。前面是两个环节，一个是感性的直接的定在，一个是知觉的被规定的定在、关系；关系里面又分成两方面：要么是个别自我，要么是普遍自我，双方对立，在知觉阶段陷入到这种对立的关系中。与这种对立同时建立起来的是第三环节对双方的关系的综合，就是认知到了每一方的普遍性或本质，普遍性和本质都打了着重号。这就是知性的阶段，知性就是要深入到普遍性和本质。前面两个环节都有认知，但是，第三环节把普遍性和本质确立为只是作为认知才有效，作为认知才是前面两个环节的本质。"并且对立双方最终同样扬弃了那还剩下的空洞的对立"，个别与普遍的对立在双方都提升到普遍性或本质的认知时成了空洞的对立，它们在认知中被扬弃而达到了个别和普遍的统一。"它们就是对我＝我的认知"，我＝我，不管是普遍的我还是个别的我，我就是我们，我们就是我，这就是在自我意识里面达到的原则：我＝我。这两个我，一个是普遍的，一个是个别的，但是它们是相等的。"这个**个别**自我就是直接的纯粹认知或普遍认知"，这就在自我意识里面达到了个别自我意识和普遍自我意识的和解，而在宗教阶段则意味着达到了人和上帝的和解。我们在第177页到第178页，就是"道德"的结尾部分读道："因为这种对立勿宁说本身就是'我＝我'的**无间断的连续性**和同一性；而且，每个我，恰恰由于它的纯粹普遍性的矛盾，[……]而**自为地**在其本身中把自己扬弃掉了。[……]在这种和解性的'是的'[Ja]中，双方的我都在其中放弃了它们相互对立着的**定在**，这个'是的'就是那扩展为双重性了的**我**的**定在**，这个我在其中保持着自身同一性，并在它的完全外化和对立面中拥有对其自身的确定性；——这个我，就是在把自己作为纯粹认知来认知的两个我中间，所显现出来的上帝。"所谓我＝我的无间断的连续性和同一性，就和这里讲的，个别自我就是直接的纯粹认知或普遍认知，呼应起来了。我们读后面这一部分，特别麻烦的就是都要涉及前面，它的原理都是前面已经讲过的，没有哪个原理是前面没讲过的，只不过后面讲的把它提升了层次。在"绝对认知"这一章里面其实并没有增加什么新的东西，只是把前面的东西、每一个环节重新提出来，从更高的眼光来看它。所以，讲这一部分就特别麻烦，要追溯到前面讲过的一些话。休息一下。

我们刚才是一路追溯着读过来的，先是从感性确定性到知觉、到知性，自我意识，然后到观察的理性，到伦理，到道德，中间跳过了一些环节。

为什么跳过这些环节呢？因为现在的主要任务是要克服对象。他一开始就提出这个任务，第 258 页讲道，"天启宗教的精神还没有克服它的意识本身，或者这样说也是一样，它现成的自我意识还不是它意识到的对象"。问题只在于，精神怎么样在对对象的克服中达到自我意识？所以它是跳着来的，都只涉及到对象问题，比如说意识阶段，感性确定性、知觉、知性，都是讲对象，自我意识就只一笔带过去了；然后，事物、观察的理性，也是讲事物，也是讲对象；然后讲伦理、国家权力和财富，这也是讲对象；然后讲道德，道德的个体性，良知，这也是讲对象，而这些对象是把第五章的实践理性部分和第六章的伦理和道德两部分合并起来讲的，跳过了教化和启蒙。所以，它是一路这样讲过来的，也就是我们前面讲到的，概念在前此各个意识形态中的形成，是在克服这些对象的过程中，一步步克服，就渐渐形成了概念。但是现在我们已经到了宗教这个阶段：从道德领域通过良知、通过对恶的宽恕和忏悔，我们回复到个别的自我意识，这个个别的自我意识就是上帝的自我意识，它同时也就是直接的纯粹认知或普遍的认知，既是个别的，同时又是普遍的认知，那就是上帝的认知。从此，我们的回顾就进入到了宗教。

　　因此，意识与自我意识的这种和解显示出自己是由双方面来完成的：一方面是在宗教精神里，另一方面是在意识自己本身里。

　　"因此，意识与自我意识的这种和解显示出自己是由双方面来完成的：一方面是在宗教精神里，另一方面是在意识本身里"，我们在第 181 页上面可以看到相同的或类似的说法："因此，既然在宗教里精神的真正意识的规定不具有自由的**他在**的形式，所以精神的**定在**就与它的**自我意识**区别开来，而它的真正的现实性就落在宗教之外了；当然这乃是同一个精神的两个方面，但精神的意识并不一下子就包括两个方面，宗教显现为精神的定在、行为、发奋的一方面，而精神的另一方面则是在它的现实世界中的生活。正如我们现在所知，在自己的世界中的精神，和把自己作为精神而意识到的精神、或者在宗教中的精神,乃是同一个东西,所以宗教的完成就在于这两方面彼此成为同一的,即不仅仅是在于精神的现实性为宗教所把握,而是相反,是在于精神作为意识到自身的精神成为现实的,成为**它自己的意识的对象**。"这可以给这一句话做注解。在意识本身里就是在现实的意识里,人一方面具有宗教意识,一方面他又在现实中生活,或者说,作为宗教的信徒和作为世俗的俗人,这两方面都要表现出意识与自我意识怎么和解,也就是我们前面讲到过的新教伦理:把僧侣变成了俗人,同时又把俗人变成了僧侣。这两方面必须要统一。这种统一、这种和解是由双方面来完成的,一方面是在宗教精神里,一方面是在意识本身里,意识本身也就是对象意识本身,即在现实生活中。

这两个方面彼此之间的区别在于,前者的这种和解是在**自在**存在的形式中,后者的和解则是在**自为**存在的形式中。

"这两个方面彼此之间的区别在于,前者的这种和解是在**自在**存在的形式中,后者的和解则是在**自为**存在的形式中",这两方面的区别是,前者,即在宗教精神里,这种和解是在**自在**存在的形式中,就是当成一个信仰,彼岸信仰的对象,自在的对象,就是把这种和解当作一个信仰的对象来理解;而在后者里,就是在意识本身里,在现实生活里面,这种和解是在**自为**存在的形式中。就是在现实生活中,我们必须努力地、自为地去达到那个和解,通过自己主动地去忏悔、去宽容别人、去反思自己,这都是在自为存在的形式中达到一种和解。但是,信仰的对象在上帝那里,它自在地已经和解了,在上帝那里已经和解了。上帝就是道德和幸福之间的和解,康德讲的至善,就是在上帝那里的德福一致,这已经是一个彼岸的信仰对象。但是我们在现实生活中还做不到,我们必须发扬自己的自为存在,努力地向宗教靠拢,向宗教的对象、向上帝靠拢,上帝高高在上,他自在地已经和解了,德福一致就是一种和解,善和恶的和解;但是在现实生活中呢,我们还在努力挣扎。

正如它们被考察过的那样,它们最初是彼此分离的;意识在意识诸形态借以出现在我们面前的顺序中，一方面达到这个顺序中各个个别的环节，一方面甚至远在宗教赋予自己的对象以现实自我意识的形态以前，就早已达到了这些环节的结合。

"正如它们被考察过的那样"，它们，也就是前一方面跟后一方面，在宗教精神里面和在意识本身里面。我们在前面（第181页）已经考察过了，已经讲了它们之间的这种关系。"它们最初是彼此分离的"，宗教高高在上，但是现实生活苦难不堪、充满了冲突，和解只在彼岸，所以最初是彼此分离的。世俗的人要成为教徒，要相信上帝，追随上帝，所以，他是非常卑微的，世俗的人是非常卑微的，上帝是高高在上的。"意识在意识诸形态借以出现在我们面前的顺序中"，意识经过了一个顺序、次第，一个一个地来：最初是自然宗教，然后是艺术宗教，最后才进入到天启宗教。在这样一个顺序中，"一方面达到了这个顺序中各个个别的环节"，每一个环节都在这个顺序中经历过了。"一方面甚至远在宗教赋予自己的对象以现实自我意识的形态以前，就早已达到了这些环节的结合"，一方面是达到了个别的环节，一个一个地来，但是这些环节还没有结合。另一方面，在宗教赋予自己的对象以现实自我意识的形态以前，也就是在宗教把僧侣和俗人统一以前，就已经实现了这些环节的结合。前一方面是指现实的宗教发展过程，后一方面则是指宗教的理念，指现实宗教后面隐藏的那种本质关系。从现实来说，那就只是在天启宗教中，特别是在新教中，在马丁·路德以后，各环节才达到了统一，这时宗教才赋予自己的对象以现实的自我意识，一个人既是俗人又是宗教徒，僧侣变成了俗人，俗人变成了僧侣。但是远在这种情况以前，远在天启宗教以前，远在新教以前，在前面的自然宗教和艺术宗教中，其实早已达到了这些环节的结合。当然，这是以我们今天的、后来的眼光看过去，才能发现那些个别的环节其实早就已经达到了结合，但是当时没有人意识到。它们是一些个别的环节，好像很散乱的，自然宗教、原始宗教、巫术、迷信，那些东西都散在那里，好像是一些各不相关的环节，后来的艺术宗教也经历了漫长的历程, 一直进入到天启宗教。但是在那些宗教里面, 自在地已经有了这些环节的结合。

这两方面的结合还没有被指明出来; 正是这个结合, 结束了精神诸形态的这一系列; 因为在这个结合中, 精神达到了对自己的认知, 不仅认知了它**自在地**或按其绝对的**内容**说是怎样的, 也不仅认知了它**自为地**按其无内容的形式说、或从自我意识方面看是怎样的, 而且认知了它**自在自为地**是怎样的。

"这两方面的结合还没有被指明出来", 虽然那时它们就已经达到了结合, 但是没有被指明出来, 还没有被揭示出来, 还是隐藏的。虽然它早在一进入宗教阶段就已经达到了这样一种结合: 一个是宗教精神, 一个是世俗精神, 宗教精神和世俗精神在宗教一开始的时候就已经结合了, 但是还没有被指明出来。一直到天启宗教, 在天启宗教里面, 这种结合才逐渐地显示出来了, 但是还没有彻底被显示。"正是这个结合, 结束了精神诸形态的这一系列", 在新教里面, 把世俗的意识和宗教的意识结合起来, 就使宗教这样一个绝对精神的系列画上了句号。你想, 把上帝纳入了人间, 纳入到了俗人的内心, 那还有什么宗教呢? 把宗教已经世俗化了; 但是, 另一方面, 又把俗人提高了, 把俗人提高到宗教性、宗教的层次, 把俗人提升为僧侣。这一结合, 就终结了宗教的系列, 进入到了绝对认知, 这就是我们这一章的主题: 绝对认知。"因为在这个结合中, 精神达到了对自己的认知, 不仅认知了它**自在地**或按其绝对的**内容**说是怎样的", 自在地或按其绝对的内容, "自在地"和"内容"打了着重号, 这是指自然宗教阶段。也就是在宗教方面, 精神是什么样的, 首先是按其内容来说, 看它自在地是怎样的, 这是自然宗教的模式。但在这个最后的结合中, 不仅仅是这样, 不满足于自然宗教模式。"也不仅认知了它**自为地**、按其无内容的形式说、或从自我意识方面看是怎样的", 这是指艺术宗教阶段了。自然宗教是从内容方面看精神的自在的形态, 艺术宗教是从形式方面看精神的自为的形态; 前者是无形式的内容, 后者是无内容的形式，一个太客观，一个太主观，都是片面的，都达不到双方的和解。本段第一句话讲，"意识与自我意识的这种和解显示出自己是由双方面来完成的：一方面是在宗教精神里，另一方面是在意识本身里"，但在前此的宗教里，显示出双方的和解还未能完成。它的内容还是盲目的，而它的形式还是抽象的。因为它的概念还不是纯粹概念，而是表象。它是一种表象方式。表象的方式从概念的眼光来看，它是一种无内容的形式，从直观的眼光看，它当然是内容丰富的，它有很多形象，但杂乱无章，是无形式的内容。因此最后的结合也不能满足于这两方面的对立，它不仅认知了精神的自在的内容和自为的形式，"而且认知了它**自在自为地**是怎样的"，"自在自为地"打了着重号，就是内容和形式达到了统一，这就是绝对认知。在宗教里面，还没有达到绝对认知，就在于它的内容和形式不统一，它的内容已经达到了概念，但是它的形式还是表象，还是抽象层次。这是宗教作为最后阶段，作为向绝对认知过渡的最后阶段。

　　但是这种结合已经自在地发生了，虽然哪怕是在宗教中、在表象向自我意识的返回中，但却并不是按照那本来的形式，因为宗教这一方面是自在的方面，这方面是同自我意识的运动相对立的。

　　"但是这种结合已经**自在地**发生了"，"自在地"打了着重号。这是对天启宗教的进一步分析了，在天启宗教中其实已经自在地开始了对精神自在自为地是怎样的认知。"虽然哪怕是在宗教中，在表象向自我意识的返回中"，这种结合虽然是在这种有局限性的宗教中，我们从意识的表象回到了自我意识，从对象回到了自身。"但却并不是按照它本来的形式"，宗教本来的形式应该是表象的形式，而表象的形式是实现不了这一结合的。"因为宗教这一方面是**自在**的方面，这方面是同自我意识运动相对立的"，因为在宗教这方面，按照它本来的形式，它在这一结合中本身属于自在的方面，它和自我意识的运动这个自为的方面在表象中是对立的，所以它并不是按照自己本来的形式即表象的形式来完成这一结合的。但这一结合又确实在宗教中自在地发生了，那么完成这一结合的是什么呢？

因此，这结合属于另外这一方面，即那相反的、反思自身的方面，因而这方面包含着自己本身和它的对立面，而且不仅是**自在地**或以一种普遍的方式，而且是**自为地**或以发展的和区别开来的方式包含着它们。 [263]

"因此，这结合属于另外这一方面"，这个结合自在地是属于宗教那一方面的，但是实际上，或者从自为这一方面看呢，这结合属于相对立的另外一方面，就是自我意识这一方面。因为它是两方面：一方面是自在的，即宗教，另一方面是自我意识的运动，那么，这个结合属于自我意识的运动，属于另外这一方面，"即那相反的、反思自身的方面"。自我意识当然是反思自身的方面；而在宗教本身的那一方面，它没有反思，它是自在的，它是不可动摇的。信仰容得了反思吗？信仰是不容反思的。当然新教徒到了虔敬派已经开始有反思了，他对自己的信仰已不太相信了，自己究竟有无信仰他也拿不准，所以他祈求上帝给他以信仰，这就已经是一种反思了。但是，一般来说，宗教意识是不反思自己的信仰的，唯其如此，它才是宗教信仰。宗教信仰不容反思，意识和自我意识就没法结合了，所以，这结合只能是属于另外这一方面，即那相反的、反思自身的方面。"因而这方面包含着自己本身和它的对立面"，你把这种结合放在自我意识这一方面，那么这一方面就包含着自己本身和它的对立面了，因为自我意识它本来就是这样一个结构，就是把它的对立面看作它本身，或者把自己本身又看作它的对立面。自我意识具有这样一种结构，所以这种结合只有靠自我意识一方来完成，虽然在宗教那里已经有，但是，真正的完成要靠自我意识，要靠自我意识把宗教信仰的对象纳入进来，把它消化掉，要超越那个盲目的信仰，要使一切都放在自我意识和概念的水平上面来加以厘清。"而且不仅是**自在地**或以一种普遍的方式，而且是**自为地**或以发展的和区别开来的方式包含着它们"，自在地或以一种普遍的方式，这个是宗教的方式，这是不够的。自我意识的方式不再是

423

停留在仅仅是宗教的信仰，不再只是那种自在的、普遍的方式：上帝高高在上，无所不包，上帝是普遍性，以这种方式来自在地结合意识和自我意识。而且是自为地包含它们，"自为地"和"自在地"都打了着重号，表示相对照。或以发展的和区别开来的方式包含着它们，就是说，它们不再是一结合就互相没有区别，互相等同。在上帝那里，你可以说意识和自我意识互相等同，个别自我，我＝我，我就是自我。在个别的上帝自我那里，它直接地就是普遍的认知。但是，在自我意识这里，它不仅仅停留在这样一个阶段、这样一个水平，它不是自在地摆在那里，让人家去相信，而是它自己要运动，要发展自己，自己区别自己。它要发展自己，就必须区别自己，必须要把自己做一个区分，以这种区别开来的方式包含着对立双方。自我意识通过反思把自己和自己的对象全部包含在里面，自己和自己的对象，首先要有区别，而且通过这种区别还要有发展，有了区别才有发展，没有区别，没有距离，怎么能谈得上发展呢？要发展就必须要有一个起点、有一个终点，从哪里发展而来，要发展到哪里去，以这种方式包含着双方。

内容以及自我意识到的精神的另一方面，就其是**另**一方面而言，它就在自己的完整性中现成在手，并被指明出来了；那尚付阙如的结合是概念的单纯统一性。

"内容以及自我意识到的精神的另一方面"，那就是宗教的那一方面了，自我意识到的精神，即宗教的绝对精神，其中自我意识是一方面，在宗教里已经有了自我意识，被自我意识到的精神即上帝，作为我的意识的内容，是自我意识到的精神的另一个方面，我把它作为一个信仰的对象或内容。"就其是**另**一方面而言"，那就是跟自我意识不同的另一方面，"它就在自己的完整性中现成在手，并被指明出来了"。这样一个内容、这样一个宗教信仰的对象，作为自我意识到的精神的另外一个方面的对象，在它的完整性中现成在手，并被指明出来了。也就是说，如果你立足于这样一种自我意识来达到这种结合的话，你就会把宗教的内容、把另一方面纳入自己的这样一个整体之中,依靠自己的整体的概念来统一双方;以至于它、这个内容就已经处在自己的完整性中了。因为你有了概念,自我意识有了一个完整的概念,你依靠自我意识的完整性,可以现成地把对方包含在内,并且把它指明出来,指明它所处的位置。这个内容在宗教那里是彼岸的、高高在上的,现在你通过自我意识才能把它纳入到自身之中,并且指明它们。"那尚付阙如的结合是概念的单纯统一性",也就是内容的完整性靠的是概念的单纯统一性,靠的是概念的一种结合,但是在宗教信仰方面这种概念的单纯统一性尚付阙如,所以双方的结合在宗教这方面也尚付阙如。就是在宗教方面还没有达到这种概念的统一性,也没有达到双方的结合。只有一种概念的单纯统一性才能完成这种结合,而这是自我意识这一方所拥有的。

这种概念在自我意识本身这方面,也已经是现成在手的了;但是,当它在那先行的东西中出现时,这概念也像其他环节一样拥有这种形式,即它是一种**特殊的意识形态**。

"这种概念在自我意识本身这方面,也已经是现成在手的了",就是说,只有在自我意识这一方面才拥有这种概念的单纯统一性,所以也只有自我意识一方才能把宗教一方的内容纳入到自己之下来加以把握。但是正因为如此,它还受到宗教那方面的条件的限制。"但是,当它在那先行的东西中出现时,这概念也像其他环节一样拥有这种形式,即它是一种**特殊的意识形态**","特殊的意识形态"打了着重号。意思是说,这种概念在先行的东西中出现,也就是在宗教的先行形态中出现,还没有建立起它自己的领地。而这时它作为一种单纯的概念,却带上了前面那些环节一样的宗教的形式,也就是表象形式,而成为了一种特殊的意识形态,它的涵盖一切的普遍性却被遮蔽了。它只是宗教发展到最后阶段的时候所拥有的一种特殊的形式,和宗教的其他意识形态并列,它本身也是一种意识形态,虽然它可以用来把握前面所有的意识形态,但它本身也是意识形态之一,显不出它自身这种概念的单纯统一性了。换言之,

425

在宗教里面是由两个方面来完成它的意识和自我意识的统一，一个在宗教意识里面，一个在世俗意识里面；在世俗的意识里面已经发展出一种概念了，但是，这种概念还没有突显出它的普遍性，还受到局限，还不纯粹，它本身还被看作是一种特殊的意识形态。

　　——因此，这概念是自己确定自己的精神之形态的这样一部分，这部分仍然停留在自己的概念里，并曾被称为**优美灵魂**。

　　也就是说，在宗教阶段的自我意识诚然已经有了概念，但是这个概念呢还不完善，还没有到位，"因此，这概念是自己确定自己的精神之形态的这样一部分，这部分仍然停留在自己的概念里，并曾被称为**优美灵魂**"。自我确定的精神就是道德精神，在道德精神中已经有了它的概念的部分，就是优美灵魂，或者说，概念在道德精神里面以优美灵魂的形态出现。为什么会被称为优美灵魂？就是说这种概念还是一种主观概念，它仍然停留在自己主观的概念里面，不与外面的现实世界同流合污，所以被称为优美灵魂。优美灵魂就是前面所讲的良心的形态，良心如果局限于它自己的主观概念里面，它就自认为自己是优美灵魂。前面第174页已经批判过优美灵魂了。为什么要在宗教的最后阶段再次回顾道德的最后阶段的意识形态？因为这里面有某种相同的性质，而且在宗教发展过程中也的确是重合的。基督教新教所强调的正是道德上的优美灵魂，所谓道德纯正癖，以"清教徒"表现得最为典型。当追溯概念在宗教中的特殊意识形态时，肯定要追溯其道德上的这种洁癖。

{426}　　因为优美灵魂就是自我确定的精神在其纯粹透明的统一性中关于它自身的认知，——即自我意识，这自我意识把有关**纯粹在自身中存在**的这种纯粹认知作为精神来认知，——它不仅是对神圣者的直观，而且是神圣者的自我直观。

　　优美灵魂仍然是一种特殊的意识形态，这种概念在宗教的最后阶段仍然体现为一种特殊的意识形态，那就是优美灵魂。"因为优美灵魂就是自我确定的精神在其纯粹透明的统一性中关于它自身的认知"，什么是优美灵魂？就是自我确定的精神、也就是道德精神在其纯粹透明的统一性中关于它自身的认知。这个已经非常具有概念性了，纯粹透明的，又是具有统一性的，它已经作为概念在起作用了。概念就是纯粹透明的，具有一种涵盖一切的普遍性，并且又是统一性的，它在这种统一性中自己认知自己。这是概念，但是，这仅仅是一种主观的概念，是被封闭于它自身内部的一种认知。优美灵魂就是对自己的一种认知、一种把握，认为自己很纯洁、很高尚、很清高，不愿意沾染现实。"即自我意识，这自我意识把有关**纯粹在自身中存在**的这种纯粹认知作为精神来认知"，优美灵魂是这样一种自我意识，这种自我意识把有关纯粹在自身中存在的这种纯粹认知作为精神来认知。前面讲过，所谓精神就是纯粹在自身中存在，而这种纯粹认知就是良知，因为良知就是纯粹在自身中的认知，跟外面的事物毫无关系。这种纯粹认知作为对精神的认知，跟物质世界不搭界，区分得清清楚楚，不沾染任何一点物质的、外界的东西，自鸣清高。"它不仅是对神圣者的直观，而且是神圣者的自我直观"，不仅是对神圣者的直观，神圣者也就是上帝啦，它是直接和上帝相通的；而且是神圣者的自我直观，自我意识对上帝的直观成了上帝的自我直观，有种"天视自我民视，天听自我民听"的味道。只不过这个"民"不是一般老百姓，而是个别天才人物，这个神圣者就不光是指上帝了，而且是指这个天才人物自己。优美灵魂把自己当成神圣者，不沾一点污秽，没有任何一点污染，那就等于自认为是上帝了，它自己就成圣成神了，这有时会成为一种走火入魔的状态。

——由于这种概念坚持把它自己和它的实现对立起来，它就是片面的形态，我们曾经既看见这种片面的形态消失为空虚的泡影，也看到它肯定的外化和前进运动。

"由于这种概念坚持把自己和它的实现对立起来"，即优美灵魂的洁癖使它固执地停留于自己的空想之中而不去实现它，害怕一旦实现出来它就会被玷污了，一定要把自己和自己的现实行动对立起来，所以，"它就是片面的形态，我们曾经既看见这种片面的形态消失为空虚的泡影"，这里用的是过去时。我们看前面第 167 页，从第一行开始就讲得很生动了："自我意识生活在担忧中，生怕被行动和定在玷污了自己内心的庄严妙境；并且为了保持自己本心的纯洁，它回避与现实性的接触，它固执地认定自己无力舍弃它那被推到最终抽象的顶点的自我，无力给予自己以实体性，或者说，无力把自己的思维转变为存在、并把自己托付给这种绝对的区别。它自己所产生的这个空洞的对象，因而仅仅使它充斥着空虚的意识"。还有："自我意识就是一个不幸的所谓**优美灵魂**，它在自身中逐渐熄灭，如同一缕消散于空气中的烟雾，消逝于无形。"这就是前面所描绘的情况。这里就讲，由于这种概念坚持把自己和自己的实现对立起来，这种片面的形态就消失为空虚的泡影了。但是"也看到它肯定的外化和前进运动"，就是说，只要你把这种优美灵魂看作良心的运动，从它的现实作用这个角度来看它，将它抛入到与现实对立的运动过程中，它就会在罪恶感和宽恕中走出自己的自我封闭，找到前进的道路。黑格尔对优美灵魂的批判不是要完全抛弃它，而是要通过它走出这样一种空虚，看到现实生活并不是所设想那样不堪接触的，优美灵魂只有在现实中肯定地把自己外化出来，才能够达到个别和普遍的统一，不然它就会消散于无形。

通过这一实现过程，这种无对象的自我意识的固执己见、即概念与其**实行**相对立的那个**规定性**就扬弃自身；概念的自我意识获得了普遍性的形式，它仍保留着的是自我意识的真实概念，或已经获得了实现的概念；

"通过这一实现过程"，优美灵魂必须进入到现实，要扬弃自身，就要在自己的实现中检验自己，要继续前进，投身于现实生活。"这种无对象的自我意识的固执己见、即概念与其**实行**相对立的那个**规定性**就扬弃自身"，优美灵魂是无对象的自我意识，它把一切对象都不放在眼里，固执于它自身的洁癖和清高。"实行"和"规定性"都打了着重号，也就是它停留在知觉的阶段，停留在一种对立关系的阶段；而现在，通过这一实现过程，就把这种固执己见扬弃了，把这样一种与实行相对立的规定性也扬弃了，这就从这种知觉的阶段进入到了更高的阶段，也就是普遍的本质的阶段。所以他接下来讲，"概念的自我意识获得了普遍的形式，而它仍保留着的是自我意识的真实的概念，或已经获得了实现的概念"，经过这样一种扬弃，把自己的这种固执己见扬弃掉，把这种对立的规定性扬弃掉，概念的自我意识就获得了普遍的形式。概念在良心这种自我意识里面最初是主观的，这样一种优美灵魂是个别自我意识，不具有普遍性，虽然它具有概念的那种透明性、统一性、纯粹性，但是它不接触现实，只能孤芳自赏；现在它打破了自己的这样一种限制以后，概念的自我意识就获得了普遍的形式，这就不再是一种封闭在主观内部的概念，而是具有一种普遍的客观效应的概念了。它获得了普遍性的形式，扩展了自己的地盘，但它仍然保留着的是自我意识的真实概念，并不因为这样扩展自己而变得异己和陌生了。自我意识在优美灵魂中已经达到了概念，这是很真实的，虽然它很抽象，很主观，但是它在自我意识主观内部呢，它的确是很真实的，它具有纯粹的透明性、统一性了；而这一点在它的现实行动中也被保留下来了，它虽然扩展成为普遍性的形式，但是，它同时保留着它的个体的真实性，保留着每个个别的自我意识内在的真实性，或者说，它已经获得了实现的概念。它保留下来这样一种真实性，而且这种真实性已经实现了，这种概念已经在现实中经过了检验，已经有了它的效果，而这种效果当然就是主观见之于客观的效果。所以，它并没有否定主观，而是保留了主观，把主观的概念通过扬弃保留下来了。所保留下来的概念是主客观的统一，既有主观又有客观，既不是单纯的主观，也不是没有主观的客观，它获得了实现的概念。

它就是概念在自己的真理中，也就是在与自己的外化的统一中；——即对纯粹认知的认知，这种纯粹认知不是作为本身就是义务的那种抽象**本质**，而是作为这种本质，它是**这一个**认知，是**这一个**纯粹自我意识，因而它同时就是真实的**对象**，因为真实的对象就是自为存在着的自我。

这就是总结了。"它就是概念在自己的真理中，也就是在与自己的外化的统一中"，它，就是真实的自我意识，体现出了在自己的真理中的概念，概念已经达到真理，就是说不仅仅是一个主观的概念，而且是主客观相符合的概念。所谓真理就是主客观相符合，那么，这种概念就不再是主观的概念。优美灵魂仅仅是主观概念，它是不符合客观的；但是，这个主观概念在它的实行过程中，在客观中实行出来，就达到了主客观的统一，这就是真理，也就是它与自己的外化相统一了。概念把自己外化出去，把自己实现出来，在与自己的外化的统一中成为真理。"即对纯粹认知的认知"，这时它就是对纯粹认知的认知，纯粹认知是它的对象，认知是它的形式，这是两个认知，对认知的认知。亚里士多德讲，上帝就是"对思维的思维"，经过自我意识的反思，思维对自己进行思维，认知对自己进行认知。而且这个认知是纯粹认知，已经把一切不纯粹的东西清除掉了，已经是纯粹概念，对纯粹概念认知的一种认知就是绝对认知了。下面还有一个解释。"这种纯粹认知不是作为本身是义务的那种抽象**本质**"，这种纯粹认知不是义务，义务也是一种纯粹的认知，但是义务这种纯粹认知是一种抽象本质，它跟现实无关，为义务而义务。而现在这种纯粹认知不是那样一种抽象本质，"而是作为这种本质，它是**这一个**认知，是**这一个**纯粹自我意识"，"本质"和两个"这一个"都打了着重号，是要强调这样一种本质回到了感性确定性的"这一个"，回到了起点，成为了本质和感性确定性的统一。它是非常具体的，当然，它已经不是感性的这一个了，它已经是纯粹自我意识的这一个了。"因而它同时就是真实的**对象**，因为真实的对象就是自为存在着的自我"，"对象"打了着重号。这个"对象"是跟前面的"本质"相照应的。一方面是本质，但本质很容易变得很抽象，我们通常讲抽象本质，一谈到本质就会讲到抽象本质；但是它同时又是这一个，所以它同时又是真实的对象。它不是在抽象的本质里面转来转去转不出去，它就是真实的对象，就是真实的个别自我意识。因为真实的对象就是自为存在着的自我，就是能动的自我，大千世界、万事万物、所有的对象总归就是自为存在着的自我。而这样一种真实的能动的自我不就是上帝吗？上帝本身在创造中，这就是对象世界，但它同时又是自为存在着自我。所以，上帝绝对不是高高在上，不食人间烟火的那样一个自在存在，而是在现实生活中处处都体现出来的真实的对象，包括我们自己的自我意识都在其中。但是要达到这一步认知，必须经历过漫长的过程。我们现在终于走到这一步，我们终于理解，纯粹认知，它既是本质，又是对象。它是本质，但不是抽象本质，不像义务那样成为抽象本质；它是对象，但是它也不是一般的对象，它是绝对精神在地上的显现，是上帝的绝对认知的体现。我们今天就到这里。

*   *   *

我们上次已经讲到了概念的形成，概念作为一种认知的方式，实际上在前面一直都在起作用，我们前面多次接触到概念，或者概念式的理解，概念式的把握，这个词，我们前面已经接触过，但是从来没有把它单独提出来，作为一种意识的形态来加以考察。以往的意识的形态，要么是感性的、直觉的或者知性的，或者是表象的（在宗教那里是表象的）。意识的形态真正地达到纯粹概念的思维方式，那要到绝对认知的阶段，这个时候才用绝对认知取代了表象的思维方式。但是，它的内容是由宗教和以前的各个意识形态所准备好了的，只是还缺乏形式。上次已经回顾了从《精神现象学》开始的感性确定性一路走来，当然是简略地回顾，不是每一个地方都涉及到，而是主要是考虑到与对象的关系，——包括意识，包括观察的理性，以及包括后来的道德和宗教，澄清了一系列的形态。我们上次讲到的最后一个形态就是道德里面的良知，良知不仅在道德里面起作用，在宗教里面也起作用，特别讲到良知中的优美灵魂的学说。我们上次已经讲到优美灵魂其实已经是纯粹概念的一种方式了，已经是一种概念的方式、概念的统一性了；但是，它还不够纯粹，还带有一种特殊的意识形态,这就是优美灵魂的表象。优美灵魂是一种特殊的意识形态,它特殊的地方是因为它已经是超越于现实之上;优美灵魂包括良知,包括康德讲的道德义务,这些都是超越于现实之上的。但是它有一种洁癖,它拒现实于千里之外,跟现实没有关系,它保持自身的清高。这样一种形态显然就面临着它的一种没落,最后消失为泡影。但前面讲到从这样一种优美灵魂走出来只有一条路,就是把自己投身于现实。康德的为义务而义务,讲得不错,但是跟现实没关系。那么,如何能够使它具有内容,不只是空洞的? 就必须把这样一种义务投身于现实,这就是后来从费希特到黑格尔一直在走的一条路。投身于现实,我们就面临着这样一个对象、也就是真实的对象,上次讲的最后一段的最后一句话也就是:"**这一个**纯粹的自我意识 [……] 同时就是真实的**对象**,因为真实的对象就是自为存在着的自我。"这就涉及到了宗教意识对上帝的认知,真实的对象是跟现实生活密切相关的,这样来理解自在自为存在着的自我,那就是理解上帝。我们特别强调"这一个"打了着重号,纯粹的自我意识在跟现实相结合的时候,它就变成了"这一个",就变成了个别性;当然,这个个别性同时已具有普遍性,它是携带着它的普遍性来发生它的个别作用、发生它的能动作用的。这就是黑格尔所理解的对上帝的认知,而且是"这一个"上帝,那就是一神教。一神教只承认上帝是个别的、唯一的,只有一个上帝,没有多神。上面这一段追溯了从道德义务的内容到宗教一神教有关上帝的内容,这个上帝不是抽象的概念,也不是陷于现实中的各种各样的形态、多神教的形态,而是唯一的,但是同时又具有现实性的,这就达到了这样一种真实的概念。上次已经讲到了自我意识的真实的概念,概念的自我意识获得了普遍性的形式,它仍然保留的是自我意识的真实的概念,或者已经是得到了实现的概念,达到了自我意识的这样一种概念。应该说,概念从这个里头就已经形成了。在宗教阶段,概念已经形成了,在前面还是散的,但到了宗教这里,这一个真实的对象、这一个纯粹的自我意识,作为个别性和普遍性相统一的概念就已经形成了。我们今天这一段要讲的是，这样一个概念它同时还有两个方面，虽然它在宗教中形成了，但是宗教本身还没有采取概念的方式，还没有采取概念的形式，它还是表象的形式，这里头还有一种分殊，还要划分一下。

这个概念，一方面在**行动着的**自我确定的精神中，另一方面在**宗教**中，曾经使自己得到了充实：在后面这种形态中，概念把绝对**内容作为内容**、或者说以**表象**的形式、即以对意识而言的他在的形式来获得；相反，在前一种形态中，形式就是自我本身，因为形式包含**行动着的**、自我确定的精神；自我贯彻着绝对精神的生命。

"这个概念"，这个概念就是前面提到的，自我意识的已经得到了实现的概念，"一方面在**行动着的**自我确定的精神中，另一方面在**宗教**中，曾经使自己得到了充实"。这样一个概念，它的内容不再是空洞的概念了，不再像优美灵魂、或者良知、或者义务那样的带有洁癖的空洞的概念，它使自己具有了充实的内容。那么，这个充实的内容它分成两个方面，一方面在行动着的自我确定的精神中，"行动着的"打了着重号，自我确定的精神就是道德精神，它从空洞的优美灵魂而投入到了行动，这就构成了这个概念的一个方面的内容；另一方面，在宗教中，也曾经使自己得到了充实，宗教也打了着重号。这两个着重号，一个是行动着的道德精神，一个是宗教，构成了这个概念的两个方面，在这两方面中得到了内容的充实。这两个方面可以对举，我们可以看到后面讲的都是这两个方面的对举。我们上次讲的后面这一部分，主要是讲的它的在宗教中，从宽恕和忏悔过渡到宗教，我们把上帝作为真实的对象来加以认知，这个是在宗教中。但是，我们怎么样走到这一步来的呢？那是由于道德自我意识的行动，即行动着的自我意识，使得这样一个概念在宗教中获得了它充实的内容。行动着的自我意识突破了良知和优美灵魂所遇到的困境，进入到现实，从抽象的道德义务进入到现实的实践，这是依靠行动着的自我确定性实现的，要行动，不光是空谈。但是这两方面，一个是道德上的行动着的自我意识，一个是宗教，都使得这个概念得到了充实，使它不再是空谈了。冒号后面就是解释，"在后面这个形态中"，也就是在宗教中，"概念把绝对**内容作为内容**"，在后面这种宗教形态中，已经有概念了，已经有了概念的充实了，怎么充实的呢？就是把绝对内容作为内容。这两个"内容"都打了着重号，它的意思是，把绝对的内容、而不是把绝对的形式作为自己的内容，形式现在还撇开不谈，只谈绝对的内容，那就是上帝。我们把上帝作为宗教的内容，但是上帝的形式在宗教里面还不谈，——我们就是信上帝，至于上帝是怎么样的、我们如何认知上帝，这个在宗教里面不谈，因为宗教是信仰，信仰跟认知还是不一样的。信仰不是认知，上帝，你信就信，不信拉倒，——我只把上帝作为内容，没有考察它的形式，不管它的形式。或者说，它也有形式，这形式只是我们考察的形式，这就是，"或者说以**表象**的形式、即以对意识而言的他在的形式来获得"。概念把绝对内容作为内容、以表象的形式、也就是以意识的他在的形式来获得，就是把绝对内容、把上帝作为内容来获得，但是它是以表象的形式获得的，所以这个上帝还呈现为他在。也就是对意识来说，表象只是一个对象意识，表象是意识的对象，它还并不是以意识的自己的形式。如果以意识自身的形式，那就是自我意识了，但是现在它还是以一种对象化的形式，就是把上帝描绘为一种具有表象性的对象，比如圣父、圣子、圣灵，三位一体，每一位都有它的形象：一个老人、一个青年、一只鸽子。这都是表象，这些跟概念都没有关系，这些表象不是概念。所以它是在意识之外的，作为意识的一个另外的东西、另外的对象，是以这样的形式来获得的。"相反，在前一种形态中，形式就是自我本身"，"前一种形态"就是行动着的自我确定的精神，也就是道德精神，我们把它解释为自我意识的行动。在这种形态中，形式就是自我本身。形式就是一种行动，谁在行动呢？自我在行动，自我意识在行动，所以它的形式就是自我本身，这个自我就是行动，这个行动就是自我，我就体现在我的行动中。自我确定着的精神如何能够确定呢？就是它行动起来了，它投身于实践了，投身于现实了，这个就使得精神具有自我确定性了。"因为形式包含**行动着的**、自我确定的精神；自我贯彻着绝对精神的生命"，自我由于它的形式包含着行动着的自我确定的精神，所以它在行动中贯彻着一种绝对精神的生命，道德精神里面贯彻着宗教精神的生命。我们前面讲的绝对精神就是这样一种能动性，就是这样一种活动，就是这样一种行动，所以在这个自我里面贯彻的是绝对精神的生命或者说生活。我们在这里可以看到有两个方面，一个是道德方面的行动着的自我意识，另外一个方面是宗教。宗教是这个概念的内容，行动着的自我意识是这个概念的形式，内容和形式在这里还是分裂的。在宗教那里它也有它的形式，那个形式是表象，那个形式是意识的他在，还不是意识本身，还不是自我意识，所以它跟自我意识相互之间还是有隔膜的，至少是有分离的、有分裂的。

正如我们所看到的，这种形态就是上述单纯的概念，不过，这个概念 [264]
放弃了自己的永恒的**本质**而**定在着**或行动着。

"正如我们所看见的"，我们这些读《精神现象学》的人早就看出来了，"这种形态就是上述单纯的概念"，"这种形态"就是指上面讲的"前一种形态"，即行动着的、自我确定着的道德精神，它其实就是上述单纯的概念。"上述"，可以看前一页，第 263 页的第三行到第四行，他讲在宗教中，"那尚付阙如的结合是概念的单纯统一性。这种概念在自我意识本身这方面也已经是现成在手的了"。这样一种概念的单纯统一性、也就是现成在手的单纯概念是在自我意识这一方面，所以行动着的自我意识这种形态就是概念的单纯统一性形态。当然在前面讲的这个单纯统一性概念仍然体现为一种不纯粹的方式，就是优美灵魂这样一种方式。所以，它接下来就讲了优美灵魂、良知跟现实相拒斥，还不具有现实的内涵，因为它本来就是要保持自己的这种概念的单纯性，免得受到现实的污染，所以这是一种单纯的概念。但是现在这个概念已经不同了，已经跟优美灵魂已经不同了。"不过,这个概念放弃了自己永恒的**本质**,而**定在着**或行动着",就是说跟前面讲的单纯概念已经有所不同,这个概念放弃了自己永恒的本质,本质打了着重号,定在着也打了着重号,作为对照。就是这个概念已不愿意仅仅停留在这种单纯的统一性的原点上,原来的这种眼光是把概念当成一个永恒的本质,一个不动的点,一切东西都要回归于这个本质,凡是现实的东西,凡是有定在性的东西全部要排斥在外,免得它玷污了这个永恒的本质。但是现在由于它投身于现实,所以概念放弃了自己永恒的本质,而定在和行动起来了。这就是我们刚才讲的,优美灵魂要走出自己的困境,就是要靠自己投身于现实。你不要高高在上、自鸣清高,你要接触现实,要把自己的义务也好、良知也好都拿到现实中来加以检验,来作用于现实。那就要跟现实打交道,那你就有了定在了,就有了行动了。所以,自我意识这样一种形态,作为一种单纯的概念,它又放弃了自己的单纯性。优美灵魂是非常得意于自己的单纯性的,——你看我多么纯洁,是得意于自己的单纯性的,——但是,自我意识的进一步进展,使得这个概念放弃了自己的单纯性和永恒的本质,而是投身于现实,不再是那种抽象的单纯概念了。

概念在自己的**纯粹性**中,已使自己**分裂为**二,或走上前台,因为这种纯粹性就是绝对的抽象性或否定性。

这句话也是黑格尔的玄机。"概念在自己的**纯粹性**中",纯粹性打了着重号,"已使自己**分裂为**二或走上前台",分裂为二打了着重号,这两个着重号是对照的,表现一种对立面的统一,是相矛盾的。你要么是纯粹的,那就不能分裂为二,要么分裂为二,你就已经不纯粹了;是纯粹的就不能走上前台,你就要待在幕后,你就是永恒的本质,你就不能抛出来;你把自己抛出来、抛入现实性中,那就已经不纯粹了。但是,黑格尔说,概念在自己的纯粹性中就已经使自己分裂为二或走上前台了。这就是辩证法的玄机,从柏拉图那里就已经开始了。柏拉图的《巴门尼德斯篇》里面特别讲到概念在它的纯粹性中,就会把自己分裂为二。我们可以看看、读一下《巴门尼德斯篇》。其中第一个概念就是"一","一"是一个纯粹概念，一个纯粹到不能再纯粹的概念；但"一"是什么呢？ "一是一"，这个命题应该是最纯粹的了，我什么也没说，就只是说"一是一"、"一就是一"。但是，柏拉图分析，"一就是一"这个命题里面已经不纯粹了，因为"一"和"是"是两个不同的概念，你怎么能说"一是"呢？你不能说"一是"，因为"一"不是"是"，所以"一"也不是"是一"，所以"一不是一"。可见，从"一是一"里面，通过严格的概念分析，柏拉图推出了"一不是一"。所以，一个纯粹的概念，如果你真要严格地考察它的话，你不要大而化之、差不多就行了，你要严格地来对待它的话，你就会发现，它本身是分裂为二的，它本身是向对立面转化的。辩证法最深刻的玄机在这里，所以我多次强调这一点，就是概念自发地会向对立的概念转化，也就是这里说的，概念在自己的纯粹性中使自己分裂为二。只要你说它，或者说，只要你把它置于运动中，因为"说"一个概念就是把它投入到运动中。你不说，它就只是意谓，你一说，它的差别就出来了。所以在它的纯粹性中，只要你不是大而化之的，不是近似的，不是意在言外、言不尽意的，而是严格按照概念本身来加以分析，你就会发现内在的意谓已使自己分裂为二，或走上前台，它不再是隐藏在幕后，只可意会不可言传的，而是走上前台展示自身的。"因为这种纯粹性就是绝对的抽象性和否定性"，这种纯粹性就是绝对的抽象性，没有任何此外的东西掺杂在里面，——这就叫纯粹性，所以它同时又是绝对的否定性，你把任何可能的、掺杂的东西都排除出去了，那不是否定性吗？绝对纯粹的概念就是绝对的抽象，也就是绝对的否定性，把所有的东西排除以后，你才得到这种抽象。这是从概念上来说的。

同样，概念也在纯粹认知中拥有了自身现实性的元素或存在元素，因为这种纯粹认知是单纯的**直接性**，而这直接性正是**存在**和**定在**，如同它也是**本质**一样；前者是否定的思维，后者则是肯定的思维本身。

"同样"，前面讲的是概念在自己的纯粹性中使自己分裂为二了，它是纯粹的抽象性和否定性,这是纯粹从概念本身的概念分析上得出来的一种辩证的结论。那么另一方面,不单纯从概念的层面来说,"概念也在纯粹认知本身中拥有了自己的现实性元素或存在元素",我们从纯粹认知来看待概念,概念作为一种认知活动,同样拥有自己的现实性和存在,这和前面讲的纯粹概念会由于自身的分裂为二走向前台一样。我们通常讲的概念,你可以从概念意义上对它进行一种单纯的概念分析,它在逻辑上不可抗拒地会转向自身的对立面;但是你也可以从旁边来看概念,把它看作一种纯粹的认知活动,那么它同样也会拥有现实存在的内容。纯粹认知也是把不纯粹的东西排除在外了,它要把握的是本质,好像和现实性无关,但其实并非如此。就概念作为纯粹认知而言,既然它是一种认知活动,那它跟那种纯粹抽象的概念又已经不一样了,作为一种能动性的活动,它已经具有了一种现实性的元素。当然它还不是现实性本身,但是它已经具有了现实性的元素,这种元素如果获得了认知的对象,那它就是现实性,而且哪怕没有外部对象,它至少作为一种认知活动而存在。你可以说它这个认知活动还没有内容,还是抽象的,是空洞的,但是它作为一种能动活动,它本身是现实的,是存在的。它有一种活动,没有内容,它就可以找一个内容来,而你要找到内容,你本身首先得活动,你必须要有一种现实的认知活动。"因为这种纯粹认知是单纯的**直接性**",就是说,当它还没有内容的时候,它在找内容的时候它已经有一个活动了,这个活动是一种单纯的直接性,"直接性"打了着重号。它直接的就是活动,就是认知活动,至于那些所获得的知识呢,那已经是间接的了,那是由它的活动所找到、所派生的,在找到它的内容之前,它首先要有一种活动。太初有为,道实际上就是为,就是有为,有为在先,有为才有万物,才有世界。这个直接性就是最初直接显现出来的行动,就是这种认知活动。下面就解释这种直接性。"而这直接性正是**存在**和**定在**,如同它也是**本质**一样",它已经有了存在了,并且有了存在,它就有了定在,有了 Sein 就有了 Dasein,有了定在就有了现实性。正如它也是本质一样，本质也打了着重号。这几个词都打了着重号，一个是直接性，然后是存在、定在，然后是本质。前面讲过的，概念放弃了自己的永恒的本质而投身于定在着和行动着的现实性，所以这里讲的这种直接性就是行动，就是存在和定在，但是它原来是被理解为本质的。抽象的概念就是它的永恒的本质，然后我们考虑把这个永恒的本质放弃，而投身于定在，当然，投身于定在已经是一种直接性了，但是它是通过放弃本质才获得这样一种定在的。所以你可以说它是直接性，但是你也可以说被它所放弃的那个本质也是直接性。这里有两种直接性，一种是存在和定在的直接性，存在和定在就是行动、认知活动、认知本身，认知本身是具有直接性的；另一个就是概念的本质，概念的本质也是直接具有的。你要谈一个概念，它就有它的本质，它是抽象的，这个本质是永恒不变的，它是一个全体，然后，你通过否定这个抽象的、永恒不变的本质，投身于定在。下面解释这两种直接性。"前者是否定的思维，后者则是肯定的思维本身"，前者就是存在和定在，这种直接性是一种否定的思维，前面讲这个概念放弃了自己的永恒的本质，而投身于定在和行动，所以这个存在和定在是否定的思维。概念当然是一种思维，但概念中这样一种纯粹认知、这样一种行为，它是一种否定的思维。否定什么呢？首先否定概念自身的永恒本质，或者说，概念自身的自我否定，是这样一种否定的思维，这种自我否定是一种能动的思维。后者，就是说这样一种直接性，它也是一种本质，概念或纯粹认知的这种单纯的直接性作为本质来说，它是一种肯定的思维。纯粹认知，认知什么呢？认知概念，这个概念它首先是一种本质，单纯的本质，所以你要肯定它，你是对概念的单纯本质的一种认知，你的行动是针对着这概念本身的单纯本质的。所以这概念本身的本质首先要被你肯定下来，肯定下来以后，你就可以否定它，但是，前提是有一个肯定的概念在那里。所以，这两者的层次是不一样的，虽然都是直接性，但直接性是在两个不同的意义上来谈的，并且虽然是在两个不同的意义上来谈，但它们又是同一件事情，是同一个概念的自我否定：因为它是自我

否定，所以它是否定；也因为它是**自我**否定，所以它是肯定。因为它首先是自我的一种否定，它还是自我，它否定自我，还是由自我来否定自我，所以它是一种肯定，它的本质就是如此。这是从认知活动来讲的。前面是从概念的纯粹性来讲的，而这里则讲，同样，概念也在纯粹认知本身中拥有了现实性元素，拥有了自身中的存在元素，这就是认知本身的活动。前一个纯粹概念是绝对的抽象性，从概念上来讲；那么，从纯粹认知来讲，它既有否定性，也有肯定性。下面则是第三个层次了。

　　最后，这个定在同样是从纯粹认知——如同作为义务那样作为定在——而反思到了自身的那个存在，或者说它是**恶的**存在。

　　"最后"，endlich，凡是黑格尔用"最后"这样一个词的时候，你就要想到前面有两个环节，这是最后一个环节，一般是表达第三个环节。第一是什么呢？第一就是概念在自己的纯粹性中，我们来对概念进行考察；第二个是"同样"，"同样"相当于第二，前面一个是从纯粹概念来考察，同样，第二，概念也在纯粹认知本身中拥有了自己的现实性的元素。这个是第二。第一是讲概念的分裂为二的自我否定性，第二是讲，在纯粹认知本身中有一种直接性，这直接性，它一方面是行动的直接性，一方面是那种本质的直接性。那么这里是第三，最后，"这个定在同样是从纯粹认知——如同作为义务那样作为定在——而反思到了自身的那个存在，或者说它是**恶的**存在"。我们讲黑格尔的三段式，正题、反题和合题，正题是从纯粹概念来讲的，它就像为义务而义务那样的定在；反题是纯粹概念作为认知活动，作为认知活动它又分成两个方面，一个是活动，一个是本质，它们都是直接性。那么合题就是从这个认知活动反思到了自身，也就是这个定在，这个定在也是一个存在，它里面有一种反身性的结构。纯粹认知我已经发动起来了，已经去认知了，但是认知的过程中我又反思到了自己，返回到了那个原来由以出发的概念，这是合题。纯粹概念在开始只是一个抽象的概念、永恒的本质，就像为义务而义务一样空洞；经过正反合以后，它成为了一个存在，它具有了定在的内容。或者说它是恶的存在,"恶的"打了着重号。这个地方突然冒出了一个"恶的",我们讲的是纯粹概念,概念的单纯性,纯粹认知,纯粹认知的定在,怎么突然就说,它是恶的存在呢？这里有一种平行线,因为它是从两条线分别来讲的,但是这两条线经常有交叉：一条线是自我意识,我们从纯粹概念讲的就是自我意识的这样一种形态,纯粹概念在自我意识这个形态里面已经现成在手了,已经有了,我们就顺着这条线来分析,结果我们在分析中处处发现它跟另外一条线、即跟宗教相平行、相对应、相呼应。这里就是这样的。所以特定存在同样是从纯粹认知而反思到了自身的那个存在,那就是恶的存在。因为纯粹认知在宗教里面、在基督教里面就是恶了,人吃了知识之树的果子,就犯了罪,就败坏了人心,人心就变恶了。就是说,纯粹认知的返身性就是恶的存在,纯粹认知本身还不是,知识之树的果子本来是一个好东西。但是,你偷吃了知识之树的果子,你就有一种自我意识的返身性了,你就发现自己是恶,自己犯了罪,就知罪。知罪就是反身性,而有了反身性,罪才是罪,无自我意识的犯罪不是罪,那叫本能。这就是纯粹认知本身所导致的这样一种定在,它是恶的存在。两个破折号之间做了一个说明：如同作为义务那样作为定在。义务就缺乏一种返身性,为义务而义务,不容反思,没有反思的余地,就像纯粹认知的定在那样是直接的。所以,如果对这个如同义务那样的定在的纯粹认知的定在加以反思,反思到自己的那个存在,那就是恶的存在。纯粹认知也好,纯粹义务也好,本身都不是恶,但是反思到它自身的存在就是恶的存在,因为它们都是从想要知善恶的犯罪行为而导致的。你对这种纯粹认知本身做一种抽象的考察,就纯粹认知来看纯粹认知,就像康德的义务论那样,撇开一切经验去为义务而义务,就会发现它的定在无非是人的自由意志,而这是一切犯罪的根源。基督教讲原罪,犯了什么罪呢？难道就是吃了一个苹果吗？和那个苹果没有关系,那个苹果只是一个外在的诱因,主要是违背了上帝给他规定的禁令,违背了他最初的永恒的本质。上帝给他规定你不能吃那个果子,结果他吃了,吃果子是小事,主要是违背了他的本性，违背了上帝给他规定的永恒的本质，或者说违背了他的义务。那就是他第一次行使自己的自由意志，这个定在是最高层次的定在，就是纯粹认知所自我反思到的自由意志。这个定在是有内容的，不是单纯的纯粹认知的直接性，而是直接性里面有一个结构，也就是它有一个间接性，它从纯粹认知反思到了自身，这是从概念这方面来讲的。从宗教那方面来讲呢，这就是恶的存在。这两条线，一个是自我意识这条线，一个是宗教这条线，这两条线并行。谈宗教的时候，自我意识这条线是隐藏在幕后的，还没有走上前台，它隐藏在幕后起作用；但是，现在我们在谈自我意识这条线的时候，我们就会意识到，原来在宗教里面，实际上是这条线在起作用，实际上是自我意识这条线在起作用，宗教里面的那样一些概念，实际上是自我意识线上的概念的一种反映、一种体现。

——这种自身深入构成**概念**的**对立**，从而是那种对本质的**非行动的**、**非现实的**纯粹认知的出场。

"这种自身深入构成**概念**的**对立**"，概念和对立都打了着重号，这种自身深入，也就是刚才讲的纯粹认知的自我反思。纯粹认知的自我反思就是自身深入了，进入到自身内部了，不是一个表面的定在，是一个有结构、有深度的、有层次的定在。这个定在不是感性的事物，而就是认知活动；这种认知活动深入自身就构成了概念的对立，"从而是那种对本质的**非行动的**、**非现实的**纯粹认知的出场"。非行动的、非现实的也打了着重号，这和前面概念的对立是相应的：既然只是在概念中的对立，那么它就是对本质的那样一种非行动的、非现实的认知，"出场"也就是走上前台了。现在走上前台出场的是那种对本质的纯粹认知，它是非行动的、非现实的。这句话，我们可以参考前面的第170页，讲到道德，中间这个小标题是"2.道德判断"，下面说："但是普遍意识的这种判断同时还有另外一个方面，从这一方面出发，它就成了对现成在手的对立加以消解的引导。——**对共相的**意识并不是作为**现实的**意识和**行动着的**意识来反对

442

恶的意识的，——因为恶的意识倒更是现实的东西，——而是作为这样
的东西与恶的意识相对立，这种东西并不被束缚于在行动里发生的个别
性和普遍性的对立之中。普遍意识停留在**思想**的普遍性里，采取**统握的**
态度，它的最初的行动仅仅是判断。"从这一段话我们可以理解这个非行
动的、非现实的纯粹认知是指什么。如果从另外一条线来看，它就是指
道德判断：道德判断是非现实的、非行动的，它站在一旁指手画脚，从道
德上对它所看到的现象进行指责。所以它仅仅是概念的对立，仅仅在概
念的范围内发生对立。这种自身深入的概念对立仅仅说我们应该怎样、
不应该怎样，对此进行道德判断，但只是在概念上对立，它不接触现实。
这两条线，一个是自我意识，一个是宗教，这个宗教也包括它里面的道德，
所以，这里头也涉及到了道德的形态。这里非行动的、非现实的纯粹认
知伴随着另外一条线，就是在道德中的为义务而义务的道德判断。康德
的为义务而义务完全是悬空的、不现实的，但是作为一种概念上的对立，
它是有意义的，它告诉你什么是应该的义务，虽然你做不到，但你"应该"
做到。因此，它是这样一种纯粹认知的出场，是对人的义务的纯粹认知。

　　但是，它的这种在对立中的出场就是对这种对立的参与；对本质的
纯粹认知**自在地**放弃了它的单纯性，因为它就是**分裂为二**或那本身就是
概念的否定性；就这种分裂为二是**成为自为的过程**而言，它就是恶；就它
是**自在**而言，它就是善的保持。

　　"但是，它的这种在对立中的出场"，就是纯粹认知在概念的对立中
的出场，在善和恶、义务或者违背义务的对立中，这样一种纯粹认知、这
样一种道德判断出场了，"就是对这种对立的参与"，这种出场就是对这
种对立的参与，前面第170页也讲到这一点，就像刚才所引的那段话中
讲的，"但是普遍意识的这样一种判断同时还有另外一个方面，从这一方
面出发，它就成了对现成在手的对立加以消解的引导"。这种判断、这种
评判，一方面它是一种评判，它站在一方去评判另一方，它是对立双方的
其中一方；但是，它从这一方面出发，它就成了对这一对立加以消解的引

导，就是这一方不是单纯地作为一个方面，它还能够使双方的矛盾得到消解，所以它是对这种对立的参与。它在这种对立中的出场就是参与，它是能动的，它不是摆出来，有这一方，有那一方，双方相对立；而是积极的，在这种出场的过程中对这种矛盾加以消解。"对本质的纯粹认知**自在地**放弃了它的单纯性"，对本质的纯粹认知，也就是刚才讲的，对本质的非行动的、非现实的纯粹认知，它自在地放弃了它的单纯性，本来它是单纯的，是高高在上地进行道德评判，不需要花任何本钱，我们经常讲，道德评判者是站着说话不腰疼，指责别人，然后自己站在岸上，不参与现实。但实际上他已经参与现实了，他自在地放弃了它的单纯性，不管他是不是自觉，客观上他已经不单纯了，好像是不涉及现实，仅仅谈应该怎么样，但是其实已经放弃了自己的单纯性，已经介入到了现实之中。"因为它就是**分裂为二**或那本身就是概念的否定性"，分裂为二打了着重号，不管你愿意不愿意，它自在地本身已经分裂为二了。你本身想保持道德上的不介入、一种超然的中立，但实际上你已经介入了、介入现实了，你已经从自己的单纯性分裂为二了，你就是那种否定性，这否定性本身就是概念。这种否定性就是概念的否定性，概念本身具有否定性，这个前面已经讲了，我们借用柏拉图《巴门尼德斯篇》的例子，已经表明了概念本身就具有一种自我否定性，如果你严格地对待概念的话，你就发现，你在说这个概念的时候，必然导致自相矛盾、自我否定。道德判断也是这样，道德判断高高在上，在对人家进行判断、进行表扬和进行指责的时候，好像你是站在一个另外的纯粹概念的高度，但实际上你已经分裂为二了，你已经自我否定了，你已经堕落到现实之中了，你已经成为现实之中的一股势力、一股力量，如同政治中的"清流"或"左派"。"就这种分裂为二是**成为自为的过程**而言，它就是恶；就它是**自在**而言，它就是善的保持"。这个分裂为二是一个什么样的过程呢？是自我分裂，自我分裂表明它是自为的，它现在已经成为自为的了，分裂为二就是成为自为的一个过程。自为的也可以翻译为独立的，你是为自己的，不受干扰的，成为自为的，成为自觉的，成为独立的，那么就这样一个过程而言，它就是恶，相当于基督教的原恶、原罪。纯粹认知要成为自为的，它不听上帝的话，它要成为一个人，它想要凭自己的自由意志来自决，它想要不受束缚。那么，这样一个过程就是恶，就是一个人想摆脱一切外在束缚而独立，成为自为的。"就它是**自在**而言，它就是善的保持"，另一方面，就它是自在而言，客观上造成了善的保持。自在和自为，这是两个对立的范畴。就自为而言是恶的，就其自在而言却是善的保持，自由意志是恶的根源，但自由意志的保持却成就了善，自由意志的能够"终身行之"的一贯性就是善。亚当和夏娃违背上帝的命令而犯了罪，但正因为他们行使了自己的自由意志，他们客观上保持了上帝造人的善。他们在自为地堕落之前，他们是善的，上帝创造的东西，当然是善的了；但经过了自为的堕落，他们回到了自在，成了自在自为的，这就是善的保持了。没有这个过程，上帝的善只是潜在的，人潜在地具有自由意志的能力，但从来不用它；而经过这一过程，人把自己潜在的善的能力发挥出来了，通过堕落，得救，赎罪，人回到了善，但和最开始的基点已经不一样了，它是善的保持。那么，从这个保持为善的角度回过头来看它自为的过程、那个恶的过程，你会发现那个恶的过程也是善，没有那个恶的过程你就成就不了今天的善，所以它其实一直保持着善，犯罪也好，赎罪也好，在整个过程中它保持着善，这过程说明它是有生命的，是活的，不是物，不是一个东西。人是有自由意志的；这个自由意志固然会导致犯罪，有自由意志肯定就有这种可能性，但是不要盲目地做判断，通过犯罪，通过赎罪，然后回到了更高的善。这个更高的善就把那个罪和这个赎罪包含在里面了：没有罪，哪里有赎罪呢？没有罪，哪有知罪呢？所以，整个过程在某种意义上都可以看作一个善的过程，都是一个善的过程，恶只是善的一个手段，恶是历史发展的杠杆，恶是通往善的一条道路。所以，整个过程、整个道路，我们都可以看作是一种善的保持，而且也是必然的。

　　——现在，那最初是**自在地**发生着的东西，同时也是**为意识**而发生的, 并且本身同样也是双重的: 它既是**为意识**的, 又是它的**自为存在**或它自己的行为。

"现在, 那最初是**自在地**发生着的东西, 同时也是**为意识**而发生的", 就是我们现在来回顾, 那最初是自在地发生的东西, 其实同时也在为意识而发生, 自在地和为意识都打了着重号, 作为对照。就是说, 本来你意识到它, 或是不意识到它, 它都是自在的, 它跟意识没有关系, 它自在就发生了; 但是现在呢, 我们回过头来看, 我们发现, 其实当时它就同时也是为意识而发生的, 也是意识到的, 它已经伴随着意识了。"并且本身同样也是双重的, 它既是**为意识**的, 又是它的**自为存在**或它自己的行为", 这样一个自在地发生的东西, 它同样也是双重的, 既然它伴随着意识的, 它是有意识的, 所以它又是自为存在, 或一种有意识的行为。亚当、夏娃当初犯罪, 尽管是自在的, 是客观的, 最开始他们没有意识到这是犯罪, 亚当、夏娃以为这不是犯罪, 上帝不会怪我们的, 获得知识有什么不好呢? 肯定是一件好事啊。撒旦就是这样诱惑他们嘛, 说上帝不会怪你们的。所以他们可以说不是有意识地犯了罪。但是, 他并不是在睡眠中、或者是下意识的或者不小心误吃了那个苹果, 他也是有意识的。所以那最初是自在地发生的事情, 同时也是为意识而发生的, 并且同样也有双重性: 它既是为意识的, 又是它的自为存在或它自己的行为。它具有双重性, 就是说, 一方面是在清醒的意识下做的, 是有意识的, 同时又是它的自己决意做的行为。一方面, 是有意识地做的, 这就给日后反思自己的行为留了余地; 另一方面, 是它自己决意要做的, 它就不能推托责任给别人。所以这件事具有知行合一的性质, 它一方面在做, 另一方面, 它意识到它在做。它是有意识地在做, 它并不是无意识的, 它不是自在地发生这些行为, 而是有意识的, 它是自为存在, 是它自己做的行为, 所以它才被归罪, 所以它才要为自己的行为负责。

因此, 那已经被**自在地**建立起来的同一个东西, 现在就是把自己当作意识对自己的认知、当作有意识的行为加以重复。

"因此，那已经被**自在地**建立起来的同一个东西"，比如说，他已经犯罪了，已经吃了知识之树的果子，虽然是自在的，他不知道那是犯罪，他就吃了，所以这是已经被自在地建立起来的同一个东西、同一件事。"现在"，就是我们现在回过头来看，"就是把自己当作意识对自己的认知、当作有意识的行为加以重复"。同一件事情，比如说原罪，吃知识之树的果子，当时已经自在地做了，已经犯罪了；而现在我们已经知善恶了，当时虽然也伴随着意识，但是它还不是自觉的，不是故意要犯罪的。但现在我们把这件事当作意识对自己的认知、当作有意识的行为加以重复。我现在知罪了，犯罪的当时不知道，犯罪以后，我知罪了，我吃了知识之树的果子，我有了认知嘛，现在我就知罪。现在知罪和当时犯罪是指同一件事情，但是这两次是不一样的：第一次是自在的，第二次是作为有意识的行为来重新评价。所以亚当和夏娃在吃知识之树的果子之前，是没有认知、不知善恶，于是就吃了那个果子，吃了那个果子以后就眼明心亮了，他们有了认知，就知道自己犯罪了，所以就感到羞愧，赤身裸体，就躲在树丛里面，上帝就叫他们，你们怎么不出来啊，就叫他们出来，给他们衣服穿，告诉他们缝衣服，这就是知罪的表现，是在吃了知识之树的果子以后才会有的一种境界。上帝一看他们知道羞耻了，就知道他们已经吃了知识之树的果子。所以，同样一件事情，在最开始的时候不知道，做完了以后，他就知道了，这就是在更高层次上的重复。我们用圣经的例子来解释这个地方比较好解释，但是这里不是讲圣经，圣经在前面已经讲过了，这里讲的是概念、概念的结构。然而它对应于宗教里面那些话题，所以，这里有两条线：一条是自我意识的形态在运动，另外一条线是道德和宗教的内容在发展，这两方面相互照应。

每一方都为另一方而舍弃了它在其中出场、反对另一方的那个规定性的独立性。这种舍弃就是对曾经**自在地**构成开端的那个概念的片面性的同一个放弃行为，不过从现在起，这是每一方**自己的**放弃行为，正如它所放弃的那个概念是它自己的概念一样。 {427}

447

"每一方都为另一方而舍弃了它在其中出场、反对另一方的那个规定的独立性"，这里有两方，一方是自在地建立起来的东西，另一方是自为的自我意识，这就是上一句讲的，一个是自在的事情，另一个是有意识的认知的自我意识，或者说是对象意识和自我意识双方。每一方都为另一方而舍弃了自己的规定的独立性，这个规定是它在其中出场并反对另一方的规定。简单来说，每一方都放弃了它的与对方格格不入的规定性，比如说自在和自为，自在的这一方有它自在的规定性，自为的那一方有它自为的独立性，但是它们现在都放弃了自己的规定。就是双方都向对立面转化，把它自己跟对方格格不入的那种独立的规定舍弃掉了，自为获得了自己的自在形态，自在也发生了分裂，开始否定自己的自在而进入到自为。这样，它们的关系，即自在和自为、对象和自我，在自我意识的形态里面就以概念的形式体现出来了。纯粹概念本身体现为自在的，纯粹概念的分裂为二则体现为自为的，这两方面互相否定，同时又互相转化。这里讲的是互相转化，每一方都为了另一方而舍弃了自己的规定，这个自己的规定本来是用来反对另一方的，所以双方就达到了调解。"这种舍弃就是对曾经**自在地**构成开端的那个概念的片面性的同一个放弃行为"，曾经自在地构成开端的那个概念就是纯粹概念、单纯的概念，刚才已经讲了，单纯的概念是作为开端的永恒的本质，这个永恒的本质现在被放弃了，或者不如说，它的片面性被放弃了。而这与刚才讲的对象和自我各自放弃自己的独立性而向对立面转化是同一个放弃行为，不过前面是从自在发生的事件和自为的有意识的行为的关系来看，而这里是从概念本身的运动来看。"不过从现在起，这是每一方**自己的**放弃行为，正如它所放弃的那个概念是它自己的概念一样"，我们前面已经看到，这个自在的开端已经放弃了它的永恒本质而进入到现实，我们投身于现实；从良知啊、优美灵魂啊、那种为义务而义务啊，从那种高高在上的抽象性进入到现实了，已经放弃了它的那种自在性了；但是，从现在起我们看出来，这是每一方自己的放弃行为，"自己的"打了着重号。自在的一方是自己放弃，自为的一方也是它自己放弃，双方都是自己的放弃行为。这就进入到概念的层次了。原来是不自觉的，在道德和宗教的那个阶段，舍弃行为好像是不得已的行为；而现在呢，我们是自觉的，因为我们经过了概念的辩证法的训练以后，我们就知道了，每一方都要向对立方面转化。现在这个阶段呢，我们已经经过训练了，已经很成熟了。你放弃了它，没关系，它还在那里，你放弃的只是它的那种固执性，放弃了它的那种片面性，但它并没有丢失。它所放弃的那个概念仍然是它自己的概念，它放弃了这概念的片面性，如抽象性、永恒的本质，或者分裂为二的对立，现在要回到自身反思，所以双方都必须要放弃自己的片面性，由对方来补充自己。放弃了不要紧，它还在自己的概念之中，所放弃的那个概念还是它自己的概念。这就是概念本身的这种内在矛盾性和互相转化，互相转化的结果，最后是使得概念本身得到充实，成为具体概念，不再是那种片面的抽象概念。

——开端的那个**自在**，作为否定性，真正说来，同样是**中介性的东西**；因而它现在把自己**建立**为如同它真正所是的那样，而**否定的东西**则是作为每一方为了另一方所做的**规定性**而存在，并且自在地是自我扬弃的东西。

"开端的那个**自在**，作为否定性，真正说来，同样是**中介性的东西**"，开端的自在就是开端的那个单纯的概念，作为一种永恒的本质，它是自在的。但同时它又作为否定性，概念在纯粹性中，一开始就已经是具有否定性的了。那么作为否定性，真正说来，原文是"在真理中"，in Wahrheit，它同样是中介性的东西，"中介性的东西"打了着重号。自在的东西和中介性的东西本来也是两个对立的概念，自在就是没有中介，就是直接性，中介就是间接性。开端是直接性的东西，开端怎么是间接性的东西呢？但是它真正说来，同样是间接性的东西，因为它自己是自己的中介。只有间接性的东西才谈得上真理问题，一个直接的东西，你只要问：这是真的吗？它就已经是间接性的了，除非你不问，只信仰，那就无所谓真假。但现在开端的那个自在作为否定性，自己就在问自己，因为它本身就是否定性，作为一种抽象的活动，它本身就是一种中介性的东西，只有通过这一活动它才能通往真理，任何开端都是这样。我们在笛卡尔那里看到，开端是什么呢？"我思故我在"；但是这只是结果，前面还有一个怀疑，真正的开端是怀疑一切，这怀疑就是间接性的东西、中介性的东西，由怀疑而得出了那个直接性的真理"我思故我在"。一切开端其实都是这样的，你要去仔细研究、你要去严格对待开端的话，你就会发现，开端既是直接性的东西，同时也是间接性的东西，开端不是不可以追究的，任何开端都是可以追究的，都是有待于落实的。"因而它现在把自己**建立**为如同它真正所是的那样"，建立打了着重号。开端是一个建立起来的过程，它真正所是的那样，那是需要建立的。真正所是的那样，我们通常理解为这就是它的自在，它本来是怎么样，那就是这样，不能"走样"。但是本来是怎么样，这其实是建立起来的，是后来建立的。在先的东西是后来才建立起来的，在先的东西是自在的东西，但是这个自在的东西是它把自己建立为它真正所是的那样的。"而**否定的东西**则是作为每一方为了另一方所做的**规定性**而存在"，否定的东西和规定性都打了着重号。这里使我们想到斯宾若莎的那个命题："一切规定都是否定"，但这里是反其意而用之，一切否定其实都是规定。否定的东西不是单纯的否定完了就完了，每一方的否定都是为了对方而做的规定，比如说我和郭齐勇教授为了儒家的问题论战了二十多年，我每次都对他说：谢谢合作！可惜他并不这样认为，总以为我反对他就是否定了他，其实我是成全了他。他也成全了我，使我开拓了视野，完善了自己的观点。所以，每一方对对方所做的否定都是为了对方而做的规定，因而同时也是对自己所做的否定，使自己得到修正，更加接近真理。"并且自在地是自我扬弃的东西"，当它否定自己的片面性的时候，当它自我否定的时候，它就把自己规定为对方了，而这样才能把自己建立为它真正所是的那样。如何把自己建立为如同它真正所是的那样？就是它的对立的双方，其中的每一方都通过自我否定而把自己建立为对方,把自己的否定建立为对方的规定,把对方的否定也建立为自己的规定,那么它的真正所是就被建立起来了。所以它真正所是的那样就是这样的:双方不断地向对方转化。而原来没有这样一种否定运动的时候呢,它只是一个抽象的概念,它并不是它真正所是的。你在否定运动中还想回到那个抽象的概念,那是回不去了的,而且即算回到,也不是它的真正所是,它还"不是",真正所是的就是要在这样一种向对立面互相转化的矛盾过程中才是,它才"是"起来。所以我讲,只有否定儒家的才是真儒家,只有批判传统文化才能弘扬传统文化。所以否定的东西自在地就是那自我扬弃的东西,就是在自我扬弃中自我规定、自我建立的东西,它不是由别的东西所逼迫,而是自己扬弃自己,不可遏制地要扬弃自己。这是开端的概念,它如何把自己建立为真正的概念。因为开端的概念是一个抽象的概念,是一个单纯的概念,而真正的概念是丰富的,这个丰富性是由于概念的辩证法所导致的,是由于它向对立面转化而导致的。

　　对立双方之一方是自身内在其**个别性**中的存在对普遍性的不同一性——另一方则是存在的抽象普遍性对自我的不同一性;前者死于自己 [265] 的自为存在,它将自己外化出来,招供出来;后者放弃它的抽象普遍性的坚硬性,因而死于自己无生命的自我及其不动摇的普遍性;以至于这样一来,前者通过作为本质的普遍性环节补充了自己,后者通过作为自我的普遍性补充了自己。

　　"对立双方之一方是**自身内**在其**个别性**中的存在对普遍性的不同一性",对立双方都是不同一性,其中一方面是那个自身内的个别存在对普遍性的不同一性,"自身内"和"个别性"都打了着重号。它是这样一种不同一性,什么不同一性呢? 个别存在对普遍性的不同一性,不认同性。这一方是在自身内的,跟对方没关系,而且是个别的,跟普遍性相对立。总之,对立双方中的一方就是在自身内的个别性存在与普遍性的不同一性,它强调自己的个别性。这个可以体现为恶,或者说体现为罪,个别性、自由意志、犯罪，这个自由意志最初体现出来就是犯罪，为所欲为，这是一方。"另一方则是存在的抽象普遍性对自我的不同一性"，另一方是普遍性，它对个别自我也有不同一性，不认同自我，不认同这样一种个别性。这一方相当于道德判断，道德判断是高高在上的，你应该怎么样，你不应该怎么样，对于个别性横加指责。概念本身具有这两个方面：一方面是个别性，另一方面是普遍性，它们对于对方都不买账。这是概念内部的一对冲突，它相应于宗教和道德的冲突：一方面是恶与罪，另外一方面是道德的评判；你的个别性导致你犯罪，你为所欲为，你不听上帝的话，你一意孤行，你对普遍性不认同。"前者死于自己的自为存在"，这个前面已经提到过了——罪就是死。我们看第253页，第二行，"因为认知作为从被规定为恶的自然的直接性向自身的返回，就是对这种直接性的抛弃和罪的死亡"，我们在那里还加了一个注，就是《罗马人书》："你们向罪也当看自己是死的，向神在耶稣基督里却当看自己是活的。"你们面向罪就应该把自己看作是死的，罪就是死，罪就等于是死亡。所以这里讲，前者死于自己的自为存在，前者就是个别性，个别性就是犯罪，个别性的自为存在，个别性的一意孤行，那就相当于死亡。你面向这样一种犯罪，那就是面向死亡，你生活在罪中，你生活在恶中，实际上就是已经死了，就是行尸走肉。"它将自己外化出来，招供出来"，我们前面第175页也讲了什么叫招供出来。我们看第三个小标题："宽恕与和解"，下面讲："真正的亦即**自我意识到的**和**定在着的**调解，按其必然性来说，已经在上面所说的东西中包含着了。但使坚硬的本心折服并使之提升到普遍性的那种运动，正是那个在自己招供的意识那里曾表现出来的运动。"这几个词：招供、供认，还有忏悔，以及我们刚刚讲的知罪，这些词都属于相近的意思。将自己外化出来，招供出来，也就是把自己外化出来，把自己当作一个对象来忏悔、来招供，那也就是放弃和舍弃了它自己的片面性。前面讲了，每一方都放弃了自己的片面性，招供就是这样的：我犯了罪，这是我的独立性，它跟道德是对立的；但是，我现在放弃了我的这种罪行,我舍弃了我这种罪行,我不再一意孤行了,我知罪了,我招供出来,这就把自己的这样一种罪舍弃掉了。这一方放弃了自己的片面性,不坚持自己的罪行,认错,于是就朝对立面转化了。这是一方。"后者放弃它的抽象普遍性的坚硬性,因而死于自己的无生命的自我及其不动摇的普遍性"。后者、即另一方刚好相反,它放弃了它的抽象普遍性的坚硬性。前面刚才讲了道德评判、道德批判,那是很坚硬的,那是原则立场:你不对就是不对,没有任何可以调和的余地。但是,现在由于对方也在忏悔了,所以,我对它的道德评判呢,也要减少自己的锋芒。这种坚硬的、不留余地的批判,我要放弃它,也就是放弃了自己的特点,因而死于自己的无生命的自我。无生命的自我就是这种道德批判,抽象空洞而没有生命,康德的为义务而义务,它本身是没有生命的,它是属于彼岸、属于自在之物的。我现在放弃了这种无生命的自我和它的不动摇的普遍性。当然,在基督教里面不承认这种放弃、这种宽容是死,只承认前面讲的罪是死。道德批判的宽恕、宽容、软化,这个在基督教里面并没有说它是道德之死,是黑格尔把它们对举,把两种死并列起来,一方死于另一方,这已经不是从宗教意义上说的,而是从概念意义上说的了。道德评判那种不动摇的普遍性已经死了,它本来就是一个死的框框,一个僵死的框框,道德评判就是从那僵死的框框出发,来评判活生生的现实,现在这种僵死的东西也死掉了,也放弃了它的无生命的自我和它的不动摇的普遍性。"以至于这样一来,前者通过作为普遍本质的环节补充了自己,后者通过作为自我的普遍性补充了自己",个别环节通过普遍本质的环节补充了自己,抽象空洞的普遍环节则通过作为自我的普遍性补充了自己,后者虽然是普遍性,但是它是缺乏自我的,缺乏个别性的。所以,这双方都可以互补,自我、个别性一方和普遍性一方就达到了统一。

通过行动的这种运动,精神——精神之所以是精神,只是由于它**定在着**,并把自己的定在提升到**思想**,从而提升到绝对的**对立**,以及恰好通过这种对立、并在这种对立中而从这种对立里返回自身——就作为那本身就是自我意识的认知的纯粹普遍性，作为那本身就是认知的单纯统一性的自我意识而走上了前台。

我们把这句话压缩一下，把两个破折号中间的撇开，等下再来解释。"通过行动的这种运动，精神……就作为那本身就是自我意识的认知的纯粹普遍性，作为那本身就是认知的单纯统一性的自我意识而走上了前台"，通过行动的这种运动，通过概念投身于现实的这样一种运动、这种向对立面转化的运动，那么，精神就走上了前台，精神就出来了，精神就在这样一种对立面转化的过程中现身了、走上前台了。那么，精神是作为什么样的东西而走上前台的呢？一方面，作为那本身就是自我意识的认知的纯粹普遍性走上了前台，这是普遍性的方面，但带上了自我意识的个别性，这普遍性本身就是自我意识，就是个别性，这是第一个作为。第二个作为："作为那本身就是认知的单纯统一性的自我意识而走上了前台"，这就是反过来的了，它是作为个别自我意识，但这自我意识已经本身就是认知的单纯统一性，因而已经带有普遍性的了。这两个"作为……作为……"是互补的，前一个是作为自我意识的普遍性，第二个是作为普遍性的自我意识。精神就以这样一种双重的姿态走上了前台，精神应该包含这两个环节，以及它们的相互转化的运动，这才是精神，不然的话，那就是僵死的。有了这两方面的相互转化，精神就有了生命。我们现在来看一看这两个破折号里面的内容。"精神之所以是精神，只是由于它**定在着**，并把自己的定在提升到**思想**"，定在着和思想都打了着重号，以作为对照。这说明精神肯定是存在和思维的统一，是一个从存在提升到思维的运动过程。所谓精神，就是从存在提升到思维，或者说就是把自己从存在提升到思维，思维和存在的统一在这里体现出来了。"从而提升到绝对的**对立**"，思维和存在，既是对立的，也是统一的，它们的对立是绝对的对立，它们的统一也是绝对的统一。"以及恰好通过这种对立、并在这种对立中而从这种对立里返回自身"，返回到自身那就达到统一了，就在这种对立里达到了统一。恰好通过这种对立，借助于这种对立的力量,这种冲突、矛盾的力量,并且就在这种对立中,不是在别的地方,不是对立了以后、完了以后,而是就在这种对立中,而从这种对立里返回到自身。对立本来已经把自己分裂了,已经不是自己了,但是恰好就是在这种对立中,返回到自身:这就是精神。这是两个破折号中间插入的对精神的一种解释,也就是说,精神就是这样一种思维和存在的统一体,精神以这种对立统一的姿态走上了前台。休息一下。

精神的对立统一就是从概念的对立统一里面直接引出来的。概念的单纯性本身已经自在地包含有一种否定性在内,而这种否定性作为纯粹认知进入到定在,导致了概念的对立、概念的分裂、一分为二,然后在这种一分为二里面,又通过正反合的这样一个中介返回到自身,达到对立双方的互相沟通、互相渗透和互相转化,这就形成了精神。精神就是从概念里面引出它的本性来的,绝对精神就是概念的这样一种对立统一;绝对认知在宗教里面已经体现出来了,宗教也是属于绝对精神,但宗教没有体现概念的形式。而到了绝对认知这里,它已经开始体现概念的形式,也就是使自身的内在性以概念的方式展示出来了。这就进入到了绝对认知,也就是他的所谓的"科学"。我们看这一部分的最后一小段,这一部分整个都是讲的概念在前此各种形态中的形成,现在概念已经走上前台,成为科学了。

因此在宗教里,大凡曾经是**内容**或者是表象一个**他者**的形式的东西,在这里等于就是**自我**自己的**行为**;是概念的联结作用使得**内容**就是**自我**自己的**行为**;

我们先看这半句。"因此在宗教里,大凡曾经是**内容**或者是表象一个**他者**的形式的东西",内容和他者都打了着重号,或者说,在宗教里面已经具有了精神的内容了,但是这精神的内容是通过表象的形式、就是表象一个他者的方式而显示出来的,他者就是一个外在的东西,一个另

455

外的东西，还不是精神本身，在宗教中是那样的。但是，"在这里等于就
是**自我**自己的**行为**"，自我打了着重号，行为也打了着重号，这个自我是
跟他者相对照的。原来在宗教里面是表象一个他者，而在绝对认知这里
已经是自我自己的行为了；凡是在宗教那里曾经是内容的东西、曾经是
表象一个他者的东西，在绝对认知这里就是自我自己的行为。也就是说，
自我在这样一个阶段，只是赋予了自己一种超越于表象之上的形式，内
容还是那个内容，但是这个内容在这里已经成为自我自己的行为。什么
是宗教的内容呢？比如说，上帝，上帝就是绝对精神。那么，绝对精神在
宗教那里就表象为一个上帝、一个他者。上帝高高在上，上帝跟我不是
一回事情。那么，在绝对认知这里，它就等于是自我自己的行为。上帝
是什么？上帝就是自我自己的行为，上帝的自我跟我的自我是相通的，
不是什么他者，上帝就在我心中，而且是作为自我自己的行为，不光是信
仰一个上帝，而且是在做，是在实践一个上帝、一个绝对精神。"是概念
的联结作用使得**内容**就是**自我**自己的**行为**"，是什么东西使得这个内容
成为了自我自己的行为呢？是概念的联结作用。内容打了着重号，自我
和行为也都打了着重号，这和上面是对应的。在宗教里面是内容，在这
里则是自我自己的行为，通过概念的联结作用，使得内容成了自我自己
的行为。

　　——因为这一个概念，正如我们看到的那样，就是把自我在自身内
的行为当作一切本质性、一切定在来认知，就是对于**这一个主体**作为**实
体**的认知，和对于实体作为有关主体行为的这一个认知的认知。

　　为什么概念的联结使得内容成为自我的行为呢？"因为这一个概
念"，这一个概念就是单数的、特定的概念，就是这一个唯一的概念。前
面讲的那些概念，因为它们都有特殊性，所以可以用复数。可以用这个
概念那个概念；但是，现在是这一个概念，这一个，只有一个概念，它只
能是单数，它是无所不包的唯一概念，"正如我们看到的那样，就是把自
我在自身内的行为当作一切本质性、一切定在来认知"，这一个概念是什

么概念呢？从我们旁观者的眼光看来，就是把自我自身内的行为、我的一个主体的内在行为，当作是一切本质性、一切定在来认知，或者说，把自我的这样一种内在能动性看作一切本质性、一切定在的源泉，认作万物的本体，万物都来自于自我在自身内的行为，因为这是唯一的一个概念，是无所不包的概念。"就是对于**这一个主体**作为**实体**的认知"，这一个主体打了着重号，实体也打了着重号。这概念认知到自己的主体就是实体，这一个主体就是实体，上帝在我心中，上帝无所不包，那我也就无所不包，我是一个主体，那我就成了一个实体，无所不包的实体都在我心中。"和对于实体作为有关主体行为的这一个认知的认知"，对于实体的认知，也就是把实体认作有关主体行为的这一个认知，实体也是唯一的，是有关主体行为的唯一的认知，实体本身就是这一个认知。实体已经不是通常所讲的万物了，实体本身就是认知，万物就是由这一个认知来的。实体是认知，实体的认知是认知什么呢？就是这唯一的一个概念、绝对认知的概念。这一个概念就是这样一种认知，这样一种对于认知的认知，对于实体的认知，对于主体的认知，或者对于实体和主体统一的认知，所以，这一个主体就是实体。而概念是对于双方的认知：一方面是对于主体的认知，另一方面是对于实体的认知，而主体和实体分别又都是认知，那概念就是绝对认知：主体的认知和实体的认知都统一于概念。所以，单独的这一个概念，它的成果就是认知，认知到这一个主体就是实体，实体就是对于这一个主体的认知，也就是实体就是主体，主体就是实体。这就是《精神现象学》序言里面所提出的这样一个任务，最重要的和最关键的就是把主体理解为实体，把实体理解为主体，这一任务在这个地方得到了完成，这样一个题目在这里就找到了它的答案。

——我们在这里所增加的东西，一方面是只是把各个个别的环节**集合起来**，这些环节的每一个就其原则来说，都呈现着整个精神的生命，另一方面，是在概念的形式中把概念坚持下去，这个概念的内容本来应该是已经在上述各个环节中得出来的，而这个概念本身本来也应该是已经在某一种**意识形态**的形式中得出来的。

"我们在这里所增加的东西"，说来说去，我们在这里所增加的东西好像不多，一切都是已经讲过的。在宗教里面是内容的东西，在这里是自我自己的行为，但它还是那个内容啊，这个内容在宗教里面已经讲过了，我们在这里增加了什么东西呢？他说，我们在这里所增加的东西，"一方面只是把各个个别的环节**集合起来**"，"集合起来"打了着重号，"这些环节的每一个就其原则来说，都呈现着整个精神的生命"。好像只是集合起来，但这种集合已经使每一个环节按其原则显现出整个精神的生命了，如果没有这种集合的整体，每个环节就都是零散的，机械拼凑的。这个集合是原来没有做过的，或者说只是片段地做过，但是总体上全体还没有呈现出来。我们这里要增加的就是要把全体呈现出来，让这些环节的每一个都呈现出全体的精神的生命。这是一个方面，就是使它们具有了全体性，我们把它们每一个环节全部毫无遗漏地在这个整体中得到了安排。"另一方面，是在概念的形式中把概念坚持下去"，就是说，不光是把所有的东西都摆在这里，而且要用一个概念把它们贯通起来，这个贯通当然只有在概念的形式中才能做到，你在表象的形式中是做不到的。你的表象连三位一体都打通不了，所以只有通过概念的方式才能把所有的环节都贯通起来，从而在概念的形式中把概念坚持下去，也就是把那些断断续续的概念全部贯通。我们前面已经讲了概念的形成过程，其实，在前面的每一个环节里面，都已经断断续续地体现出概念的作用；但是我们现在把它们变成了"一个"概念，所有这些概念都是"这一个"概念在里面起作用。"这个概念的内容本来应该是已经在上述各个环节中得出来的"，这里用了虚拟式，本来应该这样，但是没有，它直到现在才得出来。为什么在上述环节中没有得出来呢？因为它最后一个环节还没有到位，最后一个环节不到位，它就得不出来。但是，最后一个环节并不是有多么大的添加、增加，而只是点出了最后这个环节就是概念，它把所有前面的概念都贯通、都串联起来了。后面一句也是虚拟式："而这个概念本身本来也应该是已经在某种**意识形态**的形式中得出来的",前面是讲的只是概念的内容,它本来应该是在上述各个环节中得出来的,但是没有得出来,它那时着眼于其他的一些内容,概念只是作为形式在里面起作用。而这个概念本身,那就不是概念的内容啦,这个概念本身就是一种形式,当然它也有内容,但是它特别强调跟概念的内容相对,而强调概念本身,这个概念本身就是指概念的形式。概念的形式本来也应该是已经在某种意识形态的形式中得出来的,"意识形态"打了着重号。意识形态为什么要打着重号?概念本身也是一种意识形态,"精神现象学"就是各种意识形态的发展嘛,它的最后一个环节本来也应该是一种意识形态,但是那个时候还没有做到。以往的那些意识形态都不是概念的意识形态,比如说表象、感性确定性、知性,这些东西都不是概念本身的意识形态。它本来也应该是在某种意识形态中得出来的,但是那个时候,那些意识形态都不是概念的意识形态,所以就没有得出来。总而言之,应该有一种意识形态使得概念本身得出来,但是没有。这两个虚拟式就引起下文了,就是说,它本来早就应该有了,但是还没有,那么,我们现在就来赋予它。我们现在就来解决这个问题,概念本身的形式、它特有的意识形态如何得出来?现在我们可以得出来了。本来应该在上述各个环节中得出来,但是没有,我们现在应该做这件事,把概念的意识形态得出来。

[二、科学即对自我自身的概念式的把握]

这就是第二个标题:"科学即对自我自身的概念式的把握"。贺、王译本作"概念式的理解",我把它译作更具能动性的"概念式的把握",或简称"概念把握"。科学即对自我自身的概念把握,或者概念式的把握,这个地方讲的科学,就是哲学。他讲的科学不是前面讲的观察的理性,心理学啊、逻辑学啊,那都不算。严格意义上的科学就是对自我自身的概念式的把握,这才是科学,其他的都还不算。他在"序言"里面一开始就在强调,科学作为一种认知,是如何形成、建立起来的,这个地方就跟前面序言里讲的"科学的任务"接上轨了。科学即对自我自身的概念式的把握,也就是科学的任务就是对自我自身的概念式的把握,就是概念式的自我意识,当然,"概念式的"和"自我意识"都需要解释,都是很丰富的。

[266]　精神的这样一个最后的形态,即这样一个精神,它给自己完全和真实的内容同时赋予自我的形式,因而把自己的概念这样实现出来,正如它在这个实现过程里仍然保持在自己的概念之中那样,这种精神就是绝对认知;这是在精神形态中认知自己的精神,或者说是**进行概念把握的认知**。

这句话很长,把它压缩一下,"精神的这样一个最后的形态……就是绝对认知",绝对认知现在已经正式登场了。第八章的标题就是"绝对认知",现在经过前面讲的概念的形成,经过了这么长的回顾和分析以后,现在绝对认知才登场,可见,这个绝对认知就是对自我自身的概念式的把握。你要先把概念搞清楚,绝对认知才有自己的表达形式,才具有自己的形式。而概念在登场之前需要回顾和反思它走过的历程,它的内容在前面已经具备了,特别在宗教里面已经具备了,但是形式还不具备,也就是概念的形式还不具备,因而还缺乏概念的自我意识。现在完成了这一回顾,我们就可以谈概念式把握的认知了。所以这里说,精神的这样一个最后的形态,"即这样一个精神,它给自己完全和真实的内容同时赋予自我的形式,因而把自己的概念这样实现出来,正如它在这个实现过程里仍然保持在自己的概念之中那样"。这个形态是这样的形态,就是它的内容已经是完全的和真实的,但是同时又赋予了它自我的形式。完全真实的内容在宗教那里已经有了,上帝是绝对精神,但是,上帝还不具有自我的形式,虽然上帝在我心中,但是这个我心中的上帝仍然是陌生的、异己的,没有被我的概念所把握,因为它还只是被表象所把握。那么现在,上帝在我的概念中,那就要用概念去把握上帝的内容,这才赋予了它自我意识的形式。于是,精神就把自己的概念这样实现出来,正如它在这个实现过程里仍然保持在自己的概念之中那样。既然要赋予精神以自我的形式,那么,自我是什么? 自我是概念。所以,上帝在我心中,就表现在上帝或精神在实现自己时始终把自己保持在概念之中。这个概念在前面也已经接触到了,比如说我们刚才讲的良知、优美灵魂、义务,这都已经是纯粹概念了,但是都没有在自己的实现的过程中仍然保持在自己的概念之中,要么就根本不把自己实现出来,要么实现出来就被舍弃掉、被否定掉了。现在精神要把自己的概念这样地实现出来,正如它在这个实现过程里仍然保持在自己的概念之中,也就是彻头彻尾地应该是概念。前面讲的优美灵魂和良知等等,它们虽然已经是概念,已经具有了概念的内容,但还是不纯粹的,比如第 263 页的第四行谈到这种概念,"但是,当它在那先行的东西中出现时,这概念也像其他环节一样拥有这种形式,即它是一种**特殊的意识形态**。"就是说它还是特殊的,它不具有彻头彻尾的概念的普遍性,它在它的实现过程中,没有能够保持在自己的概念之中,虽然它把这概念看作纯粹概念,但实际上并不纯粹,只是一种注定要消失的特殊意识形态。现在呢,在这个实现过程里仍然保持在概念之中的这样一种精神,就是绝对认知。这个绝对认知就是精神的最后形态,它把这个完全和真实的内容赋予了自我的形式,因而把它自己的概念彻头彻尾地实现出来了。"这是在精神形态中认知自己的精神,或者说是**进行概念把握的认知**",绝对认知就是在精神形态中认知自己的精神,精神在自己的形态中对自己加以认知,精神自己的形态是什么的形态呢? 就是概念的形态,就是概念的把握。所以"进行概念把握的认知"打了着重号,精神要在精神形态中认知,就是要在概念式把握中来认知自己。

真理性不仅**自在地**完全和**确定性**同一,而且也拥有其自我确定性的**形态**,或者说真理性是在自己的定在中,这就是说,它以自我认知的**形式**

对认知着的精神而存在。

　　"**真理性**不仅**自在地**完全和**确定性**同一"，真理性、自在地、确定性都打了着重号，从这三个着重号我们可以看出来：真理性和确定性在这里客观上已经是同一的了。前面一讲真理性的时候往往就失去了确定性，一讲确定性的时候又往往失去了真理性，变成主观的了。而在绝对认知这里，真理性和确定性完全同一了：真理性自在地就是确定性，确定性自在地就是真理性。概念不再是主观的，概念是客观概念，概念本身就具有真理性，它不再是主观的一种观念，需要符合一个外在的客观对象。现在，它不仅自在地完全和确定性同一，"而且也拥有其自我确定性的**形态**"，形态打了着重号，它的形态也是自我确定的。真理性不仅仅自在地拥有确定性，而且也拥有了自我意识的形态，拥有这种形态，就不再只是自在的，而且也是自为的了。自在的同一可以这样理解，它还不具有同一的形态，在宗教那里就是这样，它的内容在表象的形态中达到了同一，是一种自在的同一，但还不是自为的同一。它的形态还是表象的形态，而不是自我确定性的形态，不是自我意识的形态。而现在在绝对认知这里，它同时也拥有了自我确定性的形态，那就是概念形态。"或者说真理性是在自己的定在中，这就是说，它以自我认知的**形式**对认知着的精神而存在"，这时候，真理性有了自己的形态了，有了形态就可以确定它了，所以说，真理性是在自己的定在中，已经被确定了，它已经以概念的确定性的方式表达出来了。也就是精神以自我认知的形式对认知着的精神而存在，这个认知着的精神就是对于认知着的精神而存在的，其存在的形式就是精神对精神的认知的认知，因而是绝对认知。绝对认知的真理性以这样的形式而存在，也就是以概念的形式而定在，它在认知着的精神面前能够为认知着的精神所把握，因为它就是概念。如果它是表象的话，它对于认知着的精神还不是真正存在的，它只是一种启示、一种象征。而现在是确定的了，现在是概念式的把握了。

　　真理性是这样的**内容**，这内容在宗教中和它的确定性还是不同一的。

可是，当内容获得了自我的形态时，就有了这种同一性。

"真理性是这样的**内容**，这内容在宗教中和它的确定性还是不同一的"，"内容"打了着重号。在宗教中，内容已经是概念的了，已经具有真理性了；但是这种真理性的内容和它的确定性还不是同一的，因为这内容还没有采取概念的形态，它的表象并没有确定性，所以，这两方面还是不同一的，它的内容和它的确定性是不同一的。内容在宗教中还是不确定的，它还只是一个信仰的对象，还没有一个确定可把握的概念来对它加以理解。"可是，当内容获得了自我的形态时，就有了这种同一性"，当宗教中的这个内容获得了自我的形态时，也就是获得了概念的形态时，当自我意识以概念把握的形态囊括了宗教的内容时，那就有了这种同一性，就是它的内容和它的形式就同一了，它的真理性和确定性就同一起来了。这时，精神就从宗教跨入了绝对认知的领域。

因此，那对于意识成为了定在的元素或**对象性形式**的东西，也就是{428}本质自身、亦即**概念**。

"因此，那对于意识成为了定在的元素或**对象性形式**的东西"，"对象性形式"打了着重号。对于意识来说，那成为了定在的元素，成为了意识的对象的东西，或者说采取了对象性形式的东西，是什么呢？"也就是本质自身、亦即**概念**"，概念打了着重号。这句话也就是说，在绝对认知这里，意识的那个内容，意识的对象，就是本质自身、亦即概念。我们把这个内容当成对象，但是这个内容就是概念，你不需要用表象去表现它，我们现在用概念就可以说它了，这时真理性和确定性、内容和形式、对象和自我都达到了同一。在基督教里面，上帝还不是一个概念，只是一个表象。我们只能用一个表象来表现它，我们不能用概念来说它。问上帝是什么，那在基督徒看来是亵渎神明、亵渎上帝的，上帝是不可以说、不可以分析的，只能信仰，即算你可以说出很多上帝的属性，但是上帝本身是不可认知的，哲学的真理和信仰的真理是不可调和的。所以在宗教中，有真理性却没有确定性，而最有确定性的信仰，却又没有真理性。你可以按照理性尽可能地运用自己的理性知识，但是到最后总有一个地方你用不上去了，那你就得付诸信仰。基督教也讲理性，但是这个理性是有限度的，人的理性是有限的，所以到一定阶段，你就只好归结于信仰，这就保留了宗教的余地。但在黑格尔这里没有了，所以很多人说黑格尔是无神论者，有一定道理，因为他已经把信仰看作是应该扬弃、应该超越的，我已经经过了信仰的阶段，但是我现在已经不再停留在信仰，我提升到了概念，我用概念把握一切。这时凡是意识的对象，都是概念，那就是本质自身，本质自身就是概念。

精神在这样一种元素中对意识显现出来时，或者在这里是一个意思，精神在这种元素中被意识产生出来时，它就是科学。

科学在这里出现了。"精神在这样一种元素中对意识**显现出来**时"，显现出来打了着重号，因为它还是属于精神现象学，精神现象学就是显现出来。现象学，Phänomenologie 来源于拉丁词 Phänomen（现象），这里"显现"用的是德语词 erscheinen，是拉丁词的同义词。所以，精神在这样一种元素中对意识显现出来时，"或者在这里是一个意思，精神在这种元素中被意识产生出来时"，精神对意识显现出来和被意识产生出来，在这里已经是一回事，是一个意思。被动地产生出来和主动地显现出来是一回事，对意识显现出来，也等于被意识产生出来，既是主体，也是对象。那么，这个时候，"它**就是科学**"。Wissenschaft 译作"科学"，它的词根就是 Wissen，就是认知。绝对认知就是 das absolute Wissen，–schaft 是德语词的词尾，表明某种抽象的性质，所以 Wissenschaft 和 Wissen 相比呢，它更抽象一些，严格按照字面翻译，应该是认知性。Wissenschaftlehre 就是认知学或知识学，如费希特的《全部知识学原理》，Wissenschaft-slehre，–lehre 就是一学啦，Wissenschaft 就是科学，也可以翻译为认知性。科学从词根上理解，就是认知性，它是非常广泛的概念，和英语里面的 science 是不一样的。英语里面的 science 是比较狭窄的科学的概念，主要是讲我们今天的自然科学、科学技术，当然它不归结于技术，它是一种自然科学。但德语里面的 Wissenschaft 既包含自然科学，也包含人文科学和哲学，尤其在黑格尔这里，他是取它的最大含义的范围，那就是哲学，哲学无所不包，是一切科学的科学。康德在《纯粹理性批判》中把形而上学称之为一切科学的女王，他提出一个问题，哲学作为科学何以可能？他最终要解决这个问题。哲学作为一种自然倾向，已经可能了，已经是实在的了，很多人都在追求哲学。但是，哲学作为科学何以可能？作为 Wissenschaft 何以可能？在康德那里，他认为他解决了这个问题，但是在黑格尔这里呢，他认为康德那种科学还是狭义的，当然它包括道德的形而上学和自然的形而上学，但是还没有一个真正意义上的科学。在黑格尔这里就提出了 Wissenschaft，就是整个哲学本身，我们可以把它称为科学，他是从认识论、从认知角度来谈的，凡是认知的、认知学、认知性，那就是科学，凡是认知性的东西就是科学。不过这也还只是从精神现象学的意义上谈认知性，真正作为科学的科学，那只能是"逻辑学"，还要在认知性的基础上建立起一门诸范畴相继演进的科学。目前的科学还只能看作是《逻辑学》的导论部分。

　　因此，这种认知的本性、它的诸环节和运动已经表明，它就是自我意识的纯粹的**自为存在**；这种认知就是*我*，*我*就是**这一个我**，而不是别的*我*，它同样也直接地是**中介了的**、或者是被扬弃了的**普遍的***我*。

　　"因此，这种认知的本性、它的诸环节和运动已经表明"，这里有三个说法：一个是认知的本性，也可以翻译为认知的自然，就是一般而言的、泛泛而谈的，认知的本性是什么；认知经历了它的诸环节，它的本性要通过它的诸环节综合起来才能理解；而且诸环节是运动的，不是一个个摆在那里，而是从一个环节运动到另外一个环节。这三个概念，缺一个都是不行的。它们表明了什么呢？它们已经表明，"它就是自我意识的纯粹的**自为存在**"，这种认知的本性就是自我意识的纯粹的自为存在，它的本性是能动的。这个"自为存在"打了着重号，表现出自我意识的能动性，从认知的本性来看，从它的诸环节及其运动来看，我们就已经看出来认知就是自我意识的能动性。"这种认知就是*我*，*我*就是**这一个我**，而不是别的*我*"，这里的"我"都是大写，我们这里用斜体字表示。这种认知就是我，就是这一个我，或者不用说，我就是这一个我，我就是独一无二的，就是"这一个"，而不是别的我，或者说别的我也是这一个我。在"自我意识"章中黑格尔讲，我就是我们，我们就是我，那还是泛泛而谈的；然而在这里，我们从概念上被归结为我，普遍的我被归结为个别的我。"它同样也直接地是**中介了的**、或者是被扬弃了的**普遍的我**"，这一个我是个别的，是不可分的"这一个"，但它同样也直接是中介了的，它直接就把自己中介了。这一个我之所以是我，是因为它是能动的，我本身就是一个能动的、自为存在，所以它直接地是自我否定的，是自身中介的，是以自己为中介的运动过程。这样，它其实就是普遍的我，我就是我们，但是这个我们在这里被扬弃了，这一个我已经是个别和普遍统一，但却是统一于个别。我们通常讲对立面的统一，讲完统一就完了。但是，在黑格尔这里的统一有不同的方式，双方统一于什么？统一于一方，统一于个别。这里强调的还是个别、这一个我。这一个我回到了起点，就是感性确定性的"这一个"；只有进入到这一个我，才能以感性确定性的全部现实性来开始自己运动的过程，才能实现自身的能动性。我的个别性在这里已经变成了能动性，在感性确定性那里，"这一个"还不具有这种能动性，或者说它的能动性还是自在的，还有待于发现，它不知道，它随波逐流。感性确定性的这一个、那一个都是随波逐流的，它没有体现它的能动性；而"这一个我"就体现出它的能动性，整个"精神现象学"都是由这一个我的能动性贯穿下来的，我们回过头来看才能看出这样一点。所以它又是包含有普遍的我，但是它把普遍的我扬弃了，它体现为这一个的能动性的过程。

——这个*我*具有一个**内容**，它把这个内容和自己**区别**开；因为它就是纯粹的否定性或自己分裂为二的活动；它就是**意识**。

"这个*我*具有一个**内容**，它把这个内容和自己**区别**开"，自我意识本身就有这样的结构，前面讲到，自我意识就是把自己的对象跟自己区别开，又从这个对象上看到自己，因而认为这种区别不是区别。这个我所具有的内容就是它的对象，它把这个对象内容同自己区别开，这个区别是它自己的区别，是自我区别。"因为它就是纯粹的否定性或自己分裂为二的活动"，它、这个我是一种纯粹的自我否定性，也就是把自己分裂为二，分裂为一个自我和一个非我即自我的对象，是这样一种活动。"它就是**意识**"，意识打了着重号。前面讲了，意识我们可以理解为对象意识，自我意识本身包含对象意识，只不过它比对象意识更高，因为它从这个对象上面又回到了我。而对象意识呢，只着重于意识和对象之间的区别，停留于意识和对象的分裂为二，这就是意识。自我意识当然也是一种意识，但是它从意识的对象上又回到了自我，这就是它高于意识的地方。但是，它毕竟还是有它自己的对象，有它的内容，或者说，它以对象意识为它的内容。所以，就其具有内容或对象并分裂为二而言，它就是意识。

这一个内容在自己的区别中，本身就是*我*，因为内容是自我扬弃的运动，或者是那本身就是我的这同一个纯粹否定性。

内容在意识看来就是对象，但是在自我意识看来，"这一个内容在自己的区别中，本身就是*我*"。自我意识在对象上、在内容上看出了它自身，是它看出来的，所以它就不是随便什么别的内容，而是"这一个"特定的内容。这也是这个内容本身体现出来的，就是它在自己的区别中，在它自己区别自己时，它本身就是*我*了。在这里，即使内容也是能动的了，这就和单纯意识的对象不同了。在意识看来，这个内容好像是被动的，内容在那一方，我在这一方，我意识到它，我把它当成一个对象。但是在自我意识看来，这个对象本身也是能动的，因为它就是我啊，我是能动的，那么，对象也是能动的。对象为什么是能动的？"因为内容是自我扬弃的运动"，它把自己区别开来，同时它又扬弃这种区别，它是自我扬弃。

467

"或者是那本身就是*我*的这同一个纯粹否定性",这种自我扬弃就是纯粹否定性了,这个纯粹否定性本身就是*我*,就是那同一个纯粹否定性。所以这个我的内容和我的否定性是一回事情,否定性本来就是我,那么内容呢也是我,因为内容也是这种否定性。所以,我可以在内容上面看到自身,自我意识能够从对象上面看到自身就是因为这个原因,就是这个对象本身也是我,也是一个纯粹的否定性。

　　<u>*我*在作为被区别开来的*我*的内容中反思到自身;而这内容唯有通过*我*在自己的他在中存在于自己本身那里,才被**概念式地把握**。</u>

　　"*我*在作为被区别开来的*我*的内容中反思到自身",我的内容跟我相区别,因为这内容被我区别开来了,我把我自己和这个内容区别开来了,但是,在这个内容中,我又反思到自身。我在我区别开来的内容中反思到我自身,我反思到和返回到的这个内容恰好是我自己区别开来的,是我建立的区别,我把我自己建立为区别,所以我可以在这个内容中反思到自身。"而这内容唯有通过我在自己的他在中存在于自己本身那里,**才被概念式地把握**",也就是这个内容,只有通过我在他在中存在于自己本身那里,我在他在中就相当于我在自己本身中,这个时候,这内容才被概念式地把握,"概念式地把握"(begreifen) 打了着重号。我在他在那里感觉到我回到了自己家里,而不是在陌生人家里,我在他在里面恰好在自身中、在自己身边、在自己那里,这就是自我意识的结构,而它的内容只有在这一结构中才能得到概念式的把握。你如果把这个内容、这个对象看得跟自我格格不入、隔离开来,那就还没有达到概念式的把握,也没有达到完全的自我意识。只有把内容或对象完全看作是我自己本身,这个时候才得到概念式的把握。

　　<u>这个内容更确切地标明了它无非就是刚才说到的运动本身;因为内容就是历经自身、并且作为精神而**自为地**历经自身的精神,这是由于这内容在其对象性中具有了概念的形态。</u>

　　"这个内容更确切地标明了它无非就是刚才说到的运动本身",刚才

说到"内容是自我扬弃的运动"。内容如何更确切地标明自己就是自我
扬弃的运动呢？何以见得呢？"因为内容就是历经自身、并且作为精神
而**自为地**历经自身的精神"，因为内容就是精神本身，这个内容是精神，
不是物质，不是一个杯子，不是一张桌子，这个内容是精神。是什么精神
呢？是历经、经历过自身的各个环节的精神，不仅历经自身的各个环节，
而且是作为精神而自为地历经，也就是能动地历经，自为地打了着重号。
这精神自动地、主动地、能动地历经自身，不是被别的力量推动，也不是
盲目地走过自身。内容是这样一种精神，所以这个内容无非就是运动本
身了。"这是由于这内容在其对象性中具有了概念的形态"，为什么这个
内容现在成了精神呢？原来都还不是精神，像感性确定性、知觉、知性、
力、观察的理性等等，所有这些东西都还不是精神。现在，我们为什么能
把内容看成精神呢？是因为这内容在其对象性中具有了概念的形态，就
是这个内容的对象现在是概念，概念可以贯通一切，打通一切，所以它就
可以自为地历经自身了，它把前面那些自在的环节全部串起来了。这里
面就是概念在起作用，概念使自我意识和它的对象贯通起来，而且历经
它的各个环节。如果没有概念的话，如果仅仅是停留在表象，或者说其
他那些环节，那是贯通不了的。在宗教中已经贯通很多了，但是最后一
点贯通不了，就是上帝还是一个表象，还止步于信仰，所以贯通不了。但
是引入了概念以后，或者它自身提升到概念以后，作为绝对认知，就把所
有这些东西都贯通了。

　　至于说到这个概念的**定在**，那么**科学**并不会在精神直到获得关于自
己的这样一种意识以前，就显现在时间和现实性中。

　　刚才讲概念的形态，这里讲概念的定在。"至于说到这个概念的**定
在**"，概念既然是种形态，那么概念也有它的定在，定在打了着重号。概
念在内容中表现出来，概念就有它在内容中的定在，这个定在就是现实
中确定的存在。就这种定在而言，"那么**科学**并不会在精神直到获得关

于自己的这样一种意识以前，就显现在时间和现实性中"。概念的定在，概念的具体的内容，它的定在就是它具体的内容，通常都是要显现在时间和现实性中的，这种定在就是科学，"科学"打了着重号。如果我们要谈这个概念的定在的话，那么就要谈到科学的产生。但是，科学并不会在精神获得自我意识以前就显现在时间和现实性中。显现在时间和现实性中，也就是显现在它的定在中。科学就是对概念的一种运用，就是概念的一种现实的显现，那么，概念的定在要在科学中显现出来，要显现在时间和现实性中，是有一个前提的，这个前提就是，精神首先必须获得关于自己的这样一种意识。这样一种意识，也就是精神通过历经前面的所有环节而获得自己的整体性的对象意识，它同时就是精神的自我意识。在没有达到这样一种和自我意识相同一的对象意识之前，科学不会显现在时间和现实性之中。这个显现也是用的 erscheinen。应该说科学的所有的内容在前面都已经显现出来了，已经成为现象了，已经在时间和现实性中显现出来了，但是它还不是作为科学而显现出来的，因为它还没有获得自我意识，精神还没有获得自我意识。在它获得自我意识以前科学不会显现在时间和现实性中，它已经在里面了，但是你不知道，在时间和现实性中已经有科学了，但是还没有显现出来，没有成为 Erscheinung（现象），没有成为 Phänomen（现象），它没有显现出来，而是隐藏的。科学隐藏在所有以往的时间和现实性的个别阶段之中，它还没有获得自我意识，科学还没有显现出来。

[267] 　　作为认知到自己是什么的精神，它不会在完成这件工作之前，和以不同于完成这件工作的任何其他方式而实存，这件工作就是克服自己的不完善形态，为自己的意识获取自己本质的形态，并以这样的方式使自己的**自我意识**和自己的**意识**相调和。

　　这句话跟前一句话是同一个意思。在精神获得自我意识以前，在精神的对象和内容被自我意识统一在概念之下以前，它不会显现在时间和现实性中。那么，"作为认知到自己是什么的精神"，也就是作为达到

470

自我意识的认知的精神，达到自我意识就是认知到自己是什么了，"它不会在完成这件工作之前，和以不同于完成这件工作的任何其他方式而实存"，实存 (existieren) 相当于刚才讲的存在于时间和现实性之中，Existenz 就是 Dasein，相当于定在，存在于时间和现实性中就叫作定在。但是，精神不会在完成这件工作之前就达到定在，就实存，就成为现实的科学。它也不会以不同于完成这件工作的任何其他方式而定在、而实存。一个是它不会在完成这个工作之前而实存，另外一个是它不会以不同于完成这件工作的方式而实存，或者说，一个是这件工作没有完成，你就实现不了，另外一个是，以不同于这件工作的另外方式，你也实现不了。总之这个自我意识的精神实现不了，因为这件工作还没有完成，还没有做。那么，这是件什么工作呢？"这件工作就是克服自己不完善形态"，所有前面其他的形态都是不完善的，那么现在的工作呢，精神现象学一直在做的工作，就是要克服自己的不完善形态。"为自己的意识获取自己本质的形态"，为自己的意识，也就是为自己的对象意识，这个自己就是精神，为精神自己的对象意识获取自己本质的形态。什么是自己本质的形态？就是概念，就是概念的形态，这个概念形态只有把意识提升到自我意识才能获得。"并以这样的方式使自己的自我意识和自己的意识相调和"，以这样的概念式把握的方式，以这样的本质形态的方式，来使自己的自我意识和自己的意识相调和。这个前面已经讲了，自己的自我意识和自己的意识相调和、也就是自为存在和对象的自在相调和，这只有通过概念的形态才能做到。

——自在自为存在着的精神在其各环节中被区别开来时，就是**自为存在着的认知**，就是一般的**概念式把握**，这个概念把握本身还没有达到**实体**，或者说自在地本身还不是绝对认知。

这还是讲前面的情况，即还没有完成这件工作以前的情况。"自在自为地存在着的精神在它的各环节中被区别开来时，就是**自为**存在着的认知"，自在自为地存在着的精神，就是前面讲的绝对精神，也就是自我意识到自身的精神，它自在自为地存在着；但是在它的各环节被区别开来时，被划分成一个一个环节时，它的各个环节还只是被统合起来、还只是被区别对待的时候，这种精神就是自为存在着的认知，"自为"打了着重号。或者说，它这时还只是自为的精神，还并不同时是自在的精神。它已经是一种努力，一种自为，一种拼命地要去追求对象的这样一种认知，但它还不是自在自为的精神，它仅仅是自为存在着的认知。"就是一般的**概念式把握**"，这个概念式把握 (begreifen，也译作"概念把握") 也打了着重号。它已经是概念式把握，但还只是"一般的"概念把握。我们通常也可以说，精神现象学一开始就已经有概念把握了，像这个感性确定性、这一个，它作为一种"共相"，已经是通过概念来把握的了。但是，"这个概念把握本身还没有达到**实体**"，实体打了着重号。一般来说，你也可以说这已经是一种概念把握了，因为它有一种追求普遍性的努力，它是一种自为存在着的认知，它不断地要认知，不断地想要全面把握，想要达到实体，但是它一直还没有达到。我们前面讲概念的形成，概念从各种意识形态中的形成，其实已经有概念式把握的萌芽，已经有它的苗头，但是它只是在背后起作用，它还没有走上前台。它只是一种努力，它本身还没有成为实体，概念还没有成为实体，它还只是主观的努力，只是一种自为的主体，主体和实体还隔着很大一段距离。主体有一种意向，作为自为存在着的认知，它要走向一种概念的把握；虽然它已经是一种一般的概念把握，但是这个概念把握本身还没有达到实体，因而还没有确定性，"或者说自在地本身还不是绝对认知"。它已经是自为存在着的认知，但是它还不是自在的、或者还不是自在自为的绝对认知，自在的认知这一个环节它还没有补上去，它仅仅是自为的认知。如果是绝对认知，它就达到自在自为的认知了，但它作为一般的概念把握，它还只是一种主体性的概念，或者说只是一种主观的概念。我用主观的概念来把握，但是我从来没有相信这个主观的概念就是对象的本质。这个主观的概念只是我的概念，我把它用一下，用在那个非概念的对象上，想让它符合于那个对象,却老是失败。然后我又把它放下来,到了另外一个环节,在万不得已的时候,我又用它助我一臂之力,但是它始终是一种主观的概念。它一直是能动的主体,但是它还不是实体。你要能够把这个能动的主体看作实体了,这个时候它才是绝对认知。这就明确了我们现在讲的这个阶段,所谓的绝对认知,对于概念来说意味着什么。对于概念来说,在绝对认知中概念不光是一个主体,一个自为的认知行动,而且它本身已经成为了实体。万物莫不是概念,不光是从认识论上,而且从本体论上,万物都作为概念而存在、而运动。从认识论上,概念是一种认知,是一种能动性,这前面已经有了,已经不断地一步一步地发展起来,但是它还不是实体,最后一环还没有达到,最后一环要达到,那就成了科学。

*　　　　　*　　　　　*

上次我们已经讲到了科学及对自我自身的概念式把握。黑格尔意义上的科学就是一种自我意识的概念式的把握,一种自我意识的概念,或者说概念的自我意识,这就是科学,实际上也就是哲学,它的意思就是哲学。黑格尔的逻辑学在他心目中就是正宗的科学,纯粹的科学就体现在他的逻辑学里面,纯粹科学就是以逻辑学的概念的方式、概念体系的方式而存在的。上次讲到,科学的概念已经提出来了,科学并不会在精神获得关于自己的这样一种意识以前就显现在时间和现实性中,这里提到了时间和现实。但科学既然在他心目中是一种概念体系,那严格说起来就是逻辑学,应该跟时间没有关系,跟现实也没有关系,或者说它应该是超时间和超现实的,一般的理解可能会是这样。或者在黑格尔以前的很多理解都是这样,如果要谈纯粹哲学,就不要跟我谈时间,也不要跟我谈现实,而应该是高高在上的,应该是一种纯思辨。但是,黑格尔讲到科学概念以后,马上谈到时间,谈时间是为了谈现实性,就是说,科学有它的现实性,并且有它的时间性,用后面的话来说,就是有它的历史性。那么,

473

科学和时间、逻辑和历史，究竟是一种什么样的关系？在黑格尔那里，这两者是不可分的：你要讲历史，里面就有逻辑；你要讲逻辑，它就体现在历史之中，体现在一个时间上前后相继的过程之中，这就是科学的现实性。上次讲到了"显现"这个词，实际上就是现象这个词：现象 Erscheinung，是名词，作为动词，我们就译成显现，它和精神现象学的 Phänomen (现象) 是相通的。就是说，整个精神现象学就是要描述科学在时间中如何显现为现实的，是这样一个过程。所以它必须要有一个过程，必须要完成一件工作，一件什么工作呢？就是必须"克服自己的不完善形态，为自己的意识获取自己的本质的形态，并以这样的方式使自己的**自我意识**和自己的**意识**相调和"。也就是自我意识和意识之间有一种分离，那么要克服这种分离就需要时间，一开始是意识、感性确定性、知觉、知性，后来出来了自我意识，那又有一套。但是，这两者始终没有办法调和起来。要调和它们是一件漫长的工作，整个精神现象学就是在做这样一件漫长的工作，而在此之前科学还不会显现在时间和现实性中。当然，它已经在起作用了，因为整个过程就是科学的形成，但是它没有显现出来，精神现象学就是要努力地把它一步步地显现出来，它最后才显现出来。当它最后显现出来，它就把它自己的现象扬弃了，就进入到绝对认知，乃至于最后就进入逻辑学。所以，精神现象学是整个哲学体系的第一部分，是向逻辑学过渡和为逻辑学做准备的。上次最后也讲到了，自在自为地存在着的精神在它的各个环节中被区别开来时，就是一种能动的认知，它已经是一种一般概念式的把握了，但是这概念式的把握还没有达到实体，或者说自在地还不是绝对认知，这是上次讲的最后一句话，自为的认知还没有达到实体，自为还没有达到自在自为，自为固然已经有了，有一种一般的概念式的把握，但是这种把握本身还没有成为实体，所以从自在的角度来看，它还不是绝对认知。从自为的方面来说，它已经是构成绝对认知的一个环节，但是它还没有成为自在；直到它成为自在自为了，那才达到绝对认知。这是上次讲的这样一个过程。在这个过程中有一种分裂,这个分裂实际上就是自在和自为的分裂,或者说意识和自我意识的分裂,而这个分裂必须在时间中走完它的调和的历程,整个精神现象学就是在描述这个历程。精神现象学既然是显现的一种现象,它当然具有现实性,这个跟逻辑学不同。精神现象学是在描述,意识在它的发展过程中怎么样走向绝对认知,这样一个历史的步伐、历史进程,所以在这样一个历史进程中,它有现实性,有时间。我们今天读的这一段就是展开这样一个关系,精神现象学的时间、它的现实性跟它作为一种绝对认知相互之间是一种什么样的关系。绝对认知高高在上,自在自为,但是要达到绝对认知,必须走过一个漫长的现实的历程。在这个历程中,主体和实体、我思和我在、自我意识和意识始终得不到调和。一直到最后,才能达到调和,最后达到调和就是科学的产生了,所以科学不会在精神获得自己的这样一种意识以前,就显现出来,或者在科学显现以前,科学的定在、具体存在尚未到时,还不是时候,要有时间的积累。

于是,在现实性中,认知着的实体早于其形式或概念形态就定在着了。因为这实体是尚未发展起来的**自在**,或者说是在自己还没有被推动起来的单纯性中的根据和概念,因而是**内在性**或还未**定在**的精神自我。

"于是,在现实性中,认知着的实体早于其形式或概念形态就定在着了",我们走过了整个精神现象学的现实性的历程,那么在这个历程中早已经有认知着的实体在起作用了,认知着的实体,这里主要是指这个认知、认知者,我把它当作实体来看,把认知者当作自在的实体来看,我们把它叫作认知着的实体。这跟上面一段最后讲的"自为存在着的认知"相对应,这个认知,我们把它当作一种自为存在,那就是当作主体来看,但是这个主体还没有达到实体。尽管如此,这个认知着的实体在它还没有获得自己的形式或概念形态以前,就已经定在着了。这就如同我思故我在的关系:我思是主体,我在是实体,当我思的时候,我已经意识到我在了，我已经在了。这个就是定在，但是这个定在它还没有它自身的形式和概念形态。它的形式和概念形态那是属于我思的。我思是概念，我思是一个形式，但是我在的这个"在"还没有自身的形式，它还是一个自在，或者像康德所说的一个自在之物。——康德的自在之物也有这个意思，就是说，自我意识本身它的存在也是一个自在之物，这个自在之我也是一个自在之物，但是它有，因为我思了，所以我肯定是"在"了。康德也承认这一点，只要自我意识在活动，我们就知道它后面肯定有一个支撑者，肯定有一个实体"在"，康德把它叫作自在之物，也就是自在之我。但它还没有它的形式，它还没有获得它的概念形态，它还是一个自在之物，按照康德的说法，它还不可知。笛卡尔虽然说他已经知道了，我是已经知道我在了，但是它的这个"在"他还是不知道，这个我在到底是什么呢？最后他把它归结到大脑中的松果腺，这就完全走偏了。这个我在本身是很神秘的，它自身没有概念形式，不好把握，但是它已经定在了，已经是被确定了。近代哲学就是探讨认识论，所以它的起点是认识而不是存在，也不是存在的形态。"因为这实体是尚未发展起来的**自在**，或者说是在自己还没有被推动起来的单纯性中的根据和概念"，这是解释上面那一句的，为什么说认知着的实体连形式都没有就已经定在着了呢？因为这个认知着的实体是尚未发展起来的自在，"自在"打了着重号。就是这个实体，这个我在，这个认知者的"在"，是还没有发展起来的一种自在，它是自在之我，是自在的实体，这个实体是尚未发展起来的自在的实体。或者说是在自己还没有被推动起来的单纯性中的根据和概念，它是根据，这个根据还没有被推动起来，还处在单纯性中，它的概念也处于还没有被推动起来的单纯性中。这个根据或概念本身是不动的存在，是自在之物，你也把握不住它的运动。它已经有一个概念了，有自在之物那样一个抽象的概念，但是这个概念还没有被推动起来，它是一个静止的抽象概念。虽然它已经是一个抽象概念，但是它没有概念的形态，你要有概念的形态，你就要动起来；概念形态本身就是能动的，本身是一个能动的形态。它有一个根据，所有的思维都要追溯到它，所有的我思都要追溯到有一个我在。"因而是**内在性**或还未**定在**的精神自我"，"内在性"打了着重号。这个内在性我们一开始在讲"知性和力"的时候已经接触到了：所有的运动，所有的规律，所有的力，它背后都有一个内在的东西，这个内在的东西是显现不出来的，是不显现的，是超感官世界。我们只能把握现象，把握现象的规律，把握各种各样的例子，但是，内在的东西始终隐藏着。这个是黑格尔最看重的，在自然科学里面，他也要找出那个内在的东西，就是那种能动性的、实际上是精神性的东西。是精神性的东西在后面起作用，那些力的规律都是外在的描述，相当于几何学里面的辅助线，都不涉及到事情本身。所以这样一个认知者的实体——自在之我，因而是内在性或还未定在的精神自我，这个"定在"也打了着重号。当然前面讲了，它已经是一种定在了，认知着的实体早于其形式或概念形态就定在着了，但是这里又说，它是还未定在的精神自我，也就是作为精神的自我它还没有定在，它是一个自在的东西。作为自在的实体它已经是定在着了，它已经在那里了，它已经是一个根据；但是，它是还未定在的精神自我，因为它是内在的。内在的，就是还没有在定在中表现出来的，没有在定在中表现出来的精神自我，作为内在精神的东西，它还不具有自己的定在。作为自在之物，它已经有了它的定在。但是，作为一种精神性的自我，作为一种认知活动，它还不具有自己的定在，主体跟实体是相分离的。

　　凡是**定在着**的东西，都是作为尚未发展的单纯的东西和直接的东西而存在的，或者说是一般**表象**意识的对象。

　　"凡是**定在着**的东西"，这样一个实体作为精神自我是还未定在的，那么，这时所有那些已经定在着的东西又是怎么样的呢？"都是作为尚未发展的单纯的东西和直接的东西而存在的"。这个不包括作为精神自我的定在，而只包括作为认知着的实体的定在，这样一种定在着的东西，和其他定在一样，这时都是作为尚未发展的单纯的东西和直接的东西而存在的。刚才讲了，认知的实体就是尚未发展起来的自在，实体的自在你可以看作是一种定在了，但是它还没有发展，它藏在后面，它作为一切事情的后面的那个实体、那个根据和概念而隐藏着，还没有走到前台上来。它是单纯的东西，它没有什么内容，是抽象的东西和直接的东西，直接的东西作为认知着的实体来说就是一种根据，一种还没有被推动起来的根据和概念。所以，它是直接的东西，直接的根据，根据下面没有别的根据了，直接的根据就是它，别的东西都要在它那里找根据，都是间接的东西，它本身是直接的东西，它是一切其他东西的根据。"或者说是一般**表象**意识的对象"，这样一种定在就只能是一般表象意识的对象了，表象打了着重号。作为表象的意识的对象，比如说，你可以把它分成两个东西：一个是我思，一个是我在；我思在一边，我在在另一边；或者说一个现象，一个本体；我思有丰富的内容，它可以显现为各种各样的定在，我在却在后面一直躲着，你可以把它划到彼岸去，那是自在之物。这种思维方式本身是表象性的思维方式，前面已经谈到，康德的这样一种划界的方式，一边划到现象，一边划入到自在之物，这种思维方式就是表象意识的方式。表象意识把两个东西分开，把它们分别作为两个不同的对象来看待：一个是现象的对象，一个是自在之物的对象，这种对象就是一般表象意识的对象。表象意识的对象就是这样一种定在着的东西，不管是自在之物也好，还是我思也好，它很简单，一划界就完了，因为界限的两边都被限定了。既然两个东西都是直接的东西，你把它从中间一划不就完了吗？它也不会有什么运动，也不会活起来，也不会互相干扰，它们就限定在自己的范围之内，就行了。所以，这种表象意识的方式所规定的对象呢，就是直接的、还没有发展起来的这样一种存在。

认识由于它是精神性的意识，对于它来说，任何东西是**自在存在**的，都只是就它是为**自我**的**存在**、并且就是**自我**的存在、或者就是概念而言的，——出于这个理由，认识最初只具有一个贫乏的对象，跟这个对象比起来，实体和对实体的意识是更丰富的。

"认识由于它是精神性的意识"，这还是讲在精神性的自我形成自己的定在以前的情况，这时还没有精神性的自我意识，而只有精神性的意识。这个时候的认识、认识活动，由于它是精神性的意识，它只可能是主观的，或者主客二分的。整个精神现象学探讨的就是意识的经验科学，也就是指的这种精神性的意识，所以认识的过程也就是精神性的意识作为对象意识发展的过程。"对于它来说，任何东西是**自在存在**的，都只是就它是为**自我**的**存在**、并且就是**自我**的存在、或者就是概念而言的"，在这样一种精神性的对象意识眼里，一个自在存在的对象要能够是自在存在的，必须同时是为自我的存在，并且就是自我的存在，或者就是概念。这就相当于笛卡尔的"我思故我在"的那种存在，在这里，真正存在的只有一个我思，只有我对于我思的概念。这样的存在是对自我而言的存在，是自我的认识的一个对象，它不是一个跟自我毫无关系的自在之物，似乎我认识不认识它都在那里，就像唯物主义者所讲的那样，相反，这个认识的存在就是为自我的。这个很简单，因为它是我的认识，所以它的存在或我在肯定是为我思的，是对我思而言的。这个笛卡尔已经讲得很清楚了：我思故我在，那么这个我在是什么呢？笛卡尔讲，那就是我思，我思维多久，我就存在多久；一旦我不思维了，我也就不存在了。笛卡尔讲的这个我在的意思就是我思，所以它本身就是自我，而不是在自我之外的一个自在之物，一个对象。那么，这种关系就是概念关系，只有从概念的立场才能够把我思和我在这两者综合起来加以理解，它就是一个概念，当然这个概念这时还是主观的，只是一般概念而已，还未进入到概念式的把握。"出于这个理由，认识最初只具有一个贫乏的对象"，注意这个"最初"，就是把这个认识放进时间中，放进现实的历史过程中来考察。认识本身最初只具有一个贫乏的对象，认识作为精神性的意识，最初的对象就是我在，我思故我在。这是由笛卡尔才揭示出来的，但在此之前其实已经是这样了，从感性确定性开始，精神性的意识就已经开始作为认识活动起作用了，只不过在那里认知者还没有注意到这一点，他的全部注意力都放在认识的对象身上。只有笛卡尔才初次揭示了这一点，并且同时暴露出了它的贫乏性。我已经思考到我在了，但是这个我在是很贫乏的，什么内容也没有。其内容就是我思，而我思又不是指它的内容，而是指它的形式，是指我的思维这种活动。所以，它起初只有一个贫乏的对象，"跟这个对象比起来，实体和对实体的意识是更丰富的"。你通过我思去思什么呢？你要思考的对象是实体，但是即算你是要把自己当成实体来思考，也得要有更加丰富的内容。所以笛卡尔不得不塞进一个"松果腺"来充当"我"的实体，当然这个尝试失败了，松果腺已经不是"我在"了，而是物质实体了。在康德那里，自我意识可以建立一个对象的表象，但是这个表象还是一个先验的表象，是一个暂时还没有内容的X，一个先验的对象，这个先验的对象它没有任何内容。它只是一个表象，所以它是一个X，它是什么？还不知道。它可能是自在之物，但也可能是经验对象，看你怎么用它。它是自我意识所设立起来的一个表象，用这个表象是为了建立起来一个对象，实体则是为了建立起对象世界而运用的一个范畴，它只能运用于经验。而自我所建立的那个抽象的对象表象却既可以运用于经验，也可以运用于物自体，它的对象尚在未定。所以，这个对象是一个贫乏的对象，"跟这个对象比起来，实体和对实体的意识是更丰富的"。为什么更丰富呢？因为它要跟经验打交道，要充实以经验的内容。实体的范畴提出来，就是为了用于经验的，而且只能用于经验，这是康德的原则。所以实体和对实体的意识是更丰富的，实体如果没有用于经验，那就是空的，只是一个贫乏的对象表象，一点用也没有。当然，经验的、直观的内容如果没有概念、没有这些范畴呢，那也是盲目的。在康德那里就是这样二分的。

实体在这种意识里具有的启示性实际上是遮蔽性，因为实体是尚无自我的存在，而启示出来的只是它自身的确定性。

"实体在这种意识里具有的启示性"，启示性 Offenbarkeit，就是我们前面讲的天启宗教中的天启，就是 offenbar 这个词的形容词形式，它"实际上是遮蔽性"，Verborgenheit 是遮蔽性、隐蔽性或隐藏性。这两个词在海德格尔那里用得很多。在海德格尔那里，所谓启示、去蔽就是遮蔽，一方面去蔽，当然是一种进步，也可以看作是一种成果，但是它同时也遮蔽了更重要的东西。启示就是遮蔽，为什么这样说呢？"因为实体是尚**无自我的存在**"，实体在这种意识里面是启示出来的，但是由于它还没有自我，它只是实体，或者说，它还不是主体，所以启示出来的并不是它的自我，而只是那种表面现象。当然，在康德的实体概念那里，后面有一个自我意识，实体范畴是自我意识所建立起来的；但是一旦建立起来，它就不动了，它就被当作客观的对象了，它本身是没有自我的，它本身是没有主体性的，它不是自动的。范畴所设立起来的对象不是主动的，这个实体不是自动的，所以这个实体还是无自我的存在。"而启示出来的只是自身的确定性"，实体范畴把对象定在那里了，有了普遍必然性，用康德的话来说就是，自我用范畴去规定那些对象，把它们确定下来，使它们具有了普遍必然性，或者具有了客观性。那仅仅是给了它们以确定性而已，启示出来的只是它们的确定性，但是还不是真理性。你确定下来了，你有了普遍性，但只是在可能经验的范围之内，在现象之内，至于它是不是符合自在之物，那个我们不知道，那是不可能知道的。现象界的知识只是现象界的知识，它怎么可能有绝对的真理性呢？而真理性就是要符合对象，真正的对象是自在之物，现象只是向你显现出来的对象。向你显现出来的对象是没有真理性的。尽管康德说这是一种真理的逻辑，康德的先验逻辑是一种真理的逻辑，但是，实际上，他并没有把它看作具有真理性，只是看作具有确定性，具有普遍必然性。当然，在康德心目中，具有普遍必然性就已经具有真理性了，已经符合现象界的对象了，但是它还不符合本体界的对象，所以它实际上只是一种确定性，而恰好把真理性遮蔽了，把存在本身遮蔽了。这跟海德格尔的说法是一致的，我们研究海德格尔的可以从这里头找到一些根据，他有很多用词都是从黑格尔这里来的，可以找到一些蛛丝马迹。

因此，最初属于自我意识的只是实体中的各个**抽象的环节**；但是由于这些环节作为纯粹的运动继续推进自己，自我意识就愈益丰富其自身，{429}直到它从意识那里夺取了整个的实体，把实体的那些本质性的整个结构吸收到了自身之内，而且由于对待对象性的这种否定的态度同样是肯定的，是建立，——而把实体从自身中产生出来，并借此同时也为意识把实体重新恢复起来为止。

刚才讲了这样一种实体所建立起来的对象，虽然是一种启示，虽然启示了某些东西，但是同时又遮蔽了某些东西，因为它是无自我的存在，它启示了它自身的确定性，但是遮蔽了它的真理性。"**因此，最初属于自我**意识的只是实体中的各个**抽象的环节**"，抽象的环节打了着重号。就是说，我们从实体的意识这个方面来分析的话，我们就会发现，最初，在过程的开始，整个现象学最初开始的阶段就是意识，然后才有自我意识，但是在意识里面，只有实体的各个抽象环节才是属于自我意识的。意识无非是把认识过程划分为一方是自我、另一方是对象，这就叫意识；就是说，这种最初的区别，区别出自我和对象，这样一种区别就是意识，我们通常也称之为对象意识。在对象意识里面其实已经有自我和对象的区别，因为对象的确立、成立就是由于它和自我区别开来，你把对象和自我区别开来，那么，对象就决定了，具有确定性了。在这个最初的意识里面，属于自我这一方的只是实体中的各个抽象的环节，如果我们把对象看作是实体的话，那么在对象中，每一次自我都是孤立地把实体中的一个环节当作自己的对象，下一个阶段我又把实体中的另一个环节看作是我的对象。所以，认识过程就一步步从意识到自我意识、到理性，从观察的理性到实践的理性，等等，最后到精神一直发展出来；每一个阶段上面，我都是抓住了实体中的某一个环节来把它当作意识的对象，当作自我的对象，当作自我意识的对象来加以考察，每一次考察以后，这个环节就归我了。自我意识每一次在考察了这个对象以后，就把这个对象的这个环节据为己有，于是又遇到了下一个环节。这个实体很丰富，实体里面有无数的环节，我们精神现象学一路走来，每一次都把它的某一个环节据为己有，被意识所吞并，被意识所同化，然后又遇到另外一个环节。这个环节本来是客观的，但是后来经过意识的工作呢，我们发现，它其实是我主观设立的，这个对象其实是我主观设立的，那我就把它归于主观了，那么我们在客观上看它还有什么？还有下一个环节。下一个环节，经过我的工作，我发现它还是我主观设立、建立的，又把它收归己有，那么我们再看下一环节。这样一来，实体的各个环节在分离的状况下都是抽象的，而且都一个接一个地被纳入自我意识之中，不占什么地方。"但是由于这些环节作为纯粹的运动继续推进自己，自我意识就愈益丰富其自身"，自我意识把这个环节纳入自身，于是，另外一个更深刻的环节又出现了，而这个过程实际上就是这些环节自己作为纯粹的运动在推进自己。当然你站在自我的角度来看，你可以说我把它据为己有；但是，站在实体那一方的角度来看，实际上是实体把这些环节一个接一个地推出来。所以这些环节作为纯粹的运动继续推进自己，它不是摆在这里，让你一个环节、一个环节地去夺取它、去获取它。当然也是，从你的自我的眼光来看，你一个一个地夺取了它；但是从另外一个角度来看，实际上是它自己在推演自己，是实体把自己的各个环节作为一系列的范畴推演出来了。黑格尔表扬费希特的就是这一点，即费希特不是把那些范畴列一个表，像康德那样一下子整整齐齐地全盘端出来；费希特是推演范畴，把一个范畴从另外一个范畴中推出来，费希特最大的功劳就在这里。所以这些环节你不要把它们看死了，它们本身就是动态的，一个推出另外一个。在这一过程中，自我意识就愈益丰富其自身，"直到它从意识那里夺取了整个的实体，把实体的那些本质性的整个结构吸收到了自身之内"为止。这是分别从两个不同的立场来看，从客观实体方面来看，这些环节作为纯粹的运动自己推进自己、自己把自己推演出来；从另外一个角度、从自我这个方面来看，这一过程一直要推进到自我意识愈益从意识那里夺取了整个实体的丰富内容为止。自我意识是一个主动的、能动的实体，所以，它把这样的发展归于自己的能动性、它的自为、它的主体性。我要从意识那里，就是从对象意识那里，把那些内容丰富的环节都夺取过来。每一次夺取我都看作是夺取了意识的实体，但是后来发现不是，每一次夺取过来以后，意识实体还在那里。你于是又要去继续夺取，一步一步地把实体的各个环节，一环接一环地夺取过来，最后把实体的那些本质性的整个结构都吸收到自身中来了。体现在实体范畴中的那些本质性，也就是实体本身作为一个最高的范畴，它里面包含一系列范畴，形成了一整个本质性的结构，现在都被吸纳到自我意识的统一体中来了。你一步步地推，你不是乱来的，你既然在推演，它就有一个结构在里面，有一种必然性在里面，你不能跳跃。哪一个在先，哪一个在后，都有一种正常的次序，你先要推出哪一个，接下来才能推出另外一个，一步一步地来。这样一来，你除了吸收到那些环节以外，你还吸收了那些环节之间的相互结构，你把整套结构都吸收进来了，因为你是按部就班的，你不是零零星星的或偶然碰上的。上面是"直到……为止"的一个内容，也就是由此达到的最终结果；但下面还有一个结果："而且由于对待对象性的这种否定的态度同样是肯定的，是建立，——而把实体从自身中产生出来，并借此同时也为意识把实体重新恢复起来为止"，这是共用前面那个"直到……"，前一个是，直到自我意识吞并了意识、将它的实体据为己有为止；这里则补充说，直到把实体从自身中产生出来，并借此同时也为意识把实体重新恢复起来为止。而这是由于，自我意识对待对象性的这种态度不但是否定性的，而且也是肯定性的，是对于对象或实体的重新建立。自我意识不仅把对象意识、实体吞并了，而且同时又把它重新建立起来了，它并没有像费希特那样成为主观主义的唯我论者，而是成为了客观唯心主义者。自我意识本来把实体夺取过来了；但是从另外一个角度来看，它实际上又把实体产生出来了，就好像实体从来没有过，由这一行动才产生出来一样。你本来是以实体为前提，你去夺取实体中的各个环节，但是,到头来你发现,经过你的夺取,它才产生出来。这个就很奇怪了。一般都不是这样看的。为什么这样说?是因为,对待对象性的这种否定的态度,我把它夺取过来是一种否定的态度,我把它变成了主观的东西,那对于客观的东西就是一种否定,它已经被我吞并了,已经被我据为己有了,那它就是我主观的东西了,这是否定了它的对象性;但是它同时也是肯定,是对于这个对象性的建立。就是说正是当它否定对象性的时候,它才真正建立起了对象性,它否定了实体以后,它才真正建立起了一个实体,它实际上是把实体从自身中产生出来,把实体从自己的主体性里面产生出来。本来是主客观对立,主体和实体对立,实体在那一边,主体在这一边,主体到实体那边去挖东西,挖过来一点,又挖过来一点,最后全都挖过来了,那就没有实体了。但恰好你挖过来的就是你的实体,而且是真正的实体,或者实体这个时候才开始建立起来。原来那个实体是抽象的,原来那个实体是靠不住的,经过你一挖它才靠得住了,它才有基础了。你看起来好像把意识的实体夺取过来了,但是实际上,你为意识做了一件大事:意识的那个实体本来是很虚的,现在经过你的这个工作,你为意识把实体重新恢复起来了。你恢复了意识,但是是在更高的层次上面恢复了意识。在自我意识里面的意识跟自我意识之前的意识就大不一样了,它是被隶属于自我意识之下的意识,这时对象意识才有了自己真正的对象,才恢复了自己的实体,对象意识这个时候才能够严格地称之为对象意识。原来那个对象意识是你设定的,主观的,你主观上把对象当作在主观之外的一个对象设立起来;而现在这个对象是主客统一的,那才是真正的对象,那才是靠得住的对象。主观之外的那个对象是靠不住的,你晓得它是幻觉还是真有其事呢?这个不一定。经过你的验证,经过你的工作以后,它才扎扎实实就是对象;但这个对象是自我意识建立的;而自我意识又是为意识建立的,它还是为了成为意识,它不是像自我意识最初那样仅仅是一个自为存在,仅仅是一个主体性的活动,它同时具有了实体性。这个活动本身就有了实体性,它成为了意识的对象。

所以，这个关系是非常微妙的，很辩证的。实际上，你把意识消灭掉就是为了返回意识，为了恢复意识。

因此，在把自己作为概念来认知的**概念**中，**各个环节**先于**完成了的全体**而出场，这个全体的形成过程就是那些环节的运动。相反地，在**意识**中则是全体、不过是未经把握的全体先于各个环节而出场。

"因此，在把自己作为概念来认知的**概念**中"，前面已经讲到，实体已经是认知，认识的实体已经是概念了，是为自我的存在，并且就是自我的存在，或者是概念。就它是概念而言，它是属于自在存在的东西，认知作为一个概念，是属于客观的东西。但是，当它属于客观的东西时，你还没有把它作为概念来认知，它是概念，但是，你把它作为一个表象划出去的对象，还没有把它作为概念来认知。而这里是讲，概念已经把自己作为概念来认知了，真正的概念、严格意义上的概念应该把自己当作概念来认知，前面讲的一般概念都还不是，但是经过了一个过程以后，经过我们刚才讲的，这些环节被自我意识所吞并，同时又作为纯粹的运动继续推进自己、推演范畴，这个时候，这个实体的概念就被作为概念来认知了。而在这里，"**各个环节**先于**完成了的全体**而出场"，一个是各环节，一个是完成了的全体，这两者可以对举。在作为概念来认知的概念中，各个环节先于完成了的全体而出场，一个在先，一个在后，这里也有时间的关系在里头。整个我们今天所讲的都是围绕时间上的先后，在什么什么之前，在什么什么之先，直到什么为止，最初，等等，这些时间副词用得很多，都是要探讨时间的问题。在概念的自我意识里面，它是各个环节先于全体，也就是它经历了一个过程，首先是各个环节一个接一个，一环套一环，到最后才有全体，所以各个环节是先于全体而出现的。"这个全体的形成过程就是那些环节的运动"，也就是在作为概念的概念中表达的是全体的形成过程，我们如何把本来已经是概念的实体作为概念来认知呢？那就是把它看作一个全体的形成过程。既然是全体的形成过程，那么这个全体肯定是在过程的结尾才出场的，在前面那些环节都是它的形成过程,一环套一环的都是它的形成过程,所以它的完成了的全体最后出场,而各个环节是在先的,是在一个时间的历程中逐步呈现出来的。所以这个全体的形成过程就是那些环节自己的运动,并不是说你把它安排在一个前后的次序中,而是这一环节本身在运动,概念的本性就是自己运动。我们说推演范畴,实际上范畴是自己在推演自己,一个范畴必然会推到另外一个范畴。"相反地,在**意识**中则是全体、不过是未经把握的全体先于各个环节而出场",这是跟意识相比。前面讲作为概念来认知的概念,那就是概念的自我意识,而这里与之相对的,我们可以看作意识,意识打了着重号。在意识中则是与自我意识中相反,全体先于各个环节而出场。在意识中没有这样一个运动过程,我一看就是全体了,但是这个全体很抽象,它是未经概念把握的全体,是一个空洞的全体。在精神现象学一开始,意识的第一个环节就是感性确定性,感性确定性的第一个范畴就是这一个。这一个是再抽象不过了的,它是未经概念把握的全体,全体就是这一个。到最后又回到了这一个,那就是上帝,一神论的上帝就是这一个,唯有上帝,上帝唯一论,一神论,上帝就是这一个。上帝这一个包含多丰富的内容,它和感性确定性的这一个已经不能相比了,但是它是从那里来的。最初的意识,一开始你所意识到的就是一个全体,但是这个全体是未经概念把握的,它先于各个环节而出场,这当然是很肤浅的,在意识阶段出场的那个全体是很肤浅的全体。尽管它很肤浅,但是它已经指明了方向,就是后来的种种进展都是指向这个全体的,一直到最后就向它的意识的起点回归,最后你达到的这一个就是向它最初的这一个的回归。所以意识和自我意识是不一样的,在自我意识里面不断地有各个环节出现,这些环节运动,运动到最后呢,就形成了全体,展示了向全体的一个形成的过程;而在意识中是相反的,先出了一个全体,这一个,一直到最后还是这个全体,但是最初的这个全体极其抽象、未经概念把握的,直到最后出现的这一个,就是向它的起点的回归。下面直接就讲时间了,我们这里看到时间出现了,不要以为跟前面没关系。前面一直都在讲时间。这里公开直接提出时间了,对时间的理解,以及时间和精神的关系。

[268]　　——**时间**是**定在着**的、并对意识表象为空洞直观的**概念**自身;所以精神必须显现在时间中,而且只要它还没有**把握到**它的纯粹概念,就是说,只要它还没有把时间清除掉,它就会一直显现在时间中。

　　"**时间**是**定在着**的、并对意识表象为空洞直观的**概念**自身",时间是……概念自身,听起来好像很荒谬。在康德那里,时间是直观的纯形式,而概念是范畴,康德分得很清楚。但是黑格尔在这里讲,时间是概念自身,但是它是定在着的概念自身,"定在着的"打了着重号,它是概念,但是它是概念的定在。概念天马行空,它虽然有能动性,但是不固定于某个对象,而是共相;但是它本身定下来,可以在定在中把握,那就是时间。时间不仅是定在着的概念,而且是对意识表象为空洞直观的概念,这就是康德的观点了,康德的先天直观的纯形式,不就是空洞直观吗?先天的直观形式就是对意识表象为空洞直观,康德采用的是表象思维,所以,他只能够把时间理解为一种直观的纯形式,但是在黑格尔看来,它实际上骨子里是概念。"所以精神必须显现在时间中",精神跟概念、绝对精神跟概念式的把握是直接相关的,精神必须显现在时间中,是因为时间就是概念自身的定在。你要用概念来把握精神,那么,这个精神必须显现在时间中,也就是显现在概念的这个定在中。在现象中,精神必须通过时间来显现,所以在《精神现象学》中的精神就是显现在时间中的精神,也就是显现在概念的定在中的精神,只不过这个概念总是在时间形态的背后,在它显现的过程中不出场,骨子里是概念在运作,表面上却是显现在时间的直观表象中。"而且只要它没有**把握到**它的纯粹概念,就是说,只要它还没有把时间清除掉,它就会一直显现在时间中",把握到打了着重号。就是说,它显现在时间中已经是显现在概念中了,但是这时它还没有主动地"把握到"它的纯粹概念,而只是被动地显现。所以这个概念还不是纯粹概念,它只是概念的定在,时间是定在

着的概念，这个定在还不是概念的把握，所以这个精神还没有把握到它
的纯粹概念，也就是还没有把时间清除掉。一旦把握到纯粹概念，到那
一刻，就会把时间清除掉，就超越了时间的这个层次。概念的定在被表
象为时间，体现为时间，但是，概念本身作为一种纯粹概念，你要把握它，
你就必须把它里面的时间清除掉，也可以理解为扬弃掉。总而言之，时
间必须被超越。我们讲历史和逻辑的一致，在黑格尔那里，逻辑毕竟是
终极的，历史是为了体现逻辑，逻辑当然也必须体现在历史中，但是归
根结底，纯粹概念就是逻辑，它必须把时间、历史扬弃掉。只要没有把
时间清除掉，精神就会一直显现在时间中，一直就会在时间中、在历史
中呈现出来。时间和精神到底是一种什么样的关系？下面马上就要分
析了。

　　时间是**外在的**、被直观的、**没有被**自我**所把握的**纯粹自我，是仅仅
被直观的概念；由于这种概念在把握它自身，它就扬弃自己的时间形式，
就对直观做概念式把握，并且就是被概念式把握和进行概念式把握的
直观。

　　首先，"时间是**外在的**、被直观的、**没有被**自我**所把握的**纯粹自我，
是仅仅被直观的概念"，刚刚讲了，时间是定在着的概念自身，时间已经
是概念了，已经是概念自身了，但是它有它的限制，一个是外在的，"外
在的"打了着重号。这跟康德的说法不同了，康德认为时间是内直观，
空间是外直观。但是在黑格尔这里，时间如果要跟概念相比，那它显然
还是外在的，时间是外在的、被直观的、没有被自我所把握的纯粹自我，
它已经是纯粹自我了，已经是概念了，只是还没有被自我所把握，属于外
在的直观。在康德那里，时间也以某种方式被归结于纯粹自我，因为自
我意识的综合统一就是通过时间实现的，所谓的康德的时间图型，就是
自我意识以范畴来把握经验对象的一个中介，时间在图型法的运用过程
中，它代表的是自我意识的统觉作用，自我意识通过它去收集那些经验
材料，把它们统摄在范畴之下。黑格尔这里也讲，时间是被直观的纯粹

自我，但因为它是外在的，在直观中的，所以它没有被自我所把握。它虽然实际上已经是纯粹自我了，但是它没有被自我所把握，它还具有外在性，它还不自觉。它已经是纯粹自我，但是它采取一种外在的方式，一种被直观的方式，按照康德的说法，时间图型只是一个第三者，它不是完全被纯粹自我所把握的，它只是一个中介，只是纯粹自我利用它来把握那些更加丰富多彩、更加繁杂、更加多样性的经验对象、那些经验性材料。时间本身比较纯粹，但是，时间跟那些杂多的东西又是相通的，所有杂多的东西都必须在时间中显现出来，所以，我们可以借用时间这样一条线索把所有的杂多东西串起来。这是康德的观点，作为第三者。在黑格尔的解释里面，时间是纯粹自我了，但是它没有被自我所把握，是仅仅被直观的概念；它是概念了，但是它仅仅是被直观的概念。直观和概念在康德那里是绝对对立的，直观没有概念是盲的，概念没有直观是空的，它们是两个不同来源的表象。但是在黑格尔这里，时间本身就是被直观的概念，就是康德所认为不可能的智性直观，直观和概念的统一在康德看来是不可能的，人不可能有理性直观，人不可能有直观知性。但是实际上后来费希特已经指出，时间本身就是被直观的概念，就是一种概念的直观、知性的直观，其实就是想象力。康德在讨论时间的时候，认为时间图型实际上是运用想象力，是想象力对时间所作的先验规定。那么，费希特就抓住了这个想象力，想象力就是一种直观的能力，就是一种知性直观或理智直观，它不是把经验和范畴两端连接起来的中介，而是范畴本身的一种能动的力量，能够把直观的对象产生出来，把经验的对象产生出来。这里充分利用了想象力的创造作用、能动作用，因此，直观的概念或者智性的直观被当作了一个非常重要的发动机，用于构造体系和推演范畴。黑格尔也强调这样一种时间是被直观的概念，其实也就是一种直观的知性，当然他把它当成一个缺陷，是仅仅停留在直观中、停留在想象力中的概念，是一种层次不高的表现。"由于这种概念在把握它自身，它就扬弃自己的时间形式，就对直观做概念式把握，并且就是被概念式把握和进行概念式把握的直观",虽然时间本身是一种被直观的概念,但当这种概念把握它自身时,在对自身进行概念式把握时,它就扬弃了自己的时间形式。时间的形式还是一个束缚,还是一种不完全性,它把概念限定在时间的表象形式中,而当概念要对自己进行概念式把握的时候,就要摆脱这种时间的形式,要对直观作概念式把握,或者作概念式的提升,以扬弃自己的直观形式。直观客观上已经是概念的定在了,但是还没有被概念把握,概念对直观做概念式把握,就是概念对自己的一种自我意识,这种直观就成为了被概念式把握和进行概念式把握的直观。概念在把握它自身的时候就扬弃了自己的时间形式了,但是它仍然是直观,仍然是概念的直观或直观的概念,也就是被概念式把握和进行概念式把握的直观。被概念式把握是被动的,进行概念式把握是主动的;对于概念式把握来说,这个直观既是被动的,也是主动的;既是把握着的,也是被把握的对象,那就是达到一种自我意识了,达到了自我意识的这样一种理智直观、理性直观或者知性直观。黑格尔在他自己的理论体系里一般不用知性直观或理性直观这个词,但是他经常用直观这个词,用概念直观这个词,概念回到了直观,他经常这样说,但是这个直观已经不是通常讲的时间和空间的直观,不是康德意义上直观,而是一种概念意义上的直观。这里实际上已经提升到黑格尔式的理性直观了。理智直观在谢林和费希特那里都很重视,并且以这个东西为动力,甚至于作为整个体系的枢纽。黑格尔虽然也用直观、理性达到了直观这样的说法,但是他不把它当作一个专有名词、一个专门术语,他有意避开费希特和谢林的用法。但黑格尔虽然不这样说,但是不能否认他有这种思想。理智直观的思想在黑格尔那里显然也是具备的:黑格尔的理智绝对不是那种抽象理智,它是直观性的理智,它是能动性的理智,它是能够具有现实性的理智;黑格尔的理性是具有现实性的理性,凡是合理的都是现实的,凡是现实的都是合理的,这是他的原则。既然理性是现实的,那它就是带有直观的,它就是能够在直观中显现出来的,但是不限于时间的形式,它把时间的形式扬弃掉了，这是黑格尔所作的改进，这个改进当然也有康德、费希特他们预先所做的铺垫。康德借用时间图型，把知性的范畴和经验的材料连接起来，在康德那里已经把时间看作是一个很重要的核心环节了。这一点后来在海德格尔对康德的批评中进一步做了强调，认为这其实是康德暗中、背地里所采取的原则，时间图型的能动性、想象力的能动性是他的认识论的核心，但是康德没有意识到、也不可能认可这个原则，他只能把它当成一个第三者，一个临时借用当作一种联络工具的环节来处理。

　　——因此，时间是作为尚未在自身中完成的精神的命运和必然性而显现的，——而这个必然性就在于，必然使自我意识在意识里面所占有的份额充实起来，使**自在的直接性**——这是实体在意识中具有的形式——置于运动中，或者相反，在把自在当作**内在的东西**时，必然将那仅仅只是**内在的**东西实现出来和启示出来，——也就是必然将它归还给意识的自身确定性。

　　这一段可以好好推敲一下。"因此，时间是作为尚未在自身中完成的精神的命运和必然性而显现的"，因为在时间中体现了精神的命运和必然性，当然这个命运和必然性还没有在精神中完成，但它实际上已显现在现象中，等待概念来加以把握。一个是命运，一个是必然性，这句话其实是很有来头的。我们在古希腊的阿那克西曼德那里就可以读到这样一句箴言，这是在任何一本西方哲学史里面都要写到的："万物由之产生的东西，万物又消灭而复归于它，这是命运规定了的，因为万物在时间的秩序中不公正，所以受到惩罚，并且以此互相补足。"这是阿那克西曼德的名言。注意这个"复归"，这是命运规定了的，命运规定了，也就是有必然性的；而万物在时间的秩序中，这里公开提出了"时间"，万物的秩序也是有一种必然性在里头，如果在时间的秩序中不公正，那就要受到惩罚。一个是不公正，一个是必然受到惩罚，所谓万物又消灭而复归于它，也就是受到惩罚的意思。那么我们看黑格尔这句话，我讲它是有来头的,就是这句话里面已经包含着阿那克西曼德的原则了,就是命运和必然性的原则,时间的原则就是命运和必然性的原则。所以时间是作为尚未在自身中完成的精神的命运和必然性而显现的,尚未在自身中完成,就是说,万物由之产生了,怎么样才能完成呢?万物又消灭而复归于它,这才算是完成了一个过程,一个产生、一个消灭才构成一个圆圈,才完成了这样一个过程。但是现在呢,由于在时间中,肯定这个过程还没有完,只要在时间中就会有不公正,必须在惩罚中达到互相补足才能结束这个过程,才能超越时间而达到公正,达到纯粹概念的结构。"而这个必然性就在于,必然使自我意识在意识里面所占有的份额充实起来",这个必然性就是时间所代表的必然性,时间一去不复返,时间有它的秩序,有它的先后,有它一个接一个的命运,这是不可改变的。自我意识在意识里面所占有的份额充实起来就是时间中的这种必然性,它必然充实起来。也就是我们刚才讲的,自我意识到对象意识那里去挖自己所见到的东西,把它据为己有,挖一部分来,又挖一部分来,它所占有的份额越来越大,这个是必然的,没有办法阻止的。自我意识到意识里面去不断地占领、夺取越来越多的份额,这个是不可避免的,这就是时间的必然性。只要你有时间,你就会看到这样一个过程,自我意识不断地在意识里面夺取它的份额。"使**自在的直接性**——这是实体在意识中具有的形式——置于运动之中","自在的直接性"打了着重号。实体在意识中也就是在对象意识中具有自在的直接性的形式,但现在自我意识要把它置于运动中,要超出自在的直接性状态,这就把实体从意识中挖过来,把它变成自我意识本身的内容了。自在本来是直接的,意识的对象作为实体来说,就是一个直接性,它就是自在的,本来有一个东西在那里,被自我意识直接碰上了,那就要把它投入到运动中,这个也是必然的。自在的直接性必然会被置于运动之中,必然会遭到改变,而且你不去改变它,它自己也会改变,当然它的改变也需要你去吞并它,需要你去消化它,把它据为己有。总而言之,这样一个实体被投入运动之中,这是必然的。"或者相反，在把自在当作**内在的东西**时，必然将那仅仅只是**内在的**东西实现出来和启示出来"，这是反过来说了，前面讲的都是自我意识怎么样使意识的对象投入到运动之中，怎么样占有它越来越多的份额，那么，反过来看呢，又有另外一个角度。就是说，自我意识一方面把对象意识当作一个对象去夺取它、敲打它、推动它，使它置于运动之中，这是把它当作一个对象；但是反过来看，在把自在当作内在的东西时，"内在的"打了着重号，又必然将内在的东西实现出来和启示出来。原来你把自在看作是直接的东西，表面的东西，那当然你从它那里夺取的东西越多越好，这是一个角度；但是，反过来看呢，当你把它看作内在的东西，那个视角、视点又不同了，你也可以把你的这种行为看作是对象本身中那个内在的东西的一种自我实现。你一方面是把它夺取过来了，另一方面是把它自身内在的东西启发出来了，把它潜在的可能性实现出来了。它本来自在地在那里，它已经在那里了，但是你揭示出来它实质上、实际上是什么，实际上就是我所把握到的东西。我所把握到的东西不仅仅是我的东西，而且是对象的本质，是对象本身的内在的东西。我的把握，我对它的夺取恰好是揭示了对象本身的内在本质，这是从另外一个方面，从对象方面来看的。前面一个是从自我意识方面来看，就是我把它夺取过来，把它据为己有；而这一方面则是反过来了，当我把它据为己有的时候，我恰好揭示出了它本身的本质，揭示了它本身内在的是什么，那我就不是把它消灭了，而是把它成全了。我不是把它夺光了，它就没有了，不是的；恰好由于我把它夺过来，它才稳稳地站立起来了，它才成立，这个对象才被我重建了。对象还是对象，但是这个对象已经不是与我格格不入的，不以我的意识为转移的对象了，而就是我所建立起来的对象，它是我的产物，是我把对象产生出来，但同时它又是它自身的发展。"也就是必然将它归还给意识的自身确定性"，这也是一个必然性，就是自我意识最终必然发现，它对意识的否定和剥夺其实正是对意识的肯定，是把内在东西归还给意识的确定性。对象意识在自我意识的推动下，经过时间的历程而获得了自己内在东西的确定性。整个这一句都是在讲时间的必然性，前面讲了几条，这里最后一条就是，自我意识在把意识的内在东西实现出来和启示出来的同时，必然将这内在东西归还给意识的自身确定性，或者说，意识的内在东西在时间中表现在外，从而获得了自身的确定性。归还，vindizieren 这个是一个拉丁词，是一个法律术语，就是在法庭上面，你侵占了别人的财产，现在最后判决你要把这个财产归还给人家，要还给、返还给人家。就是说，自我意识侵占了意识的对象，把它夺取过来，最后要还给人家，这才是合法的，这才完成了整个过程，这就相当于我们刚才讲的阿那克西曼德的说法：因为万物在时间的秩序中不公正，所以受到惩罚，并且彼此互相补足。意识和自我意识互相补足，一方面自我意识本身最开始是不公正，它在时间中不断夺取意识的所有物，夺取意识的对象；但由于时间的必然性而受到惩罚，将这个内在的东西、自在的东西归还给意识的自身确定性，这就达到了自在和自为的统一。并不是自我意识一意孤行，把意识解构了，夺取过来了，把它消灭了，就完了，就变成唯我论了，不是这样的；而是恰好通过这样一种夺取，它还意识以内在的确定性，意识这个时候才达到自身确定性，因为把它的对象归还给它了。这时它既是对象，又是自我，既是我主观的概念，又是客观的概念，它是同一个概念。这就把时间扬弃掉了，而将进入到一个纯粹逻辑的王国，但前提是，这概念必须经历一个过程，经历时间中的必然性过程。休息一下。

我们要抓紧，前面这一段是最难的，反复地看，琢磨它的意思。我们看下一段。

出于这个理由就必须说，没有什么**被认知**的东西不是在**经验**中的，或者也可以这样表达这个意思，没有什么被认知的东西不是作为**被感觉到的真理**、作为内在地被启示的永恒的东西、作为**被信仰**的神圣的东西，或用任何其他的表达，——而现成在手的。①

"出于这个理由就必须说"，前面讲了必然性啦，作为精神的命运的必然性，必须要使自我意识占有的份额越来越丰富，使自在的直接性投入到运动中，或者把自在的当作内在的东西时候，必然将那只是内在的东西实现出来和启示出来，必然将内在东西归还给意识的自身确定性。这都是前面讲的必然性。那么，出于这个理由呢，我们就必须说了，或者我们就不得不说了，"没有什么**被认知**的东西不是在**经验**中的"，**认知**和**经验**都打了着重号。按照这句话后面的德文考证版即丛书版编者说的，这句话来自于康德，当然不错。康德确实说过这样的话："我们所有的知识都处于一切可能经验的整体中"，就是说我们的知识都是从经验开始的。但是康德这句话是从哪里来的呢？是从经验派来的，从洛克那里来的。经验派的原则就是：凡在理智中的莫不先在感觉之中，这是洛克的原则。所以，这个原则并不直接来自于康德，这是经验派的一条普遍通行的原则，这个原则被康德所吸取，也被费希特谢林所吸取，甚至于雅可比和艾申迈尔也含有这个原则，就是从感性确定性开始。实际上这个地方黑格尔讲的是，精神现象学必须从感性的东西开始，这个也是经验派、洛克他们的原则，甚至更早要追溯到亚里士多德。这里是为他整个精神现象学的开端做论证，凡是被认知的东西都是在经验中的，或者说都是从经验开始的。精神现象学就是从感性经验开始，从感性确定性开始，走出了一条"意识经验的科学"之路。前面讲了认知首先必须要显现在时间里面，也是这个意思，必须要在时间中显现出来，你要给一定的时间，

---

① 黑格尔在此暗示的首先是康德的说法，费希特和谢林在类似的场合下也引证了（见《费希特全集》第 2 卷第 233 页以下，《谢林全集》第 7 卷第 245 页），参看康德：《纯粹理性批判》B283，特别是 B185："我们所有的知识都处于一切可能经验的整体中"。接下来黑格尔想到的可能是雅可比和艾申迈尔的情感哲学和信仰哲学，参看雅可比：《论斯宾诺莎哲学》，载《雅可比全集》第 4 卷，第一部，第 210—253 页；此外参看艾申迈尔：《哲学向虚无哲学过渡》，第 60—61、104—105 页，以及《隐士与陌生人》，第 24—25 页。——丛书版编者

所以你首先要着眼于经验，所以精神现象学要从感性经验开始。"或者也可以这样表达这个意思。没有什么被认知的东西不是作为**被感觉到的真理**"，这是同一个意思。"被感觉到的真理"打了着重号，它相当于前面的"经验"。接下来，"**作为内在地被启示**为永恒的东西"，"作为内在地被启示"打了着重号，按照德文版的注解，这里对应于雅可比的观点。再下面，"作为**被信仰的**神圣的东西"，"被信仰的"也打了着重号，按照德文版注，对应于雅可比和艾申迈尔的观点。我们看这三个打了着重号的东西，讲的似乎是三个不同的层次。一个是作为被感觉到的真理，仍然是一种感觉，仍然是一种经验，但是这种经验是对外在的对象的经验，是对感性的对象的真理，感性的对象是一种外在的感觉。一个是作为内在地被启示为永恒的东西，这是一种内在的感觉，或者是一种内在的经验。一个是外在的经验，一个是内在的经验，都是经验，这是同样的意思，所以他说也可以这样表达这个意思。还有第三个，作为被信仰的神圣的东西，这是对彼岸的直观，对彼岸的一种感觉，就是雅可比诉诸直觉、对上帝的直觉，在某种意义上也是对上帝的经验。所以这里好像有三个层次：一个是对客观对象的感觉的经验，一个是对于内心启示的内在的经验，还有就是对彼岸上帝的超越的经验，雅可比是直觉主义者，超越是超经验，它还是内心的一种体验，但是这个体验又是指向上帝的经验。但其实从根本上看，并不存在三个层次，所以他说："或用任何其他的表达，而现成在手的"，就是说，我们其实还可以列出其他几种说法，但这些说法都是表达现成在手的经验。黑格尔在《小逻辑》中讲，在雅可比看来，"当我们说到对于真理和永恒的信仰，说到上帝在直接知识或直观中已经启示出来和给予我们的时候，我们说的却决不是任何感性的事物，而是一种自身普遍的内容"；但黑格尔对此的评价却是："在这里叫作信仰和直接知识的东西，与在别处被称为灵感、内心启示和天赋予人的内容的东西，尤其还被进一步称为健康人类理智、communon sense［常识］的东西，是完全相同的。所有这些形式都按照同样的方法，把在意识中出现内容或包含事实的直接性当作自己的原则。"① 显然，精神现象学叫作"意识经验的科学"，这个意识经验是广义的，不但包括感性确定性的经验，也包括启示宗教、信仰、神圣的东西、此岸和彼岸，所有这些东西都仍然还是经验，属于意识经验的科学，没有什么被认知的东西不是作为这样一些东西而现成在手的，现成在手的就是经验，就是被经验到了。所以这个地方指的是精神现象学从感性出发的、作为意识经验的全过程，它应该是回顾整个精神现象学走过的时间历程，不能单纯看作是暗示某某人的观点，比如康德的观点，费希特、谢林、雅可比的观点，当然也没有错，但是不只是这样的，仅仅停留于这样一种考证那就比较局限了。黑格尔其实是泛指，不限于这三个人，而是包括任何其他的表达，都是从现成在手的经验出发的。

因为经验正是这种东西：内容——而这内容就是精神——是自在的，它就是实体，因而是意识的对象。

为什么所有的认知都是在经验中呢？"因为经验正是这种东西"，什么东西呢？"内容——而这内容就是精神——是**自在的**"，这内容当然指的是精神，精神现象学的内容就是精神的现象嘛，它是自在的，"自在的"打了着重号。所谓的经验就是把内容看作是自在的，你有经验，那你就不是自己想象出来，就不是幻想的，你不是自己突发奇想，也不是发挥你的想象力虚构出来的，你的内容是自在的。这就是经验，我们通常讲的经验就是这样，不管这个内容是客观的还是主观的也好，是此岸的还是彼岸的也好，总而言之，它是自在的，那么，你就对它有经验。这个可以是经验的结构，经验就是这样的东西。既然你这个内容是自在的，那么，"它就是实体，因而是**意识**的**对象**"，意识和对象都打了着重号。所谓的经验，就是意识的对象，你经验的内容就是意识的对象。你要通过

---

① ［德］黑格尔：《逻辑学·哲学全书·第一部分》，梁志学译，人民出版社2002年版，第136、137页。

意识去把握这个对象,这就是经验,离开对象,你没有经验;意识不去把握,也没有经验。意识跟对象的交接、碰撞,那就是经验了,那这个对象当然就是实体啦,因为所谓实体就是变中之不变的东西,意识围绕它变来变去,而它本身不变,它是自在的。意识跟自在的实体这样一个对象发生了碰撞,这就是经验。所谓的经验就是这回事情,它是从对象意识出发的。

　　但是,这个本身即是精神的实体,就是精神向它**自在地**所是的那个东西的**形成过程**;而且只有作为这样一个自己反思自己的形成过程,精神才自在地在真理中是这个**精神**。

　　"但是,这个本身即是精神的实体",也就是这个实体,这个经验对象,本身就是精神,精神现象学它的对象当然就是考察精神,把精神当作实体来考察。这样一个实体,"就是精神向它**自在地**所是的那个东西的**形成过程**",自在地和形成过程都打了着重号。这个实体是什么呢? 这个实体并不是摆在那里的一个静止不变、固定不变的东西,而是精神的一个形成过程,精神形成了,这整个过程才是实体。这就跟上面讲的那种不变的实体不同了,精神现象学考察的实体是这个过程,这是一个运动型的实体,精神现象学不是要把这个精神掏出来、把它孤立起来考察,当作一个固定的对象,而是考察它的整个发展过程,它是一个形成过程。形成什么呢? 形成这个精神自在地所是的那个东西,它本来已经是那个东西,但那还是自在地所是的那个东西,还没有形成,或者说,它只是潜在的是那个东西,还不是现实地是那个东西。这里头有种目的论的结构,就目的而言它已经有了,但还没有实现目的,还没有形成现实的结果,这个合目的性的形成过程就是精神的实体。"而且只有作为这个自己反思自己的形成过程,精神才自在地在真理中是这个**精神**",只有作为这样一个形成过程,自己反思自己的,自己回到自己的过程,精神才真正自在地是它自己。因为它原来自在地本来已经是这个精神了,但是在没有投身于这个形成过程之前,它只是潜在地是这个精神,它是不是真的是这个精神,现在还不知道,还无从证明,还不具有真理性。现在通过这一过程,它就可以向它那个本来就是的东西返回,并在这一反思中求证自己的真理性,看它符不符合最初的出发点,才会发现它真的就是这个精神。所以它是一个反思的过程,反思自己原来是什么,我要成为我原来所是的东西,原来所是的东西只是一个目的,只是一个潜在的方向,但现在我已经是那个东西了,因为我把它形成起来、实现出来了,我实现了我的初衷。一个人从小树立一个理想,我要成为一个什么样的人,但是还没有实现出来。到了他长大了,经过一番奋斗,最后他把自己的理想实现出来了,那么,这个过程就是他这个人的实体。这个小孩子是一个什么样的人,就是从他的学习过程里面,从他的努力奋斗的过程里面就可以概括他是一个什么样的人了,他就是这么一个努力奋斗的人。你从他的理想和他最后所达到的成就都不能概括他,你只有从他的这样一个不断奋斗的历程才能准确地概括他。当然他也可能实现不了某个具体的计划,但是他的历程在那里,这个历程最能概括他。精神没有什么实现不了,精神一运动,就在实现自己,而且最后的确把自己实现出来了,不是着眼于结果,而是着眼于这个实现过程。只有作为这一过程,精神才自在地在真理中是这个精神,也可以译作:精神才自在地真正是精神。为什么一定要翻译成"在真理中"是这个精神?就是因为它这个时候不单纯是确定性了,而且是真理性,它达到了真理性。最开始它只是确定性,它自在地有它的确定性,这是静止的、永恒的、不动摇的,但是还没有它的真理性,还没有把它实现出来,还不是真的。现在它把自己实现出来、形成起来了,那它就是在真理中是这种精神了,不仅在确定性中是精神,而且在真理性中也是精神。而且是自在地在真理性中是精神,不仅仅是自为的,不仅仅是你想要成为精神,而且它客观上自在地已经是精神了,那就是自在自为的精神了。它现在有了自在啦,这就是精神自在地自我形成。精神现象学所要做的工作,就是要描述这样一个自在形成的过程。这句比上一句更进了一层,从自在的实体到自为的实体,从最初起点的确定性到运动中的真理性。

精神自在地就是运动，这运动就是认识，——精神就是那个**自在**向**自为**的转变，**实体**向**主体**的转变，**意识**的对象向**自我意识**的对象的转变，就是说，向正是这样被扬弃的对象或向**概念**的转变。

既然要着眼于这个过程，那么，我们就来看这个过程是一个什么样的过程。"精神自在地就是运动，这运动就是认识"，前面讲精神自在地在真理中是这个精神，那么精神自在地就是运动，它既不只是起点，也不只是终点，而是它中间的过程，它自在地就是这样一个运动过程，它把起点和终点都包含在自身之内了。所以自在地或者客观上来说，精神就是运动。是什么运动呢？这运动就是认识，就是认识的运动、认识的过程。下面破折号，进一步解释这个认识过程："精神就是那个**自在**向**自为**的转变，**实体**向**主体**的转变，**意识**的对象向**自我意识**的对象的转变"。自在向自为的转变，精神本来是自在的东西，它还没有发展出自身来，因此尚未得到认识；现在它要发展出自身来，那它就要变成自为的，它就要转变为自为，就要被置于运动中、置于过程中，这就是自我认识的过程。实体向主体的转变，就是要由不自觉的实体变为自觉的主体，整个精神现象学的运动过程就是实体怎么变成主体的过程。所以在"序言"里面黑格尔一开始就提出来了，整个精神现象学所要探讨的就是这个问题，最重要的就是探讨这个问题，实体就是主体。但是有一个过程，实体一开始还不是主体，它必须转变为主体。意识的对象向自我意识的对象的转变，整个精神现象学的对象都是意识的对象，它是意识的经验的科学，都是在讨论意识的对象怎样向自我意识的对象转变，意识转变为自我意识，而自我意识反过来又包含、包容了意识，建立起了意识的对象，是这样一个过程。"就是说，向正是这样被扬弃的对象或向**概念**的转变"，意识的对象向自我意识的对象转变，到了自我意识的对象，这个对象同样也就被扬弃了，自我意识的对象就是自我意识本身。这个对象被扬弃了，自我意识已经不再是对象意识了，对象在自我意识里面已经被自我意识据为己有，成为了自身的一个环节，已经不再是孤立的对象了，已经是自我意识的内在的东西，那当然就已经被扬弃了。这个对象已经被扬弃了，当然它还是自我意识的对象，但是它已经扬弃了它的对象性，所以它是向概念的转变，概念打了着重号。最后自我意识的对象就是概念，不再像意识的对象那样孤零零地矗立在那里，让人家去接触，让人家去经验，已经不再是那样一个对象，已经是被扬弃的对象了；但是这个被扬弃的对象、这个自我意识的对象就是概念。

这个转变是向自身返回的圆圈，这圆圈以自己的开端为前提，并且只有在终点上才达到开端。

"这个转变是向自身返回的圆圈"，从终点返回到起点，这个我们刚才已经讲了，自我意识并没有否定意识的对象，而是成全了意识的对象，建立起了意识的对象，或者说在更高的层次上恢复了意识的对象，所以它是一个圆圈，首尾相接。"这个圆圈以自己的开端为前提，并且只有在终点上才达到开端"，这个话在形式的思维看来是完全不合逻辑的，是骗人的鬼话，但在目的性思维看来是顺理成章的。目的行为就是这样，它既是以自己的开端为前提，同时又只有在终点上才达到开端，因为开端只是一个目的，一个意向，在它没有最终实现出来之前，它是"没有达到目的"的。这就是黑格尔的圆圈的思想。他为什么要用圆圈这样一个比喻、这样一个哲学的隐喻，就是因为它确切地表达了黑格尔的目的论的世界观。自我意识在它的终点上面，在它的概念式思维、在它的绝对知识这点上回复到了它的起点，达到了它的目的。意识的对象不是一个静止的东西，而是一个目的，回复到意识的对象，就意味着在现实中最终实现了原先那个内在的目的。整个精神现象学、意识经验的科学的对象最后就是绝对知识，也是它一开始就想要达到的这样一个对象，这样一个目的。

——因此，只要精神必然是这样一个自身区别的过程，它的全体在被直观时就同它的单纯的自我意识相对立；因而由于全体是有区别的东

西，所以全体又被区别为它的被直观的^① 纯粹概念、**时间**，以及内容或**自** [269]
在；实体作为主体，本身就具有**最初的内在**必然性，必然在自己身上把自
己呈现为它**自在地作为精神**所是的东西。

　　刚才讲了这个圆圈，下面讲，"因此，只要精神必然是这样一个自身
区别的过程"，自身区别的过程实际上就是已经展示的这个圆圈式的结
构，这个目的关系的结构。意识跟自我意识的区别是精神的自身区别，
精神把自身区别为意识和自我意识，既然是它的自身区别，所以它是一
个圆圈，本身是统一的。统一的里面有两个环节：一个是意识，一个是自
我意识，这两个环节互相作用，互相转化。正由于它是自身区别，所以它
能够互相转变，但是它又是同一个过程，是一个自身区别的过程。"它的
全体在被直观时就同它的单纯的自我意识相对立"，它的全体，也就是
最开始出现的时候，在被直观的时候，在意识中出现就是一个全体。我
们刚才讲了，在意识中则是全体，它先于各个环节而出场，全体先于各个
环节而出场。所以这里讲到，它的全体在被直观时就同它的单纯的自我
意识相对立，意识的对象是全体，最初是作为直观矗立在自我面前，跟自
我意识相对立，好像自我意识跟对象意识是两个不同的东西、相对立的
东西。"因而由于全体是有区别的东西"，由于最开始出现的这个全体在
意识中是直观的，又是有区别的东西，即它本身必然要产生自身的区别。
"所以全体又被区别为它的被直观的纯粹概念、**时间**，以及内容或**自在**"，
被直观的纯粹概念和时间是一回事情，我们前面讲到了，时间就是被直
观的纯粹概念，时间就是纯粹概念的定在，所以这个地方我们用一个顿
号。时间打了着重号，以及内容或自在，自在也打了着重号，这就被区别
为两方面了：全体本身被区分为，一方面是纯粹概念或时间，另一方面
是内容或自在。时间表现出纯粹概念的能动的这一方面、自为的这一方
面，而内容就是对象的那一方面，表现为自在。时间体现为自为，内容体

---

① "被直观的"（angeschauten）在袖珍版里面漏掉了，兹据考证版补上。——中译者

503

现为自在,这就是一种区别。全体被区别为一个是自为的时间,一个是自在的内容,所以,全体被自身区别了,一个是时间,一个是自在。"实体作为主体,本身就具有**最初的内在**必然性,必然在自己身上把自己呈现为它**自在地作为精神**所是的东西",实体作为主体,也就是自在的东西作为自为的东西,本身就具有最初的内在必然性,实体既然已经作为主体,所以它最初一开始就具有一种内在的必然性,它就是它自身的第一推动力,不是由外力推动它,不是外面加给它,而是自我区别。它具有最初的第一推动,这就是它的内在的推动、内在的必然性。这内在的必然性就体现在时间中,前面讲了,为什么要将时间、要将它的主体性体现为时间?时间就是必然性,就体现为命运。"最初的内在"打了着重号,强调它是内在的自发的必然性,实体它是自己运动,是自己发展为主体,它不是由外面的一个主体加给它运动。这个必然性在时间中,必然在自己身上把自己呈现为自在地作为精神所是的东西,"自在地作为精神"打了着重号,就是它自身已经有了这种必然性了,虽然它是自在的,但是它已经有转化为自为的内在必然性,并由这种必然性而呈现出它自在地作为精神所是的东西。它本来自在地已经是精神了,但是现在在这种内在的必然性中又自为地把这一点呈现出来,作为主体把它自在的实体呈现出来,也就是呈现为精神。意识回到自身就呈现为精神,回到它自在地作为精神所是的那个东西。你走过了这样一个过程,自在、自为,然后从自为回到自在,那就是精神了。

只有那完成了的对象性的呈现,才同时是实体的反思,或实体向自我的形成。——因而精神在没有**自在地**完成自己、没有把自己完成为世界精神以前,它并不能作为**自我意识到的**精神而达到自己的完成。

{430}

这是对最后结果的总结了。"只有那完成了的对象性的呈现,才同时是实体的反思",完成了的对象性的呈现,前面讲了呈现为它自在地作为精神所是的东西,把自己呈现为精神,那就是完成了的对象性的呈现,或者说完成了的实体性的呈现,完成了的自在的呈现。你最后回到了自在,回到了实体,这样一个主体的圆圈式的呈现才同时是实体的反思,是实体的自我反思,实体在自己身上照见了自己。"或实体向自我的形成",实体的反思同时就是实体的向自我的形成。这是两个不同的方向,一个是实体向自身反思,或者是回归,实体回归到它原来所是的东西;一个是实体向自我的形成,那就是使实体变成主体。一个是实体走出自身,变成主体;另外一个是实体的反思,那就是回归自身。实体同时是这两者,同时是实体的自身反思,或实体向自我的形成,这两者同时呈现,那就是实体的完成了的对象性的呈现。"因而精神在没有**自在地**完成自己,没有把自己完成为世界精神以前,它并不能作为**自我意识到的**精神而达到自己的完成",并没有自在地完成自己,自在地打了着重号,也就是说,精神要能够自在地完成自己,它就必须要把自己完成为世界精神,要在全世界跑上一圈,再回到它的起点。而当它还没有自在地完成自己的时候,没有把自己完成为世界精神以前,没有把自己变成无所不包的精神、变成绝对的实体以前,它还并不能作为自我意识到的精神而达到自己的完成。自我意识到的打了着重号,它虽然有自我意识在里面起作用,但是它还不是精神在自己身上达到了自我意识。精神在自己身上达到自我意识,那就是最终的绝对认知了,但是在前面一直都还没有达到,前面都还没有自在地完成自己、把自己完成为世界精神,因为这个世界历程还没有跑完。所以它不能够把自己作为精神的自我意识的完成。

因此,宗教的内容在时间上比科学更早地表明了**精神是**什么,但是唯有科学才是精神关于它自身的真正认知。

"因此,宗教的内容在时间上比科学更早地表明了**精神是**什么",精神打了着重号。我们前面已经讲了,宗教的对象已经是绝对精神了,它属于绝对精神阶段了,宗教和绝对认知都属于绝对精神阶段,但宗教在前。所以宗教的内容在时间上更早地已经表明了精神是什么,"是"也打了着重号,就是说精神的存在,它已经作为宗教的内容先期出现了,只是形式还不是精神的,而是表象式的。绝对精神已经出来了,宗教的内容已经提出绝对精神了,但是它还没有完成,还没有把自己完成为世界精神,因而还不具有精神的形式。宗教的内容还没有把自己变成一种世界精神,它只是处于彼岸,是信仰的对象,不是认知的对象,至少它自在地还不是认知的对象。所以虽然它的内容比科学更早、在时间上更早,已经表明了绝对精神的内容,"但是唯有科学才是精神关于它自身的真正认知",精神只有在科学中才达到了它的自我意识,或者自我认知。精神现象学的终点是科学,这个科学已经超越时间了,它构成了一个逻辑体系。宗教还没有超越时间,它还是一个在时间上在先的东西,只有科学才超越了时间,才是精神关于它自身的真正认知,才达到精神自己、达到精神自我意识的完成。它把自己变成了世界精神,就是不管是彼岸也好,此岸也好,全都在绝对认知的把握之中,全都在概念式的把握之中。宗教的上帝是不能用概念把握的,只能够凭信仰,所以它还没有到位。真正到位的就是科学。

把精神的自我认知形式逼出来的那个运动,就是精神作为**现实的历史**所完成的工作。

"把精神的自我认知形式逼出来的那个运动",逼出来 hervortreiben,驱赶出来,或者说强行推出来,我们把它翻译成逼出来。这里面有必然性在里头,强调它的必然性,精神的自我认知形式,精神达到对自己的自我认知,这种自我认知的形式是逼出来的,它从前面一系列的过程直到宗教,最后才逼出来精神的自我认知。宗教已经提出了精神,但是还没有达到精神的自我认知,它把这个绝对精神当作信仰的对象,就是上帝,而不是认知的对象。所以精神的自我认知形式是通过这个运动逼出来的,什么运动呢? "就是精神作为**现实的历史**所完成的工作",现实的历史打了着重号。这里还是涉及到时间的问题,现实的历史就是时间,整个过程都是由时间的必然性或命运所逼出来的,这就是精神作为现实的历史所完成的工作。精神如果达到了自我认知的话,那它是超时间的;但是它要达到这一步,它就必须经过时间,必须经过历史,由历史把它逼出来,逼到一个超时间的、逻辑学的层次。精神现象学接下来就是逻辑学,逻辑学就是超时间的,逻辑学不在时间之中,它是上帝在创造世界之前的一个规划、一个蓝图,那是超时间的。但是,你要达到这个超时间的精神的自我意识,那是不简单的,只有通过精神在现实的历史过程中的步步紧逼,才能够完成这样一件工作。那么,如何逼出来呢?

宗教的团契,就其最初是绝对精神的实体而言,乃是粗陋的意识,这种意识的内在精神越是深刻,它就具有越是野蛮和冷酷的定在,而它的蒙昧的自我要凭借自己的本质、凭借它的意识的异于自己的内容来做的,就是一件越发困难的工作。

这就是历史、现实的历史。什么是历史呢?能够具有历史的只能是绝对精神,绝对精神才具有历史,绝对精神里面的时间我们就把它称为历史。其他的意识形态当然也有时间,如自然科学,如其他客观精神啊,像伦理、法权状态、有用性等等,但是那个时间我们不把它称为历史。只有绝对精神,我们才把它称为历史。那么,它首先体现在宗教的团契中,我们进入到历史就进入到宗教的团契了,因为宗教团契的形态才是绝对精神的形态。在宗教中,团契精神就体现为一种现实的历史的工作。"宗教的团契,就其最初是绝对精神的实体而言,乃是粗陋的意识",这个团契,尽管它最初是作为绝对精神的实体而出现的,但它是一种粗陋的意识。粗陋,很粗糙,甚至很粗鄙,而且很简陋、很原始,这个又粗鄙又简陋的团契就有它的问题了。它的意识最初是那么粗陋,在宗教的团契中,最初在教父哲学以及在最初的基督教教会里面,都是很粗陋很简单的,就是信上帝。上帝固然是绝对精神,已经是一神教了,已经去掉了一切偶像崇拜的迷信因素,已经是一种纯精神的崇拜对象了,但是这种信仰本身还是很粗糙的。"这种意识的内在精神越是深刻,它就具有越是野蛮和冷酷的定在",这种意识的内在精神当然很深刻,基督教最初就很深刻,它已经超越了一切偶像崇拜,超越了整个感性世界,也超越了犹太教的种族狭隘性，而深入到了人内心最内在的信仰，那么它的精神是很深刻的。但是，它越是深刻，就具有越是野蛮和冷酷的定在，它在外部组织形式和行为方式上就越是禁锢人性。我们可以将基督教跟异教和多神教相比。在古希腊异教那里，它还不是那么野蛮，也不是那么冷酷的，它是很有人情味的。希腊神话、多神教是很有人情味的，神人同形同性，拟人化，它不是那么野蛮和冷酷的。但是基督教越是超越世俗，它的那个信仰的对象越是清高、越是纯洁，它就越是野蛮和冷酷，这种意识实现出来的定在就越是表现得戕害人性。"而它的蒙昧的自我"，它这时的自我是很蒙昧的，一心只有一个唯一的信仰占据着它的整个自我。它的自我就是信仰，除此之外没有别的，一切都是蒙昧的。"要凭借自己的本质、凭借它的意识的异于自己的内容来做的，就是一件越发困难的工作"，蒙昧的自我却要用自己的本质、用异于它的意识的内容来做一件工作，这相当于盲人骑瞎马，夜半临深池，是很困难很危险的。它的本质已经是宗教了，已经自在地是绝对精神了，但它的自我却还是那么蒙昧，这个本质对它来说还是异于自己的内容，它并没有意识到这个内容就是它自己的本质；那么，它要用这一本质来完成一件工作，更不用说完成自己的使命了，那是非常困难的事，要经历漫长的历史过程。团契的内在精神当然很深刻啦，但是越是深刻，用它来做的工作就越是困难。自我在最开始的时候那么样的蒙昧，那么样的单纯，信徒们以蒙昧自豪，觉得自己就是单纯得好，就是简单得好，所以只有简单的人才能信基督教，知识太多的人是很难的。奥古斯丁那么博学，所以奥古斯丁要信基督教很困难，非常痛苦，我们读他的《忏悔录》，可以体会到他的这种痛苦，因为他有那么多的知识、那么高的层次。但是一个普通老百姓要信基督教很容易，一念之间就可以信，他就信了，而且终身不改。但是真正要信、真正要把这个蒙昧的自我和这个本质调和起来，是非常困难的。困难就在于这个本质太深刻，与这个本质相比，它的自我太蒙昧了。所以，它的本质、内在的精神越是深刻，那么，它所拥有的就是一件越发困难的工作。为什么走了两千年才走到今天,在黑格尔时代也走了一千八百年才走到黑格尔的时代,就说明它的工作太困难了。

只有当意识放弃了以一种外在的、即异己的方式来扬弃异己存在的希望以后,由于被扬弃的异己方式就是向自我意识的返回,意识才转向它自己、转向自己特有的世界和当下在场,才发现这世界是它的财产,从而迈出了从**理智世界**下降的第一步,或者不如说,迈出了以现实的自我激活理智世界的抽象元素的第一步。

这句话就是接着上面来的。就是说,基督教在它的一千多年中,在艰难地迈步,那么,"只有当意识放弃了以一种外在的、即异己的方式来扬弃异己存在的希望以后",异己存在,也就是上帝是异己的,我信仰上帝,但是上帝高高在上,上帝在彼岸,我只有死了以后才能到上帝那里去,上帝肯定是一个异己的存在。所谓以一种外在的、即异己的方式扬弃异己存在,就是我怎么样才能够扬弃这个异己存在呢,怎么才能使这个上帝跟我合一呢? 只有以一种彼岸信仰的方式,这种彼岸信仰的方式是一种外在的方式,也就是一种异己的方式。因为信仰是不讲逻辑、不讲概念的,不讲理性和认知的,而人的本质是理性的认知,所以信仰是一种外在的、异己的方式,我以这样的方式来扬弃异己存在,来拉近上帝和人的距离。我信上帝,那么,我就有希望,可以得救,就可以跟上帝合而为一。只有当意识放弃了以这样一种外在的异己方式来扬弃异己存在的希望以后,放弃了以信仰的方式来跟上帝达到统一的希望以后,"由于被扬弃的异己方式就是向自我意识的返回",我把这种异己的方式扬弃了,扬弃了信仰,那就是向自我意识返回了。信仰阻断了自我意识,信仰就是你就不要用脑子,你只信就是了。在把这种异己的方式扬弃了以后,我们就回到自我意识了,由于被扬弃的异己方式作为异己方式被扬弃了,这就向自我意识返回了。"意识才转向它自己、转向自己特有的世界和当下在场",这个时候意识就转向自身了。我们通常讲,中世纪以后,文艺复兴是人的发现和自然的发现,也就是意识转向了它自己和自己特有的世

509

界,转向自己的当下在场,人的发现就是意识转向它自己,自然的发现就是转向自己特有的世界和当下在场。自然的发现就是感性的发现,中世纪基督教太抽象了,扼杀人的感性,扼杀人的本性,扼杀自然界,只有当我把它的这种异己的方式扬弃了以后,我才重新发现了人,发现了自然界。"才发现这个世界是它的财产,从而迈出了从理智世界下降的第一步,或者不如说,迈出了以现实的自我激活**理智世界**的抽象元素的第一步",这时我才发现这个世界是我的财产,从前这个世界是被排斥的,我们不要面向自然界,自然界是魔鬼,我们只能够面向上帝,把自然排除在外。经过了这种向自我意识的返回以后,我才发现这个世界是我的财产,当然这个财产终归是上帝赐给我的,但是它本身是宝贵的,是不必放弃的,是可以享受的。这就迈出了从理智世界下降到感性的自然的第一步,理智世界,Intellektualwelt,在这个地方可以理解为彼岸世界。彼岸世界以前在一般老百姓那里是通过信仰来通达的,而在神学家们那里,它是一个理智世界,拼命地要通过理智去证明,要证明上帝的存在,证明三位一体,证明上帝创世,等等,通过逻辑推理,通过思辨和玄想。而在这个时候,则迈出了从理智世界下降到感性世界的第一步,或者不如说,迈出了以现实的自我激活理智世界的抽象元素的第一步。"或者不如说"这一短语很有深意,就是说,不光是从理智世界下降到人间,而且更是以现实的自我激活理智世界的抽象元素。中世纪经院哲学的那些思考,如对上帝存在的各种证明等等,那些东西都是死的、无生命的;现在我们回到了现实的世界,并没有把那些理智世界的抽象元素完全废除掉,而是以现实的自我激活了它们。激活,begeisten,这个词在前面第 255 页已经讲过了。第 255 页上面这一段的最后一句话说:"因此这种认知就是一种**激活**,通过这种激活,实体变成了主体,实体的抽象性和无生命性死亡了,因而它就变成**现实的**、变成单纯而普遍的自我意识了。"这就是讲宗教改革以来的进展。新教里面已经有这样一种激活的因素,通过这种激活,实体变成了主体,实体的抽象性和无生命性死亡了,那种抽象的、无生命的上帝已经死亡了。上帝为什么死了？因为作为实体的抽象性和无生命性当然要死了，所以它就变成现实的、变成单纯和普遍的自我意识了。实体从此回到了人间，变成了现实的自我意识，那么这是一种激活。但是在天启宗教里面，这种激活还仅仅是引出新教因信称义的学说，主体变成了实体，还仅仅体现为新教、特别是虔敬派的那样一种主体和实体合一。上帝在我心中，彼岸的上帝已经死去了，只有在我的活生生的个体的人心中的上帝还活着，这个新教和文艺复兴的大方向是一致的，即人的发现和自然的发现。它们都是从理智世界下降，同时以现实的自我激活了理智世界的抽象元素，以现实的自我、现实的人的思考、现实的人的理性来激活以往在中世纪经院哲学里面所阐述的那样一些理智世界的元素，那些抽象的元素在这里都被赋予了生命。中世纪经院哲学，虽然我们今天看起来很多都是做了无用功，但其实并不是无用的，它在一个纯粹抽象的思辨领域内训练了人的思维能力，一旦下降到现实的世界，就被这个现实的世界所采用、所激活，激活的表现首先就表现为笛卡尔的哲学。

意识一方面通过观察，发现了定在是思想，而且对定在有了概念式的把握，并且反过来又在自己的思维中发现了定在。①

这里有个注释："笛卡尔。"原为荷夫迈斯特本（据拉松本）编者所加，贺先生王先生的中译本把这个注释录在下面了，但考证版和袖珍版都无。笛卡尔深受经院哲学的困扰，他是从经院哲学中杀出来的，他受过经院哲学的训练，但是发现这都是一些繁琐哲学，都是没有用的；但是他立足于现实的自我来激活理智世界的抽象元素，他运用中世纪所训练出来的这一套逻辑思维，这一套辩证法，这一套怀疑，建立了自己的原则。所以说，"意识一方面通过观察，发现了定在是思想，而且对定在有了概念式的把握"，笛卡尔通过观察，发现了定在是思想，唯一能够确定的就是思想，就是我思。笛卡尔的观察是非常客观的，非常不带偏见的，

---

① 笛卡尔。——贺、王译本据荷夫迈斯特本编者

他本人是自然科学中观察的理性的代表人物，对数学、几何学和物理学都有独到的贡献。而在形而上学中，笛卡尔的观察则在排除了一切可怀疑的东西以后，发现剩下还有唯一的一个不可怀疑的东西，就是我在怀疑，也就是我思，这是他通过观察而得到的。这里特别用了一个"观察"（Beobachtung），在别的地方，黑格尔曾经谈到，笛卡尔实际上是从经验中发现了我思，这是一种观察的经验。实际上在某种意义上，笛卡尔是一个经验主义者，我们把他看作是近代理性主义哲学的创始人，其实他也可以看作是一个经验主义者，他就是看我的内心里面有哪些东西还可以留得下来。经过这个怀疑一切，他发现了定在是思想，而且对定在有了概念式的把握。这个定在并不是任何物，不是任何看得见摸得着的东西，它就是思想本身、我在，这样一种把握就是概念式的把握。我思就是纯思，已经排除了任何可疑的东西、感性杂多的表象的东西，那就是一种概念式的把握。"并且反过来又在自己的思维中发现了定在"，我思故我在，既然我在思，所以唯一的定在、唯一能够确定的定在就是我在。所以这个地方编者指出是笛卡尔的思想，这是没有错的。笛卡尔思想是由中世纪、新教思想激发出来的，虽然笛卡尔本人自称是一个天主教徒，但是他无疑深受新教的影响，他从天主教势力强大的巴黎迁往加尔文教占优势的荷兰做研究达 20 多年，在那里出版了他几乎所有的主要著作，就很说明问题。

由于意识首先这样抽象地自己表述了思维**与存在**、抽象本质与自我的直接**统一**，并以**更纯粹的**方式，也就是作为广延与存在的统一把最初的光明本质重新唤起，①——因为广延是比光明更相似于纯粹思维的单

---

① 参看前面考证版第 371 页："绝对精神以**存在**的形式直观自身，但却并不是以那种属于感性确定性的、无精神性的、充满了感觉的偶然规定的**存在**的形式，相反，这是充满了精神的存在。[……] 由于这种规定，这一形态就是日出之时包容一切、充满一切的纯粹的**光明本质**，它保持自身于它的无形式的实体性中。"——丛书版编者 [中译者按：见贺王译本下册第 189 页]

纯性——从而在思想中重新唤醒了东方初升的**实体**，① 精神同时就从这个抽象的统一性中、从这个**无自我的**实体性中畏缩倒退，而坚持那与该 [270]
实体性相对立的个体性。②

　　这一句依德文版的注释，涉及到斯宾诺莎和莱布尼茨。"由于意识首先这样抽象地自己表述了思维**与存在**、抽象本质与自我的直接**统一**"，这句话还是紧接着上面笛卡尔来讲的，即"我思故我在"抽象地表述了我思和我在是一回事情。抽象本质就是实体，实体与自我直接统一，这个在笛卡尔那里已经抽象地表述出来了，思维与存在是同一的。"并以**更纯粹的**方式，也就是作为广延与存在的统一把最初的光明本质重新唤起"，这就是斯宾诺莎的方式了。这个"更纯粹的方式"，也就是比最初的光明本质更纯粹，作为广延与存在的统一的实体要比前面讲的光明本质的实体更纯粹。后面两个破折号中的一个插入语，说明了这个"更纯粹"是什么意思："——因为广延是比光明更相似于纯粹思维的单纯性——"。它比光明本质要更纯粹，为什么呢？光明本质是在宗教里面最初的阶段、在自然宗教中提出来的，当然还不是纯粹思维。看前面第 188 页，自然宗教的第一个环节就是光明的本质，光明无所不在，光明是一种普遍的本质，但是，光明本质毕竟是带有感性的，所以它不如广延那么样的纯粹。光明本质已经是与存在统一了，光明就是存在，光明所到之处就是存在，上帝说：要有光，于是就有了光。但是还不如广延与存在的统一那么纯粹，因为广延更接近于纯粹思维的单纯性。当然广延虽然接近于纯粹思维，但还是不如纯粹概念那样直接就是纯粹思维，仍然只是和纯粹思维"相似"，它里面仍然掺杂了别的东西，掺杂了在光明本质里面的对实体的那种东方式的、光明式的理解。"从而在思想中重新唤醒了东方

---

① 黑格尔这句是援引斯宾诺莎哲学，在其中，上帝这一个实体被概念式地把握为思维和广延这两个无限属性的统一。参看《伦理学》第 II 部分命题 I，II，VII。——丛书版编者

② 莱布尼茨。——贺、王译本据荷夫迈斯特本编者

初升的**实体**",实体打了着重号。东方初升的实体,原文为 die Substanz des Aufgangs,前面讲过,Aufgang 可以译作"日出"、"东升",有东方的意思,但也是从广泛的、一般的意义上来讲的,即初升的。东方在黑格尔意义上当然是初升的,太阳初升于东方,而这里讲,在思想中重新唤醒了初升的实体,既是从时间上唤醒了古老的自然宗教中光明本质的实体,也有在空间上唤醒了东方的实体观念的意思。因为前面也提到过,黑格尔认为斯宾诺莎的实体受到了犹太教中东方实体观念的影响。广延无所不在,不管是东方还是西方,但是斯宾诺莎间接地受到了东方的影响,他的实体里面有东方的色彩,虽然他并不是以拜火教的光明本质的方式把握他的实体,但是这种方式在斯宾诺莎那里重新被唤醒了,其特点就是对个体性的压抑。斯宾诺莎的实体中是没有个体性的位置的,只有无所不在的普遍性。于是,"精神同时就从这个抽象的统一性中、从这个**无自我的**实体性中畏缩倒退,而坚持那与该实体性相对立的个体性",精神对于斯宾诺莎的这种无自我的实体性感到恐惧,于是退回到了与这样的实体相对立的个体性,这里讲的是莱布尼茨。莱布尼茨本来跟斯宾诺莎是很熟的,他到过斯宾诺莎那里,曾经跟斯宾诺莎交谈过一天一夜,看了他的手稿,但他并不同意斯宾诺莎的观点。回来后,他发展出了自己的自我实体——单子论,个别自我本身就是一个实体,即单子。他坚持个体性和多元论,每个单子就是一个实体,这是与斯宾诺莎的唯一实体相对立的。当然他最后的所谓上帝的前定和谐还是设立了一种最高的实体性,并没有完全跳出斯宾诺莎的普遍的实体性。所以,这里不能严格地对应,严格地说这一句就是讲斯宾诺莎,那一句就是讲莱布尼茨,这并不完全对。黑格尔在这里已经超越了具体的哲学史的那些细节,只是有那么一个意思而已,具体的哲学史你可以读他的《哲学史讲演录》,但这里不是讲具体的哲学史,他只是借哲学史的一些观念来谈论绝对认知是怎么走过来的。

然而只有当精神在教化中把这种个体性外化,由此而使个体性成为

定在,并将其贯穿在一切定在中,——达到了有用性的思想,[1] 并在绝对
自由中把定在作为自己的意志来把握之后,[2] 精神才借此把自己最内在
深处的思想展示出来,并且把本质表述为我＝我。[3]

这句话里面包含很多了。"然而只有当精神在教化中把这种个体性
外化",教化在前面讲过了,教化、教养是精神的一个很重要的环节。教
化把这种个体性外化,莱布尼茨的单子,他所强调的这种个体性以及这
种个体的自由,在教化世界中外化为个人权利,"由此而使个体性成为定
在"。莱布尼茨的单子的个体性是很抽象的,但是精神在教化中把这种
个体性外化成为定在,将这种个体性变成了贯穿在一切定在中的原则。
用这个个体性自由或权利的眼光来看一切定在,于是就"达到了有用性
的思想",这就是启蒙。世上万物形形色色,都是我的自由的工具,都是
一种有用性,它们的价值就是有用性,就是为我所用。下面德文版有一
个注释也被贺、王译本采纳了,说这就是"启蒙主义的原则"。启蒙的本
质就是有用性,这个前面已经讲到了。"并在绝对自由中把定在作为自
己的意志来把握之后",前面讲了绝对自由和恐怖,法国大革命的原则就
是绝对自由,当然效果很不好,导致了恐怖,但是绝对自由的原则被肯定
了,被谁肯定了? 被康德接过来了。所以这里贺、王译本也采用了德文
版的注:"康德"。康德的理论就是法国大革命的理论,是法国大革命精
神的理论化,是法国革命的德国理论,他就是把这种绝对自由去掉了它
的有用性,升华为一种意志自由,一种意志的自律,因为法国大革命的绝
对自由所造成的恐怖无非就是把所有具体的东西都否定掉了。在康德看
来,你既然把所有具体的东西都否定掉,那你这个绝对自由剩下的就是
意志本身的自由,一切定在都被这种绝对自由一扫而光,所以导致了恐
怖。所有具体的东西都被扼杀,都被推上绞刑架,都被推上断头台,把整

---

① "启蒙主义"的原则。——贺、王译本据荷夫迈斯特本编者

② 康德。——贺、王译本据荷夫迈斯特本编者

③ 费希特。——贺、王译本据荷夫迈斯特本编者

个现实都砍掉了头颅，剩下就是绝对自由的原则，这只是一个纯粹的意志自律的抽象原则。经过了所有上述教化的个体性、启蒙的有用性，以及把绝对自由作为自己的意志来把握之后，"精神才借此把自己最内在深处的思想展示出来，并且把本质表述为我＝我"。最后才发现，最内在、最深处的思想其实就是一个我＝我，这也就是费希特的自我原则，费希特的第一原则就是我＝我。这一句话里面包含了从莱布尼茨个体性原则到教化，到启蒙，到绝对自由和恐怖，到康德的自律，一直到费希特的自我原则，都包含在内。下面一句就是解剖费希特的原则了，解剖费希特的原则的时候也涉及到谢林，因为谢林的先验唯心论体系就是对费希特的知识学的一个扩展，或者一个转述，没有多少创造。先验唯心论体系里面，后面一部分有谢林自己的东西，但前面一部分基本上就是重述费希特的观点，所以这个地方可以看成是费希特的观点，但是随处也可以联想到谢林的原则。

但是这个我＝我乃是在自身中自我反思的运动；因为既然这种同一性作为绝对的否定性是绝对的区别，那么，我的自身等同性就和这个纯粹的区别相对立，而这个区别作为纯粹的、同时对于认知自己的自我又是对象性的区别，必须被表现为**时间**，以至于正像从前本质曾被表现为思维和广延的统一那样，这本质必然会被理解为思维和时间的统一；

"但是这个我＝我乃是在自身中自我反思的运动"，这个我＝我不是静止的，在费希特那里是行动哲学，所以我＝我是在自身中反思的运动。"因为既然这种同一性作为绝对的否定性是绝对的区别"，我＝我是自身同一性，它作为绝对的否定性，是绝对的区别。黑格尔在批判谢林时已经讲到了，他的绝对的同一性实际上就是绝对的区别，就是跟所有不同的东西相区别的自身同一的东西，这一点在费希特这里也成立。这个我＝我的同一性是绝对的否定性，它排除一切非我的东西。恰好因为它排除了一切非我的东西，所以它是绝对的区别，它是跟一切非我的东西相区别。"那么，我的自身等同性就和这个纯粹的区别相对立"，这就是费希特的第二个原则,自我建立非我。费希特的第一原则就是自我＝自我,第二个原则就是自我建立非我。自我建立非我是从自我＝自我里面直接推出来的:既然自我＝自我,那它就不等于非我了,那就是自我≠非我了;而当你说自我不等于非我的时候,你实际上已经把非我建立起来了,所以这个我的自身等同性就和这个纯粹的区别相对立。"而这个区别作为纯粹的、同时对于认知自己的自我又是对象性的区别,必须被表现为**时间**",这样一个自我与非我的区别,当然首先是一种纯粹的区别,但同时对于那认知自己的自我,它又是对象性的区别。为什么又是对象性的区别? 因为一方面是自我认知的自我,而另一方面是尚未认知的非我,这个尚未认知的非我对于自我来说就是对象性的,非我就是自我的对象,它不是我,它在我之外,它当然就是我的对象了。而这样一个同时是对象性的区别就必须被表现为时间,因为这个非我是尚未认知的,也就意味着它是要在将来才会被认知的,只是需要时间。可见这是一种行动哲学,它不是静止的,它是要建立的,它在自我＝自我中就不是静止的等同,而是努力要把自我建立为非我,从无区别中建立起区别。而建立非我就需要通过时间,通过时间来建立非我,在时间中自我就已经跟自我不同了,刚才的自我跟现在的自我就已经不同了,这个不同的自我就可以看作是一种非我,自我借助于时间的流逝而有了区别。"以至于正像从前本质曾被表述为思维和广延的统一那样,这本质必然会被理解为思维和时间的统一",最后得到的结果就是,本质必然会被理解为思维和时间的统一,这里用的是虚拟式,这个虚拟式是黑格尔的引申,在费希特那里并没有具体这样说。但是他说,正像从前本质曾被表述为思维和广延的统一那样,现在它是思维和时间的统一。这个"从前"就是指斯宾诺莎,斯宾诺莎把思维和广延统一起来,统称为实体的两大属性。但是在费希特这里,这个实体或本质必然会被理解为思维和时间的统一。斯宾诺莎的广延是没有能动性的,但是费希特的时间恰好是有能动性的,是思维与时间的统一。后来海德格尔讲《存在与时间》,为什么这么重视时间? 这

517

个在费希特那里就有苗头,在黑格尔这里就说得更加明确了,思维和时间具有一种同一性。你要从能动性的角度理解思维的话,那就必须把它放在与时间的必然性关联里面来看待。费希特所谓的"推演范畴",在黑格尔看来就是在时间的序列中进行的。

但是,这个孤零零的区别,这个不安息、不停顿的时间毋宁说是在自身中重叠的;时间是广延的对象性静止,但这种静止却是与自己本身的纯粹同一性,即我。

"但是,这个孤零零的区别,这个不安息、不停顿的时间毋宁说是在自身中重叠的",为什么说是孤零零的区别? 因为时间撇开空间了,而且时间是一维的,撇开了三维的空间,它就是一个孤零零的区别。费希特的自我是一个孤零零的自我,我们说他是主观唯心论者、唯我论者,就因为他的这个我呢,是一个孤零零的区别。这个我的区别,仅仅体现在它自身的一维时间之中,否则没有区别。你要行动,你就必须在时间中行动,即每一刻都和刚才不同,这个行动所造成的区别首先就是在时间中一维的区别,在空间中都没有。所以有人认为费希特的唯我论否认了其他人的存在,否认了在我之外的空间中整个世界的存在。但是这个孤零零的区别,这个时间,虽然在自身中是不安息、不停顿的,但毋宁说是在自身中重叠的,在时间内部它是自身重叠的。什么叫自身重叠呢? 下面解释了:"时间是广延的对象性静止",什么是广延的对象性静止? 就是它虽然排除了广延,但是它实际上就是广延的对象性静止,就是它自身作为一个广延的对象是静止的。所谓广延,它就有部分;凡是有部分的,它的各个部分都是同时存在的,这才有广延,如果它的各个部分不是同时存在的,那就没有广延,那还是时间;但是如果要有空间、要有广延的话,那空间的各个部分是同时存在的,是同时性的。所以广延是时间的同时性,广延作为一个对象来说,它是时间的一种静止,静止就是同时性。时间中的这种静止,也可以说是时间中的这种重叠,实际上你可以把时间的这种永恒性、这种静止、这种同时性理解为时间的一种重叠。广延的各个部分都重叠在同一个时间之中，这叫作广延的同时性：各个部分的时间都是同一个时间，这个时间就被重叠了。"但这种静止却是与自己本身的纯粹同一性，即*我*"，这种重叠、这种同时性、这种静止，就是一个东西与自己本身的纯粹同一性：在同一个时候，A 就是 A；在同一个时候，广延的各个部分构成了同一个广延。这个广延实际上立足于时间的同时性，而这个同时性就是与自己本身的同一性，那就是自我，那就是*我*。这就把广延、把空间从时间中推导出来了，同时也将这种推导以及空间本身归结为我的同时性了，*我*就是时间的同时性，唯一能够确定时间的同时性的就是这个我。康德曾经讲到过协同性的原理：一切实体，就其能够在空间中被知觉为同时的而言都处在普遍交互作用之中。协同性也就是时间的同时性，同时知觉了一切实体，所有的实体在同时被知觉了，这就是广延相互之间的关系。那么它们都立足于那个时间的同时性，协同性范畴是以时间的同时性为自己的图形的，而这个时间的同时性就是*我*、自我的对象性，正如康德的协同性范畴也基于自我意识的"概念中认定的综合"一样。

——或者说，*我*不仅仅是自我，而且它是**自我的自身同一性**；不过这种同一性是与自身完全的和直接的统一性，或者说，**这个主体**同样也是 {431} **实体**。

"或者说，*我*不仅仅是自我"，这里一个用的是大写的 das Ich[①]，一个用的是 das Selbst，后者更具对象性，而前者更表示主体性。"而且它是**自我的自身同一性**"，这个区别我们这里看得很清楚了。Selbst 也翻译为"自我"，有时也译作"自身"、"自己"，是比较泛的概念。所以这个"自我"没有表达出自我的自身同一性，你把自我当成一个对象，它就是 Selbst，但是你要表达自我的这个自身同一性，那就要用 das Ich。所以"自我"

---

① 注意这个大写的 Ich 是名词，带定冠词 das，而不是小写的 ich，不是作为一个单纯代词的"我"。所以我们通常用斜体表示。

是一种客观的表达，*我*则是一种主观的表达，Ich 就是一种主观的表达，它是自我的自身同一性。"不过这种同一性是与自身完全的和直接的同一性，或者说，**这个主体**同样也是**实体**"，"这个主体"和"实体"都打了着重号。*我*的这个同一性是完全的和直接的自身同一性，那就是自我实体了，这个在莱布尼茨的单子论里面表述得很明确：这样一个仅仅立足于它的自身同一性的单子就是实体。斯宾诺莎也说过，实体是"自因"，自己是自己的原因。

实体单独对自身而言，将会是内容空洞的直观，或者是对这样一种内容的直观，这个内容作为特定的内容，只会具有偶然性而没有必然性；

我们刚才讲莱布尼茨的单子，费希特的实体其实也有这种特点：空洞的个体性。"实体单独对自身而言，将会是内容空洞的直观"，费希特的唯我论就是实体单独对自身而言，如果实体是这样一种实体的话，那它将会是内容空洞的直观，除了我＝我以外，什么内容也没有。但是它是直观，用费希特的话来说，它是一种理智的直观，虽然我看不到、也摸不到它，但是我通过理智可以直观到它。这里和下面都是用的虚拟式，就是说，如果把费希特的原则贯彻到底的话就会是这样，当然费希特自己其实也并没有走到这一步，他的主观唯心主义中也有客观唯心主义的因素。一方面它或者会是空洞的直观，"或者是对这样一种内容的直观"，如果它有内容的话，那就是对这样一种内容的直观，"这个内容作为特定的内容，只会具有偶然性而没有必然性"。那就是*我*的具体内容，*我*的具体内容如果有的话也是偶然的，费希特的*我*本身是空洞的，但作为费希特这个人的自我，他只具有偶然性而没有必然性。费希特的唯我论引起了所有人的不满，认为你把你费希特的特殊的、个人的东西当作是世界的本质，但你只有偶然性而没有必然性。所以那些贵夫人对费希特的理论感到愤慨，说这个人居然否定我们的存在，我们，我们比他胖得多！当然这都是误解了，但如果费希特想把自己的*我*赋予内容，就必将导致这种误解。因为从它的内容来说呢，它是唯我论，是主观唯心主义，只有偶然性；而另一方面，从空洞性来说，我＝我虽然是必然的，但没有任何内容。

实体只有当它被设想为或被直观为**绝对统一性**时，它才会被认为是绝对，而一切内容根据其差异性则必定会在实体之外而被归入那不属于实体的反思，因为这实体不会是主体，不会是关于自身和在自身中反思自己的东西，或者说，实体尚未被概念式地把握为精神。

这一半句就讲到谢林了。费希特的这种偶然性的自我已经引起了公愤，那么，实体怎么办呢？"实体只有当它被设想为或被直观为**绝对统一性**时，它才会被认为是绝对"，"绝对统一性"打了着重号。它不是你费希特的那样一种实体，不是你个人的那种自身统一性，而是要被直观为、被设想为绝对的统一性，它才会被认为是绝对。这里也都是用的虚拟式。当然费希特的第三个环节也号称为绝对的自我了，但是人家都不买账，说还是你费希特的自我，你不能把你的自我看成是绝对的。那么谢林把这种实体看成是绝对的统一性，既是设想中的，也是直观到的，也就是通过理智直观来设想的。然而，"而一切内容根据其差异性则必定会在实体之外而被归入那不属于实体的反思"，谢林的绝对的统一性是没有差异的，一切差异、一切内容在他那里都被归入那不属于实体的反思，都必须被排除在实体之外。在这个实体、这个绝对的统一性之外，你可以外加一些差异、一些内容，但是，它不属于实体的自身反思，而是在实体之外加进去的。谢林的绝对同一原则本身是无差异的，所有的差异都是外加上去的，这正是黑格尔屡加批判的地方。"因为这实体不会是主体，不会是关于自身和在自身中反思自己的东西"，这是和费希特完全相反的，是倒过来的。费希特的主体没有实体性，反之，谢林的实体却缺少主体性，因为这实体不会是主体，不会是费希特那种关于自身和在自身中反思自己的东西。谢林的这样一种绝对统一性的实体不可能是主体，而是与主体对立，他的实体是没有自我反思的余地的，类似于斯宾诺莎的绝对实体。"或者说，实体尚未被概念式地把握为精神"，谢林的实体还没有达到概念式地把握，因而还没有真正成为精神。

如果毕竟还是要谈到某种内容的话，那么情况要么似乎就只是为了

[271] 把内容抛入到绝对的空洞深渊中，要么这内容就将会是外在地从感性知
觉那里捡来的；①

"如果毕竟还是要谈到某种内容的话"，谢林还是要谈到某种内容，
他甚至从他的绝对里面推出了整个自然哲学，黑格尔嘲笑他这是"手枪
发射"。他怎么做的呢？"那么情况要么似乎就只是为了把内容抛入绝
对的空洞深渊之中"，在谢林那里是这样的，谈内容就是为了把内容抛入
绝对的空洞深渊之中，他的绝对是一个空洞的深渊，里面什么反光的东
西都没有，所以这些内容如何从那里面产生出来，这完全是神秘不可解
的。黑格尔在"序言"中一开始就已经对谢林提出这样一种批评了，可参
看上册的第9—10页："而且我们看到，被区别与被规定的东西之被消溶，
或者不如说，它们之被抛入于空虚的无底深渊——这种抛入既不是发展
出来的，更不是在自己身上进行自我辩护的——，这被视为是思辨的考
察方式。[……] 无论是把'在绝对中一切同一'这一认知拿来对抗那种
进行区别的、实行了的或正在寻求实行、要求实行的知识，——或是把
它的**绝对**说成黑夜，就像人们通常所说的一切牛在黑夜里都是黑的那个
黑夜一样，这都是知识空虚的幼稚性。"这是批判谢林的。而在这里再次
批判了谢林，就是他讲的那些内容最后都化为乌有，最后要归到空洞的
绝对同一性。"要么这内容就将会是外在地从感性知觉那里捡来的"，如
果不想归于空洞深渊的话，这些内容也有很多，谢林的自然哲学、神话哲
学、艺术哲学，有很多啊，但是都是从外面、从感性知觉中捡来的，是塞
进来的，而不是由这个绝对同一自身发展出来的，不是从自身里面推出
来的。

认知就会看起来达到了事物，达到了与认知本身有区别的东西，并

---

① 谢林。——贺、王译本据荷夫迈斯特本编者

且达到了多样性事物的区别，却无人从概念上理解，这是怎样和从哪里来的。

既然有很多很多的内容，于是，"认知就会看起来达到了事物，达到了与认知本身有区别的东西，并且达到了多样性事物的区别"，表面看来做出了很多区别。但是这个区别从哪里来的？你把它归于上帝、归于绝对统一性，但是绝对统一性是无区别的统一性啊，你怎么能归于它呢？无区别的东西如何从自身中发展出区别来？这都是谢林所没有交代清楚的。所以，"无人从概念上理解，这是怎样和从哪里来的"，关键还是没有达到概念把握，没有能够从概念上展示，绝对是如何从自身中发展出这些多样性事物的区别的，这是对谢林自然哲学和其他哲学的一个批判。我们就讲到这里，时间已经超过很多了。

*　　　　　*　　　　　*

今天是《精神现象学》句读最后一次课了。这是第五个年头了。按学期算是第九学期，我们花了九个学期读这一本大书。大家都很辛苦，呵呵，当然，我也很辛苦。（哄堂大笑！）可能你们比我更辛苦，因为我有亲身体会：听人家讲比自己讲要更累，如果你讲的是真有内容的课堂或者讲座，那是要集中极高、极大的注意力。我在底下备课还是要从容一点，反正时间是我的，不必强迫一定要在一个什么时间里面把它弄懂。所以，非常感谢各位！

今天讲的最后一次课还是绝对认知。我们前面已经讲到绝对认知。绝对认知部分首先回顾了整个精神现象学走过的历程，从一个更高的水平和层次上来回顾以往，从感性确定性开始，知觉、知性、理性、精神、伦理、道德、宗教，一路走过来。回顾的目的就是要考察概念性的思维是如何形成起来的，这个前面我们已经跟着它走了很长一段。上次我们讲的最后这一段就是对整个近代哲学的一种回顾，这一段很长，我们上次拖堂拖了很久。回顾精神概念把握的形式，它是怎么走出来的，或者说把精神的自我认知形式逼出来的那样一个运动是怎么走过来的。在近代以前，在笛卡尔以前，或者在天启宗教以前，这样的过程都是在非概念式把握的形式下进行的，在宗教形态下面是以表象的方式来把握绝对精神。进入到近代哲学特别是笛卡尔以来呢，人们已经超越表象的形式，而进入到了概念的形式。概念的形式就是这样逼出来的。而它本身也走过了这样一个过程，一个越来越明确、越来越纯粹的过程，所以我们上次回顾了笛卡尔到斯宾诺莎、莱布尼茨以及教化、启蒙，一直到康德、费希特、谢林，这整个都是一个概念形成的过程，怎么样把概念从精神现象的各种意识形态里面一步一步地逼出来、一步一步地展露出来，这样一个过程。但是这个过程到了谢林还没有结束。我们上次讲到的最后这一句话就是说，没有人从概念上对这些认知本身的这些事物的区别加以理解，没有人从概念上理解这些东西是从哪里来的，怎样来的。这就是在回顾了历史以后，黑格尔有一种感慨：俱往矣，数风流人物，还看今朝！（笑）最后你要说你自己的了，前面都是回顾。所以下面这一段就是谈他自己的看法，但是他的看法不是从天上掉下来的，而是总结前面的，前面已经表现出某种苗头了，那么现在我就要抓住这个苗头，前面一直到谢林的发展就有这个苗头。但是他们都不知道，现在我黑格尔把它讲出来。

<u>但是，精神已向我们指明的是，它既不只是自我意识退回到它的纯粹内在性里，也不仅仅是自我意识沉没到实体中，沉没到它的区别的非存在中，而是自我的**这种运动**，自我自己外化它自己，并且自己沉没到自己的实体中，同样又作为主体而走出实体，深入到自身、并使实体成为对象和内容，作为主体而扬弃对象性和内容的这种区别。</u>

这句话带有总结性，而且带有一种回应。前面好像是最后提出问题来：无人从概念上理解，这是怎样和从哪里来的。这就是对谢林的批评。谢林已经提出来绝对，已经提出来绝对精神，但是他的绝对精神是没有区别的，是无区别的绝对同一性。既然是无区别的同一性，这些有区别

的事物是从哪里来的呢？怎么变出来的呢？没有办法解释，在谢林那里是一种类似于"手枪发射"式的开端，——这是黑格尔对它的批评。所以这一句就讲，"但是，精神已向我们指明的是，它既不只是自我意识退回到它的纯粹内在性里，也不仅仅是自我意识沉没到实体中，沉没到它的区别的非存在中"，就是精神已经向我们表明的是什么呢？精神既不是单纯主观的，也不是单纯客观的；既不只是自我意识退回到它的纯粹内在性里，这是主观性，像费希特的我＝我，这就是退回到它的单纯内在性里，不是这样的；但是也不仅仅是自我意识沉没到实体中，在客观的实体中消失了，主观的东西消失在客观性之中了，沉没在它的区别的非存在中，所谓精神的区别的非存在，das Nichtsein seines Unterschiedes，也就是不存在精神的区别，即精神的无区别状态。谢林的精神实体就是否定区别，在实体里面区别是非存在的，这个就完全沉没到客观性里面了。谢林的客观唯心主义把主体性的区别抹掉了，他的绝对精神是不包含主体性的，不包含自我意识的自我区别的，自我意识在他那里是后来才变出来的，但是在一开始的时候是没有的。这本来也是谢林对费希特的一种反驳。费希特完全从主观出发，谢林完全从客观出发，完全从客观实体、绝对实体出发，那么自我意识就沉没在这个实体里面，就看不见了。"而是自我的**这种运动**"，这种运动打了着重号，什么运动呢？"自我自己外化它自己，并且自己沉没到自己的实体中"，整个过程、精神的历程已经向我们表明了这一点，整个过程都是自我的一种运动，你必须把运动考虑进去，你不能够一开始是自我，或者一开始是实体，而不考虑它的运动，一开始就要考虑运动，一开始就是运动。什么运动呢？就是自我自己外化自己，并自己沉没到自己的实体中，当然也要沉没到实体中，但是却是主体通过自我外化而沉没在实体中，这与谢林式的沉没于实体是不同的。自我意识不能保持自己的纯粹内在性，只能把自己外化，这个自我一开始就不是停留于纯粹的内在性，它必须要使自己成为客观的实体。当然，这个实体是它自己的实体，不是另外有一个高高在上的实体。自我和实体本来就是一回事，实体本身就是自我的外化，外化了以后，主体就沉没在这个外化的实体里面，应该这样来理解，就可以把两方面都统一起来。精神既不仅仅是主体，也不仅仅是实体，而是双方的这样一种互相转化，首先是自我转化为实体，并把自己沉没到里面。另一方面，"同样又作为主体而走出实体，深入到自身、并使实体成为对象和内容"，这是前一个命题的逆命题。运动有两个步骤，前一个步骤就是主体自己外化自己，并沉没到实体里面；第二个步骤，自我同样又作为主体而走出实体。它沉没到实体里面去了，是不是就这样永远沉没了呢？不是的，它又从实体里面走出来。它为什么能够从实体里面走出来？是因为这个实体是它自己的实体，是它自己通过外化建立起来的，所以它能够作为主体而走出实体，深入到自身。走出实体就是深入到自身，因为它就要考虑，自己现在为什么能够走出实体？自己当初又为什么能够外化为实体？所有这些的根据就在它自身内部。所以它走出实体就是深入到自身，不是说把实体撇在那里不管，而是在实体身上看到了自己更深的本质。如果不通过外化出实体来，它的那个更深的本质就暴露不出来；但是，如果它不走出实体，那么它也不能从实体身上反观到自己更深的本质，并使实体成为自己的对象和内容。它只有走出实体，然后才能反转来从旁边考察这个实体，把它作为自己的一个对象和内容来考察，这种考察实际上还是对它自己的考察。所以，自我意识在这一运动中，就"作为主体而扬弃对象性和内容的这种区别"。他把实体作为对象和内容来考察，但他是作为这个对象和内容的所有者、主体来考察的，所以它就扬弃了对象性和内容的这种区别。对象性和内容之所以能够在它面前呈现出来，是因为它里面有区别，有种种对象的区别，有种种内容的区别，但是它作为主体来考察的时候呢，它把对象和内容都当作自己外化出来的东西来考察，于是这些区别都不是区别，或者这些区别都是它的自我区别，不是真正的、好像客观的区别，这种区别就在自我中被扬弃了。这里很多东西吸收了前面的，比如费希特的自我建立非我，自我把非我当成对象上升到绝对自我；比如康德的自我意识的统觉的统一，在统觉的统一里面，对象和内容都有区别，但是这些区别在自我意识之下被统一起来了，都是自我意识所建立起来的区别；这些因素在黑格尔这里都被纳入进来了。所以说精神已向我们指明的是这样一个过程，这样一个运动，我们现在回过头来已经可以看出来了。现在如果考察前面的话，你就应该不是仅仅停留在康德那里，或者费希特那里，或者谢林那里，你就应该有一个综合的考察，这个综合的考察就是主体和实体的互相转化和统一，它是一个首尾相接的运动。下面就是从总体上全面描述这个运动，可以看作是对上面的一个总结。

那个从直接性出发的第一个反思，就是主体自身同它的实体区别开的过程，或者是把自身分裂为二的概念，是深入自身和形成纯粹的*我*的过程。

"那个从直接性出发的第一个反思，就是主体自身同它的实体区别开的过程"，主体自身同它的实体区别开，像康德对人类现有知识的反思，追问一切数学和自然科学何以可能，一直追到人的先验自我意识为自然立法，人的主体为客体立法，这就是主体自身同它的对象区别开来的过程。在康德那里，人的一切知识都开始于经验，开始于直接性，但并非都来源于经验的直接性；通过反思，他发现这经验有两个来源，即先天的知性形式和后天的感性内容，这两方面的综合才形成了经验知识。他由此把主体自身作为知识的先天形式条件而与知识的经验性内容区别开了，而由于这经验性的内容来自于外部自在之物对感官的刺激，因此也是把主体的认知能力所建立的现象界与作为本体的实体区别开来了。① "或者是把自身分裂为二的概念"，这种做法实际上是主体把自身分裂为二，用费希特的说法就是：自我建立起非我来与自我相对立。费希特的这一

---

① 当然，康德并不把他的本体叫作"实体"，实体在他那里是一个范畴，只能用在现象界。但在黑格尔看来那还不是真正的实体，真正的实体恰好应该是自在之物。

观点实际上还是从康德来的，是对康德的解释和发挥，但却已经悄悄地加入了概念的理解，而不局限于康德的表象思维了。费希特的自我意识的自身分裂不是分裂为此岸和彼岸两个领域，而是同一个自我意识的自我区分，他同时看到这种区分又没有真正地区分，这就含有对立统一的概念思维了。所以这是概念的分裂为二，是概念的自身分裂，而不是外在地被割裂开来的，"是深入自身和形成纯粹的*我*的过程"。这个分裂为二是自我意识自己深入自身，形成纯粹的我，笛卡尔的我思也好，康德的先验自我也好，他们所理解的我都还不纯粹。笛卡尔把我视为一个经验对象，一个住在"松果腺"里面的灵魂实体；康德的先验自我只是空洞的先天形式，只有综合外部经验材料的能动性而没有自己产生出对象来的能动性。费希特的自我则表现为通过自己运动来把自己建立为实体的过程，他的我才成为了第一个纯粹的我，这个我把自己的深处的纯粹能动的本质表达出来了。所以，这是一个深入自身和形成纯粹的*我*的过程。当然，费希特的纯粹的*我*并不是一个单纯认识上的主体，它是一个实践的主体，一个行动的主体，这才是自我最深处的本质。

由于这个区别是我＝我的纯粹行为，所以概念就是必然性，是以实体为其本质并自为地持存着的**定在**的升起。

"由于这个区别"，这个区别就是主体自身和它的实体的区别，它是形成纯粹的*我*的过程，这个区别"是我＝我的纯粹行为"，这里提到费希特的观点。费希特的自我设定自我，是他的第一原理，自我设定自我是一种行动哲学，思维就是行动，所以，我＝我是一个纯粹行为。我＝我不是静止地在那里相等，这个我就等同于它自己，然后就不动了，就永远停留在那里了，不是的。我＝我是不容易做到的，因为我要等于我，必须要行动；如果它不行动，它就等于不了我，它就消灭了，就不存在了，因为我的本质就是活动，就是能动性。所以，我＝我中间这个等号实际上是一个能动性的等号，不是数学上的两边相等:1=1,1+1=2,不是这样一种单纯的等同，而是一种纯粹行为。它是一个行动，它是一个事件，它发生

了，我＝我了，我就是我了。所以它是一个区别，作为一个我＝我的纯粹
行为，其中第一个我和第二个我是有区别的，这个区别是在运动中才达
到统一的。"所以概念就是必然性，是以实体为其本质并自为地持存着
的**定在的升起**"，定在打了着重号。概念就是必然性，这个我在这个时候
是一个概念，我等于我，这从概念上看是必然的，这个必然性是由我的行
动所导致的。它是一种行动的必然性：我一定要等于我，这个里头有一
种意志、意志的力，概念的必然性就表现为一种意志力。并且这概念也
是定在的升起，是什么样的定在的升起呢？是以实体为其本质并自为地
持存着的那个定在的升起。这样一个定在现在走上前台了，升起了，或
者说崛起了。升起，Aufgehen，名词是 Aufgang，一般是讲日月升起，更
多用于日出，用在这里意味着崛起，或者如我们通常说的，一颗新星升起
了。当概念以实体为其本质，并自为地持存着，这时它就作为定在而升
起了，它崛起在所有以前那些定在面前。由于它的行动，所以它不再是
一个抽象的一般概念，而是一个行动的概念，它有它的定在，因为它是以
我为主体的这样一个行动，自我的概念这时作为主体就像太阳升起来一
样，成为一种新型的实体。实体当然是持存着的，康德的实体性范畴就
是在时间中的持存性；但是在这里，它是自为地持存着的，也就是能动地
持存着的，它是自我的一种能动的持存，它从这个意义上就是实体，它的
本质就是这种能动的实体。所以这个我＝我，既是自为的能动性的活动，
同时它本质上就是实体，是主体和实体的统一体。

　　但是，这定在的自为持存是在规定性中建立起来的概念，因而同样
是概念**在自己本身中**的运动，即概念下降到单纯实体的运动，实体只有
作为这种否定性和运动才是主体。

　　"但是，这定在的自为持存是在规定性中建立起来的概念"，在规定
性中建立起来，也就是说，它是一种概念的规定性，它不是一种现实的定
在，不是感性的定在，它是在概念中所规定的定在。这个规定性我们可
以理解为比如说康德所提出来的范畴。范畴是规定性，而且是纯粹概念

的规定性；这些规定性是一批先天的范畴，它们把概念的定在建立起来，或者说，这些规定性本身就是概念。所以这样一种自为持存、或者说这样一个实体，跟通常所理解的实体还不太一样，它是由范畴所建立起来的一种概念。实体本身就是概念，它不是我们在经验中遇到的这个事情、那个事情，这个东西、那个东西，它是一种由规定性建立起来的概念，是一种思维的规定性。"因而同样是概念**在自己本身中**的运动"，所有这些范畴都是概念在自己本身中的运动，"在自己本身中"打了着重号。这些范畴、这些规定性相互之间也是运动着的，处在一个推演的程序中。费希特把康德那些范畴放在一个运动过程之中，他第一个推演了范畴，从一个推出另外一个。而这样一种推演是概念在其本身中的运动，"即概念下降到单纯实体的运动"，并不涉及概念之外的杂多的东西。前面讲的是，概念就是这样一种定在从实体上升到主体的运动；反过来这里讲的则是，概念同样又是下降到单纯实体的运动，或者说概念的运动同样是从主体下降到单纯实体。概念本来是自为的、能动的、上升的，体现了主体；但是它同时又是下降的，反过来规定了实体，上升的路和下降的路是同一条路。所以康德讲人为自然界立法，概念、范畴下降到单纯实体、规定了实体，使得实体具有了各种规定，具有了各种运动，其中所体现的正是概念的主体性作用。"实体只有作为这种否定性和运动才是主体"，实体被概念所规定，也就是被概念所否定，因为如斯宾诺莎所说的，一切规定都是否定；但是实体本身只有作为概念的这样一种运动、这样一种否定性，它才是主体，才成为了主体，因为这种否定性和运动必须看作是这个实体自己的自我否定和自己运动，实体由此把自己表现为主体。由于概念对实体的这种规定性的运动，概念被实体纳入了自身，作为它自己的否定性本质，这个时候，实体本身就成了主体，就动起来了。实体就不再是那样一种单纯抽象的、静止不变的持存性，它是有持存性，但是这种持存性是一种自为的持存性，是不断地自我否定、自我运动的持存性，那么这种持存性同时就是主体性，作为实体，它同时就是主体。所以，主体和实体在这个意义上就成为了一体,成为一体是经历了一个过程的,不是直接达到的。这个过程有两方面,一方面是上升的过程,一方面是下降的过程。上升的过程立足于一种区别,主体从实体里面分裂出来,达到一种纯粹的我,这样一个过程是定在的上升过程,自我和能动性突出出来了。下降的过程就是主体回头用范畴赋予实体以规定性,当它回到实体时候,它跟它最初走出来的那个实体已经不一样了:这个实体已经变成了主体—实体,通过概念的下降,通过自我意识的诸范畴下降到实体中,使得这个实体同时就是主体。

　　——一方面,这个**我**既无需坚持**自我意识**的**形式**,而与实体性和对象性的形式相对立,仿佛它害怕自己的外化似的;精神之力不如说必须在自己的外化中保持其自身的同一,而且作为**自在自为的**存在者,必须把**自为存在**也如同自在存在那样,只建立为环节,

　　"一方面,这个**我**既无需坚持**自我意识**的**形式**,而与实体性和对象性的形式相对立,仿佛它害怕自己的外化似的",这是一个方面。上面讲了那么多,归纳起来有这两方面,一方面,这个**我**,也就是主体方面,不需要坚持自我意识的形式,在形式上面固执于自我意识,而与实体性和对象性的形式相对立,因为这个主体实际上已经不再与实体相对立了。在此之前,主体固执于它的形式,我就是我,而不是别的,所有别的东西都被它排斥了,这就是坚持自我意识的形式,它与实体性和对象性只具有形式上的表面的对立,就好像它是害怕自己的外化、害怕行动似的。但是它就没有想到,其实这个实体性或者对象性就是它自己的外化,你害怕什么呢?不必害怕,你就让它进来,你就去投身于它,又怎么样呢?它就是你的。它本来就是你建立起来的,你投身于你自己所建立起来的那个对象有什么可害怕的呢?它不会把你消灭掉,它恰好使你发扬光大。你局限于你的自我小圈子、宅在封闭的小房间里头,你是永远不能发扬光大的,你必须走出去,不要怕。"精神之力不如说必须在自己的外化中保持其自身的同一,而且作为**自在自为的**存在者,必须把**自为存在**

也如同自在存在那样，只建立为环节"，主体投身于外化自身就形成精神之力，之所以能够形成精神之力，就因为精神在外化时保持自己的同一，而不是一外化就散了架。这样，这个自我就不再与实体性、与对象性从形式上相对立了，而是作为精神的实体和主体的统一。精神有一股力量，能够在自己的外化中保持自身的同一，它不怕把自己外化，而恰好必须通过自己的外化来保持自身的同一。相反，如果精神封闭在自我的圈子里，它就失去了精神的本质，它就不再是精神了，它就无力了，它就消失了。精神之所以有力量，就在于我在自己的另外一个我里面保持住我自身，这就是精神。而且这个精神是一个自在自为的存在者，精神本身就是一股力，它本身不是一个什么东西，它必须把自为存在也如同自在存在那样建立为环节。精神之力有两个环节，一个是自在存在的环节，另一个是自为存在的环节，这两方面同样地都只是它的环节，它本身则是自在自为的存在者。这两个环节相互之间是不可分的，但是这里只有"自为存在"打了着重号，为什么自在存在不也打上着重号呢？就是说这个地方是立足于主体这一方面。主体不再与实体相对立了，主体跟实体一样，只是精神的两个环节之一，但这句话是立足于自为存在来谈的，也就是立足于自我主体这方面来谈的，自为存在就是自我。这个自我意识跟这个实体已经不对立了，它跟实体一样，都只是自在自为存在者的两个环节，但前面这半句是从主体一方来讲的，下面则是立足于实体一方。

　　——另一方面，这个自在自为的存在者也不是那把各种区别都抛回到绝对的深渊里、并在其中宣布它们的同一性的一个第三者，而是相反，认知就在于这种表面上的无所作为，即只是考察那有区别的东西是如何在它自身中运动的，又是如何返回到它的统一性的。

　　破折号后面讲的是另一方面。我们刚才讲的前一方面是立足于主体来看待主体和实体的统一。那么，另一方面是立足于实体、立足于绝对来看待这个统一。"另一方面，这个自在自为的存在者也不是那把各种区别都抛回到绝对的深渊里、并在其中宣布它们的同一性的一个第三者"，前面讲了主体不再与实体相对立了，但是另一方面，主体也不取消这种对立，就是说，也不是什么第三者，使得各种区别都被抛回到绝对的深渊里，并在其中宣布它们的同一性。这个"第三者"的说法来自于谢林，谢林认为哲学的最高原则有两个，即主体和客体，或自我和自然；但这两者需要一个更高的原则来统一它们，这就是主体和客体、自我和自然的绝对无差别的同一，所以，"整个哲学都是发端于、并且必须发端于一个作为绝对本原而同时也是绝对同一体的本原。"① 但这个绝对同一体的本原是没有任何规定性的，所以是一个绝对的深渊，在这样一个绝对深渊里面，各种区别都消失不见了，成为绝对同一的了。我们上次讲到最后一段，关于谢林"把内容抛入绝对的空洞深渊之中"时，曾叫大家参考上册第 10 页的这段话："而且我们看到，被区别与被规定的东西之被消溶，或者不如说，它们之被抛入于空虚的无底深渊——这种抛入既不是发展出来的，更不是在自己身上进行自我辩护的——，这被视为是思辨的考察方式。"这就是谢林的思辨的考察方式，他认为所有的区别与规定都要抛入绝对的无底深渊之中，这些区别和规定不是从绝对里面发展出来的，更不是由它们自己证明出来的，所以它们不知道是从哪里来的，却都消溶在绝对同一性的绝对空虚中了。黑格尔把这种观点比喻为"黑夜观牛，一切皆黑"，也就是在谢林的绝对同一性的深渊里面，所有的区别都在消失在黑暗中了。显然，这个自在自为的存在者也不能够像谢林那样把各种区别都抛回到绝对的深渊里，它不是凌驾于自为的主体和自在的实体之上的一个第三者。"而是相反，认知就在于这种表面上的无所作为"，所谓的认知，绝对认知，就应该是客观的，不带偏见的，表面上看起来是无所作为的，只是静观客观事物。你既不要像费希特那样一意孤行，强调个体的独特性和自我区别，也不要像谢林那样强行把那些差别都放到

---

① ［德］谢林：《先验唯心论体系》，梁志学、石泉译，商务印书馆 1976 年版，第 274 页。

绝对的深渊里面加以抹杀，而是要采取冷静的、袖手旁观态度，不要去干预，而要放手让这种区别去发展，让主体和实体的对立去发展。前一个方面是讲，主体不要害怕这种对立，而要投身于和实体相同一的行动，最终达到主体不再与实体相对立；后一方面则是讲，主体又必须保持这种和实体的对立，不要贸然取消这种对立。你既不要害怕这种对立，同时也不要取消这种对立，而是要放手让这种对立去发展，采取一种表面上无所作为的态度。这个在"导论"里面也已经讲到这一点了："可是具有本质重要性的是，对于整个检验过程必须坚持一点，即**概念**和**对象**，**为他存在**与**自在存在**这两个环节都属于我们所检验的这个认知本身，因而我们不需要随身带来尺度，也不需要在检验的时候用上**我们的**念头和思想；由于我们丢开这些东西，我们就得以将事情如同它**自在自为**的那样来加以考察。"[贺、王译本上册第 59 页]。认知在这里看起来好像是无所作为，袖手旁观，不介入，不用自己的尺度带入事情的发展。这里也说，"即只是考察那有区别的东西是如何在它自身中运动的，又是如何返回到它的统一性的"，主体和实体是有区别的，主体的对象、内容也是有区别的，主体必须让这个对象、内容不断地发展它自己的区别。主体在认知中要客观地考察，客观实体的这样一个运动是如何进行的？又是如何克服它与主体的区别，返回到它的统一性的？最后当然是要返回到它与主体的统一性，最后就是主体和实体的统一，但你不要急于达到这种统一，而要耐心考察这一区别的发展运动过程，返回到统一性是一个漫长的过程。所以，主体作为自在自为的存在者，它所采取的态度有两个方面：一个方面我不需要害怕实体，而是努力寻求主体与实体的统一；另一方面，我也不要急于取消主体和实体的对立，而是要发展这种对立，要考察这种对立的运动。这才是全面的态度，这才是主体和实体达到统一的真正合适的态度。也就是这种统一不是相等，而是在运动中的统一，在不统一中的统一，在不断地分化、不断地对立、在对立面互相转化之中最后达到统一。这就是从我们前面的回顾中所得出的结论，在主体和实体的对立统一关系中把概念逼出来,通过概念本身的运动,使主体和实体的统一得到认知,揭示出这个统一是在不断地上升和下降中、在实体上升为主体又从主体下降为实体的这样一个对立面互相转化的运动过程中完成的。第一方面讲了主体通过吞并实体而不再与实体相对立,这个是从主体出发,从费希特的立场出发,呈现为一个上升过程:自我等于自我,自我设定非我,最后从非我上又回到了绝对自我。绝对自我已经不再害怕非我了,它已经把非我同一进自身了。那么,第二方面相反,是从客观的实体出发,看它如何从自身的区别和运动中逐步发展出与主体的统一来。谢林的那个超然物外的第三者,其实应该是后面这一运动的起点,是自我区别的开端,而不是把一切区别都抛回到绝对深渊里的黑夜。这样一个首尾相接的过程就是概念式把握的标志,当这一概念式把握的方式通过上述展示而现成在手,我们就可以着手于科学体系也就是哲学体系的建立了。

［三、达到概念式把握的精神向着定在的直接 {272} 性的返回］

现在我们已经达到概念式的把握了,绝对精神已经走到了这种概念式把握,已经走到了属于它自身的一种理解方式,这个时候就开始了“向着定在的直接性的返回”,也就是返回到科学的直接定在。前面讲过,“那对于意识成为了定在的元素或**对象性形式**的东西,也就是本质自身,亦即**概念**。精神在这样一种元素中对意识**显现出来**时,或者在这里是一个意思,精神在这种元素中被意识产生出来时,它**就是科学**。” [第266页] 概念式把握就是科学借以显现出来的定在元素,或者说,科学是概念式把握的确定的对象。这科学在精神现象学这一意识经验的科学一开始起步时就已经暗中在起作用了,例如在“感性确定性”中,背后起作用的正是逻辑学的第一个概念、范畴即“存在”,它就是概念式把握的定在的直接性。只不过在当时这一概念式把握的精神还深深隐藏于意识形态的现

535

象底下，只有经过精神现象学漫长的发展历程，现在才有条件以它自身的方式被揭示出来，这就是达到概念式把握的精神向着它的定在的直接性返回。而这种返回就构成了下一部著作《逻辑学》的起点。

{432}　　<u>因此，在认知中，精神结束了它的构形运动，就这种构形带有意识的尚未得到克服的区别而言。精神已获得了它定在的纯粹元素，即概念。</u>

　　这是从上面得出的一个结论。"因此，在认知中"，这个认知已经是绝对认知，"精神结束了它的构形运动"，构形运动 Gestalten，作为一个动词，我们把它翻译成构形运动，作为名词，Gestalt 我们把它翻译为形态，意识的形态，意识形态在它的构造的过程中就叫作构形，或构形运动。精神结束了它的构形运动，也就结束了它构成意识形态的运动，那么这是不是意味着，从此以后就不再构成意识的形态了呢？也不是，因为后面还有一个限定语："就这种构形带有意识的尚未得到克服的区别而言"。就是说，前面所说的那种构形运动，是就这种构形带有意识的尚未得到克服的区别而言的，即带有意识的这种尚未克服的区别的构形运动是结束了，但并不是所有的意识形态都结束了。现在还剩下最后一个意识的形态，这就是绝对认知，它也是意识形态，但这种意识的形态是不带有意识的尚未克服的区别的。精神现象学讲的是意识形态的经验过程，你现在说意识形态结束了，那我们后面就不用谈了，但为什么还在写呢？因为虽然这种带有意识的尚未得到克服的区别的构形运动结束了，但还有一种不带有这一区别的意识形态尚未结束。前面所有的构形都带有一个特点，即它们的意识中的区别都还没有得到克服，对象意识和自我意识的区别、主体和实体的区别还没有得到克服，所有前面的那些构形都是这样的。这样一类构形我们现在已经结束了，但是，并不意味着所有的构形都结束了。这一章在贺、王译本中是由杨祖陶先生翻译的，这里不是译作"尚未得到克服"，而是译作"已经得到克服"，杨先生在底下有一个注："按'已经得到克服'，原文为 überwundenen Unterschiede，贝

利的英译本和什彻特的俄译本均作'不可克服',不知有何根据,存此供
参考。"杨先生根据的是荷夫迈斯特本(拉松本),我查了一下后来出的
考证版,在考证版上,这里是 dem unüberwundenen Unterschiede,在依据
考证版的袖珍版(suhrkamp 版)里面也是如此,英译本和俄译本是对的。
杨先生 60 年代翻译的时候,考证版尚未出来,各种德文版也不尽一致。①
我们这里还是依据考证版,考证版应该是最权威的。从原文看,这个意
思很明确,就是说,那样一种还没有克服意识中的区别的构形已经结束
了,现在还剩下一个必须继续加以考察的构形运动,是唯一的一个将意
识中的区别克服掉了的意识形态,这就是绝对认知。所以,"精神已获得
了它定在的纯粹元素,即概念",这就是最后一个构形,最后一个意识的
形态,即概念。所有前面的意识形态的构形都没有克服意识本身的区别,
没有克服主客对立、主体和实体的对立、意识和自我意识的对立,因而没
有达到概念式把握;唯独最后这样一个纯粹元素,即这个概念式的把握,
是克服了这种对立的,它也是一种构形,但是它是克服了意识的这样一
种区别的构形。精神已经达到了自己的概念,这个概念本身是一种最后、
最高的意识形态。

这内容按其**存在**的**自由**来说,就是自身外化的自我,或自我认知的
直接统一性。这种外化的纯粹运动,从内容上来考察它,就构成内容的
必然性。

"这内容",就是这样一个定在的纯粹元素,也就是概念,"按其**存在**
的**自由**来说,就是自身外化的自我,或自我认知的**直接**统一性",存在和
自由打了着重号。它是一个存在,但是它又是一个自由的存在。自由也
可以理解为前面的自为、自为的存在、自为的持存。按其存在的自由来
说,这个内容就是自身外化的自我,就是自己外化为实体,所以它既是

---

① 由 von Wolfgang Bonsiepen 和 Reinhard Heede 所编辑的考证版(die kritische Edition)
《黑格尔全集》第 9 卷即《精神现象学》出版于 1980 年(汉堡)。

实体，又是主体，或者说，它是自我认知的直接统一性，"直接"也打了着重号。历来我们把认知看成一种主客体的关系，我们的主体去认知一个客体，它有一种间接性，凡是认知都有一种间接性，一方面是主体，另外一方面是客体。即使要统一的话，也是一种间接的统一，主体和客体相符合，主体符合于客体，或者客体符合于主体，那才是达到了统一。但是这里强调的是自我认知的"直接"统一性，就是说，这个自我认知的对象不是别的，就是它自身，就是这种认知活动，所以它的认知的对象和认知的主体是一个东西。它的统一性不是这边有一个主体，那边有一个对象，两边加以联结；而是说主体本身就是对象，是这样一种统一性。绝对认知已经达到它的自我意识，这个自我意识既是主体又是实体，既是存在，又是自由，它的自我认知首次达到了主体和客体的直接统一性。这是就内容而言的，这个内容是精神已经获得定在的纯粹元素，即概念，它就是这样一种直接统一性。"这种外化的纯粹运动，从内容上来考察它，就构成内容的**必然性**"，必然性打了着重号。这种认知本身作为一个主体—实体，它是一个外化的运动，从内容上来考察这种纯粹运动，它就构成了内容的必然性，它的纯粹运动实际上是内容自己考察自己的运动，它是直接自我统一的，它自己怎么样，它对自己的考察也就怎么样。所以这个考察有一种内容上的必然性，因为内容和对内容的考察是直接统一的。

不同的内容，作为**特定的**内容，是在关系中，而不是自在的，并且是它的自我扬弃的不安息或**否定性**；因此必然性或差异性正如自由的存在一样，同样也是自我，[①] 而以这样一种自我性的**形式**，以定在在其中直接就是思想的这种形式，这个内容就是**概念**。

前一句讲的是内容的必然性，这一句则讲内容的否定性。"不同的

---

① 丛书版和考证版这里是用的是逗号"，"，袖珍版改为分号"；"，应该更符合语气。——中译者

内容，作为**特定的**内容，是在关系中，而不是自在的，并且是它的自我扬弃的不安息或**否定性**"，前面讲直接统一性，那就没有什么不同了；但是它又有不同，它是有内容的，不是空洞的，不是一个无底深渊，所以它有不同的内容，或者说是有区别、有差异性的内容。它作为特定的内容，"特定的"打了着重号，是被规定了的内容，被范畴、被各种规定性所规定了的内容，所以它是在关系中，而不是自在的，不是和各方面隔绝的。各种规定性使得它们处于某种关系之中，是在关系中才存在的，或者说它们是互为的。并且是这些内容的自我扬弃的关系，一种不安息的否定性的关系，否定性打了着重号。这些内容在关系中一个扬弃一个，总是不安；甚至它自己就要扬弃自己，朝它的对立面转化，它的不安息导致自我否定，体现为一种否定性。前面讲了规定性，一切规定都是否定，你既然把它规定在一种关系中，那么，它的每一个规定都是否定性的，每个内容都会有它自我否定性，都会向它的对立面转化。"因此必然性或差异性正如自由的存在一样，同样也是自我"，前面讲了存在的自由，这里讲自由的存在，其实都是一个东西，就是自为的实体。这个实体是自为的，是能动的，所以它不但有必然性，而且有自我否定的差异性，它就是自我。必然性和差异性都是在这样一个内容中，都是带有这样一种直接统一性，这就是自我认知的直接统一性，所以并不因内容的必然性而受到限制，也不因内容的差异性而遭到分散，而始终保持自由的存在，保持为一个自我的形式。"而以这样一种自我性的**形式**"，形式打了着重号，自我性，selbstisch，就是把自我 Selbst 变成一个形容词。前面都是从内容上讲的，内容上的必然性，内容上的差异性，不同的内容、特定的内容等等，但这些内容都具有自我性的形式。这种形式是什么样的形式呢？"以定在在其中直接就是思想的这种形式"，所谓自我性的形式，就是定在在其中、在这个形式中直接就是思想的这种形式，定在的内容在这个形式中直接就是思想，或者说，我们以纯粹的思想为内容。那么，以这样一种形式，"这个内容就是**概念**"。这几个术语都是相互紧密联系的：一个是自我性的形式,一个是思想,自我就是我思,自我本质上是思想,思想的定在直接地就是思想,那么这样一种定在的内容呢,就是概念。而且这个概念一旦这样确立起来,那么它就是科学。下面一句话就是讲的这个意思。

因而,由于精神获得了概念,它就在其生命的这种以太中,展开自己的定在和运动,它就是**科学**。

"因而,由于精神获得了概念,它就在其生命的这种以太中,展开自己的定在和运动,它就是**科学**","科学"打了着重号。什么叫作生命的以太? 以太就是上面讲的精神定在的纯粹元素,也就是概念。概念就是精神的这种生命的以太。以太是当时自然科学的一个假设,假设整个宇宙充满着一种没有重量、没有质量的物质。牛顿物理学面临着很致命的一个困境,就是超距作用的问题。你说地球和太阳之间有一种吸引力。地球和太阳之间是真空,靠什么去吸引别人? 它无端地去吸引别人,怎么能吸引得了呢? 中间是真空,什么都没有啊。这就是超距作用。我们中国人用气功来解释,隔空取物,隔空打人。(大笑)但是西方人不相信这个,总得中间有某种东西,所以他们就设想有一种以太物质,充满着整个宇宙,宇宙中的各个物体相互之间借助于以太都可以有一种相互作用。当然后来这种假设被推翻了,被科学实验所推翻了:不是以太,而是场;但是这个名称在别的地方有时候还在用,在黑格尔的时代更是一个常用的哲学隐喻。就是说,精神的生命就是靠这种以太媒质、这种纯粹元素来发生作用的,而这种媒质就是概念。而靠概念来展开自己的定在和运动,这样一种精神就是科学。或者说,精神以概念作为媒介来展示自己的定在和运动,它就是科学。也可以反过来说,科学就是以概念的形式所表现出来的精神。

精神运动的各环节在科学中不再呈现为各种特定的**意识形态**,而是由于精神的区别已经返回到了自我,这些环节就呈现为**各种特定的概念**,以及这些概念的有机的、以自身为根据的运动。

"精神运动的各环节在科学中",精神运动经历了很多很多的环节,现在我们到科学了。那么在科学中,它"不再呈现出各种特定的**意识形态**",意识形态打了着重号。它不再是一些特定的意识形态了,或者说它已经把意识形态的特殊性扬弃了,它不再是各个具体的意识形态了,不再是在经验中呈现出来的特殊的意识形态了。"而是由于精神的区别已经返回到了自我,这些环节就呈现为**各种特定的概念**,以及这些概念的有机的、以自身为根据的运动",它不是各种特定的意识形态,而是各种特定的概念了,"各种特定的概念"打了着重号,这是跟意识形态相对而言的。一方面是特定的意识形态,另一方面是特定的概念。当然你也可以说,这些特定的概念本身就构成了最后一种意识形态,精神现象学整个都是讲的精神作为意识形态是怎么运动的,那么到了最后的终点,它已经不再是特定的意识形态,也可以说,它是最后一个意识形态,那就是各种特定的概念作为自我返回的各环节,以及这些概念有机的、以自身为根据的运动。概念在这里被赋予了生命、有机的这样一些形容词,有机体就是以自身为根据的。那么,各种特定的概念与前面各种特定的意识形态其实不是对立的,而是相对应的,但是它们的层次不同,我们现在已经不再把它们呈现为各种特定的意识形态了,我们呈现为各种特定的概念,我们从概念的层面上来考察那些特定的意识形态。每个特定的概念都特定地对应着一个意识形态,现在我们从概念的层面上来考察,那就很清晰了。原来我们在考察各种特定的意识形态的时候,总是感到迷惑,每个意识形态怎么会被迫最后只好转到它的对立面去了,走向了它的反面,过渡到了另外一个相反的意识形态?我们在意识形态里面,始终解决不了这种困惑,我们走的是一条怀疑之路,我们总是达不到确定性。而在特定的概念的层次上面呢,一切都昭然若揭,一切都明白了:就是由于概念的辩证运动,各种意识形态才要产生这种运动。所以概念的运动是有机的、以自身为根据的运动,它是一个概念的有机体,各种概念整个是一个有机体,它们互相转化,带有它的必然性,这个是在意识的经验科学整个以前的运动中所显不出来的，只有到最后这个阶段才显出来。

如果说在精神现象学中，每一环节都是认知与真理的区别和这区别借以扬弃自身的运动，那么相反地，科学并不包含这种区别及其扬弃，而是由于这个环节具有概念的形式，它就把真理的对象性的形式和认知着的自我的形式结合在直接的统一体中。

"如果说在精神现象学中，每一环节都是认知与真理的区别和这区别借以扬弃自身的运动"，我们回顾前面整个精神现象学的每一个环节，我们都可以看出来，它都有一种区别，或者说都有一种对立，什么对立呢？主客观的对立：主观认知总是想要把握客观真理，但是总是把握不了，一旦把握到手，马上发现又变了，又不是原来所要追求的那个对象了。所以每个环节都是认知与真理的区别，认知就是拼命要去把握，而真理就是主体和客体的符合，但是始终达不到符合，这种符合就像地平线一样，不断地往后退去。但这是一个认知和真理、主体和客体的区别借以扬弃自身的运动，这种区别，这种主客二分的对立，只有在全部运动过程中才能得到扬弃。当然，在以往的精神现象学的每个环节中，这种扬弃是在不断进行的，扬弃了一个主客对立，马上又出来第二个，第二个扬弃了，又出现了第三个，整个这个运动就是扬弃这种主客观区别的运动，一直到现在。"那么相反地，科学并不包含这种区别及其扬弃"，现在我们进到了科学，那么科学就不再包含这种区别及其扬弃了，认知与真理之间的区别已经被扬弃了，已经没有区别了：认知就是真理，真理就是认知。没有区别，那当然就谈不上扬弃区别了，"而是由于这环节具有概念的形式，它就把真理的对象性的形式和认知着的自我的形式结合在直接的统一体中"，由于这个环节，也就是科学这个最后的环节，已经达到了概念的形式，它就把真理的对象性的形式和认知着的自我的主体形式结合在直接的统一体中。主体和客体，主体和实体，主体和对象，在这个时候就达到了直接的统一性。这两种形式，一个是对象的形式，一个是自我的形式，在科学里面被结合为直接的统一体，达到了主客统一，这里的任何一个概念都既是主观的，又是客观的。

这环节不是作为从意识或表象到自我意识以及相反地从后者到前者的反复往来的运动而出场，而是作为自我意识的纯粹的形态、即摆脱了它在意识中的现象的形态出场，亦即作为纯粹概念而出场，而纯粹概念的前进运动唯独依赖于它的纯粹**规定性**。 [273]

"这环节不是作为从意识或表象到自我意识以及相反地从后者到前者的反复往来的运动而出场"，科学这一环节不是作为这样的运动而出场，即从意识或表象到自我意识，一方面是意识或者是表象，意识就是对象意识，它的认知方式是表象。从对象表象到自我意识，这是一方，表象作为意识的对象来说，在宗教里面已经是最后的一个阶段了，通过表象来表达绝对精神，宗教已经是上升了一个台阶了，这个表象可以说是最初的概念，是这个概念把握的前身，但是它还不是概念。"以及相反地从后者到前者的反复往来的运动而出场"，从后者到前者反复往来的运动，这是另一方。但科学不是作为反复往来的运动而出场，既不是从对象到自我、又不是从自我到对象，不是以这种反复往来的运动的形态而出场。"而是作为自我意识的纯粹的形态、即摆脱了它在意识中的现象的形态出场"，它是作为一种什么样的形态出场呢？它是作为自我意识的纯粹的形态、也就是摆脱了它在意识中、在对象意识中的那种现象形态而出场。科学是一种纯粹的自我意识，它已经摆脱了对象意识的那种现象形态，摆脱了对象意识中的那种表象和一切对象的形态，"亦即作为纯粹概念而出场"。现在它是纯粹概念了，所以在某种意义上来说，它已经不属于精神现象学了，它已经摆脱现象了，或者说它是精神现象学的最后一个环节，最后一个环节就是对这种精神现象的摆脱。当然它还有它自己的属于精神现象的意识形态，就是它还剩下有它自身的规定性。"而纯粹概念的前进运动，唯独依赖于它的纯粹**规定性**"，规定性打了着重号。纯粹概念现在我们已经达到了，那么它自身还要发展，纯粹概念不是一个单纯的概念就完了，它本身还有一些纯粹概念的规定，这些规定性决定了这些纯粹概念的前进运动。它还要继续前进，这种前进依赖于什么呢？它已经不依赖于现象了，不依赖于表象了，它唯独依赖于它的纯粹规定性。也就是说，它已经撇开了那些现象的形态，它只剩下一种规定性，但是这种规定性仍然可以使这个纯粹概念继续前进，这规定性可以使这些纯粹概念赋予它自身的定在，有它的特定存在，每一个概念凭借它的规定性而具有它的定在。所以，这个地方不是说达到概念就完了，概念还需要前进，但是这种前进唯独依赖于它的纯粹规定性。

　　<u>反过来说，与科学的每一个抽象环节相对应，一般讲来都有显现着的精神的一个形态。正如定在着的精神并不比科学更丰富，同样，定在着的精神在其内容上也并不更贫乏。</u>

　　"反过来说"，前面是正面说，是讲这种概念已经摆脱了它的现象的形态，它只有靠它自己的纯粹规定性才能够前进，它是纯粹的，它已经在纯思的领域里面运动了。反过来说，尽管它是一种纯思的运动，但是它与那些现象的形态有一种对应关系，虽然它已经摆脱了这些形态，但是它与这种形态还有一种对应关系。"与科学的每一个抽象的环节相对应，一般讲来都有显现着的精神的一个形态"，显现着的，也就是现象，有一个精神的现象的形态在与科学的每一个概念、每一个抽象的环节相对应。虽然这抽象环节自身已经摆脱了这个现象的形态，但是它跟现象的形态有一种对应关系。并不是说每一个都有对应关系，但一般讲来都有。所以这种纯粹的规定性也就是在这个意义上来讲的，这种规定性一方面是概念的纯粹规定性，另一方面它可以用来规定各种现象的形态。比如康德的范畴，它们只能用于规定经验，而不能自我规定；但是费希特、乃至于到后来的谢林和黑格尔呢，就把康德的这个禁令打破了，它既可以用来规定经验，同时它本身也有一种自我规定的含义，它在思辨的层面上有种从概念到概念推演的运动。所以这种规定性是双重的，一方面它是纯粹的自我规定性，另一方面它可以运用于经验。"正如定在着的精神并不比科学更丰富"，定在着的精神，你可以理解为表现在现象中的那些

具体的精神,表现为客观现实定在的精神,它们当然很丰富了。本节标题是"概念式把握的精神向着定在的直接性的返回",一般讲的定在着的精神,就是在意识中现象形态的精神,应该是很丰富的,所以精神才要从概念式的把握向它的直接性返回。但黑格尔又说,其实它们并不比科学更丰富,并不比概念式把握的精神更丰富。从骨子里说,所有的精神现象学里面显现的那些精神都是贫乏的,都是有待于充实的,只有充实到最后的阶段,才是科学,科学才是最丰富的、无所不包的。所以这里讲定在着的精神并不比科学更丰富,这就是讲,科学才应该是最丰富的,定在着的精神好像都是一个一个地积累起来的,最后成了科学,所以定在着的精神并不比科学更丰富,因为个别特殊的部分并不比全体更丰富。然而,"同样,定在着的精神在其内容上也并不更贫乏",虽然定在着的精神跟科学比起来是不丰富的,但是跟科学比起来也并不贫乏,为什么并不更贫乏呢?因为实际上,科学也是以这些东西为内容的,科学本身虽然在形式上已经达到了抽象概念的层次,但是在其内容上,你要追究科学的内容,那么这些定在着的精神也不更贫乏。并不是说,这些东西就比科学更贫乏,科学本身是最丰富的,但是科学一旦内容被抽掉,那它是最贫乏的。那些具体的、定在着的精神反而还可能更丰富,毕竟还有一些内容;如果科学把这些东西都抽掉的话,那它就没有内容了,它就很贫乏了。这里强调的是全体和部分这两方面是不可分离的,是相对应的,整个精神现象学所经历的过程跟它最后所达到的这个阶段相互之间有一种对应关系,谁也离不了谁。如果没有最后一个环节,所有前面的精神也成不了科学;但是如果没有前面的内容呢,那么科学也只是一个空洞的概念。

以意识诸形态的这样一种形式去认识科学的那些纯粹概念,就构成科学的实在性的方面,按照这一方面,科学的本质在科学里凭借本质的**单纯**中介而被建立为**思维**的那个概念,就把这一中介的各个环节分解开来,并且按照内在的对立将它们呈现出来。

"以意识诸形态的这样一种形式去认识科学的那些纯粹概念", 就是前面的意识诸形态的这样一种形式, 在精神现象学里面被用来认识科学的那些纯粹概念。科学里面有一套范畴体系, 有一套纯粹概念。每一个纯粹概念, 我们都从意识形态的形式这方面去认识, 比如感性确定性, 我们就认识到在它里面有存在的概念, 有定在的概念, 等等。而这样一种认识, "就构成了科学的实在性的方面", 我们最后所达到的科学是有它的实在的内容的, 这内容就是前面我们所经历过来的整个的这一系列内容, 都属于科学的实在性的方面, 我们前面经过的都没有白费, 都构成了科学的内容。"按照这一方面, 科学的本质在科学里凭借本质的**单纯**中介而建立为**思维**的那个概念, 就把这一中介的各个环节分解开来", 按照这一方面, 就是按照实在性的内容的这一方面, 科学的本质在科学里, 本来是凭借本质的单纯中介而建立为思维的那个概念, "单纯"和"思维"打了着重号, 这个思维已经没有任何表象内容, 而是仅凭单纯本质的中介、仅凭纯粹概念而建立起来的, 这就是逻辑学的概念; 而这样一个纯粹科学的概念, 在意识诸形态的形式下, 就把这个中介的各个环节分解开来了, 也就是把各种意识形态中包含的概念的那些环节划分出来了。这个中介本来是统一不可分的, 但是在这个科学的实在性方面, 这个不可分的单纯中介却被分开来看待它的各个环节了。"并且按照内在的对立将它们呈现出来", 就是按照概念的内在对立关系而将这些环节呈现在各个不同的意识形态中。当然, 诸意识形态所构成的那个科学的实在性方面虽然显得纷然杂陈、矛盾不断, 但这些最终都是由其中隐含的纯粹概念所规定的。因为科学的实在性的方面就是以意识的诸形态这样一种形式去认识科学的那些纯粹概念, 客观上就使得科学的本质的单纯思维按部就班地、一个环节一个环节地呈现在意识形态中。可见, 为什么精神现象学是科学体系的第一部分呢? 就因为精神现象学已经是科学, 但它又是通往科学之路, 它是从实在性的方面通往科学之路。通往科学之路本身已经是一种科学了, 因为它已经是无形中按照科学的概念体系、范畴体系描述出来的，虽然在这一路途中一直体现为一条怀疑之路、否定之路，但是最后你发现，这些否定是必要的，没有这些否定，没有这些怀疑，这条肯定的科学之路是形成不起来的。所以精神现象学是很有必要的，它就是科学的实在性的方面，它为严格科学中的那些概念或范畴的体系建构提供了实在性的基地。休息一下。

我们前面讲了，科学和前面整个精神现象学之间是有密切相关性的，而且有一种对照、对应性，或者说科学的纯粹形态当然是表现在逻辑学里面，逻辑学里面那些范畴、那些规定性跟精神现象学里面的意识的现象形态，有种一一对应的关系，而且这种对应的关系使得科学具有了它的实在性的方面，这就是刚才所讲的。但是当然在精神现象学里面这样一些范畴、这样一些环节呢，在这些意识形态中是被拆开了，没有被作为一个有机的整体来加以考察，因为它还不到时候，它还没有达到概念的纯粹规定性的层次。下面一段就是讲，实际上这个科学本身就包含它外化出各种形态的必然性。

科学在自己本身中就包含着纯粹概念形式自身外化的必然性和概念向意识的过渡。

"科学在自己本身中就包含着纯粹概念形式自身外化的必然性和概念向**意识**的过渡"，意识打了着重号。意识相当于对象意识，它必须要在对象中，以一种现象的形态表现出来。这是科学在自己本身中就包含着的，一个是包含着纯粹概念形式自身外化的必然性，纯粹概念形式自身必然要把自己外化出来，成为意识形态。再一个是概念向意识的过渡，概念必然会向意识过渡，必然会在现象中表现出来。所以，黑格尔实际上是很有现实感的人，你不要看黑格尔逻辑学说得那么抽象，从概念到概念，你以为他就没有现实感了。其实他心目中实实在在想到的这些概念在现实中体现为一种现实的精神形态，一种现象形态、意识形态，他讲一个概念的时候，是非常有现实意识的。

　　因为自我认知的精神正由于它把握了自己的概念，所以它才是与自己本身的直接同一性，这种同一性在自己的区别中就是关于直接东西的确定性，或感性意识，——即我们曾由以出发的开端；把精神从其自身的形式中这样释放出来，就是精神自我认知的最高的自由和保证。

　　"因为自我认知的精神正由于它把握了自己的概念"，把握了自己的概念就是科学，"所以它才是与自己本身的直接的一性"。科学把握了自己的概念，就成了与自己本身的直接同一性，这个我们刚才已经讲了，它不再是与一个外在的对象发生一种统一性的关系，而是它自己跟自己统一，直接的自我同一性。它把握了自己的概念，它自己是自己的对象，因为是自我认知的精神把握了自己的概念，所以它才是直接的自我同一性。"这种同一性在自己的区别中就是**关于直接东西的确定性**"，这种同一性并不是谢林那种无区别的同一性，而是有区别的同一性。什么区别呢？就是关于直接东西的确定性，"关于直接东西的确定性"都打了着重号。关于直接的东西，这就已经是间接性了，已经是区别了。直接东西的确定性在那里，那是直接性；"关于"直接东西的确定性，那就是间接性了，已经是一种区别了，因为这是一种认知，这是自我认知的精神。所以它对自己要有一种认知，就是把自己当作一个直接的东西来"有关于"它，那实际上就是对直接同一性的一种确定，那就已经是一种间接性，已经是一种区别了。直接性和间接性在这里有一种非常辩证的、无法分解的关系。你要认知直接性，那这个认知本身就是间接性。"或**感性意识**"，感性意识打了着重号。关于直接东西的确定性就是感性的确定性的意识。感性意识是一种最直接东西的确定性，但是它已经是一种间接性了，因为你要对感性加以确定，那就是一种区别，就是认知和对象的一种区别。感性确定性一开始就讲这种区别，意识就是关于对象的意识。关于对象，那也就意味着你跟对象有区别，所以，你去关心对象，那已经是一种间接的关系，但是在科学的最后阶段，反过头来看呢，它是一种自身关系，这

种自身关系是最直接的，但是同时里面包含有间接性。这种感性意识，
"即我们曾由以出发的开端"，这种直接的自我同一性的自我区别，就是
我们精神现象学曾经由以出发的开端。我们现在从科学的立场上回顾我
们的开端，我们发现我们的科学最初就是要试图对感性加以确定，这就
是以对象意识的方式把科学体系中的"存在"概念分解出来了，并将它以
内在对立的方式呈现在最初的意识形态中。所以这一开始就体现出一种
科学精神了，但是意识当时不知道，以为我们完全是被动地在接受，而实
际上我们是要对它加以确定。"把精神从其自身的形式中这样释放出来，
就是精神自我认知的最高的自由和保证"，精神自身的形式就是这样一
种概念的形式，那么把它释放（Entlassen）出来，释放到哪里去呢？释放
到意识的对象中去。把精神从它的概念的形式中释放出来，把它放到意
识的各种形态之中，这就是精神自我认知的最高的自由和保证。精神的
自我意识的最高自由就是这样一种释放，就是体现在它的实在性的方面，
体现为精神现象学。科学的最高自由就是要在精神现象中体现出来。不
光是最高自由，而且是精神自我认知的最高保证，精神现象学是科学的
保证，它保证了科学具有实在性，如果没有这样一个保证的话，那么它是
空的。科学必须要由精神现象学来保证，就是必须把它的抽象概念的形
式里面的具体内容释放出来，把概念首先撇在一边，一开始不考虑这种
概念的形式，——当然它是从概念形式里面释放出来的——，这一放出
来，好像是不管它了。其实并不是不管，只是把它释放出来，这恰好构成
了精神自我认知的最高的自由和保证。精神现象学是逻辑学的最高自由
和保证，逻辑学不是形式逻辑，而是自由的逻辑，就是要在精神现象学的
内容里面才显得出来。很多人都在问，你那个逻辑学是从哪里来的，从
天上掉下来的吗？黑格尔自己说是上帝在创造世界之前所制定的蓝图，
但是它不是没有实在性的。上帝在制定这个蓝图时，就是要把它运用于
现实之中，运用于它的实在性之中；而我们人类的意识只能从自己的经
验中去发现这一蓝图，我们的发现不是毫无根据的。所以，精神现象学

里面所讲的，实际上是逻辑学的内容，它保证了逻辑学具有实在性。

{433}　　　　当然，这个外化毕竟还是不完善的；外化表达了认知自身的确定性与对象的**联系**，而对象正因为处在这种联系中，它就还没有获得自己充分的自由。

　　"当然，这个外化毕竟还是不完善的"，这是退一步说。你说这个外化构成了科学的实在性，但是这个外化本身是不完善的。"外化表达了认知自身的确定性与对象的**联系**"，联系打了着重号。什么联系呢？就是认知自身的确定性与对象的联系。与对象的联系就是真理性，这是确定性和真理性的关系，确定性还不直接等于真理性，所以要与对象性相联系才会达到真理性，在这种联系中才会有真理性。认知自身有确定性，但还没有真理性，它要与对象相联系就是为了追求真理，真理就是认知要符合于对象，必须要有这种联系。这就是唯物主义从感性确定性和知觉出发所持的观点。"而对象正因为处在这种联系中，它就还没有获得自己充分的自由"，对象处在这种联系中，而这种联系恰好表明认知与对象是对立的，是主客二分的，这是两个对立的东西之间的联系。这就不难理解，对象在这种联系中还没有获得自己充分的自由。对象还不是像最后的绝对认知那样得到充分的自由，而是时刻必须跟认知主体相联系，受到一种束缚，即受到认知主体的视野的束缚。认知主体每前进一步，对象也就扩展一点自由的空间，但始终达不到充分的自由，也就是主客体、或主体和实体在这个时候还是分裂的。这是从对象这一方面来看的，下面是从认知方面来看。

　　　　认知不仅了解自己，而且也了解它自身的否定或自身的界限。知道自己的界限就意味着知道牺牲自己。

　　从对象来说，对象还不是自由的，它还是摆在那里让你去认知的一个对象；而从认知这一方面说，"认知不仅了解自己，而且也了解它自身的否定或自身的界限"。认知一方面了解它自己，同时也了解它自己的界限、它自身的否定：它自身是有限的，它跟对象是不符合的，它很难跟对象达到符合，甚至根本不可能达到符合，这就是它的界限。这就是康德的不可知论的观点，认知不仅了解自己，而且也了解到这种我思实际上是一种否定性的东西，是一种自身的否定，你必须要否定自身，因为你自身有界限，界限之外是你不可认知的自在之物。"知道自己的界限就意味着知道牺牲自己"，知道了自己的界限其实已经超出界限了，但这种超出界限是以牺牲自己为代价的。认知的主体牺牲自己，就是否定自己，这首先表现为把单纯认知的主体变成行动的主体，在费希特那里，就是要为全部知识学寻求它的基础，这就是实践、行动，就是认知主体投身于它所未知的对象世界，去冒险和创造。

这样一种牺牲就是这种外化，精神在这种外化中以**自由的偶然发生**的形式呈现出自己向精神的形成过程，把它的纯粹**自我**直观为在它外面的**时间**，同样也把它的**存在**直观为空间。

"这样一种牺牲就是这种外化"，牺牲自己就是外化自己；知道自己的主观的局限性，我就要采取行动向外部世界去探索，我就不能够太主观主义，而必须要放弃自己主观的成见去跟对象打交道，要牺牲自己、否定自己，使自己变成对象。这就是一种外化，"精神在这种外化中以**自由的偶然发生**的形式呈现出自己向精神的形成过程"，"自由的偶然发生"打了着重号。刚才讲，对象还没有获得自己充分的自由，而主体这一方面却有一种自由，那就是知道自己的界限以后，也知道牺牲自己、否定自己，使自己献身于自己的外化过程，这就是它的自由。但是这个自由是偶然发生的，到处去碰，到处去寻找、去寻求自己的归宿，这就是"意识的经验科学"所描述的。所以说，这就是以自由的偶然发生的形式呈现出自己向精神的形成过程，整个精神现象学的每一步，可以说都是主体以这样一种自由的偶然发生的方式来寻求它的对象，在这个过程中呈现出了向精神的形成过程。这个形成过程当然不是有意的，它是不经意之间、无形之中客观上造成的，只有在我们旁观者看来，它才构成了向精神走得越来越近的一个向精神的形成的过程。整个精神现象学的那些现象的意识形态都是精神的一种形成过程，但这个过程只有通过我们旁观者才能够清醒地看出来，而当事者并没有意识到这一点，它只是在那里乱碰。但也正因为如此，才更加显出这一过程的客观性和不以人意识为转移的必然性。由此导致精神"把它的纯粹**自我**直观为在它外面的**时间**，同样也把它的**存在**直观为空间"。精神现象学里面的这种乱碰乱撞所获得的直观，一个是时间，这是对精神的纯粹自我的直观；一个是空间，这是对精神的存在的直观，"自我"和"存在"打了着重号，作为对照。这两者都是精神摆脱不了的必然命运，使精神在内部自我中必须面对在它外面的时间限制，也就是下面将要讲到的历史的限制，而在其存在中则面对外面自然界和对象世界的空间限制。但由于时间也好，空间也好，历史也好，自然界也好，都是这个纯粹自我发挥自己的能动性在行动中外化出来的，是自我在那里乱碰而碰出来的，所以它就有希望在这个外化的对象世界中重新看到自己的自我，发现纯粹自我的本质。

[274]　　精神的后面这个形成过程、即**自然界**，是精神的活生生的直接的形成；自然界这个外化了的精神，在自己的定在中，无非是它的**持存**的这样一种永恒外化和重建**主体**的运动。

　　"精神的后面这个形成过程、即**自然界**"，后面这个过程就是讲的空间，这是属于自然界的；而前面讲的时间是属于纯粹自我的历史，这留到下面一段再专门来谈。精神把自己的存在直观为空间，外化为空间，外化为自然界，以这种方式形成精神，"是精神的活生生的直接的形成"。精神在空间中的形成是它的活生生的直接的形成，自然界是精神的活生生的直接的形成。"自然界这个外化了的精神，在自己的定在中，无非是它的**持存**的这样一种永恒外化和重建**主体**的运动"，也就是自然界在自己的具体存在中，无非是精神的持存的这样一种永恒外化，持存打了着重号。自然界在空间中是持存的，那么这个持存本质上是精神的持存，是精神持存的永恒外化，并且是重建主体的运动，主体也打了着重号。

自然界的永恒性表现的是精神的永恒性,正因此,它体现为重建主体的运动。我们到后来才看出来,自然界其实是精神的主体外化自身的产物,所以它的那些运动无非是精神主体的重建。自然界在这种外化过程的最后达到了重建主体,就是在人类身上重建了自我意识的主体性。为什么说是"重建"?因为原来那个主体可以说是上帝,上帝创世,上帝的精神、自我、主体外化出自然界。当然这是在过程的最后由人类的精神主体看出来的,只有在人的自我意识中,上帝的精神才得到了确证,精神本身才成为了绝对精神并且被认知为绝对精神,这就是绝对认知。黑格尔在《自然哲学》里描述了这样一个过程,从机械性到化学性到目的性,然后从生命里面产生出人来,然后从人发展出自我意识,发展出人的主体。但是这个主体已经是重建的了,当人的主体认知到自己的主体是重建的,它就成了绝对认知,成了主体和实体的统一。所以精神的后面这个形成过程,即精神在空间中的形成过程,就是在自然界里面精神的活生生的形成过程,最终落实在人的自然生命上,是精神和空间的关系。那么下面一段一直到最后,主要是讲的精神和时间的关系。时间很重要,在黑格尔这里,虽然他认为时间还是属于前概念的,或者说,它是一种直观中的概念,但是,它是必不可少的。整个精神现象学就被看作一个在时间中形成的过程,前后相继,不可颠倒。

但是,精神的形成过程的另一方面,**历史**,是**认知着的、自身中介着的形成过程**——外化到时间里的精神;不过,这种外化同样也是对外化自身的外化;否定就是对它自身的否定。

"但是,精神的形成过程的另一方面,**历史**",这个"另一方面"是跟前面讲的"后面这个形成过程"相对照的,后面这个形成过程讲的是空间,而另一方面,也就是前面的那一方面讲的,那就是时间,就是历史,"历史"打了着重号。这个地方的历史,Geschichte,它的词根是Geschehen,就是发生的事件,不是用的Historie,用Historie就带有一种书卷气,指历史学、历史描述，就是讲故事嘛。而 Geschichte 就是历史事件本身。这两个词虽然有时是同义词，但是还是有些不一样的。Historie 来自于希腊文，比较抽象，Geschichte 是一个德文词，比较具体，它就是历史事件、现实的历史。精神的形成过程的这个与空间方面不同的另一方面，即历史，**"是认知着的、自身中介着的**形成过程"。虽然我们说它不等于 Historie，不等于历史学，但是这个历史在黑格尔这里已经是自觉的，已经是认知着的、自身中介着的形成过程了。它不单纯是指发生的事情，而是指一个认知着的形成过程。精神的这个形成过程是自觉的，有认知的，那就是有中介的，是自身中介着的形成过程。什么是历史呢？历史就是精神的认知着的、自身中介着的形成过程，是一种形成过程，但是这个形成是认知着的形成，并且是以自己为中介的，那就是自由啊。黑格尔在《历史哲学》里面讲，历史就是自由意识的发展，这里讲精神的自身中介着的形成过程，那也就是自由意识的发展过程了。这是精神形成的另一方面，就是历史。历史是"外化到时间里的精神"，前面自然界是外化到空间里的精神，那么历史就是外化到了时间里面的精神。黑格尔在《自然哲学》里面讲到，在自然界里面没有时间，太阳底下无新事，太阳底下只有空间；只有到了人类社会历史里面才有时间。所以，时间是一个人类历史的概念，是只有在人类社会中才起作用的概念；空间是在外部自然界里面起作用的。"不过，这种外化同样也是对外化自身的外化"，外化了以后又把自己外化，又把自己对象化，又把自己抛出自己之外。这就是历史发展的过程所具有的特点，这跟自然界是不一样的。自然界在空间中是一种持存，一种永恒的外化。这种持存是一种永恒的外化，是一次性的，然后就不动了，定在那里了；它还不是对外化的外化，只有时间、历史才是对外化的外化，这就是不断进步的观点了。"否定就是对它自身的否定"，在时间中的否定就是对它自身的否定，就是它的自我否定，这也必须是否定之否定。这就是时间的特点，也是历史的特点。如果不是对自身的否定，而是对别的东西的否定，那就是空间关系了，而且是一次性的，一锤子买卖；只有时间关系才是不断的自否定，一旦停止，时间就终结了。下面就来考察这个历史的过程，整个这一大段都是考察历史的过程，所以时间这个线索在这里是非常重要的。

这个形成过程呈现出一种缓慢的运动和诸多精神的前后相继，一个有诸多画像的画廊，其中每一幅画像都被赋予了精神的充足的财富，其运动之所以如此缓慢，就是因为自我必须渗透和消化其实体的这全部财富。

"这个形成过程呈现出一种缓慢的运动和诸多精神的前后相继"，精神的形成过程在历史中整个都呈现出一种缓慢的运动，一种漫长的运动，其中有诸多的精神前后相继，不断地涌现出各种各样的意识形态，一个取代一个，一个继承一个。"一个有诸多画像的画廊"，这是一个形象生动的比喻，就是在精神现象学里面，每一个阶段、每一个环节我们都可以看作一幅画、一幅画像。实际上，历史的每一个阶段都是人类精神的一幅画像，我们前面也讲过，每一个人都可以在这个画廊里面去寻找跟自己相当的一幅肖像，比如主人和奴隶，我们中国人的肖像基本上就处在主奴关系的阶段，不是主人就是奴隶，或者同时又是主人又是奴隶，双面人。还有很多很多，每一个人都可以在里面去找，哪一个肖像比较适合于我。这都是一些肖像，它们组成一个画廊。"其中每一幅画像都被赋予了精神的充足的财富"，每一幅画像都赋有自己精神的深度，我们中国人有我们五千年的传统，还不充足吗？很充足，很有丰富的财富，我们有一整套如何做稳奴隶和如何让人家做奴隶的哲学。"其运动之所以如此缓慢，就是因为自我必须渗透和消化它的实体的这全部财富"，它的运动从一个阶段到另外一个阶段之所以如此缓慢、如此艰难，就是因为自我、自我意识，也可以说是绝对精神、人类精神，必须要渗透和消化它的实体的全部财富，要把它们全部吸收进来，才会有进步。每一个阶段都有它的价值，就包括前面讲的主人和奴隶，也有它的价值，没有经过主人和奴隶阶段的就是野蛮民族，那就是原始民族，它不知道怎么样做奴隶，也不知道怎么样做主人，它把人抓来杀了就吃了，也不留后路，那就是野蛮。人学会了怎么样做奴隶，怎么样做主人，这在人类历史上是一大进步。它有它的财富，甚至有好几千年的财富积淀在里面，你必须把它消化，把它吃透，所以才如此缓慢地从人类从史前时代发展到今天。当然，黑格尔并不着眼于史前时代，他只着眼于人的精神现象这样一个阶梯。我们可以这样理解，人类之所以经历了漫长的历史，因为在每一个阶段上，它都必须渗透、消化它的全部财富，要把它的全部财富都掌握、都吃透，才能往下一步过渡，才能提高自己的阶梯。

　　<u>由于精神的完成就在于完全**认知到它是**什么、即它的实体，所以这种认知就是它的**深入自身**，在这一过程里，它抛弃了它的定在，并把它的形态托付给回忆。</u>

　　"由于精神的完成就在于完全**认知到它是**什么"，"认知到"和"它是"都打了着重号，即认知它的实体。精神最后要达到完成，就在于什么呢？在于完全认知到它是什么，也就是完全认知到它的所是、它的存在，即它的实体。"所以这种认知就是它的**深入自身**"，深入自身前面讲过，Insichgehen，走进自身，走到自身里面去，这个认知就是一个深入自身的过程。"在这一过程里，它抛弃了它的定在，并把它的形态托付给回忆"，把自己的具体存在抛弃了，它经历过那么多的形态，这个时候，它已经没有形态了，我们前面已经讲了，它已经没有特定的意识形态了。但是，它还有一种形态，这种形态是什么呢？就是回忆。所以说，绝对认知如果说有一种意识形态，那就是回忆，它把它的形态托付给回忆，而不是直接把它的形态在人们面前端出来。所以，回忆可以说是精神的最后一种形态，但是，这种形态只是托付给了回忆，严格说起来也不是它自身的形态，它自身的形态应该还是概念。但是这个概念是以回忆的形态所表现出来的，它把那些定在都扬弃了，这里讲抛弃了。回忆中所回忆起来的那些东西都已经没有定在了，在回忆中，那些定在都只剩下一个阴影，都只剩下一种痕迹。我们都知道，回忆中的东西一去不返，你再也拿不到了，你

只留下一种浅浅的、淡淡的回忆。但是在这里,这个回忆很重要,精神把它的形态托付给了回忆,最后一个形态就是回忆。意识形态经过了那么多,最后达到了回忆。我们这里想到了柏拉图的回忆说,他曾说,一切学习、一切认知都不过是回忆而已。只不过柏拉图的回忆只有认知心理学意义,而无历史意义,黑格尔则把它发展为了历史意义。

精神在自己深入自身时,已在它的自我意识的黑夜里沉没了,但它的消失了的定在却保存在这个黑夜中;而这个被扬弃了的定在——即先前那个、但已从认知中新生了的定在——是新的定在,是一个新的世界和新的精神形态。

"精神在自己深入自身时,已在它的自我意识的黑夜里沉没了",精神深入自身,它已经抛开了现象的那些外在形态、现象的意识形态,为的是深入自身。它要深入自身,要进入自身的纯粹性、纯粹概念,那它就必须把外在的现象形态全部抛掉,进入内心的黑夜。但是,它在深入自身的时候,却在它的自我意识的黑夜里沉没了。他这里用的是黑夜,就是说自我意识当它把那些现象都抛开以后,它的纯粹内在性就是一片黑暗了,作为一种黑夜中的东西,精神在这种黑夜里面沉没了,沉入到这种黑夜了。这就像谢林所表现出来的,黑夜观牛,一切皆黑,那就什么都没有了。但是,黑格尔又跟谢林不同。他说,"但它的消失了的定在却保存在这个黑夜中",它的消失了的定在、被它扬弃了的那些定在,那些区别和具体的内容,却仍然保存在这个黑夜中。这个黑夜在这里就是一个概念的阴影的王国,这是在《逻辑学》里面讲的,《逻辑学》讲概念是一个"阴影的王国",或者说是一个黑夜的王国,是一个影子的王国,类似于柏拉图的抽象理念的王国。但这个王国中却并非空无一物,它的消失了的定在却保存在这个黑夜中,现实中的那些区别现在以一种概念的形式仍然保存着。"而这个被扬弃了的定在——即先前那个、但已从认知中新生了的定在——是新的定在",这个保存下来的定在是被扬弃了的原先那个定在,但它已从认知中新生了。它还是先前那个,在精神现象学里面,各种定在都保存下来了；但是它们都已经从认知中新生了，现在认知是以概念的眼光来看它们了，而不再是以一种现象的方式出现了。这个新的定在，"是一个新的世界和新的精神形态"，这新的精神形态就是刚才讲的回忆，在回忆中的这个新的世界，就是《逻辑学》。

精神在这个世界里同样必须不受前面拘束地从这种新的精神形态的直接性开始，并再次从直接性中成长起来，仿佛一切过去的东西对它来说都已经丧失了，而且似乎它从以前各个精神的经验中什么也都没有学到。

这里强调这样一个世界是一个新的世界。"精神在这个世界里同样必须不受前面拘束地从这种新的精神形态的直接性开始"，精神必须从新的形态的直接性开始，也就是从"存在"范畴开始，这正是《逻辑学》的开端。这个开端在《精神现象学》中体现为"感性确定性"，并且已经从感性确定性往后面发展了许多个阶段，直到发展出绝对认知；但现在是在更高层次上，在逻辑学的纯粹概念元素中，不受前面从感性确定性开始的一整个系列的发展历程的拘束，而再次从直接性开始。过去的历史成为了回忆，在回忆中是不会对新的历程造成阻碍的，我们必须重新开始。"并再次从直接性中成长起来，仿佛一切过去的东西对它来说都已经丧失了"，现在我们在概念的阴影王国里面要把新的精神形态再走一遍，再次从直接性成长起来。前面我们已经从意识形态中走一遍了，我们走到今天来了；现在，我们要从概念的新的王国里面重走长征路，仿佛一切过去的东西对它来说都已经丧失了，一切都从零开始。这个时候，在精神现象学里面一切发生过的事情我们都不管了，我们一心只盯着概念本身的逻辑进展，好像这个进展是没有前提的。本来在回忆中，那些东西都已经一去不复返了，我们只能"向前看"。"而且似乎它从以前各个精神的经验中什么也都没有学到"，好像这个概念的王国跟以前的那个现象的王国、现象的意识形态的王国是两码事，我们不必把过去的经验挂在心上，现在我们是自由的，我们可以为所欲为，好像是这样。注意这里整个都是用的虚拟式,这只是一种表面情况,实际情况当然并非如此。这涉及到"回忆"的作用。

但是回—忆(Er-Innerung)把这些精神保存下来了,并且回—忆是内在的东西,而且是实体的实际上更高的形式。

"但是**回—忆**把这些精神保存下来了",这里口气一转,把前面的都否定了。前面好像是把以前的东西都抛弃了,都丧失掉了,精神从以前的经验中什么也都没有学到。我们似乎是重新开始,从一片白地开始,从纯粹概念开始。前面讲了科学就要从纯粹概念开始,要从纯思、纯思想开始,好像没有任何一点经验的东西,好像从以前各个精神的经验中什么也没有学到。但是"回—忆"(Er-Innerung)却保存着以前的整个历史,保存着以往精神的全部经验,这个回忆(Erinnerung)打了着重号,并且中间加了一个连字符,这就赋予了它新的含义。Er- 这个前缀就是表示这个东西做起来了,表示一个动态发生了;-Innerung 就是深入到内部,进到内在。"回忆"这个德文词的构词方式,你把它拆开看,本来就是"进入到内部"、"深入内心"、"内在化"的意思,但是字面上就是回忆。这个概念的这层"深入内心"的意思恰好也来自于柏拉图的回忆说。柏拉图的回忆说,就是要向自己内心深处把那种先天赋有、但却被感性的东西所遮蔽而忘记了的东西回想起来。他认为所有的学习其实都只是在回忆你已经知道的东西,你什么时候知道的呢?你在投身为人之前,住在理念世界里面,你的灵魂就已经知道了理念世界的所有的理念;而当你投身为人的时候,你的灵魂被肉体所遮蔽,你就把所有的先天知识都忘记了,只记得感官带来的那些表面的知识,那些过眼烟云的所谓知识。所以,所谓的认知就是要提醒你,把这些你早已知道的东西一个一个地回忆起来。比如苏格拉底的讨论式教学就是一种对话的方式,一种反问的方式,通过一步一步的提问、引导,他可以使一个什么都不知道的十来岁的童奴自己推导出复杂的几何学的原理,涉及到开平方的问题。这是苏格拉底的一个成功的范例,就是说,任何人其实都知道这些东西,只要你善于引导，一步步引导，不用告诉他，他就会自己把他的知识回忆起来。柏拉图这个观点影响深远，也就是西方哲学史上的理性主义认识论和先验论的滥觞。当然，黑格尔不完全是先验论，但是他在这里也用了柏拉图的这个观点，把回忆作为从精神现象学这个意识经验的科学向逻辑学这门纯粹概念的科学过渡的中介。在他起来，通过意识的经验科学引向人的内心，这就是回—忆，在回忆中把这些精神、把精神现象学中的各种精神形态都保存下来了。它当然不是单纯重复过去的历程，在这个意义上可以说它从过去的经验中什么都没有学到；但是经验中的精神被保存下来了，保存在回忆中了，所以在更高层次上，《精神现象学》完全可以看作《逻辑学》的预备工作，或者导论。"并且**回—忆**是内在的东西，而且是实体的实际上更高的层次"，回—忆就是向内深入，是内在的东西。我坐在屋子里、我躺在床上都可以回忆，我不需要外部的刺激，不需要经验。而这个内在的东西其实是实体的更高层次。实体要能够保存在回忆中，才达到它的更高的层次，如果还陷入到现象的意识形态里面呢，那它层次还不够高。这就是说，在回—忆里面我们可以把精神现象学走过的整个历程都以更高的方式，以纯粹概念的方式回顾一遍，这时我们虽然是重新开始，但已不再受到外部经验的掣肘，而是按照概念自身的内在必然性自由地伸展。但与此同时我们也可以看出，精神现象学作为精神的历史，是科学的实在性的保证。

　　因此，当这个精神看起来仿佛只是从自己出发，再次从头开始它的教养时，那么它的这种开始同时也处于一个较高的阶段上。

　　"因此，当这个精神看起来仿佛只是从自己出发"，只是从纯粹概念出发，前面已经讲了，这个精神已经获得自己的概念了，那么，它要从纯粹的内容方面来描述自己的话，它就只有从自己出发，从这个纯粹概念出发。但这只是"看起来仿佛"是这样，仿佛只是从自己出发，"再次从头开始它的教养时"，你再走一遍，你从概念的层面，把这个精神现象学的历程再重新走一遍。如果精神现象学整个是一个教化的过程，那么你现在再从概念层面上把自己教化一遍。教养（Bildung）前面通常译作"教化"，有时也译作"教养"，但前面讲的教化是指从"自身异化了的精神"里面，精神把自身提升为道德以至于宗教，这里则是指，在精神现象学中，精神把自己提升到绝对认知和哲学。因此教化或教养一词在这里的意思有所扩大，不仅限于前面第六章第二节中讲的从伦理向道德的过渡阶段，而是扩展到整个精神现象学都是从精神的实在性到精神的纯粹概念的理想性、从现实的定在向纯粹逻辑和绝对认知的过渡。不管哪种理解，现在这种在回忆中从头把精神现象学的历程再过一遍的教养，在结构上看起来和前面是有某种类似之处，但层次上已经大不相同了。所以说，"那么它的这个开始同时也处于一个较高的阶段上"，这个开始的起点，已经跟原来的开始不同了，已经跟感性确定性不同了，它处在一个更高的阶段，比如它已经公开立足于"存在"范畴上了。在感性确定性里面也提到存在，但是它还没有很清醒的意识，它是从感觉出发的。但现在这个时候，我们从存在出发来回忆感性确定性，这就是立足于一个更高的阶段了。

　　以这种方式在定在中教养起来的精神王国构成一个前后相继的系列，在其中，一个精神为另外一个精神所接替，并且每一个精神都从先行的精神那里接管了那个世界的王国。

[275]

　　在这样一个回忆的系统之中，"以这种方式在定在中教养起来的精神王国构成一个前后相继的系列"。我们现在立足于绝对认知的高度来回忆精神现象学，我们以概念作为我们的纯粹元素、以太，我们来回忆已经逝去的精神王国，可以看出那是一个在定在中教养起来的王国。它里面的那些环节不再是分散开的、偶然出现的，而是构成一个前后相继的系列，"在其中，一个精神为另外一个精神所接替"，一个接一个，一个代替一个。"并且每一个精神都从先行的精神那里接管了那个世界的王国"，这是在精神现象学里面已经展示过的历程，每一个意识形态都从前一个意识形态那里接管了精神世界的王国。但是我们现在在回忆中是从概念的层次上来理解它了，为什么会接管呢？里面有一种概念的必然性。

561

从此我们就形成了一个回忆的系统,我们在这个系统中回忆精神现象学,一系列的精神形态都有一种必然的前后相继性。

它们的目标是对深处 [Tiefe] 的启示,而这种深处就是**绝对概念**;因此这种启示就是对绝对概念的这个深处的扬弃,或者说就是绝对概念的**扩展开来**,是这个在自身中存在着的我的否定性,而这个否定性就是*我*的外化或实体,——而且是我的**时间**,即这个外化是在它自己本身中外化自己,从而既存在于自己的扩展中,又存在于自己的深处、即自我中。

"它们的目标",它们,也就是这些精神,这些一个接一个的、前后相继的精神,它们前后相继,它们要到哪里去呢?它们的目标是什么呢?"是对深处的启示"。Tiefe 翻译成深奥或者是秘奥,都不太好理解。其实我倒觉得没有那么深奥,它就是深处的东西,它的目标是深处的东西,是对深处的东西的启示。黑格尔在这里我感觉好像并没有故弄玄虚,他就是说要把最深的东西揭示、启示出来。① 这里用的启示还是一个宗教的概念,天启宗教的概念。在深处的地方,宗教和哲学是一致的,所以黑格尔的哲学也可以称为理性神学。它之所以被称为理性神学,是因为它既是一种神学,同时又是建立在理性、哲学之上的神学。"而这种深处就是**绝对概念**",绝对概念打了着重号。精神现象学的最后的目标,就是对深处的启示,通过宗教而达到绝对概念,绝对概念就是深处。当然,绝对概念要展开,那就是逻辑学了。"因此这种启示就是对绝对概念的这个深处的扬弃,或者说就是绝对概念的**扩展开来**",启示和深处可以看作两个对立的概念,或者相反相成的概念。你要启示,你肯定是要把内在的、更深的东西放到表面上来,明明白白地把它启示出来,把藏在后面的东西

---

① 黑格尔在《小逻辑》§82 写道:"我们必须要把思辨的东西理解为过去特别在宗教意识及其内容方面习惯于称为神秘真理的那种东西 [……] 关于这种情况我们首先要指出,神秘真理无疑是神奇奥妙的东西,但只有对知性来说才是如此,[……] 所以,一切理性东西都应同时称为神秘的,但这只是说,理性东西超出知性范围,而决不是说,理性东西根本应视为思维所不能认识和理解的。"《逻辑学·哲学全书·第一部分》,梁志学译,人民出版社 2002 年版,第 161—162 页。

摆到桌面上来，这就叫作启示。因此这种启示就是对绝对概念的深处的扬弃，你把最深处的东西摆到桌面上来，那它就不是最深处了，那就已经把它的这个深处扬弃掉了，它就是已经摆出来了，不再藏在后面了，不再是躲躲闪闪藏在深处的了。或者说是绝对概念的扩展开来，扩展开来打了着重号，Ausdehnung，也可以翻译成广延，但在这里不是空间广延的意思，而是展开、扩展开来。深处的东西本来藏在某一点中，别处见不着，好像很神秘的；现在你把它启示出来，就把它展开在光天化日之下了，把它变成一种普遍的东西，无所不在的东西，那就把它的深处扬弃了，它就启示出来、扩展出来了。"是这个在自身中存在着的*我*的否定性"，那个在自身中存在着的*我*本来是很深处的东西，但现在却达到了这个*我*的否定性，*我*已经走出了*我*自身。"而这个否定性就是*我*的外化或实体"，这个我既然否定了自身内在的深处而走到了启示的光天化日中，它就成了*我*的外化或实体，这个否定性本身就是实体。所以，这个实体跟以往说的实体是大不一样的，它是一种启示、外化、扩展。扩展当然也可以翻译成广延，在斯宾诺莎那里广延就是实体的本质属性，但那是很表面的。黑格尔在这里也用了这个词，但是他用的是它的动词含义，是扩展，而扩展就是否定性，而不是什么广延。它就是否定性，否定原来的狭隘限制，打破樊篱而奔向广阔的原野。实体真正说来就是否定性，就是我的外化，我把我的深处否定掉，自我否定，把自己外化出来，成为非我。这样一种外化、否定性就是实体。"而且是*我*的时间，即这个外化是在它自己本身中外化自己，从而既存在于自己的扩展中，又存在于自己的深处、即自我中"，前面讲了这个否定性就是*我*的外化或实体，但这似乎还是从空间上说的，扩展本身毕竟还是广延上的；而这里讲的外化不光是空间上的扩展，而且是我的时间，时间打了着重号。这个地方一直到最后，都可见他对时间的重视，这是因为时间跟运动、跟历史密不可分，跟主体的能动性密不可分。所以这样一种否定性，这样一种外化，这样一种实体又是*我*的时间，这意味着这个外化在它自己本身中外化自己。外化本身又要外化,外化的外化,否定之否定,异化的异化,把自己异化出去,这个异化出去的对象又把自己异化回来。这就是外化的外化,它正是时间的特点。时间就是每一瞬间的消失,但消失了的时间并不是完全不存在了,而是外化为下一瞬间的时间了。所以这个外化既存在于自己的扩展中,又存在于自己的深处,即自我中。因为这个扩展本来已经把概念的深处扬弃了,但是又存在于自己的深处中,也就是存在于自我中。这并不是说扬弃了深处,它就变得很肤浅很表面了,而是因为它这种扬弃深处的外化的力就是从最深处发出来的,就是从深处的自我激发出来的,所以,这种外化既存在于自己的扩展中,又存在于自己的深处,即自我中,它是以双重的方式存在的,一个是以外化的方式,一个是以自己深处方式。

这个目标、这个绝对认知或把自己作为精神来认知的精神,以对各{434}个精神的回忆作为自己的道路,即回忆这些精神在自己本身中是怎样存在的,以及怎样实现它们的王国的机体组织的。

　　"**这个目标**、这个绝对认知或把自己作为精神来认知的精神,以对各个精神的回忆作为自己的道路",绝对认知是整个精神现象学最终的目标,最终要达到的就是把自己作为精神来认知的精神;那么要达到这一目标,就必须以对各个精神的回忆作为自己的道路。这个目标不是一蹴而就、马上即得的,而是经过了一个漫长的道路,而这个漫长的道路是在回忆中来经历的。黑格尔精神现象学从一开始其实就已经是回忆了,但回忆中的精神现象学自己并不认为自己是回忆,所以他一开始就讲,我们采取旁观的态度,也就是采取"走着瞧"的态度,我们走一步看一步,看精神是怎么样一步步走过来的。但是实际上这已经是在回忆中,是经过了概念的整理和处理的,否则他为什么一下子拿出一本《精神现象学》,这么厚的一本书,难道是他的心路历程的一种单纯的日记吗?不是的。他已经到了、经历了它的最后阶段,现在回过头来看,他把他所经历过的、偶然遇到的意识形态都按照已经获得的概念的形态加以回忆、加以整理,这才把它的整个过程展示出来、陈述出来、描述出来。所以这是

564

一条回忆之路。刚才讲了我们要再次从头开始,那是不是我们要在这部实时描述的精神现象学之外,再写一部在回忆中的精神现象学呢? 不用了。整个精神现象学其实就是在回忆中,只是当时没有从回忆的角度来看它,我们现在就是再次从头开始,从回忆的角度将它作一次性的转换就行了。整个精神现象学一下子就变成我们的回忆了,我们从第一章,从感性确定性开始,就已经是再次开始了,只要我们转换一个回忆的视角,它就在我们的回忆中再次经过了。所以这个回忆就是指的精神现象学,不需要对精神现象再次回忆,因为精神现象学本身就已经是一种再次回忆。这种精神的自我意识以对各个精神的回忆作为自己的道路,"即回忆这些精神在自己本身中是怎样存在的",回忆这些精神在自我意识的精神中是怎样存在的,这些精神是以一种什么样的形态存在的,"以及怎样实现它们的王国的机体组织的"。机体组织,Organisation,它本来是一个"组织"的意思,但是也有有机体的意思,前面已经提到了概念的有机的形式,有机的运动,强调概念的生命力、有机活力,这里是强调各个精神之间的组织结构,看它们如何组织成一个王国。当然,这个组织不是一般的组织,不是机械的拼凑,而是有机体,可以理解为有机的组织结构,这些概念,这些范畴,构成了一个完整的有机结构。那么,在回忆中,我们就是看这个王国的有机结构是怎么样实现出来的。这一切都不能够理解为一种机械的拼凑和添加,而必须理解为一个生命体的自我发育、自己产生、自我孕育,自组织成形的过程,一步一步生长出来的过程。

对这些精神,按照它们的自由的、以偶然性形式显现出来的定在方面加以保存,就是历史,但按照它们被概念式把握的机体组织方面加以保存,就是**显现着的认知的科学**;两者合起来,被概念式地把握了的历史,就构成绝对精神的回忆和髑髅地,① 构成其王座的现实性、真理性和确定性,没有这个王座,绝对精神就会是没有生命的孤寂的东西;

---

① 髑髅地,参看"马太福音"27,33. 等处。——丛书版编者

唯有——

> 从这个精神王国的圣餐杯里
> 祂的无限性给祂激荡起泡沫。①

最后引了一首席勒的诗。我们来看看这一句。"对这些精神，按照它们的自由的、以偶然性形式显现出来的定在方面加以保存，就是历史"，对这些精神或者精神的形态，按照它们的自由的方面加以保存，自由的在这里就是无拘无束的，不受外来强制的，不计后果的，而是它们自发的、自己形成的、自己走过的路。你采取客观的、旁观的态度，让这些精神去自由发挥，你不要阻碍它们，不要纠正它们，你就看它们会走到哪里去。当然这也就是按照它们的以偶然性形式显现出来的定在方面加以保存了，因为它们的这种自由发挥是以偶然性的形式显现出来的。在精神现象学里面，每一个环节都是以偶然性的方式显现出来的，显现为一种定在的既成事实，当然实际上并不是。在回忆中它们已经被按照必然性来理解了，但是在精神现象学里面，它还是保有它的偶然性的形式，并认为这种自由、这种偶然性是很可宝贵的，你不要对它妄加修改。你要是觉得它好像这么明显的事情还看不清楚，我给你改一改，那就不是历史了，那就是用逻辑去修改历史，这个是黑格尔不赞成的。黑格尔赞成的是逻辑和历史的一致，那么，从历史方面来看就是要保留它的自由性和偶然性。很多人认为黑格尔抹杀了人的自由，不完全是这样。黑格尔用逻辑限定了自由，规范了历史，这只是一方面；但是，另一方面，黑格尔很注意保留历史本身的自由和偶然性，认为在偶然性的形式中对显现出来的定在方面加以保存，这就是历史，就是在时间中显现出来的历史。当然，

---

① 黑格尔以席勒的诗《友谊》稍加修改变成他的结论，席勒原诗为："伟大的世界的主宰，没有朋友，/ 深感欠缺——为此，祂就创造了诸多精神，/ 祂的永福的那些极乐之镜！——/ 这最高的本质已找不到任何东西和祂相匹，/ 从整个灵魂王国的圣餐杯里 / 无限性——给祂激荡起泡沫。"参看《席勒全集》，魏玛，1943 年版，第 1 卷。——丛书版编者

另一方面,"但按照它们被概念式把握的有机体的方面加以保存,就是**显现着的认知的科学**","显现着的认知的科学"打了着重号。前面讲纯粹概念以双重的方式存在,既存在于自己的扩展中,又存在于自己的深处、即自我中;这里则把这双重的存在方式赋予了历史和逻辑的意义。这样一些精神的意识形态,你保存它们的偶然性的方面,那就是历史,或者用历史的眼光来看待的精神现象学;但按照它们被概念式把握的有机体的方面加以保存,你把它看成一个概念的有机整体,从概念的高度来保存这个有机体,这就是显现着的认知的科学,也就是用概念的光明所照亮的精神现象学,或者用逻辑的眼光来看待的精神现象学。精神现象学本身有历史的方面,也有科学的、逻辑的方面。历史方面就带有偶然性,带有自由的任意性;而作为显现着的认知的科学,精神现象学是对被概念式把握的有机体加以保存,就是意识经验的科学。为什么说是经验的科学?显现着的经验怎么能成为科学?就是因为它是被概念式把握的。一个是历史方面,一个是科学方面或逻辑方面,"两者合起来,被概念式地把握了的历史,就构成绝对精神的回忆和髑髅地",历史方面和逻辑方面合起来就是绝对精神的回忆,所以回忆就构成绝对精神从现实向纯粹概念或逻辑的过渡。什么叫髑髅地?这是基督教里面的一个说法,是在《马太福音》第27章33节里面耶稣被钉十字架的地方,叫作"各各它"。各各它的意思就是髑髅地,就是埋葬骷髅的地方。这是一个典故,隐喻了耶稣基督被钉十字架的地方,就是耶稣基督被处死的地方,同时也是他升天的地方。他在这里死了,但是他又在这里活了;在世俗的意义上死了,但是在彼岸的意义上活了,在圣灵的意义上复活了。所以这里讲的构成绝对精神的回忆和髑髅地,是很有深意的。你也可以说,精神现象学虽然最后超越了宗教,但它同时也建立了一种新的宗教;它是绝对认知,绝对认知是纯粹概念的认知,它走向了哲学,走向了逻辑学;但是走向逻辑学的这个关卡就是髑髅地:死去和复活的统一,因为一方面它把过去的回忆都埋葬了,或者说都遗忘了;但另一方面又没有遗忘,它升华为纯粹的精神，升华为逻辑学了。髑髅地原文意为"埋头盖骨的地方"
（Schädelstätte），与前面讲的"头盖骨相学"（Schädellehre）有词源上的相
关性，由此我们也可以理解前面"精神是一块骨头"这一命题里面所包含
的深远含义。我们在精神现象学中把逻辑学当作最终的目标，而我们在
逻辑学中也必须时时把精神现象学当作自己的现实性的基础和证明，在
每个概念或范畴上都回忆起精神现象学中相应的意识形态，这才能赋予
枯燥的抽象概念以内容和生命。所以精神现象学既是被概念式地把握了
的历史，又是历史形态的概念进展。"构成其王座的现实性、真理性和确
定性"，精神现象学构成绝对精神的王座，即宝座的现实性、真理性和确
定性。真理性和确定性前面已经讲过了，既有真理性又有确定性，那么
它同时也就有了现实性，它就属于科学的实在的方面，精神现象学属于
科学的实在的方面。科学严格说起来就是逻辑学，逻辑学或者形而上学
高踞于科学的王座，是科学的女王，是一切科学的科学；但是如果逻辑学
没有精神现象学（甚至包括其中的头盖骨相学）这样一种实在方面的理
解，那它就是空的。我们读逻辑学的时候，切记不要把它当作一种形式
逻辑的抽象概念体系来读。很多人都走不过这一关，很多人对黑格尔的
误解都是失足于这一关，就是没有把它当作现实性、当作真理性和确定
性统一的这样一种逻辑来理解，而是把它看作一种形式逻辑，一种单纯
的确定性。那你当然可以发现它每一处都是自相矛盾的，都是不成立不
确定的，都是胡说八道的，所以你可以批评它，而且批评起来振振有词。
从逻辑上、字面上来说，你的批评是站得住脚的，黑格尔是站不住脚的，
但是实际上是你没有读懂。他的逻辑学绝对不能当作一种形式逻辑，或
者准形式逻辑。但是很多人都努力试图把辩证逻辑形式化，想要用形式
逻辑的规范来重构、来解释辩证逻辑，想帮它把话说圆，但到头来都是不
成功的。因为黑格尔的辩证逻辑是不能够形式化的，它有形式，但是它
不是形式化的，它是有内容的。它的内容必须要诉之于现实感，诉之于
历史，诉之于人的自由意识。所以绝对精神的王座就在这里，它的底座，

它的基础,它的立足之地就在精神现象学里,王座的现实性、真理性和确定性都在这里。"没有这个王座,绝对精神就会是没有生命的孤寂的东西",没有这个王座,绝对精神就会是那样一种胡说八道,一种不着边际的抽象概念的推演,甚至一种对正常思维和常识的扰乱和诡辩,你到处好像能自圆其说,但是能够胜人之口而不能服人之心,就会是那样一种东西。但是,绝对精神不是那种飘忽于口头上的东西,它有它的现实性的内容,它在它的髑髅地就像凤凰涅槃一样死而复生。但是它首先要经过对精神现象的一切意识形态的逐个否定,置之死地而后生,通过现实罪性的拯救,它才能够复活,它才有生命。它的生命立足于现实、世俗的这个世界,立足于此岸世界才有生命力。所以,没有这个王座,绝对精神就会是没有生命的孤寂的东西。"唯有——,

> 从这个精神王国的圣餐杯里
> 袖的无限性给袖激荡起泡沫。"

圣餐杯,这也是用基督教的一个隐喻,也叫圣杯。圣杯的故事有两种说法,一种是说耶稣在最后的晚餐的时候,把犹大请出去了以后,剩下的十一个门徒跟他在一起。他就用这个杯子装着葡萄酒,对大家说,"这是我的血"。然后大家就喝葡萄酒,就是喝基督的血,这就成了后来基督教的一个仪式。圣餐仪式就是在做弥撒的时候,神父说,"这葡萄酒是基督的血,这面包是基督的肉,我们吃了基督的血肉,我们就是基督的身体了"。这是一说。还有一说就是基督在被钉十字架的时候,抹大拉的玛丽亚就拿一个杯子去接了他流出来的血。总而言之,在圣餐杯里面装的是耶稣基督流的血。"从这个精神王国的圣餐杯里 / 袖的无限性给袖激荡起泡沫",译作"翻涌起泡沫"也可以,但是 schäumen 还包含有"情绪激动"、"勃然大怒"的意思,所以我译作"激荡",更加强调一种力度,它是一种具有巨大能动性的激荡作用。而所激荡起来的泡沫,就是精神现象学。精神现象学看起来只是些泡沫,没有实质性的存在,但是如果没有激荡起这些泡沫呢,那么绝对精神就是没有生命的、孤寂的,也是没有实在性的。这两句诗来自席勒,席勒写的这首诗名字叫作《友谊》,即 *Die Freundschaft*,黑格尔从这首诗里面摘录了这两句,并且改动了几个字。全诗是这样说的:

> "伟大的世界的主宰,没有朋友,
>
> 深感欠缺——为此,祂就创造了诸多精神,
>
> 祂的永福的那些极乐之镜!——
>
> 这最高的本质已找不到任何东西和祂相匹,
>
> 从整个灵魂王国的圣餐杯里,
>
> 无限性——给祂激荡起泡沫。"

诗中,"祂的永福的那些极乐之镜",就是说,耶稣基督的幸福不能等同于一般的幸福,只能说是永福,Seligkeit,也有人翻译成"极乐"或者"圣福"、"天福",它跟人间的幸福是不一样的,是上帝的永福。"极乐之镜",极乐的镜子,诸多精神,也就是上帝按照自己的形象所造的人,都是照耀、反射出上帝的永福的极乐之镜、永福的镜子,Sel' ge Spiegel。下面,黑格尔把"灵魂王国"改成了"精神王国",其实是差不多的。席勒这首诗的意思非常深,友谊,友谊也是爱、基督教的爱。"伟大的世界主宰没有朋友,深感欠缺",没有友谊的对象,祂爱谁呢?你说基督、天主、上帝是爱,那么,祂爱谁呢?祂必须要有爱的对象啊!所以,祂才"创造了诸多的精神",就是人的精神,这诸多的精神就是上帝的永福的一面镜子,每个人的灵魂都是上帝的一面镜子,反映上帝的永福,按照圣经,上帝是按照自己的形象造人。所以"这最高的本质已找不到任何东西与祂相匹"。人勉强可以和祂相匹。所以在亚当和夏娃犯罪以后,上帝说,"你们看啊,他们已经和我们平起平坐了",和神平起平坐了,也就是和神相匹了,除了人之外,没有任何东西和祂相匹。所以,从整个灵魂王国的圣餐杯里,无限性给它激荡起泡沫。上帝的这种能动性是无限的,祂的这种创造性是无限的,所创造出的各种各样的事物,都是圣餐杯里激荡起来的泡沫。泡沫破灭以后,就回归到基督的血,回归到了上帝的圣灵,这是这么一个

意思。

　　我们的讲课就到此结束了。我们的《精神现象学》句读,经过了五个年头的蚂蚁啃骨头,一段一段、一句一句地抠,我们终于达到了它的终点。当然,这还不是终点,也可以说它还是一个起点。这个再要回过头来读它,把它的精神吃透,还得要花我们大量的时间、精力和心血。我在这里要再次地感谢大家能够耐心地……(热烈鼓掌!)谢谢……谢谢了……

　　(讲授从 2010 年 2 月 27 日开始,到 2014 年 5 月 24 日结束)

德汉术语索引

（所标页码均为德文《黑格尔全集》考订版第9卷页码，即本书边码中大括号里的数字；凡有两种译法的词均以"/"号隔开，并以此分段隔开页码；原文中出现太多的词不标页码，只将字体加粗）

A

Abgrund 深渊 431

ablassen 舍弃 424, 426

Absolute 绝对

Abstrahieren, Abstraktion 抽象

Abwechseln 交替 424

Akzidens 偶性 400, 405, 416

Allgemein 普遍的，普遍

Allgemeine 共相 405—407, 418, 419

Andacht 默想 420

Anderes 他者

Anderssein 他在 405, 409—413, 415, 417—419, 422, 426, 428

andeuten 暗示 414

Anerkennen 承认 401, 411, 418, 424

Anfang 开端 400, 427, 429, 432

Anschauung 直观 404—408, 410, 411, 420, 421, 426, 429, 431, 433

an sich 自在

Arbeit 劳动 412

Äther 以太 432

Attribute 定语 402

auffassen 统握 420, 422

Aufheben 扬弃

Aufklärung 启蒙 423

Aufopfern 牺牲 400, 415, 433

Auftreten 出场 426, 429, 432

Ausdruck 表现

Äußere 外在的东西

Äußerung, Entäußerung 外化 400—405, 410, 411, 413, 415, 418, 420, 422, 424, 426, 427, 430—433

ausschließend 排他性的 407

572

汉德词汇对照表

（按照汉语拼音字母顺序排列；凡有两个译名的分别在两处重现并带上另一译名。）

A

爱 Liebe

暗示 andeuten

B

保证 Versicherung

悲剧 Tragödie

本能 Instinkt

本心 Herz

本性 / 自然 Natur

本质 Wesen

本质性 Wesenheit

逼出来 hervortreiben

彼岸 jenseitig

必然性 Notwendigkeit

表现 Ausdruck

表象 Vorstellung

宾词 Prädikat

不安息 Unruhe

不同一性 Ungleichheit

不幸的 unglücklich

C

财产 Eigentum

财富 Reichtum

差异性 Verschiedenheit

承认 Anerkennen

持存 Bestehen

出场 Auftreten

抽象 Abstrahieren, Abstraktion

此岸 Diesseitige

存在 Sein

存在者 Seiende

579

D

大小 Größe

单纯，单纯性 einfach, Einfachheit

当下，当下在场 Gegenwart

倒转 Umkehrung

道德 Moralität, moralisch

定语 Attribute

定在 Dasein

斗争 Kampf

独立性 Selbständigkeit

端 Extreme

对立 Gegensatz

对象 Gegenstand

对象性，对象性的 Gegenständlichkeit,
  gegenständlich

多数性 Vielheit

E

恶 Böse

恩赐 Genugtuung

偶然性 Zufälligkeit

偶性 Akzidens

F

法权 / 公正 / 权利 Recht

法则 Gesetz

翻转 umschlagen

反思 Reflexion

分裂为二，分裂 Entzweien

否定 Negation, negativ

复活 Erstehen

G

概念 Begriff

概念式的 begreifend

概念式把握，概念把握 Begreifen

感觉 fühllen

感性的 Sinnlich

个别 Einzeln

个体，个体性 Individuum,
  Individualität

根据 Grund

公正 / 法权 / 权利 Recht

公正判决 Gericht

共同性 Gemeinschaft

共相 Allgemeine

构形 gestalten

关系 Verhältnis

观察 Beobachten

光明本质 Lichtwesen

归还 vindizieren

规定性 Bestimmtheit

规律 Gesetz

H

含义 Bedeutung

豪情 Begeisterung

和解 Versöhnung

话语 Wort

化身为人 Menschwerden

画廊 Gallerie

环节 Moment

怀疑主义 Skeptizismus

回忆 erinnern, Er-innerung

J

激荡 schäumen

激活 Bgeistung

基地 Boden

祭拜 Kult

价值 Wert

建立 setzen

建构 Konstitution

僵死的 tot

教养，教化 Bilden

交替 Abwechseln

经验 Erfahrung

精神 Geist

绝对 Absolute

K

开端 Anfang

科学 Wissenschaft

肯定的 Positiv

空间 Raum

空虚 / 空洞 Leere

恐惧 Furcht

宽恕 Verzeihung

L

劳动 Arbeit

理性 Vernunft

理智世界 Intellektualwelt

力 Kraft

力量 Macht

历史 Geschichte

联系 Beziehung

良知 Gewissen

灵魂 Seele

伦理，伦理的 Sittlichkeit, sittlich

M

满足 Befriedigung

美，优美 Schön

迷狂 Schwärmerei

民族 Volk

命题 Satz

命运 Schicksal

明见 Einsicht

漠不相干（关）gleichgültig

默想 Andacht

N

内容 Inhalt

内在的东西 Inneres

内在化 Innerlichwerden

内在性 Innerlichkeit

能动性 Tätigkeit

P

排他性的 ausschließend
判断 Urteilen
普遍的，普遍 Allgemein

Q

启蒙 Aufklärung
启示 Offenbarung
强制力 Gewalt
情感 Gefühl
区别 Unterschied
全体 / 整体 Ganze
权利 / 公正 / 法权 Recht
确定性 Gewißheit
确信 / 信念 Überzeugung

R

人 Mensch
人格，人格性 Person, Persönlichkeit
人性 Menschheit
认识 Erkennen
认知 Wissen

S

善 Gute
上帝 / 神 Gott
舍弃 ablassen
身体 Leib

深处 Tiefe
深入自身 Insichgehen
深渊 Abgrund
神 / 上帝 Gott
神灵 / 诸神 Götter
神秘 Mysterien, Mysterium
神圣 Heilige
神圣的 göttlich
神圣化 verklären
神谕 Orakel
圣灵 der heilige Geist
生发 entstehen
生命 / 生活 Leben
实存 Existenz
实体，实体性的 Substanz, substantiell
实在的 reall
时间 Zeit
是的 Ja
事件 Geschehen
数 Zahl
思辨的 spekulativ
思维 Denken
思想 Gedanke
斯多葛主义 Stoizismus
死亡 Tod

T

他在 Anderssein
他者 Anderes
特殊 Besondere
天启宗教 Die Offenbare Religion

天真的 unschuldig

同等性 Dieselbigkeit

同一性 Gleichheit, gleich

统握 auffassen

统一性 Einheit

透明的 durchsichtig

土 Erd

推论 Schließen

团契 Gemeinde, Gemeine

W

外化 Äußerung, Entäußerung

外在的东西 Äußere

完善 Vollkommen

万神殿 Pantheon

为他的，为他者 für anderes

我 Ich

我 = 我 Ich=Ich

我们 Wir

无概念的 begrifflos

无限，无限性 Unendliche,
　　Unendlichkeit

无自我性 Selbstlosigkeit

物，事物 Ding

物性，事物性 Dingheit

牺牲 Aufopferen

喜剧 Komödie

系词 Copula

显现 erscheinen

现成在手的 vorhanden

现实的，现实性 Wirklich, Wirklichkeit

现象 Erscheinung

现象学 Phänomenologie

相等 Identität

想象 einbilden

消逝 / 消失 Verschwinden

信赖 Vertrauen

信念 / 确信 Überzeugung

信仰 Glauben

行动 Handlung

行为 Tun

形态 Gestalt

性格 Charakter

虚浮 Eitelkeit

虚无的 Nichts nichtig

Y

"一" Eins

一回事 Dasselbe

以太 Äther

意谓 Meinung

意义 Sinn

意志 Wille

义务 Pflicht

异化 Entfremdung

异己的 fremd

扬弃 Aufheben

永恒 Ewige

游戏 Spiel

有机的 organisch

有效准的 geltend

有用性 Nützlichkeit, nützlich

语言 Sprechen, Sprach

原则 Prinzip

圆圈 Kreis

元素 Element

运动 Bewegung

Z

赞美诗 Hymne

占有 Besitz

掌握 Ergreifen

遮蔽性 Verborgenheit

这一个 Dieses

真理 Wahrheit

真实的东西，真实 Wahre

整体 / 全体 Ganze

知觉 Wahrnehmung

知识 Erkenntnis

知性 Verstand

直观 Anschauung

直接性，直接的 Unmittelbarkeit,
　　unmitelbar

置换 verstellen

秩序 Ordnung

中介 Vermittlung

中项 Mitte

中心点 Mittelpunkt

髑髅地 Schädelstätte

主体 / 主词 Subjekt

转化 Wechsel

在自身中存在 Insichsein

自然 / 本性 Natur

自为 für sich

自我 Selbst

自我等同性 Sichselbstgleichheit

自我意识 Selbstbewußtsein

自性 Selbstheit

自由，自由的 Freiheit, freie

自在 an sich

综合的 synthetisch

宗教 Religion

总体性 Totalität

组织 Organisation

罪 Sünde

作品 Werk

后　记

本卷是十卷本《黑格尔〈精神现象学〉句读》的最后一卷，内容涉及黑格尔心目中的"作为宗教的宗教"即基督教，以及"绝对认知"部分。黑格尔大学读的是神学院，作为在基督教新教氛围中成长起来的哲学家，他对基督教教义和宗教哲学思想有极深入的浸润，并且力图将基督教神学思想哲学化。这种倾向在他早期神学著作如《耶稣传》、《基督教的精神及其命运》、《基督教的实证性》①中已有明显的体现。而在本卷所考察的这一部分，黑格尔对基督教那些看似杂乱无章的教义进行了系统的、合乎辩证层次的梳理，如上帝创世和造人、道成肉身、死后复活、三位一体、圣餐和奥体、团契等等。他指出，所有这些看起来神秘莫测、不合常理的教义，其实都是由于宗教的表象思维的局限性在表达思辨原理方面无能为力的体现，这就迫使人们从表象思维的方式提升到概念把握的层次，从而进入到更高的绝对认知的阶段。在概念把握中，宗教的神秘性就一扫而光，理性的阳光照射进了灵魂深处，使精神以精神的方式达到了自我意识。这里面既有对基督教的思维方式的批评，但同时也是对其主题和内容的辩护，当黑格尔把宗教提升到哲学的时候，哲学本身也就成了一种"理性宗教"、或者经过概念把握的宗教了。宗教和哲学的这种结合就是绝对精神的"绝对认知"，其中所体现的是历史和逻辑的一致、

---

① 贺麟先生的中译本译作《基督教的权威性》。

时间和存在的一致、真理性和确定性的一致，最终是主体和实体的一致。《精神现象学》走到这一步，就达到了自己的终点而向纯粹的概念体系过渡，即向《逻辑学》过渡了，所以《精神现象学》具有黑格尔整个哲学体系的"导论"的性质。马克思曾把《精神现象学》称之为"黑格尔哲学的真正诞生地和秘密"，甚至是"黑格尔的圣经"，这就意味着，所有后来在《逻辑学》和《哲学百科全书》中的那些原理，都要回到《精神现象学》中才能得到具体的现实的理解，用黑格尔在《精神现象学》结尾的表述来说，该书构成绝对精神的"回忆"和"王座"，就像《圣经》中的各各他，是上帝赴难和复活升天之地，是天地之间、灵与肉之间的枢纽。

在本卷杀青之际，我回想起七年前的那个日子，那时我满怀激情和雄心地开始着手拿下《精神现象学》这个青年时代所憧憬的哲学圣殿。这是一场旷日持久的攻坚战，连续九个学期的讲授，在第七个学期中同时开始从头整理由学生转换成文字的讲课录音，三年多的时间里整理出了500万字的"句读"。整个整理的过程，也是我重新深入学习和了解西方文化的深层背景的过程。我曾讲过，《精神现象学》最吸引我的地方，是它展示出了西方文化精神的一个全景式的宝藏，虽然这个文化并不是像中国文化一样，由某一个民族作为代表，而是在多个民族和多个时间段之间像接力棒一样被传递下来，其中自然掺杂了众多不同的文化因子，然而最终它却能够使这些文化因子大体上在同一种文化圈的内部呈现出一种协同关系，其中的矛盾和冲突不仅没能消解这个文化圈的基本风貌，反而成为了它不断扬弃矛盾、摆脱困扰的内在动力。而这样一种矛盾进展是如何走过来的，这正是我最感兴趣的。但我的解读也决不止于照本宣科式地讲解，而是加入了我自己的理解和发挥，特别是对照中国文化中相应的特点，在排除我们自己的文化固有的局限眼光的同时，也对黑格尔笔下的西方文化作了一个东方学者的探索。伽达默尔的解释学认为，历史不是摆在那里等着人们去解读的文本，而是由带有前见的解读者通过与文本作者的视野融合而创造出来的。如果此说成立，那么我的解读显然也将不同于西方人或德国人自己的解读。不过就近期目标而言，我这本书主要是写给中国人看的，没有想到过拿去与德国人或西方人交流。中国人要真能达到让西方学者在他们的领域中"以不通中文为恨"（陈康先生语），恐怕还要等待漫长的历史时期。

目前剩下要做的是，把这十卷本句读中我重新译过和推敲过的黑格尔原文挑出来，加以整理和核对，再出一个黑格尔《精神现象学》的"句读本"译本，至此，这一浩大的工程才算是真正完工。正如句读工作本身一样，在中国的西方哲学翻译界，立足于如此详细的逐句解读而推出一个经典著作的译本，恐怕也尚属首次。这都是我们中国人了解西方文化和哲学必须要做的一些基础工作，这些工作在一百年前就应该有人来做了，但只有在今天，在这样一个长期既没有战乱、也没有"运动"的平静无扰的社会环境中，在这个既是最糟糕的时代、但对于做真正的学问来说又是最好的时代里，这个工作才有可能做成功。而前提是，必须有一批有心人，耐得住寂寞，撇得开繁华，对高深的思想和学问抱有纯粹理想主义的狂热。幸好在中国传统文化里面，这种人虽然不多，但总是会有的，以前这种人大都在道观寺院里面，而今天则藏身于大学或民间，总会在意想不到的机缘和场合中冒出来。譬如本句读十卷本的那些主动帮助我整理录音的年轻人，500多万字的文字都是他们一个字一个字敲出来、发到我邮箱里的，让我在他们所提供的文本基础上再加以修订和增删。他们只有一小部分是我的学生，更多的是网上"粉丝"，来自各个不同的工作和学习岗位，可以说素不相识。这些年轻人不计报酬，远离功利，无私奉献，为的是什么？是对思想的象牙之塔的一种向往，是一种参与精神创造活动的义无反顾，甚至是一种极度的兴奋，简直觉得是和大家在一起改变历史。是的，这就是中国，这才是中国！为了这样的中国，我愿意鞠躬尽瘁、死而后已。

我今年已过了68岁，接近"古稀"之年。接下来必须要完成的工作，还有一部康德的《实践理性批判》句读（估计超过一百万字）。在这之后，则是写一部我自己的哲学著作，这部著作的导论部分，即《哲学起步》，已由商务印书馆接受出版，即将面世。其实我的哲学观在我的许多文章和著作中，包括在这套"句读系列"中已可以见出端倪，但真正将其建构成一个体系，估计还将耗费不少精力，这将是我一生要做的最重要的事情，本来筹划在 60 多岁完成，现在看来要推到 70 岁以后了。

　　本卷录音的整理者是程寿庆（9 讲）、龙沛林和何明欣（合作 4 讲），在此我向他们表示深切的感谢！另外，我还要再次感谢人民出版社和张伟珍女士，在 2010 年 4 月于武汉光谷书城举办的拙著《康德〈纯粹理性批判〉句读》首发式上，出版社得知我的《精神现象学》句读正在筹划中的消息，当时的陈有和副社长和张女士当即和我约稿。随着陆续交稿，至今已出版了六卷共 300 万字，装帧精美，编校认真。在中国做学问能够得到如此强大的、有眼光的后援支持，学界幸甚！中国幸甚！

邓晓芒

2016 年 11 月 26 日于喻家山

责任编辑：张伟珍
封面设计：吴燕妮
责任校对：张　彦

图书在版编目（CIP）数据

黑格尔《精神现象学》句读. 第十卷 / 邓晓芒 著. — 北京：人民出版社，2017.9
　　（2021.10重印）
　ISBN 978 - 7 - 01 - 017549 - 2
　I. ①黑 …　 II. ①邓 …　 III. ①《精神现象学》 - 研究　 IV. ①B516.35②B089
　中国版本图书馆CIP数据核字（2017）第068755号

书　　名　黑格尔《精神现象学》句读
　　　　　HEIGEER JINGSHEN XIANXIANGXUE JUDU
卷　　次　第十卷
著　　者　邓晓芒
出版发行　人民出版社
　　　　　（北京市东城区隆福寺街99号　邮编：100706）
邮购电话　（010）65250042　65289539
经　　销　新华书店
印　　刷　北京汇林印务有限公司
版　　次　2017年9月第1版　2021年10月北京第3次印刷
开　　本　710毫米×1000毫米　1/16
印　　张　37
字　　数　510千字
印　　数　4,001 - 5,000册
书　　号　ISBN 978 - 7 - 01 - 017549 - 2
定　　价　94.00元